【传世经典 文白对照】

资治通鉴纲目

三

〔宋〕朱 熹 编撰
孙通海 王景桐 主 编
王秀梅 朱振华 副主编

中華書局

目录

第三册

资治通鉴纲目卷十二
资治通鉴纲目卷十三
资治通鉴纲目卷十四
……

资治通鉴纲目卷十二

起丁未(167)汉桓帝永康元年，尽癸酉(193)汉献帝初平四年。凡二十一年。

丁未(167)　永康元年

春正月，东羌复反，段颎击破之。　夫余寇玄菟。　夏四月，羌寇三辅。　五月，地裂。　是月晦，日食。　六月，赦党人归田里，禁锢终身。

陈蕃既免，朝臣震栗，莫敢复为党人言者。贾彪曰："吾不西行，大祸不解。"乃入洛阳，说窦武及尚书霍谞等，使讼之。武上疏曰："膺等建忠抗节，志经王室，此诚陛下稷、契、伊、吕之佐，而虚为奸臣贼子所诬枉，天下寒心，海内失望。惟陛下留神澄省，时见理出，以厌人鬼喁喁之心。今台阁近臣，尚书朱寓、荀绲、刘祐、魏朗、刘矩、尹勋等皆国之贞士，朝之良佐。尚书郎张陵、妫皓、苑康、杨乔、边韶、戴恢等，文质彬彬，明达国典，而陛下委任近习，专树饕餮，外典州郡，内干心膂，宜以次贬黜，案罪纠罚。信任忠良，平决臧否，使邪正毁誉，各得其所。如此，咎征可消，天应可待。间者有嘉禾、芝草、黄龙之见。夫瑞生必于嘉士，福至实由善人。在德为瑞，无德为灾。陛下所行不合天意，不宜称庆。"

丁未(167) 汉桓帝永康元年

春正月，东羌再一次反叛，护羌校尉段颎率军攻击大破叛羌。 夫余人侵犯玄菟郡。 夏四月，羌人侵犯三辅地区。 五月，地裂。 五月最后一天，发生日食。 六月，桓帝下诏，赦党人回归各自家乡，终生不许再出来做官。

陈蕃被罢免以后，满朝大臣为之震动恐惧，再也没人敢为党人申辩求情。贾彪说："我不西行入京，大祸不可能解除。"于是亲自到洛阳，去说服窦武和尚书霍谞等人，请他们出面营救党人。窦武上书说："李膺等人秉持忠心，坚守节操，矢志为王室大业操劳，他们确是陛下的后稷、子契、伊尹、吕尚一般的辅佐贤臣，而被奸臣贼子虚构罪名所诬陷冤枉，以致天下寒心，海内失望。惟请陛下小心省察，立即释放他们，以满足天下喁喁切望之心。尚书台的近侍大臣，如尚书朱寓、荀绲、刘祐、魏朗、刘矩、尹勋等人，都是忠贞国家之士，辅佐朝廷的良才。尚书张陵、妫皓、苑康、杨乔、边韶、戴恢等人，文质彬彬，通晓国家的典章制度，而陛下却偏信亲近左右，依靠邪恶之人，让他们在外掌管州郡，在内作为心腹参与机要，应该把这些奸佞邪恶之徒渐次加以贬黜，调查他们的罪行，加以惩罚。信任忠良，辨清善恶是非，使邪恶与正直、毁谤和荣誉各得其所。如果这样，上天所降的灾异征兆即可消除，上天的祥瑞指日可待。最近，偶有嘉禾、芝草、黄龙出现。祥瑞发生，一定是因为有贤士，福至是因为有良善之人。有德行就是祥瑞，无德行就是灾难。陛下的行为不符合天意，所以不应该庆贺。"

书奏，因以病上还城门校尉、槐里侯印绶。霍谞亦为表请。帝意稍解，使中常侍王甫就狱讯党人，甫诘曰："卿等更相拔举，迭为唇齿，其意如何？"范滂曰："滂欲使善善同其清，恶恶同其污，谓王政之所愿闻，不悟更以为党。身死之日，愿埋滂于首阳山侧，上不负皇天，下不愧夷、齐。"甫愍然为之改容，乃得并脱桎梏。膺等又多引宦官子弟，宦官惧，请帝以天时宜赦，遂赦，改元。党人二百余人皆归田里，书名三府，禁锢终身。滂往候霍谞而不谢。或让之，滂曰："昔叔向不见祁奚，吾何谢焉！"滂归汝南，南阳士大夫迎之者车数千辆，乡人殷陶、黄穆侍卫于旁，应对宾客。滂曰："是重吾祸也。"遂遁还。

初，诏书下举钩党，郡国所奏多至百数，唯平原相史弼独无所上。诏书迫切州郡，髡笞掾史。从事坐传舍责曰："青州六郡，其五有党，平原何治而得独无？"弼曰："先王疆理天下，画界分境，水土异齐，风俗不同。他郡自有，平原自无，胡可相比！若承望上司，诬陷良善，则平原之人户可为党，相有死而已，所不能也！"从事大怒，即举奏弼。会党禁中解，所脱者甚众。窦武所荐杨乔，容仪伟丽，数言政事，帝爱其才貌，欲妻以公主，乔固辞，不听，遂不食而死。

奏书呈上后，窦融借口生病辞去城门校尉、槐里侯的职爵，并交还印绶。霍谞也上书营救党人。桓帝的怒气稍稍消解，派中常侍王甫到监狱审讯党人，王甫诘问说："你们互相拔举保荐，像嘴唇和牙齿一样互为依存，到底有什么企图？"范滂说："我想要赞美善良使大家一样清廉，嫉恨邪恶使大家认清污浊所在，原以为朝廷会支持我们这样做，从没想到这是结党。我死后，但愿将我埋在首阳山之侧，上不辜负皇天，下不愧对伯夷、叔齐这样的高士。"王甫深为范滂言辞所感，为之动容，于是命令官吏解除他们身上的刑具。李膺等人的供词又牵连出许多宦官子弟，宦官们害怕，就请求桓帝，以发生日食为由，大赦天下，赦免了党人、改年号。党人二百余人，都被遣送回乡，将他们的姓名书录太尉、司徒、司空三府，不许再出来做官。范滂去拜访霍谞，却不肯道谢。有人责备他，范滂说："过去叔向不见祁奚，我又何必感谢霍谞呢！"范滂回到汝南，南阳的士大夫乘车来迎接他的有数千辆，范滂的同乡殷陶、黄穆站在他身旁侍卫，为他应答宾客。范滂说："你们这样，是加重我的灾祸。"于是，他悄悄地逃离故乡。

当初，灵帝下诏搜捕党人，各郡及各封国奏报检举的党人，多得以百计数，只有平原国相史弼，一个党人也没有上报。诏书接连下达，严切催促州郡官府奏报，有的掾吏甚至因此受到髡刑和鞭刑。青州从事坐在平原国传舍责问史弼说："青州所辖六个郡国，其中五个郡国都有党人，平原国为何治理得一个党人也没有？"史弼回答说："先王治理天下，划分郡国境界，各地水土不同，风俗各异。别的郡有的平原国却没有，怎么能够相比！如果是秉承上司的旨意，诬陷善良无辜的人，那么平原国的人，户户可以称之为党人，我这个国相，只有一死而已，我坚决不能做这种事！"从事大怒，立即举奏弹劾史弼。这时，正好桓帝下诏解除党禁，史弼所救脱的人很多。窦武所举荐的杨乔，容貌风仪伟丽，多次上书陈述议论朝廷政事，桓帝喜爱他的才华和容貌，打算把公主嫁给他，杨乔坚决难辞，桓帝不答应，杨乔绝食而死。

秋八月，巴郡言黄龙见。

初，郡人欲就池浴，见池水浊，因戏相恐“此中有黄龙”。语遂行，太守欲上之。郡吏傅坚谏曰：“此走卒戏语耳。”太守不听。

大水，海溢。　冬十月，羌寇三辅，张奂遣司马董卓击破之。

奂论功当封，以不事宦官故不果。拜董卓为郎中。卓，陇西人，性粗猛有谋，羌胡畏之。

十二月，帝崩。尊皇后曰皇太后，太后临朝。

初，窦后既立，御见甚稀，唯采女田圣等有宠。后素忌忍，帝梓宫尚在前殿，遂杀田圣。

遣使迎解渎亭侯宏诣京师。

窦武召侍御史河间刘鯈，问以国中宗室之贤者，鯈称孝王曾孙宏。武白太后，定策禁中，以鯈守光禄大夫，持节奉迎宏，时年十二。

戊申(168)　孝灵皇帝建宁元年

春正月，以窦武为大将军，陈蕃为太傅，与司徒胡广参录尚书事。

时新遭大丧，国嗣未立，诸尚书畏惧，多托病不朝。陈蕃移书责之曰：“古人立节，事亡如存。今帝祚未立，诸君

秋八月，巴郡上报说发现黄龙。

最初，一些巴郡当地人想去池塘洗浴，看到池塘水浑浊，就互相开玩笑恐吓说："里面有黄龙。"这句玩笑话随即传播开来，郡太守认为这是祥瑞，所以想将它上报朝廷。郡府属吏傅坚劝阻说："这只是小民们开玩笑的话，怎能当真？"郡太守没有听他的劝阻。

发生大水灾，海水倒灌。　冬十月，羌人侵犯三辅地区，张奂派遣司马董卓迎击，大败羌人。

张奂按照功劳应当晋封爵位，但因他不肯巴结宦官，结果没有晋封。任命董卓为郎中。董卓是陇西郡人，性格粗暴勇猛而有谋略，羌人、胡人都畏惧他。

十二月，桓帝去世。尊皇后窦妙为皇太后，窦太后临朝主持朝政。

起初，窦妙被立为皇后，很少有机会见到桓帝，只有采女田圣等人得到桓帝宠爱。窦后忌妒而残忍，桓帝的棺材还停放在前殿，窦后就下令处死田圣。

派遣使者迎接解渎亭侯刘宏至京师晋见。

窦武召见侍御史河间国人刘儵，向他询问刘氏皇族中的贤才，刘儵推荐河南孝王刘开的曾孙刘宏。窦武禀报窦太后，在宫禁中定立承继大策，任命刘儵为守光禄大夫，持节奉迎刘宏入京，当时，刘宏十二岁。

汉灵帝

戊申（168）　**汉灵帝建宁元年**

春正月，任命窦武为大将军，任命陈蕃为太傅，和司徒胡广统领尚书台事宜。

此时，正逢桓帝大丧，新帝还没即位，尚书们都心怀畏惧，很多人托病不敢入朝。陈蕃写信责备他们说："古代树立名节，事奉故去的君主，犹如他生前一样。而现在新帝尚未即位，诸位

奈何委荼蓼之苦，息偃在床乎！”诸尚书惶怖，皆起视事。

解渎亭侯宏至，入即位。　二月，葬宣陵。　段颎击东羌于高平，大破之。以颎为破羌将军。

初，颎既定西羌，而东羌先零等种犹未服，皇甫规、张奂招之连年，既降又叛。桓帝诏以问颎，颎上言曰：“东羌降于皇甫规者已二万落，余寇无几。今张奂踌躇久不进者，当虑外离内合，兵往必惊。且羌虏人畜疲羸，有自亡之势，欲更招降，坐制强敌耳。臣以为狼子野心难以恩纳。势穷虽服，兵去复动。计所余三万余落，近居塞内，路无险折，而久乱并、凉，累侵三辅，西河、上郡已各内徙，安定、北地复至单危，自云中、五原，西至汉阳二千余里，匈奴诸羌并擅其地，是为痈疽伏疾，留滞胁下，如不加诛，转就滋大。若以骑五千、步万人、车三千辆，三冬二夏足以破定，无虑用费，为钱五十四亿。如此则可令群羌破尽，匈奴长服，内徙诸县，得反本土。伏计永初中，诸羌反叛，十有四年，用二百四十亿。永和之末，复经七年，用八十余亿。费耗若此，犹不诛尽，今不暂疲民，则永宁无期。臣庶竭驽劣，伏待节度。”帝许之。

颎于是将兵万余人，赍十五日粮，从彭阳直指高平，与先零诸种战。虏兵盛，众皆恐，颎乃令军中长镞利刃，长矛

怎么在这样苦峻的处境中，放弃责任，躺在床上休息呢！”尚书们惶恐，纷纷入朝理事。

解渎亭侯刘宏到京师，入宫即皇帝位。　二月，安葬桓帝于宣陵。　段颎在高平进攻羌人，大败羌人。擢升段颎为破羌将军。

当初，段颎既已平定西羌，而东羌先零等部还未归服，皇甫规、张奂连年招抚，羌人屡次投降，又不断反叛。桓帝下诏询问段颎平羌战略，段颎上书说：“东羌投降皇甫规的，已有二万帐落，残余叛羌已所剩无几。而今张奂所以踌躇不敢进兵的原因，只是顾虑已归降的羌人与叛羌相通，里应外合，大军一动，羌人必然惊乱。并且羌人已是战士和马匹十分疲惫，有自行灭亡的趋势，想再一次招降他们，坐着不动便可制服强敌。我认为，叛羌是狼子野心，很难用恩德感化。当形势对他们十分不利时，虽然归服，但军队一撤，又重新反叛。东羌还剩有三万余个帐落，现居住在塞内，道路没有险阻，而他们长久地扰乱并、凉二州，屡次侵掠三辅地区，迫使西河郡、上郡太守的府治迁徙至内地，安定、北地两郡已陷于势单危急之地，自云中郡、五原郡，西到汉阳郡二千余里，全被匈奴、羌人所占有，这就等于疮疽暗疾，滞留在两胁之下，如果不把他们诛灭，必然滋长，为害无穷。倘若用骑兵五千、步兵万人、战车三千辆，用三个冬天两个夏天的时间，足可以击破平定，约计用费五十四亿。这样，可以使羌人诸部皆破，匈奴永远归服，迁徙到内地的郡县官府，能够返回故地。据我计算，自顺帝永初年代中期起，诸部羌人反叛，历时十四年，用费二百四十亿。顺帝永和年代末期，又历时七年，用费八十余亿。用费消耗如此庞大，还不能彻底消灭叛羌，而今不暂时使人民忍受疲惫之苦，则永久的安宁便遥遥无期。我愿尽劣笨的能力，期待陛下的节制调度。”桓帝批准了他的平羌方略。

于是，段颎率领一万余人，携带十五天的粮食给养，从彭阳向高平挺进，与羌人先零部落开战。羌人强盛，段颎部众都很恐惧，段颎就命令军中使用长箭头和锋利的大刀，前队为持长矛的

三重，挟以强弩，列轻骑为左右翼，谓将士曰："今去家数千里，进则事成，走必尽死，努力共功名！"因大呼，众皆应声腾赴，驰骑于旁，突而击之，虏众大溃，斩首八千余级。太后赐诏褒美，赐钱二十万，以家一人为郎中，敕中藏府增助军费，拜颎破羌将军。

闰月，追尊皇祖为孝元皇，夫人为孝元后，考为孝仁皇，尊母董氏为慎园贵人。　夏五月朔，日食。　六月，大水。　录定策功，封窦武为闻喜侯。

涿郡卢植说武曰："足下建立圣主，四海有系，论者以为吾子之功于斯为重。夫同宗相后，披图案牒，以次建之，何勋之有！宜辞大赏以全身名。"武不能用。植身长八尺二寸，音声如钟，性刚毅，有大节。少事马融，融性豪侈，多列女倡歌舞于前，植侍讲积年，未尝转眄，融以是敬之。

封陈蕃为高阳乡侯。不受。

太后以蕃旧德，特封之。蕃固让不受。

段颎追击东羌，连战破之。

段颎将轻兵追羌，出桥门，晨夜兼行，与战，连破之。又战于灵武谷，羌遂大败。余寇四千落，悉散入汉阳山谷间。张奂上言："东羌虽破，余种难尽，宜以恩降，可无后悔。"诏书下颎，颎复上言："臣本知东羌虽众，而软弱易制，所以比陈愚虑，思为永宁之算。而张奂说虏强难破，宜用招降。圣朝明监，信纳瞽言，奂遂猜恨，言：'羌一气所生，

三排步兵，挟以射远的弓弩手，以轻装骑兵为左右翼，对将士们说："今天，我们离家千里，前进则大事成功，逃走则大家全死，让我们共同努力建立功名！"随着高呼，部众都跟随着呐喊冲锋，两翼的轻骑兵也向羌人突击，羌人崩溃，段颎部从斩杀羌人八千余。窦太后下诏褒奖，赐段颎钱二十万，任命段颎家中一人为郎官，下令中藏府调拨金钱增助军费，擢升段颎为破羌将军。

闰月，追尊灵帝祖父刘淑为孝元皇帝，祖母为孝元皇后，父亲为孝仁皇帝，尊母亲董氏为慎园贵人。　夏五月初一，发生日食。六月，发生大水灾。　论定拥立皇帝的功劳，封窦武为闻喜侯。

涿郡人卢植劝说窦武道："您拥立圣主，使四海有所维系，议论者认为您的功劳中这是最重大的。皇帝的继立，不过是根据血统，依次相继，您不过是依照图牒的次序，确立皇帝的人选，这又有什么功劳呢！您应该辞去朝廷给您的大赏，以保全您的身家名节。"窦武没有听从卢植的意见。卢植身长八尺二寸，说话的声音和洪钟一样洪亮，性格刚毅，节操高尚。年轻时跟随马融学习，马融性格豪放奢侈，经常让女伎在堂前歌舞，卢植在座下听讲多年，从来没有转过眼看过一次，马融因此十分敬重他。

晋封阵蕃为高阳乡侯。陈蕃辞让不肯接受封爵。

窦太后感激陈蕃旧日对她的恩德，特封他为高阳乡侯。陈蕃坚决辞让，不接受封爵。

段颎追击东羌人，接连作战，击溃了他们。

段颎率领轻装军队追击羌人，出桥门谷，日夜兼行，与羌人激战，接连打败他们。又在灵武谷与羌人交战，大败羌人。残余的羌人只剩下四千余个帐落，全部逃散进入汉阳郡的山谷里。张奂上书朝廷说："东羌人虽被击溃，但残众难以根除，最好以恩德招降，可永远不会后悔。"朝廷诏告段颎，段颎再次上书说："我本来知道东羌虽然人数众多，但软弱容易制服，所以才多次陈述我的愚见，想做永久安宁的打算。而张奂却说羌人强大，难以击破，最好招降。圣明的朝廷犹如明镜，采纳了我不明事理的妄言，于是，张奂心怀猜忌，说什么：'羌人与汉人均为上天一气所生，

不可诛尽，血流污野，伤和致灾。'臣伏念先零杂种，累以反复，攻剽发冢，祸及生死，上天震怒，假手行诛。动兵涉夏，连获甘澍，岁时丰稔，人无疵疫。上占天心，不为灾伤；下察人事，众和师克。昔先零作寇，赵充国徙令居内，煎当乱边，马援迁之三辅，始服终叛，至今为鲠。今傍郡户口单少，数为羌所创毒，而欲令降徒与之杂居，是尤种枳棘于良田，养虺蛇于室内也。故臣奉大汉之威，建长久之策，欲绝其本根，不使能殖。本规三岁之费，用五十四亿，今适期年，所耗未半，而余寇残尽，将向殄灭。臣每奉诏书，军不内御，愿卒斯言，一以任臣，临时量宜，不失权便。"

秋九月，太傅陈蕃、大将军窦武，奏诛宦者曹节等，节等杀之。遂迁太后于南宫。

初，窦太后之立也，陈蕃有力焉。及临朝，政无大小，皆委于蕃。蕃与窦武同心戮力，以奖王室，征天下名贤李膺、杜密、尹勋、刘瑜等，皆列于朝廷，与共参政事。于是天下之士莫不延颈想望太平。而帝乳母赵娆及诸女尚书，旦夕在太后侧，中常侍曹节、王甫等共相朋结，谄事太后，太后信之，数出诏命，有所封拜。蕃、武疾之。尝共会朝堂，蕃私谓武曰："曹节、王甫操弄国权，浊乱海内，今不诛之，后必难图。"武深然之。蕃大喜，以手推席而起。武乃引尚书令尹勋等共定计策。

不可斩尽杀绝，血流成河沾污原野，有伤和气，招致灾难。’我仔细思索，先零部落诸羌，反复无常，攻陷州郡，掠夺百姓，挖墓掘冢，使生者、死者都遭受灾祸，上天见此，也很震怒，才假借我汉军之手，诛杀他们。大兵出动，经过夏季，接连获降喜雨，庄稼丰收，人民也没有一点瘟疫。可见，我们这样做，上应天心，不为灾祸所伤；下合人意，万众一心，师出必胜。过去，先零羌人扰边为寇，赵充国将他们迁居塞内，煎当羌人扰乱边塞，马援把他们迁入三辅地区，他们开始全都降服，最终起兵反叛，至今仍然为害。而今沿边各郡，户口稀少，多次遭受羌人的毒害，而让羌人与汉民杂居在一起，这样就像把荆棘种在良田里，把毒蛇养在内室里一样。所以，我依仗大汉朝的威名，建立长久安宁的策略，打算彻底铲除祸根，使其再也不能生存。本来规划三年的用费，用费五十四亿，至今刚过一年，耗费没有到一半，而残余的叛羌，已像灰烬一样，即将灭绝。我每次奉读诏书，深知朝廷对军事行动从不干预，但愿能如此到底，平羌事宜一切由我处理，临时应变，不失军机。”

秋九月，太傅陈蕃、大将军窦武上书奏请杀宦官曹节等，曹节等杀陈蕃、窦武。将窦太后迁到南宫。

当初，窦太后被册立为皇后，陈蕃曾出过力。等到窦太后临朝主持朝政时，就把大小政事全交由陈蕃处理。陈蕃和窦武齐心合力，辅佐皇室，将天下闻名的贤才李膺、杜密、尹勋、刘瑜等，皆征召入朝共同参与政事。于是天下人无不伸长脖子盼望太平盛世的到来。然而，灵帝的乳母赵娆和女尚书们，整天在窦太后身边，与中常侍曹节、王甫等互相勾结，阿谀奉承窦太后，得到太后的宠信，多次颁布诏命，封爵拜官。对此，陈蕃、窦武十分痛恨。一次，陈蕃、窦武在朝堂上商议政事，陈蕃私下对窦武说：“曹节、王甫操纵国家大权，扰乱天下，今天不杀了他们，以后更难下手。”窦武认为陈蕃说得很对。陈蕃十分高兴，用手推席而起。于是，窦武就和尚书令尹勋等人商议制定消灭宦官的策略。

会有日食之变，蕃谓武曰：“昔萧望之困一石显，况今石显数十辈乎！蕃以八十之年，欲为将军除害。今可因此斥罢宦官以塞天变。”武乃白太后曰：“故事，黄门、常侍但当给事省内门户，主近署财物耳。今乃使与政事，任重权，子弟布列，专为贪暴。天下匈匈，正以此故，宜悉诛废以清朝廷。”太后曰：“故事，世有宦官，但当诛其有罪者，岂可尽废耶！”

时中常侍管霸颇有才略，专制省内，武先白收霸及苏康等，皆坐死。武复数白诛节等，太后犹豫未忍。蕃上疏言：“侯览、曹节、公乘昕、王甫、郑飒等与赵夫人、诸尚书并乱天下，今不急诛，必生变乱，愿出臣章宣示左右，并令天下诸奸知臣疾之。”太后不纳。

八月，太白犯房之上将，入太微。刘瑜恶之，上书皇太后曰：“案《占书》：宫门当闭，将相不利，奸人在主傍，愿急防之。”又与武、蕃书，劝以速断大计。于是武、蕃以朱寓为司隶校尉，刘祐为河南尹，虞祁为洛阳令，奏免黄门令魏彪，以所亲小黄门山冰代之。收长乐尚书郑飒，送北寺狱。蕃曰：“此曹子便当收杀，何复考为！”武令冰与尹勋杂考，辞连曹节、王甫。勋、冰即奏收节等，使刘瑜内奏。

九月，武出宿归府。典中书者先以告长乐五官史朱瑀，瑀盗发武奏，骂曰：“放纵者自可诛耳，我曹何罪，而当

此时正好出现日食的灾变，陈蕃对窦武说："过去，萧望之被一个石显所困，何况今有数十个石显！我以八十高龄，愿为将军除害。现在正可以利用出现日食的机会，斥退罢黜宦官，以消除上天灾变。"于是窦武禀告太后说："根据过去的典章制度，黄门、常侍只是在宫省内任职，管理宫廷门户，负责保管宫内财物罢了。而现在却让他们参与政事，掌握大权，宦官子弟担任要职的比比皆是，他们贪污残暴，为非作歹。天下怨声四起，正是因为这个缘故，应该将他们都诛杀废黜，以肃清朝廷。"太后说："根据旧制，皇家世世代代有宦官，只应该诛杀有罪的宦官，怎么能够将他们全部废弃呢！"

当时，中常侍管霸很有才略，在宫省内说一不二，窦武就先逮捕管霸、苏康等人，都处以死刑。此后，窦武又多次请求太后诛杀曹节等人，太后犹豫不决，不忍心诛杀他们。于是陈蕃上书说："侯览、曹节、公乘昕、王甫、郑飒等人与赵娆、诸尚书，一起扰乱天下，今天如果不赶紧杀掉他们，以后一定会发生变乱，请求把我的这份奏章，宣示左右，并让天下的奸佞之人都知道我十分痛恨他们。"窦太后不肯采纳陈蕃的意见。

八月，金星侵犯房宿上将星，深入太微星座。刘瑜对这种天象十分厌恶，向窦太后上书说："上天有此星象，根据《占书》：宫门应当关闭，将对将相不利，奸佞之人就在人主身旁，但愿能紧急防备。"同时，又给窦武、陈蕃写信，劝告他们要迅速果断地确定大计。于是，窦武，陈蕃任命朱寓为司隶校尉，刘祐为河南尹，虞祁为洛阳县令，奏准免去黄门令魏彪的官职，以所亲信的小黄门山冰接替魏彪的职位。收捕长乐尚书郑飒，送北寺狱监禁。陈蕃说："这些家伙抓住就应该当场杀掉，还审问什么！"窦武没有听从，命令山冰与尹勋审问郑飒，郑飒的供辞牵连曹节、王甫。尹勋、山冰即奏请窦太后收捕曹节等人，奏章让刘瑜呈递。

九月，窦武休假，出宫回到家中住宿。主管奏章的宦官得到消息后，先行告诉长乐五官史朱瑀，朱瑀偷偷拆阅窦武的奏章，大骂说："宦官放纵犯罪的该杀，可我们又有什么罪过，却该当

尽见族灭！”因大呼曰：“陈蕃、窦武奏白太后废帝，为大逆！”乃夜召所亲共普等十七人，歃血共盟。曹节请帝出御前殿，拔剑踊跃，赵娆等拥卫左右。闭诸禁门，召尚书官属，挟以白刃，使作诏板，拜王甫为黄门令，持节至北寺狱，收勋、冰杀之，出飒。还兵劫太后，夺玺绶。使飒等持节收武等。武驰入步兵营，召会北军五校士数千人屯都亭，下令军士曰：“黄门、常侍反，尽力者封侯重赏。”陈蕃闻难，将官属诸生八十余人，并拔剑突入尚书门，攘臂呼曰：“大将军忠以卫国，黄门反逆，何云窦氏不道耶！”王甫使剑士收蕃，蕃拔剑叱甫，辞色逾厉。遂被执送北寺狱，即日杀之。

时张奂征还，节等以奂新至，不知本谋，矫制使奂率五营士讨武。甫将千余人出与奂合，使其士大呼武军曰：“窦武反，汝皆禁兵，当宿卫宫省，何故随反者乎！”营府素畏服中官，于是武军稍稍归甫，自旦至食时，兵降略尽。武自杀，枭首都亭。

收捕宗亲宾客悉诛之。及刘瑜、冯述皆夷其族。迁皇太后于南宫，徙武家属于日南。门生故吏皆免官禁锢。议郎巴肃始同谋，节等不知，但坐禁锢，后乃知而收之。肃自载诣县，县令解印绶，欲与俱去。肃曰：“为人臣者，有谋不敢隐，有罪不逃刑。”遂被诛。曹节迁长乐卫尉，与王甫等六人皆封列侯。蕃友朱震收葬蕃尸，匿其子逸，事觉，系

灭族！”因而大喊说：“陈蕃、窦武奏请太后废黜皇帝，大逆不道！”便连夜召集亲信共普等十七人，歃血盟誓。曹节请灵帝来到前殿，让他拔剑跳跃，做出愤激的样子，派赵娆等在灵帝左右侍卫。关闭宫门，召唤尚书官属，以利刀相威胁，命令他们撰写诏书，任命王甫为黄门令，持节到北寺监狱，捕杀了尹勋、山冰，放出了郑飒。随后率兵回宫，劫持窦太后，夺取皇帝的玺印。派郑飒等人持节收捕窦武等人。窦武奔入步兵营，召集会合北军五校将士数千人，进屯都亭，对军士下令说：“黄门、常侍谋反，努力平定谋反者封侯、重赏。”陈蕃听到宦官发难，率领部下及学生八十余人，各拔剑冲入尚书台门前，振臂大呼说：“大将军忠心卫国，黄门反叛，为什么反说窦氏大逆不道！”王甫命令武士收捕陈蕃，陈蕃拔剑怒叱王甫，言辞和脸色更加严厉。武士将陈蕃押送至北寺监狱，当天将陈蕃杀死。

这时，张奂正好被召回京师，曹节等人以张奂刚刚回来，不知道他们的阴谋，假传皇帝圣旨命令张奂率领五营军士讨伐窦武。王甫率领千余人出宫与张奂会合，让士兵向窦武军大喊：“窦武谋反，你们都是皇帝的禁卫部队，应当保卫皇宫，为什么追随谋反的人呢！”北军五营校尉府的官兵，向来就畏惧归服宦官，于是窦武军队开始有人投奔王甫，从清晨到早饭时，窦武的军队几乎都归降了王甫。窦武自杀，被砍下头悬挂在洛阳都亭示众。

接着，又搜捕窦武的亲族、宾客、亲戚，全部加以诛杀。刘瑜、冯述都也被诛灭全族。将窦太后迁到南宫，把窦武的家属放逐到日南郡。陈蕃、窦武的学生、门生和过去的部属一律被免去官职，终身不能出来做官。议郎巴肃开始参与了窦武除灭宦官的密谋，曹节等人不知道，所以当时只是被免职，终身不能再做官，后来被发现，于是下令搜捕巴肃。巴肃自己乘车到县廷自首，县令解下印信，打算和巴肃一起逃走。巴肃说：“作为臣下，有谋略不敢隐藏，有罪不逃避刑罚。”于是被处死。曹节升任长乐卫尉，与王甫等六人都被封为列侯。陈蕃的朋友朱震收敛埋葬陈蕃的尸体，将陈蕃的儿子陈逸藏匿起来，事情被发觉后，朱震被抓

狱。震受考掠，誓死不言，逸由是得免。武掾胡腾殡敛武尸，行丧，亦坐禁锢。武孙辅，年二岁，腾诈以为己子，与令史张敞共匿之，亦得免。张奂迁大司农，封侯。奂深病为节等所卖，固辞不受。

冬十月晦，日食。　十二月，鲜卑、濊貊寇幽、并。乌桓称王。

乌桓大人上谷难楼有众九千余落，辽西丘力居有众五千余落，自称王。辽东苏仆延有众千余落，自称峭王。右北平乌延有众八百余落，自称汗鲁王。

己酉(169)　二年

春正月，尊慎园贵人董氏为孝仁皇后，以其兄子重为五官中郎将。　夏四月，青蛇见御座上。大风雨雷雹，诏公卿言事。

张奂上疏曰："昔周公葬不如礼，天乃动威。今武、蕃忠贞，未被明宥，妖眚之来，皆为此也。宜急为改葬，徙还家属，其从坐禁锢，一切蠲除。又，皇太后虽居南宫，而恩礼不接，宜思大义顾复之报。"上深嘉其言，而为宦者所制，不得从也。奂又与尚书刘猛等共荐王畅、李膺可参三公之选，节等疾其言，遂下诏切责之。皆自囚廷尉，数日得出，以俸赎罪。郎中谢弼上封事曰："皇太后幽隔空宫，如有雾露之疾，陛下当何面目以见天下！孝和皇帝不绝窦氏之

入狱。朱震遭受严刑拷打，但誓死不肯招供，陈逸因此逃脱性命。窦武府中的掾吏胡腾收敛殡葬窦武的尸体，并为其服丧，也受到不得为官的处分。窦武的孙子窦辅，年仅二岁，胡腾谎称是自己的儿子，与大将军府令史张敞一起将窦辅藏起来，窦辅也因此逃得性命。张奂升迁为大司农，因功封侯。张奂懊悔上了曹节等人的当，坚决推辞，不肯接受封侯。

冬十月最后一天，发生日食。　十二月，鲜卑和濊貊侵犯幽、并二州。　乌桓首领自称王。

乌桓首领上谷难楼有部众九千余帐落，辽西郡的丘力居有部众五千余帐落，自己称王。辽东郡的苏仆延，拥有部众一千余个帐落，自称峭王。右北平郡的乌延，拥有部众八百余落，自称汗鲁王。

己酉(169)　汉灵帝建宁二年

春正月，尊慎园贵人董氏为孝仁皇后，任命董氏哥哥的儿子董重为五官中郎将。　夏四月，在皇帝御座上出现一条青蛇。出现大风雷雨冰雹，灵帝下诏命公、卿大臣各呈奏，讨论灾异出现的原因。

张奂上疏说："过去，安葬周公不符合礼制，上天动怒。而今窦武、陈蕃忠贞为国，却没有得到朝廷明显的宽恕，怪异灾变的出现，都是因为这个原因。应当赶快重新安葬他们，迁回他们被放逐的家属，因他们而受到牵连遭到禁锢的，全部撤销处分。还有，皇太后虽然在南宫居住，但恩遇礼敬却经常享受不到，应该思念大义，回报父母的养育之恩。"灵帝深觉张奂说得有理，但为宦官们所控制，自己做不了主。张奂又和尚书刘猛共同荐举王畅、李膺认为他们是三公的合适人选，曹节等人痛恨他们的言论，让灵帝下诏严厉责备张奂等人。张奂等人都到廷尉狱，请求囚禁，数天之后才被释放，以俸禄赎罪。郎中谢弼上呈密封奏章给灵帝，说："皇太后被幽禁隔离在空宫之中，万一有什么急病，陛下还有什么面目见天下之人呢！孝和皇帝不断绝窦太后的

恩，前世以为美谈。《礼》'为人后者为之子'，今以桓帝为父，岂得不以太后为母哉！台宰重器，国命所系，今之四公，唯刘宠断断守善，余皆素餐致寇之人，必有折足覆餗之凶。可因灾异，并加罢黜，征王畅、李膺并居政事，庶灾变可消，国祚唯永。"左右恶之，以他罪收弼，掠死于狱。光禄勋杨赐曰："王者心有所想，虽未形颜色，而五星以之推移，阴阳为其变度。夫皇极不建，则有龙蛇之孽，《诗》云：'惟虺惟蛇，女子之祥。'惟陛下思乾刚之道，别内外之宜，抑皇甫之权，割艳妻之爱，则蛇变可消，祯祥立应。"赐，秉之子也。

六月，以刘嚣为司空。

嚣素附诸常侍，故致位公辅。

秋七月，段颎大破东羌，平之。封颎为新丰侯。

诏遣谒者冯禅说降汉阳散羌。段颎以羌虽暂降，必复为盗，不如乘虚放兵，势必殄灭。于是进营，去羌所屯四五十里，遣田晏、夏育将五千人先进击，破之。羌众东奔射虎谷，分兵守谷上下门，颎规一举灭之，不欲复令散走。遣千人于西县结木为栅，广二十步，长四十里遮之。分遣晏、育等将七千人衔枚夜上西山，结营穿堑，去虏一里许，又遣张恺将三千人上东山，虏乃觉之。颎因与恺等挟东、西山，纵兵奋击，追至谷上下门，穷山深谷之中，处处破之，斩其渠帅以下万九千级。冯禅等所招降四千人，分置安定、汉阳、陇西三郡。于是东羌悉平。

养育之恩，前世传为美谈。《礼记》说：‘为人后者为之子。’而今陛下以桓帝为父亲，岂能不以太后为母亲！尚书令和太尉、司徒、司空都是社稷重臣，国家命脉，可是现在的四公，只有刘宠专一推行善政，其他皆是无德守位、招贼引寇之人，必然会发生鼎足折断、倾覆食物的凶事。可以趁着天降灾异，将他们全部罢免，征召王畅、李膺等人参与政事，大概能使灾异消除，国运永亨。”灵帝左右近侍对谢弼的奏章十分痛恨，以其他的罪名收捕谢弼，拷打致死。光禄勋杨赐说：“君王心里有所思想，虽然没有表现出来，但金木水火土五星已经为之推移，阴阳也都为其改变。皇帝的权威没有建立，就会出现龙蛇灾孽，《诗经》说：‘虺蛇、大蛇，女子征兆。’只有请陛下思行阳刚之道，内外有别，抑制皇后家族的权力，割舍娇艳妻妾的宠爱，那么灾变即可消除，祥瑞立即就会出现。”杨赐是杨秉的儿子。

六月，任命刘嚣为司空。

刘嚣一向阿附中常侍，因此得以爬上三公高位。

秋七月，段颎大败东羌人，平定了东羌人的反叛。朝廷封段颎为新丰县侯。

灵帝下诏派遣谒者冯禅前往汉阳，说服残余的羌人投降。段颎认为羌人虽暂时归降，以后必然还会为盗作乱，不如趁他们虚弱的时候，纵兵攻击，一定会将他们杀绝。于是就率军前进，到了离羌人居地四五十里的地方，派田晏、夏育率五千士兵进攻，击溃了羌人。羌人向东奔逃至射虎谷，分兵守住射虎谷的上下门，段颎计划一举歼灭他们，不让他们再四散逃走。于是派遣千余人在西县用木头结成栅栏，宽二十步，长四十里，用来拦挡。又分别派遣田晏、夏育等率七千人，口中衔着木棍不许讲话，趁夜爬上西山，安营挖沟，前进到距离羌人一里左右的地方，又派张恺率三千人上东山，这时羌人才发觉。段颎和张恺从东、西山夹击，追击到射虎谷的上下门和穷山深谷之中，所向披靡，斩杀羌人首领以下共一万九千余人。冯禅招降的四千人，分别被安置在安定、汉阳、陇西三郡。于是，彻底平息了东羌人的反叛。

颎凡百八十战，斩三万八千余级，获杂畜四十二万七千余头，费用四十四亿，军士死者四百余人。更封新丰县侯，邑万户。

九月，江夏蛮反，州郡讨平之。　丹阳山越反，郡兵击破之。　冬十月，复治钩党，杀前司隶校尉李膺等百余人。

初，李膺等虽废锢，天下士大夫皆高尚其道而污秽朝廷，更相标榜，为之称号。以窦武、陈蕃、刘淑为三君。君者，言一世之所宗也。李膺、荀昱、杜密、王畅、刘祐、魏朗、赵典、朱寓为八俊。俊者，言人之英也。郭泰、范滂、尹勋、巴肃、宗慈、夏馥、蔡衍、羊陟为八顾。顾者，言能以德行引人者也。张俭、翟超、岑晊、苑康、刘表、陈翔、孔昱、檀敷为八及。及者，言其能导人追宗者也。度尚、张邈、王孝、刘儒、胡母班、秦周、蕃向、王章为八厨。厨者，言能以财救人者也。及陈、窦用事，复举拔膺等。陈、窦诛，膺等复废。宦官疾恶膺等，每下诏书，辄申党人之禁。侯览怨张俭尤甚。览乡人朱并上书告俭与同乡二十四人别相署号，共为部党，图危社稷，诏刊章捕俭等。

十月，曹节讽有司奏："诸钩党者虞放、李膺、杜密、朱寓、荀昱、翟超、刘儒、范滂等，请下州郡考治。"是时上年十四，问节等曰："党人何用为恶而欲诛之耶?"对曰："相举群辈欲为不轨。"上曰："不轨欲如何?"对曰："欲图社稷。"上乃可其奏。或谓李膺曰："可去矣。"对曰："事不辞难，罪不逃刑，臣之节也。吾年已六十，死生有命，去将安之!"乃诣诏狱，考死。门生故吏并被禁锢。侍御史景毅子顾为膺

段颎先后经历了百八十场战斗，斩杀羌人三万八千多，俘获各种家畜四十二万七千头，用费四十四亿，军吏和士兵死亡四百余人。朝廷改封段颎为新丰县侯，每年征收一万户人家的租税。

九月，江夏郡蛮人反叛，州郡官府出兵平定了反叛。　丹阳山越人反叛，派郡兵将其击破。　冬十月，再次惩治党人，处死前司隶校尉李膺等百余人。

当初，李膺等人虽遭废黜禁锢，但天下的士人都认为李膺等人德行高尚，朝廷政治黑暗污浊，李膺等人互相颂扬，各人都有美号。称窦武、陈蕃、刘淑为三君。所谓君，就是说他们是一代宗师。称李膺、荀昱、杜密、王畅、刘祐、魏朗、赵典、朱寓为八俊。所谓俊，是说他们是一代英杰。称郭泰、范滂、尹勋、巴肃、宗慈、夏馥、蔡衍、羊陟为八顾。所谓顾，是说他们是一代德行表率。称张俭、翟超、岑晊、苑康、刘表、陈翔、孔昱、檀敷为八及。所谓及，是说他们能为人导师。称度尚、张邈、王孝、刘儒、胡母班、秦周、蕃向、王章为八厨。所谓厨，是说他们能仗义疏财，舍财救人。等到后来，陈蕃、窦武主理朝政，重新举荐提拔了李膺等人。陈蕃、窦武被诛杀后，李膺等人再次被废黜。宦官们十分痛恨李膺等人，所以灵帝每次颁布诏书，都要重申对党人的禁令。中常侍侯览对张俭最为怨恨。侯览的同乡朱并上书检举张俭和同乡二十四人，互相起称号，结为朋党，图谋危害国家，灵帝下诏，公布奏章，收捕张俭等人。

十月，曹节暗示有关官吏奏报："勾结成党的有虞放、李膺、杜密、朱寓、荀昱、翟超、刘儒、范滂等人，请将这些人交与州郡拷问。"当时，灵帝十四岁，问曹节等人："党人有什么罪恶，而要杀他们？"曹节回答说："他们相互推举，勾结成党，图谋不轨。"灵帝说："不轨，想干什么？"曹节回答说："想要推翻朝廷。"于是，灵帝批准了奏章。有人对李膺说："可以逃跑了。"李膺回答说："事奉君王不辞艰难，有罪不逃避刑罚，是臣子的节操。我已六十岁了，死生有命，逃向哪呢！"便自己前往诏狱，被拷打致死。他的学生、过去的部下都被禁锢。侍御史景毅的儿子景顾是李膺

门徒，未有录牒，不及于谴。毅慨然曰："本谓膺贤，遣子师之，岂可以漏脱名籍，苟安而已！"遂自表免归。汝南督邮吴导受诏捕范滂，至征羌，抱诏书闭传舍，伏床而泣，一县不知所为。滂闻之曰："必为我也。"即自诣狱。县令郭揖大惊，出解印绶，引与俱亡，曰："天下大矣，子何为在此？"滂曰："滂死则祸塞，何敢以罪累君，又令老母流离乎！"其母就与之诀曰："汝今得与李、杜齐名，死亦何恨！"滂跪受教，再拜而辞。

凡党人死者百余人，妻子皆徙边，天下豪杰及儒学有行义者，宦官一切指为党人。有怨隙者，因相陷害，睚眦之忿，滥入党中。或有未尝交关，亦罹祸毒，其死、徙、废、禁者又六七百人。郭泰闻之，私为之恸曰："《诗》云：'人之云亡，邦国殄瘁。'汉室灭矣，但未知'瞻乌爰止，于谁之屋'耳！"泰虽好臧否，而不为危言核论，故能处浊世而怨祸不及焉。

张俭亡命困迫，望门投止，莫不重其名行，破家相容。后流转东莱，止李笃家。外黄令毛钦操兵到门，笃引钦就席曰："张俭负罪，岂得藏之！若审在此，此人名士，明廷宁宜执之乎？"钦因起抚笃曰："蘧伯玉耻独为君子，足下如何专取仁义！"笃曰："今欲分之，明廷载半去矣。"钦叹息而去。笃导俭出塞，其所经历，伏重诛者以十数，连引收考遍

的学生，党人名籍上没有他的名字，所以没有受到处罚。景毅感慨地说："我本来认为李膺是贤者，所以才让儿子拜他为师，怎么可以因为名籍上脱漏而苟安呢！"自己上书举报自己，免职回乡。汝南郡督邮吴导接到诏书逮捕范滂，到了征羌县，关上传舍的门，抱着诏书伏在床上哭泣，全县的人都不知道怎么回事。范滂听到后说："一定是为了我。"就到县狱自首。县令郭揖见到范滂大吃一惊，解去县令印信，接出范滂，要与他一起逃亡，说："天下大得很，您为何要在这个地方？"范滂说："我死了，灾祸才能停止，我怎么敢因我之罪牵累你，而又让我的老母亲流离失所呢！"范滂的母亲来和他诀别，对范滂说："你今天能与李膺、杜密齐名，死了有什么遗憾呢！"范滂跪着接受了母亲的教诲，再拜而别。

因党人案致死的有一百多人，他们的妻子、儿女都被放逐到边郡，天下的英雄豪杰和有德行、道义的儒家学者，都被宦官指控为党人。有私怨的，也乘机互相陷害，微不足道的小怨忿，也滥被诬陷为党人。还有的人与党人从来没有瓜葛，也遭受祸毒，因此而遭到处死、放逐、废黜、禁锢的又有六七百人。郭泰听说党人惨死的消息，暗中悲恸，说："《诗经》说：'人才奔亡，国家危急。'汉王朝将要灭亡，但不知道'看那乌鸦就要栖息，它能落到谁的屋上'。"郭泰虽然也爱好品评人物，但从来没有危言苛论，所以能身处乱浊之世而没有遭到怨恨和祸害。

张俭逃亡，困急窘迫，看见人家大门就去投奔，大家无不敬重他的名望品行，冒着家破人亡的风险收留他。后来，流亡辗转到了东莱郡，在李笃家住下。外黄县令毛钦拿着兵器来到李笃家门前，李笃领着毛钦就座后说："张俭是负罪之人，我怎么能窝藏他！若他真的在这里，此人名士，您难道一定要捉拿他？"毛钦站起来，抚摸着李笃肩膀说："蘧伯玉以单独做君子为耻，你怎能一人独获仁义！"李笃说："今天我想和您分享，您已经拿去一半了！"毛钦叹息而去。李笃引导张俭逃出边塞，张俭逃亡，因窝藏他而被诛杀的有十多人，受他牵连而遭到逮捕拷问的人遍

天下。俭与鲁国孔褒有旧，亡抵褒，不遇，褒弟融，年十六，匿之。事泄，俭亡走，国相收褒、融送狱，未知所坐。融曰："保纳舍藏者，融也。"褒曰："彼来求我，非弟之过。"吏问其母，母曰："家事任长，妾当其辜。"一门争死，郡县疑不能决，乃上谳之，诏书独坐褒。及党禁解，俭乃还乡里。

夏馥闻俭亡命，叹曰："孽自己作，空污良善。一人逃死，祸及万家，何以生为！"乃自剪须变形，入林虑山中，隐姓名，为冶家佣，亲突烟炭，形貌毁瘁，积二三年人无知者。馥弟静载缣帛追饷之，馥不受，曰："弟奈何载祸相饷乎！"

初，中常侍张让父死，归葬颍川，虽一郡毕至，而名士无往者，让耻之。陈寔独吊焉。及诛党人，让以寔故多所全宥。

初，太尉袁安子敞为司空，孙汤复为太尉。汤三子：成、逢、隗。成生绍，逢生术。至是逢为司空，隗亦显官。中常侍袁赦以逢、隗相家与之同姓，推崇以为外援，故袁氏贵宠于世，富奢甚，不与他公族同。绍壮健有威容，爱士养名，宾客辐凑。术亦以侠气闻。逢从兄子闳，少有操行，以耕学为业，逢、隗数馈之，无所受。闳见时方险乱，而家门富盛，常对兄弟叹曰："吾先公福祚，后世不能以德守之，而

及全国。张俭和鲁国人孔褒是老朋友，当他逃到孔褒家时，正好孔褒不在家，孔褒的弟弟孔融，年仅十六岁，就把张俭藏匿起来。后来，事情泄露，张俭只身逃走，但鲁国国相收捕了孔褒、孔融兄弟，但不知道应该判处谁来坐罪。孔融说："接纳张俭并将他藏匿家中的是我，应当由我坐罪。"孔褒说："张俭是来求助于我的，不是我弟弟的罪过。"官吏询问孔褒兄弟的母亲，母亲说："家里的事由家长负责，我应该承担罪过。"一家人争相赴死，郡县官吏疑惑不能判决，便上报朝廷，灵帝下诏，由孔褒坐罪。等到党禁解除后，张俭便回到了故乡。

夏馥听说了张俭逃亡的事情，叹息说："自己作孽，应由自己承受，何必白白地牵连良善之人。一人逃命，使万户人家遭受祸害，何必活下去！"于是他便剪掉胡须，改变形貌，逃入林虑山中，隐姓埋名，做了冶铸人家的佣工，亲自烧炭，形貌变得粗糙憔悴，在那里二三年居然没人知道他是谁。夏馥的弟弟夏静带着缣帛赶来接济他，夏馥不肯接受，说："你为什么带祸害来给我呢！"

当初，中常侍张让的父亲去世，遗体运回颍川安葬，虽然全郡的头面人物几乎都来参加葬礼，但有名望的士人却一个也没去，张让感到很耻辱。唯有陈寔独自前往吊丧。等到诛杀党人时，张让因为陈寔的缘故，保全赦免了不少人。

当初，太尉袁安的儿子袁敞做司空，孙子袁汤又当太尉。袁汤有三个儿子：袁成、袁逢、袁隗。袁成生袁绍，袁逢生袁术。到如今，袁逢做了司空，袁隗也担任了显要官职。中常侍袁赦认为袁逢、袁隗是将相之家，又与他同姓，就特别推崇他们，企图用他们作为自己的外援，所以袁氏以贵宠闻名于当世，非常富有奢华，和其他三公家族比起来大不相同。袁绍体格壮健而仪表堂堂，喜爱交往天下名士而传扬名声，宾客从四面八方来归附他。袁术也以侠义闻名于世。袁逢的堂侄袁闳，少年时就有节操德行，以种田求学为业，袁逢、袁隗多次馈赠资助他，袁闳都没有接受。袁闳见国家正当险乱之时，而袁氏家族也正是富贵兴盛，常对兄弟们叹息说："我们先祖的福运，后代不能以德行来保持，而

竞为骄奢，与乱世争权，此即晋之三郤矣。”及党事起，闳欲投迹深林，以母老不忍去，乃筑土室四周于庭，不为户，自牖纳饮食。母思闳时，往就视，母去便自掩闭，兄弟妻子莫得见也。潜身十八年，卒于土室。

初，范滂等非讦朝政，自公卿以下皆折节下之。太学生争慕其风，申屠蟠独叹曰：“昔战国之世，处士横议，列国之王至为拥篲先驱，卒有坑儒烧书之祸，今之谓矣。”乃绝迹于梁、砀之间，因树为屋，自同佣人。居二年，滂等果罹党锢之祸。

是月晦，日食。　鲜卑寇并州。

庚戌(170)　三年

春三月晦，日食。　征段颎为侍中。

颎在边十余年，未尝一日蓐寝，与将士同甘苦，故皆乐为死战，所向有功。

辛亥(171)　四年

春正月，帝冠，赦。

唯党人不赦。

二月，地震，海溢。　三月朔，日食。大疫。　秋七月，立贵人宋氏为皇后。　冬十月朔，帝朝太后于南宫。

帝以窦太后有援立之功，率群臣朝南宫，亲馈上寿。黄门令董萌因此数为太后诉冤，帝深纳之，供养资奉，有加于前。曹节、王甫疾之，诬萌以谤讪永乐宫，下狱死。

竞相骄纵奢华，与乱世争权夺利，这不就是晋之三郤大夫吗！”等党人案发生，袁闳想隐入山林，因为母亲年迈不忍离去，就在庭院里修筑了一间土室，没有门，饮食都从窗口递进。老母亲思念袁闳时，就到窗口去看他，母亲走后，他就把窗户关上，连兄弟、妻子、儿女都见不到他。就这样隐居了十八年，在土屋中去世。

起初，范滂等人批评抨击朝政，自三公九卿以下的文武大臣都降低身份礼敬他们。太学生们仰慕范滂等人的风度，争着向他们学，申屠蟠独自叹息说：“过去战国时代，连普通的士人对国政大事都肆意评论，但各国的国君却抱着扫帚扫除，为他们开路，结果导致了焚书坑儒的大祸，而今天正是那时的样子！”于是就隐居在梁国和砀县一带，在大树下盖了一间房子，和佣人一样生活。过了二年，范滂等人果然遭受了党锢之祸。

此月最后一天，发生日食。　鲜卑侵犯并州。

庚戌（170）　**汉灵帝建宁三年**

春三月最后一天，发生日食。　征调段颎为侍中。

段颎在边郡十余年，从来没有睡过一天踏实觉，他与将士们同甘共苦，所以部下都拼死作战，所向披靡，建立功勋。

辛亥（171）　**汉灵帝建宁四年**

春正月，灵帝举行加冠礼，大赦天下。

只有党人不予赦免。

二月，发生地震，海啸。　三月初一，发生日食。瘟疫蔓延。　秋七月，灵帝封贵人宋氏为皇后。　冬十月初一，灵帝前往南宫朝见窦太后。

灵帝认为窦太后扶持他继承帝位有功，就率领文武百官前往南宫朝见窦太后，并亲自给太后送上食品和祝寿。黄门令董萌趁着这个机会多次为窦太后申诉冤情，灵帝深为采纳，对窦太后的供养和待遇，都比以前有所提高。曹节、王甫见此非常痛恨，就诬告董萌诽谤灵帝生母董太后，将其下狱处死。

鲜卑寇并州。

壬子(172) **熹平元年**

春正月,帝谒原陵。

司徒掾蔡邕曰:“吾闻古不墓祭。朝廷有上陵之礼,始谓可损,今见威仪,察其本意,乃知孝明皇帝至孝恻隐不易夺也。礼有烦而不可省者,此之谓也。”

三月,太傅胡广卒。

广周流四公三十余年,历事六帝,礼任极优,所辟多天下名士,练达故事,明解朝章,京师谚曰:“万事不理问伯始,天下中庸有胡公。”然温柔谨悫,常逊言恭色以取媚于时,无忠直之风,天下以此薄之。

夏,宦者侯览有罪,自杀。

览为长乐太仆,坐专权骄奢,策收印绶,自杀。

六月,大水。　皇太后窦氏崩。秋七月,葬桓思皇后。

窦太后母卒于比景,太后忧思感疾,崩于云台。宦者积怨窦氏,以衣车载其尸置城南市舍,数日,曹节、王甫欲用贵人礼殡。帝不可,于是发丧成礼。节等欲别葬太后而以冯贵人配祔。诏公卿大会朝堂,令中常侍赵忠监议。太尉李咸时病,扶舆而起,捣椒自随,谓妻子曰:“若皇太后不得配食桓帝,吾不生还矣。”既议,坐者瞻望中官,莫肯先

鲜卑侵掠并州。

壬子(172)　**汉灵帝熹平元年**

春正月,灵帝前往光武帝墓原陵拜谒祭祀。

司徒掾蔡邕说:"我曾经听说,古代君王不到陵墓前祭祀。朝廷有到陵墓前祭祀的礼仪,原来我认为可以减损,今天我亲眼见到墓祭的威仪,体察它的本来用意,方才明白孝明皇帝至孝至诚之心,的确不可取消。有烦琐但不能省略的礼仪,大概就是指此。"

三月,太傅胡广去世。

胡广位居太傅、司徒、太尉、司空四公职位三十余年,曾事奉六个皇帝,所受到的礼遇十分优厚,他所聘用的都是天下的知名人士,也非常熟悉先朝的典章制度,明晓朝廷规章,所以京城中有谚语说:"万事不理问伯始,天下中庸有胡公。"然而,他性情温厚谨慎,总是以谦逊之言和恭顺之色取媚皇帝,缺少忠贞耿直的风度,天下人因此而轻视他。

夏季,宦官侯览犯罪,自杀而死。

长乐太仆侯览,以专擅权力、骄横奢侈获罪,灵帝下令收回其印信,侯览自杀身亡。

六月,发生水灾。　皇太后窦氏去世。秋七月,安葬窦太后,谥号桓思皇后。

窦太后的母亲在比景病故,窦太后忧伤思念成疾,在南宫云台去世。宦官们对窦氏一家积怨很深,就用拉衣服的车子将太后的尸体运到洛阳城南市舍,停放几天后,曹节、王甫想用埋葬贵人的礼仪埋葬窦太后。灵帝不同意,于是仍然按照埋葬皇后的礼仪发丧。曹节等人想把窦太后埋葬在别的地方,而把冯贵人与桓帝合葬。灵帝下诏,让群臣在朝堂上讨论这件事,命令中常侍赵忠监督讨论。太尉李咸正在生病,勉强上车,随身带着毒药,对妻子说:"如果皇太后不能与桓帝合葬,一同享受后人祭祀,我就不活着回来。"等到开始讨论,大家看着宦官,没人肯先

言。廷尉陈球曰:“皇太后以盛德良家,母临天下,遭时不造,援立圣明。因遇大狱,迁居空宫,家虽获罪,事非太后,今若别葬,诚失天下之望。且冯贵人无功于国,何宜上配至尊!”李咸曰:“臣本谓宜尔,诚与意合。”于是公卿以下皆从球议。节、甫犹争之,咸复上疏曰:“章德虐害恭怀,安思家犯恶逆,而和帝无异葬之议,顺朝无贬降之文。今长乐尊号在身,亲尝称制,援立圣明,光隆皇祚。太后以陛下为子,陛下岂得不以太后为母!子无黜母,臣无贬君,宜合葬宣陵,一如旧制。”帝从之。

诏司隶校尉刘猛论输左校。

有人书朱雀阙,言曹节、王甫幽杀太后,诏司隶刘猛逐捕。猛以其言直,不肯急捕。诏以段颎代猛,乃四出逐捕,及太学游生系者千余人。奏猛论输左校。

冬十月,杀渤海王悝。

初,渤海王悝以不道贬为瘿陶王,因王甫求复国,许谢钱五千万。既而桓帝遗诏复之,悝以非甫功,不与。甫以中常侍郑飒等与悝交通,乃使段颎收飒等,而奏飒等谋迎立悝。诏冀州刺史收悝,迫令自杀。妃、妾、子女、傅、相以下百余人皆被诛。甫等十二人以功封列侯。

发言。廷尉陈球说："窦太后品德高尚，出身良家，以国母身份治理国家，遭逢桓帝去世危难之时，而援立陛下为皇帝。因为遇上大狱兴起，被迁往空宫居住，窦氏家族虽然有罪，但不是窦太后的罪过，而如今要将太后埋葬于别处，确实使天下人失望。何况冯贵人对国家没有什么功劳，把她与桓帝合葬怎么适宜呢！"李咸说："我本来认为就当如此，陈太尉的意见与我完全相同。"于是，公卿以下的官员全都同意陈球的意见。曹节、王甫还要继续争辩，李咸又上书说："过去章德窦皇后陷害恭怀梁皇后，安思阎皇后家犯恶逆大罪，然而和帝没有提出改葬章德窦太后于别地，顺帝也没有贬降安思阎太后的诏文。而今长乐太后一直是皇太后尊号在身，而且又曾临朝主持朝政，并有援立陛下为帝之功，而使皇室光大隆盛。皇太后以陛下为儿子，陛下怎么能不以窦太后为母亲呢！儿子没有废黜母亲的，臣子没有贬谪君王的，所以应该将太后与先帝合葬于宣陵共享祭祀，一切遵从先朝的制度。"灵帝听从了李咸的意见。

灵帝下诏，将司隶校尉刘猛遣送到左校营服苦役。

有人在朱雀门上书写道：曹节、王甫幽禁谋杀了窦太后。灵帝下诏，命令司隶校尉刘猛搜捕人犯。刘猛认为书写者言语直切，不肯加紧搜捕。灵帝下诏，任命段颎代替刘猛的职务，于是段颎四出搜捕，一共逮捕了在太学游学的学生一千余人。段颎又受曹节等人指使找借口弹劾刘猛，判处他往左校营服苦役。

冬十月，杀渤海王刘悝。

当初，渤海王刘悝因昏庸无道被贬谪为瘿陶王，他请托王甫向桓帝说情，恢复他原来的封国，许诺事成以后，给王甫五千万钱谢礼。不久，桓帝去世，遗诏恢复刘悝原来的封国，刘悝认为这不是王甫的功劳，不能给他这笔谢礼。王甫就以中常侍郑飒等人与刘悝来往密切为由，便使段颎收捕郑飒入狱，而后又诬告郑飒等密谋拥立刘悝为帝，大逆不道。灵帝下诏，令冀州刺史逮捕刘悝，责令他自杀。刘悝的妃、妾、子女、封国太傅、国相以下百余人皆被诛杀。王甫等十二人都因此有功被封为列侯。

十一月，会稽妖贼许生称帝。　鲜卑寇并州。

癸丑(173)　二年

春正月，大疫。　夏六月，地震。　秋七月，以唐珍为司空。

珍，中常侍衡之弟也。

冬十二月，鲜卑寇幽、并。　是月晦，日食。

甲寅(174)　三年

冬十一月，吴郡司马孙坚讨许生，斩之。

坚，富春人，召募精勇得千余人，助州郡讨许生，大破斩之。

十二月，鲜卑入北地，又寇并州。

乙卯(175)　四年

春三月，立石经于太学门外。

诏诸儒正"五经"文字，命议郎蔡邕为古文、篆、隶三体书之，刻石，立于太学门外。使后学取正焉。碑始立，观视摹写者车乘日千余辆。

夏四月，大水。　鲜卑寇幽州。

初，朝议以州郡相党，人情比周，乃制婚姻之家及两州人士不得对相监临，至是复有三互法，禁忌转密，选用艰难。幽、冀二州久缺不补。蔡邕上疏曰："伏见幽、冀旧壤，铠马所出，比年凶饥，渐至空耗。今者阙职经时，吏民延属，而三府选举云避三互，十一州有禁，当取二州而已。

十一月，会稽郡许生反叛，自称皇帝。　鲜卑侵掠并州地区。

癸丑(173)　汉灵帝熹平二年

春正月，发生大瘟疫。　夏六月，发生地震。　秋七月，任命唐珍为司空。

唐珍是中常侍唐衡的弟弟。

冬十二月，鲜卑侵犯幽、并二州。　此月最后一天，发生日食。

甲寅(174)　汉灵帝熹平三年

冬十一月，吴郡司马孙坚率兵讨伐许生，将其斩杀。

孙坚是富春人，招募精悍勇猛者千余人，协助州郡官兵讨伐许生，击败并斩杀许生。

十二月，鲜卑攻入北地郡，又侵犯并州。

乙卯(175)　汉灵帝熹平四年

春三月，将石经立在太学门外。

灵帝下诏，命令儒学大师们校正"五经"文字，又命令议郎蔡邕用古文、篆文、隶书三种字体书写，刻在石碑上，竖立在太学门外。使后来的学者以此为准。石碑刚竖立时，前来观看、摹写的人，每天有一千多辆车。

夏四月，发生水灾。　鲜卑侵犯幽州。

最初，朝廷会议，因为州郡之间互相勾结徇私，便制定了有姻亲关系的家庭及两州人士，不得互相担任监察对方的职务，到现在又制定了"三互法"，禁忌更为严密，但也导致了选用地方官的困难。以致幽州、冀州的刺史职位一直因找不到合适人选而空缺着。蔡邕上书说："我见幽州、冀州故土，是盛产铠甲和马匹之地，连年的兵灾和饥荒，使得两州的物力、财力已经耗尽。而今两州刺史职位空缺已久，官吏和百姓都伸长脖子盼望新刺史的到来，而三府选举人选，说要避'三互'，迟迟不能确定，全国其他十一州均存在要避免'三互'的问题，不是只有这两州不同。

又二州之士或复限以岁月，狐疑迟淹，两州县空，万里萧条，无所管系。昔韩安国起自徒中，朱买臣出于幽贱，并以才宜，还守本邦，岂复顾循三互，系以末制乎！臣愿蠲除近禁，其诸州刺史器用可换者，无拘日月、三互，以差厥中。”不从。

六月，螟。

丙辰(176)　五年

夏，益州夷反。　大雩。　杀永昌太守曹鸾。更考党人，禁锢五属。

永昌太守曹鸾上书曰：“夫党人者，或耆年渊德，或衣冠英贤，皆宜股肱王室，左右大猷者也。而久被禁锢，辱在涂泥。谋反大逆尚蒙赦宥，党人何罪，独不开恕乎！所以灾异屡见，水旱荐臻，皆由于斯。宜加沛宥，以副天心。”帝大怒，槛车收鸾，送狱，掠杀之。于是诏州郡更考党人门生、故吏、父子、兄弟在位者，悉免官禁锢，爰及五属。

鲜卑寇幽州。

丁巳(177)　六年

夏四月，大旱，蝗。

此外，这两州的人士，有的人又为年资所限，狐疑拖延，以致失去机会，结果，这两州的刺史职位长期空缺，使二州万里土地一片萧条，没有人去管理。过去，韩安国是从罪徒中选拔出来，朱买臣出身微贱，但都因为他们才能可以胜任，朝廷派他们回家乡为官，怎么能还要顾忌遵循'三互法'，而受这不重要的制度约束呢！我希望陛下能够撤销最近制定的'三互'禁制，诸州刺史有才能可任用者，应该及时任用、调换，不要拘泥于年资和'三互法'的限制，这样的做法应该比较适宜。"朝廷最终没有听从蔡邕的建议。

六月，发生螟虫灾害。

丙辰（176）　汉灵帝熹平五年

夏季，益州夷人反叛。　朝廷举行祈雨祭祀大典。　诛杀永昌郡太守曹鸾。重新调查党人案件，禁锢处分扩大到党人五服之内的亲属。

永昌郡太守曹鸾上书说："所谓党人，有的是德行深厚的长者，有的是士大夫之中的英俊贤能之人，他们都应该辅佐皇室，参与国家重大决策。但被长期禁锢，不能做官为国家效力，甚至被困在社会最底层，受尽侮辱。犯有谋反大逆不道之罪还可以赦免宽宥，党人有什么罪，只有他们不能受到宽恕！今天之所以灾异屡屡出现，水灾、旱灾接二连三，都是因为这个原因。陛下对他们应该加以宽宥，以符合天意。"灵帝看了奏章，非常气愤，逮捕曹鸾，用囚车押解到京城，投入监狱，拷打致死。于是，灵帝下诏重新调查党人案件，凡是党人的学生与过去的部属、父亲、儿子、兄弟还在做官的，一律免职禁锢，不许再做官，禁锢的范围扩大到党人五服之内的亲属。

鲜卑侵犯幽州。

丁巳（177）　汉灵帝熹平六年

夏四月，发生大旱灾和蝗灾。

以旱、蝗诏令三公条奏长吏苛酷贪污者，罢免之。平原相阳球坐严酷，征诣廷尉。帝以球前为九江太守，讨贼有功，特赦之，拜议郎。

鲜卑寇三边。　以宣陵孝子为太子舍人。

市贾小民有相聚为宣陵孝子者数十人，诏皆除太子舍人。帝好文学，自造《皇羲篇》五十章，引诸生能为文赋者并待制鸿都门下。后诸为尺牍及工书鸟篆者，皆加引召，遂至数十人。侍中祭酒乐松、贾护多引无行趣势之徒置其间，熹陈闾里小事。帝甚悦之，待以不次之位。又久不亲行郊庙之礼。

会诏群臣各陈政要，蔡邕上封事曰："夫迎气五郊，清庙祭祀，养老辟雍，皆帝者之大业，祖宗所祗奉也。而有司数以蕃国疏丧、宫内产生及吏卒小污，废阙不行，忘礼敬之大，任禁忌之书，拘信小故，以亏大典。自今斋制宜如故典。国之将兴，至言数闻，内知己政，外见民情，当使抱忠之臣展其狂直。又，古者取士必使诸侯岁贡，孝武之世，郡举孝廉，又有贤良、文学之选，于是名臣辈出，文武并兴。汉之得人，数路而已。夫书画辞赋才之小者，匡国治政未有其能。陛下游意篇章，聊代博弈，非以为教化取士之本。

灵帝下诏，因为出现旱灾、蝗灾，命令三公分别举奏苛刻残酷的地方官吏，将他们免职。平原国相阳球以严刑酷虐被征召回京城，送廷尉处治罪。灵帝因阳球从前任九江太守时，讨伐反叛者有过功劳，特别下令赦免他，任命他为议郎。

鲜卑进犯东、西、北三边。　灵帝下诏任命“宣陵孝子”为太子舍人。

京城洛阳有数十个市井小人聚集在宣陵，自称是“宣陵孝子”，灵帝下诏，将他们一律任命为太子舍人。灵帝喜好文学，自己撰写了《皇羲篇》五十章，在太学中选择能作文赋的学生，集中在鸿都门下，等待诏命。后来，又将善于撰写公文、工于书写鸟篆古文的人加以征召引见，前后达数十人。侍中祭酒乐松、贾护又引荐了不少没有品行、趋炎附势的小人，夹杂在中间，为灵帝讲一些市井街头的琐碎小事。灵帝十分高兴，对这些人都越级擢升，授以高官。而又很久不亲自前往宗庙、郊外祭祀。

当时赶上灵帝下诏，命大臣们各自陈述施政要领，蔡邕呈上密封奏章说：“在五郊迎接四季神气，在宗庙祭祀祖宗，在太学中行养老礼，都是皇帝的大事，也是祖宗奉为神圣的大事。而有关官吏却多次以血缘较为疏远的藩国丧事、皇宫内妇女生育、吏卒的生病或死亡为借口，而停止举行典礼，忘记了礼敬天地祖宗神明的大事，听信禁忌之书，拘泥于小事，而亏损了国家的大典。从今以后，一切斋戒制度要依照先王的典制。国家要兴盛的征兆，就是能多次听到恳切的言论，这样从内可以知道为政得失，对外可以了解民生民情，所以，应该让忠贞的大臣畅所欲言。另外，古代帝王总是让诸侯们每年向天子举荐人才，孝武皇帝时，除了每郡推举孝廉外，还有贤良、文学的荐举制度，于是出现不少名臣，国家文武人才都很兴盛。我们大汉朝获得人才，不过就是这几条渠道而已。至于书法、绘画、辞赋这些技能，不过是微不足道的小技，何况这小小的才能在匡正国家、治理致事方面，又无法运用。陛下留意于文学创作，只不过来代替赌博、下棋，聊以消遣而已，并不是把这些作为教化百姓选取人才的标准。

而诸生竞利，作者鼎沸，连偶俗语，有类俳优，或窃成文，虚冒名氏，皆加拜擢，难复收改。但不可复使治民及在州郡。昔孝宣会诸儒于石渠，章帝集学士于白虎，通经释义，其事优大，文武之道，所宜从之。宣陵孝子虚伪小人，本非骨肉，群聚山陵，假名称孝，义无所依。至有奸轨之人通容其中。太子官属宜搜选令德，岂有但取丘墓凶丑之人。其为不祥莫大焉，宜遣归田里，以明诈伪。”书奏，帝乃亲迎气北郊及行辟雍之礼。又诏宣陵孝子为舍人者，悉改为丞、尉焉。

秋八月，遣校尉夏育等击鲜卑，败绩。

护乌桓校尉夏育上言：“鲜卑寇边，自春以来三十余发，请征幽州诸郡兵出塞击之，一冬、二春必能禽灭。”先是护羌校尉田晏坐事论刑，欲立功自效，乃请王甫求得为将，乃拜晏为破鲜卑中郎将。大臣多不同者，乃召百官议。蔡邕议曰：“自匈奴遁逃，鲜卑强盛，据其故地，称兵十万，才力劲健，意智益生，加以关塞不严，禁网多漏，精金良铁皆为贼有。汉人逋逃为之谋主，兵利马疾，过于匈奴。今育、晏虚计二载，自许有成，若祸结兵连，岂得中休，当复征发，转运无已，是为耗竭诸夏，并力蛮夷。夫边垂之患，手足之

然而，太学生们竞相追逐名利，写作之人热情高涨，文章通篇全是低俗之语，类似于俳优艺人的戏文，有的抄袭别人的作品，冒充别人的姓氏，而陛下对这些人，都加以任命或擢升官职，而诏命一出，就难以收回或更改。但是却万万不能让他们治理百姓和到州郡任职。过去，孝宣皇帝在石渠阁会集儒家学者们，章帝聚经学博士于白虎观，通解经义，统一解释，这是一件大好事，这些都是治国的大道，应该遵从去做。所谓'宣陵孝子'都是虚伪小人，他们与先帝本非骨肉之亲，结伙群聚在先帝的陵前，托称孝子，实际从道理上说没有任何依据。甚至还有一些为非不法之徒混在里面。皇太子的官属应该搜选有美德的人担任太子舍人，怎么能只录用这些凶险浅陋之人。这真是莫大的不祥，应该将他们遣送回故乡，以便让人明白他们是奸诈虚伪的小人。"奏章呈上后，灵帝便亲自到北郊举行迎节气的祭祀，到太学辟雍行养老之礼。又下诏，凡是"宣陵孝子"为太子舍人的，一律改任县丞、尉一级的官吏。

秋八月，派遣校尉夏育等率兵进攻鲜卑，遭到失败。

护乌桓校尉夏育上书说："鲜卑侵犯边境，自春季以来，已经发生了三十余起，请求征调幽州诸郡的郡兵出塞攻击他们，只需要一个冬季、二个春季的时间，必然能将他们擒获歼灭。"在此之前，护羌校尉田晏因事获罪判刑，想立功赎罪，报效朝廷，就请托王甫，让朝廷准许他为将，于是朝廷就任命田晏为破鲜卑中郎将。许多大臣都不同意，于是召集文武百官讨论。蔡邕发表见解说："自从匈奴远逃之后，鲜卑强盛起来，占据了匈奴原有的土地，号称有兵十万，士兵劲健，意气智谋不断生长，再加上边塞防守不够严密，法网禁令也疏漏不全，各种精锐的武器，都流入敌人之手。汉人的逃犯又为他们参谋策划，他们武器的精良锐利、战马的矫健迅疾，都已超过了匈奴。而今天夏育、田晏无根据地提出了一个二年歼灭敌人的计划，自以为可以成功，倘若祸结兵连，怎么能中途停止，只好继续征兵增援，转运粮草无休止，结果是耗尽内地，全力对付外夷。边疆的祸患，不过是手脚上的

疥搔；中国之困，胸背之瘭疽。方今郡县盗贼尚不能禁，况此丑虏而可伏乎！天设山河以别内外，苟无蹙国之患则可矣，岂与虫蛆之虏校往来之数哉！今乃欲以齐民易丑虏，皇威辱外夷，就如其言犹已危矣，况得失不可量邪！”帝不从。八月，遣育出高柳，晏出云中，各将万骑出塞二千余里。檀石槐命三部大人各帅众逆战，育等大败，丧其节传辎重，各将数十骑奔还，死者什七八。槛车征下狱，赎为庶人。

冬十月朔，日食。　地震。　鲜卑寇辽西，太守赵苞破之。

辽西太守赵苞到官，遣使迎母，道经柳城，值鲜卑万余人入塞寇钞，劫质苞母，载以击郡。苞出战对陈，贼出母示苞，苞悲号，谓母曰：“为子无状，欲以微禄奉养朝夕，不图为母作祸。昔为母子，今为王臣，义不得顾私恩，毁忠节，唯当万死，无以塞罪。”母遥谓曰：“人各有命，何得相顾以亏忠义，尔其勉之！”苞即时进战，贼悉摧破，其母为贼所害。苞归葬讫，谓乡人曰：“食禄而避难，非忠也；杀母以全义，非孝也。如是，有何面目立于天下！”遂欧血而死。

戊午（178）　光和元年

春正月，合浦、交阯乌浒蛮反。　二月朔，日食。

疥癣小疾；内地的困乏，是胸背上的大疮重病。现在连郡县的盗贼都不能禁止，又怎么能使凶恶的强大外族降服呢！上天设置山河以区别内外，如果没有危及国家的紧迫祸害就可以了，岂能和如虫蛆般的夷族计较呢！而今却想将教化之民的生命与鄙陋的外夷生命交换，让煌煌皇威受外夷的凌辱，即使就像夏育、田晏所说的那样已经够危险的了，何况胜负得失不可预料呢！”灵帝不肯听从蔡邕的劝谏。八月，派遣夏育率军出高柳，田晏率军出云中，各自率领一万骑兵，出塞深入鲜卑境内二千余里。鲜卑首领檀石槐命令三部大人各自率鲜卑部众迎战，夏育等人大败，丢弃符节辎重，各自只率领数十人逃奔回来，死去的有十分之七八。灵帝用囚车将三将解送回京城，关进监狱，后以钱赎罪，贬为一般百姓。

冬十月初一，发生日食。　发生地震。　鲜卑侵犯辽西郡，太守赵苞将其击败。

辽西郡太守赵苞上任后，派遣官吏到家乡接母亲到辽西，路上经过柳城，正遇上鲜卑万余人入塞抢掠，劫持赵母以为人质，用车载着赵母来进攻辽西郡。赵苞率军布阵迎敌，鲜卑在阵前推出赵母让赵苞看，赵苞见到母亲，悲哀号哭，对母亲说：“做儿子的实在罪过不可言状，本来想用微薄的俸禄奉养您，没想到却为母亲惹来大祸。过去我是您的儿子，如今我是朝廷的大臣，大义不能顾及私恩，毁坏忠节，该当万死，否则无法弥补我的罪过。”赵母远远地对赵苞说：“人各有命，怎能为了顾及我而损害了忠义，你努力去做吧！”于是赵苞立即下令进攻，鲜卑全部被打垮，赵母却被鲜卑杀害。赵苞扶柩回乡将母亲安葬以后，对家乡的人们说：“接受朝廷的俸禄而躲避危难，不能称之为忠；牺牲母亲以保全忠义，不能称之为孝。既然是这样，我有什么脸面活在世上！”便吐血而死。

戊午（178）　汉灵帝光和元年

春正月，合浦、交阯乌浒蛮人反叛。　二月初一，发生日食。

地震。　置鸿都门学。

鸿都门学诸生皆敕州郡、三公举用辟召，或出为刺史、太守，入为尚书、侍中，有封侯、赐爵者。士君子皆耻与为列焉。既而诏为鸿都文学乐松等图象立赞。尚书令阳球谏曰："松等皆出于微蔑，斗筲小人，俯眉承睫，徼进明时。而形图丹青，有识掩口。今太学、东观足以宣明圣化，愿罢鸿都之选，以销天下之谤。"书奏，不省。

以张颢为太尉。

颢，中常侍奉之弟也。

夏四月，地震。　侍中寺雌鸡化为雄。　六月，有黑气堕温德殿庭中。

气如龙，长十余丈。

秋七月，青虹见玉堂殿庭中。

上以灾异诏问消复之术。光禄大夫杨赐对曰："今妾媵、阉尹共专国朝，鸿都群小并各拔擢。乐松处常伯，任芝居纳言，以便辟之性受不次之宠，而令搢绅之徒委伏畎亩，口诵尧舜之言，身蹈绝俗之行，委捐沟壑，不见逮及。冠履倒易，陵谷代处，幸赖皇天垂象谴告。《周书》曰：'天子见怪则修德，诸侯见怪则修政，卿大夫见怪则修职，士庶人见怪则修身。'唯陛下斥远佞巧之臣，速征鹤鸣之士，断绝尺一，抑止槃游，冀上天还威，众变可弭。"赐，秉之子也。

地震。　设置鸿都门学校。

灵帝下命令，凡是鸿都门学校的学生，州郡、三公都得举荐任用，有的出任刺史、郡太守，有的入朝为尚书、侍中，有的被封侯，有的被赐以爵位。而那些正直有节操有学问的人，都以与这些人同列为伍而羞耻。不久，灵帝下诏，为鸿都门学文学乐松画像并立一篇赞美之辞与之相配。尚书令阳球劝谏说："乐松等人都出身微贱，是才识短浅的小人，他们俯首帖耳，看人眼色行事，以求上进擢升。而今给他们画像立赞，令有识之士掩口而笑。现在太学、东观两个学术机构足以宣明教化，希望陛下停止鸿都文学的选举，以消除天下人的谴责不满。"奏章呈上，灵帝不予理睬。

以张颢为太尉。

张颢是中常侍张奉的弟弟。

夏四月，发生地震。　侍中官署一只母鸡变为公鸡。　六月，一股黑气从天上堕入温德殿庭院中。

黑气如一条长龙，长十余丈。

秋七月，在玉堂殿上发现一道青虹。

灵帝因为种种灾异的出现，下诏询问灾异出现的原因及消除的办法。光禄大夫杨赐回答说："现今妃妾、宦官之辈共同专断朝政，鸿都门学的小人各自被提拔擢升。乐松位居侍中，任芝做了尚书，以巧言令色而受到越级提拔的恩宠，而士大夫们委身于乡村僻壤，口中诵念唐尧虞舜的言论，亲自履行超出世俗的行为，却被抛弃在水沟山谷，无人关心。这真是帽子和鞋子颠倒位置，山陵和深谷互相交替的怪事，幸亏上天垂降灾异，谴告陛下。《周书》上说：'天子见到怪异则反省恩德修养，诸侯见到怪异则反省修正政事，卿、大夫见到怪异则反省修正自己的职守，士、百姓见到怪异则反省修正自己的行为。'所以请陛下黜退疏远奸佞取巧的臣子，迅速征召德行为世所称道的人士，断绝奸佞的矫假诏书，停止无度的娱乐，这样才能期望上天息怒，各种灾异就可以消除。"杨赐是杨秉的儿子。

蔡邕对曰："臣伏思诸异，皆亡国之怪也。天于大汉殷勤不已，故屡出袄变以当谴责，欲令人君感悟，改危即安。蜺堕鸡化，皆妇人干政之所致也。前者乳母赵娆，谗谀骄溢，门史霍玉，依阻为奸。今道路纷纷，复云有程大人者，察其风声，将为国患。宜高为堤防，明设禁令，深惟赵、霍以为至戒。今太尉张颢，为玉所进，光禄勋伟璋，有名贪浊。又长水赵玹，屯骑盖升，并叨时幸，荣富优足。廷尉郭禧纯厚老成，光禄大夫桥玄聪达方直，故太尉刘宠忠实守正，并宜为谋主，数见访问。夫宰相大臣，君之四体，委任责成，优劣已分，不宜听纳小吏，雕琢大臣也。圣朝既自约厉，左右亦宜从化，人自抑损以塞咎戒，则天道亏满，鬼神福谦矣。"

章奏，帝览而叹息。因起更衣，曹节于后窃视之，悉宣语左右。中常侍程璜使人飞章言邕私事，下洛阳狱，劾大不敬，弃市。中常侍河南吕彊愍邕无罪，力为伸请，诏"减死一等，与家属髡钳徙朔方，不得以赦令除"。璜女夫阳球又与邕叔父有隙，遣客刺邕。客感其义，反以其情告之，由是得免。

八月，有星孛于天市。　冬十月，废皇后宋氏，幽杀之。

后无宠，而姑为渤海王悝妃，王甫恐后怨之，因谮后挟

蔡邕回答说："我慎重地思索各种灾异，都是亡国的怪异现象。上天对大汉朝还是眷念不已的，所以才屡次显示妖孽灾异的现象来谴责告诫，希望人君能够感悟，摆脱危险，即是平安。而今青虹堕落，母鸡变成公鸡，都是由妇人干政而导致的灾异。从前乳母赵娆，谗害忠良，阿谀骄奢，门史霍玉依仗权势，而行邪恶之事。而今道路上纷纷传说，又说宫中有一位程大人，看其来势，将要成为国家的祸患。应该提高警惕，严加防备，明确设置禁令，要深以赵娆、霍玉为戒。现在的太尉张颢，是霍玉所举荐引进的，光禄勋伟璋是有名的贪婪污浊之人。另外，长水校尉赵玹、屯骑校尉盖升，都受到宠幸，荣华富贵之极。廷尉郭禧为人纯厚老成，光禄大夫桥玄聪明通达，端方正直，前太尉刘宠忠实守正，他们都应该成为重要顾问，请多听他们的意见。宰相大臣，就好像君王的四肢，要委以他们重要责任，现在优劣已分明，就不应该再听信小吏们的谗言，而苛求大臣们了。圣明的陛下您能自我约束，左右臣下也应该效法，上下人人自谦，自我约束就可以消除上天的儆戒，而上天的规律是罚戒骄傲自满的人，鬼神福佑谦恭的人。"

奏章呈上，灵帝一边看一边叹息。因灵帝起身更换衣服，曹节在后面乘机偷看奏章，把内容都告诉了他左右之人。中常侍程璜指使人写匿名信诬告蔡邕公报私仇，将蔡邕逮捕入狱，弹劾他犯有大不敬罪，处以死刑，在闹市中斩首，陈尸示众。中常侍河南人吕彊知道蔡邕无罪，十分怜悯他，竭力为他申诉求情，灵帝下诏："减死罪一等，和家属一起处以髡、钳的刑罚，放逐到朔方郡，即使有赦令也不能赦免。"程璜的女婿阳球又和蔡邕的叔父有仇怨，就派遣刺客去刺杀蔡邕。刺客为蔡邕的大义所感动，反而将阳球的阴谋先诉了蔡邕，蔡邕这才免于一死。

八月，有彗星出现在天市星旁。　冬十月，废黜皇后宋氏，幽禁而死。

宋皇后不得宠爱，她的姑姑是渤海王刘悝的王妃，诛杀刘悝与王甫有很大关系，王甫害怕宋皇后怨恨他，就诬陷皇后利用

左道祝诅。帝信之，策收玺绶。后自致暴室，以忧死。父酆及兄弟并被诛。

是月晦，日食。

尚书卢植上言："党锢多非其罪，可加赦宥。宋后家属无辜不得敛葬，宜敕收拾，以安游魂。郡守、刺史一月数迁，纵不九载，可满三岁。请谒希求，一宜禁塞，选举之事，责成主者。天子无私，宜弘大务，蠲略细微。"不省。

鲜卑寇酒泉。　初开西邸卖官。

初开西邸卖官，二千石二千万，四百石四百万，其以德次应选者半之，或三分之一。令、长随县丰约有贾。富者先入，贫者到官倍输。又私令左右卖公卿，公千万，卿五百万。尝问侍中杨奇曰："朕何如桓帝？"对曰："陛下之于桓帝，亦犹虞舜比德唐尧。"帝不悦，曰："卿强项，真杨震子孙，死后必复致大鸟矣。"奇，震曾孙也。

己未(179)　二年

春，大疫。　太尉桥玄罢。

玄幼子游门次，为人所劫，登楼求货，玄不与。司隶河南围守玄家，不敢迫。玄瞋目呼曰："奸人无状，玄岂以一子之命而纵国贼乎！"促令攻之，子死。玄因上言："天下凡

邪门左道诅咒皇帝。灵帝听信了王甫的谗言，策命收回宋皇后的印信。宋皇后自己到暴室，忧郁而死。宋皇后的父亲宋酆及兄弟们都被诛杀。

此月最后一天，发生日食。

尚书卢植上书说："被朝廷以党人之罪禁锢的人，多数没有什么罪，可以赦免宽宥。宋皇后家属无辜被诛杀，尸骨不得殓葬，应该准予收埋安葬，以安定游魂。现今郡守、刺史一个月中数次调动，即使不能任期九载，也应该任满三年。至于那些私情请托，要一律堵塞住，选拔举荐人才，应该责成主管官吏负责。天子无私，应该抓国家要务，忽略那些微琐事。"奏章呈上，灵帝不予理睬。

鲜卑侵掠酒泉郡。　首次开"西邸"出卖官爵。

首次开"西邸"卖官，俸禄等级为二千石的官卖二千万钱，四百石的官卖四百万钱，其中按着德行资历应当被选拔升迁的，就出半价或三分之一。县令、长随着该县的大小、贫富、收入多少而有不同价格。有钱的先交钱，交不起钱的到任后加倍交纳。灵帝又私下命令左右近臣卖三公、九卿的职位，三公卖一千万钱，九卿卖五百万钱。灵帝曾经询问侍中杨奇说："朕和桓帝比如何？"杨奇回答："陛下和桓帝相比，就如虞舜和唐尧相比一样。"灵帝听了很不高兴，说："你的性格倔强，不肯向别人低头，真不愧是杨震的子孙，你死后也一定会再招来大鸟。"杨奇是杨震的曾孙。

己未(179)　汉灵帝光和二年

春季，发生大瘟疫。　太尉桥玄被罢免。

桥玄的小儿子在门前游戏，被匪徒劫持，上楼要求交赎金，桥玄不肯答应。司隶校尉、河南尹包围把守住桥玄家，但不敢攻击匪徒。桥玄睁大眼睛呼喊道："奸人的罪恶无法形容，太不像话了，我怎么能为了一个儿子的性命而纵容国贼！"催促他们进攻匪徒，桥玄的儿子被匪徒杀死。桥玄就此事上书朝廷说："天下凡

有劫质者，皆并杀之，不得赎以财宝，开张奸路。”由是劫质遂绝。

地震。　夏四月朔，日食。　宦者王甫伏诛。太尉段颎有罪，自杀。

王甫、曹节等奸虐弄权，段颎以输货得太尉，阿附之。节、甫父兄子弟为卿、校、牧、守者布满天下，所在贪暴。养子吉为沛相，尤残酷，视事五年，凡杀万余人。尚书令阳球常拊髀发愤曰：“若阳球作司隶，此曹子安得容乎！”既而果迁司隶。

甫使门生于京兆界辜榷官财物七千余万，京兆尹杨彪发之。彪，赐之子也。球奏甫、颎等罪恶，悉收送洛阳狱，及甫子萌、吉，自临考之，五毒备极。萌乃骂曰：“前奉事吾父子如奴，奴敢反汝主乎！”父子悉死杖下，颎亦自杀。乃僵磔甫尸于夏城门，大署榜曰：“贼臣王甫。”尽没入其财产，妻子皆徙比景。

球遂欲以次表诛节等，乃敕中都官从事曰：“且先去权贵大猾，若公卿豪右，从事自办之，何须校尉耶！”节等闻之，不敢出沐。会送虞贵人葬，节见磔甫尸，慨然抆泪，直入省，白帝曰：“阳球故酷暴吏，好妄作，不宜使在司隶以骋毒虐。”帝乃徙球为卫尉。于是曹节、朱瑀等权势复盛。郎中审忠上书极言瑀等罪恶，请与考验，有不如言，愿受汤镬之诛。不报。

封中常侍吕彊为都乡侯，不受。

有劫持人质勒索人财的，都应该诛杀他们，不准用财宝赎还人质，为奸人开路使他们得逞。”从此，劫持人质的事件绝迹了。

发生地震。 夏四月初一，发生日食。 宦官王甫受到诛杀。太尉段颎犯罪，自杀。

王甫、曹节等奸佞肆虐，玩弄权势，段颎用钱行贿而得到太尉的职位，也阿附顺从他们。曹节、王甫的父亲、兄弟及养子们担任卿、校尉、州牧、郡守等要职的布满全国，他们在哪里都非常贪婪残暴。王甫的养子王吉担任沛国国相，最为残酷，他在任五年，杀死一万余人。尚书令阳球常拍着大腿说：“如果我做司隶校尉，绝对不能容忍他们。”不久，阳球果然调任司隶校尉。

王甫派他的门生在京兆界内独自侵占了公家财物七千余万钱，被京兆尹杨彪揭发。杨彪是杨赐的儿子。阳球就向灵帝奏报王甫、段颎的罪恶，将他们和王甫的养子王萌、王吉全部逮捕，关押在洛阳监狱，阳球亲自审讯王甫父子，五种最残酷的刑罚全用上了。王萌大骂阳球说：“从前你事奉我们父子，就像奴才侍候主子一样，现在奴才胆敢反叛主子！”王甫父子全都被仗棍活活打死，段颎自杀而亡。于是阳球命令将王甫的尸体砍成几块放在夏城门示众，并张贴大字告示：“贼臣王甫。”又把王甫的财产全部没收，将他的家属放逐到比景。

阳球又想接着奏请灵帝，诛杀曹节等人，于是他对中都官从事说：“暂且先除掉权贵大奸人，至于公卿中横行霸道的豪强，你自己行使职权惩办他们就行了，何必还要我这校尉亲自出面！”曹节等人听说了，连休假都不敢出宫。这时，正好遇着顺帝妃子虞贵人去世，曹节送葬，看见王甫被剁碎了的尸体，叹息流泪，就一直来到宫中，对灵帝说：“阳球原来是一个残暴的酷吏，好妄作非为，不适合当司隶校尉，而让他肆意暴虐。”于是，灵帝调任阳球为卫尉。曹节、朱瑀等人权势又盛起来。郎中审忠上书诉说朱瑀等人罪恶，请朝廷调查验证，说如有不实之处，愿意受烹煮之刑。奏章呈上，没有回音。

灵帝封中常侍吕彊为都乡侯，吕彊不肯接受。

彊清忠奉公，帝以众例封为都乡侯。彊固辞不受，因上疏曰：“宦官品卑人贱，妄授茅土，开国承家，小人是用。阴阳乖剌，罔不由兹。采女数千，衣食之费日数百金，终年积聚，岂无忧怨。蔡邕对问，毁刺贵臣，讥呵宦官，陛下不密其言，令群邪咀嚼，致邕刑罪。今群臣皆以邕为戒，臣知朝廷不复得闻忠言矣！段颎武勇冠世，勋烈独昭，一身既毙，而妻子远播，天下惆怅，功臣失望。宜征邕授任，反颎家属，则忠贞路开，众怨弭矣。”帝知其忠而不能用。

诏党锢从祖以下皆释之。

上禄长和海上言：“礼，从祖兄弟别居异财，恩义已轻，服属疏末。而今党人锢及五族，乖谬常法。”于是党锢自从祖以下，皆得解释。

中郎将张修杀匈奴单于。秋七月，征下狱，死。　冬十月，杀司徒刘郃、少府陈球、尚书刘纳、卫尉阳球。

初，郃兄侍中儵死于陈、窦之难。至是永乐少府陈球复说郃曰：“曹节等放纵为害，可表徙卫尉阳球为司隶，以次收节等诛之。”郃曰：“凶竖多耳目，恐事未会，先受其祸。”尚书刘纳曰：“为国栋梁，倾危不持，焉用彼相邪！”郃许诺，与阳球结谋。球小妻，程璜之女，由是节等闻知，共

吕彊为人清廉忠直，奉公守法，灵帝依照众人的例子封他为都乡侯。吕彊坚决推辞不肯接受，因而上书说："宦官品位卑下，出身微贱，陛下却随意地赐给他们食邑封国，使小人得到任用。阴阳违背错乱，全都是由此引起。陛下后宫的采女有数千人，仅衣食的费用一天就要耗费数百金，这样终年积聚下去，怎能不让人担忧和有所怨言。蔡邕之前回答陛下的询问，抨击了权贵之臣，斥责了宦官，陛下不能为他保密，以致令奸邪们咬牙切齿地痛恨蔡邕，致使蔡邕遭受陷害被处刑判罪。而今群臣都以蔡邕为戒，据我所知，朝廷再也不会听到忠直的话了！段颎之威武勇猛，当世第一，功勋无人可比，一身死亡，而妻子被放逐到边远之地，令天下人为之嗟叹，功臣们也灰心失望。陛下应该征回蔡邕，委以官职，迁回段颎家属，这样则忠贞路开，人们的怨恨就可以平息了。"灵帝知道吕彊忠心，但不能采纳。

灵帝下诏：对党人的禁锢，从其堂祖父以下的亲属都得以解除。

上禄县长和海上书说："根据礼制，同曾祖不同祖父的堂兄弟应该分开居住，家财也应该分开，恩德和情义已经很淡薄，在丧礼上也已经是很疏远的亲属。但现在对党人的禁锢已经扩大到其五服之内的亲属，这是不符合正常法规的。"于是对党人的禁锢，从其堂祖父以下的亲属都得到解除。

中郎将张修擅自斩杀匈奴单于。秋七月，被征，入狱，处死。

冬十二月，处死司徒刘郃、少府陈球、尚书刘纳、卫尉阳球。

当初，刘郃的哥哥侍中刘儵死于陈蕃、窦武被宦官诛杀事件。到这时，永乐少府陈球又向刘郃进言说："曹节等人放纵为害国家，您可以上书朝廷，荐举卫尉阳球重新担任司隶校尉职务，逐一诛杀曹节等人。"刘郃说："这些凶徒小人耳目很多，恐怕事情时机未到，反而先受到他们的祸害。"尚书刘纳说："您是国家栋梁之臣，国家正值危难之际，您不去扶持，还要您这些辅佐干什么！"于是刘郃答应了，和阳球密谋策划除掉曹节等人。阳球的妾是中常侍程璜的女儿，由此曹节等人知道了消息，就一起

白帝曰："郃等交通书疏，谋议不轨。"帝大怒。郃及陈球、刘纳、阳球皆下狱，死。

巴郡板楯蛮反。　鲜卑寇幽、并。

庚申(180)　**三年**

夏四月，江夏蛮反。　秋，地震。　冬，有星孛于狼、弧。　鲜卑寇幽、并。　十二月，立贵人何氏为皇后。

后本南阳屠家，以选入掖庭，生皇子辩，故立之。征其兄进为侍中。后王美人生皇子协，后鸩杀美人，帝怒，欲废后，中官固请，乃止。

作罼圭、灵昆苑。

司徒杨赐谏曰："先王造囿，裁足以修三驱之礼，薪莱刍牧皆悉往焉。先帝左开鸿池，右作上林，不奢不约。今废田园，驱居人，畜禽兽，殆非若保赤子之义。宜惟卑宫、露台之意，以慰民劳。"帝欲止，侍中任芝、乐松曰："昔文王之囿百里，人以为小。齐宣五里，人以为大，今与百姓共之，无害于政也。"帝悦，遂为之。

苍梧、桂阳贼攻零陵，太守杨琁击破之。

苍梧、桂阳贼攻郡县，零陵太守杨琁制马车数十乘，以排囊盛石灰于车上，系布索于马尾。又为兵车，专彀弓弩。

向灵帝诬告刘郃等人说："刘郃等人互相往来勾结，密谋越出正轨的行动。"灵帝听了大怒。刘郃及陈球、刘纳、阳球都被逮捕入狱处死。

巴郡板楯蛮人反叛。　鲜卑人侵犯幽州、并州。

庚申（180）　汉灵帝光和三年

夏四月，江夏郡蛮人反叛。　秋季，发生地震。　冬季，有彗星出现在狼星、弧星之间。　鲜卑人侵犯幽州、并州。　十二月，封贵人何氏为皇后。

何皇后出身于南阳郡的一个屠户家庭，后来被选入宫廷，生了皇子刘辩，所以被封为皇后。灵帝又征召她的哥哥为侍中。后来王美人生了皇子刘协，何皇后用毒药害死了王美人，灵帝非常愤怒，要废黜何皇后，宦官们竭力为其求情，才使灵帝停止废黜何皇后的念头。

兴建罼圭苑、灵昆苑。

司徒杨赐劝阻说："先辈君王兴建苑囿的目的只是为了满足祭祀、招待宾客和君王自己的食用的需要，日常的薪柴、刍菜、牧草都是在苑囿里出产。先帝在左边开辟鸿池，右边营作上林苑，不算奢侈，也不算节约。而今荒废田园，把当地居民驱逐出去，畜养飞禽走兽，也许这不是保护百姓的大义。请想一下夏禹简陋的宫室，文帝不兴建露台的本意，体谅百姓的辛劳。"灵帝听从了，想停止兴建二苑，侍中任芝、乐松说："过去，周文王的苑囿方圆一百里，人们还以为太小。齐宣王的苑囿方圆五里，人们还以为太大，现今陛下和百姓共同享用苑囿，不会对政事有什么妨害的。"灵帝听了很高兴，就下令兴建罼圭苑和灵昆苑。

苍梧郡、挂阳郡的贼人进攻零陵郡，零陵郡太守杨琁将他们击败。

苍梧郡、桂阳郡的贼人一起进攻郡县，零陵太守杨琁紧急展开防御，制作马车数十辆，用大布袋装满石灰放在车上，把马尾巴都拴上布绳索。另外，又制作了兵车，车上载着张满的弓弩。

及战，令马车居前，顺风鼓灰，贼不得视。因以火烧布然，马惊，奔突贼阵，因使后车弓弩乱发，钲鼓鸣震，群盗波骇破散，追斩无数，枭其渠帅，郡境以清。

辛酉(181)　**四年**

春正月，调郡国马，置騄骥厩丞以领之。

时豪右辜榷，马匹至二百万。

夏，交阯梁龙反，以朱儁为刺史，击斩之。　六月，雨雹。　秋九月朔，日食。　鲜卑檀石槐死。

子和连代立。才力不及父而贪淫，出攻，北地人射杀之。子骞曼幼，兄子魁头立。后骞曼与魁头争国，众遂离散。魁头死，弟步度根立。

作列肆于后宫。

是岁，帝作列肆于后宫，使诸采女贩卖，更相盗窃争斗。帝著商贾服，从之饮宴为乐。又于西园弄狗，著进贤冠，带绶。又驾四驴，躬自操辔，京师转相仿效，驴价遂与马齐。好为私蓄，每郡国贡献，先输中署，名为“导行费”。吕彊上疏谏曰：“天下之财，莫不生之阴阳，归之陛下，岂有公私！今中尚方敛诸郡之宝，中府积天下之缯，西园引司农之藏，中厩聚太仆之马，而所输之府。辄有导行之财，调广民困，费多献少，奸吏因其利，百姓受其敝。旧典：选

等到战斗开始时，命令马车跑在最前面，顺风扬撒白灰，贼人们都睁不开眼睛。然后再点燃马尾上的布绳索，马受惊后，在贼人的战阵里乱跑乱冲，跟在后面的兵车弓弩乱发，战鼓震天，贼人们像波涛一样四散破败，杨琁率军追击，杀死杀伤贼人无数，并将贼人的首领斩首，使全郡得以清宁。

辛酉(181)　汉灵帝光和四年

春正月，征调各郡、国马匹，设置騄骥厩丞接收管理这些马匹。

当时豪强垄断马匹交易，马价涨到一匹二百万钱。

夏季，交阯人梁龙反叛，朝廷任命朱儁为交阯刺史，平息了反叛，并斩杀了梁龙。　六月，发生雹灾。　秋九月初一，发生日食。　鲜卑首领檀石槐去世。

檀石槐的儿子和连接替其父为鲜卑首领。和连的才干能力不如其父，又贪婪好色，后来进攻北地时被射死。和连的儿子骞曼年纪尚小，便由他的哥哥的儿子魁头继立为鲜卑首领。骞曼长大后与魁头争夺首领地位，致使鲜卑人心涣散，各奔东西。魁头去世后，他的弟弟步度根继立为鲜卑首领。

灵帝在后宫修建商业店铺。

这一年，灵帝在后宫修建商业店铺，命令宫女们在其中充作商人贩卖商品，宫女们经常相互偷盗争斗。灵帝身穿商人的服装，与宫女们一起吃喝作乐。灵帝又在西园里玩狗，头戴文官的帽子，带着绶带。驾着四头驴拉的车，自己亲自执着缰绳，京城的人争着效仿，以至驴的价格与马价相同。灵帝还好积攒私房钱，每次各郡、国进贡，都要先送到中署，称之为“导行费”。吕彊上书劝阻说：“天下的财富，没有不生于阴阳，归陛下所有的，怎么能有公私之分！而今中尚方聚敛各郡的财宝，中府积聚天下的丝织品，西园里收藏着本应司农收藏的钱物，中厩则畜养着本应是太仆管理饲养的马匹。全国贡献朝廷的贡品，都要收取“导行费”，如此征调增广，人民愈加贫困，费用增多，贡献却愈少，奸贪的官吏乘机以中取利，百姓们深受其害。根据过去的制度：选荐

举委任三府，尚书但受奏御，受试任用，责以成功，功无可察，然后付尚书举劾，下廷尉案罪。于是三公每有所选，参议掾属，咨其行状，度其器能，然犹有旷职废官，荒秽不治。今但任尚书，或有诏用，如是，三公得免选举之负，尚书亦复不坐，责赏无归，岂肯空自劳苦乎！”书奏，不省。

壬戌（182）　五年

春正月，诏公卿举刺史二千石为民害者。

太尉许馘、司空张济承望内官，受取货赂，其宦者子弟、宾客贪秽皆不敢问，而虚纠边远小郡清修有惠化者二十六人，吏民诣阙陈诉。司徒陈耽上言：“公卿所举，率党其私，所谓放鸱枭而囚鸾凤。”帝以让馘、济，诸坐征者悉拜议郎。

二月，大疫。　夏四月，旱。　秋七月，有星孛于太微。板楯蛮寇巴郡，以曹谦为太守，降之。

板楯蛮寇乱巴郡，连年讨之，不能克。帝欲大发兵，以问益州计吏程包，对曰：“板楯七姓，自秦世立功，复其租赋。其人勇猛善战。永初、建和，羌虏入寇，皆赖板楯连摧破之。冯绲南征，倚以成功。近益州郡乱，亦以板楯讨而平之。忠功如此，本无恶心。长吏乡亭更赋至重，仆役棰楚，过于奴虏，亦有嫁妻卖子，或乃至自刭割，陈冤州郡，不为

官员的职责由三府承担，尚书的职责只是呈转三府的奏章，传达皇上的御旨，被选荐者接受考试，加以委任，并责成他们要有一定政绩，没有政绩者，才交给尚书弹劾，有罪过者转廷尉调查并加以处罚。所以，三公在选拔人才时，都要与幕僚评议，仔细了解其人的日常品行，评价其人的才干，尽管如此，仍然有不称职的官员，使政务荒废。如今，只由尚书选拔官员，或陛下下诏任用，这样三公得以免除选举不当的责任，尚书也不因此获罪，责任不清，赏罚不明，有谁肯去空白劳苦呢！”奏章呈上，没有回音。

壬戌(182)　**汉灵帝光和五年**

春正月，灵帝下诏命令公卿检举为害百姓的刺史和郡守。

太尉许馘、司空张济投靠宦官，看宦官眼色行事，收取贿赂，对那些担任刺史、郡守的宦官子弟、宾客贪污腐败，不敢过问，而是随便检举在边远小郡任职的有品行、清廉有政绩的官员二十六人，这些官员的下属及所统辖地区的百姓，到皇宫门前替他们陈诉冤情。司徒陈耽上书说：“公卿们这次检举，大都包庇自己的私党，所谓放掉鸱枭，而囚禁鸾凤。”灵帝为此责备许馘、张济，并将那些被征问罪的官吏全都任命为议郎。

二月，发生大瘟疫。　夏四月，发生旱灾。　秋七月，有彗星出现在太微星旁。　板楯蛮人寇乱巴郡，任命曹谦为巴郡太守，招降了反叛的板楯蛮人。

板楯蛮人在巴郡反叛，官府连年征讨他们，未能平息。灵帝想出动大军征讨，为此询问益州计吏程包，程包回答说：“板楯人有七大姓，早在秦时就立过功勋，因此得到免除赋税的奖赏。他们都很勇猛善战。在永初和建和时代，羌人入侵，全依赖板楯人多次击溃他们。冯绲率军南征时，也是倚靠板楯人获得成功。近来益州郡发生动乱，也是靠板楯人征讨平息动乱。忠心耿耿如此，本来没有反叛之心。可是地方官府向他们征收的赋税极重，役使鞭打他们，超过对待奴隶，以致他们有的人被迫嫁妻卖子，有的自杀，他们到州、郡官府去陈诉冤情，但州、郡官员既不

通理，阙庭悠远，不能自闻。故邑落相聚以致叛戾，非有谋主僭号以图不轨。今但选明能牧守，自然安集，不烦征伐也！"帝从其言，选用太守曹谦，遣宣诏赦之，即时皆降。

八月，起四百尺观。　冬，帝校猎上林苑。　以桓典为侍御史。

典为御史，宦官畏之。典常乘骢马，京师为之语曰："行行且止，避骢马御史。"

癸亥(183)　六年

夏，大旱。　秋，金城河溢。　五原山岸崩。

甲子(184)　中平元年

春二月，黄巾贼张角等起。

初，钜鹿张角事黄、老，以妖术教授，号"太平道"，自称大贤良师。咒符水以疗病，令病者跪拜首过。遣弟子游四方，转相诳诱，十余年间，徒众数十万，自青、徐、幽、冀、荆、扬、兖、豫，莫不毕应，填塞道路。郡县反言角以善道教化，为民所归。杨赐上言："宜敕州郡，简别流民，护归本郡，以孤弱其党，然后诛其渠帅，可不劳而定。"事留中。司徒掾刘陶复上疏申赐前议，帝殊不为意，方诏陶次第《春秋条例》。角遂置三十六方。方，犹将军也，大方万余人，小方六七千，各立渠帅，讹言"岁在甲子，天下大吉"，以白土书

上报也不受理，巴郡距京城路途遥远，他们无法到京城陈诉。所以他们各部落聚集起来，以致反叛，并不是有预谋地谋主反叛，另立政权。现在，只要选用贤能的州、郡官员，动乱自然会平息，无须烦劳派大军征伐。”灵帝听从了程包的意见，选用曹谦为巴郡太守，派遣他去宣示灵帝赦免板楯人叛乱行为的诏书，板楯人立刻投降了。

八月，建起四百尺高的楼观。　冬季，灵帝在上林苑打猎。任命桓典为侍御史。

桓典担任御史职务，宦官们都非常怕他。桓典经常骑一匹青白杂色马，京城中因此流传顺口溜说：“走走停停，要避开骑杂色马的御史。”

癸亥（183）　汉灵帝光和六年

夏季，发生大旱灾。　秋季，金城郡境内黄河泛滥。　五原郡发生山崩。

甲子（184）　汉灵帝中平元年

春季，黄巾军张角等人率众起事。

当初，钜鹿人张角信奉黄、老之学，以法术教授门徒，号称“太平道”，自称大贤良师。用咒语符水为人治病，让病人下跪，述说自己的罪过。派遣弟子云游四方，诳骗诱惑人们，十余年的时间，徒众发展到数十万，自青、徐、幽、冀、荆、扬、兖、豫等州人，没有不响应的，投奔张角的人，将道路都塞满了。郡县的官员们反而说张角劝人为善，为百姓所拥护。杨赐上书说：“应该命令州郡官员清理甄别流民，将他们护送回本郡，以削弱张角党羽的势力，然后再诛杀他们的首领，可以不必劳师动众，就可以平息此事。”奏章未能实行。司徒掾刘陶再次上书，重申杨赐的建议，灵帝很不放在心上，却下诏命令刘陶整理《春秋条例》。于是张角设置三十六方。方，犹如将军，大方有万余人，小方有六七千人，各立首领，传布谣言说“岁在甲子，天下大吉”，并用白土

京城寺门及州郡官府，皆作“甲子”字。大方马元义等先收荆、扬数万人，以中常侍封谞、徐奉等为内应，约以三月五日内外俱起。至是，角弟子唐周告之，于是收元义，车裂。诏三公司隶案验，官省直卫及百姓事角道者，诛杀千余人。下冀州逐捕，角等知事已露，驰敕诸方，一时俱起，皆著黄巾为识，角自称天公将军，弟宝称地公将军，梁称人公将军，所在燔劫，长吏逃亡。旬月之间天下响应。

三月，以何进为大将军，屯都亭。　赦党人。遣中郎将卢植讨张角，皇甫嵩、朱儁讨颍川黄巾。

帝召群臣会议。北地太守皇甫嵩以为宜解党禁，益出中藏钱、西园厩马以班军士。吕彊曰：“党锢久积，人情怨愤，若不赦宥，与角合谋，为变滋大，请先诛左右贪浊，大赦党人，料简牧守能否，则盗无不平矣。”帝惧而从之，发天下精兵，遣中郎将卢植讨张角，皇甫嵩、朱儁讨颍川黄巾。嵩，规之子也。

杀中常侍吕彊、侍中向栩、郎中张钧。

时赵忠、张让等贵宠，上常言：“张常侍是我父，赵常侍是我母。”由是宦官无所惮，第宅拟宫室，上尝欲登永安候台，宦官恐望见其居处，乃使人谏曰：“天子不当登高，登高则百姓虚散。”上自是不敢复升台榭。及谞、奉事发，上诘责诸常侍曰：“汝曹常言党人欲为不轨，皆令禁锢，今党人更为国用，汝曹反与角通，为可斩未？”皆叩头求退，征还宗

在京城各个官署和州郡官府的大门上写上“甲子”二字。大方马元义等先召集荆、扬州数万人，以中常侍封谞、徐奉等人为内应，约定在三月五日京城内外同时起事。此时，张角弟子唐周告密，于是朝廷逮捕了马元义，处以车裂。灵帝又下诏命令三公、司隶校尉调查此案，朝廷官员、禁军、百姓信奉“太平道”的人被诛杀了千余人。灵帝又下令冀州的官员追捕张角，张角等人知道计划已经泄露，就派人急速通知各方首领，一时间，各方一齐起事，都头戴黄巾为标志，张角自称天公将军，其弟张宝称地公将军，张梁称人公将军，所到之处，焚烧劫掠，州郡官员纷纷逃亡。一月之间，天下纷纷响应。

三月，任命何进为大将军，屯兵都亭。　敖免天下党人。派遣中郎将卢植征讨张角，皇甫嵩、朱儁征讨颍川地区的黄巾军。

灵帝召集群臣商议消灭黄巾军的对策。北地郡太守皇甫嵩认为应该解除党人禁锢，拿出中藏钱以及西园騄骥厩中的马匹，赏赐给将士们。吕彊说：“对党人的禁锢已经很长时间了，人们心里怨恨愤怒，假如不赦免宽宥党人，如果他们与张角联合，变乱就会更加扩大，请求陛下先诛除左右贪婪浊污的近臣，大赦党人，考验牧守们的能力才干，盗贼没有不能平息的。”灵帝害怕黄巾军而听从了吕彊的建议，征调全国精兵，派中郎将卢植征讨张角，皇甫嵩、朱儁征讨颍川地区的黄巾军。皇甫嵩是皇甫规的儿子。

处死中常侍吕彊、侍中向栩、郎中张钧。

当时，赵忠、张让等人贵宠当世，灵帝常说：“张常侍是我父，赵常侍是我母。”于是，宦官们无所忌惮，所修宅第仿照皇宫的式样，灵帝曾想登上永安宫的瞭望台，宦官们怕灵帝看见他们的住宅，就让人劝阻说：“天子不应该登高，登高老百姓就会离散。”灵帝从此不敢再登较高的楼台。等到封谞、徐奉做黄巾军内应的事泄露，灵帝斥责诸位常侍说：“你们常说党人打算有不轨的行动，将他们都禁锢起来，现在党人为国家所用，你们反倒与张角勾结，可以不可以处斩？”常侍们都叩头请求黜退他们，将自己

亲在州郡者。已而更共谮吕彊，云与党人共议朝廷，数读《霍光传》。帝使中黄门持兵召彊，彊怒曰："丈夫欲尽忠国家，岂能对狱吏乎！"遂自杀。侍中向栩讥刺左右，让诬栩与角为内应，杀之。郎中张钧上书曰："张角所以能兴兵作乱，万民所以乐附之者，其源皆由十常侍宗亲、宾客典据州郡。辜榷财利，侵掠百姓，百姓冤无所诉，故聚为盗贼，宜斩十常侍，县头南郊，以谢百姓。遣使者布告天下，可不须师旅而大寇自消。"帝以钧章示诸常侍，皆免冠徒跣顿首，乞自致洛阳诏狱，并出家财以助军费。有诏，皆冠履视事如故。帝怒钧曰："此真狂子也，十常侍固当有一人善者不！"御史遂诬奏钧学黄巾道，收掠，死狱中。

夏四月，太尉杨赐免。

帝问赐以黄巾事，赐所对切直，帝不悦，坐寇贼免。

汝南太守赵谦讨黄巾，败绩。

谦击黄巾，军败。门下袁秘、功曹封观等七人，以身扞刃，皆死，谦以得免。

五月，皇甫嵩、朱儁与骑都尉曹操合军讨三郡黄巾，破平之。

朱儁与贼波才战，败。贼遂围皇甫嵩于长社，依草结营，会大风，嵩敕军士皆束苣乘城，使锐士间出围外，纵火大呼。城上举燎应之，嵩从城中鼓噪而出，奔击贼陈，贼惊，乱奔走。会骑都尉沛国曹操将兵适至，合军与战，大破之，

在州郡为官的亲属宗族召回来。不久，常侍们一起诬告吕彊，说他与党人共同非议朝廷，多次阅读《霍光传》。灵帝命令中黄门拿着兵器召吕彊入宫，吕彊愤怒地说："大丈夫为国家尽忠，怎么能去面对狱卒！"于是就自杀了。侍中向栩讥讽抨击灵帝左右的宦官，张让就诬陷向栩是张角的内应，将他处死。郎中张钧上书说："张角所以能兴兵作乱，百姓万民所以乐意追随他，就是因为十常侍的宗亲、宾客充当州郡长官。他们独占财利，掠夺百姓，百姓有冤无处诉，所以聚集在一起为盗贼，应当诛斩十常侍，将他们的头颅悬挂在南郊示众，以向百姓谢罪。派遣使者诏告天下，就可不用调动兵力而贼寇自行消散了。"灵帝把张钧的奏章给常侍们看，这些人都吓得摘下帽子，脱了鞋袜，跪下叩头，乞求自己到洛阳诏狱自首，并将家财捐出作为军费。灵帝下诏，让他们都穿戴起帽子鞋袜，按照过去一样处理政事。灵帝对张钧的奏章很气恼，说："此人真是一个狂人，难道十常侍中没有一个善良之辈吗！"御史见灵帝如此，就诬奏张钧信奉黄巾道，将他逮捕入狱，拷打致死。

夏四月，太尉杨赐被免职。

灵帝向杨赐询问剿灭黄巾军的事情，杨赐的回答十分恳切直率，灵帝听了不高兴，以平定黄巾军不力为由，将杨赐免职。

汝南太守赵谦征讨黄巾军，战败。

赵谦进攻黄巾军，兵败。属吏袁秘、功曹封观等七人，用身体抵挡敌人的刀剑保护赵谦，都战死了，赵谦因此才逃脱性命。

五月，皇甫嵩、朱儁与骑都尉曹操会师讨伐三郡的黄巾军，击败并平定了黄巾军。

朱儁与黄巾军首领波才激战，被击败。黄巾军把皇甫嵩围在长社县，在茂盛的荒草之地扎营，正遇上大风，皇甫嵩命令军士们手持苇草编成的火炬登城，又派一批精锐兵士偷偷地越出包围圈，一边放火，一边大声呼喊。城上军士点燃火炬呼应，皇甫嵩率领军队从城中呐喊而出，向敌阵进袭，黄巾军惊乱奔逃。这时骑都尉沛国人曹操率兵正好赶到，合军激战，大败黄巾军，

斩首数万。遂讨汝南、陈国黄巾，皆破之，三郡悉平。

操父嵩，为中常侍曹腾养子，不能审其生出本末，或云夏侯氏子也。操少机警，有权数，而任侠放荡，不治行业，时人未之奇也，唯桥玄及南阳何颙异焉。玄谓操曰："天下将乱，非命世之才不能济也。能安之者，其在君乎！"颙见操，叹曰："汉家将亡，安天下者，必此人也。"时汝南许劭与从兄靖有高名，好共核论乡党人物，每月辄更其品题，故汝南俗有月旦评焉。尝为郡功曹，府中莫不改操饰行。操往造劭而问之曰："我何如人？"劭鄙之不答。操劫之，劭曰："子治世之能臣，乱世之奸雄。"操喜而去。后举孝廉，为郎。至是平贼，迁济南相，奏免长史阿附赃污者八人。

朱儁护军司马傅燮上疏曰："臣闻天下之祸不由于外，皆兴于内。是故虞舜先除四凶，然后用十六相，明恶人不去，则善人无由进也。今张角起赵、魏，黄巾乱六州，此皆衅发萧墙，而祸延四海者也。臣奉辞伐罪，战无不克，黄巾虽盛，不足为庙堂忧也。臣之所惧，在于治水不自其源，末流弥增其广。诚使张角枭夷，黄巾变服，臣之所忧，甫益深耳。何者？夫邪正不宜共国，亦犹冰炭不可同器。彼知正人之功显而危亡之兆见，皆将巧辞饰说，共长虚伪。若不

斩杀数万人。于是进一步征讨汝南、陈国的黄巾军，都击败了他们，一举平定了三郡。

曹操的父亲曹嵩是中常侍曹腾的养子，他的出身姓氏已经无法查考，有一种说法说是夏侯氏的儿子。曹操从小就很机警，善于玩弄权术，讲侠义，但放荡不羁，不治理家业，当时人们认为他没有什么出奇之处，只有桥玄和南阳人何颙认为曹操非同一般。桥玄对曹操说："天下即将大乱，不是治世之才是不能拯救的，能够安定天下的人，可能就是你吧！"何颙见到曹操叹息说："汉家将要灭亡，安定天下的一定是此人。"当时汝南人许劭和他的堂兄许靖有很高的声望，喜好在一起评论本地的人物，每月更改对人物的评语及排比次序，汝南人将此称之为"月旦评"。许劭曾经当过郡功曹，郡府中的官吏没有不改变和修饰自己操行的。曹操前去拜访许劭，问许劭："我是怎样的一个人呢？"许劭看不起曹操，不予回答。曹操就威胁他，不得已，许劭才说："你在天下太平时是个有能力的臣子，在乱世之中你则是个奸雄。"曹操听后，欢欢喜喜地走了。后来曹操被推举为孝廉，任命为郎官。到此时平定黄巾军有功，又升迁为济南国相，在任时，上奏章免除了八个贪污、阿谀的县长、县吏。

朱儁的护军司马傅燮上书说："我听说天下的祸害不是从外部而来，而是源于内部。正因为这样，虞舜先除掉四凶，然后才任用了十六位贤能之士，来辅佐自己治理国家，这说明不消除恶人，善人则无法进用。而今张角在赵、魏地区起兵叛乱，黄巾军遍及六州之地，这祸根全是在宫廷之内，而扩延到四海。我受陛下的诏命，讨伐作乱犯罪之人，战无不克，黄巾军虽然势力盛大，但不足以使陛下担忧。我所害怕的是，治理洪水不从源头开始，下游必定泛滥得更严重。若真将张角斩首示众，平定了黄巾军叛乱，我的忧虑会更加深了。这是为什么呢？是因为奸邪小人与正直之人不能同朝共事，就像寒冰和炽炭不能放在同一容器一样。他们知道正人君子一旦功绩显著，就预兆着他们的灭亡，所以他们就都花言巧语，共同制造虚伪之事。假如陛下不能

详察，忠臣将复有杜邮之戮矣！陛下宜思四罪之举，速行谗佞之诛，则善人思进，奸凶自息。”赵忠恶之，爕功当封，忠谮之。帝犹识爕言，不之罪，然亦竟不封也。

交阯吏民作乱，以贾琮为刺史，平之。

交阯多珍货，前后刺史多无清行，故吏民怨叛，执刺史及合浦太守。三府选贾琮为刺史。琮到部，移书告示，各使安其资业，招抚荒散，蠲复徭役，诛斩渠帅，简选良吏，岁间荡定，百姓以安。为之歌曰：“贾父来晚，使我先反，今见清平，吏不敢饭。”

卢植围张角于广宗，槛车征还。遣中郎将董卓代之。

植连破张角，斩获万余，角走广宗，植筑围凿堑，垂当拔之。帝遣小黄门左丰视军，求赂不得，还，言于帝曰：“广宗贼易破耳，卢中郎固垒息军，以待天诛。”帝怒，槛车征植，减死一等。遣卓代之。

秋七月，巴郡张修反。

修以妖术为人疗病，其法略与张角同，令病家出五斗米，号“五斗米师”。聚众寇郡县，时人谓之“米贼”。

八月，遣皇甫嵩讨张角，角死。冬十月，与角弟梁、宝战，皆破斩之。以嵩为车骑将军，领冀州牧。

详察真伪，忠臣又将要遭到像秦时名将白起功成却被杀戮的命运！陛下应该仔细思索虞舜除掉四凶的举动，从速开始诛杀谗佞小人的行动，这样善人就愿意为国尽力，奸凶之人就会销声匿迹。”赵忠看到傅燮的奏章，非常厌恶，傅燮论功应得到封赏，赵忠就向灵帝讲他的坏话。灵帝还记得傅燮的奏章，就没有加罪于他，然而到底也没有给他封爵的赏赐。

交阯郡官吏与百姓作乱，朝廷任命贾琮为交阯太守，平息了叛乱。

交阯盛产珍珠宝货，先后担任刺史的人大多没有清廉的行为，所以下层官员、百姓十分不满而叛乱，他们抓住了交阯刺史和合浦太守。三府选派贾琮为交阯刺史。贾琮到任后，发布张贴文告，让百姓们安居生产，招抚流民遣回家乡，免除徭役，诛杀盗贼首领，选派清廉有才干的人为官吏，一年之间，平定了叛乱，使社会安定，百姓得以安居。百姓们歌颂贾琮说：“贾父来得晚，使我先造反，如今见到清平，当官的都不敢派饭。”

卢植把张角包围在广宗县城，灵帝将卢植用囚车押解回京城洛阳。派遣中郎将董卓代替卢植的职务。

卢植连续击败张角，斩杀和俘虏黄巾军一万余人，张角退到广宗县城，卢植包围了广宗县城，修筑围墙，挖凿壕沟，眼看就要攻克广宗。灵帝派遣小黄门左丰到卢植军中巡视，向卢植索要贿赂而没有得到，回到京城后，左丰对灵帝说：“广宗的贼军很容易攻破，但是卢中郎固守营垒按兵不动，等待上天去诛杀张角。”灵帝听了大怒，用囚车将卢植押解回京城，判处比死罪轻一等的处分。派遣董卓代替卢植的职务。

秋七月，巴郡人张修反叛。

张修用妖术为人治病，方法与张角大致相同，让病人家出五斗米，号称“五斗米师”。聚众反叛，攻掠郡县，时人称为“米贼”。

八月，派遣皇甫嵩征讨张角，张角去世。冬十月，皇甫嵩与张角的弟弟张梁、张宝激战，击败并斩杀了张梁、张宝。灵帝任命皇甫嵩为车骑将军，兼冀州牧。

董卓以无功，抵罪。乃诏遣嵩。时角已病死，嵩与其弟梁战，梁众精勇，嵩不能克，乃闭营休士，伺贼小懈，潜夜勒兵，鸡鸣，驰赴其陈，战至晡时，破之，斩梁，获首三万，溺死五万人。剖角棺，传首京师。复攻梁弟宝于下曲阳，斩之，斩获十余万人。嵩能温恤士卒，每军行顿止，须营幔修立，然后就舍，军士皆食，尔乃尝饭，故所向有功。

先零羌及凉州群盗北宫伯玉等反。

北地先零羌及枹罕、河关群盗反，共立湟中义从胡北宫伯玉为将军。金城人边章、韩遂素著名西州，群盗诱而劫之，使专任军政，杀太守，烧州郡。初，武威太守倚恃权贵，恣行贪暴。凉州从事苏正和案致其罪。刺史梁鹄惧，欲杀正和以自解，访于汉阳长史盖勋。勋素与正和有仇，或劝勋因此报之，勋曰："谋事杀良，非忠也；乘人之危，非仁也。"乃谏鹄曰："夫绁食鹰隼，欲其鸷也。鸷而亨之，将何用哉？"鹄乃止。正和诣勋求谢，勋不见，曰："吾为使君谋，非为正和也。"怨之如初。后刺史左昌盗军谷数万，勋谏之。昌怒，使与从事别屯河阳以拒贼，欲以军事罪之，而勋战辄有功。至是群盗围昌于冀，昌召勋等自救，从事疑不肯赴，勋怒曰："昔庄贾后期，穰苴奋剑，今之从事岂重于古之监军哉！"从事惧而从之。勋至，诮让群盗，乃解围去。勋遂救校尉夏育于畜官，为羌所败。勋余众不及百人，

董卓征讨张角，未能取胜，受到处分。灵帝便下诏派遣皇甫嵩征讨张角。此时，张角已病死，皇甫嵩与张角的弟弟张梁交战，张梁的部众英勇善战，皇甫嵩未能取胜，就关闭营门，让士兵休息，看到黄巾军稍有松懈，就趁夜集结队伍，待到鸡鸣时，就转向敌阵，激战至傍晚时，击溃了黄巾军，斩杀了张梁，杀死黄巾军三万人，黄巾军溃逃落在河里淹死五万人。剖开张角的棺材，将他的头颅送到京师。皇甫嵩又在下曲阳向张宝发起进攻，斩杀了张宝，杀死和俘虏黄巾军十余万人。皇甫嵩能够体恤士兵，每次行军休息时，他总是等全军营帐修好后才去休息，军士们全都吃上饭，他才吃，所以能所向披靡，师出必有功。

羌人先零部落及凉州盗贼北宫伯玉等反叛。

北地郡羌人先零部落及枹罕、河关的盗贼反叛，共同拥立湟中义勇胡人北宫伯玉为将军。金城人边章、韩遂在西州素有名声，反叛者将他们诱骗来，胁迫他们主持军政事务，杀死太守，烧掠州郡。当初，武威太守倚仗权贵势力，恣意横行，贪婪残暴。凉州从事苏正和调查并揭发了他的罪行。刺史梁鹄很害怕，打算杀了苏正和以求解脱，就去征求汉阳郡长史盖勋的意见。盖勋平素就与苏正和有仇，有人劝盖勋乘机报复，盖勋说："为人谋而杀害忠良，是不忠；乘人之危，是不仁。"便劝阻梁鹄说："饲养猎鹰，是用它来捕捉众鸟。捕完后却将它煮死，那养它有什么用?"于是梁鹄不再打算杀掉苏正和。苏正和去拜访盖勋，向他致谢，盖勋不见他，说："我是为梁使君出主意，不是为了苏正和。"对苏正和怨恨如初。后来，刺史左昌盗窃军粮数万石，盖勋劝阻他。左昌大怒，让盖勋和从事一起率军另驻河阳，抵御盗贼，打算以军事方面事而加罪于盖勋，但是盖勋战则立功。至此盗贼在冀县包围了左昌，左昌召盖勋等救援，从事迟疑，不肯救援，盖勋大怒说："过去庄贾延误军期，被司马穰苴杀死，今天从事比古时的监军庄贾还要尊贵吗!"从事害怕了，听从了盖勋的意见。盖勋到达冀县，斥责盗贼，盗贼撤军解围而去。接着盖勋又去朝廷的畜牧场救援校尉夏育，被羌人击败。盖勋的残余部众不足百人，

身被三创，坚坐不动，羌滇吾以身扞众曰："盖长史贤人，汝曹杀之为负天。"勋仰骂之，滇吾下马与勋，勋不肯上，群羌服其义勇，送还汉阳。

朱儁击南阳黄巾，连破之。

南阳黄巾余党更以赵弘为帅，众十余万，据宛城。朱儁围之，不拔。有司奏征儁，司空张温曰："临军易将，兵家所忌，宜假日月，责其成功。"帝乃止。儁击弘，斩之。贼帅韩忠复据宛拒儁，儁鸣鼓攻其西南，贼悉众赴之，儁自将精卒掩其东北，乘城而入。忠乃退保小城，乞降。诸将欲听之，儁曰："兵固有形同而势异者，昔秦、项之际，民无定主，故赏附以劝来耳。今海内一统，唯黄巾造逆，纳降无以劝善，而更开逆意。使贼利则进战，钝则乞降，纵敌长寇，非良计也。"因急攻，不克。登土山望之，顾谓司马张超曰："吾知之矣，贼今外围周固，内营逼急，乞降不受，欲出不得，所以死战也。万人一心，犹不可当，况十万乎！不如撤围，并兵入城，忠见围解，势必自出，自出则意散，易破之道也。"既而解围，忠果出战，儁因击，大破，斩之。余众复奉孙夏为帅，还屯宛。儁急攻之，司马孙坚率众先登拔城，夏走，儁追破之。于是黄巾破散，其余州郡所诛，一郡数千人。

豫州刺史王允讨黄巾，破之。征下狱，减死论。

身上三处受伤，但仍然端坐不动，羌人首领滇吾用身体挡着众人不许杀死盖勋，说："盖长史是贤人，你们杀死他对不起上天。"盖勋仰天大骂，滇吾下马，把马让给盖勋骑，盖勋不肯上马，羌人们佩服他的忠义勇敢，将盖勋送回汉阳。

朱儁进攻南阳一带的黄巾军，连续击败他们。

南阳郡黄巾军余党又拥立赵弘为统帅，聚众十余万人，攻占了宛城。朱儁率军包围了宛城，没能攻克。主管部门要求将朱儁征调回来，司空张温说："在战斗中更换主将，是兵家所禁忌的事，应该给他一定时间，让他取得成功。"灵帝听从了张温的建议。朱儁发动进攻，斩杀了赵弘。黄巾将领韩忠又占据了宛城抗拒朱儁，朱儁命令士兵击鼓佯攻宛城西南，黄巾军全都赶赴城西南防守，朱儁亲自率领精锐士兵袭击宛城东北，登城而入。韩忠只好退守小城，乞求投降。诸将都想接受韩忠的投降，朱儁说："用兵本来就有看似相同但实质上不同的情况，从前秦末项羽的时代，人民尚没有确定的君主，所以要奖赏归附者以鼓励人们归顺。而今天下一统，只有黄巾军造反叛逆，接受他们投降不能鼓励向善，而只会滋长叛逆。促使他们有利时就进攻，不利时就乞求投降，纵容敌寇，不是好主意。"于是，就猛烈进攻，不能攻克。朱儁登上土山瞭望敌情，回头对司马张超说："我知道原因了，现在贼军知道外面包围圈十分牢固，但内部已经很危急了，乞求投降，没有被接受，想突围出去又不行，所以要死战。万人一心，已是不可阻挡，何况十万人！不如撤掉包围圈，集中兵力入城，韩忠看见包围已解除，一定会各自突围，各自突围求生，则人心涣散，这是最容易破敌的办法。"于是朱儁下令解除包围，韩忠果然出战，朱儁便发起攻击，大破黄巾军，斩杀了韩忠。韩忠残余部众又拥立孙夏为统帅，屯兵宛城。朱儁向他们猛攻，司马孙坚率领部众首先登城，孙夏逃走，朱儁追击，再一次击败他们。至此黄巾军溃散，其他州郡诛杀的黄巾残余，每郡数千人。

豫州刺史王允征讨并击败了黄巾军。被征入狱，被判处减死一等的罪。

允破黄巾，得张让宾客书，与黄巾交通，上之。帝责怒让，竟不能罪也。让由是以事中允，下狱。会赦，还故官。旬日间复以它罪捕。杨赐不欲使更楚辱，遣客谢之曰："张让凶慝难量，幸为深计！"诸从事好气决者，共流涕奉药而进之。允厉声曰："吾为人臣获罪于君，当伏大辟以谢天下，岂有乳药求死乎！"投杯而起，出就槛车。既至，廷尉、大将军进与杨赐、袁隗共请之，得减死论。

乙丑(185)　二年

春正月，大疫。　二月，南宫云台灾。

张让、赵忠说帝敛天下田，亩十钱，以修宫室，铸铜人。乐安太守陆康上疏曰："昔鲁宣税亩而蝝灾自生，哀公增赋而孔子非之，岂有聚集民物以营无用之铜人，捐舍圣戒，自蹈亡王之法哉！"内倖谮康援引亡国之譬圣明，大不敬，槛车征诣廷尉。侍御史刘岱表陈解释，得免归田里。康，续之孙也。

又诏发州郡材木文石，黄门常侍辄令谴呵不中者，因强折贱买，仅得本贾十一，复货之，中者亦不即受，材木腐积，宫室连年不成。刺史、太守复增私调，百姓呼嗟。又令西园驺分道督趣，恐动州郡，多受赇赂。牧守、茂才、孝廉

王允击败黄巾军之后，缴获了张让的宾客与黄巾军的往来信件，王允将这些信件上报给了朝廷。灵帝愤怒地斥责了张让，但却不追究他的罪过。张让由此便寻机陷害王允，将王允逮捕入狱。正巧遇上大赦，王允得以官复原职。可没到十天，又以其他罪名被抓入监狱。杨赐不愿意让王允遭受刑讯痛楚和侮辱，就派他的门客对王允说："张让凶恶无比，绝不肯就此善罢甘休，请您仔细考虑还要忍受这痛苦和侮辱吗！"王允那些年少气盛的部属，一起流着眼泪将毒药奉给王允，请他服毒自杀。王允厉声说："我为臣子，得罪了君主，应当受到正式的刑罚以昭示天下，怎么能服毒自杀呢！"于是扔掉药杯起身登上囚车。到廷尉狱后，廷尉、大将军何进与杨赐、袁隗一起为王允求情，王允才免于一死，被判处减死一等的罪。

乙丑(185)　汉灵帝中平二年

春正月，发生大瘟疫。　二月，洛阳南宫的云台发生火灾。

张让、赵忠劝说灵帝对全国耕地增收田税，每亩十钱，用来修筑宫室，铸造铜人。乐安太守陆康上书说："从前鲁宣公按亩征收田税而蝗虫幼虫大量滋生为害，鲁哀公增加百姓的赋税，而孔子反对，怎么能搜刮强夺百姓的财物去营造无用的铜人，抛弃圣贤的告诫，去走亡国君主的失败之路呢！"宦官们诬陷陆康援引亡国之君的例子与灵帝相比，犯有"大不敬"的罪过，用囚车将陆康押送到廷尉狱。侍御史刘岱上书为陆康解释，他才免遭处死，被免官放逐回乡。陆康是陆续的孙子。

灵帝又下诏令州郡官府征集木材及纹理美观的石料进贡，黄门、常侍在验收时，百般刁难，对认为不合格的木材石料，强迫按价收买，价格仅为原价的十分之一，各州郡又重新购买进贡，宦官们仍然刁难，不肯接收，以致木材堆积腐烂，宫殿连年修不成。刺史、太守们又乘机私自增加赋税，百姓们怨声连天。灵帝又命令西园皇家骑兵分别到各州郡逼迫，以致使州郡官府恐惧震动，这些骑士又大量收受贿赂。刺史、郡守、茂才、孝廉的

迁除，皆责助军、修宫钱。当之官者，皆先至西园谐价，然后得去。钜鹿太守司马直以有清名，减责三百万。直怅然曰："为民父母而反割剥百姓以称时求，吾不忍也。"辞疾，不听。行至孟津，上书极言，吞药自杀。书奏，帝为暂绝修宫钱。

黑山贼褚燕降。

自张角之乱，所在盗贼并起，博陵张牛角、常山褚飞燕及黄龙、左校、于氐根、张白骑、刘石、左髭丈八、平汉大计、司隶缘城、雷公、浮云、白雀、杨凤、于毒、五鹿、李大目、白绕、眭固、苦蝤之徒，不可胜数。张牛角死，令其众奉飞燕为帅，部众浸广，殆至百万，号黑山贼，河北并被其害，朝廷不能讨。燕乃遣使乞降，遂拜燕平难中郎将，使领河北诸山谷事。

三月，以崔烈为司徒。

时三公往往因常侍、阿保入钱西园而得之，段颎、张温等虽有功勤名誉，然亦以输货得之。烈本冀州名士，至是因傅母入钱五百万，故得为司徒，而声誉顿衰。

北宫伯玉等寇三辅，遣皇甫嵩讨之。

时凉州兵乱不解，征发天下役赋无已，崔烈以为宜弃凉州。诏会公卿百官议之，议郎傅燮厉言曰："斩司徒，天下乃安！"尚书劾之。帝召问状，燮对曰："凉州天下要冲，国家藩卫。今牧御失和，使一州叛逆，烈为宰相，不思所以弭之之策，乃欲割弃一方万里之土，若使左衽之虏得居此

升迁任用，都命令他们交纳助军钱、修宫钱。新任命的官员，都先到西园议定价格，然后方可赴任。钜鹿太守司马直一向有清廉的名声，所以将他应交的数额减少三百万。司马直长叹着说："身为百姓的父母官反而要剥削百姓以迎合当前的弊政，我不忍心这样做。"就借口有病请求辞职，但未被批准。赴任途中至孟津，上书极为坦直地陈述了时政的弊端和失误，然后服毒自杀。司马直的奏章呈上后，灵帝暂时停止征收修宫钱。

黑山盗贼褚燕投降。

自张角作乱后，各地盗贼纷纷起事，有博陵张牛角、常山褚飞燕以及黄龙、左校、于氐根、张白骑、刘石、左髭丈八、平汉大计、司隶缘城、雷公、浮云、白雀、杨凤、于毒、五鹿、李大目、白绕、眭固、苦蝤等，不可胜数。张牛角临死时，命令他的部众拥戴褚飞燕为统帅，其部众渐渐壮大，达到近百万人，号称"黑山贼"，黄河以北地区都遭受其害，朝廷却无力讨伐。褚飞燕便派遣使者到京城，请求投降，于是朝廷任命褚飞燕为平难中郎将，兼管黄河以北山区的政事。

三月，任命崔烈为司徒。

当时，三公往往是通过宦官、灵帝乳母向西园交纳钱财而被任命的，段颎、张温等人虽然有功劳声誉，但也要先交纳钱财。崔烈本来是冀州的知名人士，至此通过灵帝乳母交纳五百万钱，才得到司徒的职位，因此崔烈的声望一下子衰落下来。

北宫伯玉等侵犯三辅地区，朝廷派遣皇甫嵩讨伐。

当时，凉州兵乱一直不断发生，官府为了筹集军费以征讨反叛者，不断加征全国役赋，司徒崔烈认为应该放弃凉州。灵帝下诏命令公卿百官在朝会时议论这个问题，议郎傅燮严厉地说："将司徒斩首，天下就安定！"尚书弹劾他在朝堂上公开污辱大臣。灵帝召见傅燮请他陈述理由，傅燮回答说："凉州是天下的交通要道，是国家边陲，是保卫国家的屏障。而今刺史却治理不当，致使一州百姓反叛，崔烈身为宰相，不去思索平定反叛的策略，而却打算舍弃这万里的土地，如果让那些不开化的胡人居住此

地，士劲甲坚，因以为乱，此天下之至虑，社稷之深忧也。”帝从之。

夏四月，大雨雹。　六月，封宦者张让等十二人为列侯。

以讨张角功也。

秋七月，螟。　八月，罢皇甫嵩，遣车骑将军张温代之。

皇甫嵩之讨张角也，过邺，见赵忠舍宅逾制，奏没入之。又张让私求钱，不与。二人奏嵩无功费多，征还，收印绶。以司空张温为车骑将军，讨北宫伯玉。拜董卓为破虏将军，统于温。

冬十月，司空临晋侯杨赐卒。

初，赐既免，帝阅故事，得赐与刘陶所上张角奏，乃封赐临晋侯，陶中陵乡侯。至是，复以赐为司空。薨，谥曰文烈。

杀谏议大夫刘陶、前司徒陈耽。

陶上疏陈八事，大较言天下大乱，皆由宦官。宦官共谗陶，收下黄门北寺狱，闭气而死。耽为人忠正，宦官怨之，亦诬陷死狱中。

张温击凉州贼边章、韩遂，不利。十一月，将军董卓破走之。

张温将兵十余万屯美阳，与边章、韩遂战，辄不利。十一月，董卓等攻破之，章、遂走榆中。温遣周慎追之。参军事孙坚说慎曰：“贼城中无谷，当外转粮食，坚愿得万人断其运道，将军以大兵继后，贼必困乏，走入羌中，并力讨之，则凉州可定也。”慎不从，章、遂反断慎运道，慎惧，弃车重

地，兵士强壮，铠甲坚固，凭着这些条件作乱反叛，将是天下最大的忧虑，朝廷最深的祸患。”灵帝听从了傅燮的意见。

夏四月，发生大雹灾。　六月，封宦官张让等十二人为列侯。

因为他们讨伐张角有功劳。

秋七月，发生螟灾。　八月，罢免皇甫嵩，派遣车骑将军张温接替他。

皇甫嵩征讨张角，经过邺域，见赵忠的宅舍超过礼制规定，奏请灵帝将赵忠的宅舍没收。另外，张让还私下里向皇甫嵩索取贿赂，遭到拒绝。赵忠、张让二人就诬告皇甫嵩征讨张角久战无功，浪费军费，灵帝将皇甫嵩征还京城，收回车骑将军印绶。任命司空张温为车骑将军，讨伐北宫伯玉。又任命董卓为破虏将军，归张温统辖。

冬十月，司空临晋侯杨赐去世。

当初，杨赐被免职，灵帝翻阅旧奏章，看见杨赐和刘陶所上呈的关于张角事的奏章，便封杨赐为临晋侯，刘陶为中陵乡侯。到今日，又以杨赐为司空。死后赐谥号文烈。

处死谏议大夫刘陶、前司徒陈耽。

刘陶上书陈述八件大事，指出天下大乱，大都是由于宦官引起。宦官们一齐向灵帝诬告刘陶，于是将刘陶逮捕，送交黄门北寺监狱，刘陶闭气而死。陈耽为人忠正，宦官们都怨恨他，因此也被诬陷，死在狱中。

张温进攻凉州贼边章、韩遂，失利。十一月，将军董卓大破边章、韩遂，边章、韩遂退走。

张温率领十余万兵士驻扎在美阳，与边章、韩遂交战，失利。十一月，董卓等人攻破边章、韩遂军，边章、韩遂撤退到榆中。张温派遣周慎追击他们。参军事孙坚向周慎建议说：“叛军城中没有了粮食，必然会从外面运入粮食，我愿意率领一万人截断他们的运粮道，将军你率领大军在后面，叛军困乏，退入羌地，我们一同尽力讨伐他们，这样凉州就可以安定了。”周慎没有听从，边章、韩遂反而切断了周慎的运粮道，周慎害怕了，抛弃车辆辎重

而退。温又使董卓讨羌，卓粮绝，乃于所度水中伪立堰以捕鱼，而潜从堰下过军。比贼追之，决水已深，不得度，遂还屯扶风。

温以诏书召卓，良久乃至，温责让之，卓应对不顺。孙坚前耳语谓温曰："卓不怖罪，而鸱张大语，宜以召不时至，陈军法斩之。"温曰："卓素著威名于河、陇之间，今日杀之，西行无依。"坚曰："明公亲率王师，威震天下，何赖于卓！卓轻上无礼，一罪也；沮军疑众，二罪也；受任无功，应召稽留，三罪也。古之名将仗钺临众，未有不断斩以成功者。今明公垂意于卓，不即加诛，亏损威刑，于是在矣。"温不忍发。

造万金堂。

帝造万金堂于西园，引司农金钱、缯帛牣积堂中，复藏寄中黄门、常侍家钱各数千万，又买田起第于河间。

丙寅(186)　三年

春二月，江夏兵赵慈反。　遣使就拜张温为太尉。

三公在外始于温。

以宦者赵忠为车骑将军。

帝使忠论讨黄巾之功，执金吾甄举谓曰："傅南容前在东军，有功不侯，天下失望。今将军亲当重任，宜进贤理屈，以副众心。"忠遣弟延致殷勤于傅燮曰："南容少答我常侍，万户侯不足得也。"燮正色拒之曰："遇不遇，命也。有

撤退。张温又派董卓讨伐羌人，董卓粮食给养断绝，就在打算渡水之处假装筑堤堰捕鱼，而暗地里从堤堰下退兵。等到羌人发现追击时，董卓已将堤堰决开，河水已深，不能渡河，董卓便回军驻扎在扶风。

张温用诏书召唤董卓，董卓过了很久才来，张温责备他，董卓应对伪慢不恭顺。孙坚走上前在张温耳边说："董卓不怕获罪，反而嚣张至极，出言不逊，应该以受召不及时到的罪名，按照军法将他杀掉。"张温说："董卓在河、陇之间一向有威名，今天杀死他，西征没有什么依靠了。"孙坚说："明公亲自率领皇家大军，威震天下，对董卓有什么可依赖的呢！董卓轻慢无礼，目无官长，这是第一条罪状；征讨黄巾军，贻误战机，动摇军心，这是第二条罪状；接受任命而无功，诏书召唤迟迟不到，这是第三条罪状。古代的名将接受任命，统帅军队，没有不果断诛杀而成功的。而今明公有意宽容拉拢董卓，而不加以诛杀，损害统帅的威信和军队的法规，就在这里了。"张温不忍心逮捕董卓。

灵帝建造万金堂。

灵帝在西园建造万金堂，把司农仓库中的金钱绸帛都搬到堂里，还把数千万钱分藏在中黄门、常侍家中，又在河间购买田地，修建住宅。

丙寅(186)　汉灵帝中平三年

春二月，江夏郡兵赵慈反叛。　灵帝派使者持节任命张温为太尉。

在京城以外任命三公，从张温开始。

任命宦官赵忠为车骑将军。

灵帝让赵忠评论讨伐黄巾军的功劳，执金吾甄举对赵忠说："傅燮先前在东军，有功勋而未封爵，让天下人失望。而今将军亲当重任，应该进用贤才，审理冤情，满足民心。"赵忠派他的弟弟赵延向傅燮致意说："你只要肯稍微接受我哥哥的友情，封个万户侯不足道。"傅燮严肃拒绝说："有没有机遇，这是命运。有

功不论，时也。傅燮岂求私赏哉！”忠愈恨，然惮其名，不敢害，出为汉阳太守。

修南宫，铸铜人。

帝使缮修南宫玉堂，铸四铜人、四钟，又铸天禄、虾蟆，转水入宫。又作翻车、渴乌，洒南北郊路，以为可省百姓洒道之费。

夏五月晦，日食。　六月，荆州刺史讨赵慈，斩之。　冬十月，武陵蛮反，郡兵讨破之。　鲜卑寇幽、并。　征张温还。

丁卯(187)　**四年**

春二月，荥阳盗起，河南尹何苗讨破之。以苗为车骑将军。

苗，进之弟也。

韩遂围陇西，凉州杀刺史以应之。遂围汉阳，太守傅燮与战，死之。

韩遂杀边章及北宫伯玉，拥兵十余万，进围陇西。凉州刺史耿鄙率兵讨遂。鄙任治中程球，球通奸利，士民怨之。傅燮谓鄙曰：“使君统政日浅，民未知教。贼闻大军将至，必万人一心。不若息军养德，明赏必罚，贼谓我怯，群争势离。然后率已教之民，讨成离之贼，其功可坐而待也。”不从。行至狄道，别驾反应贼，杀球及鄙。贼遂进围汉阳。城中兵少粮尽。燮子幹，年十三，言于燮曰：“国家昏乱，遂令大人不容于朝，今兵不足以自守，宜还乡里，徐俟

功而不能论功行赏，这是时气不好。我怎么能乞求私人的恩赏呢！”赵忠知道后，对傅燮更加怀恨，然而对傅燮的声名终有所顾忌，不敢加害于他，便任命他为汉阳太守，将他排挤出京城。

修建南宫玉堂殿，铸造铜人。

灵帝命令修缮南宫里的玉堂殿，铸造了四个铜人还有四口大钟，又铸造了天禄兽、蛤蟆，引水入宫。又制作翻车、渴乌，用于浇洒京城外的南北大道，以为这样可以节省百姓们洒水泼道的费用。

夏五月最后一天，发生日食。　六月，荆州刺史讨伐赵慈，将他斩杀。　冬十月，武陵蛮人反叛，郡兵平息了反叛。　鲜卑人侵犯幽州、并州。　征召张温返回京城洛阳。

丁卯（187）　汉灵帝中平四年

春二月，荥阳盗贼起事作乱，河南尹何苗击败盗贼，平息了叛乱。朝廷任命何苗为车骑将军。

何苗是何进的弟弟。

韩遂率军包围了陇西郡，凉州人杀刺史响应韩遂。韩遂包围了汉阳，汉阳太守傅燮与韩遂交战，傅燮战死。

韩遂杀死边章和北宫伯玉，拥有军队十余万，进军包围了陇西郡。凉州刺史耿鄙率军讨伐韩遂。耿鄙对治中程球十分信任，但程球贪财好利，士民对此十分不满。傅燮对耿鄙说：“您任职时间不长，百姓还没有得到教化。贼人听说讨伐他们的大军即将来到，必然万众一心。不如暂时让军队休息，培养统帅的恩德，要赏罚分明，贼人以为我们胆怯，他们就会互相争利，其势一定会离散。然后我们率领已受教化的百姓，讨伐已成离散之势的贼人，大功可轻松地等待成功。”耿鄙不听从傅燮的建议。军队行军到狄道，凉州别驾反叛响应贼人，杀程球和耿鄙。于是，贼人进军包围了汉阳。汉阳城中兵少粮尽。傅燮的儿子傅幹，年纪只有十三岁，对傅燮说：“国家昏庸糊涂，以致使您在朝中不能容身，今天兵力不足以坚守汉阳，应该返回乡里，慢慢地等待

有道而辅之。"言未终，燮慨然叹曰："汝知吾必死邪！圣达节，次守节。殷纣暴虐，伯夷不食周粟而死，吾遭世乱，不能养浩然之志，食人之禄，又欲避其难乎！吾行何之，必死于此。汝有才智，勉之勉之！主簿杨会，吾之程婴也。"狄道人王国使人说燮曰："天下已非汉有，府君宁有意为吾属帅乎？"燮按剑叱之，遂麾左右进兵，临陈战殁，谥曰壮节侯。耿鄙司马马腾亦拥兵反，与韩遂合，共推王国为主，寇掠三辅。

渔阳张举、张纯反。

故中山相张纯与故泰山太守张举及乌桓大人丘力居等连盟，劫略蓟中，杀校尉、太守，众至十余万，屯肥如。举称天子，纯称弥天将军，移书州郡，告天子避位，敕公卿奉迎。

冬十月，长沙区星反。以孙坚为太守，讨平之，封坚乌程侯。　前太丘长陈寔卒。

寔在乡闾，平心率物，其有争讼，辄求判正，晓譬曲直，退无怨者。至乃叹曰："宁为刑罚所加，不为陈君所短。"杨赐、陈耽，每拜公卿，群僚毕贺，辄叹寔未登大位，愧于先之。及卒，海内赴吊者三万余人。

戊辰(188)　**五年**

春二月，有星孛于紫宫。　黄巾余贼寇太原、河东。　屠各胡寇并州，杀刺史张懿。　以刘焉为益州牧，刘虞为幽州牧。

圣明有道德的天子出现，再去辅佐他。”话还没有说完，傅燮感慨地叹息说：“你知道我一定会死呀！最高的道德就是能够通达节义，进退自如，其次能够坚守节义。从前殷商纣王暴虐，伯夷仍然坚守节义，不吃周朝的粮食而死去，我遭遇动乱之世，不能隐居养浩然之志，已经接受朝廷的俸禄，又想逃避灾难吗！我还往哪里走，必然死在这里。你有才智，一定要努力再努力！主簿杨会就是我的程婴，他一定会救护你的。”狄道人王国派人劝说傅燮说：“国家已经不再是汉家的了，您愿意做我的部属统帅吗？”傅燮按剑怒叱了来使，于是就指挥士兵进攻，在阵前战死，朝廷赐傅燮谥号为壮节侯。耿鄙的司马马腾也率兵反叛，与韩遂联合，共同推举王国为统帅，侵犯劫掠三辅地区。

渔阳人张举、张纯反叛。

前中山国相张纯与前泰山太守张举和乌桓部落首领丘力居等结成联盟，劫掠蓟县，杀死护乌桓校尉、右北平郡太守，有部众十余万人，驻扎在肥如。张举自称天子，张纯自称弥天将军，他们向州郡发布文告，宣称汉天子已退位，命令公卿大臣迎接奉事张举。

冬十月，长沙人区星反叛。朝廷任命孙坚为长沙太守，孙坚讨伐平息了反叛，被封为乌程侯。　前太丘县长陈寔去世。

陈寔在家乡，公平正直，民间发生争执都要请陈寔裁决，陈寔将事情的是非曲直讲得一清二楚，令人心服口服，事后没有人有怨气的。以至大家叹息说：“宁可接受刑罚，也不愿意让陈先生责备。”杨赐和陈耽，每当被任命为公卿职务，大家全来祝贺时，总是叹息陈寔没有能身居高位，惭愧自己在陈寔之前而担任高官。等到陈寔去世，全国各地来吊唁的有三万余人。

戊辰(188)　汉灵帝中平五年

春二月，有彗星出现在紫微星旁。　黄巾军残部进攻太原郡、河东郡。　匈奴屠各胡部落进犯并州，杀死并州刺史张懿。　朝廷任命刘焉为益州牧、刘虞为幽州牧。

太常刘焉见王室多故，建议以为："四方兵寇，由刺史威轻，且用非其人所致。宜改置牧伯，选清名重臣以居其任。"侍中董扶私谓焉曰："京师将乱，益州分野，有天子气。"会刺史郤俭赋敛烦扰，谣言远闻，而耿鄙、张懿皆为盗所杀，朝廷遂从焉议，选列卿、尚书为州牧，各以本秩居任。以焉为益州，虞为幽州，州任之重自此始。焉，鲁恭王之后。虞，东海恭王五世孙，尝为幽州刺史，民夷怀其恩信，故用之。焉入蜀，会贼杀郤俭，从事贾龙等破走之，选吏迎焉，徙治绵竹，务行宽惠，以收人心。

南匈奴右部反，杀其单于羌渠。

诏发南匈奴兵配刘虞讨张纯，单于羌渠遣左贤王将骑诣幽州。国人恐发兵无已，于是右部醢落反，与屠各胡合，凡十余万人，攻杀羌渠。

大水。冀州刺史王芬自杀。

陈蕃子逸与襄楷会于冀州刺史王芬坐，楷曰："天文不利宦者，黄门、常侍真族灭矣。"逸喜。芬曰："若然者，芬愿驱除。"因上书言黑山贼攻劫郡县，欲以起兵。会帝欲北巡河间旧宅，芬等谋以兵诛诸常侍，因废帝而立合肥侯。以告曹操，操曰："夫废立之事，天下之至不祥也。古人有权成败、计轻重而行之者，伊、霍是也。然皆怀至忠之诚，据宰辅之势，因秉政之重，同众人之欲，故能计从事立。今诸君徒见曩者之易，未睹当今之难，而造作非常，欲望必

太常刘焉看到王室多变故，向灵帝建议："各地发生叛乱，是由于刺史的权威太轻，而且又用人不当所造成的。应改为设置州牧，选用清廉贤明的重臣担任州牧的职务。"侍中董扶私下对刘焉说："京城将要发生动乱，从天象看，益州将会出现天子。"这时，正好益州刺史郤俭横征暴敛，烦扰百姓，有关他的丑闻流传很广，再加上耿鄙、张懿等人被盗贼所杀，于是朝廷就采纳了刘焉的建议，选用列卿、尚书为州牧，各自以本来的官秩品位出任。任命刘焉为益州牧，刘虞为幽州牧，各州长官握有重权由此开始。刘焉是鲁恭王的后代。刘虞是东海恭王的五世孙，曾经担任过幽州刺史，百姓和夷人怀念他在任上的恩德信誉，所以朝廷才任用他为幽州牧。刘焉入蜀赴任时，正遇上贼人杀死郤俭，益州从事贾龙等人击败并赶跑贼人，于是贾龙选派官吏迎接刘焉。刘焉到任后将州府迁到绵竹，为政务行宽惠，以收揽人心。

南匈奴右部反叛，杀死其单于羌渠。

灵帝下诏征发南匈奴兵协助刘虞讨伐张纯，南匈奴单于羌渠派遣左贤王率领骑兵至幽州听令。匈奴人害怕以后不断征兵服役，于是右部醢落反叛，与屠各胡会合，共有十余万人，联合进攻并杀死单于羌渠。

发生大水灾。　冀州刺史王芬自杀。

陈蕃的儿子陈逸与襄楷在冀州刺史王芬处见面，襄楷说："根据天象，不利于宦官，黄门、常侍真的要遭灭族大祸了。"陈逸很高兴。王芬说："若真是这样，我愿意驱除他们。"于是就向朝廷上书说黑山贼人攻打劫掠郡县，打算起兵。此时，正遇上灵帝想到北方巡视河间旧居，王芬等密谋诛杀中常侍们，借机废黜灵帝而拥立合肥侯为帝。王芬等将计划告诉了曹操，曹操说："废立皇帝是天下最不吉祥的事。古人有权衡成败、计算轻重而后行动的人，伊尹和霍光就是这样的人。然而他们都怀有至诚的忠心，据有宰相的地位势力，手握重权，所做之事正是大家想做的，所以能够实现计划，完成大事。而今诸位只看到过去事情的容易，没有看到今天的困难，而采取不同寻常的行动，想获得

克,不亦危乎?"会北方夜半有赤气,东西竟天。太史言北方有阴谋,不宜北行。帝乃止。敕芬罢兵,俄而征之。芬惧,自杀。

秋八月,置西园八校尉。

以小黄门蹇硕为上军校尉,袁绍、鲍鸿、曹操、赵融、冯芳、夏牟、淳于琼等七校尉,皆统于硕。帝自黄巾之起,留心戎事,硕壮健有武略,帝亲任之,虽大将军亦领属焉。

冬十月,青、徐黄巾复起。 讲武平乐观。

望气者以为京师当有大兵,两宫流血。帝欲厌之,乃发四方兵,讲武于平乐观。起大坛,建华盖,帝躬擐甲、介马,称"无上将军",行陈三匝而还。问讨虏校尉盖勋曰:"吾讲武如是,何如?"对曰:"臣闻先王曜德不观兵。今寇在远而设近陈,不足昭果毅,只黩武耳!"帝曰:"善。恨见君晚,群臣初无是言也。"勋谓袁绍曰:"上甚聪明,但蔽于左右耳。"与绍谋共诛嬖倖。蹇硕惧,出勋为京兆尹。

十一月,凉州贼王国围陈仓。以皇甫嵩为左将军讨之。 遣骑都尉公孙瓒讨渔阳贼,走之。

己巳(189) 六年

春二月,皇甫嵩击王国,大破之。

董卓谓皇甫嵩曰:"陈仓危急,请速救之。"嵩曰:"不

成功，难道不觉得很危险吗？”这时，北方的天空在夜里有一道赤气，横贯东西。于是太史说：“北方有阴谋，陛下不宜去北方。”灵帝就打消了北行的计划。命令王芬停止军事行动，不久，征召王芬进京，王芬害怕，自杀身死。

秋八月，设置西园八校尉。

任命小黄门蹇硕为上军校尉，令袁绍、鲍鸿、曹操、赵融、冯芳、夏牟、淳于琼等七校尉全归蹇硕统辖。灵帝自从黄巾军起事后，就开始留心军事，蹇硕身体壮健，又懂军事，灵帝很信任他，即使是大将军也要受蹇硕统辖。

冬十月，青州、徐州的黄巾军再次起事。 灵帝在平乐观举行阅兵式。

观察云气以预言吉凶的人认为，京师会出现大兵乱，南北二宫会发生流血事件。灵帝想压制凶气，于是就征发全国各地军队，在平乐观举行阅兵式。在平乐观上筑起大坛，上面建立华盖，灵帝身披甲胄，骑上披有铠甲的战马，自称“无上将军”，围绕军阵巡视三圈返回。问讨虏校尉盖勋说：“我这样讲习武事，怎么样？”盖勋回答说：“我听说从前的圣明君王显示德行，而不夸耀武力。如今敌寇都在远方，而陛下却在京城设兵阵，这样做不能昭示果敢坚毅的精神，只是让人感觉是滥用兵力罢了。”灵帝听了说：“好。可惜太晚见到你了，群臣当初没有讲这样的话。”盖勋对袁绍说：“陛下很聪明，只是被左右奸佞所蒙蔽。”于是就与袁绍商量一起诛杀宦官。蹇硕感到害怕，就将盖勋调出京城，任命他为京兆尹。

十一月，凉州贼人王国包围了陈仓。朝廷任命皇甫嵩为左将军率军去征讨王国。 派遣骑都尉公孙瓒征讨渔阳贼人，大败贼人。

己巳(189) **汉灵帝中平六年**

春二月，皇甫嵩进攻王国，大败王国军队。

董卓对皇甫嵩说：“陈仓危急，请迅速救援。”皇甫嵩说：“不可

然，百战百胜，不如不战而屈人兵。是以先为不可胜，以待敌之可胜。陈仓虽小，城守固备，未易可拔。王国虽强，攻陈仓不下，其众必疲，疲而击之，全胜之道也。”国攻陈仓八十余日，不拔。疲敝解去，嵩进兵击之。卓曰：“穷寇勿迫，归众勿追。”嵩曰：“不然，前吾不击，避其锐也，今而击之，待其衰也。所击疲师，非归众也。国众且走，莫有斗志，以整击乱，非穷寇也。”遂独进，连战，大破之，斩首万余级。卓大惭恨，由是与嵩有隙。

三月，刘虞讨渔阳贼，斩张纯，余众降散。

刘虞到部，遣使至鲜卑中，告以利害，责使送张举、张纯首，厚加购赏。丘力居等闻虞至，喜，各遣译自归。虞罢诸屯兵，但留公孙瓒将万人屯右北平。三月，纯客杀纯，送首于虞。瓒志欲扫灭乌桓，而虞欲以恩信招降，由是有隙。

夏四月，朔，日食。　即拜刘虞为太尉。　遣大将军进讨韩遂。

蹇硕忌大将军进，与诸常侍共说帝遣进西击韩遂，帝从之。进知其谋，奏遣袁绍收徐、兖二州兵，须还而西，以稽行期。

帝崩，皇子辩即位，尊皇后曰皇太后。太后临朝。封皇弟协为陈留王。

初，帝数失皇子，何后生辩，养于道人史子眇家，号曰

如此，百战百胜，不如不战而使敌兵屈服。所以要先知道我们不可战胜，而对待敌人可以战胜。陈仓城虽然小，但是城池坚固，守备严密，很不容易攻克。王国虽然强盛，如果攻不下陈仓，他的部众必然疲乏，乘敌人疲乏而进攻他们，是获取全胜的方法。”王国进攻陈仓八十余天，没能攻克陈仓，部众十分疲乏，只好解围撤退，皇甫嵩进兵攻击王国军队。董卓说：“穷寇勿迫，归众勿追。”皇甫嵩说：“不是这样，以前我们不进攻敌人，是为了躲避他们的锐气，现在进攻敌人，是利用他们低落的士气。所攻击的是疲乏的军队，不是士气良好的归众。王国部众就要逃走，已经没有斗志，用齐整的军队攻击散乱的敌人，不是追什么‘穷寇’。”于是，皇甫嵩独自率军进攻，连续激战，大败王国军，杀死万余人。董卓很惭愧忿恨，由此就和皇甫嵩有了仇隙。

三月，刘虞讨伐渔阳贼人，斩杀了张纯，其残余部众投降或逃散。

刘虞到任后，派遣使者到鲜卑人中去，告诉他们利害得失，责令他们杀死张举、张纯，将他们的头颅送来，将给以重赏。鲜卑首领丘力居听说刘虞到来，很高兴，各自派遣翻译谒见刘虞，自动归降。刘虞遣散军队，只保留公孙瓒率领万人驻扎在右北平。三月，张纯的门客杀死张纯，将张纯的头颅送到刘虞处。公孙瓒的志向是打算扫灭乌桓，而刘虞打算以恩德信义招降他们。由此，二人有了矛盾。

夏四月初一，发生日食。　朝廷任命刘虞为太尉。　派大将军何进征讨韩遂。

蹇硕忌恨大将军何进，与诸常侍一起劝说灵帝派遣何进西征韩遂，灵帝听从了他们的建议。何进知道他们的阴谋，就上奏灵帝派遣袁绍去徐州、兖州调集军队，要等袁绍回来才西征，以拖延出征日期。

灵帝去世，皇子刘辩即皇帝位，尊皇后为皇太后。太后临朝主持朝政。封皇弟刘协为陈留王。

当初，灵帝数次失子，何皇后生刘辩，送到道人史子眇家，称

"史侯"。王美人生协,董太后自养之,号曰"董侯"。群臣请立太子,帝以辩轻佻无威仪,欲立协,犹豫未决。会疾笃,属协于蹇硕。欲先诛何进而立协,使人迎进往,硕司马潘隐迎而目之。进惊,驰归营,引兵入屯百郡邸,称疾不入。辩即位,年十四。太后临朝。封协为陈留王,年九岁。

以袁隗为太傅,与大将军进参录尚书事。进收宦者蹇硕,诛之。

进既秉政,忿蹇硕图己,袁绍因劝进悉诛诸宦官。进以袁氏累世贵宠,而绍与从弟术皆为豪杰所归,因信用之。复博征智谋之士何颙、荀攸、郑泰等二十余人,与同腹心。硕不自安,与赵忠等谋诛进。中常侍郭胜,进同郡人,以告进。进使黄门令收硕,诛之,因悉领其屯兵。

五月,迁孝仁皇后于河间。骠骑将军董重自杀。六月,后暴崩。

骠骑将军董重,与何进权势相害,中官挟重为助。董太后每欲参干政事,何太后辄禁塞之,董后忿骂曰:"汝今辀张,怙汝兄耶!吾敕骠骑断何进头,如反手耳!"何太后告进。进与三公共奏:"孝仁皇后交通州郡,辜较财利,故事,藩后不得留京师,请迁宫本国。"举兵围骠骑府,收重,免官,重自杀。董后忧怖,暴崩。民间由是不附何氏。

葬文陵。

刘辩为“史侯”。王美人生下刘协，由董太后自己抚养，所以称刘协为“董侯”。群臣请灵帝立太子，灵帝认为刘辩举止行为不够庄重，缺少威仪，打算立刘协为太子，但一直犹豫不决。等到病重时，将刘协托付给蹇硕。蹇硕打算先杀何进，而后立刘协为皇帝，于是，便派人接何进入宫，蹇硕的司马潘隐迎接何进时用眼神示意。何进大惊，飞速回到兵营，率兵驻扎在百郡邸，借口有病不再入宫。刘辩即皇帝位，当时他十四岁，皇太后临朝主持朝政。封刘协为陈留王，刘协当时九岁。

任命袁隗为太傅，与大将军何进共同主持尚书台事务。何进收捕蹇硕，将他诛杀。

何进既已掌握朝廷大权，忿恨蹇硕图谋杀害他，袁绍就劝说何进将所有的宦官诛杀尽。何进认为袁氏家族历代都富贵得到朝廷宠信，而且袁绍与他的堂弟袁术又得到豪杰们的拥戴，所以对他们很信任并重用他们。又广泛征聘有智谋的人士何颙、荀攸、郑泰等二十余人，把他们作为自己的心腹之人。蹇硕感到不安，和赵忠密谋诛杀何进。中常侍郭胜和何进是同郡人，将蹇硕的密谋告诉了何进。何进命令黄门令收捕蹇硕，将他处死，于是把蹇硕所指挥的禁军全部归于自己统辖。

五月，把孝仁皇后迁回到河间。骠骑将军董重自杀。六月，孝仁皇后突然去世。

骠骑将军董重，与何进争权夺势，宦官们依靠董重为外援。每当董太后打算参预政事，何太后就找借口阻止她，董太后忿忿地说：“你今天嚣张，是倚仗你的哥哥何进！我让骠骑将军董重砍下何进的头，如同将手掌翻过来一样容易！”何太后听到后，告诉了何进。何进就与三公同上书奏：“孝仁皇后与州郡官员勾结，贪占财利，根据过去的惯例，藩国的主后不能留在京城，请把她迁回自己的封国。”何进派兵包围骠骑将军董重的府第，将董重逮捕，免去官职，董重自杀。董太后忧郁恐惧，突然去世。由此，何氏失去民心。

把灵帝安葬在文陵。

何进惩蹇硕之谋，称疾，不入陪丧，又不送山陵。

大水。　秋七月，大将军进召董卓将兵诣京师。太后诏罢诸宦官。八月，宦官张让等入宫，杀进，劫太后、帝出至河上。司隶校尉袁绍，捕宦官悉诛之。帝还宫。以卓为司空。

袁绍说何进曰："前窦武欲诛内宠而反为所害者，但坐言语漏泄。五营兵士皆服畏中人，而窦氏反用之，自取祸灭。今将军兄弟并领劲兵，部曲将吏皆英俊名士，乐尽力命，事在掌握，此天赞之时不可失也。"进乃白太后，请尽罢中常侍以下，以三署郎补其处。太后曰："中官统领禁省，汉家故事也，且先帝新弃天下，我奈何楚楚与士人共对事乎！"进难违太后意，且欲诛其放纵者。而太后母舞阳君及弟苗受宦官赂遗，数白太后为其障蔽，言："大将军专杀擅权，以弱社稷。"太后以为然。进又新贵，素敬惮中官，虽外慕大名而内不能断，故事久不决。

绍等又为画策，多召四方猛将，使并引兵向京城，以胁太后，进然之。主簿陈琳谏曰："谚称'掩目捕雀'，夫微物尚不可欺以得志，况国之大事，其可以诈立乎！今将军总皇威，握兵要，龙骧虎步，高下在心，此犹鼓洪炉燎毛发耳。但当速发雷霆，行权立断，则天人顺之。而反委释利器，更征外助，大兵聚会，强者为雄，所谓倒持干戈，授人以柄，

何进恐怕再发生蹇硕那样的阴谋，就借口有病，不入宫陪丧，也不送灵帝的棺椁到文陵。

发生大水灾。　秋七月，大将军何进召董卓率兵京师晋见。何太后下诏罢免宦官的职务。八月，宦官张让等入宫杀死何进，劫持太后、皇帝出宫到黄河边。司隶校尉袁绍逮捕宦官，将他们全部诛杀。皇帝回到皇宫。任命董卓为司空。

袁绍劝说何进道："从前窦武打算诛杀宦官反而被他们所害，只是因为计划泄漏。五营的兵士都服从和畏惧宦官，而窦武反而利用他们，结果自取灭亡。如今您兄弟一起统辖精锐禁军，部下将领官吏都是有才干的名士，又都乐意为您效命，事情全在您控制之下，这是上天赐给您的机会，机不可失。"于是，何进向太后建议，请罢免中常侍以下的宦官职务，用三署的郎官来代替他们的空缺。太后说："由宦官管理皇宫，是汉朝的传统制度，而且先帝刚刚去世，我怎能衣冠楚楚地与士人相对共事！"何进难以违背太后的意思，但打算诛杀宦官中最放纵横行的。但是，太后的母亲舞阳君和弟弟何苗收受宦官们的贿赂，数次在太后面前为他们遮掩，说："大将军专权杀戮，擅权独断，削弱了国家。"太后也这样认为。何进又是新近贵宠之人，一向对宦官们又敬又怕，虽然企慕得到铲除宦官的美名，但心中不能决断，所以事情拖下来，久久不能决定。

袁绍等人又为何进出谋划策，劝他多召各地的猛将，让他们一同率兵向京城进发，以此来胁迫何太后诛杀宦官，何进同意了这个建议。主簿陈琳劝阻说："民间谚语说'蒙着眼睛抓鸟'，像这样微不足道的小东西尚且不能用欺骗手段达到目的，何况国家大事，怎么可以用欺诈的手段办成呢！如今您集皇家威信，掌握兵权，如龙行虎步，可以自如行动，一切全凭您的心思，如此形势，如果对付宦官，就如同用旺盛的火炉去烧毛发一样容易。只要您迅速行动，以雷霆之势行使权力，做出决断，则是上顺天意，下符民心。但如今您却放弃手中的权力，去征求外援，各路大兵会师，强盛者将称雄，所谓倒着拿武器，而把武器柄给人家，

功必不成，只为乱阶耳。”进不听。曹操闻而笑曰：“宦者之官，古今宜有，但世主不当假之权宠，使至于此。既治其罪，当诛元恶，一狱吏足矣，何至纷纷召外兵乎！欲尽诛之，事必宣露，吾见其败也。”

初，灵帝征董卓为少府，卓上书言：“所将湟中义从及秦、胡兵皆诣臣言：‘禀赐断绝，妻子饥冻。’牵挽臣车，使不得行。”及帝寝疾，玺书拜卓并州牧，令以兵属皇甫嵩。卓复上书言：“士卒恋臣畜养之恩，乞将之北州，效力边垂。”嵩从子郦说嵩曰：“大人与卓怨隙已结，势不俱存。卓被诏委兵而上书自请，此逆命也。彼度京师政乱，故踌躇不进，此怀奸也。且凶戾无亲，将士不附。大人今为元帅，仗国威以讨之，无不济也。”嵩曰：“违命虽罪，专诛亦有责也。不如显奏，使朝廷裁之。”乃上书以闻。帝以让卓，卓亦不奉诏，驻兵河东。

至是何进召之，使将兵诣京师。尚书郑泰、卢植皆谏，进不从。泰乃弃官去，谓荀攸曰：“何公未易辅也。”进使骑都尉鲍信募兵泰山，并召东郡太守桥瑁屯成皋，使武猛都尉丁原将数千人寇河内，烧孟津，火照城中，皆以诛宦官为言。董卓闻召，即时就道，并上书曰：“张让等窃倖承宠，浊乱海内。臣闻扬汤止沸，莫若去薪，溃痈虽痛，胜于内食。

一定不会成功，只会出现大乱而已。”何进不听从陈琳的劝告。曹操听说后笑着说：“宦官，古今都应该有，但君主们不应该给予他们重权和宠信，以致发展到这种地步。既然要惩治他们，应当处死他们的头子，只需要一个狱吏就足够了，何至于纷乱地召集各地部队，打算将他们全部处死，事情必然要泄露，我将见到事情的失败。”

当初，灵帝征召董卓进京为少府，董卓上书说：“我所统辖的湟中地区的志愿兵士以及秦、胡兵都来见我说：‘朝廷的粮饷、赏赐都已经断绝不发了，我们的妻子儿女都在挨饿受冻。’拖住我的车子，使我无法动身。”到灵帝病重时，下诏书任命董卓为并州牧，命令他把军队交给皇甫嵩统辖。董卓又上书说：“士兵们眷恋我对他们的养育之恩，乞求陛下让我把他们带到北州，在国家的边疆效力。”皇甫嵩的侄子皇甫郦劝说皇甫嵩说：“您与董卓已经结下仇怨，势不两立。董卓接到诏书命令他交出兵权，但他却上书要求将军队带到北州，这是违逆皇帝的诏命。他思量京城政事混乱，所以敢拖延，迟迟按兵不动，这是心怀奸诈。况且董卓凶残无亲，不得军心。您如今身为元帅，倚仗着国威去讨伐董卓，没有不成功的。”皇甫嵩说：“违抗君命虽然有罪，但擅自诛杀他也是有罪责的。不如公开奏报董卓之罪，让朝廷去裁定对他的处罚。”于是，皇甫嵩上书奏报董卓。灵帝下诏责备董卓，董卓仍旧不服从诏命，把军队驻扎在河东郡。

此时，何进召董卓率军队进京。尚书郑泰、卢植都劝何进不要这样做，何进不肯听从。于是，郑泰就辞官而去，对荀攸说：“何进是个很难辅佐的人。”何进让骑都尉鲍信到泰山去招募军队，并召东郡太守桥瑁率领军队驻扎在成皋，让武猛都尉丁原率领数千人在河内郡劫掠，烧毁孟津渡口，火光直照到城里，这些行动都以要消灭宦官为借口。董卓接到召他进京的命令后，立刻就上路了，并且上书说：“张让等人用不正当的手段得到了灵帝的宠信，乘机扰乱天下。我听说扬汤止沸，不如抽去锅下燃烧的干柴，溃烂的痈疽虽然疼痛，但总比内脏受到侵蚀好得多。

今辄鸣钟鼓如洛阳，请收让等，以清奸秽。"太后犹不从。何苗谓进曰："始以贫贱依省内以致富贵，国家之事，亦何容易，宜深思之。"

卓至渑池，而进更狐疑，遣使宣诏止之。袁绍惧进变计，因胁之曰："交构已成，形势已露，将军复欲何待而不早决之乎？事久变生，复为窦氏矣！"进于是以绍为司隶校尉，王允为河南尹。绍促董卓使驰驿上奏，欲进兵平乐观。太后乃恐，悉罢中常侍、小黄门使还里舍。皆诣进谢罪，唯所措置。进谓曰："天下匈匈，正患诸君耳。今董卓垂至，诸君何不早各就国。"袁绍劝进便于此决之，再三不许，谋颇泄。张让子妇，太后之妹也，让叩头谓曰："老臣得罪，当与新妇俱归私门，愿复一入直，得暂奉望太后颜色，然后退就沟壑，死不恨矣！"太后乃诏皆复入直。

八月，进入长乐宫，白太后，请尽诛诸常侍。张让、段珪相谓曰："大将军称疾，不临丧，不送葬，今欻入省，此意何为？"使潜听，具闻其语。乃率其党数十人，持兵伏省户下，斩进。即为诏以樊陵为司隶，许相为河南尹。尚书疑之曰："请大将军出共议。"中黄门以进头掷与曰："何进谋反，已伏诛矣。"进部曲将吴匡引兵烧南宫青琐门，让等将太后、少帝及陈留王，劫省内官属，从复道走北宫。尚书卢植执戈于阁道窗下，仰数段珪，珪惧，乃释太后，太后投阁得免。袁绍矫诏召樊陵、许相，斩之。引兵屯阙下，捕得赵忠

如今我敲响钟鼓到洛阳来，请求逮捕张让等人，以清除奸秽之徒。"何太后还是不同意。何苗对何进说："我们依靠宦官的力量，由贫贱变为富贵，国家大事，谈何容易，应该深思熟虑。"

董卓的队伍到达渑池，何进更加犹豫不决，派遣使者拿着皇帝的诏书命令董卓停止前进。袁绍怕何进改变主意，就威胁他说："矛盾已经形成并扩大，意图已经显露，将军还打算等待什么而不早些决断？事情拖得太久会发生变故，就要重蹈窦武遭害的覆辙了！"于是，何进任命袁绍为司隶校尉，王允为河南尹。袁绍催促董卓派驿使急速上奏，声称打算进兵到平乐观。太后这才害怕，将中常侍、小黄门全部罢免，命令他们全部回家。常侍和小黄门都去诣见何进请罪，说一切听从何进的处置。何进说："天下纷乱，只是因为痛恨你们。如今董卓马上就要来了，你们为什么还不早点回到自己的封国去！"袁绍劝何进乘此机会将宦官铲除，劝说了再三何进也不允许，但铲除宦官的计划已经泄露了不少。张让的儿媳妇是何太后的妹妹，张让向她叩头请求说："我现犯罪，应当和你一起回到家乡，我最大的愿望就是最后一次入宫侍候一回，得以暂时看望何太后一次，然后即使身埋沟壑，死了也没有什么遗憾！"太后下诏召宦官们重新入宫当差。

八月，何进来到长乐宫，上奏太后，请求处死全部常侍。中常侍张让、段珪商量说："大将军何进借口有病，不参加先帝的丧礼，也不送葬，今天忽然入宫，是什么用意？"于是就派人去偷听，知道了谈话的全部内容。便率领党羽数十人，拿着武器埋伏在宫门下，斩杀了何进。随即用皇帝名义下诏书，任命樊陵为司隶校尉，许相为河南尹。尚书怀疑说："请大将军出来与我们一起商议。"中黄门将何进的头颅扔给尚书说："何进谋反，已经被处死了。"何进部下将领吴匡率兵焚烧南宫的青琐门，张让等胁迫太后、少帝以及陈留王，劫持宫内的官员们从天桥阁道逃往北宫。尚书卢植拿着戈在阁道窗下，仰头怒斥段珪，段珪害怕，这才放开何太后，太后从阁窗跳下来，才得以幸免。袁绍假传诏书召来樊陵、许相，将他们处斩。率兵驻扎在宫门下，抓住了赵忠

等，斩之。吴匡等怨苗不与进同心，乃令军中曰："杀大将军者即车骑也，吏士能为报仇乎？"皆流涕曰："愿致死。"遂攻杀苗。绍遂闭北宫门，勒兵捕诸宦者，无少长皆杀之，凡二千余人，或有无须而误死者。进攻省内。

让、珪等困迫，遂将帝与陈留王数十人步出穀门。夜，至小平津，六玺不自随，公卿无从者，唯卢植及河南中部掾闵贡夜至河上。贡厉声责让等，因手剑斩数人，让等惶怖，叩头向帝辞曰："臣等死，陛下自爱。"遂投河而死。贡扶帝与陈留王夜逐萤光还至洛舍。明日，帝乘一马，陈留王与贡共乘一马南行，公卿稍有至者，董卓亦到。因与公卿奉迎于北芒阪下。帝见卓兵卒至，恐怖涕泣。群公谓卓曰："有诏却兵。"卓曰："公诸人为国大臣，不能匡正王室，至使国家播荡，何却兵之有！"卓与帝语，语不可了，乃更与陈留王语，问祸乱之由，王答自初至终，无所遗失。卓大喜，以为贤，且自以与董太后同族，而王为后所养，遂有废立之意。

是日，帝还宫。失传国玺。鲍信募兵适至，说绍曰："董卓将有异志，今不早图，必为所制，及其新至疲劳，袭之，可禽也。"绍不敢发。信乃引兵还泰山。卓步骑不过三千，率四五日辄夜潜出，明旦乃大陈旌鼓而还，以为西兵复至，洛中无知者。俄而进及弟苗部曲皆归之，卓又阴使丁原部曲吕布杀原而并其众。于是讽朝廷，以久雨策免司

等，将他们处死。吴匡等人怨恨何苗不与何进同心，就命令军士们说：“杀大将军的人就是车骑将军，你们能为大将军报仇吗？”大家哭着说：“愿意拼死为大将军报仇。”于是，便进攻杀死何苗。袁绍关闭了北宫门，派兵搜捕宦官，无论少长，一律杀死，共有二千余人丧命，也有因为没有胡子被误杀的人。又向宫内进攻。

张让、段珪等窘迫危困，只好带着少帝与陈留王数十人步行出榖门。夜里，到了小平津，皇帝所专用的玺印没有随身带着，公卿没有一人跟随，只有卢植和河南中部掾闵贡夜里赶到黄河边。闵贡厉声斥责张让等人，用手中的剑斩杀数人，张让等惶恐害怕，向少帝叩头辞别说：“我们死了，请陛下自爱。”遂即投河而死。闵贡搀扶着少帝与陈留王随着萤火虫的光亮回到洛舍。第二天早晨，少帝乘一匹马，陈留王与闵贡合乘一匹马向南行，这时有几个公卿赶来，董卓也赶到了。就与公卿们在北芒阪奉迎少帝。少帝看见董卓军队到来，吓得哭了起来。公卿们对董卓说：“皇帝有诏，大军后撤。”董卓说：“你们身为国家大臣，不能匡正王室，以致使皇帝逃亡不能安定，为什么要让军队后撤！”董卓拜见少帝，少帝辞不达意，于是董卓又与陈留王交谈，问起祸乱的经过，陈留王叙述祸乱原委，毫无遗漏。董卓听了大为高兴，觉得陈留王贤能，而且自以为与董太后是同族，而陈留王又是董太后抚养大的，就有了废黜少帝刘辩，改立刘协为帝的打算。

当天，少帝回到宫中。丢失了传国御玺。正好骑都尉鲍信从泰山郡招募兵士回来，他劝袁绍说：“董卓将要有不轨的打算，如今不早点铲除他，以后必然会被他所控制，现在可以乘他新到，军队疲劳，发动袭击，可以生擒他。”袁绍害怕，不敢发动进攻。于是鲍信率领军队返回了泰山郡。董卓手下的步兵、骑兵不过三千人，于是，每隔四五天，就让军队在夜里悄悄出发，第二天早晨，大张旗鼓地回来，让人以为西部凉州兵又来了援军，而洛阳城中没有人知道其中奥妙。不久，何进及何苗的部下都归顺了董卓，董卓又暗中指使丁原的部下吕布杀死丁原而吞并了丁原的部众。于是，董卓又暗示朝廷，以下雨不停止为由，罢免了司

空刘弘而代之。蔡邕亡命江海，积十二年。卓闻其名而辟之，称疾不就。卓怒，骂曰："我能族人！"邕惧而应命，到，署祭酒，甚见敬重，三日之间周历三台，迁为侍中。

九月，袁绍出奔冀州。卓废帝为弘农王，奉陈留王协即位，遂弑太后何氏。

董卓谓袁绍曰："天下之主，宜得贤明，每念灵帝，令人愤毒！董侯似可，今欲立之，能胜史侯否？为当且尔，刘氏种不足复遗！"绍曰："汉有天下四百许年，恩泽深渥，兆民戴之。今上富于春秋，未有不善宣于天下，公欲废嫡立庶，恐众不从公议也！"卓按剑叱绍曰："竖子敢然！天下之事岂不在我，尔谓董卓刀为不利乎！"绍勃然曰："天下健者岂惟董公！"引佩刀，横揖，径出。县节于上东门，逃奔冀州。卓大会百僚，奋首而言曰："皇帝暗弱，不可以奉宗庙，为天下主，今欲依伊尹、霍光故事，更立陈留王，何如？"皆惶恐，莫敢对。卓又曰："有敢沮大议，皆以军法从事！"坐者震动。卢植独曰："太甲不明，昌邑多罪，故有废立之事。今上行无失德，非前事之比也。"卓大怒，免植官，植遂逃隐于上谷。卓以议示袁隗，隗报如议。卓遂胁太后，策废少帝为弘农王，立陈留王协为帝。隗解帝玺绶，扶下殿，北面称臣。太后鲠涕，群臣含悲莫敢言者。卓又议："太后蹴迫

空刘弘，然后由自己代替了他的职务。蔡邕在江湖上流亡，前后加起来有十二年。董卓听说蔡邕的名声而征召他，蔡邕借口有病，不肯应召。董卓大怒，骂道："我能杀人全族！"蔡邕害怕，只好接受召命。到达洛阳，被任命为司空祭酒，董卓很敬重他，三日之间连续升迁，在尚书、御史、谒者三台任职，最后升迁为侍中。

九月，袁绍逃奔冀州。董卓废黜少帝刘辩为弘农王，奉立陈留王刘协即皇帝位，杀死太后何氏。

董卓对袁绍说："天下的君主，应该由贤明的人来担任，每当想到灵帝的所作所为，就令人愤恨！董侯似乎还不错，如今我打算立他为皇帝，不知他能否胜过史侯？如果他也是如此的话，刘氏后代就不值得再留下了！"袁绍说："汉家统治天下四百余年，恩德深厚，万民都拥戴他。如今皇帝年纪很轻，没有什么不善的行为传布天下，你想废黜嫡者拥立庶者，恐怕大家不会听从你的意见！"董卓用手按着剑怒叱袁绍说："小子，怎么敢如此，天下大事难道不由我说了算吗，你以为董卓的刀不锋利吗！"袁绍勃然大怒说："天下强健的人难道只有你董公一个人吗！"随即横刀向大家一揖，径直走出朝堂。把司隶校尉的符节悬挂在上东门上，逃奔冀州。董卓召集文武大臣会议，骄横地说："皇帝软弱无能，不能奉祀宗庙，承继祖先大业，为天下君主，如今想依照伊尹、霍光的事迹，改立陈留王为帝，怎么样？"大臣们都十分惶恐，没有人敢回答。董卓又说："有敢阻止这重大选择的，都以军法从事！"在座的人无不感到震惊。只有卢植说："古时因为太甲昏乱不明，昌邑王有许多罪行，所以才有废立之事出现。如今皇帝没有无德的行为，不能与古时之事相比。"董卓大怒，免去卢植的官职，卢植于是逃到上谷郡隐居起来。董卓把废立的奏章让袁隗看，袁隗答复说就按照奏章办。于是，董卓就胁迫何太后下诏废黜少帝刘辩为弘农王，立陈留王刘协为皇帝。袁隗解下少帝的玺绶，将他扶下殿，向北面的刘协称臣。何太后哽咽哭涕，群臣强忍着悲痛没有一个人敢说话。董卓又说："太后逼迫

永乐宫至忧死，逆妇姑礼。”乃迁永安宫，鸩杀之。公卿以下不布服。

除公卿子弟为郎，补宦官侍殿上。　即拜刘虞为大司马。　卓自为太尉，领前将军事。

加节传、斧钺、虎贲，更封郿侯。

遣使吊祭陈蕃、窦武及诸党人，复其爵位。

董卓与三公诣阙上书，追理蕃、武及诸党人，悉复爵位，遣使吊祠，擢用子孙。

自六月雨至于是月。　冬十月，葬灵思皇后。

公卿会葬，素衣而已。

十一月，卓自为相国，赞拜不名，入朝不趋，剑履上殿。　十二月，征处士申屠蟠，不至。以黄琬为太尉，杨彪为司徒，荀爽为司空。

初，尚书周毖、城门校尉伍琼，说董卓矫桓、灵之政，擢用天下名士以收众望。卓从之，于是征荀爽、申屠蟠等。就拜爽平原相，行至宛陵，迁光禄勋，视事三日，进拜司空。自征至是九十五日。爽等皆畏卓之暴，无敢不至。独蟠得征书，人劝之行，笑而不答，竟以寿终。卓又以韩馥为冀州牧，刘岱、孔伷为兖、豫刺史，张邈、张咨为陈留、南阳太守。

以袁绍为勃海太守。

洛中贵戚室第相望，卓放兵剽虏，妻略妇女，不避贵贱，人情崩恐，不保朝夕。卓购求袁绍急，周毖、伍琼曰：“绍恐惧出奔，非有它志。今急购之，势必为变。袁氏树恩

永乐宫，以致使其忧郁而死，违逆了婆媳之间的礼制。”于是将何太后迁至永安宫，将她毒死。公卿以下官员不穿丧服。

任命公卿子弟为郎官，增补宦官的空缺，在殿上服侍皇帝。任命刘虞为大司马。　董卓自己担任太尉，兼前将军。

加赐董卓节传、斧钺、虎贲卫士，进封为郿侯。

派遣使者吊唁祭悼陈蕃、窦武及死去的党人，恢复他们的爵位。

董卓和三公上书，请求重新审理陈蕃、窦武及诸党人的案件，全部恢复他们的爵位，派遣使者吊唁祭祀他们，并擢用他们的子孙做官。

自六月开始下雨一直下到这个月。　冬十月，安葬灵思何皇后。

公卿大臣参加葬礼时，只穿白衣罢了。

十一月，董卓自己担任相国，可以在参拜皇帝时不唱呼其名，上朝时可以不趋行，可以佩剑穿鞋上殿。　十二月，征召处士申屠蟠，申屠蟠没有应召前来。任命黄琬为太尉，杨彪为司徒，荀爽为司空。

起初，尚书周毖、城门校尉伍琼劝说董卓矫正桓帝、灵帝的昏政，选用天下有名望的人士来争取人心。董卓听从了意见，于是征召荀爽、申屠蟠等人。就地任命荀爽为平原国相，荀爽在赴任路上，行至宛陵，又被任命为光禄勋，到任三天，又升迁为司空。从他被征召至升任司空，一共九十五天。荀爽等人畏惧董卓残暴，没有敢不应召的。唯独申屠蟠收到征召的文书而没上路，人们劝他动身，他笑而不答，最后他一直没有出来做官，在家寿终正寝。董卓又任命韩馥为冀州牧，刘岱为兖州刺史，孔伷为豫州刺史，张邈、张咨为陈留、南阳太守。

任命袁绍为勃海太守。

洛阳城中的皇室贵戚宅第相望，董卓放纵其部下不管贵贱，抢掠奸淫，致使人心惊恐，朝不保夕。董卓悬赏搜捕袁绍，甚为急迫，周毖、伍琼说：“袁绍是因为害怕才逃出去的，并没有别的企图。如今急着悬赏捉拿他，势必会导致他反叛。袁氏树立恩德

四世,门生故吏遍天下,若收豪杰以聚徒众,则山东非公之有也。不如赦之,拜一郡守,绍喜于免罪,必无患矣。"卓乃即拜绍勃海太守。又以绍从弟术为后将军,曹操为骁骑校尉。术奔南阳。操变易姓名,间行东归,至陈留,散家财,合兵得五千人。

是时,豪杰多欲起兵讨卓者,袁绍在勃海,韩馥遣数部从事守之,不得动摇。东郡太守桥瑁诈作三公移书州郡,陈卓罪恶,征兵赴难。馥得移,请诸从事问曰:"今当助袁氏耶,助董氏耶?"治中从事刘子惠曰:"兴兵为国,何谓袁、董!"馥有惭色。乃作书与绍,听其起兵。

庚午(190)　**孝献皇帝初平元年**

春正月,关东州郡起兵讨卓,推袁绍为盟主。

绍自号车骑将军,与河内太守王匡屯河内,韩馥留邺,给军粮。孔伷屯颍川,刘岱、张邈、邈弟广陵太守超、山阳太守袁遗、济北相鲍信与桥瑁、曹操俱屯酸枣,袁术屯鲁阳,众各数万。豪杰多归心袁绍者,鲍信独谓操曰:"君略不世出,殆天之所启乎!"

卓弑弘农王。　卓奏免太尉琬、司徒彪。以王允为司徒,杀城门校尉伍琼、尚书周毖。

卓议大发兵以讨山东。尚书郭泰曰:"夫政在德,不在众也。"卓不悦,曰:"如卿此言,兵为无用邪!"泰曰:"非谓

已经有四世了，他们的门生、老部下遍及全国，倘若袁绍招收豪杰聚众反叛，那么崤山之东的地盘恐怕就不归您所有了。不如赦免袁绍，任命他一郡守之职，袁绍因被赦免而高兴，就必定不会再生祸患了。”于是，董卓任命袁绍为勃海太守。又任命袁绍的堂弟袁术为后将军，任命曹操为骁骑校尉。袁术逃奔到南阳。曹操改名换姓，走小路向东往家乡逃跑，到了陈留，变卖家财，集结起五千人的队伍。

这时候，各地豪杰大多想起兵讨伐董卓。袁绍在勃海，韩馥派了好几个部从事监视他，使他不能有任何举动。东郡太守桥瑁伪造了三公给各州郡的文书，陈述董卓的罪恶，征召各地兵马解救国难。韩馥得到了这份文书，召集部属商量，问他们说：“如今应当协助袁氏，还是协助董氏？”治中从事刘子惠说：“如今起兵是为了国家，怎么能说到袁氏、董氏！”韩馥面有惭愧之色。于是给袁绍写信，听任其起兵讨伐董卓。

汉献帝

庚午（190）　**汉献帝初平元年**

春正月，函谷关以东各州郡起兵讨伐董卓，共推袁绍为盟主。

袁绍自称车骑将军，与河内太守王匡驻扎在河内，韩馥留在邺城，供给军粮。孔伷驻扎在颍川，刘岱、张邈、张邈的弟弟广陵太守张超、山阳太守袁遗、济北国相鲍信与桥瑁、曹操都驻扎在酸枣，袁术驻扎在鲁阳，各路豪杰都有部众数万人。豪杰们大多拥戴袁绍，只有鲍信对曹操说：“您的谋略超世，大概是上天派您来的吧！”

董卓杀死弘农王刘辩。　董卓奏请献帝罢免太原尉黄琬、司徒杨彪。任命王允为司徒，处死城门校尉伍琼、尚书周毖。

董卓打算大规模发兵，去讨伐崤山以东的豪杰。尚书郭泰说：“为政在于有德，不在于兵多。”董卓听了很不高兴，说：“如果按照你的说法，那么军队岂不是没用了吗！”郭泰说：“不是

其然也，以为山东不足加大兵耳。明公出自西州，少为将帅，闲习军事。袁本初公卿子弟，生长京师，张孟卓东平长者，坐不窥堂，孔公绪清谈高论，嘘枯吹生，并无军旅之才，临锋决敌，非公之俦也。况王爵不加，尊卑无序，不肯同心共胆，与齐进退。且山东承平日久，民不习战，天下所畏者，无若并、凉之人与羌、胡义从，而明公拥之以为爪牙，譬犹驱虎兕以赴犬羊，鼓烈风以扫枯叶，谁敢御之！无事征兵以惊天下，使患役之民相聚为非，弃德恃众，自亏威重也。"卓乃悦。

既而又以山东兵盛，欲迁都以避之。表河南尹朱儁为己副，使者召拜，儁辞不受，因曰："国家西迁，必孤天下之望，以成山东之衅，臣不知其可也。"卓大会公卿议之，杨彪曰："关中残破，都洛已久，今无故捐宗庙，弃园陵，恐百姓惊动，必有糜沸之乱。天下动之至易，安之甚难，惟明公虑焉。"卓作色曰："公欲沮国计邪！"黄琬曰："此国之大事，杨公之言得无可思！"卓不答。以灾异奏免琬、彪等，以王允为司徒。伍琼、周毖固谏迁都，卓大怒曰："卓初入朝，二君劝用善士，故卓相从，而诸君到官，举兵相图，此二君卖卓。卓何用相负！"收斩之。彪、琬皇恐谢罪。

卓征盖勋为议郎，皇甫嵩为城门校尉。

盖勋为京兆尹。左将军皇甫嵩将兵三万屯扶风，勋密与嵩谋讨卓。卓素怨嵩，征为城门校尉，欲因杀之。嵩将

这样，我是认为山东不值得动用大军讨伐。您兴起于西州，年少时就出任将帅，熟悉军旅之事。而袁绍是个公卿子弟，在京城里长大，张邈是东平郡的忠厚长者，坐在堂上，都不随便张望，孔伷只会高谈阔论，品评事物，全然没有军事才干，这些人临阵与敌决战，都不是您的对手。何况他们没有得到朝廷的任命，尊卑没次序，不肯同心协力，一起进退。而且山东地区太平日久，老百姓不愿打仗，天下能够让人畏惧的，无非是并州、凉州的士兵和羌人、胡人的义勇，而您拥有这些军队作为爪牙，打起仗来，就如同驱赶老虎猛兽去冲入狗羊群中，鼓起大风去扫除枯叶，有谁敢抵御呢！如今没有什么大事而征兵会惊动天下，致使害怕服役的百姓聚在一起生乱，抛弃德行，而恃仗军队，这是自己损害威望。"董卓听了这番话，才高兴起来。

不久，又以山东豪杰兵力强盛为由，想迁都躲避。又上表推荐河南尹朱儁做自己的副手，派使者去召朱儁接受任命，朱儁推辞不接受，就对使者说："把京城往西迁徙，必然会使天下人失望，会给山东的盟军造成成功的机会，我不知道这样做是可行的。"董卓召集文武大臣商议迁都之事，杨彪说："关中地区已经残破，光武皇帝定都洛阳，至今历时已久，现在无缘无故地抛弃祖先宗庙和先帝陵园，恐怕会惊动百姓，必然会产生大乱。使天下动荡十分容易，要想安定天下就困难了，请您慎重考虑。"董卓一脸怒色地说："你要阻挠国家大计吗！"黄琬说："这是国家的大事，杨公的话，还是可以参考的！"董卓没言语。不久，董卓以出现灾异为由，上奏章免去了黄琬、杨彪的职务。任命王允为司徒。伍琼、周毖坚决劝阻迁都，董卓大怒说："我刚入朝时，你们俩劝我任用善良之士，我听从了，而这些人到任后，就起兵反对我，这是你们俩出卖我。我没有对不起你俩的地方！"于是，将伍琼、周毖抓起来处死了。杨彪、黄琬惶恐之极，就到董卓那里请求宽恕。

董卓征召盖勋为议郎，皇甫嵩为城门校尉。

盖勋任京兆尹。皇甫嵩率兵三万屯于扶风，两人密谋讨伐董卓。董卓怨恨皇甫嵩，征他为城门校尉，想杀掉他。皇甫嵩将

行，长史梁衍说嵩曰："卓寇掠京邑，废立从意，今征将军，大则危祸，小则困辱。今卓在洛阳，天子来西，以将军之众迎接至尊，奉令讨逆，袁氏逼其东，将军迫其西，此成禽也！"嵩不从而就征。勋以众弱不能独立，亦还京师。

三月，卓迁都长安，烧洛阳宫庙，发诸帝陵。车驾西迁。

董卓收诸富室，以罪恶诛之，没入其财物，死者不可胜计。悉驱徙其余民数百万口于长安。步骑驱蹙，更相蹈藉，饥饿寇掠，积尸盈路。卓自留屯毕圭苑中，悉烧宫庙、官府、居家，二百里内，无复鸡犬。又使吕布发诸帝陵及公卿冢墓，收其珍宝。三月，帝至长安，董卓未至，朝政大小皆委之王允。允外相弥缝，内谋王室，甚有大臣之度。自天子及朝中皆倚允，允屈意承卓，卓亦雅信焉。

卓杀太傅袁隗，灭其家。　长沙太守孙坚举兵讨卓。将军袁术据南阳，表坚领豫州刺史。

孙坚起兵杀荆州刺史王睿，前至南阳，已数万人。杀太守张咨，至鲁阳，与袁术合兵。术由是得据南阳，表坚行破虏将军、领豫州刺史。坚与官属会饮于鲁阳城东，董卓步骑数万猝至，坚方行酒谈笑，整顿部曲，无得妄动。后骑渐益，坚徐罢坐，导引入城，乃曰："向坚所以不即起者，恐兵相蹈藉，诸君不得入耳。"卓兵见其整，不敢攻而还。

要赴任，长史梁衍劝阻皇甫嵩说："董卓在京城像贼人一样抢掠，凭自己的意志随意废立皇帝，如今征召将军入京，大则有杀身之祸，小则受到窘困羞辱。而今董卓在洛阳，天子到西方来，凭借将军您的部众迎接皇帝，然后奉天子的命令讨伐董卓逆贼，袁氏在东面逼迫董卓，将军您在西面进击，这样就能生擒董卓了！"皇甫嵩不听，接受征召。盖勋因自己兵力弱小而不能独立，也回到京城洛阳。

三月，董卓迁都至长安，烧毁洛阳宫殿、宗庙，挖掘历代皇帝陵墓，搜集珍宝。献帝刘协向西迁徙。

董卓又逮捕洛阳城中富豪，给他们强加罪名处死，没收他们的财物，死者不计其数。驱赶剩余的百姓数百万，向长安迁徙。董卓的步兵、骑兵不断驱赶百姓，人们互相踩踏，再加上饥饿劫掠之苦，死去的百姓尸体堆满了道路。董卓自己留在毕圭苑驻扎，将宫庙、官府、百姓的住房全部烧毁，二百里内，不再有鸡犬。又指使吕布发掘历代皇帝的陵墓以及公卿官员的墓地，收罗珍宝。三月，献帝到达长安，此时董卓尚未到长安，朝廷的大小政事都交给王允处理。王允在外弥补调整缺失，在内为王室策划，颇有大臣的风度。上至天子下至文武百官，都倚靠王允，王允屈意奉承董卓，董卓也一直信任王允。

董卓杀太傅袁隗，并将其家人全部杀死。　长沙太守孙坚起兵讨伐董卓。将军袁术占据南阳，上表举荐孙坚兼豫州刺史。

孙坚起兵，杀死荆州刺史王睿，前进到南阳，军队已扩大到有数万人。孙坚又杀南阳太守张咨，到鲁阳，与袁术会合。袁术因此得以占据南阳，上表举荐孙坚代理破虏将军、兼豫州刺史。孙坚与属下的官员在鲁阳城东饮酒聚会，董卓军队步、骑兵数万人突然来到，孙坚一边敬酒谈笑，一边整顿部队，命令部队不得妄动。后面的骑兵渐渐增多，孙坚才慢慢地站起来，率领大家依次入城后，才说："刚才我所以不马上起身，是恐怕士兵慌乱，互相拥挤踩踏，诸位无法入城。"董卓的军队看到孙坚部队严整不乱，不敢进攻而退走。

以刘表为荆州刺史。

时寇贼纵横，道路梗塞，表单马入宜城，请南郡名士蒯良、蒯越，与之谋曰："今江南宗贼甚盛，各拥众不附，若袁术因之，祸必至矣。吾欲征兵，恐不能集，其策焉出？"越曰："袁术骄而无谋，宗贼帅多贪暴，为下所患，若使人示之以利，必以众来。使君诛其无道，抚而用之，一州之人有乐存之心，闻君威德，必襁负而至矣。兵集众附，南据江陵，北守襄阳，荆州八郡可传檄而定，公路虽至，无能为也。"表曰："善。"乃使越诱宗贼帅，至者五十五人，皆斩之而取其众。遂徙治襄阳，镇抚郡县，江南悉平。

曹操与卓兵战于荥阳，不克。还屯河内。

袁绍等诸军畏董卓之强，莫敢先进。曹操曰："举义兵以诛暴乱，大众已合，诸君何疑！向使董卓倚王室，据旧京，东向以临天下，虽以无道行之，犹足为患。今焚烧宫室，劫迁天子，海内震动，不知所归，此天亡之时也，一战而天下定矣。"遂引兵西，将据成皋。至荥阳，遇卓将徐荣，与战，操兵败，为流矢所中，马亦被创。从弟洪以马与操曰："天下可无洪，不可无君。"遂夜遁，还酸枣。诸军十余万，日置酒高会，不图进取，操责让之，因为谋曰："诸君听吾计，使勃海引河内之众临孟津，酸枣诸将守成皋，据敖仓，塞轘辕、太谷，全制其险，使袁将军率南阳之军军丹、析，入武关，以震三辅，皆高垒深壁，勿与战，益为疑兵，示天下形

朝廷任命刘表为荆州刺史。

当时盗贼遍地，道路阻塞不通，刘表独自一人骑马入宜城，请来南郡的知名人士蒯良、蒯越，和他们商议说："如今江南宗党强盛，各自拥兵独立，假如袁术凭借他们的力量来攻，大祸必然就要到了。我打算征兵，又恐怕征集不到，你有什么好办法？"蒯越说："袁术骄傲而缺少谋略，宗党首领大多贪婪残暴，为部下所痛恨，假如派人给予小利，他们必然率领大众来归附。您把凶恶无道者处死，安抚其他人众，并任用他们，一州的百姓都有安居乐业之心，一听说您的恩德，必然怀抱婴儿扶着老人来归顺您。聚集兵士，百姓归附，您就可以在南面占据江陵，在北面固守襄阳，而荆州八郡，只要发布一纸文告就可以平定，袁术虽然来了，也无能为力。"刘表说："很好。"于是，就派蒯越引诱宗党首领，有五十五位首领到来，都将他们处死，收编了他们的部众。于是将州府迁到襄阳，镇抚郡县，平定了长江以南的地区。

曹操与董卓在荥阳激战，未能取胜。退还到河内郡驻扎。

袁绍等各军畏惧董卓势力强大，无人敢率先进攻。曹操说："我们举义兵来诛除暴乱，现在大军已经集合，诸位还有什么可迟疑的！从前董卓倚仗皇帝的威权，据守洛阳，向东面对天下，虽然他行为无道凶残，但是还足以成为大患。如今他焚烧宫室，劫迫天子西迁，全国为之震动，不知该归顺何人，这是上天要灭亡他的时机，只要一战就可以平定天下。"于是，曹操率兵向西进军，准备占领成皋。到达荥阳，与董卓部将徐荣相遇，双方激战，曹操战败，被流箭射中，所骑的马也受伤了。他的堂弟曹洪把自己的马让给曹操，说："天下可以没有我，不可以没有您。"随即乘着黑夜逃走，回到酸枣。山东诸路兵马十余万，每天只是喝酒聚会，不图进取。曹操责备他们，并谋划说："诸位且听我的计策，请袁绍率领河内的军队进军孟津，酸枣的诸位将领率军据守成皋，占领敖仓，封锁轘辕、太谷，将全部险要之地控制住，请袁术率领南阳部队驻扎于丹水、析县，进入武关，以威慑三辅地区，大家都巩固营垒，不与董卓交战，还要多布置疑兵，显示天下义军形

势，以顺诛逆，可立定也。今兵以义动，持疑不进，失天下望，窃为诸君耻之！"邈等不能用。操乃还屯河内。顷之，酸枣食尽，众散。刘岱杀桥瑁。

袁绍以臧洪领青州。

青州刺史焦和亦起兵，务及诸将西行，不为民人保障，兵始济河，黄巾已入其境。青州财富兵盛，和每望寇奔北。好卜筮，信鬼神。入见其人，清谈干云；出观其政，赏罚淆乱。州遂萧条，悉为丘墟。顷之，病卒。袁绍使广陵功曹臧洪领青州以抚之。

夏四月，以刘虞为太傅。

先是，幽部应接荒外，资费甚广，岁常割青、冀赋调二亿有余以足之。时处处断绝，委输不至，而虞敝衣绳屦，食无兼肉，务存宽政，劝督农桑，开上谷胡市之利，通渔阳盐铁之饶。民悦年登，谷石三十，青、徐士庶避难归虞者百余万口。虞皆收视温恤，为安立生业，流民皆忘其迁徙焉。至是，拜太傅，而道路壅塞，命不得通。

司空荀爽卒。

爽见卓忍暴滋甚，必危社稷，其所举辟，皆取才略之士，将共图之。亦与王允及卓长史何颙等为内谋，会病薨。

卓坏五铢钱，更铸小钱。

势，以顺应天意之众来诛灭叛逆，可以很快平定天下。如今我们打着义军的旗号，迟疑不前，令天下人失望，我私下里为诸位感到羞耻！”张邈等人不听曹操的计划。于是，曹操率军回到河内郡驻扎。不久，酸枣诸军因为军粮吃尽，也各自离散。刘岱杀死桥瑁。

袁绍让臧洪兼任青州刺史。

青州刺史焦和也起兵讨伐董卓，打算与诸位将领一起西征，但没有保障百姓安全，军队刚开始渡黄河，黄巾军就进入了青州境内。青州百姓富庶，兵甲强盛，但焦和每次望见寇贼便溃逃而去。焦和相信卜筮，迷信鬼神。入见其人，夸夸其谈；出观其政，赏罚混乱。以致青州一片萧条，废墟到处可见。不久，焦和病死。袁绍派广陵功曹臧洪兼任青州刺史，以安抚百姓。

夏四月，任命刘虞为太傅。

从前，幽州地处偏远，与荒野地区紧邻，所需要的费用很多，每年都从青州、冀州赋税中拨出二亿多钱来贴补幽州。但现在，由于战乱，道路处处断绝，补助运不到幽州，而刘虞穿着破衣服，脚踏草鞋，吃饭时只有一个肉菜，坚定地推行宽厚的政治，鼓励督促百姓从事农业生产，开放上谷郡的市场，与胡人交易，以获取利润，发展渔阳郡富饶的盐、铁生产。这些政策致使百姓欢悦，庄稼丰收，每石谷价仅三十钱，青州、徐州士人百姓到幽州避难投奔刘虞的有百余万人。刘虞全将他们收留，加以体恤安抚，并为他们安排生活，以致这些流落他乡的人忘记自己是在异乡了。这时候，朝廷任命刘虞为太傅，可是因为交通阻断，诏命无法送达。

司空荀爽去世。

荀爽看到董卓为人十分残忍凶暴，必然给国家带来危害，所以他所举荐为官的人都是有才能谋略之士，准备与他们共同除掉董卓。同时，荀爽也与王允及董卓的长史何颙等人密谋，就在这个时候因病去世。

董卓废除五铢钱，改铸小钱。

悉取洛阳及长安铜人，钟虡、飞廉、铜马之属以铸，由是货贱物贵，谷石至数万钱。

省孝和以下庙号。

初，孝和庙号穆宗，孝安号恭宗，孝顺号敬宗，孝桓号威宗，至是蔡邕议以为宜皆省去。从之。

以公孙度为辽东太守。

度到官，以法诛灭郡中名豪大姓百余家，郡中震栗。乃东伐高句骊，西击乌桓，分辽东为辽西、中辽郡，各置太守，越海收东莱诸县，置营州刺史。自立为辽东侯、平州牧，立汉二祖庙，承制，郊祀天地，藉田，乘鸾路，设旄头、羽骑。

辛未（191）　二年

春正月，关东诸将奉大司马刘虞为帝，虞不受。

关东诸将议：以朝廷幼冲，逼于董卓，远隔关塞，不知存否，幽州牧刘虞，宗室贤俊，欲共立为主。曹操曰："吾等所以举兵而远近莫不响应者，以义动故也。今幼主微弱，制于奸臣，非有昌邑亡国之衅，而一旦改易，天下其孰安之！诸君北面，我自西向。"韩馥、袁绍以书告袁术，术阴有不臣之心，不利国家有长君，乃外托公义以拒之。馥、绍竟遣故乐浪太守张岐等赍议上虞尊号。虞厉色叱之曰："今

董卓收取洛阳和长安所有的铜人、钟虡、飞廉、铜马一类的铜制品，把这些铜制品熔化铸钱，从此钱贱物贵。谷价一石达到数万钱。

省除孝和皇帝以下诸帝庙号。

当初，孝和皇帝的庙号为穆宗，孝安皇帝庙号为恭宗，孝顺皇帝庙号为敬宗，孝桓皇帝庙号为威宗，至此，蔡邕提议应该全都省去庙号。献帝同意。

任命公孙度为辽东太守。

公孙度到任后，依法处死郡中豪门大姓违法的一百余家，全郡的人都震惊害怕。于是，公孙度向东征伐高句骊，向西进攻乌桓，将辽东分为辽西、中辽两郡，各设置太守，渡海占领了东莱各县，设置了营州刺史。公孙度又自称辽东侯、平州牧，建立汉高祖刘邦、世祖刘秀的祭庙，秉承皇帝的旨意，在郊外祭祀天地，举行藉田的礼仪，乘坐皇帝方可使用的鸾车，设置皇帝才有的仪仗队旄头骑士和羽林骑士。

辛未(191)　汉献帝初平二年

春正月，关东诸位将领打算奉立大司马刘虞为皇帝，刘虞不同意。

关东起兵讨伐董卓的将领们商议：现今献帝年幼，被董卓所胁迫，关塞远隔，不知生死，幽州牧刘虞是皇家宗室中最贤明者，准备共同拥立他为皇帝。曹操说：“我们这些人之所以兴兵而远近没有不响应的，是因为我们所行是正义的。如今年幼的皇帝弱小，受制于奸臣，没有像昌邑王刘贺那样犯有可以导致亡国的罪过，而你们一旦改立皇帝，天下还能安定吗！你们向刘虞北面称臣，我自己向西尊奉皇帝。”韩馥、袁绍写信将他们打算拥立刘虞的想法告诉袁术，袁术暗地里有称帝野心，认为朝廷有年纪大的皇帝于己不利，于是表面假托大义，拒绝韩馥、袁绍的建议。韩馥、袁绍竟然派遣前乐浪太守张岐等人带着提议到幽州，奉上皇帝的尊号，请刘虞接受。刘虞厉声斥责张岐等人说：“如今

天下崩乱，主上蒙尘，吾被重恩，未能清雪国耻，诸君各据州郡，宜共戮力王室，而反造逆谋以相垢污邪！”馥等又请虞领尚书事，承制封拜，复不听，欲奔匈奴以自绝，绍等乃止。

二月，卓自为太师。

位在诸侯王上。

孙坚进兵击卓，卓败，西走。坚入洛阳，修塞诸陵而还。

孙坚进屯阳人。卓遣步骑迎战，坚击破之，枭其都督。或谓袁术曰：“坚若得洛，不可复制，此为除狼而得虎也。”术疑之，不运军粮。坚夜驰见术，曰：“所以出身不顾者，上为国家讨贼，下慰将军家门之私仇。而将军受浸润之言，还相嫌疑，何也？”术踧踖，即调发军粮。卓遣说坚，欲与和亲，坚曰：“卓逆天无道，今不夷汝三族，县示四海，则吾死不瞑目，岂将与乃和亲邪！”复进军大谷，距洛九十里。卓自出与战，败走，却屯渑池。坚进至洛阳，扫除宗庙，祠以太牢，得传国玺于城南甄官井中，分兵邀卓。卓谓长史刘艾曰：“关东军败数矣，皆畏孤，无能为也。惟孙坚小戆，颇能用人，当语诸将，使知忌之。”乃使董越屯渑池，段煨屯华阴，牛辅屯安邑，以御山东。而自引兵还长安。孙坚修塞诸陵，引军还鲁阳。

夏四月，卓至长安。

卓至长安，公卿迎拜车下。卓因抵手谓皇甫嵩曰：“义真，怖未乎？”嵩曰：“明公以德辅朝廷，大庆方至，何怖之有！若淫刑以逞，将天下皆惧，岂独嵩乎！”

国家崩溃大乱，皇帝蒙受危难，我受到皇帝重恩，未能为国雪耻，诸位各自占据州郡，应该共同努力匡救王室，为什么反而制造叛逆的计划来玷污我！”韩馥等人又请刘虞主持尚书的事务，秉承皇帝旨意封拜官爵，刘虞还是不肯听从，想逃奔到匈奴地区将自己与世人隔绝，袁绍等人这才停止。

二月，董卓自称太师。

地位居诸侯王之上。

孙坚进军攻击董卓军，董卓军战败，向西退走。孙坚进入洛阳，修复历代皇帝陵墓后回军。

孙坚进军驻扎在阳人。董卓派遣步、骑兵迎战，孙坚击败董卓军，斩杀其军都督，并将其头颅挂起来示众。有人对袁术说：“如果孙坚占领洛阳，就不能再控制他，这是除掉了狼又来了虎。”袁术怀疑孙坚，不给他运送军粮。孙坚连夜骑马去见袁术，说：“我之所以如此奋不顾身，上为国家讨伐逆贼，下是为了报将军家门的私仇。而将军听信挑拨之言，猜疑我，为什么？”袁术不安，马上就调集军粮。董卓派人劝说孙坚，愿意与孙坚和亲，孙坚说：“你逆天无道，如今不能夷灭你三族，昭示天下，我则死不瞑目，怎么能与你和亲！”又继续进军至大谷，仅距洛阳九十里。董卓亲自与孙坚交战，结果战败逃走，退守渑池。孙坚进入洛阳，打扫汉室宗庙，用太牢祭祀，在城南甄官井中找到了传国御玺，又分兵攻击董卓军队。董卓对长史刘艾说：“关东军队已经战败几次了，都畏惧我，他们不会有什么作为。只有孙坚这憨小子，很会用人，应当告诉诸将，让他们防备孙坚。”于是，派董越屯兵渑池，段煨驻扎在华阴，牛辅屯兵安邑，抵御山东诸路军队。而自己率兵回长安。孙坚修复历代皇帝陵墓后，率军回鲁阳。

夏四月，董卓到达长安。

董卓回到长安，公卿都来迎接，在车下参拜他。董卓拍手对皇甫嵩说：“皇甫义真，你害怕吗？”皇甫嵩说：“您以德辅佐朝廷，巨大的喜庆刚刚到来，有什么可害怕的！如果你随意运用刑罚，滥杀无辜，则天下人全都怕你，岂止是我一个皇甫嵩呢！”

六月，地震。　袁绍逐冀州牧韩馥，自领州事。

初，何进遣张杨募兵并州，会进败，杨留上党，有众数千人。至是，归袁绍于河内，与南单于屯漳水。韩馥以豪杰多归心袁绍，忌之，阴节其粮，欲使离散。绍客逢纪谓绍曰："将军举大事而仰人资给，不据一州，无以自全。韩馥庸才，可密要公孙瓒使取冀州，馥必骇惧，因遣辩士为陈祸福，馥迫于仓卒，必肯逊让。"绍以书与瓒。瓒遂引兵至，馥与战，不利。会董卓入关，绍还军延津，使馥所亲辛评、荀谌、郭图等说馥曰："公孙瓒将燕、代之卒乘胜来南，其锋不可当。袁车骑引军东向，其意亦未可量也，窃为将军危之！"馥惧曰："然则为之奈何？"谌曰："君自料宽仁容众孰与袁氏？智勇过人孰与袁氏？世布恩德孰与袁氏？"馥曰："皆不如也。"谌曰："袁氏一时之杰，将军资三不如之势，久处其上，彼必不为将军下也。夫冀州，天下之重资也，彼若与公孙瓒并力取之，危亡可立而待也。然袁氏，将军之旧，且为同盟，当今之计，若举冀州以让袁氏，彼必厚德将军，瓒亦不能与之争矣。是将军有让贤之名，而身安于泰山也。"馥性恇怯，因然其计。馥长史耿武、别驾闵纯、治中李历闻而谏曰："袁绍孤客穷军，仰我鼻息，譬如婴儿在股掌之上，绝其哺乳，立可饿杀，奈何欲以州与之！"馥曰："吾袁氏故吏，且才不如本初，度德而让，古人所贵，诸君独何病焉！"馥乃避位让绍，从事皆弃馥去，独武、纯杖刀拒绍，绍

六月，发生地震。　袁绍驱逐冀州牧韩馥，自己兼任冀州牧。

当初，何进派张杨到并州募兵，正赶上何进被杀，张杨就留在上党郡，有部众数千人。到这时，张杨前往河内归附了袁绍，与南单于共同驻扎在漳水边。韩馥见豪杰大多归附袁绍，很嫉妒，就暗中减少对袁绍军的粮食供应，想使他的部众离散。袁绍的门客逢纪对袁绍说："将军您举大事却依仗别人供给粮草，不占据一州，就不能保全自己。韩馥是个庸才，可与公孙瓒联络，让他进攻冀州，韩馥必然害怕，然后再派能言善辩的使者为他陈述利害祸福，韩馥迫于突然的危难，必肯逊让冀州牧之位。"于是，袁绍就写信给公孙瓒。公孙瓒接到信后，就率兵攻打冀州，韩馥与公孙瓒交战，战败。这时，正赶上董卓入关，袁绍退军在延津驻扎，指使韩馥的亲信辛评、荀谌、郭图等人劝说韩馥道："公孙瓒率领燕、代的军队乘胜南来，其锋锐不可当。车骑将军袁绍率军东进，其意图也不好猜测，我们私下里为您担心！"韩馥害怕了，说："如此该怎么办呢？"荀谌说："您自己衡量衡量，宽仁能容纳部众比得上袁绍吗？智勇过人比得上袁绍吗？世代布施恩德比得上袁绍吗？"韩馥说："全部不如袁绍。"荀谌说："袁绍是当世的豪杰，您以三方面都不如他的情况，长期位居他之上，他决不会甘心屈居您之下的。冀州是天下物产最富足的重地，袁绍如果与公孙瓒联合进攻冀州，您的危险立刻就会出现。然而袁绍是您的旧交，又是同盟，如今的办法是，您如果把冀州让给袁绍，他一定会非常感激您的，公孙瓒也没力量和他争了。这样，您便有让贤的美名，而您自身的安全比泰山还稳。"韩馥生性怯懦，就接受了他们的主意。韩馥长史耿武、别驾闵纯、治中李历听说后劝谏道："袁绍只是一只穷困无家可归的孤军，只能仰我鼻息，受制于我，他就如同婴儿在股掌之上，断绝他的乳汁，立刻就会饿死，为什么要把冀州让给他！"韩馥说："我本是袁氏家族的老部下，况且才能不如袁绍，德行不足而让位于贤者，是古人推崇的行为，诸位为何忧虑呢！"于是，韩馥就让冀州牧职位于袁绍，韩馥的部下都离开了他，唯独耿武、闵纯挥刀抵抗，袁绍

皆杀之。承制以馥为奋威将军，而无所将御。以沮授为奋武将军，使监护诸将。审配、田丰并以正直不得志于馥，绍以丰为别驾，配为治中，及许攸、逢纪、荀谌皆为谋主。绍又以朱汉为都官从事。汉尝为馥所不礼，于是发兵围馥第，收馥大儿，折其两足。绍收汉，杀之。馥犹忧怖，去依张邈。后绍使至，与邈耳语，馥谓图己，遂自杀。

袁绍表曹操为东郡太守。

鲍信为曹操曰："袁绍为盟主，因权专利，将自生乱，是复有一卓也。抑之则力不能制，且可规大河之南以待其变。"操善之。会黑山、白绕等十余万众略东郡，操引兵击破之。袁绍因表操为东郡太守，治东武阳。

卓以张杨为河内太守。

南单于劫杨以叛袁绍，屯黎阳。故卓因而用之。

冬十月，卓杀卫尉张温。

太史望气言，当有大臣戮死者。董卓使人诬告温罪，笞杀以应之。

黄巾寇勃海，校尉公孙瓒击破之。　公孙瓒攻袁绍。以刘备为平原相。

刘虞子和为侍中，帝使逃归，令虞以兵来迎。袁术留和，使以书与虞，虞遣骑诣和。公孙瓒亦遣其弟越，以骑诣术，教术执和夺其兵。虞、瓒由是有隙。是时关东州、郡务相兼并，以自强大，袁绍、袁术亦自相离贰。术遣孙坚击董

把他们杀死。袁绍以皇帝名义任命韩馥为奋威将军，但既无军队，也没有部属。袁绍任命沮授为奋武将军，派他监视其他将领。审配、田丰都因为为人正直不为韩馥所赏识，袁绍到任后，任命田丰为别驾，审配为治中，与许攸、逢纪、荀谌都成为袁绍的谋士。袁绍又任命朱汉为都官从事。朱汉曾经受到过韩馥的侮辱，于是，就派兵包围了韩馥的宅第，抓住韩馥的大儿子，把其两脚打断。袁绍逮捕朱汉，将他处死。但是韩馥还是很忧虑害怕，就去投奔张邈。后来，袁绍的使者去见张邈，和张邈悄声交谈，韩馥以为又要加害于他，就自杀身亡。

袁绍上表荐举曹操为东郡太守。

鲍信对曹操说："袁绍身为盟主，凭借职权，专一为己谋利，将会自己生乱，是又一个董卓。如果压制他，则力量不足，不如先到黄河以南地区发展扩大实力，以等待局势的变化。"曹操十分赞同鲍信的主张。这时，恰巧黑山、白绕等贼人十余万劫掠攻打东郡，曹操就率军将他们击败。袁绍因此上表荐举曹操为东郡太守，郡府设在东武阳。

董卓任命张杨为河内太守。

匈奴南单于劫持张杨背叛袁绍，屯兵黎阳。董卓借机任用张杨为河内太守。

冬十月，董卓杀卫尉张温。

太史观云气预测，应当有大臣受戮而死。董卓令人诬告张温有罪，将其拷打致死，以应太史之言。

黄巾军侵犯勃海，校尉公孙瓒率军击破黄巾军。　公孙瓒进攻袁绍。任命刘备为平原相。

刘虞的儿子刘和任侍中，献帝命他逃出长安，传令刘虞率兵迎献帝。袁术将刘和扣留，让他写信给刘虞，刘虞接到信后，派遣骑兵去见刘和。公孙瓒也派他的弟弟公孙越率领骑兵去见袁术，教袁术扣留刘和，收编刘虞派去的骑兵。由此刘虞、公孙瓒之间有了仇怨。这时，函谷关以东的州郡长官只忙着互相兼并，以壮大自己，袁绍、袁术兄弟之间也有了隔阂。袁术派孙坚攻击董

卓未返，绍遣周昂袭夺坚阳城。坚叹曰："同举义兵，将救社稷，逆贼垂破而各若此，吾当谁与戮力乎！"引兵击昂，走之。袁术遣公孙越助坚攻昂，越为流矢所中，死。公孙瓒怒曰："余弟死，祸起于绍。"遂出军屯磐河，数绍罪恶，进兵攻之。冀州诸城多畔从瓒。

初，涿郡刘备，中山靖王之后也。少孤贫，与母以贩履为业，有大志，少语言，喜怒不形于色。尝与瓒同师卢植，因往依瓒。至是瓒使与其将田楷徇青州有功，因以为平原相。备少与河东关羽、涿郡张飞友善。以羽、飞为别部司马，分统部曲。备与二人寝则同床，恩若兄弟，而稠人广坐，侍立终日。随备周旋，不避艰险。常山赵云为郡将兵，诣瓒。瓒曰："闻贵州人，皆愿袁氏，君何独迷而能反乎？"云曰："天下讻讻，未知孰是。民有倒县之厄，鄙州论议，从仁政所在，不为忽袁公，私明将军也。"刘备见而奇之，深加接纳，云遂从备至平原，为备主骑兵。

袁术使孙坚击刘表；表军射杀之。

初，袁术得南阳，户口数百万，而术奢淫肆欲，征敛无度，百姓苦之，稍稍离散。既与袁绍有隙，各立党援以相图。术结公孙瓒，而绍连刘表，术使孙坚击表，表遣其将黄祖逆战，坚击破之，遂围襄阳。表夜遣黄祖潜出发兵，欲还，坚逆与战，祖败走。坚乘胜夜追祖，祖部兵射坚，杀之。坚所举孝廉桓阶诣表，请坚丧。表义而许之，术由是不

卓还未回来，袁绍就派遣周昂偷袭攻占了孙坚的阳城。孙坚叹息着说："我们大家一起为大义起兵，想要拯救国家，逆贼眼看就要被打败了，但我们自己却如此相待，我能和谁并力讨贼呢！"于是就率兵攻击周昂，周昂败逃。袁术派遣公孙越协助孙坚进攻周昂，公孙越被流箭射死。公孙瓒愤怒地说："我弟弟的死，祸首是袁绍。"于是他出兵驻扎在磐河，历数袁绍的罪恶，然后进攻袁绍。冀州各城大多背叛袁绍归附公孙瓒。

当初，涿郡人刘备是中山靖王的后代。他从小就失去父亲，家境贫困，和母亲靠卖鞋为生，但他胸怀大志，不多讲话，喜怒不形于色。曾经和公孙瓒一起拜师卢植，所以去投靠公孙瓒。此时，因公孙瓒派刘备与田楷攻占青州有功，就任命刘备为平原国相。刘备年轻时与河东人关羽、涿郡人张飞非常要好。于是就委任关羽、张飞为别部司马，分别统领部队。刘备和关、张二人，睡则同床，亲密得和亲兄弟一样，而在公开场合，关、张二人终日站在刘备身边侍卫。他们跟随刘备周旋应接，从来不避艰险。常山人赵云提任郡将，率兵依附公孙瓒。公孙瓒说："听说你们冀州人都愿意追随袁绍，为何单独你能迷途知返呢？"赵云说："如今天下大乱，很难分辨是非。现在百姓有被倒吊起来般的大难，我们冀州人的见解是追随仁政，并不是轻视袁绍，而是认为您贤明。"刘备见到赵云后，认为他非同一般，就用心结交他，赵云就随刘备来到平原，为刘备统帅骑兵。

袁术派遣孙坚进攻刘表，刘表军射死了孙坚。

当初，袁术占据南阳，有户口数百万，但袁术奢淫纵欲，横征暴敛，百姓困苦，逐渐外逃他乡。袁术与袁绍结怨后，就各自结党，互相图谋。袁术联结公孙瓒，而袁绍与刘表勾结，袁术派孙坚攻击刘表，刘表派部将黄祖迎战，孙坚将黄祖击败，遂即包围了襄阳。刘表夜里派黄祖偷偷出城，往各郡征发援军，黄祖率军打算返回襄阳，孙坚迎击黄祖，黄祖败逃。孙坚乘胜连夜追击，黄祖部署士兵将孙坚射死。孙坚所荐举的孝廉桓阶拜见刘表，请求归还孙坚的尸体安葬。刘表被感动，同意送还，袁术再也不

能胜表。

河南尹朱儁移书州郡，征兵讨卓。

初，董卓入关，留儁守洛阳，而儁潜与山东诸将通谋，东屯中牟，移书州郡，征兵讨卓。徐州刺史陶谦遣精兵三千助之，余州郡亦有所给。

刘焉杀汉中太守，断斜谷阁。

焉在益州阴图异计。沛人张鲁自祖父陵以来世为五斗米道，客居于蜀。焉以为督义司马，与合兵掩杀汉中太守，断斜谷阁，杀害汉使。作乘舆车。时焉子璋为奉车都尉在长安。帝使璋喻焉，焉留不遣。

管宁、邴原、王烈适辽东。

公孙度威行海外，中国人士避乱者多归之。北海管宁、邴原、王烈皆往依焉。宁少时与华歆为友，尝共锄菜，见地有金，宁挥锄不顾，歆捉而掷之，人以是知其优劣。邴原游学，八九年而归，师友以原不饮酒，会米肉送之。原曰："本能饮酒，但以荒思废业，故断之耳。今当远别，可一饮。"于是共饮，终日不醉。宁、原俱以操尚称，度虚馆以候之。宁既见度，乃庐于山谷，避难者渐来从之，旬月而成邑。宁每见度，语唯经典，不及世事。还山，专讲《诗》《书》，习俎豆，非学者无见也。由是度安其贤，民化其德。

能战胜刘表。

河南尹朱儁向各州郡发出文告，征兵讨伐董卓。

当初，董卓入函谷关时，让朱儁留守洛阳，而朱儁暗地里与山东诸位将领联系，率军东行在中牟驻扎，又向各州郡发出文告，号召各地起兵讨伐董卓。徐州刺史陶谦派精兵三千援助朱儁，其他州郡也对朱儁有所资助。

刘焉杀死汉中太守，断绝了斜谷阁道。

刘焉在益州暗中图谋独立。沛国人张鲁自从祖父创立五斗米道以来，世代以此为业，迁到蜀地居住。刘焉任命张鲁为督义司马，与他联合，率领军队攻出杀死汉中太守，封锁断绝了从益州通到长安的斜谷阁道，杀害汉朝廷的使者。制作了只有皇帝才能乘坐的车辆。当时，刘焉的儿子刘璋为奉车都尉，在长安任职。献帝派刘璋向刘焉晓谕道理，刘焉则把刘璋留下，不让他再回长安。

管宁、邴原、王烈来到辽东。

公孙度的威名传播海外，中原地区的人士为了躲避战乱有不少人去投奔他。北海人管宁、邴原、王烈都去投靠公孙度。管宁少年时与华歆是朋友，曾经在一起种田锄菜，看见土里有一块黄金，管宁继续锄菜，看也不看，华歆却捡起来后又扔掉，人们从这件事可以看出二人的优劣。邴原外出游学，八九年才回到家乡，临别时，老师和朋友们以为邴原不会饮酒，所以只用米饭和肉给他送行。邴原说："我本来会饮酒，但是害怕荒废学业，所以才不喝。如今要与诸位远别，可以喝一次。"于是与大家一起喝酒，喝了一整天他也没有醉。管宁、邴原都以节操品行高尚著称，公孙度盖好房子，迎候二人到来。管宁见过公孙度后，就在山谷中盖起小屋，来此避难的人渐渐地来山谷居住，不到一个月，山谷就成了一个小村落。管宁每次见到公孙度，只是谈论儒家经典，从不涉及世事。回到山谷中，也是专讲《诗经》《尚书》，研习祭祀的礼仪，除了学者，别人他一概不见。因此，公孙度认为管宁是个贤者，不再防备他，百姓们也受到了他德行的教化。

邴原性刚直，清议以格物，度已下心不安之。宁谓原曰：“潜龙以不见成德。言非其时，皆招祸之道也。”密遣原逃归，度亦不复追也。

烈器业过人，善教诱，有盗牛者，主得之，盗请罪，曰：“刑戮是甘，乞不使王彦方知也！”烈闻而使人谢之，遗布一端。或问其故，烈曰：“盗惧吾闻其过，是有耻恶之心，既知耻恶，则善心将生，故与布以劝为善也。”后有老父遗剑于路，行道一人见而守之，至暮，老父还，寻得剑，怪之，以事告烈。烈使推求，乃先盗牛者也。诸有争讼曲直，将质之于烈，或至涂而反，或望庐而还。皆相推以直，不敢使烈闻之。度欲以为长史，烈辞之，为商贾以自秽，乃免。

壬申（192）　三年

春正月，卓遣校尉李傕、郭汜、张济击朱儁于中牟，破之，遂掠颍川。

初，荀淑有孙曰彧，少有才名，何颙见而异之，曰：“王佐才也。”及天下乱，彧谓父老曰：“颍川四战之地，宜亟避之。”乡人多怀土不能去，彧独率宗族去依韩馥。会袁绍已夺馥位，待以上宾之礼。彧度绍终不能定大业，闻曹操有雄略，乃去从操。操与语，大悦，曰：“吾子房也。”以为奋武司马。至傕、汜既破中牟，遂掠颍川，其乡人留者多为所杀。

邴原性格刚直，经常发表议论品评人物，公孙度以下的官吏们对他都有戒心。管宁对邴原说："潜藏的龙以不为人所见而成就他的德行。不看时机地发表议论，都是招来祸害的原因。"就暗地里让邴原逃回中原，公孙度知道后，也不派人追赶。

王烈器度才干超过常人，尤其善于教诲诱导。有一个偷牛的人，被牛的主人抓住，这人服罪，说："刑罚杀戮我都心甘情愿，只求不要让王烈知道！"王烈听说后，就让人前去送给他一匹布。有人问送布的原因，王烈说："盗贼害怕我知道他的过失，是还有羞耻心，既然知道偷窃恶行是可耻的，就能够生出善良之心，我之所以给他布，是鼓励他向善。"后来，有一位老人把佩剑丢在路上，一位过路人看见就守在那里，到了傍晚，老人回来，找到了丢失的佩剑，觉得很惊奇，就把此事告诉了王烈。王烈让人调查，才知道就是原来偷牛的人。人们为事发生争执，将要到王烈那里去评理，有的走到半路上就返回，有的已经看到了王烈的住宅又回去了。争讼双方都推说对方有理，互相让步，不敢让王烈知道他们有过争执。公孙度打算委任王烈为长史，王烈推辞不肯接受，打算去经商来贬低自己，公孙度这才打消了这个念头。

壬申（192）　汉献帝初平三年

春正月，董卓派遣校尉李傕、郭汜、张济在中牟攻击朱儁，击败了朱儁，于是掠夺了颍川郡。

当初，荀淑有个孙子叫荀彧，年少时就有才名，何颙见了他很惊异，说："真是一个辅佐帝王的人才。"等到天下大乱时，荀彧对家乡父老说："颍川是四面受敌的地方，应该赶紧躲避。"乡里人大多依恋故土不肯离去，荀彧独自率领荀姓家族去投靠韩馥。此时袁绍已经夺取了韩馥的职位，用接待贵宾的礼仪迎接他。荀彧认为袁绍最终不能成就大业，听说曹操有雄才大略，就离开袁绍，去依从曹操。曹操与荀彧交谈后，大为高兴，说："这真是我的张良。"委任荀彧为奋武司马。等到李傕、郭汜攻破中牟，劫掠颍川，荀彧留下的乡亲大多被杀害。

袁绍击公孙瓒于界桥，大败之。

袁绍自出拒公孙瓒，战于界桥南二十里。瓒兵三万，甚锐。绍令麹义领精兵八百先登，强弩千张夹承之。瓒轻其兵少，纵骑腾之。义兵伏楯下不动，未至数十步，一时同发，欢呼动地，大败瓒军。斩其将严纲，追至瓒营，拔其牙门，余众皆走。

初，兖州刺史刘岱与绍、瓒连和，绍令妻子居岱所，瓒亦遣从事范方将骑助岱。及瓒破绍军，语岱令遣绍妻子，敕方："若岱不遣绍家，将骑还！"岱问程昱，昱曰："弃近援而求远助，此假人于越以救溺子之说也。瓒非绍敌，终为所禽。"岱从之。方将其骑归，未至而瓒败。

夏四月，王允使中郎将吕布诛董卓。诏允录尚书事，以布为奋威将军，共秉朝政。

董卓以其弟旻为左将军，兄子璜为中军校尉，皆典兵事，宗族内外并列朝廷。侍妾怀抱中子皆封侯，弄以金紫。车服僭拟，召呼三台，尚书以下诣府启事。筑坞于郿，高厚皆七丈，积谷三十年储，自云："事成，雄据天下；不成，守此足以毕老。"卓忍于诛杀，诸将言语有蹉跌便戮于前，人不聊生。司徒王允与司隶校尉黄琬、仆射士孙瑞密谋诛卓。中郎将吕布，便弓马，膂力过人，卓爱信之，誓为父子。然

袁绍在界桥攻击公孙瓒，大败公孙瓒。

袁绍亲自率军出战公孙瓒，两军在界桥南二十里处展开激战。公孙瓒军队有三万人，十分精锐。袁绍命令麴义率领精兵八百人打头阵，并设置了一千张强弩接应。公孙瓒轻视袁绍兵少，指挥骑兵冲击袁绍阵地。麴义的士兵伏在盾牌下不动，等到敌兵只有数十步远，一起冲出来，杀声动地，把公孙瓒军打得大败。斩杀其将领严纲，一直追到公孙瓒的营前，拔掉营门前的牙门旗，公孙瓒的残余部众都逃走了。

当初，兖州刺史刘岱与袁绍、公孙瓒联合，关系很好，袁绍让自己的妻子儿女居住在刘岱处，公孙瓒也派遣从事范方率领骑兵协助刘岱。等到公孙瓒击败袁绍军队，公孙瓒带话让刘岱交出袁绍家属，并命令范方："假如刘岱不交出袁绍家属，你就率领骑兵回来。"刘岱就此事征求程昱的意见，程昱说："舍弃袁绍这个近援而去求公孙瓒这样的远助，如同到远方的越地去请游泳好手来解救此地就要淹死的人一样。公孙瓒不是袁绍的对手，最终会被袁绍擒获。"刘岱听从了程昱的意见。范方率领骑兵归来，未到家，公孙瓒就失败了。

夏四月，王允指使中郎将吕布诛杀董卓。朝廷下诏任命王允主持尚书事务，任命吕布为奋威将军，与王允一起主持朝政。

董卓任命他的弟弟董旻为左将军，侄子董璜为中军校尉，都掌握有兵权，以致他的宗族亲戚都在朝中担任要职。就连董卓的侍妾怀中的小儿也被封为侯，玩弄着金印和紫绶。董卓所乘的车子和服饰都仿照皇帝使用的样式，他直接对尚书台、御史台、谒者台发布命令，尚书以下的官员都到董卓府中晋见议事。董卓又在郿地修筑坞堡，坞堡的墙高厚都是七丈，堡内贮藏了三十年的粮食，自语说："大事成功，可以雄踞天下；不成的话，坚守这里足以终老。"董卓残忍而又随便杀人，手下将领言语稍有失误，便被当场杀死，致使人人自危。司徒王允和司隶校尉黄琬、仆射士孙瑞秘密策划诛除董卓。中郎将吕布擅于骑马射箭，臂力超过常人，董卓非常喜欢和信任他，二人曾经发誓为父子。然而

卓性刚褊，尝小失卓意，卓拔手戟掷布，布拳捷避之，卓意亦解。允素善待布，布见允言状，允因以诛卓之谋告之，使为内应。布曰："如父子何？"曰："君自姓吕，本非骨肉，掷戟之时，岂有父子情邪！"布遂许之。

四月，帝有疾新愈，大会未央殿。卓朝服乘车而入，陈兵夹道，屯卫周匝，令吕布等扞卫前后。王允使士孙瑞自书诏以授布，布令勇士十余人伪著卫士服，守北掖门。卓入，以戟刺之，卓衷甲，不入，伤臂，堕车，顾大呼曰："吕布何在？"布曰："有诏讨贼臣！"应声持矛刺卓，趣兵斩之。即出怀中诏版以令吏士曰："诏讨卓耳，余皆不问。"吏士皆称万岁。百姓歌舞于道，士女卖衣装市酒肉相庆。宗族在郿，皆为其群下所杀。暴卓尸于市，卓素充肥，守吏为大炷置脐中然之，光明达曙，如是积日。坞中有金二三万斤，银八九万斤，锦绮奇玩积如丘山。以王允录尚书事，吕布为奋威将军，假节仪比三司，封温侯，共秉朝政。

卓之死也，蔡邕在王允坐，闻之惊叹。允勃然叱之曰："董卓国之大贼，几亡汉室，君为王臣，所宜同疾，而怀其私遇，反相伤痛，岂不共为逆哉！"即收付廷尉。邕谢曰："身虽不忠，愿黥首刖足，继成汉史。"太尉马日磾谓允曰："伯

董卓性格刚愎暴躁,吕布曾经因为一点小事不合董卓的心意,董卓就拔出手戟掷向吕布,吕布身手轻健,避开了手戟,而后董卓便息怒了。王允平素待吕布很好,吕布见到王允时,说起董卓几乎要杀掉他的情景,王允就将准备诛除董卓的计划告诉了吕布,并请他做内应。吕布说:“我们有父子之情,怎么办?”王允说:“你自姓吕,本来与董卓就没有骨肉关系,他掷戟时,难道有父子情吗!”于是吕布应许了王允。

四月,献帝患病刚好,在未央殿大会文武百官。董卓身穿朝服乘车入宫,沿途道路两侧密布卫兵,董卓身边围绕着卫士,又命令吕布前后侍卫。王允让士孙瑞自己书写诏书交给吕布,吕布命令十余名勇士身穿卫士的服装,守候在北掖门。董卓一进入北掖门,勇士们就用戟刺杀他,董卓朝服里面穿有铠甲,没能刺入,只刺伤了他的手臂,摔到车下,董卓回头大喊:“吕布在哪里?”吕布说:“奉皇帝诏命,讨伐贼臣!”话音未落持矛刺向董卓,并催促兵士将董卓斩杀。吕布又立即从怀中取出诏书,命令官兵们说:“奉诏诛讨董卓,其他人一概不问。”官兵们都高呼万岁。百姓们在街道上载歌载舞。长安的士人妇女卖掉衣服买酒肉以互相庆贺。董卓的亲属族人在郿坞的,都被他们的部下所杀。董卓的尸体被放在街上示众,他一向肥胖,看守尸体的官吏做了一个大灯芯放置在董卓肚脐上点燃,从晚上一直烧到天亮,这样一直烧了好几天。董卓在郿的坞堡中有金二三万斤,银八九万斤,锦丝绸缎、奇珍玩物堆积如山。献帝任命王允主持尚书事务,任命吕布为奋威将军,假节、礼仪待遇与三公同等。封吕布为温侯,与王允共同主持朝政。

董卓被杀时,蔡邕正在王允家中,听到消息,为之惊叹。王允大怒,斥责蔡邕说:“董卓是国家的大贼,差点灭亡汉室,你为汉臣,应该同样痛恨他,却感怀他对你的私人恩遇,为他伤悲,难道不是和他共同为逆吗!”当时就将蔡邕逮捕送入廷尉监狱。蔡邕谢罪说:“我虽然处于不忠之地,我情愿受脸上刺字、砍去双足的刑罚,请让我继续完成汉史吧。”太尉马日磾对王允说:“蔡伯

喈旷世逸才，多识汉事，当续成后史，为一代大典。而所坐至微，诛之无乃失人望乎！”允曰：“昔武帝不杀司马迁，使作谤书流于后世。方今国祚中衰，戎马在郊，不可令佞臣执笔在幼主左右，既无益圣德，复使吾党蒙其讪议。”日磾退而告人曰：“王公其无后乎！善人，国之纪也；制作，国之典也。灭纪废典，其能久乎！”邕遂死狱中。

初，黄门侍郎荀攸、尚书郑泰、侍中种辑等谋曰：“董卓骄忍无亲，虽资强兵，实一匹夫耳，可直刺杀也。”事垂就而觉，收系狱，会卓死，得免。

黄巾寇兖州，杀刺史刘岱，曹操入据之，自称刺史。

青州黄巾寇兖州，刘岱欲击之，济北相鲍信谏曰：“今贼众百万，百姓皆震恐，士卒无斗志，不可敌也。然贼军无辎重，唯以钞略为资，今不若畜士众之力，先为固守，彼欲战不得，攻又不能，其势必离散，然后选精锐，据要害，击之可破也。”岱不从，遂与战，果为所杀。曹操部将陈宫谓操曰：“州今无主，而王命断绝，宫请说州中纲纪。明府寻往牧之，资之以收天下，此霸王之业也。”宫因往说别驾、治中，迎操领兖州刺史。贼众精悍，操兵寡弱。操抚循激励，明设赏罚，乘间设奇，昼夜会战，战辄禽获，贼遂退走。鲍信战死。操追至济北，悉降之，得卒三十余万。收其精锐，号青州兵。诏以金尚为兖州刺史，将之部，操逆击之，尚奔袁术。

喈是旷世高才，对汉朝的史事典章制度很熟悉，应当让他继续写成后史，这是一代大典。况且他所犯的罪行非常微小，将他诛杀岂不使天下人失望！”王允说：“过去武帝不杀司马迁，致使他作的诽谤之书《史记》流传后世。如今国运中衰，兵马就在郊外，不可以让佞臣在幼主身边撰写史书，这样既对皇帝的圣德无益，又让我们这些人蒙受非议。”马日磾退出对别人说：“王允大概不会有什么后人！待人以善，是国家的准则；著作，是国家的经典。毁灭准则，废除经典，能长久吗！”于是蔡邕死在狱中。

起初，黄门侍郎荀攸、尚书郑泰、侍中种辑等人密谋说：“董卓骄横残忍，没有亲近之人，虽然握有强兵，实际上不过是一个匹夫而已，可以直接将他杀死。”事情很快就要成功而被发觉，被捕入狱，正巧赶上董卓被杀死，得以幸免。

黄巾军侵犯兖州，杀死刺史刘岱，曹操占据兖州，自称刺史。

青州黄巾军进犯兖州，刘岱打算迎战，济北国相鲍信劝阻说：“如今黄巾部众有百万之多，百姓们都十分恐惧，士兵们没有斗志，不能迎战。然而黄巾没有粮草辎重，只靠抢劫供应军用，如今不如积存实力，首先固守城池，让黄巾军欲战不得，攻又不克，就会离散，然后再选精锐士兵，据守要害之地，一定可以击败黄巾军。”刘岱不听从鲍信的劝告，率军迎战，果然被黄巾军所杀。曹操部将陈宫对曹操说：“现今兖州无主，而与朝廷的联系已经中断，请让我去说服兖州的主要官吏让您主持州务。您随即前往兖州治理，凭借一州之地，进而成就霸王之业。”陈宫就前往兖州去说服州别驾、治中，迎接曹操担任兖州刺史。黄巾军兵士精悍，曹操兵力不足。于是曹操就安抚激励战士，赏罚分明，抓住机会，巧设奇计，昼夜不停地与敌人周旋激战，每一次都杀伤俘虏敌人，于是黄巾军退走。鲍信在激战中阵亡。曹操率军追击黄巾军，一直追到济北，黄巾余众全投降了，得到三十余万士兵。曹操将其精锐收编，号称青州兵。朝廷下诏任命金尚为兖州刺史，金尚将要到达兖州，曹操率军迎击，金尚逃走，投奔袁术。

李傕、郭汜等举兵犯阙，杀司徒王允。吕布走出关。

初，吕布劝王允尽杀董卓部曲，允曰："此辈无罪，不可。"布欲以卓财物班赐公卿将校，允又不从。允素以剑客遇布，布负其功劳，多自夸伐，既失意望，渐不相平。允性刚棱疾恶，初惧董卓，故折节下之。卓既歼灭，自谓无复患难，颇自骄傲，以是群下不甚附之。允始与士孙瑞议，特下诏赦卓部曲，既而疑曰："部曲从其主耳。今若名之恶逆而赦之，恐适使深自疑，非所以安之也。"乃止。又议悉罢其军，或说允曰："凉州人素惮袁氏而畏关东，今若一旦解兵开关，必人人自危。可以皇甫义真为将军，就领其众，因使留陕以安抚之。"允曰："不然。关东举义兵者皆吾徒也，今若距险屯陕，虽安凉州，而疑关东之心，不可也。"

时百姓讹言当悉诛凉州人，卓故将校遂转相恐动，皆拥兵自守。李傕等还至陕，遣使诣长安求赦，不得。傕等益惧，欲各解散，间行归乡里。校尉贾诩曰："诸君若弃军单行，则一亭长能束君矣，不如相率而西，以攻长安，为董公报仇，事济，奉国家以正天下，若其不合，走未后也。"傕等然之。乃相与结盟，率军数千，晨夜西行，随道收兵，比至长安，已十余万，与卓故部曲樊稠、李蒙等合围长安城。城峻不可攻，守之八日，吕布军有叟兵内反，引傕众入城，放兵虏掠。吕布与战不胜，将数百骑驻马青琐门外，招王

李傕、郭汜等起兵进犯京城长安，杀死司徒王允。吕布逃出武关。

当初，吕布劝王允把董卓的部曲全部杀掉，王允说："不行，这些人没有罪。"吕布想把董卓的财物赏赐给公卿大臣和军中将领，王允又不同意。王允一向把吕布当作剑客对待，吕布又认为自己诛除董卓立有大功，经常对别人夸耀，如今屡次失意，不能达成愿望，心里逐渐不满起来。王允性格刚正，嫉恶如仇，开始时因为畏惧董卓，不得不委曲求全。董卓被诛除后，自己以为没有什么祸难了，颇为骄傲，因此部下并不十分爱戴他。开始，王允与士孙瑞商议，想下诏赦免董卓的部下，不久，又迟疑不决，说："部属是服从主人的命令的。如今要称他们为恶逆而赦免他们，反而使他们猜疑，这不是安定他们的办法。"于是没有下赦免诏书。又打算全部解散董卓的旧部，有的人劝说王允道："凉州人一向害怕袁氏和关东的军队，今天如果一旦解散军队，打开函谷关，董卓旧部一定会人人自危。可以任命皇甫嵩为将军，率领董卓旧部，让他们留在陕县安抚他们。"王允说："不行。关东举义兵的人全是我的学生，今天如果占据险要屯兵陕县，虽然安定了凉州人，却使关东诸军起疑，这是不可以的。"

当时，百姓中讹传要杀死所有的凉州人，董卓的旧部将领都惊恐万分，纷纷集结队伍以自保。李傕等人回到陕县，派遣使者到长安请求赦免，但是没有得到赦免的诏书。李傕等人更加恐惧，想要各自解散队伍，从小路逃回家乡。校尉贾诩说："诸位要放弃军队单身逃命，那么一个亭长就能将你抓起来，不如大家一起向西攻打长安，为董公报仇，事情成功，事奉皇帝以匡正天下，若事情不成，再逃走不算迟。"李傕等人同意贾诩的看法。于是一起宣誓结盟，率领数千人，昼夜兼程向西进军，沿途收集散兵，等到达长安时，已有十余万人，与董卓旧部樊稠、李蒙等会合，包围了长安。长安城墙很高，很难攻打，坚守了八天，吕布部下蜀郡兵反叛，引李傕部众进城，李傕等人放纵部下劫掠。吕布与李傕等交战，没有取胜，率领数百骑兵停在青琐门外，招呼王

允同去。允曰:“若蒙社稷之灵,上安国家,吾之愿也。如其不获,则奉身以死之。朝廷幼少,恃我而已,临难苟免,吾不忍也。努力谢关东诸公,勤以国家为念!”太常种拂战死。傕、汜屯南宫掖门,王允扶帝上宣平门避兵,傕等于城门下伏地叩头曰:“董卓忠于陛下,而无故为吕布所杀,臣等为卓报仇,非敢为逆也。请事毕诣廷尉受罪。”围门楼,共表请王允出,问:“太师何罪?”允穷蹙,乃下见之。傕等收司隶黄琬,杀之。

王允以宋翼为冯翊,王宏为扶风,傕等欲杀允,乃先征翼、宏。宏遣使谓翼曰:“汜、傕以我二人在外,故未危王公,今日就征,明日俱族,计将安出?”翼曰:“虽祸福难量,然王命所不得避也!”宏曰:“关东义兵鼎沸,欲诛董卓,今若举兵共讨傕等,与山东相应,此转祸为福之计也!”翼不从,宏不能独立,遂俱就征。傕收允及翼、宏,并杀之。尸王允于市,莫敢收者,故吏赵戬弃官收葬之。吕布自武关奔南阳,袁术待之甚厚。布恣兵钞掠,术患之,布不自安,去从张杨于河内。傕等购求布急,又逃归袁绍,既而复归杨。始,允自专讨卓之劳,士孙瑞归功不侯,故得免于难。

秋七月,遣太傅马日磾、太仆赵岐和解关东。　九月,李傕、郭汜、樊稠、张济自为将军。

傕、汜、稠管朝政,济出屯弘农。

以马腾为将军,屯郿。

允一起逃走。王允说："如果能得到国家之灵的保佑，安定国家，是我最大的愿望。假如愿望不能实现，则我将奉献生命。皇帝幼小，只是恃仗着我而已，遇到危难而自己苟全性命，我不忍心这样做。请转告关东诸位将领，望他们努力，常把皇帝及国家放在心上！"太常种拂战死。李傕、郭汜屯兵南宫掖门，王允扶着献帝到宣平门躲避兵乱，李傕等人于城门下伏地叩头，说："董卓忠于陛下，无故被吕布杀害，我们为董卓报仇，不敢做叛逆之事。等到事情了结后，我们到廷尉自首请罪。"于是包围了门楼，一起上表请王允出来，问："太师犯了什么罪？"王允困迫之极，只好下来与李傕等人见面。李傕等人逮捕司隶校尉黄琬，将他处死。

王允任命宋翼为左冯翊，王宏为右扶风，李傕等想杀掉王允，又怕他们起兵反抗，就先征召宋翼、王宏回京城。王宏派遣使者对宋翼说："郭汜、李傕因为我们二人在外，所以不敢危害王允，我们今日应召回京，明日就会被灭绝全族，你有什么主意？"宋翼说："虽然是祸是福很难预料，然而皇帝的诏书不能违抗。"王宏说："关东的义兵好像滚水一样沸腾，都要诛除董卓，如今要举义兵共同讨伐李傕等人，与山东豪杰遥相呼应，这是转祸为福的最好办法！"宋翼不听从，王宏孤立无援，无法自存，就一起接受征召。李傕逮捕王允及宋翼、王宏，将他们一齐处死。李傕等人将王允的尸体放在闹市中，没人敢为其收尸，王允从前的部下赵戬，放弃官职，将王允的尸体收敛埋葬。吕布经武关逃到南阳投奔袁术，袁术十分优待他，但吕布放纵士兵恣意抢掠，袁术对此十分反感，吕布也察觉到袁术对他不满，心不自安，就离开袁术到河内郡投奔张杨。李傕等人悬赏捉拿吕布，很紧迫，吕布又去投奔袁绍，不久，又回来归附张杨。当初，王允将诛除董卓的功劳都归于己，士孙瑞有功却没有封侯，因此幸免于难。

秋七月，献帝派遣太傅马日磾、太仆赵岐到关东与诸路将领和解，并安抚他们。　九月，李傕、郭汜、樊稠、张济自封为将军。

李傕、郭汜、樊稠管理朝政，张济出京城，率军驻扎在弘农郡。

任命马腾为将军，驻军郿地。

董卓入关，召韩遂、马腾与图山东，至，会卓死，傕等皆以为将，遣遂还，留腾屯郿。

冬十月，以刘表为荆州牧。　曹操遣使上书。

曹操辟毛玠为治中从事，玠言于操曰："今天下分崩，乘舆播荡，生民废业，饥馑流亡，公家无经岁之储，百姓无安固之志，难以持久。夫兵义者胜，守位以财，宜奉天子以令不臣，修耕植以畜军资。如此，则霸王之业可成也。"操纳其言，遣使诣河内太守张杨，欲假涂西至长安，杨不听。董昭说杨曰："袁、曹虽睦，势不久群。曹今虽弱，然实天下之英雄也，宜通其上事，并表荐之，若事有成，永为深分。"杨从之。昭乃为操作书与傕、汜等，致殷勤。傕、汜议留操使，黄门侍郎钟繇说曰："方今英雄并起，各矫命专制，唯曹兖州乃心王室，而逆其忠款，非所以副将来之望也。"傕、汜从之。繇，皓之曾孙也。

征朱儁为太仆。

陶谦与诸守相共奏记，推朱儁为太师，因移檄牧伯，欲以同讨李傕，奉迎天子。会李傕用尚书贾翊策，征儁入朝，儁乃辞谦议而就征，复为太仆。

癸酉(193)　四年

春正月朔，日食。　袁术进兵封丘，曹操击破之，术走寿春，自领扬州事。

董卓入关后，召韩遂、马腾等人一起抗击山东讨伐董卓的各路豪杰，韩遂、马腾到长安时，董卓正好被杀，李傕等人便任命二人为将军，派韩遂回去，留下马腾驻军郿地。

冬十月，任命刘表为荆州牧。　曹操派遣使者上书朝廷。

曹操征召毛玠为治中从事，毛玠向曹操建议说："如今天下分裂，皇帝在外流亡，百姓无法生产，又加上饥荒只好流亡在外，官府也没有一年的储粮，百姓因流亡在外地无法安心，这样是难以持久的。正义之师才能获得胜利，拥有财富才能固守自己的地位，应该奉侍天子，以天子名义发号施令，发展农业生产以积蓄军需。如果这样，霸王之业就可以成就了。"曹操接受了毛玠的建议，派遣使者拜见河内太守张杨，打算借道西行到长安与朝廷建立联系，张杨拒绝借道。董昭劝说张杨道："袁绍、曹操虽然和睦，但势必不会长久。曹操现在虽然势力较弱，然而他确实是天下的英雄，应该让他的使者通过，使他的奏章上奏朝廷，同时我们也上表举荐他，如果事情成功，就和他结下了深厚的友谊。"张杨听从了董昭的劝告。董昭就以曹操的名义写信给李傕、郭汜等人，向他们致意。李傕、郭汜商量打算扣留曹操的使者，黄门侍郎钟繇劝阻说："如今天下英雄共同崛起，各自都打着皇帝的旗号行事，唯独曹操心向王室，假如我们不接受他的忠诚之意，这是不符合将来要尽忠朝廷之人的愿望的。"李傕、郭汜听从了钟繇的劝告。钟繇是钟皓的曾孙。

征召朱儁为太仆。

陶谦与一些郡、国的太守、国相共同签署文书，推举朱儁为太师，并写文告通知各州长官，号召共同诛讨李傕，奉迎天子。在这时，李傕用尚书贾诩的计策，征召朱儁入朝，朱儁就推辞了陶谦等人的提议，而接受征召，又被任命为太仆。

癸酉(193)　汉献帝初平四年

春正月初一，发生日食。　袁术进军封丘，曹操击败了袁术。袁术逃往寿春，自称扬州刺史。

术为刘表所逼，进兵北向，为曹操所破，走归。逐所置扬州刺史陈瑀，据寿春，领州事。李傕欲术为援，以为左将军。

袁绍以其子谭为青州刺史。

袁绍与田楷连战二年，士卒疲困，粮食并尽，互掠百姓，野无青草。绍以其子谭为青州刺史，楷与战，不胜。会赵岐来和解，瓒乃与绍和亲，各引兵去。

三月，魏郡兵与黑山贼于毒等共覆邺城。　以陶谦为徐州牧。

徐州治中王朗劝刺史陶谦遣使奉贡，故有是命。仍以朗为会稽太守。

夏六月，大雨雹。　华山崩裂。　袁绍击于毒、左髭丈八等，皆斩之。　秋，曹操击徐州，陶谦走保郯。

前太尉曹嵩避难在琅邪，其子操迎之。嵩辎重百余两，陶谦别将守阴平，掩袭嵩于华、费间，杀之。秋，操引兵击谦，攻拔十余城。至彭城，大战，谦败走郯。操坑杀男女数十万口于泗水。攻郯不克，乃去。攻破城邑皆屠之，鸡犬亦尽，城邑无复行人。

冬十月，地震。　有星孛于天市。　大司马刘虞讨公孙瓒，不克，见杀。

虞与瓒积不相能，虞遣使奉章陈其暴掠之罪，瓒亦上虞禀粮不周。二奏交驰，互相非毁，朝廷依违而已。瓒乃筑小城于蓟城东南以居，虞恐其终为乱，乃率兵十万讨之。时瓒部曲放散在外，仓卒掘城欲走。虞兵无部伍，不习战，

袁术被刘表逼迫，率军北行，被曹操击败，逃回来。驱逐扬州刺史陈瑀，占据寿春，自称扬州刺史。李傕想利用袁术做外援，就任命他为左将军。

袁术任命自己的儿子袁谭为青州刺史。

袁绍与田楷连续交战二年，士兵们疲惫困乏，双方粮食都吃完了，互相抢掠对方的百姓，以至田地里连青草都没有了。袁绍任命他儿子袁谭为青州刺史，田楷与袁谭交战，不能取胜。这时正好朝廷派赵岐来调解各州郡之间的矛盾，公孙瓒就与袁绍和亲，各自引兵退回。

三月，魏郡兵和黑山军于毒等人联合，攻取了邺城。　朝廷任命陶谦为徐州牧。

徐州治中王朗劝说刺史陶谦派遣使者到长安进献贡品，所以有此任命。仍然任命王朗为会稽太守。

夏六月，发生雹灾。　华山发生山崩。　袁绍进攻于毒和左髭丈八等，将他们全部斩杀。　秋季，曹操进攻徐州，陶谦逃到郯县坚守。

前太尉曹嵩在琅邪避难，他的儿子曹操迎接他到兖州。曹嵩带有辎重一百余车，陶谦的部将驻守阴平，在华县、费县交界处偷袭曹嵩，杀死了他。秋天，曹操率军进攻陶谦，攻占了十余座城池。到达彭城时，与陶谦军大战，陶谦战败，逃到郯县。曹操在泗水驱赶数十万人下水，将他们杀死、淹死。进攻郯县，未能攻下，于是退走。所攻破的城邑，都进行大屠杀，鸡犬不留，城中不再有人行走。

冬十月，发生地震。　有彗星出现在天市星旁。　大司马刘虞讨伐公孙瓒，未胜，被杀。

刘虞和公孙瓒怨恨日深，刘虞派使者奉奏章陈述公孙瓒暴掠百姓之罪，公孙瓒也上书举奏刘虞克扣军粮。两人交替上奏，互相诋毁，朝廷只能敷衍而已。公孙瓒在蓟城东南建小城居住，刘虞怕他叛乱，率十万军队讨伐。当时，公孙瓒的部下分散在外，匆忙之中打算掘城逃走。刘虞的部队没有编制，缺乏训练，

又爱民庐舍，不听焚烧，戒军士曰："无伤余人，杀一伯珪而已。"攻围不下。瓒乃简募锐士数百人，因风纵火，直冲突之，虞众大溃。瓒执虞，会诏遣使者段训增虞封邑，瓒乃诬虞前与袁绍等谋称尊号，胁训斩虞及妻子于蓟市，传首京师。故吏尾敦于路劫归葬之。虞以恩厚得众心，北州流旧莫不痛惜。

初，虞欲遣使奉章诣长安，而难其人，众咸曰："右北平田畴，年二十二，年虽少，然有奇才。"虞乃备礼，请以为掾，而遣之。畴选家客二十骑，循间道至长安致命。诏以为骑都尉，不受。得报驰还，比至，虞已死，畴谒祭虞墓，陈发章表，哭泣而去。瓒怒，购求获畴，谓曰："汝不送章报我，何也？"畴曰："汉室衰颓，人怀异心，唯刘公不失忠节。章报所言，于将军未美，恐非所乐闻，故不进也。且将军既灭无罪之君，又仇守义之臣，畴恐燕、赵之士将皆蹈东海而死，莫有从将军者也。"瓒乃释之。

畴北归无终，率宗族及他附从者数百人，扫地而盟曰："君仇不报，吾不可以立于世。"遂入徐无山中，营深险平敞地而居，躬耕以养父母，百姓归之，数年间至五千余家。畴谓其父老曰："今众成都邑，而莫相统一，又无法制以治之，恐非久安之道。畴有愚计，愿与诸君共施之，可乎？"皆曰：

又爱惜民房，不准放火，他告诫士兵们说："不要伤害其他人，只杀公孙瓒一人而已。"所以一直没能攻克。于是，公孙瓒就挑选招募了勇锐之士数百人，他们乘风放火，横冲直撞，刘虞的军队溃败。公孙瓒捉住刘虞，这时，正好献帝派使者段训宣诏，增加刘虞封邑，公孙瓒就诬陷刘虞从前与袁绍等人勾结要当皇帝，胁迫段训将刘虞及其妻子儿女在蓟城的市中斩首，并将刘虞的头颅送到京城。刘虞以前的部属尾敦在半路上截下刘虞的头颅，送回来安葬。刘虞以恩德宽厚待人，深得民心，幽州百姓不论是流亡来的外乡人，还是土生土长的当地人，对刘虞的被害没有不痛惜的。

当初，刘虞想派遣使者奉奏章到长安去，但找不到合适人选，大家都说："右北平人田畴，年方二十二岁，年纪虽轻，然而却有奇才。"刘虞就备上礼物，请他做自己的掾史，派他前往长安。出发之前，田畴在家客里选了二十名骑士，一行人顺着小路到长安，向朝廷奉上刘虞奏章。献帝下诏任命田畴为骑都尉，田畴没有接受。得到朝廷回复的章报后，田畴急速返回，等到他回来时，刘虞已死，田畴拜谒刘虞墓，开启章报，陈放在墓前，然后哭着离去。公孙瓒知道后，大怒，悬赏捉拿到田畴，对他说："你为什么不送章报给我？"田畴回答说："汉皇室势力衰颓，人人各怀异心，只有刘虞没有失去忠节。章报里所说的，对将军来说，不是美好的语言，您恐怕不爱听，所以我没有送给您看。况且您已经杀死了无罪之君，又仇恨坚守节义的臣属，我担心燕赵的豪杰之士宁愿都跳进东海而死，也不会有归附您的了。"于是，公孙瓒释放了田畴。

田畴向北回到无终县，率领宗族和归附他的数百人，扫地盟誓说："刘虞之仇不报，我不可以立于世。"于是就进入徐无山中，在险要处找一块平地居住，亲自种田奉养父母，百姓前往归附，几年之间达到五千余家。田畴对父老们说："如今大家相聚，已经形成城邑，但不相统一，又没有法制约束，这恐怕不是久安的方法。我有一愚计，愿意和诸位一起施行，可以吗？"大家都说：

"可。"畴乃为约束，相杀伤、犯盗、诤讼者，随轻重抵罪，重者至死，凡二十余条。又制为婚姻嫁娶之礼，兴学校讲授之业，班行于众，众皆便之，至道不拾遗。北边翕然服其威信，乌桓、鲜卑各遣使致馈遗，畴悉抚纳，令不为寇。

十二月，地震。

"可以。"于是，田畴就制定法律，凡是相互杀伤、盗窃、诤讼的人，都要根据情节轻重处罪，最重的判死刑，一共有二十余条。又制定婚姻嫁娶的礼仪，兴办学校讲授的课程，向大家公布，大家都遵循这个法律，治安很好，以至道不拾遗。北方边境的人们都佩服田畴的权威和信义，乌桓、鲜卑各自派遣使节向田畴致意，并馈赠礼物，田畴全都安抚接纳，让他们不再侵扰百姓。

十二月，发生地震。

资治通鉴纲目卷十三

起甲戌(194)汉献帝兴平元年,尽戊子(208)汉献帝建安十三年。凡十五年。

甲戌(194)　兴平元年

春正月,帝冠。　二月,追尊母王夫人为灵怀皇后。

有司奏立长秋宫。诏曰:“皇妣宅兆未卜,何忍言后宫之选乎!”于是,三公奏改葬皇妣王夫人,追上尊号曰灵怀皇后。

刘备救陶谦。谦表备为豫州刺史。

陶谦告急于田楷,楷与备救之。备遂归谦,谦表领豫州,屯小沛。曹操军食亦尽,引兵还。

夏四月,曹操复攻陶谦。还击刘备,破之。陈留太守张邈迎吕布以拒操。操还,攻之。

曹操使荀彧、程昱守鄄城,复往攻陶谦,所过残灭。还,击破刘备于郯东。谦恐,欲走归丹阳。会张邈叛操,操乃引还。初,邈少时好游侠,袁绍及操皆与之善。及绍为盟主,有骄色。邈正议责绍,绍怒,使操杀之,操不听。而邈终不自安。前九江守边让素有才名,操以其讥议己而杀之。由是兖州士大夫皆恐惧。陈宫刚直壮烈,内亦自疑,乃

甲戌（194） 汉献帝兴平元年

春正月，汉献帝举行加冠礼。　二月，汉献帝追尊母亲王夫人为灵怀皇后。

朝廷有关部门奏请选立皇后。汉献帝下诏说："我母亲的安葬尚未确定，怎么忍心谈选立后妃的事情呢！"于是三公上奏，改葬献帝母亲王夫人，并追加尊号为"灵怀皇后"。

刘备援救陶谦。陶谦上表推荐刘备出任豫州刺史。

陶谦向田楷告急求救，田楷与刘备率军往救。刘备于是归附于陶谦，陶谦上表推荐刘备出任豫州刺史，驻屯小沛。曹操的军粮也已用尽，率军返回。

夏四月，曹操再次率军进攻陶谦。回军时又进攻刘备，击败其军。陈留太守张邈迎接吕布至兖州以抗拒曹操。曹操回军兖州，进攻张邈。

曹操命令荀彧、程昱镇守鄄城，自己率大军再次进攻陶谦，所过之处大肆掳掠屠杀。返回时，又在郯县以东击败刘备军。陶谦害怕，想逃回丹阳。恰巧这时张邈背叛曹操，曹操于是率军返回兖州。当初，张邈年轻时，喜好行侠仗义，袁绍和曹操都与他关系很好。等到袁绍做了讨伐董卓联军的盟主后，行为举止有骄傲之色。张邈严正地责备袁绍，袁绍恼怒，想让曹操杀掉张邈，曹操不肯听从。然而张邈心中始终不安。前九江太守边让一向有才气名望，曹操因他讥讽过自己而将他杀掉。因此兖州的士大夫都感到恐惧。陈宫性格耿直刚烈，心中也疑虑不安，便

与邈弟超共谋叛操。说邈曰："今天下分崩，雄杰并起，君以千里之众，当四战之地，抚剑顾眄，亦足以为人豪，而反受制于人，不亦鄙乎！今州军东征，其处空虚，吕布壮士，善战无前，若权迎之，共牧兖州，观天下形势以俟时事之变，此亦纵横之一时也。"邈从之。遂迎布为兖州牧。彧知邈为乱，即勒兵设备，急召东郡守夏侯惇于濮阳，布遂据濮阳。

豫州刺史郭贡率众数万来至城下，或言与布同谋。贡求见彧，彧将往，惇曰："君一州镇也，往必危。"彧曰："贡与邈等分非素结也，今来速，计必未定，及其未定说之，纵不为用，可使中立。若先疑之，彼将怒而成计。"贡见彧无惧意，谓鄄城未易攻，遂引兵去。

是时，兖州郡县皆应布，唯鄄城、范、东阿不动。降者言："宫欲自将取东阿，又使氾嶷取范。"彧谓昱曰："今举州皆叛，唯有此三城。宫等以重兵临之，非有以深结其心，三城必动。君，民之望也，宜往抚之。"昱乃归。过范，说其令靳允曰："闻吕布执君母、弟、妻子，孝子诚不可为心。今天下大乱，英雄并起，必有命世能息天下之乱者，此智者所宜详择也。夫布粗中少亲，刚而无礼，匹夫之雄耳。宫等以势假合，不能相君也。曹使君智略不世出，殆天所授，君必

与张邈的弟弟张超一同谋划背叛曹操。他向张邈进言说："现在天下分崩离析，豪杰纷纷而起，您拥有千里之地的人众，处于四方必争的冲要之地，手握宝剑顾盼左右，也足以做人中豪杰，现在却反而受制于人，这不是也太鄙陋了吗！现在州军东征，州内空虚，吕布是个壮勇之士，善战无敌，如果暂且迎接他前来，一同治理兖州，坐观天下形势以等待时事的变化，这也是纵横天下的一个时机。"张邈听从了陈宫的意见。于是张邈、陈宫等人迎接吕布出任兖州牧。荀彧知道张邈将要作乱，立即集聚军队严加戒备，并火速征召驻扎在濮阳的东郡太守夏侯惇前来救援，吕布于是占据濮阳。

豫州刺史郭贡率领数万将士来到鄄城下，有传言说他与吕布同谋。郭贡求见荀彧，荀彧准备出城与他相会，夏侯惇说："您是一州的主将，去一定会有危险。"荀彧说："郭贡与张邈不是素所相好的旧交，现在来得这样快，他们一定还没有计议妥当，趁他们没有计议妥当之前说服郭贡，即使他不能为我所用，也可以使他保持中立。如果我们先怀疑他，他一定会发怒而与张邈同心合谋。"郭贡见荀彧没有恐惧之心，认为鄄城不易攻破，于是率军离去。

这时，兖州各郡县都起来响应吕布，只有鄄城、范县、东阿三地坚守不动。这时吕布军中归降的人说："陈宫准备自己率军进攻东阿，并命令氾嶷进攻范县。"荀彧对程昱说："现在全州都已经反叛，只剩下这三座城池。陈宫等人又将用重兵进攻，如果不能紧紧地团结人心，这三城一定会动摇。您是东阿百姓所仰望的人，应该前去安抚他们。"程昱于是返归东阿。途经范县，他劝说范县县令靳允说："听说吕布将您的母亲、弟弟、妻子儿女都抓起来了，孝子的心中确实无比难过。现在天下大乱，英雄纷纷而起，一定会有能够治世而平息天下之乱的人，这是明智的人所应该仔细选择的。吕布粗鲁没有亲近之人，刚愎无礼，不过是匹夫之勇而已。陈宫等人因当前形势而与他暂时合作，但终究不会奉戴吕布为主。曹使君智谋才略卓绝一世，恐怕是上天所授，您一定要

固范，我守东阿，则田单之功可立。孰与违忠从恶而母子俱亡乎？”允流涕许之。遂杀汜嶷，勒兵自守。

昱又遣别骑绝仓亭津，宫不得渡。至东阿，令枣祇已拒城坚守。卒完三城以待操。布攻鄄城不能下，西屯濮阳。操曰：“布不能据东平，断亢父、泰山之道，乘险要我，而乃屯濮阳，吾知其无能为也。”乃进攻之。

五月，将军郭汜、樊稠并开府如三公。　六月，分凉州置雍州。

河西四郡以去凉州治远，隔以河寇，求别置州。诏以邯郸商为雍州刺史。

京师地再震。　是月晦，日食。　秋七月，以杨定为将军，开府。　自四月不雨至于是月。

谷一斛直钱五十万，长安中人相食。帝令侍御史侯汶出太仓米豆为贫人作糜，饿死者如故。帝取米豆各五升于御前作糜，得二盆。乃杖汶五十。于是悉得全济。

九月，曹操攻吕布，不克，还走鄄城。

吕布有别屯在濮阳西，曹操夜袭破之。布至搏战，相持甚急。司马典韦将应募者进当之，矢至如雨，韦不视，谓等人曰：“虏来十步乃白。”曰：“十步。”又曰：“五步乃白。”等人惧，疾言：“虏至。”韦持戟大呼而起，所抵无不应手倒者，

坚守范县，我去守住东阿，那么田单救齐一样的功绩就可以建立了。这比违背忠义追随恶人而母子都要被杀掉哪一种做法更好呢？”靳允流着眼泪允诺。于是杀掉汜嶷，统带将士坚守城池。

程昱又派遣一支骑兵部队截断仓亭津，陈宫军到达后，无法渡过黄河。程昱到达东阿，东阿县令枣祇已经率领军民在城上坚守。程昱等人终于守住这三座城池，等待曹操回军。吕布进攻鄄城不能克，西进驻屯濮阳。曹操说：“吕布不能占据东平，阻断亢父、泰山的道路，利用险要的地形来截击我军，却反而驻屯于濮阳，我知道他不会有多大作为了。”于是率军进攻吕布。

五月，将军郭汜、樊稠都被批准如同三公一样开府，设置僚属。　六月，朝廷分出凉州属郡设置雍州。

河西的敦煌、酒泉、张掖、武威四郡由于距离凉州州治遥远，交通又被黄河沿线盗贼所阻隔，请求另设一州。朝廷下诏设置雍州，任命邯郸商为雍州刺史。

京师长安两次发生地震。　这月最后一天，出现日食。秋七月，朝廷任命杨定为安西将军，并准许他开府设置僚属。从四月直至此月没有降雨。

粟谷的价钱达到一斛五十万钱，长安城中出现人吃人的事情。汉献帝命令侍御史侯汶拿出太仓中的米、豆作粥，施舍给贫困百姓，但因饥饿而死的人仍像以前那样多。汉献帝命令取出米、豆各五升，当着自己的面做粥，共做得两盆。于是发现侯汶作弊，杖责他五十下。贫困百姓这才全都得以活命。

九月，曹操进攻吕布，未能取胜，撤军返回鄄城。

吕布有一支军队驻扎在濮阳以西，曹操乘夜袭击，攻破其营寨。吕布率军来救，双方展开激战，难分胜负，形势紧急。这时曹操麾下司马典韦带领应募的勇士进前抵挡吕布军队，吕布军中弓弩齐发，箭下如雨，典韦连看也不看一眼，对勇士们说：“敌人到距离我们十步的时候再报告我。”勇士们说：“已经十步了。”典韦又说：“距离五步时再报告。”勇士们害怕，大声疾呼：“敌人已经到眼前了！”典韦执戟大呼而起，抵挡的敌兵无不应手而倒，

操乃得引去。遂入濮阳,烧其东门,示无反意。及战,军败,布骑得操而不识,释之。操突火而出。进复攻之,与布相守百余日,粮尽,各引去。操还鄄城,布屯山阳。

袁绍使人说操,欲使遣家居邺。操将许之,程昱曰:“意者将军殆临事而惧,不然,何虑之不深也!夫袁绍有并天下之心,而智不能济也。将军自度能为之下乎?今兖州虽残,尚有三城,能战之士不下万人,以将军之神武,与文若、昱等收而用之,霸王之业可成也,愿将军更虑之。”操乃止。

刘焉卒。以其子璋为益州牧。

天火烧绵竹城,刘焉徙治成都,疽发背而卒。州大吏赵韪等贪焉子璋温仁,共上以为刺史。诏以为益州牧。

陶谦卒,刘备兼领徐州。

谦疾笃,谓别驾麋竺曰:“非刘备不能安此州。”谦卒,竺率州人迎备。备未敢当,曰:“公路四世五公,海内所归,今近在寿春,君可以州与之。”典农校尉陈登曰:“公路骄豪,非治乱之主,今欲为使君合步骑十万,上可以匡主济民,下可以割地守境。若使君不见听许,登亦未敢听使君也。”北海相孔融谓备曰:“袁公路岂忧国忘家者邪!冢中枯骨,何足介意!今日之事,百姓与能。天与不取,悔不可追。”备遂领徐州。

马日磾卒于寿春。

曹操这才得以领军退回。曹操于是进入濮阳城，放火焚烧所过东门，以表示他不肯再回军后退的决心。及至与吕布交战，曹操军败，吕布的骑兵抓到曹操而不认识，将他放掉。曹操冒火冲出濮阳。曹操进军再攻吕布，与吕布相持百余日，二军粮食都已用尽，各自率军离去。曹操返回鄄城，吕布驻屯山阳。

袁绍派人劝说曹操，想使曹操将家属送到邺城去居住。曹操准备答应，程昱说："想来将军大概是临事畏惧，否则的话，为什么考虑得这么不深呢！袁绍有吞并天下的心意，但他的智谋却不足以成事。将军自己忖度一下，能甘心做他的下属吗？现在兖州虽然残破，但尚有三城在手，能够战斗的将士也还不少于一万人，以将军的神明威武，与荀彧和程昱我这些人收集人众齐心协力，那就可以成就霸王之业了，希望将军再考虑一下。"曹操这才改变主意，没有将家属送往邺城。

刘焉去世。朝廷任命他的儿子刘璋为益州牧。

雷击引起的大火烧毁绵竹城，刘焉将州治迁徙至成都，后背生毒疮而去世。益州的高级掾属赵韪等人贪图刘焉的儿子刘璋温和仁慈，一同上表请求让刘璋担任益州刺史。朝廷下诏任命刘璋为益州牧。

陶谦去世，刘备兼任徐州牧。

陶谦病重，对别驾从事麋竺说："除了刘备没有谁能安定这个州。"陶谦去世，麋竺率领徐州人众迎接刘备。刘备不敢担当此任，说："袁术家四代出了五个三公高官，为海内人士所归附，现在他近在寿春，您可以把徐州交给他。"典农校尉陈登说："袁术骄奢横暴，不是能够治理乱世的人，现在想为您集合起步、骑兵十万，上可以辅助君主救助百姓，下可以割据一方保境安民。如果您不肯应许，陈登我也不敢听从您的建议。"北海相孔融对刘备说："袁术哪里是忧国忘家的人！他就如同冢中枯骨一样，哪里值得放在心上！今天的事情，是百姓将州事托与贤能。上天赐予如果不去接受，后悔就来不及了。"刘备于是兼任徐州牧。

马日䃅在寿春去世。

初，日磾与赵岐俱奉使至寿春。岐守志不挠，袁术惮之。日磾颇有求于术，术借节视之，因夺不还。求去，不遣，日磾呕血而死。

袁术表孙策为怀义校尉。

初，孙坚娶钱唐吴氏，生四男，策、权、翊、匡及一女。坚从军于外，留家寿春。策年十余岁，已交结知名。舒人周瑜与策同年，亦英达夙成，自舒来造，推结分好。劝策徙居舒，推道南大宅与策，升堂拜母，有无通共。及坚死，策年十七，还葬曲阿，已乃渡江，居江都，结纳豪俊，有复仇之志。术上策舅吴景领丹阳太守，从兄贲为都尉。策往见术，涕泣言曰："亡父昔从长沙入讨董卓，与明使君会于南阳，同盟结好，不幸遇难，勋业不终。策感惟旧恩，欲自凭结，愿明使君垂察其诚！"术甚奇之，然未肯还其父兵，谓曰："丹阳，精兵之地，可往召募。"策遂迎其母诣曲阿，依舅氏，召募得数百人。为泾县大帅祖郎所袭，几至危殆，于是复往见术。术以坚余兵千余人还策，表拜怀义校尉，许以为九江太守，已而更用陈纪。又使攻庐江太守陆康，谓曰："今若得康，庐江真卿有也。"策攻拔之，术复用其故吏刘勋，策益失望。

以刘繇为扬州刺史。

繇，岱之弟也，素有盛名，诏用为扬州。以袁术已据寿

当初，马日磾与赵岐一同奉朝廷使命来到寿春。赵岐严守志节不肯屈服，袁术很惧怕他。马日磾常常有求于袁术，袁术向他借朝廷符节观看，乘势夺走不再归还。马日磾请求离去，袁术不肯放他，于是吐血而死。

袁术上表推荐孙策任怀义校尉。

当初，孙坚娶钱唐人吴氏为妻，生了四个儿子，即孙策、孙权、孙翊、孙匡，另外还生有一个女儿。孙坚征战在外，将家眷留在寿春。孙策十余岁的时候，已经交结各方人物，知名于世。舒县人周瑜与孙策同岁，也是英武豪迈，少年成名，他从舒县到寿春来拜访孙策，二人一见如故，交好来往，推心置腹。周瑜劝孙策迁至舒县，将道南的大宅院让与孙策居住，到内堂拜见孙策的母亲，二人亲密无间，互通有无。及至孙坚死时，孙策十七岁，将父亲的灵柩送回故乡曲阿安葬，随后渡过长江，居于江都，结交收纳豪杰之士，立下为父亲报仇的志向。袁术上表推荐孙策的舅舅吴景兼任丹阳太守，孙策的堂兄孙贲任丹阳都尉。孙策去拜见袁术，流着泪说："先父当年从长沙进军去讨伐董卓，与您相会于南阳，共同结盟交好，不幸中途遭难，功业没能完成。我感念您的旧恩，想自己来依附您，希望您体察我的一片诚心！"袁术对孙策的这番话甚为惊奇，但没肯还给他孙坚原来统率的军队，对孙策说："丹阳郡，是出精兵的地方，你可以到那里去招募士卒。"孙策于是将母亲接至曲阿，依附舅舅吴景，招募到数百名士卒。孙策遭到泾县豪帅祖郎的袭击，险些被杀，他便再次去见袁术。袁术将孙坚剩下的旧部千余人还给孙策，任命他为怀义校尉，并许诺将任命他为九江太守，但不久却改任陈纪为九江太守。袁术又让孙策进攻庐江太守陆康，对他说："这次你如果能击败陆康，庐江郡就真的归你所有了。"孙策进军攻克庐江，袁术又任用他的故吏刘勋为庐江太守，孙策更加失望。

朝廷任命刘繇为扬州刺史。

刘繇是已故兖州刺史刘岱的弟弟，一向有很高的名望，朝廷下诏任命他为扬州刺史。刘繇因为袁术已占据了扬州州治寿

春，欲南渡江，吴景、孙贲迎置曲阿。久之，繇以景、贲本术所置，迫逐之。景、贲退屯历阳，繇遣将屯横江，以拒之。

乙亥（195）　二年

春正月，曹操败吕布于定陶。　即拜袁绍为右将军。　二月，李傕杀樊稠，攻郭汜，劫帝入其营。

董卓初死，三辅民尚数十万户，傕等放兵劫略，加以饥馑，二年之间，民相食略尽。李傕、郭汜、樊稠矜功争权。傕以稠勇而得众，忌之，请稠会议，于坐杀之。由是诸将转相疑贰。傕、汜各治兵相攻。傕遂将兵围宫，以车三乘迎帝，放兵入略宫人、御物，并取金帛，遂放火烧宫殿、官府、民居悉尽。帝复使公卿和傕、汜，汜留太尉杨彪、大司农朱儁等十人以为质，儁愤懑发病死。

夏四月，立贵人伏氏为皇后。　郭汜攻李傕。傕迁帝于北坞。

郭汜议攻李傕。杨彪曰："君臣共斗，一人劫天子，一人质公卿，可乎！"汜怒，欲手刃之。彪曰："卿尚不奉国家，吾岂求生邪！"汜乃止。傕召羌、胡数千，以御物与之，许以宫人，欲令攻汜。汜遂将兵夜攻傕门，矢及帝帷。傕复移乘舆幸北坞，使校尉监坞门，内外隔绝。侍臣皆有饥色，帝求米及牛骨以赐左右，傕以臭牛骨与之。司徒赵温与傕书曰："公前屠陷王城，杀戮大臣，今争睚眦之隙，以成千钧之

春，想南渡长江，将州治设在江南，吴景、孙贲迎接他到曲阿。很久以后，刘繇因为吴景、孙贲是袁术所安置的人，将他们赶走。王景、孙贲后退驻屯历阳，刘繇派将领驻屯横江，以抵御他们。

乙亥（195） 汉献帝兴平二年

春正月，曹操在定陶击败吕布。　朝廷派使者就地任命袁绍为右将军。　二月，李傕杀掉樊稠，进攻郭汜，劫持汉献帝到他的军营中。

董卓刚死时，三辅地区的百姓还有数十万户，李傕等人纵兵抢劫掳掠，再加上饥荒，人们相食，两年之间几乎死尽。李傕、郭汜、樊稠相互夸耀功劳，争权夺利。李傕因为樊稠勇猛而深得人心，心中忌恨，请樊稠会谈，趁机在座中将他杀掉。此后，众将之间互相猜忌离心。李傕、郭汜各自整顿军队相互攻击。李傕于是率领军队包围皇宫，用三辆车将汉献帝接到自己营中，纵兵入宫，掳掠宫女、御用物品，并将宫中金帛取为己用，随即放火将宫殿、官署及百姓民居全部烧掉。汉献帝又命令公卿大臣去为李傕、郭汜调解讲和，郭汜扣留太尉杨彪、大司农朱儁等十人作为人质，朱儁愤懑发病而死。

夏四月，汉献帝立贵人伏氏为皇后。　郭汜进攻李傕。李傕将汉献帝迁至北坞。

郭汜商议进攻李傕。杨彪说："臣子们互相争斗，一个劫持天子，一个扣留公卿为人质，可以这样做吗！"郭汜大怒，想亲手杀死杨彪。杨彪说："你连皇帝都不尊奉，我难道还想求生吗！"郭汜这才罢手。李傕召来羌、胡数千人，送与他们御用物品，并许诺送与他们宫女，想让他们去进攻郭汜。郭汜率领军队乘夜进攻李傕营门，弓箭直射到汉献帝的帐篷之上。李傕又将汉献帝迁至北坞，命令校尉监守坞门，断绝内外的联系。左右侍臣们都面带饥色，汉献帝请求李傕给些粮食和牛骨，以便赐予左右食用，李傕将发臭的牛骨送去。司徒赵温给李傕写信说："您先前攻破王城，劫掠烧杀，杀害大臣，现在又为一点怨恨争斗，铸成深

仇。朝廷欲令和解，诏命不行，而复欲转乘舆于黄白城，此诚老夫所不解也。于《易》，一为过，再为涉，三而弗改，灭其顶，凶。不如早共和解。”傕大怒，欲杀温，其弟应谏之，数日乃止。

闰月，帝使谒者仆射皇甫郦和傕、汜。郦先诣汜，汜从命。又诣傕，傕不肯，曰：“君观吾方略士众，足办郭多否？多又劫质公卿，而君苟欲左右之邪！”郦曰：“近者董公之强，将军所知也，吕布受恩而反图之，此有勇而无谋也。今汜质公卿，而将军胁主，谁轻重乎？张济与汜有谋，杨奉知将军所为非是，将军虽宠之，犹不为用也。”傕呵之出。郦诣省门，白：“傕不肯奉诏，辞语不顺。”帝恐傕闻之，亟令郦去。

李傕自为大司马。　曹操攻拔定陶。吕布走归刘备，留广陵太守张超守雍丘。

吕布将薛兰、李封屯钜野，曹操攻之，斩兰等。操以陶谦已死，欲遂取徐州，还乃定布。荀彧曰：“昔高祖保关中，光武据河内，皆深根固本以制天下，进足以胜敌，退足以坚守，故虽有困败而终济大业。将军本以兖州首事，且河、济，天下之要地。是亦将军之关中、河内也，不可以不先定。今分兵东击陈宫，以其间收熟麦，一举而布可以破也。若舍而东，多留兵则不足用，少留兵则布乘虚寇暴，民心益危，是无兖州也。或徐州不定，将军当安所归乎！且谦虽死，徐州未易亡也。彼惩往年之败，必坚壁清野以待将军，

仇。朝廷想让你们和解，但诏书无人遵从，现在又想将皇上迁移至黄白城，这实在让老夫我不明白。按照《易经》的说法，一次犯了过错，再次犯过就如陷入水中，第三次还不改，就要有灭顶之灾，这是凶事。不如早早与郭汜和解。”李傕大怒，想要杀掉赵温，他的弟弟李应劝谏，数日之后，李傕才打消这个念头。

闰月，汉献帝命令谒者仆射皇甫郦为李傕、郭汜讲和。皇甫郦先去郭汜那里，郭汜答应讲和。皇甫郦又到李傕军中，李傕不肯，说：“您看我的用兵谋略和将士，是不是足以收拾郭汜？郭汜又劫持公卿当作人质，而您却想要帮助他吗！”皇甫郦说：“最近董卓的强大，是将军您所知道的，吕布受他的恩宠却反过来谋划他，这是因为他有勇无谋。现在郭汜扣押公卿做人质，而将军您威胁君主，比较起来谁的罪过重？张济与郭汜已经合谋一处，杨奉知道将军您所做的事情不对，将军虽然宠信他，恐怕他还是不能为您所用。”李傕呵斥皇甫郦，让他出去。皇甫郦到汉献帝住的地方向他报告说：“李傕不肯遵奉诏令，言辞不恭顺。”汉献帝怕李傕听见，连忙命令他离去。

李傕自任为大司马。 曹操攻占定陶。吕布逃走归附刘备，留下广陵太守张超镇守雍丘。

吕布将领薛兰、李封驻屯钜野，曹操率军进攻，斩杀薛兰等人。曹操因为陶谦已死，想先去夺取徐州，回来再平定吕布。荀彧说：“从前汉高祖保有关中，光武帝占据河内，都是巩固自己的根本以控制天下，进足以战胜敌人，退足以坚守己地，所以虽有失利之时，却终于成就大业。将军您本来依据兖州起事，况且黄河、济水一带，是天下的冲要之地。这也相当于将军的关中、河内，不能不先将它安定下来。现在如果分兵向东进攻陈宫，乘便收获成熟的麦子，可以一举击败吕布。如果放下吕布东进徐州，多留将士则东进兵力不足，少留将士则吕布便会乘虚来攻，民心会更加不稳，那就等于失去兖州了。倘若徐州再不能平定，将军将回到哪里去安身呢！况且陶谦虽已死去，徐州也并不容易灭亡。徐州鉴于往年的教训，一定会坚壁清野来对付将军，

攻之不拔，略之无获，不出十日，则十万之众未战而自困耳。前讨徐州，威罚实行，其子弟念父兄之耻，必无降心，就能破之，尚不可有也。夫事固有弃此取彼者，以大易小可也，以安易危可也，权一时之势，不患本之不固可也。今三者莫利，愿将军熟虑之。”操乃止。布复与陈宫将万余人来战，操兵皆出收麦，在者不能千人。屯西有大堤，操隐兵堤里，出半兵挑战。既合，伏发，大破之。攻拔定陶，分兵平诸县。布东奔刘备，张邈从之，留弟超守雍丘。布见备甚尊敬之，请备于帐中，坐妇床上，令妇向拜，酌酒饮食，名备为弟。备见布语言无常，外然之而内不悦。

六月，将军张济迎帝东归。秋七月，发长安。以济为骠骑将军，开府。

李傕、郭汜相攻连月，死者以万数。傕将杨奉谋杀傕，事泄，叛去，傕众稍衰。张济自陕至，欲和傕、汜，迁乘舆权幸弘农。帝亦思旧京，遣使宣谕，十反，汜、傕许和。计未定，而羌、胡数来窥省门，曰：“天子在此中耶！李将军许我宫人，今皆何在？”帝患之，使谓将军贾诩曰：“卿前奉职公忠，故升荣宠，今羌、胡满路，宜思方略。”诩乃召羌、胡大帅饮食之，许以封赏，羌、胡皆引去，傕由此单弱。七月，车驾东出，夜到霸陵，从者皆饥，张济赋给有差。傕出屯池

如果既不能攻下徐州，又掠获不到粮食，用不了十天，十万大军便会未经战斗先自困乏。前次讨伐徐州，您已大行兵威惩罚，当地子弟记着父兄们的耻辱，一定没有投降之心，我军即使能攻破徐州，也还不能使他们归顺。事情本来是有舍此取彼的道理，用大舍小可以，取安舍危可以，权衡当时形势，不用去忧虑根本不稳固也可以。现在这三者都未见其利，希望将军深思熟虑。”曹操这才罢休。吕布又与陈宫率兵一万多人来进攻曹操，曹操的将士都出营去收割麦子，在营中的不足千人。曹操营寨的西边有一条大堤，曹操命将士隐藏在大堤之后，派出一半人去挑战。二军交战，堤后的伏兵杀出，大破吕布军。曹操进军攻克定陶，又分兵平定各县。吕布东逃投奔刘备，张邈跟随吕布逃走，留下他的弟弟张超镇守雍丘。吕布见到刘备甚为尊敬，请刘备到自己帐中，坐在他妻子的床上，并让他的妻子拜见刘备，给刘备酌酒一起饮宴，称刘备为弟。刘备见吕布语无伦次，表面以礼相待而心中不悦。

六月，将军张济迎接汉献帝东归。秋七月，汉献帝从长安出发。任命张济为骠骑将军，准许他开府设置僚佐。

李傕、郭汜二人相攻一连数月，死者数以万计。李傕部将杨奉准备谋杀李傕，事情泄露，率领部下背叛李傕离去，李傕的实力渐渐减弱。张济从陕县来到长安，想为李傕、郭汜讲和，并想请汉献帝暂时去往弘农。汉献帝也思念旧京洛阳，派遣使者去向李傕、郭汜宣谕旨意，使者往返十次，李、郭二人才同意讲和。李傕还没最后决定讲和时，羌、胡人等几次到汉献帝所居之地窥探，说：“天子在这里面吗！李傕将军许诺给我们宫女，现在都在什么地方？”汉献帝心中忧虑，派人去对将军贾诩说：“你以前奉公尽职，忠心耿耿，所以得到荣升宠信，现在羌、胡满路，你应当考虑一个对策。”贾诩召集羌、胡豪帅聚会饮宴，许诺将给他们以封赏，羌、胡于是都各自离去，李傕势力由此孤单减弱。七月，汉献帝车驾向东出发，夜间到达霸陵，跟随的侍从都饥不可耐，张济供给他们饮食，数量各不相等。李傕率军离开长安，驻屯池

阳。郭汜欲令帝幸高陵，公卿及济以为宜幸弘农，议之不决。帝遣使谕汜曰："弘农近郊庙，勿有疑也。"汜不从。帝遂终日不食。汜闻之曰："可且幸近县。"八月，幸新丰。汜复谋胁帝还都郿，侍中种辑知之，密告杨定、董承、杨奉令会新丰。汜自知谋泄，乃弃军入南山。

八月，曹操围雍丘，张邈为其下所杀。　冬十月，以曹操为兖州牧。　十二月，帝至弘农。张济与傕、汜合，追帝至陕。帝渡河，入李乐营。

郭汜党复谋胁乘舆西行。杨定、董承将兵迎天子幸杨奉营，东至华阴。将军段煨具服御资储，欲上幸其营。煨与杨定有隙，定党言煨欲反。杨彪、赵温、刘艾皆曰："段煨不反，臣等敢以死保之。"帝疑之。定将与奉、承攻煨，请帝为诏。帝曰："煨罪未著，奉等攻之，而欲令朕有诏耶！"固请，弗听。奉等乃辄攻煨营，不下。煨供给御膳，禀赡百官，无二意。诏和解之，定等还营。

李傕、郭汜闻定攻煨，相招共救之，因欲劫帝而西。杨定单骑亡走荆州。张济与奉、承不相平，乃复与傕、汜合。车驾遂幸弘农。济、傕、汜共追乘舆，大战于东涧，承、奉军败，百官士卒死者不可胜数，弃御物、符策、典籍，略无所遗。露次曹阳。承、奉乃谲傕等与连和，而密遣间使至河东，招故白波帅李乐、韩暹、胡才及南匈奴右贤王去卑，并率其众数千骑来，共击傕等，大破之。车驾发东，傕等复来

阳。郭汜想让汉献帝去高陵，公卿和张济认为应当去弘农，群臣议论不决。汉献帝派使者晓谕郭汜说："弘农不过是距离郊庙比较近，请将军不要猜疑。"郭汜不肯听从。汉献帝于是终日不肯进食。郭汜知道这个消息说："可以暂且临幸附近的县。"八月，汉献帝来到新丰。郭汜又谋划胁迫献帝返回以郿县为都，侍中种辑知道了他的阴谋，秘密告诉杨定、董承、杨奉，让他们到新丰会合。郭汜知道自己的阴谋泄露，丢弃军队，逃入南山。

八月，曹操包围雍丘。张邈被部下杀死。　冬十月，朝廷任命曹操为兖州牧。　十二月，汉献帝到弘农。张济与李傕、郭汜联合，追赶汉献帝至陕县。汉献帝渡过黄河，进入李乐的营中。

郭汜党羽又谋划胁迫汉献帝西行。杨定、董承率军迎接汉献帝到杨奉营中，向东进至华阴。将军段煨备好汉献帝所需的御用物品及百官所用的物品器具，想让献帝进他的营中安歇。段煨与杨定有嫌怨，杨定的党羽称段煨想要谋反。杨彪、赵温、刘艾都说："段煨不会谋反，我们愿以生命担保。"汉献帝心中疑惑。杨定准备与杨奉、董承等人进攻段煨，求汉献帝下诏。献帝说："段煨的罪过没有显露，杨奉等人去进攻他，却还要让朕下诏吗！"杨定等人一再请求，献帝不听。杨奉等人于是进攻段煨的军营，没能攻破。段煨供给汉献帝御膳，供应百官饮食，没有二心。汉献帝下诏命杨定等人与段煨和解，杨定等人领军还营。

李傕、郭汜闻知杨定等人进攻段煨，便相互召唤一起率军来救段煨，想乘机劫持汉献帝转向西行。杨定单骑逃往荆州。张济与杨奉、董承互不服气，又转头与李傕、郭汜联合。汉献帝于是抵达弘农。张济、李傕、郭汜一同追赶献帝一行，与献帝的随行部队大战于弘农东涧，董承、杨奉军战败，百官、士卒被杀死者不计其数，御用物品、符策、典籍等几乎全部散失。汉献帝进至曹阳，露宿于郊外。董承、杨奉假意与李傕等人和解合作，而暗中派密使到河东，招请原白波军的首领李乐、韩暹、胡才及南匈奴右贤王去卑，都各自率领其部众数千骑兵前来，一同向李傕等人进攻，大败其军。汉献帝一行继续向东行进，李傕等人又来

战，奉等大败，死者甚于东涧。李乐曰："事急矣，陛下宜御马。"上曰："不可舍百官而去，此何辜哉！"兵相连缀四十里，至陕，乃结营自守。

虎贲、羽林不满百人。李乐惧，欲令车驾御船过砥柱，出孟津。杨彪以为河道险难，乃使乐夜渡，具船，举火为应。上与公卿步出营，皇后兄伏德扶后御船，同济者杨彪以下才数十人。到大阳，幸李乐营。河内太守张杨使数千人负米贡饷。上御牛车，幸安邑，河东太守王邑奉献绵帛，悉赋公卿以下。群帅竞求拜职，刻印不给，至乃以锥画之。乘舆居棘篱中，门户无关闭。帝又遣太仆韩融与傕、汜等连和，傕乃放百官，归宫人。已而粮尽。张杨来朝，谋以乘舆还洛阳，诸将不听。是时，长安城空四十余日，强者四散，羸者相食，二三年间，关中无复人迹。

沮授说袁绍曰："将军累叶台辅，世济忠义。今州域粗定，兵强士附，西迎大驾，即宫邺都，挟天子而令诸侯，畜士马以讨不庭，谁能御之！"郭图、淳于琼曰："汉室陵迟，为日久矣，今欲兴之，不亦难乎！且英雄并起，先得者王。今迎天子自近，动辄表闻，从之则权轻，违之则拒命，非计之善者也。"授曰："今迎朝廷，于义为得，于时为宜，若不早定，必有先之者矣。"绍不从。

孙策击刘繇于曲阿，破走之。

进攻，杨奉等人迎战大败，被杀的人比东涧交战时还要多。李乐说："事情很紧急，陛下应该乘马而行。"汉献帝说："朕不能丢下百官自己逃命，他们有什么罪呢！"军队在道路上延续达四十里长，到达陕县，才修筑营垒自守。

护驾的虎贲、羽林武士不足一百人。李乐害怕，想让汉献帝乘船从黄河过砥柱，从孟津上岸。杨彪认为这段水路艰险困难，于是命李乐乘夜渡过黄河，备办好船只，举火为信号。献帝与公卿百官步行走出营垒，皇后的兄长伏德搀扶皇后登船，同时渡过黄河的只有杨彪以下数十人。汉献帝到达大阳，进入李乐营中。河内太守张杨派数千人背负米粮来贡奉献帝。献帝乘坐牛车，到达安邑，河东太守王邑奉献绵帛，献帝全部赏与公卿以下随行人员。王邑等人部下众将竞相请求官职，由于刻制官印不及，以至有用铁锥画就的官印。汉献帝住在以荆棘为篱的房中，门窗不能关闭。汉献帝又派遣太仆韩融去为李傕、郭汜等人讲和，李傕这才放出百官，归还宫女。不久粮食用尽。张杨从驻地来朝见汉献帝，谋划让献帝返回洛阳，随行众将不肯同意。这时，长安城空荡四十余天，无人管理，身强力壮的人都四散离去，老弱病残的人互相残杀相食，二三年间，关中不再有人的踪迹。

沮授劝袁绍说："将军您祖上几代都是朝廷辅政大臣，以忠义名世。现在冀州境域大致安定，兵强马壮，士人归附，如果向西迎接皇帝大驾，即以邺城为都城，挟天子以命令各路诸侯，积蓄兵马以讨伐不肯服从的人，天下有谁能够与您对抗！"郭图、淳于琼说："汉室衰弱没落，日子已经很久了，现在想要兴复，不也太难了吗！况且现在英雄四起，先得到天下的便可称王。如果现在迎接天子到自己身边，一举一动都要奉表向皇帝请示，听从他的诏令，就会使您的权力减弱，不从，那便违抗天子之命，这不是高明的计策。"沮授说："现在迎接皇上，既符合道义，又正是恰当的时机，如果不早定大计，一定会有捷足先登的人。"袁绍不肯听从。

孙策进攻驻在曲阿的刘繇，击败其军并将他赶走。

孙坚旧将丹阳朱治见袁术政德不立,劝孙策归取江东。策说术曰:"家有旧恩在东,愿助舅讨横江。横江拔,因投本土召募,可得三万兵,以佐明使君定天下。"术知其恨,而以刘繇据曲阿,王朗在会稽,谓策未必能定,乃许之,表策为折冲校尉。

将兵千余人,骑数十匹,行收兵,比至历阳,众五六千。周瑜自丹阳将兵迎之,助以资粮。进攻横江,拔之。渡江转斗,所向皆破,莫敢当其锋者。百姓闻孙郎至,皆失魂魄。及策至,军士奉令不敢虏略,鸡犬菜茹,一无所犯,民乃大悦,竞以牛酒劳军。策为人,美姿颜,能笑语,性阔达听受,善用人,是以士民见者莫不尽心,乐为致死。策攻刘繇于曲阿,繇使太史慈侦视轻重。独与一骑卒遇策于神亭,策从骑十三。慈便前斗,正与策对,策揽得慈手戟,慈亦得策兜鍪。会两家兵骑来赴,于是解散。

繇兵败走,策入曲阿,劳赐将士,发恩布令,告谕诸县:"乐从军者,一身行,复除门户,不乐者不强。"旬日之间,四面云集,得见兵二万余人,马千余匹,威震江东。术表策行殄寇将军。策将吕范言于策曰:"今将军事业日大,士众日盛,而纲纪犹有不整者,范愿暂领都督,佐将军部分之。"策曰:"子衡既士大夫,加手下已有大众,岂宜复屈小职,知军

孙坚的旧将丹阳人朱治见袁术为政混乱，缺乏仁德，劝孙策回故乡攻取江东地区。孙策向袁术进言说："我家在江东对人有旧恩，请您让我帮助舅父去进攻横江。横江攻克以后，我乘便回故乡招募士卒，能够得到三万军队，以此来辅佐使君您平定天下。"袁术知道孙策心中怨恨自己，但因为刘繇占据曲阿，王朗镇守会稽，认为孙策未必能够平定他们，便答应了他，并上表推荐孙策为折冲校尉。

孙策率兵众千余名、战马数十匹而进，一边走一边招纳士卒，等到抵达历阳时，已经有将士五六千。周瑜率领兵将从丹阳来迎接孙策，并资助他军粮辎重。孙策进攻横江，攻克。孙策渡江以后四处转战，所向战无不胜，没有能够阻挡其兵锋的人。江东百姓听说孙郎军至，都吓得失魂落魄。但等到孙策军至，将士遵奉军令不敢掳掠百姓，就连鸡犬菜蔬那样的东西，也都一点儿不敢触动，百姓这才大喜过望，竞相送去牛、酒慰劳孙策军队。孙策容貌英俊，喜欢谈笑，心胸豁达开阔，乐于接受别人的意见，善于使用人才，因此士人百姓见到他的无不尽心出力，愿意为他效死。孙策向曲阿进军攻打刘繇，刘繇命令太史慈去侦察孙策军的动静。太史慈仅带一名骑兵，在神亭与孙策遭遇，当时孙策身边有随行的骑兵十三人。太史慈上前交战，正与孙策相对，孙策夺得太史慈的手戟，太史慈也抢走孙策的头盔。正好此时两家的骑兵各自赶来相助，于是双方各自散去。

刘繇军战败逃走，孙策进入曲阿城，慰劳赏赐诸位将士，发布宽大的法令，告谕各县说："刘繇等人的乡亲部曲有愿意当兵的，只要有一人随军征战，就免除其全家的赋税徭役，不愿意的也不强迫。"十天之间，四方应募的人云集而来，共得到将士二万余人，马千余匹，声势威震江东。袁术上表推荐孙策暂时代理殄寇将军。孙策的部将吕范向孙策进言说："现在将军的事业日益兴盛，部下兵众日益增多，但军中法纪还有不严整的地方，我愿意暂时担任都督，帮助将军整顿法纪。"孙策说："子衡你已经是士大夫，手下又领有不少兵将，怎么能再去担任微小的官职，管理军

中细事乎?”范曰:“不然,今舍本土而托将军者,非为妻子也,欲济世务也。譬犹同舟涉海,一事不牢,即俱受其败。此亦范计,非但将军也。”策笑。范出,便释褠,著裤褶,执鞭诣阁下启事,自称领都督,自是军中肃睦,威禁大行。

策以张纮为正议校尉,彭城张昭为长史,常令一人居守,一人从征讨。待昭以师友之礼,文武之事,一以委之。每得北方士大夫书疏,专归美于昭。策欢笑曰:“昔管子相齐,一则仲父,二则仲父,而桓公为霸者宗。今子布贤,我能用之,其功名独不在我乎?”刘繇将奔会稽,许劭曰:“会稽富贵,策之所贪,且穷在海隅,不可往也。不如豫章,北连豫壤,西接荆州,若收合吏民,遣使贡献,足下受王命,孟德、景升必相救济。”繇从之。

刘繇攻豫章,笮融走死。以华歆为太守。

初,陶谦以笮融为下邳相,使督广陵、下邳、彭城粮运。融遂断以自入,大起浮屠祠,课人读佛经,招致旁郡好佛者至五千余户。每浴佛,设食,布席数十里,费以巨亿计。及曹操击破陶谦,融乃将男女万口走广陵,太守赵昱待以宾礼。融利广陵资货,遂乘酒酣杀昱,放兵大掠,走依彭城相薛礼于秣陵,复杀礼。又诈杀豫章太守朱皓而领其郡。刘繇讨之,融败走,死。诏以华歆为太守。

孙策遣其将朱治据吴郡。

中的细小事务呢?”吕范说:“不是这样,现在我抛弃家乡来依托将军的原因,不是为了妻子儿女,而是想要救助世间的事情。就如同共同乘坐一条船去漂渡大海一样,一件事情不牢靠,便都要蒙受危难。这也是为我自己谋算,不仅仅是为了将军。”孙策听后微笑。吕范出去后,便脱去平时穿的单衣,换上骑服短装,手执鞭子到孙策面前禀告,自称代理都督。从此以后,军中整肃森严,法纪禁令严格执行。

孙策任命张纮为正议校尉,任命彭城人张昭为长史,常常令他们一个人留守,一个人随自己外出征战。孙策以师长和朋友的礼节对待张昭,军政各种事务,完全委托给他办理。张昭每每接到北方士大夫的书信,都把江东的功绩归于张昭一人。孙策知道后高兴地说:“从前管子在齐国为相,齐桓公把一切事务都交给他处理,结果齐桓公成为霸主之首。现在张子布贤能,我能够任用他,他的功绩名声难道不是我的吗?”刘繇准备逃往会稽,许劭说:“会稽殷实富庶,是孙策所贪图的地方,而且又远在海边,不能去那里。不如到豫章去,其地北连豫州,西接荆州,如果召集安抚百姓,派遣使者入朝进贡,您接受朝廷之命,那样便一定得到曹孟德、刘景升的救助。”刘繇采纳了他的建议。

刘繇进攻豫章,笮融逃亡被杀。朝廷任命华歆为太守。

当初,陶谦任用笮融为下邳相,命令他监督广陵、下邳、彭城等地的粮食运输。笮融便将这几个地方上交的粮食据为己有,大力修建佛教寺庙,命令人们诵读佛经,招来邻郡信奉佛教的人五千余户。每到浴佛节的时候,都在路旁设置饭食,布席数十里,花费财物数以亿计。等到曹操击败陶谦,笮融便率男女万人逃至广陵,广陵太守赵昱待他以宾客之礼。笮融贪图广陵的丰富物资,便在宴会上乘酒酣之机杀掉赵昱,纵兵大肆掳掠,随后逃至秣陵依附彭陵相薛礼,又将薛礼杀掉。他又用诡计杀掉豫章太守朱皓而领有其郡。刘繇进军讨伐笮融,笮融战败逃走,被人杀掉。朝廷下诏任命华歆为豫章太守。

孙策派遣部将朱治占据吴郡。

丹阳都尉朱治逐吴郡太守许贡而据其郡，贡南依山贼严白虎。后策皆击杀之。

雍丘溃，张超自杀。袁绍围东郡，执太守臧洪，杀之。

张超在雍丘，曹操围之急，超曰："惟臧洪当来救吾。"众曰："袁、曹方睦，洪为袁所表用，必不败好以招祸。"超曰："子源天下义士，终不背本，但恐见制强力，不相及耳。"洪时为东郡太守，徒跣号泣，从绍请兵，将赴其难。绍不与，请自率所领以行，亦不许。雍丘遂溃，超自杀。

洪由是怨绍，绝不与通。绍兴兵围之，历年不下。令陈琳以书喻之。洪复书曰："仆小人也，中因行役，蒙主人倾盖，遂窃大州，自谓究竟大事，共尊王室。岂悟本州被侵，郡将遘厄，请师见拒，辞行被拘，使洪故君遂至沦没。区区微节，无所获申，斯所以忍悲挥戈、收泪告绝者也。行矣孔璋，足下徼利于境外，臧洪投命于君亲。吾子托身于盟主，臧洪策名于长安。子谓余身死而名灭，仆亦笑子生而无闻焉。"绍遂增兵急攻。

城中粮谷已尽，洪呼将吏士民谓曰："洪于大义，不得不死，诸君无事，可先城未败，将妻子出。"皆垂泣曰："明府与袁氏本无怨隙，今为本朝郡将之故，自致残困，吏民何忍当舍明府去也！"初，尚掘鼠煮筋角，后无可复食者。内厨有米三升，以为薄糜遍班士众，又杀其爱妾以食之，将士流

丹阳都尉朱治驱逐吴郡太守许贡而占据其郡，许贡向南依附山贼严白虎。后来孙策进军攻打他们，将他们都杀掉。

雍丘溃败，张超自杀。袁绍围攻东郡，生擒东郡太守臧洪，将他杀掉。

张超困守雍丘，曹操率军围攻甚为猛烈，张超说："只有臧洪将会来救我。"众人说："袁绍、曹操目前的关系非常和睦，臧洪是袁绍所上表推荐举用的官员，一定不会败坏他与袁绍的交好关系而来招致灾祸。"张超说："臧子源是天下的义士，最终不会背叛根本，只怕他被袁绍强力控制，不能及时赶来罢了。"臧洪当时任东郡太守，听说张超形势危急，赤裸双足号啕痛哭，向袁绍请求兵马，准备去解救张超。袁绍不肯发兵，臧洪又请求率领自己的人马去救张超，袁绍也不准许。雍丘于是溃散，张超自杀。

臧洪因此怨恨袁绍，与他绝交不相往来。袁绍发兵围攻臧洪，历经一年未能攻克。袁绍命令陈琳写书信给臧洪，劝谕他归降。臧洪复信说："我是一个渺小的人，后因为服役，得到主人的赏识，于是窃据大州，自己以为能够完成大事，共同尊奉王室。哪里想到本州被侵犯，我的太守陷于危难，我请求发兵遭到拒绝，告辞时又遭拘禁，致使我臧洪的故主兵败身亡。对故主的区区微节，没有办法申明，这是我所以忍住悲痛大动干戈、擦干眼泪毅然决裂的原因。行了，陈孔璋，您在境外谋求利益，我将性命报效君亲。您托身于盟主，我在朝廷记名做官。您认为我将身死而名灭，我也笑您虽生却默默无闻。"袁绍于是增派军队猛攻臧洪。

城中粮食用尽，臧洪召集将士官民，对他们说："我臧洪出于大义，不能不死，各位与此无关，可以乘城池没被攻破之前，带领妻子儿女出去逃命。"官民们都哭着说："您与袁氏本来没有嫌怨，现在因为您的故太守，自己招来危难困境，我们怎么能忍心舍弃您去逃命！"开始，城中还可挖掘老鼠或熬煮筋角食用，后来便再找不到可以食用的东西。内厨有三升米，臧洪命令做成稀粥，遍分给将士食用，又杀掉他的爱妾给将士们充饥，众将士泪流

涕，无能仰视。男女七八千人，相枕而死，莫有离叛者。城陷，生执洪。谓曰："今日服未？"洪据地瞋目曰："诸袁事汉，四世五公，可谓受恩。今王室衰弱，无扶翼之意，欲因际会，希冀非望，多杀忠良，以立奸威。惜洪力劣，不能推刃为天下报仇，何谓服乎？"绍杀之。

洪邑人陈容，少亲慕洪，时在绍坐，起谓绍曰："将军举大事，欲为天下除暴，而先诛忠义，岂合天意！"绍惭，使人牵出，谓曰："汝非臧洪俦，空复尔为！"容顾曰："仁义岂有常，蹈之则君子，背之则小人。今日宁与臧洪同日而死，不与将军同日而生也！"遂复见杀。在坐无不叹息，窃相谓曰："如何一日杀二烈士！"

刘虞故吏鲜于辅迎虞子和攻公孙瓒，破之。

公孙瓒既杀刘虞，尽有幽州，恃其才力，不恤百姓，记过忘善，睚眦必报。衣冠善士，有材秀者，必抑困使在穷苦之地。或问其故，瓒曰："衣冠皆自以职分当贵，不谢人惠。"故所宠爱，类多商贩、庸儿，所在侵暴，百姓怨之。刘虞从事鲜于辅等，以燕国阎柔素有恩信，推为乌桓司马。招诱胡汉数万人，与瓒所置渔阳太守邹丹战，斩之。乌桓峭王亦率种人及鲜卑七千余骑，随辅南迎虞子和，与袁绍将麹义合兵十万共攻瓒，破瓒于鲍丘，斩首二万余级。于是代郡、广阳、上谷、右北平各杀瓒所置长吏，瓒军屡败。

满面，没有人能抬头仰视。城中男女人口七八千人，互相枕卧而死，没有逃跑背叛的。城被攻破，袁绍军队将臧洪活捉。袁绍对臧洪说："今天服不服？"臧洪倚靠在地上怒目而视，说："诸袁氏事奉汉室，四代人中有五个官至三公，可算是蒙受汉家的恩宠了。现在王室衰弱，没有辅佐护持之意，却想利用时机，企望非分的东西，多杀忠良，以树立自己的淫威。可惜我力量弱小，不能持刀为天下人报仇，什么叫服呢？"袁绍命人将他杀掉。

臧洪的同邑乡亲陈容，自小仰慕臧洪并与他很亲近，当时正好在座，他起身对袁绍说："将军起兵图谋大事，是要为天下除暴，却先诛杀忠义之士，这难道符合天意！"袁绍听后惭愧，命人将他拉出座位，对他说："你不是臧洪的同类，白白地这样做干什么！"陈容回头看着袁绍说："仁义哪里有一定的处所，遵循它就是君子，违背他就是小人。今天我宁可与臧洪同日而死，也不愿与将军你同日活在人间！"于是也被袁绍杀掉。当时在座的人无不叹息，私下互相议论说："怎么一天杀死两个忠烈之士！"

刘虞的故吏鲜于辅迎接刘虞的儿子刘和，进攻公孙瓒，击败了他。

公孙瓒杀掉刘虞后，占据幽州全境，他仗恃自己的才干武力，不体恤百姓，专记别人的过错而忽略别人的好处，瞪目怒视一类的小事也一定要报复。对于士人及才能出众的人，一定要压制他们，将他们置于穷困之地。有人问他为什么这样做，公孙瓒说："士人都自认为他们理当富贵，别人给他们恩惠，他们也不会感激。"所以他所宠信的人，差不多都是商贩、庸人，这些人所到之处侵掠欺凌，百姓怨恨。刘虞的从事鲜于辅等人，因为燕国人阎柔一向有恩惠信誉，推举他为乌桓司马。阎柔招引胡、汉族共数万人，与公孙瓒安置的渔阳太守邹丹交战，将邹丹杀掉。乌桓峭王也率领乌桓部众及鲜卑人共七千余名骑兵，随鲜于辅向南迎接刘虞的儿子刘和，与袁绍的将领麹义联合，共有十万将士，一同进攻公孙瓒，在鲍丘击败公孙瓒，斩首两万级。于是代郡、广阳、上谷、右北平等地都杀掉公孙瓒所安置的地方官吏，公孙瓒军屡屡战败。

先是有童谣曰："燕南垂，赵北际，中央不合大如砺，唯有此中可避世。"瓒自谓易地当之，遂徙镇易，为围堑十重，筑京，高十丈，为楼其上，以铁为门，专与姬妾居。疏远宾客，无所亲信，谋臣猛将，稍稍乖散。自此之后，希复攻战。或问其故，瓒曰："我昔谓天下指麾可定，至于今日，兵革方始，观此，非我所决，不如休兵力耕，以救凶年。兵法，百楼不攻。今吾诸营楼橹数十重，积谷三百万斛，食尽此谷，足以待天下之事矣。"

丙子(196)　建安元年

春二月，修洛阳宫。

董承、张杨欲以天子还洛阳，杨奉、李乐不欲，由是诸将更相疑贰。张杨使董承先缮修洛阳宫。五月，帝遣使至杨奉、李乐、韩暹营，求送至洛阳，奉等从诏。

夏六月，刘备与袁术战于盱眙。吕布袭取下邳。备降于布，遂与并兵击术。

袁术攻刘备以争徐州。备使司马张飞守下邳，自将拒术于盱眙、淮阴，相持经月，更有胜负。术与吕布书，劝令袭下邳，许助以军粮。布引军东下，飞败走，布虏备妻子及将吏家口。备收余兵，东取广陵，与术战又败，饥饿困踧，请降于布。布亦忿术运粮不继，乃召备复以为豫州刺史，与并势击术，使屯小沛。布自称徐州牧。

秋七月，帝还洛阳。

起先，有童谣说："燕国南陲，赵国北界，中央不合大如砺石，只有此中可以避世。"公孙瓒自认为易县就是童谣中所指的地方，便移镇易县，在周围修筑堑壕十重，又修筑大土丘，高十丈，在土丘之上又修建起高楼，用铁做成大门，只与自己的姬妾居住其内。平时他疏远宾客，没有亲信的人，手下的谋士猛将渐渐背叛离散。从此之后，公孙瓒很少再行征战之事。有人问他其中缘故，公孙瓒说："我从前认为天下可以弹指而定，但直至今天，战乱却刚刚开始，由此看来，天下的事不是我所能解决的，不如休养将士，大力耕作，以救助荒年。兵法说，百楼不能进攻。现在我各营军队有楼橹数十重，又有存粮三百万斛，吃尽这些粮食，足以坐待天下局势见分晓了。"

丙子(196)　汉献帝建安元年

春二月，朝廷修建洛阳宫殿。

董承、张杨想送天子返回洛阳，杨奉、李乐不同意，于是诸将之间更加互相猜疑。张杨让董承先去修缮洛阳宫殿。五月，汉献帝派遣使者到杨奉、李乐、韩暹营中，请求他们护送自己到洛阳，杨奉等人听从诏令。

夏六月，刘备与袁术在盱眙交战。吕布袭取下邳。刘备投降吕布，于是与吕布合兵进攻袁术。

袁术为了争夺徐州，于是进攻刘备。刘备命令司马张飞镇守下邳，自己率军至盱眙、淮阴一带抵御袁术，二军相持一月有余，互有胜负。袁术给吕布写信，劝他袭击下邳，并答应援助他军粮。吕布率军东下，张飞战败逃走，吕布俘虏了刘备的妻子儿女及将领、官吏的家眷。刘备收集剩余兵将，向东攻取广陵，与袁术交战又被击败，军中缺粮处境窘迫，于是向吕布请降。吕布也怨恨袁术许诺的军粮没再继续运来，便召来刘备，又让他任豫州刺史，以与他合兵进攻袁术，命刘备驻屯小沛。吕布自称徐州牧。

秋七月，汉献帝返回洛阳。

杨奉、韩暹奉帝东还，张杨以粮迎道路。七月，至洛阳。张杨谓诸将曰："天子当与天下共之，朝廷自有公卿，杨当出扞外难。"遂还野王。杨奉亦出屯梁，韩暹、董承留宿卫。时宫室烧尽，百官披荆棘，依墙壁间，州郡委输不至，尚书郎以下自出采稆，或饥死墙壁间，或为兵士所杀。

曹操入朝，自为司隶校尉、录尚书事。

曹操在许，谋迎天子。众以为："山东未定，韩暹、杨奉，负功恣睢，未可卒制。"荀彧曰："昔晋文公纳周襄王而诸侯景从，汉高祖为义帝缟素而天下归心。自天子蒙尘，将军首唱义兵，徒以山东扰乱，未遑远赴。今銮驾旋轸，东京榛芜，诚因此时奉主上以从人望，大顺也；秉至公以服天下，大略也；扶弘义以致英俊，大德也。四方虽有逆节，其何能为？若不时定，使豪杰生心，后虽为虑，亦无及矣。"操乃遣曹洪将兵西迎天子，董承等拒之，洪不得进。

议郎董昭以杨奉兵马最强而少党援，作操书与奉曰："方今群凶猾夏，四海未宁，必须众贤，以清王轨。将军当为内主，吾为外援，今吾有粮，将军有兵，有无相通，足以相济，死生契阔，相与共之。"奉得书，喜，语诸将，共表操为镇东将军。韩暹矜功专恣，董承患之，因潜召操。操乃将兵诣洛阳。既至，奏韩暹、张杨之罪。帝以暹、杨有功，诏勿问。以操领司隶校尉、录尚书事。操于是诛有罪，赏有功，矜死节，封董承等十三人为列侯。

杨奉、韩暹侍奉汉献帝东还，张杨运来粮食在路上迎接。七月，汉献帝到达洛阳。张杨对诸将说："天子应当是全天下人的共主，朝廷自有公卿百官辅佐，我张杨应当出朝去抵御外敌。"便返回野王。杨奉也率部出朝驻屯梁县，韩暹、董承留在京师担任宿卫。当时宫殿都被烧尽，百官劈砍荆棘，依在墙壁间歇息，各地州郡进贡的物品不到，尚书郎以下的官员自己出去采摘野菜，有的饿死于墙壁间，有的被兵士杀死。

曹操入朝晋见，自任司隶校尉、录尚书事。

曹操在许县，谋划奉迎天子。众人都认为："山东地区尚未平定，韩暹、杨奉等人自负功劳，骄横胡为，一时不好控制。"荀彧说："从前晋文公迎纳周襄公而诸侯服从，汉高祖为义帝服丧而天下诚心归顺。自从天子流离以来，将军首先信义起兵，只因山东地区形势扰乱，没有来得及远行护驾。现在皇上返回，京师洛阳荒芜，倘若果真乘此时奉迎君主以顺从人心，是最顺合时势的事情；秉承至公无私的精神以使天下人心服，这是最高明的策略；用扶持大义招来英雄俊杰，这是最大的道德。四方即使有不肯遵从的人，他们又能有什么作为？如果不及时确定，使天下豪杰生出此心，以后就是想要再这样做，也来不及了。"曹操于是派遣曹洪率军向西奉迎天子，董承等人抵御阻拦，曹洪不能前进。

议郎董昭因为杨奉兵马最强而缺少党援，便以曹操的名义写信给杨奉说："现在众多奸凶之徒扰乱华夏，四海还未安宁，必须众多贤能一起努力，以肃清君主之路。将军应当在内主持朝廷事务，我充当外援，现在我有粮草，将军拥有兵马，我们之间互通有无，足以相互救助，死生祸福、艰难困苦，都共同承担。"杨奉得到书信后很高兴，告诉诸将，共同上表推荐曹操为镇东将军。韩暹居功自傲，专横胡行，董承心中忧患，便暗中召请曹操。曹操于是率军前往洛阳。到达洛阳后，曹操劾奏韩暹、张杨的罪过。汉献帝因为韩暹、张杨护驾有功，诏令不加追究。汉献帝命令曹操兼任司隶校尉、录尚书事。曹操于是诛杀有罪人员，奖赏有功人员，抚恤为国尽节而死的志士，封赐董承等十三人为列侯。

曹操迁帝于许，自为大将军，封武平侯。

操引董昭问计，昭曰："此下诸将，人殊意异。今留匡弼，事势不便，惟有移驾幸许耳。然朝廷播越，新还旧京，跂望获安，今复徙驾，不厌众心。夫行非常之事，乃有非常之功，愿将军算其多者。"操曰："此孤本志也。"乃奉车驾东迁。自为大将军，封武平侯。始立宗庙社稷于许。自是，政归曹氏，天子守位而已。

孙策取会稽，太守王朗降。

孙策引兵渡浙江。会稽功曹虞翻说太守王朗曰："策善用兵，不如避之。"朗不从，发兵拒策于固陵。策数战不克。策叔父静说策曰："朗负阻城守，难可卒拔。查渎南去此数十里，宜从彼据其内，所谓攻其无备，出其不意者也。"策从之。夜，多然火为疑兵，分军投查渎道，袭高迁屯。朗大惊，遣周昕逆战，策破斩之。朗遁走，策追击，大破之，朗乃降。策自领会稽太守，复命翻为功曹，待以交友之礼。策好游猎，翻谏曰："明府喜轻出微行，从官不暇严，吏卒常苦之。夫白龙鱼服，困于豫且，愿少留意。"策曰："君言是也。"然不能改。

冬十月，曹操攻杨奉，走之。

车驾东迁，杨奉自梁欲邀之，不及。操征奉，奉南奔袁术。

以袁绍为太尉，曹操自为司空。

曹操将汉献帝迁至许县，自任大将军，封武平侯。

曹操请来董昭向他问计，董昭说："现在洛阳的各个将领，每人都有自己的打算。您如果留在洛阳辅佐朝政，形势很不利，只有请皇上移驾到许县才行。但皇上在外流离很久，刚刚回到旧京，天下人都踮足盼望皇上获得安宁，现在再要迁徙皇帝大驾，将会不得人心。然而只有做超乎寻常的事情，才能建立非同寻常的功名，希望将军从大处着眼，做出决断。"曹操说："这是我原本就有的打算。"于是奉迎汉献帝东迁许县。曹操自任大将军，封武平侯。开始在许县设立汉家宗庙社稷。自此以后，朝廷大权归于曹操，天子虚守帝位而已。

孙策攻取会稽，会稽太守王朗投降。

孙策率领军队渡过浙江。会稽功曹虞翻劝太守王朗说："孙策这个人很善于用兵，不如我们躲避一下。"王朗不肯听从虞翻的意见，派遣军队据守固陵，抵御孙策。孙策几次与王朗军交战，不能取胜。孙策的叔父孙静劝孙策说："王朗据城坚守，很难一下攻克。查渎在此地以南数十里，应该从那里进据他的腹地，这正是所谓的攻其不备、出其不意那种作法。"孙策采纳。夜里，他命令将士多多点火作为疑兵，然后分兵从查渎道进军，袭击高迁屯。王朗听到消息后大吃一惊，赶紧派遣周昕迎战，孙策击败周昕后，将他斩杀。王朗逃走，孙策乘胜追击，大破其军，王朗这才投降。孙策自己兼任会稽太守，仍任命虞翻为功曹，用朋友之间的礼节对待他。孙策喜好游猎，虞翻劝谏他说："明府您喜欢随意出行，随从官员来不及装束戒备，将士们常常为此感到辛苦。传说中的白龙变化为鱼，便被渔夫豫且射中，希望您稍加注意。"孙策回答说："您说的话很对。"但他却不能改掉这个习惯。

冬十月，曹操进攻杨奉，将他赶跑。

汉献帝东迁许县，杨奉想从梁县进兵截拦，没有来得及。曹操进攻杨奉，杨奉南投袁术。

朝廷任命袁绍为太尉。曹操自任司空。

诏书下绍，责以“地广兵多，而不闻勤王之师，但擅相讨伐”。绍上书陈诉。乃以绍为太尉。绍耻班在曹操下，辞不受。操惧，请以大将军让绍，而自为司空，行车骑将军事。

曹操以荀彧为侍中、尚书令，荀攸为军师，郭嘉为祭酒。

操以荀彧为侍中，守尚书令。问以策谋之士，彧荐其从子攸及颍川郭嘉。操征攸，与语，大悦，曰：“公达非常人也。吾得与之计事，天下当何忧哉！”以为军师。初，郭嘉往见袁绍，绍甚敬礼之。居数十日，谓辛评、郭图曰：“袁公徒欲效周公之下士，而不知用人之机。多端寡要，好谋无决，欲与共济天下大难，定霸王之业，难矣。吾将更举以求主，子盍行乎？”二人不寤，嘉遂去之。操召见，与论天下事，喜曰：“使孤成大业者，必此人也。”嘉出，亦喜曰：“真吾主也！”操表嘉为司空祭酒。

以孔融为将作大匠。

北海太守孔融，志在靖难，而才疏意广，讫无成功。高谈清教，可玩而诵，论事考实，难可悉行。但能张磔网罗，而目理甚疏，造次能得人心，久久亦不愿附也。所任多剽轻小才，至于尊事名儒郑玄，执子孙礼，易其乡名曰郑公乡。及清隽之士左承祖、刘义逊等，皆备在座席，而不与论政，曰：“此民望，不可失也。”时袁、曹、公孙首尾相连，融孤立不与通。承祖劝融自托强国，融不听而杀之，义逊弃

献帝下诏责备袁绍:“地广兵多,但没听说有勤王的军队,只是擅自相互讨伐。”袁绍上书陈述辩解。便任命袁绍为太尉。袁绍耻于位列曹操之下,拒绝接受。曹操害怕,请求把自己的大将军一职让给袁绍,自己担任司空,代行车骑将军的职务。

曹操委任荀彧为侍中,代理尚书令,又任用荀攸为军师,郭嘉为祭酒。

曹操任命荀彧为侍中,代理尚书令。曹操请荀彧推荐出谋划策之人,荀彧推荐他的侄子荀攸及颍川人郭嘉。曹操征召荀攸,与他交谈后,大喜过望,说:“荀公达不是平常的人。我得以与他谋划大事,天下还会有什么忧虑呢!”任用他为军师。当初,郭嘉在袁绍处住了几十天,袁绍对他十分礼敬。停留了几十天后,郭嘉对辛评、郭图说:“袁公只是想效仿周公礼贤下士,但却不知道用人的办法。他行事繁杂多端,缺乏关键重点,喜欢谋划,缺乏决断,如果想与他共同济助天下的大难,建立霸王之业,那太难了。我将寻求真正的主公,你们为何不离去呢?”二人不觉悟,郭嘉便离开袁绍而去。曹操召郭嘉相见,与他议论天下大事,高兴地说:“能使我成就大业的,一定是这个人。”郭嘉出来,也高兴地说:“这真是我的主人。”曹操上表推荐郭嘉为司空祭酒。

朝廷任命孔融为将作大匠。

北海太守孔融志在平定天下祸乱,但是因为他志大才疏,最终没有取得功效。孔融能高谈阔论,所说的话常可使人传诵玩味,但将他所议论的付诸实行,却难以都行得通。他只能口吐大言,但具体的道理却很粗疏,一时能得到人心,但时间长了以后,人们也不愿再附从他。孔融所任用的大多是轻浮而小有才能之徒,尊奉当世名儒郑玄,以晚辈子孙的礼节对待他,把他的乡名改称郑公乡。至于清俊之士左承祖、刘义逊等人,孔融都为他们设一席之地,但不与他们议论政事,他说:“这是百姓尊敬仰望的人,不可失去他们。”当时袁绍、曹操、公孙瓒等人的地盘首尾互相连接,孔融孤立其中,不与他们往来。左承祖劝孔融依托一股较强的势力,孔融不肯听从,并将他杀掉,刘义逊背弃孔融

去。青州刺史袁谭攻融，自春至夏，战士余数百人，流矢交集，而融犹隐几读书，谈笑自若。城陷，乃奔东山。曹操与融有旧，征为将作大匠。谭既破融，威惠甚著，其后信任群小，肆志奢淫，声望遂衰。

募民屯田许下，州郡并置田官。

中平以来，民弃农业，诸军并起，率乏粮谷，饥则寇略，饱则弃余。瓦解流离，无敌自破者，不可胜数。袁绍军仰桑椹，袁术取给蒲蠃。枣祇请建置屯田，曹操从之，以祇为屯田都尉，任峻为典农中郎将。募民屯田许下，得谷百万斛。于是州郡例置田官，所在仓廪皆满。故操征伐四方，无运粮之劳。

吕布复攻刘备，备走归许。诏以为豫州牧，遣东屯沛。

袁术畏吕布，乃为子求婚，布许之。术遣将纪灵等攻刘备，备求救于布。布曰："术若破备，则北连泰山诸将，吾为在术围中，不得不救也。"驰往赴之。谓灵等曰："玄德，布弟也，为诸君所困，故来救之。"灵等乃罢。备合兵得万余人，布恶之，攻备。备败走，归曹操，操厚遇之，以为豫州牧。或谓操曰："备有英雄之志，今不早图，后必为患。"操以问郭嘉，嘉曰："有是。然公起义兵，为百姓除暴，推诚杖信以招俊杰，犹惧其未也。今备有英雄名，以穷归己而害之，是以害贤为名也。如此，则智士将自疑，回心择主，

离去。青州刺史袁谭进攻孔融，战事从春季延至夏季，孔融部下只剩下数百人，流矢交叉而至，但孔融仍然靠在几案上读书，谈笑自若。直到城被攻破，才逃奔东山。曹操与孔融是旧交，征召他入朝任为将作大匠。袁谭击破孔融后，威惠卓著，后来信任一些奸佞之徒，穷奢极欲，声望于是衰落。

曹操招募百姓在许都附近屯田，各州郡都设置屯田官员。

中平年间以来，百姓离开农业生产，各地军队并起，大都缺乏粮谷，饥饿时就抢掠，吃饱后便将剩余粮食扔掉。各股军队因粮草问题分崩离析，无敌而自行瓦解的，不可胜数。袁绍的军队靠食用桑椹度日，袁术军队以蛤蚌为食。枣祗建议设置屯田，曹操采纳他的建议，任命枣祗为屯田都尉，任峻为典农中郎将。招募百姓在许都附近屯田，得到粮谷百万斛。于是各州郡都依例设置屯田官员，各地的仓库都装满了粮食。所以曹操率军征伐四方，没有运输粮食的劳苦。

吕布再次进攻刘备，刘备败走，投奔许都。朝廷下诏任命刘备为豫州牧，曹操派遣刘备东进驻屯沛县。

袁术惧怕吕布，便为儿子向吕布的女儿求婚，吕布答应。袁术派遣部将纪灵等人率军进攻刘备，刘备向吕布求救。吕布说：“袁术如果击破刘备，便可以北连泰山诸将，那样我将处于袁术的包围之中，所以不能不救刘备。”率军急速驰往刘备与纪灵对峙之处。吕布对纪灵说：“刘玄德是我的弟弟，被各位所困，所以我来救他。”纪灵等人于是罢兵回师。刘备收合将士，军队达到一万余人，吕布心生厌恶，率军进攻刘备。刘备兵败逃走，归附曹操，曹操给予刘备很优厚的待遇，使朝廷任命他为豫州牧。有人对曹操说：“刘备有英雄之志，现在如果不早除掉他，以后一定会成为祸患。”曹操就这件事咨询郭嘉，郭嘉说：“这种说法很对。然而您兴起义兵，为百姓去除残暴，诚心实意去招集天下俊杰之士，还恐怕他们不来。现在刘备有英雄的名声，因为处境窘迫来投靠您而您却把他杀掉，这会使您落下杀害贤德的名声。如果这样，那就会使才智之士心生疑虑，改变心意去另外选择主人，

公谁与定天下乎！夫除一人之患以阻四海之望，安危之机也，不可不察。”操笑曰：“君得之矣！”遂益其兵，给粮食，使东至沛，收散兵以图吕布。

初，备在豫州，举袁涣茂才。至是为布所留，使作书骂辱备，涣不可。布大怒，以兵胁之，涣颜色不变，笑而应之曰：“涣闻唯德可以辱人，不闻以骂。使彼固君子邪，且不耻将军之言。彼诚小人邪，将复将军之意，则辱在此不在彼。且涣他日之事刘将军，犹今日之事将军也。如一旦去此，复骂将军，可乎？”布惭而止。

张济攻穰城，败死。族子绣以其众归荆州。

张济自关中引兵入荆州，攻穰城，中流矢死。荆州官属皆贺，刘表曰：“济以穷来，主人无礼，至于交锋，此非牧意。牧受吊，不受贺也。”使人纳其众，众闻之喜，皆归心焉。济族子绣代领其众，屯宛。初，帝既出长安，贾诩往依段煨，至是归绣，说绣使附刘表，绣从之。诩往见表，表以客礼待之。诩曰：“表，平世三公之才也，不见事变，多疑无决，无能为也。”

刘表立学校，作雅乐。

刘表爱民养士，从容自保，境内无事，学士归之者以千数。表乃起立学校，讲明经术。命故雅乐郎杜夔作雅乐，欲庭观之。夔曰：“今将军号不为天子，合乐而庭作之，无乃不可乎！”表乃止。杜袭、繁钦避乱荆州，表俱待以宾礼。

您和谁去一起平定天下呢！除去一个人的忧患而失去四海人士的期望，这是关系安危的关键问题，您不能不认真考虑。”曹操笑着说：“您说得很对。”于是给刘备增加军队，又供给他粮食，让他东进沛县，收集离散兵将以谋划吕布。

当初，刘备在豫州时，举荐袁涣为茂才。到这时，袁涣被吕布扣留，吕布让他写书信辱骂刘备，袁涣不肯。吕布大怒，拿着兵器威胁他，袁涣神色自若，笑着回答他说：“袁涣我听说只有道德才可以让人羞辱，没听说用诟骂来使人羞辱的。假使他本是个君子，便不会以将军的诟骂为耻。假使他确实是个小人，就将要回骂将军，那样受到羞辱的将是将军而不是他。况且袁涣我当初事奉刘将军，就如同今日事奉将军您一样。如果我一旦离开将军，再来诟骂将军，可以吗？”吕布惭愧而作罢。

张济进攻穰城，兵败身死。他的族侄张绣率领张济麾下将士归附荆州。

张济从关中率军进入荆州，进攻穰城，身中流箭而死。荆州的众官属都向荆州牧刘表表示祝贺，刘表说：“张济因为穷困而来，主人无礼，竟导致双方刀兵相见，这不是我的本意。我接受吊唁，不接受祝贺。”命令人去接纳张济的部众，张绣部众听说后很高兴，全都诚心归附刘表。张济的族侄张绣接管张济部众，驻屯宛县。当初，汉献帝离开长安后，贾诩去依附段煨，到这时归附张绣，贾诩劝张绣投靠刘表，张绣听从。贾诩去见刘表，刘表用宾客之礼对待他。贾诩评价刘表说：“刘表是太平世道的三公之才，但他不能判断形势的变化，多疑而缺乏决断，不会有什么作为。”

刘表设立学校，制作雅乐。

刘表爱护百姓，优待士人，沉静自保，境内安宁，学人来投奔他的数以千计。刘表于是设立学校，研讲儒家经典。命令前雅乐郎杜夔制作雅乐，想在庭中观看。杜夔说：“将军现在在名号上不是天子，却设雅乐在庭上演奏，恐怕不可以吧！”刘表这才作罢。杜袭、繁钦到荆州避乱，刘表对他们都以宾客之礼相待。

钦数见奇于表，袭喻之曰："吾所以与子俱来者，徒欲全身以待时耳，岂谓刘牧当为拨乱之主而规长者委身哉！子若见能不已，非吾徒也，吾与子绝矣！"钦慨然曰："请敬受命。"

祢衡少有才辩，而尚气刚傲，孔融荐之于操。衡骂辱操，操怒曰："祢衡竖子，孤杀之犹雀鼠耳！顾此人素有虚名，远近将谓孤不能容之。"乃送与刘表。衡称表之美盈口，而好讥贬其左右，左右谮之，表怒，以江夏太守黄祖性急，送衡与之。后衡众辱祖，祖杀之。

丁丑(197)　二年

春正月，曹操击张绣，降之。绣叛袭操，杀其子昂。

曹操讨张绣，军于淯水，绣举众降。操纳张济之妻，绣恨之。袭击操军，杀操长子昂，操中流矢，败走。诸军大乱，平虏校尉于禁独整众而还。道逢青州兵劫掠人，禁数其罪而击之。青州兵走，诣操。禁既至，先立营垒，不时谒。或谓禁："宜促诣公辨之。"禁曰："今贼在后，追至无时，不先为备，何以待敌！"徐凿堑安营讫，乃入谒，具陈其状。操曰："淯水之难，吾犹狼狈，将军在乱能整，讨暴坚垒，有不可动之节，虽古名将，何以加之！"于是封益寿亭侯。

以钟繇为司隶校尉，督关中诸军。

繁钦屡次显示才气使刘表惊奇，杜袭告谕他说：“我之所以与你一起来荆州，不过是想保全性命以等待时局变化，难道是把刘表当作拨乱反正的主人而想长期地委身于他吗！你如果显露才干不已，那就不是我的学生，我将与你绝交！”繁钦慨然回答说：“请让我恭敬地接受您的命令。”

祢衡自幼富有才干，能言善辩，然而他刚直气盛，待人高傲，孔融将他推荐给曹操。祢衡辱骂曹操，曹操生气地说：“祢衡这个小子，我杀他就像杀死一只麻雀、老鼠一样！不过这个人素来享有虚名，远近的人都会认为我不能容他。”于是将祢衡送往荆州刘表那里。祢衡到荆州后，对刘表赞不绝口，但却喜欢讥讽贬损刘表左右官属，这些人于是向刘表诬陷祢衡，刘表恼怒，知道江夏太守黄祖性情急躁，便故意将祢衡送往江夏。后来祢衡当众辱骂黄祖，黄祖将他杀掉。

丁丑(197)　汉献帝建安二年

春正月，曹操进攻张绣，迫使他投降。张绣反叛，袭击曹操，杀掉曹操的儿子曹昂。

曹操讨伐张绣，驻军淯水，张绣率军队投降。曹操纳张济的妻子为妾，张绣心中怨恨。张绣于是起兵袭击曹操军队，杀掉曹操的长子曹昂，曹操身中流箭，兵败退走。曹操麾下诸军大乱，只有平虏校尉于禁整军而还。于禁在路上碰到青州兵劫掠百姓，于是数说其罪，并进兵攻击他们。青州兵逃走，去见曹操。于禁到达之时，先修筑营垒，没有及时去拜见曹操。有人对于禁说：“您应当赶紧去拜见曹公，解释攻击青州兵的事。”于禁说：“现在敌兵在后，不知道什么时候就会追到，不先做准备，怎么迎敌呢！”于是从容地挖好堑壕，安毕营寨后，才去入见曹操，将前后情况全部报告。曹操说：“淯水之败，连我都狼狈不堪，将军能在混乱中整齐军队，讨伐乱军巩固营垒，有不可动摇的气节，即使是古代的名将，还有哪里能超过你！”于是封于禁为益寿亭侯。

曹操任命钟繇为司隶校尉，监督关中诸军。

袁绍与操书，辞语骄慢。操语荀彧、郭嘉曰："今将讨不义，而力不敌，何如？"对曰："刘、项之不敌，公所知也。今绍有十败，公有十胜，绍虽强，无能为也。绍繁礼多仪，公体任自然，此道胜也。绍以逆动，公奉顺以率天下，此义胜也。桓、灵以来，政失于宽，绍以宽济宽，故不摄，公纠之以猛，而上下知制，此治胜也。绍外宽内忌，用人而疑之，所任唯亲戚子弟，公外易简而内机明，用人无疑，唯才所宜，不间远近，此度胜也。绍多谋少决，失在后事，公得策辄行，应变无穷，此谋胜也。绍高议揖让以收名誉，士之好言饰外者多归之，公以至心待人，不为虚美，士之忠正远见而有实者皆愿为用，此德胜也。绍见人饥寒，恤念之，形于颜色，其所不见，虑或不及，公于目前小事，时有所忽，至于大事，与四海接，恩之所加，皆过于望，虽所不见，虑无不周，此仁胜也。绍大臣争权，谗言惑乱，公御下以道，浸润不行，此明胜也。绍是非不可知，公所是进之以礼，所不是正之以法，此文胜也。绍好为虚势，不知兵要，公以少克众，用兵如神，军人恃之，敌人畏之，此武胜也。"

袁绍给曹操写信，信中言辞傲慢无礼。曹操对荀彧、郭嘉说：“现在我想讨伐违背大义的袁绍，但力量比不上他，怎么办？”荀、郭二人回答说：“当年刘邦、项羽二人力量的不相匹敌，是您所知道的。现在从敌我双方分析，袁绍有十败，您有十胜，所以袁绍力量虽然强大，不会有什么作为。袁绍礼仪繁琐，讲究排场；您平时诸事随便，出于自然，这是从道上胜过他。袁绍是以君主叛逆的身分行动；您尊奉天子以号令天下，这是从君臣大义上胜过他。自从汉桓帝、汉灵帝以来，天下政治错在过于宽疏，袁绍却以宽疏来补救宽疏，所以法纪不立；您用严厉的法令来纠治宽疏，使朝廷上下知道遵守法令，这是在治理上胜过他。袁绍外表宽厚而内心忌刻，用人却猜疑他们，所任用的都是他的亲戚子弟；您外表随和简直而内心机敏明察，用人不疑，只看才干能否胜任，而不管关系远近，这是在器度上胜过他。袁绍喜好谋划却缺乏决断，常常错过时机；您制定计策后就立即实行，应付各种变化的方法无尽无穷，这是在谋略上胜过他。袁绍喜好高谈阔论，谦恭待人以沽名钓誉，因此那些喜好虚言夸饰的士人大多去归附他；您以至诚之心待人，不做虚文饰美之事，因此那些忠诚正直、富有远见而有实际才干的士人都愿为您效力，这是在品德上胜过他。袁绍见到人处于饥寒之中，便心生怜悯之情，并形于颜色，但对于他所没看见的，有时便考虑不到；您对于眼前的小事，常常有所忽略，但对于大事，与四海之内人士交接，施与他人的恩惠，常常出人意料之外，即使看不到的事情，也都考虑得无不周到备至，这是在仁德上胜过他。袁绍手下谋士将领互相争权，各进谗言惑乱视听；您驾驭属下有方，谗言诬陷行不通，这是在明察上胜过他。袁绍行事缺乏标准，是非让人分不清；您对于所肯定的正人君子给予礼敬，对于所厌恶的邪恶之人给予法律制裁，这是在文治上胜过他。袁绍喜欢虚张声势，不知道用兵的法诀；您善于以少击众，用兵如神，将士信赖，敌人畏惧，这是在武功上胜过他。”

操笑曰："如卿所言，孤何德以堪之！"嘉又曰："绍方北击公孙瓒，可因其远征，东取吕布。若绍为寇，布为之援，此深害也。"彧亦曰："不先取吕布，河北未易图也。"操曰："然。吾所惑者，又恐绍侵扰关中，西乱羌胡，南诱蜀汉，是我独以兖、豫抗天下六分之五也，为将奈何？"彧曰："关中将帅以十数，莫能相一，唯韩遂、马腾最强，今若抚以恩德，遣使连和，虽不能久安，比公安定山东，足以不动。侍中钟繇有智谋，若属以西事，公无忧矣！"操乃表繇以侍中守司隶校尉，持节督关中诸军，特使不拘科制。繇至长安，移书腾、遂等，为陈祸福，腾遂各遣子入侍。

袁术称帝。杀故兖州刺史金尚。

袁术以谶言"代汉者当涂高"，自云名字应之。又以袁氏出陈，为舜后，以黄代赤，德运之次，遂有僭逆之谋。闻孙坚得传国玺，拘坚妻而夺之。议称尊号，主簿阎象进曰："昔周自后稷至于文王，积德累功，三分天下有其二，犹服事殷。明公虽奕世克昌，未若有周之盛，汉室虽微，未若殷纣之暴也！"术默然。术聘处士张范，范使其弟承谢之。术谓曰："孤以土地之广，士民之众，欲徼福齐桓，拟迹高祖，何如？"承曰："在德不在强，夫用德以同天下之欲，虽由匹夫之资而兴霸王之功，不足为难。若苟欲僭拟，干时而动，

曹操笑着说："照你所说的那样，我有什么德能可以担当得起？"郭嘉又说："袁绍正在向北进攻公孙瓒，我们可以乘他远征之机，先向东消灭吕布。否则的话，袁绍攻击我们，吕布做他的援助，这是大害。"荀彧也说："不先消灭吕布，河北地区就不容易谋取。"曹操说："是这样。但我现在犹豫的是，又恐怕袁绍侵扰关中地区，西向联合羌、胡，南向勾引蜀、汉地区，这样我们就将单独以兖、豫二州之地来对抗全国六分之五的地区，这该怎么办？"荀彧说："关中各地将帅数以十计，各行其是未能统一，其中只有韩遂、马腾势力最为强大，现在如果用恩德安抚他们，派遣使者与之联合，虽然不能长久安定，但在您平定山东地区这段时间内，足以保证平安无事。侍中钟繇有智谋，如将西边的事托付给他，您就没有忧虑了。"曹操于是上表推荐钟繇为侍中，兼任司隶校尉，持节监督关中诸军，并特许他不受法令规定的约束。钟繇到长安，发送文书给韩遂、马腾，向他们陈述分析利害，于是他们都派遣儿子入朝侍奉天子，充作人质。

袁术称帝，杀掉兖州刺史金尚。

袁术认为当时流行的预言"代汉者当涂高"，与自己的名字相应。又认为袁氏的祖先出于陈，是古代传说中舜的后代，用舜的土德黄色代替汉帝刘氏的火德赤色，正符合五行的运转次序，于是他便有了篡位称帝的打算。早先他听说孙坚得到传国玉玺，便拘押孙坚的妻子将玉玺夺了过来。袁术与属下商议称帝之事，主簿阎象进言说："从前周朝自后稷传至文王，积功累德，直至占有天下的三分之二，仍然臣服于商。明公您虽然累世昌盛显赫，但还没达到周那样的昌盛，汉室虽然衰弱，也还没有像商纣王那样的残暴！"袁术默然不语。袁术征聘隐士张范，张范命他的弟弟张承去表示谢意。袁术对张承说："我以我拥有的广阔土地，众多的将士、百姓，想比美于齐桓公，仿照汉高祖做事，你看怎么样？"张承说："凡事成功与否，在于道德而不在于强大，用道德来顺应天下人的心愿，即使是从一个人而开创霸王的功业，也不算什么难事。如果是想逾越本分篡夺皇位，逆时而动，

众之所弃，谁能兴之！”术不悦。孙策闻之，与术书曰：“汤、武虽有圣德，假使时无失道，无由逼而取也。今主上非有恶于天下，徒以幼小，胁于强臣，异于汤、武之时。且董卓贪淫骄陵，志无纪极，至于废主自兴，亦犹未也，而天下同心疾之，况效尤而甚焉者乎！忠言逆耳，驳议致憎，苟有益于尊明，无所敢辞！”术始料策必与己合，及得其书，愁沮发疾，策遂绝之。至是僭号于寿春，自称“仲家”，置百官，郊祀天地。沛相陈珪，少与术游，术质其子而以书召之。珪答书曰：“足下阴谋不轨，以身试祸，欲吾营私阿附，有死不能也。”术欲以金尚为太尉，尚不许而逃去，术杀之。

三月，以袁绍为大将军，兼督冀、青、幽、并四州。　夏五月，蝗。　以吕布为左将军。布击袁术兵，破之。

袁术遣使以称帝告吕布，因求迎妇，布遣女随之。陈珪恐徐、扬合从，为难未已，往说布曰：“曹公奉迎天子，辅赞国政，将军宜与协同策谋，共存大计。今与术结昏，必受不义之名，将有累卵之危矣。”布亦怨术初不己受也。女已在涂，乃追还绝昏，械送其使，枭首许市。珪欲使子登诣曹操，布固不肯。会诏以布为左将军，操复遗布手书，深加慰纳。布大喜，即遣登奉章谢恩，并答操书。登见操，因陈布

那就会为众人所抛弃，谁能使他兴盛！”袁术听后心中不悦。孙策听到这件事，写信给袁术说：“商汤、周武王虽然有圣德，但假使当时夏桀、商纣没有失道的过错，他们也没有理由逼迫夏桀、商纣而夺取天下。现在皇上不是对天下人犯有过错，只是因为年纪幼小，被强臣所胁迫，与商汤、周武王那时的情况不同。况且像董卓那样贪淫残暴、骄下凌上、任意胡为、无法无天的人，还没敢废掉天子自己篡位，已经被天下人同心痛恨，何况效法他又有过之的做法呢！忠言逆耳，反驳别人的议论招致憎恶，但如果这有益于您，我不敢推辞！”袁术开始预料孙策一定会附和自己，等到接到孙策的书信，忧虑沮丧生病，孙策于是与他决裂。到这时袁术在寿春称帝，自称“仲家”，设置百官，祭祀天地。沛国相陈珪年轻时曾与袁术交往，袁术扣押他的儿子，然后写信召他前来。陈珪写信回答他说：“您阴谋不轨，以身去自找灾祸，想让我因私情阿附于您，我宁死不从。”袁术想任命金尚为太尉，金尚不肯屈从而逃走，袁术将他杀死。

三月，朝廷任命袁绍为大将军，兼管监督冀、青、幽、并四州军事。　夏五月，发生蝗灾。　朝廷任命吕布为左将军。吕布进攻袁术军队，击败他们。

袁术派遣使者将自己称帝的事告诉吕布，并乘便请求迎娶吕布的女儿，吕布让女儿跟随袁术使者一同返回。陈珪担心如果徐州与扬州联合一处，祸难会更加难以平定，便去劝说吕布说：“曹公奉迎天子，辅理朝政，将军应该与他协同谋划，共商大事。现在您与袁术通婚，一定要遭受不义的名声，将会有如同累卵一样的危险。”吕布也怨恨袁术当初不肯接纳他。这时吕布的女儿已随袁术使者行至半途，吕布于是将女儿追回，与袁术绝婚，并锁送袁术使者至许都，袁术使者被送往许都街市上斩首示众。陈珪想让自己的儿子陈登到许都去见曹操，吕布坚决不肯同意。恰巧朝廷下诏任命吕布为左将军，曹操又给吕布写来亲笔信，对他深加慰抚并极力笼络。吕布大喜，立即派遣陈登到许都奉上表章谢恩，并给曹操带去回信。陈登见到曹操，便陈说吕布

勇而无谋，轻于去就，宜早图之。操即增珪秩中二千石，拜登广陵太守，令阴合部众为内应。

始，布因登求徐州牧不得，登还，布怒，拔戟斫几曰："卿父劝吾协同曹操，绝婚公路，今吾所求无获，而卿父子显重，但为卿所卖耳。"登不为动，徐对之曰："登见曹公言：'养将军譬如养虎，当饱其肉，不饱则将噬人。'公曰：'不如卿言。譬如养鹰，饥即为用，饱则飏去。'其言如此。"布意乃解。

袁术遣其大将张勋等与韩暹、杨奉步骑数万，七道攻布。布惧不敌，珪曰："暹、奉与术，卒合之师耳，谋无素定，不能相维。子登策之，比于连鸡，势不俱栖，立可离也。"布用珪策，与暹、奉书曰："二将军亲拔大驾，而布手杀董卓，俱立功名，今奈何与袁术同为贼乎！不如相与并力破术，为国除害。"且许悉以术军资与之。暹、奉大喜，从布进军。暹、奉兵同时叫呼，并到勋营。勋等散走，杀伤堕水死者殆尽。

泰山贼帅臧霸破莒，得其资实。布自往求之，其督将高顺谏曰："将军威名，远近所畏，何求不得，而自行求赂！万一不克，岂不损邪！"布不从。霸等拒之，无获而还。顺为人清白，有威严，少言辞，所将七百余兵，号令整齐，每战必克。布后疏顺，以魏续有内外之亲，夺其兵以与续，当战则复令顺将，顺亦终无恨意。布性决易，所为无常，顺每

勇而无谋，反复无常，应该尽早将他除掉。曹操立即增加陈珪的俸禄至中二千石，任命陈登为广陵太守，命令陈登暗中收合部众以为内应。

当初，吕布曾要陈登请求朝廷任命自己为徐州牧，这一请求遭到拒绝，陈登回到徐州后，吕布大怒，拔戟击砍几案说："你的父亲劝我与曹操同心协力，与袁公路绝婚，现在我一无所获，而你们父子却都荣显贵重，我不过被你出卖罢了！"陈登丝毫不为他所动，慢慢地回答说："我见到曹公说：'养将军您就好像是养虎，应当让他吃饱，不饱就要吃人。'曹公说：'不是你说得那样，应该是同养鹰一样，饥饿的时候就会为我所用，吃饱就会展翅高飞。'他就是这样说的。"吕布的怒气这才平息下来。

袁术派遣大将军张勋等人与韩暹、杨奉联兵，有步、骑数万，分成七路进攻吕布。吕布害怕不能抵敌，陈珪说："韩暹、杨奉与袁术，不过是仓促联合的军队罢了，没有既定的长远谋划，不能互相维持下去。我儿子陈登测度此事，把他们比之于连在一起的鸡，势必不能在一起栖息，立即就可以使他们离散。"吕布采用陈珪的计策，写信给韩暹、杨奉说："两位将军亲自护送皇上从关中脱身，而吕布我亲手杀掉董卓，都立下功名，现在为什么与袁术一起做叛贼呢！不如我们一起合力击败袁术，为国除害。"并且许诺将袁术的军资粮草全部给他们。韩暹、杨奉大喜，随同吕布进军。韩暹、杨奉部下兵众同时喊叫，一起杀到张勋军营。张勋等人离散逃走，其麾下将士几乎都被杀伤及坠水而死。

泰山盗贼首领臧霸攻破莒县，得到当地的物资。吕布自己率军去向他求要物资，督将高顺劝吕布说："将军的威名，远近畏惧，想要什么得不到，而现在却要自己去求取财物！如果不能成功，难道不损害威名吗！"吕布不肯听从。臧霸等人率兵抵御，吕布不获而还。高顺为人清白，威严沉稳，寡言少语，部下所领七百余名士卒，号令严整，每战必克。吕布后来渐渐疏远高顺，因为魏续与他是亲戚，吕布便将高顺的士卒夺去，转与魏续统带，但等到有战事时又交由高顺统带去冲锋陷阵，高顺也始终没有怨恨之心。吕布性情轻浮，草率决断，所行反复无常，高顺常

谏曰："将军举动，不肯详思，忽有失得，动辄言误，误岂可数乎！"布知其忠而不能从。

袁术遣盗杀陈王宠。

初，陈王宠有勇，善射。黄巾贼起，宠治兵自守，国人畏之，不敢离叛。国相骆俊素有威恩，邻郡人多归之，有众十余万。袁术求粮，俊拒绝之，术遣客诈杀俊及宠，陈由是破败。

以孙策为会稽太守，讨袁术。　秋九月，曹操击袁术，破走之。

曹操东征袁术。术弃军走，留其将桥蕤等拒操，操击斩之。术走渡淮，时天旱岁荒，士民冻馁，术由是遂衰。沛国许褚，勇力绝人，聚众归操，操曰："此吾樊哙也。"即日拜都尉。

下故太尉杨彪狱，寻赦出之。

杨彪与袁术昏姻，曹操恶之，奏收下狱，劾以大逆。孔融闻之，不及朝服，往见操曰："杨公四世清德，海内所瞻。父子兄弟，罪不相及，况以袁氏归罪杨公乎？"操曰："此国家之意。"融曰："假使成王杀召公，周公可得言不知邪？"操使许令满宠按彪狱，融与荀彧皆属宠，勿加考掠。宠无所报，考讯如法。数日，求见曰："杨彪考讯无他辞语，此人有名海内，若罪不明白，必大失民望，窃为明公惜之。"操即日赦出彪。彪见汉室衰微，政在曹氏，遂称脚挛，积十余年不行，由是得免于祸。

以金尚子玮为郎中。

劝谏他说："将军有所举动，不肯仔细考虑，一旦有失当之处，总是说错了，但错误难道可以屡次出现吗！"吕布知道他忠诚，但却不能听从他的劝告。

袁术派遣刺客杀掉陈王刘宠。

当初，陈王刘宠勇武过人，善射。黄巾军起事，刘宠整治军队自守，他的国人惧怕他，不敢离散叛变。陈国相骆俊素来有威望恩惠，邻郡的百姓都去归附他，拥有兵众十余万人。袁术向陈国索要粮食，骆俊拒绝，袁术派遣刺客诈降，杀掉骆俊及刘宠，陈国从此破败。

朝廷任命孙策为会稽太守，命他讨伐袁术。　秋九月，曹操进攻袁术，逼迫袁术逃走并击破其军。

曹操东征袁术。袁术弃军逃走，留下大将桥蕤等人抵御曹操，曹操进兵击败桥蕤军，将桥蕤等人全部斩杀。袁术逃过淮河，当时天气干旱粮食无收，士人百姓饥寒交迫，袁术从此衰落。沛国人许褚勇力过人，聚集人众归附曹操，曹操说："这是我的樊哙！"当天便任命他为骑都尉。

朝廷将前太尉杨彪逮捕入狱，随即赦免释放了他。

杨彪与袁术是姻亲，曹操对此反感，奏请将杨彪逮捕入狱，劾奏他犯有大逆的罪过。孔融听说这件事，来不及穿上朝服，去见曹操说："杨公四代都有高洁美德，为海内所仰望。父子兄弟，相互有罪都不相牵连，何况是将袁氏的罪过加到杨公身上呢？"曹操说："这是皇上的意思。"孔融说："假使周成王要杀召公，执政的周公能说不知道吗？"曹操命许令满宠审理杨彪的案子，孔融和荀彧都嘱托满宠，请他不要用刑拷问。满宠不予理睬，如常考讯问案。过了几天，满宠求见曹操说："杨彪经过考讯后，没有什么供辞，这个人有名于海内，如果没有明确证据将他治罪，一定会大失人心，我私下为您惋惜。"曹操当天就赦免杨彪，放他出狱。杨彪见汉室衰弱，朝政控制在曹氏手中，便声称腿脚痉挛，十几年不走路，因此得免于灾祸。

朝廷任命金尚的儿子金玮为郎中。

马日磾丧至京师，朝廷议欲加礼。孔融曰："日磾以上公之尊，秉髦节之使，而曲媚奸臣，为所牵率。圣上哀矜未忍追案，不宜加礼。"朝廷从之。尚丧至，诏百官吊祭，拜其子玮为郎中。

刘备诱杨奉杀之。

韩暹、杨奉寇掠徐、扬间，刘备诱奉斩之。暹与郭汜、胡才皆为人所杀，李乐病死。

戊寅(198)　**三年**

春，曹操复击张绣。

荀攸曰："绣与刘表相恃为强。然绣以游军仰食于表，表不能供也，势必乖离。不如缓之，可诱而致也，若急之，其势必相救。"操不从，围绣于穰。

夏四月，诏将军段煨等讨李傕，夷三族。　曹操引兵还。五月，刘表救张绣，操击破之。绣复追败操军。

初，袁绍每得诏书，患其有不便于己者，欲移天子自近，使说曹操以许下埤湿，洛阳残破，宜徙都鄄城以就全实，操拒之。田丰曰："徙都之计，既不克从，宜早图许，奉迎天子，动托诏书，号令海内，此算之上者。不尔，终为人所禽，虽悔无益也。"绍不从。而亡卒有以丰谋白操者，操解穰围而还。张绣率众追之。刘表遣兵救绣，屯于安众，守险以绝军后。操与荀彧书曰："吾到安众，破绣必矣。"及到安众，操军前后受敌，操乃夜凿险伪遁。表、绣悉军来

马日磾的灵柩运至京师，朝廷商议要提高礼仪规格为他举办丧事。孔融说："马日磾以上公的尊贵地位，充任执节之使，但他却曲意谄媚奸臣，被奸臣所控制。皇上怜悯大臣，不忍追究问罪，但不应再提高礼仪规格。"朝廷听从了他的建议。金尚的灵柩运至京师，汉献帝诏令朝廷百官祭奠，任命他的儿子金玮为郎中。

刘备诱招杨奉将他杀掉。

韩暹、杨奉掳掠徐、扬二州之间，刘备引诱杨奉到沛县，将他斩杀。韩暹与郭汜、胡才等都被人杀死，李乐病死。

戊寅(198)　汉献帝建安三年

春季，曹操再次进攻张绣。

荀攸对曹操说："张绣与刘表互相依靠，力量强大。然而张绣是外来的游军，粮食完全靠刘表供给，但刘表不能长期供应，他们二人势必要相悖离散。所以不如暂缓用兵等待变化，那时就可以诱招张绣来投靠，如果急于出兵，他们一定会互相救助。"曹操不肯听从，进军围攻张绣驻扎的穰县。

夏四月，朝廷诏令将军段煨等讨伐李傕，诛灭其三族。　曹操率军还师。五月，刘表进军救援张绣，曹操进军击败刘表军。张绣又追击打败曹操军。

当初，袁绍每次接到诏书，常担忧其中有不利于自己的内容，想将天子迁移到离自己近一些的地方，派人以许都地势低洼潮湿、洛阳残破不堪为由，劝说曹操迁都鄄城，以便靠近完整富裕之地，曹操拒绝。田丰劝袁绍说："迁都之计既然不能听从，应早图谋许都，奉迎天子，有所举动便假托皇帝诏书，号令海内，这是上策。否则，最终会被人所擒，那时即使后悔也没有用了。"袁绍不听。然而袁绍的逃兵中有人将田丰的计谋告诉了曹操，曹操解除对穰县的包围返回。张绣率军追击。刘表派遣军队援救张绣，驻军安众，据守险阻切断曹操军的退路。曹操给荀彧写信说："我到安众，一定可以击破张绣军。"及至抵达安众，曹军腹背受敌，于是乘夜凿通险阻假装逃跑。刘表、张绣的军队一齐来

追，操纵奇兵夹攻，大破之。他日，彧问其故，操曰："虏遏吾归师而与吾死地，吾是以知胜矣。"

绣之追操也，贾诩止之。绣不听，败还。诩登城谓曰："促更追之，更战必胜。"绣从之，果以胜还。乃问诩曰："绣以精兵追退军，而公曰必败；以败卒击胜兵，而公曰必克。悉如公言，何也？"诩曰："将军虽善用兵，非曹公敌也。曹公军新退，必自断后，故知必败。曹公既无失策，力未尽而一朝引退，必国内有故也。已破将军，必轻军速进，留诸将断后。诸将虽勇，非将军敌，故虽用败兵而战必胜也。"绣服。

秋九月，吕布复攻刘备。冬，曹操击布，杀之。

吕布复与袁术通，遣高顺、张辽攻刘备。九月，破沛城，虏备妻子，备单身走。曹操欲自击布，诸将皆曰："刘表、张绣在后，而远袭吕布，其危必也。"荀攸曰："表、绣新破，势不敢动。布骁猛，又恃袁术，若纵横淮、泗间，豪杰必应之。今乘其初叛，众心未一，往可破也。"操曰："善。"比行，泰山屯帅臧霸等皆附于布。操与刘备遇于梁，进至彭城。陈宫谓布："宜逆击之，以逸待劳，无不克也。"布曰："不如待其来攻，蹙著泗水中。"十月，操屠彭城。广陵太守陈登率郡兵为操先驱，进至下邳。

布屡战皆败，还保城，不敢出，欲降。陈宫曰："曹操远来，势不能久，将军若以步骑出屯于外，宫将余众闭守于

追，曹操指挥伏兵前后夹击，大破敌军。后来，荀彧问曹操何以知道敌军必败，曹操说："敌人阻拦我们回撤的军队，而把我军置于死地，我因此知道一定能取胜。"

张绣在追击曹操时，贾诩曾劝阻他。张绣不听，兵败而回。这时贾诩登上城墙对张绣说："赶紧再去追击，再战一定会取胜。"张绣听从，果然取胜而回。于是张绣问贾诩说："我先以精兵去追赶撤退的军队，您说必定失败；后以败兵去进击得胜之师，您却说必定取胜。结果完全与您说的一样，这是为什么？"贾诩说："将军虽善于用兵，但却不是曹公的对手。曹公刚退兵的时候，一定会亲自断后，所以知道将军必败。曹公此番进军，既没有失策之处，又力量不曾用尽便突然退军，一定是后方出了问题的缘故。他击败将军的追击部队后，一定会轻军急进，留下诸将断后。诸将虽然勇猛，但却不是将军的对手，所以将军虽用败兵去追赶，却一定能取胜。"张绣这才敬服。

秋九月，吕布又进攻刘备。冬季，曹操进攻吕布，将他杀掉。

吕布又与袁术通好，派遣高顺、张辽进攻刘备。九月，吕布攻破沛城，俘虏刘备的妻子儿女，刘备单身逃走。曹操准备亲率军队去进攻吕布，诸将都说："刘表、张绣在背后，如果远征吕布，一定会有危险。"荀攸说："刘表、张绣刚刚被我击败，这种情势之下，他们一定不敢进兵。吕布骁勇，又仗恃袁术的势力，倘若他纵横于淮水、泗水之间，豪杰一定会响应他。现在乘他刚刚反叛，军中人心不一，进军便可以攻破他。"曹操说："好。"等到军队动身时，泰山军首领臧霸等都归附吕布。曹操与刘备在梁地相遇，进军至彭城。陈宫对吕布说："应该出兵迎击他们，我军以逸待劳，没有不取胜的。"吕布说："不如等他们来攻，我们把他们逼迫到泗水中去。"十月，曹操攻下彭城，屠杀城内人众。广陵太守陈登率领郡兵做曹操的前锋，进军至下邳。

吕布屡次出战都被曹军击败，回军守下邳城，不敢再出战，想投降曹操。陈宫说："曹操率军远来，势必不能长久停留，将军如果率步兵、骑兵出屯城外，陈宫我率领剩余的将士坚守于城

内,若向将军,宫引兵而攻其背,若但攻城,则将军救于外。不过旬月,操军食尽,击之可破也。"布然之。布妻曰:"宫与高顺素不和,必不同心共守,如有蹉跌,将军当于何自立乎!且曹氏待公台如赤子,犹舍而归我,今将军厚公台不过曹氏,而欲委全城,捐妻子,孤军远出,若一旦有变,妾岂得复为将军妻哉!"布乃止。

张杨素与布善,欲救之不能,乃出兵遥为之势。十一月,杨将杨丑杀杨以应操,别将眭固复杀丑将其众,北合袁绍。杨性仁和,无威刑,下人谋反发觉,对之涕泣,辄原不问,故及于难。

操围下邳久,疲敝欲还。荀攸、郭嘉曰:"吕布勇而无谋,今屡战皆北,锐气衰矣。三军以将为主,主衰则军无奋意,陈宫有智而迟。今及布气之未复,宫谋之未定,急攻之,布可拔也。"乃引沂、泗灌城,月余,布益困迫。十二月,布将魏续等共执陈宫、高顺,率其众降。布登白门楼,兵围之急,布令右左取其首诣操,左右不忍,乃下降。

布见操曰:"明公之所患不过于布,今已服矣,若令布将骑,明公将步,天下不足定也。"操命缓布缚,刘备曰:"不可。明公不见吕布事丁建阳、董太师乎!"操颔之。操谓宫曰:"奈卿老母、妻子何?"宫曰:"宫闻以孝治天下者,不害人之亲,施仁政于天下者,不绝人之祀,老母、妻子存否,

内，那样，曹操如果进攻将军，我率军攻其后背，如果他仅仅攻城，则将军在外救助。不过一个月，曹操军粮就会用尽，那时进攻就可打败他了。”吕布认为陈宫的计策很对。吕布的妻子说：“陈宫与高顺素来不和，一定不能同心协力守卫城池，倘若出现意外，将军将去哪里立足呢！况且曹公对待陈公台就像对待怀抱中的婴儿一样，他尚且舍弃曹操来归附我们，现在将军对陈公台的厚待没有超过曹操，却要把全城交给他，抛弃妻子儿女，孤军远出，假如一旦出现变故，我难道还能再做将军的妻子吗！”吕布于是停止实行陈宫的计策。

张杨素来与吕布相好，想要出兵相救又力所不能，便出兵遥为声援。十一月，张杨的部将杨丑杀掉张杨响应曹操，张杨另一部将眭固又杀掉杨丑，率领他的部众北投袁绍。张杨性情仁厚温和，没有威严，不执行法令刑罚，部下有人谋反被发觉，他总是对之哭泣落泪，一律原谅不加治罪，所以最终被害。

曹操围困下邳很长时间，军队疲惫，曹操打算撤军。荀攸、郭嘉说：“吕布勇而无谋，现在他屡战屡败，锐气已衰。三军以统帅的将领为主，主将衰则三军没有斗志，陈宫富有智谋但反应迟慢。现在应该乘吕布锐气尚未恢复，陈宫谋略未定的时机，向他们发动猛攻，便可以击败吕布。”曹操于是引来沂水和泗水淹灌下邳城，一个多月之后，吕布处境更加窘迫。十二月，吕布部将魏续等人一起擒捉陈宫、高顺，率领部下投降曹操。吕布登上白门楼，曹军围攻甚急，吕布命令左右手下人割取他的首级去投降曹操，左右不忍，吕布于是下城投降。

吕布见到曹操说：“明公您所忧虑的人主要是我吕布，现在我已经服顺，如果让我统率骑兵，您统率步兵，这样天下就很容易平定了。”曹操命令属下将吕布捆得轻一些，刘备说：“不行。明公您没有见到吕布事奉丁建阳、董太师的事情吗！”曹操领首赞同。曹操对陈宫说：“你的老母亲、妻子儿子怎么办？”陈宫说：“陈宫我听说用孝道治理天下的人，不伤害别人的父母，施仁政于天下的人，不灭绝别人的香火，我母亲及妻子儿女的生死，

在明公，不在宫也。”操未复言，宫请就刑，遂出，不顾。操为之泣涕，并布、顺皆缢杀之。召宫母养之终其身，嫁宫女，抚视其家，皆厚于初。张辽、臧霸等皆降。

初，操在兖州，以徐翕、毛晖为将。及兖州乱，翕、晖皆叛，亡命投霸。操语备，令霸送二首。霸曰：“霸所以能自立者，以不为此也。霸受主公生全之恩，不敢违命，然王霸之君，可以义告，愿将军为之辞。”备以霸言白操，叹息谓霸曰：“此古人之事，而君能行之，孤之愿也。”以翕、晖为太守。陈登以功加伏波将军。

以刘备为左将军。

备从操还许，操表以为左将军，礼之愈重。

以孙策为讨逆将军，封吴侯。

孙策遣张纮献方物，曹操欲抚纳之，表策为讨逆将军，封吴侯。以纮为侍御史。袁术以周瑜为居巢长，临淮鲁肃为东城长。瑜、肃知术无成，弃官渡江从策。策自将讨祖郎于陵阳，禽之。谓曰：“尔昔袭孤，斫孤马鞍，今创军立事，除弃宿恨，汝勿恐怖。”即破械，署门下贼曹。又讨太史慈于勇里，禽之，解缚，捉其手曰：“宁识神亭时邪？若卿尔时得我云何？”慈曰：“未可量也。”策大笑曰：“今日之事，当与卿共之，闻卿有烈义，天下智士也，但所托未得其人耳。孤是卿知己，勿忧不如意也。”即署门下督。军还，祖郎、太史慈俱在前导，军人以为荣。

在于您，而不在于我。”曹操还未再说话，陈宫请求赶快受刑，随即转身出门，不再回头。曹操为之落泪，将陈宫与吕布、高顺一起绞杀。召来陈宫的母亲赡养到老，又帮助嫁出陈宫的女儿，对他家属的抚养看护，超过以往。张辽、臧霸等人都来投降曹操。

当初，曹操在兖州，以徐翕、毛晖为将。及至兖州变乱时，徐翕、毛晖都背叛曹操，逃亡投奔臧霸。曹操让刘备带话，命臧霸将徐、毛二人的首级送来。臧霸回答说：“臧霸我所以能自立于世，正是因为不做这种事。臧霸受主公的活命之恩，不敢违抗命令，但成就王霸之业的君主，可以用大义来求告，希望将军能为我代为转告。”刘备将臧霸的话禀告曹操，曹操感叹地对臧霸说：“这是古代人所做的事情，而你能这样做，这正是孤的愿望。”任命徐翕、毛晖为太守。陈登因功加官伏波将军。

朝廷任命刘备为左将军。

刘备跟随曹操返回许都，曹操上表推荐刘备为左将军，对他礼遇更为厚重。

朝廷任命孙策为讨逆将军，封吴侯。

孙策派遣张纮到许都进贡地方土产，曹操想笼络结纳孙策，上表推荐他为讨逆将军，封吴侯。朝廷任命张纮为侍御史。袁术任命周瑜为居巢县长，临淮人鲁肃为东城县长。周瑜、鲁肃知道袁术成不了大事，弃官不做，渡过长江投奔孙策。孙策亲自率军到陵阳讨伐祖郎，将他活捉。孙策对祖郎说：“你从前袭击我，曾砍中我的马鞍，现在我建立军队开创大事，抛弃宿仇旧恨，你不要害怕。”立即打开他的枷锁，任他为门下贼曹。孙策又至勇里讨伐太史慈，也将他活捉，孙策解开捆绑他的绳索，握住他的手说：“还记得神亭相斗的事吗？如果那时你将我捉住，将会怎么样？”太史慈说：“不好估量。”孙策大笑说：“今日的大事，我将与你一同行动，听说你有大义，是天下的智士，只是你所托身的人选择错了。我是你的知己，不要担忧不能称心如意。”立即任太史慈为门下督。孙策还师，祖郎、太史慈二人一同在前边导引，将士们引为荣耀。

会刘繇卒于豫章，扬州士众万余人，欲奉华歆为主。歆以为“因时擅命，非人臣所宜”，谢遣之，其众未有所附。策命慈往抚安之，谓曰：“刘牧往责吾为袁氏攻庐江，吾先君兵数千人，尽在公路许，吾志在立事，安得不屈意以求之乎？其后不遵臣节，谏之不从，丈夫义交，苟有大故不得不离。吾交求公路，及绝之本末如此，恨不及其生时与共论辩也。今儿子在豫章，卿往视之，并宣孤意于其部曲。乐来者与俱来，不乐来者且安慰之，并观华子鱼所以牧御方规何如。卿须几兵，多少随意。”慈曰：“兵不宜多，将数十人足矣。”左右皆曰：“慈必不还。”策曰：“子义舍我当复从谁！子义虽气勇有胆烈，然非纵横之人。其心秉道义，重然诺，一以意许知己，死亡不相负，诸君勿忧也。”果如期而慈反，谓策曰：“华子鱼，良德也。然无他方规，自守而已。僮芝自擅庐陵，番阳别立宗部海昏上缭，不受发召，子鱼但视之而已。”策拊掌大笑，遂有兼并之志。

袁绍攻公孙瓒，围之。

袁绍连年攻公孙瓒，不能克，欲与释憾连和，瓒不答，而增修守备。绍于是大兴兵以攻瓒。先是，瓒别将有为敌所围者，瓒不救，曰：“救一人，使后将恃救不肯力战。”及绍来攻，瓒南界别营，知不见救，或降或溃。绍军径至其门，瓒众日蹙。

己卯（199）　四年

春三月，瓒自焚死。

正好此时刘繇在豫章去世，扬州的兵众万余人，想拥戴华歆为主。华歆认为："依靠时机擅夺，不是臣子所为。"辞谢后将他们打发走，扬州的士众无所归附。孙策命令太史慈前去安抚，对他说："刘州牧过去责备我为袁术进攻庐江，我先父的兵将数千人，都在袁公路那里，我志在开建大业，怎么能不屈己意以求得这些将士呢？后来他不守臣节，不听劝谏，大丈夫以道义相交，如果有大的变故，不得不分开。我与袁公路相交及绝交的本末就是这样，只遗憾不能在刘州牧活着时与他一同论说分辩。现在他的儿子在豫章，你去看望他，并向他的部下宣说我的意思。乐意来的可以随你一起来，不乐意来的便加以安抚，并观察华子鱼治理百姓的道术怎么样。你需要多少兵将，可以自己决定。"太史慈说："不宜多带兵将，有数十个人就足够了。"孙策左右的人都说："太史慈一定不回来了。"孙策说："太史子义除了我，将能去追随谁！他虽然勇猛而有胆略，但不是反复无常的人。他行事秉承道义，重许诺，一旦与人许为知己，到死不会相负，各位不要担忧。"太史慈果然如期而返，对孙策说："华子鱼是个很贤德的人。但他没有什么别的打算，不过自守罢了。僮芝擅自占领庐陵，番阳人别立宗部，称海昏上缭，不听从号令，华子鱼只是坐视而已。"孙策拍手大笑，于是有了兼并豫章之心。

袁绍进攻公孙瓒，将他围住。

袁绍连年进攻公孙瓒，不能取胜，想与他消去仇怨讲和，公孙瓒不加理睬，自己增加防卫。袁绍于是大起兵将进攻公孙瓒。早先，公孙瓒部将中有被敌军围困的，公孙瓒不肯发兵相救，说："如果救了这一个人，将会使其他将领以后依赖救兵，不肯奋力作战。"及至袁绍前来进攻，公孙瓒南境的营寨知道不会有人来救，有的投降，有的溃散。于是袁绍军长驱直进，抵达公孙瓒所居的易京门前，公孙瓒军队的处境日益艰难。

己卯（199） 汉献帝建安四年

春三月，公孙瓒自焚死去。

黑山帅张燕率兵救瓒。瓒密使人赍书，使起火为应，瓒欲自内出战。绍候得其书，如期举火，瓒遂出战。绍设伏击之，瓒大败，复还自守。绍为地道穿其楼下烧之，楼辄倾倒，稍至京中。瓒乃悉缢其姊妹、妻子，然后引火自焚。

诏渔阳太守鲜于辅都督幽州。

渔阳田豫说太守鲜于辅曰："曹氏奉天子以令诸侯，终能定天下，宜早从之。"辅乃率其众以奉王命，诏以辅为建忠将军，都督幽州六郡。

袁绍承制以乌桓蹋顿为单于。

初，乌桓王丘力居死，子楼班年少，从子蹋顿有武略，代立。袁绍攻公孙瓒，蹋顿助之。绍承制皆赐以单于印绶，又以阎柔得乌桓心，因加宠慰，以安北边。其后诸部奉楼班为单于，以蹋顿为王，然蹋顿犹秉计策。

以董承为车骑将军。　夏，袁术北走，诏刘备将兵邀之，术还走，死。

术既称帝，淫侈滋甚，媵御数百，无不兼罗纨，厌粱肉，自下饥困，莫之收恤。既而资实空尽，不能自立，乃烧宫室，奔其部曲陈简，复为简所拒，士卒散走，不知所为，乃遣使归帝号于绍。袁谭迎术，欲从下邳北过。曹操遣刘备邀之，复走寿春。六月，至江亭，坐箦床而叹曰："袁术乃至是乎！"因愤慨欧血死。术从弟胤率其部曲奉术柩及妻子奔庐江太守刘勋于皖城。故广陵太守徐璆得传国玺，献之。

黑山军的首领张燕率军来救公孙瓒。公孙瓒秘密派人送书信给张燕，约他点火为号，公孙瓒打算出城夹击。袁绍的侦哨得到公孙瓒的书信，于是袁绍按信中所定的日子如期举火，公孙瓒以为援军已到，率军出战。袁绍设下伏兵袭击公孙瓒，公孙瓒大败，又回城继续坚守。袁绍命将士挖掘地道到公孙瓒的楼下，然后放火焚烧，高楼立即倾倒，袁绍军用这种方法，逐渐攻至公孙瓒所居的京中。公孙瓒于是将他的姊妹和妻子儿女都用绳索绞杀，然后自己引火自焚。

朝廷诏令渔阳太守鲜于辅都督幽州。

渔阳人田豫劝渔阳太守鲜于辅说："曹氏尊奉天子来号令诸侯，终究能够平定天下，应该早归顺他。"鲜于辅于是率领部众归顺朝廷，汉献帝下诏任命鲜于辅为建忠将军，都督幽州六郡。

袁绍秉承皇帝旨意赐封乌桓王蹋顿为单于。

当初，乌桓王丘力居死，他的儿子楼班年纪幼小，丘力居的侄儿蹋顿勇武有谋略，代立为王。袁绍进攻公孙瓒，蹋顿进兵相助。袁绍自行秉承皇帝旨意，赐蹋顿等人单于印绶，又因为阎柔深得乌桓人心，对他加以恩宠抚慰，以求安定北方边境。此后乌桓各部尊奉楼班为单于，奉蹋顿为王，但蹋顿仍掌管乌桓大政。

朝廷任命董承为车骑将军。　夏季，袁术北逃，朝廷诏令刘备截击，袁术退回，死掉。

袁术称帝以后，奢侈荒淫，肆无忌惮，后宫妃嫔数百人，都身穿绫罗绸缎，饱食精美的饭食，手下将士饥寒困苦，不肯体恤抚慰。不久粮食物资用尽，不能自立，便烧毁宫殿，投奔部将陈简，但又被陈简等人拒绝，部下将士离散逃走，袁术不知如何办才好。于是他派遣使者去见袁绍，请把帝号让与袁绍。袁谭来迎接袁术，袁术想从下邳北进。曹操派遣刘备去截击袁术，袁术又逃往寿春。六月，袁术至江亭，坐在仅铺着竹席的床上叹息说："袁术竟然到了这个地步吗！"于是感愤吐血而死。袁术的堂弟袁胤率领部曲护送袁术的灵柩及其妻子儿女到皖城投奔庐江太守刘勋。前广陵太守徐璆得到传国玉玺，献给朝廷。

秋八月，曹操进军黎阳。九月，还许，分兵守官渡。

袁绍益骄，贡御稀简。简精兵十万、骑万匹，欲以攻许。沮授谏曰："近师出历年，百姓疲敝，仓库无积，未可动也。宜务农息民，遣使献捷。若不得通，乃表曹操隔我王路，然后进屯黎阳，渐营河南，益作舟船，缮修器械，分遣精骑抄其边鄙，令彼不得安，我取其逸。如此，可坐定也。"郭图、审配曰："以明公之神武，引强众以伐曹操，易如覆手，何必乃尔！"授曰："夫救乱诛暴，谓之义兵，恃众凭强，谓之骄兵，义者无敌，骄者先灭。曹操奉天子以令天下，今举师南向，于义则违。且庙胜之策，不在强弱。曹操法令既行，士卒精练，非公孙瓒坐而受攻者也。今弃万安之术而兴无名之师，窃为公惧之。"图、配曰："武王伐纣不为不义，况兵加曹操而云无名！且以公今日之强，将士思奋，不及时以定大业，所谓天与不取，反受其咎。监军之计在于持守，而非见时知几之变也。"绍纳图言。图等因是谮授曰："授监统内外，威震三军。"绍乃分授所统，使与郭图、淳于琼各典一军。

许下诸将闻绍南兵，皆惧。曹操曰："吾知绍之为人，志大而智小，色厉而胆薄，忌克而少威，兵多而分画不明，将骄而政令不一，土地虽广，粮食虽丰，适足以为吾奉也。"孔融谓荀彧曰："绍地广兵强，田丰、许攸智士也，为之谋，审配、逢纪忠臣也，任其事，颜良、文丑勇将也，统其兵，殆

秋八月，曹操进军黎阳。九月，曹操返回许都，分兵守卫官渡。

袁绍愈发骄横，对朝廷的进贡渐渐减少。他挑选精兵十万，战马万匹，准备进攻许都。沮授劝他说："最近连年用兵，百姓疲惫不堪，仓库中没有积蓄，不能再出兵征战。应该从事农业生产，使百姓休养生息，派遣使者向朝廷呈报消灭公孙瓒的喜讯。如果不能上达天子，我们便上表奏报曹操阻隔我们事奉君王之路，然后进兵屯据黎阳，渐渐经营黄河以南地区，同时多多建造舟船，修缮器械，分别派遣精锐骑兵侵扰其边境，使其不得安宁，而我们可以以逸待劳。这样，我们端坐不动便可平定曹操。"郭图、审配说："以明公您的神武，率领强大的军队去讨伐曹操，就像翻手那样容易，何必要那样做！"沮授说："救乱除暴，那叫作义兵，仗恃人多力强，那叫作骄兵，义兵无敌，骄兵先败。曹操尊奉天子以号令天下，现在我们举兵南进，那就违背了君臣之间的大义。况且克敌制胜的谋划，不在于力之强弱。曹操法令得以实行，将士训练有素，不是像公孙瓒那样坐等受攻的人。现在舍弃万全之策不用而出动无名之师，我私下为您担心。"郭图、审配说："从前周武王讨伐商纣，那不是不义，何况对曹操用兵而却说师出无名！况且以您今天力量的强大，将士渴望奋击于疆场，如果不及时奠定大业，正是所谓的'上天赐予的不去接受，就会反受其害'。监军沮授的计策在于持重稳妥而不是见微知著、应时而动的机变之计。"袁绍采纳郭图等人的意见。郭图等人乘机诬陷沮授说："沮授监督统管内外，威震三军。"袁绍于是将沮授所统军队分为三部分，命沮授与郭图、淳于琼各统一军。

在许都的众将士听说袁绍即将率军南进，心中都非常恐惧。曹操对他们说："我非常了解袁绍的为人，他志向远大而智谋浅薄，外表严厉而内心胆怯，猜忌刻薄而缺少威信，兵马虽多而调度无方，将领骄横而政令不一，所以他土地虽然广阔，粮食虽然丰足，却正好把这些奉送给我们。"孔融对荀彧说："袁绍地广兵强，但他有田丰、许攸等智谋之士为他出谋划策，审配、逢纪等忠诚之臣为他出力做事，颜良、文丑等勇将为他统兵征战，恐怕

难克乎?"彧曰:"绍兵虽多而法不整,丰刚而犯上,攸贪而不治,配专而无谋,纪果而自用,此数人者,势不相容,必生内变。颜良、文丑,一夫之勇耳,可一战而禽也。"八月,操进军黎阳,使臧霸等入青州,于禁屯河上。九月,操还许,而分兵守官渡。

冬十一月,张绣来降。

袁绍遣人招张绣,并与贾诩书结好。绣欲许之,诩于绣坐上显谓绍使曰:"归谢袁本初,兄弟不能相容,而能容天下国士乎!"绣谓诩曰:"若此,当何归?"诩曰:"不如从曹公。"绣曰:"袁强曹弱,又先与曹为仇,从之何如?"诩曰:"此乃所以宜从也。夫曹公奉天子以令天下,其宜从一也。绍强盛,我以少众从之,必不以我为重。曹公众弱,其得我必喜,其宜从二也。夫有霸王之志,固将释私怨以明德于四海,其宜从三也。愿将军无疑。"十一月,绣率众降操,执手欢宴,拜扬武将军,表诩为执金吾。

复置盐官。徙司隶校尉治弘农。

关中诸将以袁、曹方争,皆中立顾望。凉州牧韦端使从事杨阜诣许。阜还,诸将问袁、曹胜败,阜曰:"袁公宽而不断,好谋而少决,不断则无威,少决则后事,今虽强,终不能成大业。曹公有雄才远略,决机无疑,法一而兵精,能用度外之人,所任各尽其力,必能济大事者。"操使御史卫觊镇抚关中,时四方大有还民,诸将多引为部曲。觊书与荀

难以战胜他吧?”荀彧说:“袁绍兵将虽多但法纪不肃,田丰刚直却好犯上,许攸贪婪而治理无方,审配专权却没有谋略,逢纪行事果决却自以为是,这几个人,势必不能相容,他们内部一定会出现变故。至于颜良、文丑,不过是一勇之夫,一战就可以将他们擒住。”八月,曹操进军黎阳,命令臧霸等人率军进入青州,于禁驻屯黄河岸边。九月,曹操返回许都,分派军队守卫官渡。

冬十一月,张绣率军来投降曹操。

袁绍派遣使者去招降张绣,并向贾诩表示友好。张绣想答应袁绍,贾诩在张绣座上公开地对袁绍的使者说:“你回去为我们感谢袁本初,他兄弟之间都不能相容,却能容下天下的杰出人士吗!”张绣对贾诩说:“像这样,我们应当归依哪里?”贾诩说:“不如归附曹公。”张绣说:“现在袁绍强曹操弱,我又曾经与曹操结仇,归附他又会怎么样?”贾诩说:“这正是我们所以应该归附曹操的原因。曹公尊奉天子以号令天下,这是应该归附他的第一个原因。袁绍强盛,我们以很少的军队归附他,他一定不会看重我们。曹公兵力微弱,他得到我们一定会高兴,这是应该归附他的第二个原因。有成就霸王大业之志的人,本来是要抛弃私人怨恨而向四海显示他的贤德的,这是应该归附他的第三个原因。希望将军不要疑虑。”十一月,张绣率领部众投降曹操,曹操握着张绣的手与他一同饮宴谈笑,任命张绣为扬武将军,上表推荐贾诩为执金吾。

朝廷又设置盐官。将司隶校尉的治所移至弘农。

关中诸将见曹操与袁绍正在相争,都中立观望。凉州牧韦端派遣从事杨阜去往许都。杨阜回来后,诸将问他袁绍、曹操胜败之事,杨阜说:“袁公宽和而缺乏果断,喜好谋划却很少决断,不果断就没有威信,很少决断就会错过时机,现在他虽然强大,却最终不能成就大业。曹公有雄才大略,法令统一而将士精锐善战,能不拘一格任用人才,所任用的官吏将领各尽其力,一定能成就大事。”曹操命御史卫觊镇抚关中地区,当时四方有很多流亡百姓归来,关中诸将大多招引他们为部曲。卫觊写信给荀

彧曰："关中膏腴之地，顷遭荒乱，人民流入荆州者十万余家，今归者无以自业，诸将各竞招怀以为部曲。郡县贫弱，不能与争，兵家遂强，一旦变动，必有后忧。夫盐，国之大宝也，乱来放散，宜如旧置使者监卖，以其直益市犁牛，若有归民，以供给之，勤耕积粟以丰殖关中，远民闻之，必日夜竞还。又使司隶留治关中，以为之主，则诸将日削，官民日盛，此强本弱敌之利也。"彧以白，操从之。关中由是服从。

刘表遣从事中郎韩嵩诣许。

袁绍使人求助于刘表，表许之而竟不至，亦不援曹操。从事中郎韩嵩曰："今两雄相持，天下之重在于将军。若欲有为，起乘其敝可也。如其不然，固将择所宜从。曹操善用兵，贤俊多归之，其势必举袁绍，然后移兵以向江汉，恐将军不能御也。今莫若举荆州以附曹操，操必重德将军，长享福祚，此万全之策也。"表狐疑不断，乃遣嵩诣许，曰："君为我观其衅。"嵩曰："圣达节，次守节。嵩，守节者也。夫君臣名定，以死守之。今策名委质，唯将军所命，虽赴汤蹈火，死无辞也。将军能上顺天子，下归曹公，使嵩可也。如其犹豫，嵩至京师，天子假嵩一职，不获辞命，则成天子之臣，将军之故吏耳。在君为君，则嵩守天子之命，义不得复为将军死也。惟加重思，无为负嵩。"表强之。至许，诏拜嵩侍中、零陵太守。及还，盛称朝廷之德，劝表遣子入

彧说："关中是肥沃富庶之地，不久以前遭受饥荒战乱，百姓流亡到荆州的有十万余家，现在归来的人无法自立谋生，诸将竞相招引他们以为部曲。各郡县贫穷力弱，无法与他们争夺人口，诸将势力于是扩张，一旦发生变故，一定会有后患。盐，是国家的重要财宝，战乱以来失于管理，应该像过去一样设置使者监督卖盐，用其收入多买犁具、耕牛，如果有归来的百姓，就供给他们使用，让他们努力耕种以使关中富足起来，远处的百姓听说，一定会日夜竞相归来。再把司隶校尉的治所设在关中，以为关中之主，那样诸将的势力就会日益削弱，官府百姓日益强盛，这是强固根本、削弱敌人的有利作法。"荀彧将卫觊的建议禀告曹操，曹操采纳。关中地区从此服从朝廷。

刘表派遣从事中郎韩嵩到许都。

袁绍派人请求刘表帮助他攻打曹操，刘表答应却不派出军队，也不帮助曹操。从事中郎韩嵩说："现在袁、曹两雄相争，天下的关键在于您。如果想要有所作为，就可以利用他们相争衰弱之机起兵。如果不这样，那应选择一个所宜归附的人。曹操善于用兵，贤能豪杰多归附他，看趋势一定能战胜袁绍，然后他将移兵锋南向长江、汉水一带，恐怕将军不能抵抗。现在不如率荆州归附曹操，曹操一定会深深感激将军，将军便可长享福祚，这是万全之策。"刘表犹豫不决，便派韩嵩前往许都，说："您为我去看看曹操的虚实。"韩嵩说："圣人可以通达权变，差一些的严守节操。我属于严守节操的人。君臣名分确定之后，就要以死守之。现在我是您的僚属，只听从您的命令，即使赴汤蹈火，也虽死不辞。将军如果能上尊天子，下依曹公，可以派我到许都去。如果不是这样，我到了京师，天子暂任我一个官职，又无法辞让，那我就成为天子的臣子，而只是将军的故吏了。既是天子之臣，就要为天子效力，那么我只能谨守天子之命，从道义上不能再为将军效死了。希望您再加深思，不要辜负我的忠心。"刘表强迫韩嵩去了许都。韩嵩到了许都后，朝廷下诏任命他为侍中、零陵太守。韩嵩回到荆州后，盛赞朝廷的恩德，劝刘表派遣儿子入

侍。表大怒，以为怀贰，大会，陈兵，将斩之。嵩不为动，徐曰："将军负嵩，嵩不负将军。"具陈前言，表乃囚之。

孙策袭庐江，取之，徇豫章，太守华歆降。

庐江太守刘勋以袁术部曲众多，不能赡，遣从弟偕求米于上缭诸宗帅，不能满数，偕召勋使袭之。孙策恶勋兵强，伪卑辞以事勋，请出兵以为外援。刘晔曰："上缭虽小，城坚池深，攻难守易，不可旬日而举也。兵疲于外而国内虚，策乘虚袭我，则后不能独守。是将军进屈于敌，退无所归，若军必出，祸今至矣。"勋不听，遂伐上缭，至海昏，宗帅皆逃，了无所得。时策引兵西击黄祖，行及石城，闻勋在海昏，策乃与周瑜袭皖城，克之。得术、勋妻子，抚视之，及其部曲三万余人，攻勋，破之。勋北归许，策收其余兵又得二千余人及船千艘，遂进击祖。刘表遣将来救，策与战，大破之，获船六千艘。

策盛兵将徇豫章，屯于椒丘，谓虞翻曰："华子鱼自有名字，然非吾敌也。若不开门让城，金鼓一震，不得无所伤害。卿便在前，具宣孤意。"翻乃往见华歆，曰："窃闻明府与鄙郡故王府君齐名中州，常怀瞻仰。"歆曰："孤不如王会稽也。"翻复曰："不审豫章资粮器仗，士民勇果，孰与鄙郡？"歆曰："大不如也。"翻曰："明府言不如王会稽，谦光之谭耳。精兵不如会稽，实如尊教。孙讨逆智略超世，用兵

朝充当人质。刘表大怒，认为韩嵩对自己有二心，大会僚属，排列武士，准备将韩嵩斩首。韩嵩不为所动，慢慢地说：“这是将军辜负我，我并没有辜负将军。”又详细叙述以前说过的话，刘表于是将他囚禁起来。

孙策进攻庐江，将其攻克，威逼豫章，豫章太守华歆投降。

庐江太守刘勋因为收容的袁术部众很多，粮草供应不足，派遣他的堂弟刘偕去向上缭的诸宗帅索求粮食，诸宗帅没能满足他的要求，刘偕召请刘勋，请他进攻诸宗帅。孙策不愿意让刘勋兵力强大，假装以谦卑言辞事奉刘勋，请求出兵援助刘勋讨伐上缭。刘晔对刘勋说：“上缭虽小，但城池坚固，堑壕深广，易守难攻，十日之内无法攻克。军队疲惫于外而国内空虚，孙策乘虚来进攻，后方留守部队单靠自己力量便难于防守。这样将使将军您进不能攻克敌城，退又无处可归，如果您一定出军征战，灾祸马上就要来到。”刘勋不肯听从，于是进军讨伐上缭，军至海昏，诸宗帅都闻风而逃，刘勋一无所得。当时孙策率军向西进攻黄祖，军至石城，听说刘勋率军在海昏，便与周瑜袭击皖城，攻克其城。孙策俘虏袁术和刘勋的妻子儿女，对他们加以慰抚看护，并得到刘勋部众三万余人，孙策率军进攻刘勋，大破其军。刘勋北逃投奔许都，孙策收容刘勋剩余士卒二千余人，缴获战船千艘，于是进军攻打黄祖。刘表派遣将领率军来救，孙策与之交战，大破刘表军，缴获战船六千艘。

孙策集聚大军准备夺取豫章，驻军于椒丘，对虞翻说：“华子鱼自有名声，但不是我的对手。如果他不开门让出城池，一旦发动攻击，不可能没有死伤。你便在前先行，讲清楚我的意思。”虞翻于是去见华歆，对他说：“私下听说明府您与我郡的前任王太守齐名于中原地区，心中常怀瞻仰之心。”华歆说：“我不如王太守。”虞翻又说：“不知道豫章的物资粮食、兵器军械以及士众百姓的果敢勇猛，比我们会稽郡怎么样？”华歆说：“远远不如。”虞翻说：“明府您说自己不如王太守，不过是谦虚之辞。但称精兵不如会稽多，实际情况却正如您所说。孙将军智谋出众，用兵

如神，前定刘扬州，君所亲见，南定鄱郡，亦君所闻也。今守孤城，资粮不足，不早为计，悔无及也。今大军已次椒丘，明日日中迎檄不至者，与君辞矣。”歆乃夜作檄，明旦遣吏赍迎。策便进军，歆葛巾迎策。策曰：“府君年德名望，远近所归。策年幼稚，宜修子弟之礼。”便向歆拜，礼为上宾。收载刘繇丧，善遇其家。

功曹魏腾忤策意，策将杀之。策母吴夫人倚大井谓曰：“汝新造江南，其事未集，方当优贤礼士，舍过录功。魏功曹在公尽规，汝今日杀之，则明日人皆叛汝。吾不忍见祸之及，当先投此井中耳。”策大惊，释之。

曹操复屯官渡。 刘备起兵徐州，讨曹操，操遣兵击之。

初，董承称受帝衣带中密诏，与刘备谋诛曹操。操从容谓备曰：“今天下英雄惟使君与操耳，本初之徒，不足数也。”备方食，失匕箸，值雷震，备因曰：“圣人云：‘迅雷风烈必变。’良有以也。”遂与承及种辑等同谋。会操遣备邀袁术，备遂杀徐州刺史，留关羽守下邳，身还小沛。郡县多叛操为备。备众数万人，遣使与袁绍连和。操遣长史刘岱击之，不克。备谓曰：“使汝百人来，无如我何，曹公自来未可知耳。”

如神，前次平定扬州刺史刘繇，是您亲眼所见，向南平定我们会稽郡，您也有所耳闻。现在您守卫孤城，物资粮草都不丰足，如果不早做打算，后悔就来不及了。现在孙将军的大军已经到达椒丘，明天中午迎接他入豫章的文书到不了他面前，我就要与您辞别了。”华歆于是连夜撰写迎接孙策的文书，次日一早派使者送往椒丘迎纳孙策。孙策得到文书立即进军，华歆戴着葛巾着便装出迎。孙策说：“您年高德重，名望卓著，为远近人士所归向。孙策我年幼识浅，应当用子弟拜见长辈的礼节与您相见。”于是向华歆叩拜，尊华歆为上宾。又收运刘繇的灵柩安葬，厚待他的家属。

功曹魏腾曾经违抗孙策的意旨，孙策因此想杀掉他。孙策的母亲吴夫人倚靠着大井对他说：“你新到江南，事情还没有成功，正应该礼贤下士，忘人之过，记人之功。魏功曹在公尽职尽责，你今天把他杀掉，那明天人人都会背叛你。我不忍心见到灾祸临头，该先投到这个井中自尽。”孙策大吃一惊，释放魏腾。

曹操又进屯官渡。　刘备在徐州起兵，声讨曹操，曹操派遣军队进攻刘备。

当初，董承声称接受了汉献帝衣带中的密诏，与刘备密谋杀掉曹操。曹操曾随便地对刘备说：“当今天下英雄，只有使君您和曹操我二人而已，袁本初之类的人，是不算数的。”刘备正在吃东西，听到曹操这样说，大吃一惊，将匙和筷子跌落地上，这时正值天上打雷，刘备乘势说：“圣人说：‘遇到迅雷暴风，改变脸色。’的确是这样。”刘备于是与董承及种辑等人共同谋划除掉曹操。正好此时曹操派遣刘备率军去截击袁术，刘备便杀掉徐州刺史车胄，留关羽镇守下邳，自己返回小沛。徐州郡县多反叛曹操，响应刘备。刘备有兵众数万人，派遣使者与袁绍联合。曹操派遣长史刘岱攻刘备，没能取胜。刘备对刘岱说：“像你这样的来上一百人，也奈何不了我，曹公如果亲自来，那就不好预料了。”

庚辰(200)　五年

春正月,操杀车骑将军董承,遂击备,破之,备奔冀州。

董承谋泄,操杀承等,皆夷三族。操欲自讨刘备,诸将皆曰:"与公争天下者,袁绍也。今绍方来而弃之东,绍乘人后,若何?"操曰:"刘备,人杰也,今不击,必为后患。"郭嘉曰:"绍性迟而多疑,来必不速。备新起,众心未附,急击之,必败。"操师遂东。田丰说袁绍曰:"曹、刘连兵,未可卒解。公举军而袭其后,可一往而定。"绍辞以子疾,丰举杖击地曰:"嗟乎!遭难遇之时,而以婴儿病失其会,惜哉,事去矣。"操击刘备,破之,获其妻子。进拔下邳,禽关羽。备奔青州,归袁绍。绍去邺二百里迎之。驻月余,亡卒稍归之。

二月,曹操还官渡。袁绍进军黎阳。夏四月,绍遣兵攻白马,操击破之,斩其将颜良、文丑。

操还官渡,绍乃议攻许。田丰曰:"曹操既破刘备,则许下非复空虚,且操善用兵,众虽少,未可轻也。今不如以久持之,外结英雄,内修农战。然后简其精锐,乘虚迭出,救右则击其左,救左则击其右。使我未劳而彼已困,不及三年,可坐克也。今释庙胜之策,而决成败于一战,若不如志,悔无及也。"绍不从。丰强谏,绍械系之。于是移檄州郡,数操罪恶,二月,进军黎阳。

庚辰（200） 汉献帝建安五年

春正月，曹操杀掉车骑将军董承，于是率军攻打刘备，击破其军，刘备投奔冀州。

董承谋杀曹操的事情泄露，曹操杀掉董承等人，并都处以诛灭三族的重刑。曹操想要亲自率军攻打刘备，众将都说："与您争夺天下的是袁绍。现在袁绍将要进攻，您却丢下他转头向东，如果袁绍在后边发动进攻，怎么办？"曹操说："刘备是人中豪杰，现在不攻打他，一定会成为后患。"郭嘉说："袁绍性格迟缓，而且多疑，即使来攻，也一定不会很快。刘备刚刚起兵，人心还没有完全归附，迅速进攻他，一定可以将他击败。"曹操于是率军东征刘备。田丰劝袁绍说："曹、刘两家交战，不能立刻决出胜负。您起兵袭击曹操后方，可以一战成功。"袁绍推辞说儿子患病，不能出兵，田丰举杖敲打地面说："唉！遇到难得的时机，却因为婴儿的病而丢掉，可惜呀，大事完了。"曹操进攻刘备，将他击败，俘虏他的妻子儿女。又进军攻克下邳，擒获关羽。刘备投奔青州，归附袁绍。袁绍出邺城二百里，亲自迎接刘备。刘备到邺城一个多月后，散亡的士卒渐渐回到他身边。

二月，曹操还军官渡。袁绍进军黎阳。夏四月，袁绍派遣军队进攻白马，曹操进军击破袁军，斩杀袁绍大将颜良、文丑。

曹操还军官渡，袁绍才商议进攻许都。田丰说："曹操既已击破刘备，许县不再空虚，况且曹操善于用兵，他将士虽然少，却不能轻视。现在不如采用与他长久相持的策略，同时对外结交英雄豪杰，对内抓紧农业生产，整顿军备。然后挑选精锐士卒，乘其空虚频繁出击，对方救其右，我便攻其左；对方救其左，我则攻其右。使我方没有劳苦而对方已经疲困，这样不到三年时间，便可以端坐而取胜了。现在放弃克敌制胜的计策不用，却要用一次战斗来与对方决胜负，如果不能如愿，后悔就来不及了。"袁绍不肯听从。田丰竭力劝谏，袁绍将他用刑具锁系，关押起来。袁绍于是向各州郡发送檄文，数说曹操的罪恶，二月，袁绍进军黎阳。

沮授临行，会其宗族，散财与之曰："势存则威无不加，势亡则不保一身，哀哉！"绍遣颜良攻白马，沮授曰："良性促狭，虽骁勇，不可独任。"绍不听。四月，操救白马。荀攸曰："今兵少不敌，必分其势乃可。公到延津，若将渡兵向其后者，绍必西应之，然后轻兵袭白马，掩其不备，颜良可禽也。"操从之。绍分兵西，操乃引军兼行，趣白马。良来逆战，关羽望见良麾盖，策马刺良于万众之中，斩其首而还，绍军莫能当。遂解白马之围，徙其民而西。绍渡河追之，沮授曰："胜负变化，不可不详。今宜留屯延津，分兵官渡，若其克获，还迎不晚。设其有难，众弗可还。"绍弗从。授临济叹曰："上盈其志，下务其功，悠悠黄河，吾其济乎？"遂以疾辞，绍不许而意恨之。军至延津南，操勒兵驻营南阪下，令骑解鞍放马。是时，白马辎重就道，诸将以为敌骑多，不如还保营。荀攸曰："此所以饵敌，如何去之？"操顾攸而笑。绍骑将文丑与刘备将五六千骑前后至。诸将曰："可上马。"操曰："未也。"有顷，骑至稍多，或分趣辎重。操曰："可矣。"乃皆上马，纵击，大破之，斩丑。丑、良，皆绍名将，再战禽之，绍军夺气。

初，操壮关羽之为人，而察其无留意，使张辽以其情问之。羽叹曰："吾极知曹公待我厚，然吾受刘将军恩，誓以共死，不可背之。要当立效以报曹公乃去耳。"辽以报操，

沮授临行，召集宗族成员聚会，将自己的财产分给众人，说："这一去，得势便威重尊贵无所不加，失势那就连一己之身也保不住，悲哀呀！"袁绍派遣颜良进攻白马，沮授说："颜良性情急躁狭隘，虽然勇猛，不能让他独当一面。"袁绍不听。四月，曹操救援白马。荀攸说："现在我方兵力不如对方，一定要分其兵势才能抵敌。您到延津后，做出将要渡过黄河袭击敌人后方的态势，袁绍一定会西向应付，然后您以轻军急进袭击自马，攻其不备，就可以擒住颜良。"曹操采纳他的计策。袁绍中计，分兵西进，曹操于是率军急进，直趋白马。颜良前来迎战，关羽望见颜良的旗帜伞盖，策马直入，在万人之中刺死颜良，斩下他的首级而回，袁绍军中无人能够抵挡。曹操于是解了白马之围，救出白马的百姓向西转移。袁绍渡过黄河追击曹军，沮授说："胜负之间的变化，不能不慎重考虑。现在应该将大军留驻在延津，分兵进军官渡，如果他们能取胜，还迎大军也不晚。如果大军全部南进，一旦失利，众人就回不来了。"袁绍不肯听从。沮授临渡黄河的时候，叹息道："主上要盈满其志，下边一心贪功，悠悠黄河，我还能渡过来吗？"于是称病辞官，袁绍不肯批准，但心中怨恨。袁绍军到达延津以南，曹操率军在南阪下安营，命令骑兵解开马鞍放马。这时，白马的辎重已经上路，众将认为敌军骑兵多，不如回去保守营垒。荀攸说："这正是引敌上钩，怎么能走？"曹操与荀攸相视而笑。袁绍骑将文丑与刘备率领五六千骑兵相继杀到。众将说："可以上马了。"曹操说："还没到时候。"过了一会儿，袁军的骑兵到来的更多了，有的分开夺取曹军的辎重。曹操说："可以上马了。"于是曹军将士骑兵全部上马，向袁军发动攻击，大破袁军，斩杀文丑。文丑、颜良，都是袁绍军中的名将，两战先后被曹军杀死，袁军士气大衰。

当初，曹操很喜爱关羽的为人，但察觉他没有留在这里的意思，便派张辽就这件事去问关羽。关羽叹息说："我非常明白曹公待我很好，但我受刘将军的厚恩，已与他立誓生死与共，不能背弃。关键是要立下功劳以报答曹公后再离去。"张辽转告曹操，

操义之。及杀良，操知其必去，重加赏赐。羽尽封其所赐，拜书告辞，而奔刘备于袁军。左右欲追之，操曰："彼各为其主，勿追也。"操还军官渡，阎柔遣使诣操，操以柔为乌桓校尉。鲜于辅来见，操以为度辽将军，还镇幽土。

孙策卒，弟权代领其众。

策欲乘虚袭许，部署未发，会先所杀吴郡太守许贡奴客，因其出猎，伏篁竹中射之，中颊，创甚。召张昭等谓曰："中国方乱，以吴越之众，三江之固，足以观成败，公等善相吾弟！"呼权，佩以印绶，谓曰："决机于两陈之间，与天下争衡，卿不如我。举贤任能，各尽其心以保江东，我不如卿。"遂卒，时年二十六。权悲号，未视事，昭曰："孝廉，此宁哭时邪！"乃易权服，扶上马，使出巡军。上表朝廷，下移属城，中外将校，各令奉职。周瑜自巴丘将兵赴丧，留与张昭共掌众事。时策虽有会稽、吴郡、丹阳、豫章、庐江、庐陵，然深险之地，犹未尽从。流寓之士，皆以安危去就为意，未有君臣之固。而昭、瑜等谓权可与共成大业，遂委心而服事焉。

秋，袁绍遣刘备略汝、颍，曹操击走之。备复以绍兵至汝南。

汝南黄巾刘辟等叛曹操应袁绍，绍遣刘备将兵助辟，郡县多应之。阳安都尉李通急录户调，郎陵长赵俨以书与荀彧曰："今阳安百姓困穷，邻城并叛，易用倾荡，乃一方

曹操很欣赏他的义气。及至关羽杀掉颜良，曹操知道关羽一定要离去了，对他重加赏赐。关羽将曹操的赏赐全部封存，留下拜别的书信告辞，然后到袁绍军中投奔刘备。曹操左右将士意欲追赶，曹操说："他这是各为其主，不要追。"曹操还军官渡，阎柔派遣使者来见曹操，曹操任命他为乌桓校尉。鲜于辅来拜见曹操，曹操任命他为度辽将军，让他回去镇守幽州。

孙策去世，他的弟弟孙权接替他统领军队。

孙策准备乘虚袭击许都，部署军队尚未出动，恰巧这时孙策先前所杀吴郡太守许贡的奴客，乘孙策出外射猎时，埋伏在竹林中，向孙策射箭，射中孙策面颊，伤势甚重。孙策召来张昭等人，对他们说："中原正在混乱之中，凭借吴、越地区的兵众，三江地区的险固，足以坐观成败，各位好好辅佐我的弟弟！"又叫来孙权，给他佩戴上印绶，对他说："决定战机于两军阵间，与天下人相争，你不如我。举用贤才，任用能人，使他们各尽其心以保江东，我不如你。"于是孙策去世，时年二十六岁。孙权悲痛号哭，没能去主持军政事务，张昭说："孙孝廉，现在难道是哭的时候吗！"于是为孙权改换服装，扶他上马，让他出去巡视军队。又率领众僚属上表朝廷奏报此事，并发文通告下属各城，命令中外将领严守岗位，各奉其职。周瑜从巴丘率领军队来奔丧，便留下与张昭共掌军政事务。当时孙策虽然占有会稽、吴郡、丹阳、豫章、庐江、庐陵等地，但边远险要地区，还没有全都归顺。寓居在江东地区的士人，都以自身安危决定去留，与孙氏还没有稳固的臣属关系。但张昭、周瑜等人认为可以与孙权共同建立大业，于是尽心尽力事奉孙权。

秋季，袁绍派遣刘备侵扰汝、颍一带，曹操进军将其赶走。刘备又率袁绍兵将进至汝南。

汝南黄巾军刘辟等人背叛了曹操以响应袁绍，袁绍于是派遣刘备率军前去帮助刘辟，周围的郡、县大多起来响应。阳安都尉李通加紧征收百姓户调，郎陵县长赵俨给荀彧写信说："现在阳安百姓穷困不堪，邻近城池都已反叛，容易受到影响，这是一方

安危之机也。且此郡人执忠守节，在险不贰，以为国家宜垂慰抚，而更急敛绵绢，何以劝善？”彧即白操，悉以绵绢还民。上下欢喜，郡内遂安。

时操制新科，下州郡，颇增严峻，而调绵绢方急。长广太守何夔言于操曰：“先王辨九服之赋以殊远近，制三典之刑以平治乱。愚以为此郡宜依远域新邦之典，其民间小事，使长吏临时随宜，上不背正法，下以顺百姓之心。比及三年，民安其业，然后乃可齐之以法也。”操从之。刘备略汝、颍之间，操使曹仁击破走之，尽复收诸叛县。备还说绍，南连刘表。绍遣备复至汝南，操遣将击之，为备所杀。

九月朔，日食。　袁绍攻曹操于官渡。冬十月，操袭破其辎重，绍军大溃。

袁绍军阳武，沮授说曰：“北兵虽众而劲果不及南，南兵虽精而资储不如北。南幸于急战，北利在缓师。宜徐持久，旷以日月。”绍不从。八月，绍进营稍前，东西数十里。操亦分营与相当。出兵战，不胜，复还坚壁。绍为高橹，起土山，为地道攻之。操众少粮尽，士卒疲乏，百姓多叛。操与荀彧书，议欲还许，以致绍师。彧报曰：“绍悉众聚官渡，欲与公决胜败。公以至弱当至强，若不能制，必为所乘，是天下之大机也。且绍，布衣之雄耳，能聚人而不能用。以公之神武明哲而辅以大顺，何向而不济！今谷虽少，未若

安危的关键。况且阳安郡的百姓忠诚守节，身处险地没有二心，我以为国家应该对他们加以慰抚，现在却反而紧急征收绵绢，这样做，拿什么来鼓励善良忠诚呢？”荀彧立即禀告曹操，曹操命令将绵绢全部退还给百姓。阳安上下欢喜，郡内于是安定。

当时曹操制定了新的法令，颁下州、郡执行，比以前更严厉，而且征收绵绢相当急迫。长广太守何夔向曹操进言说：“古代的君王为了分开远近地区的不同，分别对九服之地征收不同数量的赋税，制定轻、中、重三种刑典以治理乱、治不同的世道。愚意认为长广郡应依照对待荒远地域及新附之地的刑典行事，民间的小事，可以让各县官吏看时宜随机处置，上不违背朝廷正法，下可以顺应百姓之心。等到三年以后，百姓各安其业，然后便可以用国家的统一法令来治理了。”曹操采纳他的建议。刘备掳掠汝、颍一带，曹操命令曹仁率兵击破并赶走刘备，将反叛的郡县全部收复。刘备回去劝说袁绍，让他与南边的刘表联合。袁绍派遣刘备再到汝南骚扰，曹操派遣部将进攻，被刘备杀掉。

九月初一，出现日食。　袁绍向官渡的曹操军队发动进攻。冬十月，曹操率军袭破袁绍军辎重队，袁绍军大溃离散。

袁绍军至阳武，沮授劝他说：“我们北军虽然数量众多，但劲锐果敢不如曹操的南军；南军兵马虽然精良，但物资储备不如北军。所以曹军利于速战速决，而我军利于打持久战。我们应该慢慢与他相持，拖延时间。”袁绍不听。八月，袁绍大军前进，营垒东西绵延数十里。曹操也将军队分成相应的营垒与之对抗。曹操出兵与袁军交战，未能取胜，又回营坚守。袁绍修建高楼，堆土山，挖掘地道，以进攻曹营。曹操兵少粮尽，士卒疲惫不堪，很多百姓背叛投奔袁绍。曹操给荀彧写信，说自己想退还许都，以引诱袁军。荀彧回信说：“袁绍将全部军队集中在官渡，想与您决一胜负。您以极弱的兵力抵抗极强的敌人，如果不能制服，一定会被敌人所制，这是您夺取天下的关键之时。况且袁绍，不过是布衣之雄，能聚集人才却不会用人。以您的神武明哲，加以拥奉天子，以顺讨逆，何往不胜！现在粮谷虽少，还没到像

楚、汉在荥阳、成皋间也。是时刘、项莫肯先退者,以为先退则势屈也。公以十分居一之众,画地而守之,扼其喉而不得进,已半年矣。情见势竭,必将有变。此用奇之时,不可失也。"操从之,乃坚壁持之。

绍运谷车数千乘至官渡,操击烧之。十月,绍复遣车运谷,使淳于琼等将兵送之。沮授说绍:"可别为支军于表,以绝曹操之钞。"许攸曰:"曹操悉师拒我,许下势必空弱。若分遣轻军,星行掩袭,许可拔也。许拔,则奉迎天子以讨操,操成禽矣。如其未溃,可令首尾奔命,破之必也。"绍皆不从。会攸家犯法,审配收系之,攸怒,遂奔操。

操闻其来,跣出迎之,抚掌笑曰:"子卿远来,吾事济矣。"既入坐,谓操曰:"袁氏军盛,何以待之?今有几粮乎?"操曰:"可支一月,为之奈何?"攸曰:"袁氏辎重万余乘,在故市、乌巢,屯军无严备,若以轻兵袭之,燔其积聚,不过三日,袁氏自败也。"操大喜,乃留荀攸、曹洪守营,自将步骑五千,用袁军旗帜,衔枚缚马口,夜从间道出,人抱束薪。至屯,放火,急击之。

绍闻操击琼,谓其子谭曰:"就操破琼,吾拔其营,彼固无所归矣!"乃使其将高览、张郃等攻操营。郃曰:"曹公精兵,往必破琼,请先救之。"郭图固请攻操营。郃曰:"曹公

楚、汉双方在荥阳、成皋相持时那样困难。当时刘邦、项羽双方谁也不肯先退，就是因为谁先退后就会在形势上吃亏。您以只及对方十分之一的将士，据地坚守，扼住敌人咽喉使其不能前进，已经半年了。情况显现于敌人势竭力尽之时，必将要出现变化。现在正是出奇制胜的时候，万万不可失掉机会。”曹操采纳了荀彧的建议，坚守营垒与袁军相持。

袁绍运到官渡数千车粮食，曹操派军截击将其烧掉。十月，袁绍又调遣车辆运送粮食，命淳于琼等人率军护送。沮授劝袁绍说：“可以另派一支军队在外策应，以断绝曹操对运粮队伍的抄掠。”许攸说：“曹操以全部军队来抵抗我，许县必定很空虚。如果分出一支轻装部队，连夜奔袭，便可一举攻克许县。许县攻克，我们便可以奉迎天子以讨伐曹操，曹操就可以捉住了。如果许县没有溃散，也可以使曹操首尾无法兼顾，疲于奔命，一定能击败他。”袁绍都不肯听从。正好这时许攸家里有人犯法，审配将他逮捕入狱，许攸愤怒，便投奔了曹操。

曹操听说许攸来投降，光着脚出来迎接，高兴得拍手笑着说：“许子卿远道而来，我的大事可以成功了。”许攸入座后，对曹操说：“袁军势盛，您想用什么办法对待他？现在还有多少粮食？”曹操说：“粮食还可以支持一个月，怎么办呢？”许攸说：“袁绍辎重一万余车，现在故市、乌巢，守卫的军队没有严密的戒备，如果用轻装部队袭击他们，烧毁袁军的辎重，不出三日，袁军就会不战自败。”曹操大喜，于是留下荀攸、曹洪守卫大营，自己率领步、骑兵五千名，打着袁军的旗号，为了不出声音，士卒口中衔枚，战马捆住嘴巴，乘夜从小路潜出营外，并命每人怀抱一捆柴草。曹操率领的将士到达袁军屯放辎重之处，到处放火，向袁军发动猛烈进攻。

袁绍听说曹操袭击淳于琼，对他的儿子袁谭说：“即使曹操击破淳于琼，我攻占他的大营，他还是无处可归！”便派大将高览、张郃等进攻曹营。张郃说：“曹操亲率精兵，此去定能攻破淳于琼，请先去救援他。”郭图坚决请求进攻曹营。张郃说：“曹操的

营固，攻之必不拔。若琼等见禽，吾属尽为虏矣。”绍但遣轻骑救琼，而以重兵攻营，不能下。骑至乌巢，操大破之，斩琼等，尽燔其粮谷。绍军恟惧，郭图惭，复谮张郃，郃遂与览焚攻具，诣操营降。于是绍军惊扰，大溃。绍及谭等幅巾乘马，与八百骑渡河。操追之不及，尽收其辎重、图书、珍宝，余众降者，操尽坑之，前后所杀七万余人。沮授为操军所执，大呼曰：“授不降也。”操与之有旧，遂赦而厚遇焉。授寻谋归袁氏，操乃杀之。操收绍书中，得许下及军中人书，皆焚之，曰：“当绍之强，孤犹不能自保，况众人乎！”冀州城邑多降于操。

绍走至黎阳北岸，入其将蒋义渠营，义渠避帐而处之，使宣号令。众闻绍在，稍复归之。或谓田丰曰：“君必见重矣。”丰曰：“公貌宽而内忌，不亮吾忠，若胜而喜，犹能赦我，今战败而恚，吾不望生。”绍谓逢纪曰：“田别驾前谏止吾，吾亦惭之。”纪曰：“丰闻将军之退，拊手大笑，喜其言之中也。”绍于是谓僚属曰：“吾不用田丰言，果为所笑。”遂杀之。绍为人宽雅，有局度，喜怒不形于色，而性矜愎自高，短于从善，故至于败。

有星孛于大梁。　以刘馥为扬州刺史。

庐江梅乾等聚众数万在江淮间，曹操表馥刺扬州。时扬州独有九江，馥单马造合肥空城，建立州治，招怀乾等，恩化大行，流民归者以万数。于是广屯田，兴陂堨，官民有畜，乃聚诸生，立学校，又高为城垒，多积木石，以修守战之备。

营垒坚固，肯定攻不破。如果淳于琼等人被擒，我们都会成为俘虏。”袁绍只派遣轻骑去救淳于琼，而用重兵攻打曹营，不能攻克。袁军增援轻骑到达乌巢，曹操大破袁军，斩杀淳于琼等人，将粮谷烧毁。袁绍军闻讯惊惧，郭图惭愧，又诬陷张郃，张郃便与高览焚烧攻具，到曹营投降。于是袁绍将士惊扰，全军溃散。袁绍和袁谭等人头戴幅巾乘马逃跑，与八百名骑兵一起渡过黄河。曹操追赶袁绍不及，缴获其全部辎重、图书、珍宝，袁军残余兵众投降的，曹操将其全部活埋，先后杀死的有七万余人。沮授被曹军捉住，他大声呼叫说：“我是不投降的。”曹操与他有旧交，于是赦免他并给以很好的待遇。沮授不久谋划逃归袁绍，曹操这才把他杀掉。曹操收缴袁绍的信件，得到许都官员及军中将士写给袁绍的书信，将它们全部烧掉，说：“在袁绍强盛的时候，孤尚且不能自保，何况众人呢！”冀州的各城邑大多投降曹操。

袁绍逃至黎阳黄河北岸，进入大将蒋义渠营中，蒋义渠把大帐让给袁绍，请他在里边宣示号令。袁军将士闻知袁绍在，又渐渐集聚起来。有人对田丰说：“这回您一定会被重用。”田丰说：“袁公表面宽厚而内心忌刻，不体察我的一片忠心，如果得胜心中高兴，还能赦免我，现在战败心中怨恨，我不指望活命了。”袁绍对逢纪说：“田别驾以前曾经劝谏我不要出兵，我心中也觉惭愧。”逢纪说：“田丰听说将军兵败，拍手大笑，高兴他的话言中了。”袁绍于是对僚属说：“我不用田丰的话，果然被他耻笑。”下令杀掉田丰。袁绍为人宽厚文雅，有气度，喜怒不形于色，但他性情矜持刚愎，自以为是，不善于听取正确意见，因此导致失败。

有彗星出现于大梁。　朝廷任命刘馥为扬州刺史。

庐江人梅乾等人在江、淮间聚集数万人，曹操上表推荐刘馥为扬州刺史。当时扬州属下只有九江一个郡在曹操控制之中，刘馥单人匹马径至合肥空城，建立州治，招抚梅乾等人，广施恩德，风化大行，流亡百姓归附他的数以万计。于是他大力开办屯田，兴修水利工程，官府百姓都有积蓄，便又集聚众儒生，兴立学校，又高修城墙堡垒，多积滚木石块，以做好防守征战的准备。

以孙权为讨虏将军。

曹操闻孙策死，欲因丧伐之。张纮谏曰："乘人之丧，既非古义，若其不克，成仇弃好，不如因而厚之。"操即表权为讨虏将军，领会稽太守。操欲令纮辅权内附，乃以纮为会稽都尉。纮至吴，太夫人以权年少，委纮与张昭共辅之。纮思惟补察，知无不为。鲁肃将北还，周瑜止之，因荐于权曰："肃才宜佐时，当广求其比以成功业。"权即见肃，与语，悦之。宾退，独引肃合榻，对饮问计。肃曰："汉室不可复兴，曹操不可卒除，为将军计，惟有保守江东，以观天下之衅耳。若因北方多务，剿除黄祖，进伐刘表，竟长江所极，据而有之，此王业也。"张昭毁肃年少粗疏，权益贵重之。权料诸小将兵少而用薄者，并合之。别部司马吕蒙军容鲜整，士卒练习。权大悦，增其兵，宠任之。功曹骆统劝权尊贤接士，勤求损益，飨赐之日，人人别进，问其燥湿，加以密意，诱喻使言，察其志趣，权纳用焉。

刘表攻长沙、零、桂，皆下之。

刘表攻长沙、零陵、桂阳，皆平之。于是表地方数千里，带甲十余万，遂不供职贡，郊祀天地，居处服用僭拟乘舆焉。

益州司马张鲁据汉中。从事赵韪作乱。

张鲁以刘璋暗懦，遂据汉中。初，南阳、三辅民流入益州者数万家，刘焉悉收以为兵。璋性宽柔，无威略，东州人侵暴旧民，璋不能禁。赵韪素得人心，因士民之怨，遂作

朝廷任命孙权为讨虏将军。

曹操听说孙策死去，想乘江东办丧事之机发动进攻。张纮劝谏说："乘人办丧事时发动进攻，已不符合古义，如果不能取胜，便又破坏友好关系而成仇敌，不如乘机厚待以笼络他。"曹操便上表推荐孙权为讨虏将军，兼任会稽太守。曹操想让张纮辅佐孙权来归附自己，便任命张纮为会稽都尉。张纮到吴郡，吴太夫人因为孙权年纪小，委托张纮与张昭共同辅佐孙权。张纮尽心辅政，不遗余力。鲁肃想要返回北方，周瑜劝止他，于是向孙权推荐说："鲁肃才干足以辅佐时政，应当广泛访求他这样的人以成就功业。"孙权立即接见鲁肃，与之交谈，大为高兴。宾客散去以后，孙权单独留下鲁肃与他合榻而坐，相对饮酒，并向鲁肃咨询大计。鲁肃说："汉室已不可能再复兴，曹操也不能一下除掉，替将军考虑，只有保守江东地区，静观天下局势的变化。如果您乘北方混乱无暇南顾之时，消灭黄祖，进伐刘表，将长江所极之地全部据而有之，这是帝王之业。"张昭诋毁鲁肃年轻粗心，孙权更加看重信用鲁肃。孙权统计所率兵马人少而能力有限的众小将，加以合并。别部司马吕蒙的部众，军容整齐，训练有素。孙权非常高兴，给他增加兵力，并加以宠任。功曹骆统劝孙权礼贤下士，勤于探求时政的利弊，在宴饮赏赐的时候，单独接见每一个人，对他们问寒问暖，表示亲近，并引导鼓励他们发表议论，从中观察他们的志趣，孙权全部采纳。

刘表进攻长沙、零陵、桂阳等郡，都攻克。

刘表进攻长沙、零陵、桂阳等郡，都平定。于是刘表有土地数千里，带甲将士十余万，便不再向朝廷进贡物品，又祭祀天地，住处和服装用具超越本分，仿照皇帝的规格式样。

益州司马张鲁割据汉中。从事赵韪起兵作乱。

张鲁认为刘璋昏庸懦弱，于是割据汉中。当初，南阳及三辅地区的百姓流亡进入益州的有数万家，刘焉将他们全部收编为兵。刘璋性情宽厚，没有威严谋略，东州人欺凌本地百姓，刘璋不能禁止。赵韪素来得人心，便利用当地士人百姓的怨恨，起兵

乱，攻璋，赂荆州与连和，蜀郡、广汉、犍为皆应之。

辛巳（201） 六年

春三月朔，日食。 夏四月，曹操击袁绍仓亭军，破之。

曹操以袁绍新破，欲以其间击刘表。荀彧曰："绍既新败，其众离心，宜乘其困，遂定之。而欲远师江、汉，若绍收其余烬，乘虚以出人后，则公事去矣。"操乃扬兵河上，击绍仓亭军，破之。

秋九月，击刘备于汝南，备奔荆州。

操击备于汝南，备奔刘表。表闻备至，自出郊迎，以上宾礼待之，益其兵，使屯新野。备在荆州数年，尝于表坐起至厕，慨然流涕。表怪，问备，备曰："平常身不离鞍，髀肉皆消。今不复骑，髀里肉生。日月如流，老将至矣，而功业不建，是以悲耳。"

赵韪围成都，败死。

韪既败死，其党巴郡太守庞羲欲为乱，遣吏程祁宣旨于其父汉昌令畿，不得。羲怒，使人谓畿曰："不从太守，祸将及家。"畿曰："乐羊食子，非无父子之恩，大义然也。今虽羹祁以赐畿，畿啜之矣。"羲乃止。

张鲁取巴郡，诏以鲁为汉宁太守。

张鲁以鬼道教民，使病者自首其过，为之请祷。实无益于治病，然小人昏愚，竞共事之。犯法者，三原，然后行

作乱，进攻刘璋，并给荆州刘表送去财物与之联合，蜀郡、广汉郡、犍为郡都起来响应赵韪。

辛巳（201） 汉献帝建安六年

春三月初一，出现日食。 夏四月，曹操进攻袁绍驻在仓亭的军队，将其击败。

曹操因为袁绍刚刚被打败，想乘这个空隙去进攻刘表。荀彧说："袁绍刚刚失败，将士离心，应该乘他目前的困穷之时，一举消灭他。而您却要远道劳师于江、汉之间，如果袁绍收集他的残余部众，乘虚攻击我们的背后，那您的大事就要完了。"曹操于是率军进到黄河岸边，进攻袁绍驻在仓亭的军队，将其击败。

秋九月，曹操至汝南进攻刘备，刘备投奔荆州。

曹操进军汝南攻打刘备，刘备投奔荆州刘表。刘表听说刘备来到，亲自到城外迎接，用上宾的礼节对待刘备，给刘备补充军队，让他驻屯新野。刘备在荆州居住数年，曾经在刘表座上起身如厕，感慨落泪。刘表奇怪，问其缘故，刘备说："我平常身体不离马鞍，大腿内侧的肉尽皆消去。现在不再骑马征战，大腿内侧又生出肉来。日月如同流水，我已经快老了，而功业尚未建立，所以难过。"

赵韪包围成都，兵败身死。

赵韪兵败身死以后，他的同党巴郡太守庞羲想要作乱，派遣属吏程祁向程祁之父、汉昌县令程畿宣示他的旨意调征军队，没有得到。庞羲发怒，派人对程畿说："你如果不服从太守，会给你的家人带来灾祸。"程畿说："从前乐羊吃他儿子的肉，并不是他没有父子间的恩情，而是大义使然。现在你即使杀掉程祁做成人肉羹送给我，我也会吃下去。"庞羲这才作罢。

张鲁攻占巴郡，朝廷下诏任命张鲁为汉宁太守。

张鲁用鬼道教化百姓，他让生病的人自己讲清楚自己的过错，然后由他为病人祈祷。这种做法实际并不能治病，但小民愚蠢昏昧，竞相事奉他。他对犯法的人，先原谅三次，然后才施以

刑。不置长吏，皆以祭酒为治。民、夷便乐之，后遂袭取巴郡。朝廷力不能征，遂就宠鲁为汉宁太守，通贡献而已。民有地中得玉印者，群下欲尊鲁为汉宁王。阎圃谏曰："汉川之民，户出十万，财富土沃，四面险固。上匡天子，则为桓、文，次及窦融，不失富贵。今承制署置，势足斩断，不烦于王，愿且不称，勿为祸先。"鲁从之。

壬午(202)　七年

春正月，曹操复进军官渡。夏五月，袁绍卒，幼子尚袭行州事，长子谭出屯黎阳，操攻败之。

袁绍惭愤，发病呕血，薨。初，绍有三子：谭、熙、尚。绍后妻刘氏爱尚，绍欲以为后，乃以谭继兄后，出为青州刺史。沮授谏曰："世称万人逐兔，一人获之，贪者悉止，分定故也。谭当为嗣，而斥使居外，祸其始此矣。"绍曰："吾欲令诸子各据一州，以视其能。"于是以熙为幽州刺史，甥高幹为并州刺史。逢纪、审配素为谭所疾，辛评、郭图皆附于谭，而与配、纪有隙。及绍薨，众以谭长欲立之。配等恐谭立而评等为害，遂矫绍遗命，奉尚为嗣。谭至，不得立，自称车骑将军，屯黎阳。尚少与之兵，而使纪随之。谭求益兵，配等不与。谭怒，杀纪。曹操攻谭，尚自将助之，与

刑罚。属下不设置地方官吏，都由祭酒来治理。百姓以及异族人都很信从他，后来他便攻取巴郡。朝廷没有力量讨伐，便笼络抚慰他，任他为汉宁太守，仅仅让他向朝廷进贡而已。百姓中有人从地里挖出一枚玉印，众官属想尊奉张鲁为汉宁王。阎圃劝谏说："汉川一带，有百姓十万户，物产丰富，土地肥沃，四面地势险要，适于固守。如果实行上策辅佐天子，可以成就齐桓公、晋文公那样的功业，其次一策也可以如同窦融一样，不失去富贵。现在秉承皇帝之命设官行使职权，形势上足以自主专断，用不着王的称号，希望您暂且不要称王，免得先给自己带来灾祸。"张鲁听从了他的劝告。

壬午(202)　汉献帝建安七年

春正月，曹操又进军官渡。夏五月，袁绍去世，他的小儿子袁尚继承他的官位统理州中事务，长子袁谭率军出屯黎阳，曹操进军击败袁谭。

袁绍因兵败羞愧感愤，发病吐血，不久去世。当初，袁绍有三个儿子：袁谭、袁熙、袁尚。袁绍的后妻刘氏宠爱袁尚，袁绍想让袁尚做继承人，便把长子袁谭过继给自己死去的哥哥充当后人，使他出任青州刺史。沮授劝谏说："世人常说，万人追逐一只野兔，一个人捉到后，其他想得到的都停止下来，这是因为所有者已经确定。袁谭应当是您的继承人，却排斥他去居外职，灾祸要从这里开始了。"袁绍说："我想让几个儿子各自主持一州，以观察他们的才能。"于是任命袁熙为幽州刺史，外甥高幹为并州刺史。逢纪、审配素来被袁谭怨恨，辛评、郭图则依附袁谭，而与审配、逢纪有隔阂。等到袁绍去世，众人认为袁谭是长子，想立他为主。审配等人恐怕袁谭一旦掌权，辛评等人会危害自己，便假称袁绍遗命，拥奉袁尚为继承人。袁谭回到冀州，不能接替袁绍官位，便自称车骑将军，驻屯黎阳。袁尚只拨给袁谭很少的军队，并且让逢纪随军同去。袁谭请求增加军队，审配等人不肯给。袁谭发怒，杀掉逢纪。曹操进攻袁谭，袁尚亲自率军救助，与

操相拒，谭、尚数败。

袁尚遣郭援、高幹徇河东，钟繇击破之，斩援。

尚遣其将郭援、高幹共攻河东，发使与马腾等连兵，援所经城邑皆下。河东郡吏贾逵守绛，援攻之急，父老约援，不害逵乃降，援许之。既而以兵劫之，欲使为将，逵不动。左右使叩头，逵叱之曰："安有国家长吏为贼叩头！"援怒，将斩之，或伏其上以救之。吏民皆乘城呼曰："负约杀我贤君，宁俱死耳！"乃囚之壶关，有祝公道者，夜盗出之。操使钟繇围南单于于平阳，未拔而援至。繇使张既说马腾为言利害，腾疑未决。傅幹说曰："智者转祸为福，今曹公与袁氏相持，而高幹、郭援合攻河东，曹公虽有万全之计，不能禁河东之不危也。将军诚能引兵讨援，内外击之，其势必举。是将军一举，断袁氏之臂，解一方之急，曹公必重德将军，将军功名无与比矣。"腾乃遣子超将兵与繇会。

初，诸将以郭援众盛，欲释平阳去。繇曰："袁氏方强，援之来，关中阴与之通，所以未悉叛者，顾吾威名故耳。若弃而去，示之以弱，所在之民，谁非寇仇？纵吾欲归，其得至乎？此为未战先自败也。且援刚愎好胜，必易吾军，若渡汾为营，及其未济击之，可大克也。"援至，果径前渡汾，未半，繇击破之。南单于亦降。援，繇之甥也。校尉庞德

曹操军队相对抗，袁谭、袁尚数次被曹操击败。

袁尚派遣郭援、高幹进攻江东，钟繇击败他们，斩杀郭援。

袁尚派遣将领郭援与高幹一起进攻河东，又派遣使者与关中马腾等人联系，约以共同起兵，郭援率军前进，所过之处的城邑都被他攻克。河东郡吏贾逵镇守绛县，郭援攻打城池甚急，绛县的父老与郭援约定，如果他不杀贾逵便投降，郭援允诺。但郭援随之又将贾逵抓住，用兵器威胁他，想让他做自己的将领，贾逵不为所动。郭援的左右让贾逵叩头，贾逵叱责说："哪里有国家的官吏向盗贼叩头的！"郭援大怒，想杀掉他，这时有人伏在贾逵身上以救下他。绛县的官吏百姓听说此事，都登上城墙高声呼叫："如果违背约定杀害我们的贤明官长，宁可一起死掉！"郭援于是将贾逵关押到壶关，有一个叫祝公道的人，乘夜将贾逵偷偷救了出来。曹操命令钟繇围攻在平阳的匈奴南单于，还没有攻破时，郭援军来到。钟繇命张既去游说马腾，向他讲清利害，马腾犹豫不决。傅幹劝马腾说："明智的人能够将灾祸转为福运，现在曹操与袁氏相持，而高幹、郭援合兵进攻河东，曹操即使有万般周全之计，也无法挽救河东的危急。将军您如果真能在这关键时刻率军讨伐郭援，内外夹击，一定能击败他。将军这一举动，斩断袁氏的臂膀，解救了河东一方的危急局面，曹操一定会深深地感激您，将军的功名将无人能够相比。"马腾于是派遣儿子马超率军一万余人与钟繇会合。

当初，众将因为郭援人多势众，想撤掉对平阳的包围离去。钟繇说："袁氏势力正强，郭援这次进军，关中诸将暗中与他交通，他们之所以没全部反叛，是因为顾忌我的威名罢了。如果我们弃平阳而去，就会向他们显示出虚弱，那么各地的百姓，谁能不成为我们的仇敌？纵使我们想回去，能做得到吗？这是还未作战先自取败亡的做法。况且郭援刚愎好胜，一定轻视我军，如果我们渡过汾水安营，乘他渡河未到岸时进攻他，一定可以大获全胜。"郭援军到，果然径直挥军渡河，等到渡至一半时，钟繇率军大破郭援军。南单于也投降。郭援是钟繇的外甥。校尉庞德

斩之，繇见其头而哭。德谢繇，繇曰："援虽我甥，乃国贼也，何谢之有！"

曹操责孙权任子，权不受命。

曹操下书责孙权任子。权召君僚会议，张昭等犹豫不决。权引周瑜诣吴夫人前定议，瑜曰："昔楚国初封，不满百里。继嗣贤能，广土开境，遂据荆、扬，至于南海，传业延祚，九百余年。今将军承父兄余资，兼六郡之众，兵精粮多，将士用命，铸山煮海，境内富饶，有何逼迫而欲送质？质一入，不得不与曹氏相首尾，与相首尾，则命召不得不往。如此见制于人，极不过一侯印，仆从十余人，车数乘，马数匹，岂与南面称孤同哉！不如勿遣，徐观其变，若曹氏能率义以正天下，将军事之未晚，若为暴乱，彼自亡之不暇，焉能害人！"吴夫人曰："公瑾议是也。公瑾与伯符同年，小一月耳，我视之如子，汝其兄事之。"遂不送质。

癸未(203)　八年

春二月，曹操攻黎阳，谭、尚败走。夏四月，操追至邺而还。谭攻尚，不克。

曹操攻黎阳，谭、尚败走，还邺。操追至邺，诸将欲遂攻之，郭嘉曰："袁绍爱此二子，莫适立也。今权力相侔，各有党与，急之则相保，缓之则争心生。不如南向荆州以待其变，变成而后击之，可一举定也。"操曰："善。"留贾信守

将郭援斩杀，钟繇见到郭援的首级哭泣落泪。庞德向钟繇表示歉意，钟繇说："郭援虽然是我的外甥，但他是国家的逆贼，有什么可道歉的呢！"

曹操命令孙权向朝廷送任子，孙权不肯从命。

曹操给孙权发送文书，让他送自己的儿子来朝任职，以充人质。孙权召集众官属会商，张昭等人犹豫不决。孙权领周瑜到他母亲吴夫人前做最后决定，周瑜说："从前楚国刚刚受封的时候，占有的土地不足百里。后来的国君贤明能干，广开疆域，于是占有荆、扬二州，南边直到南海，王业相传延续，长达九百余年。现在将军您继承父兄留下的基业，领有六郡的土地人民，兵精粮多，将士听命效力，开采矿产，炼煮海盐，境内富饶，有什么被逼迫之处而要送人质呢？人质一送入朝廷，您就不能不与曹操连在一起，那么他命令征召就不能不去。这样受制于人，最多不过是得到一个侯爵，有仆从十余人，车子数辆，马几匹，这怎么与面向南方为君相比呢！不如不送人质，静观其变，如果曹操能够遵奉大义来匡正天下，将军您再事奉他也不晚，如果他犯上作乱，自己灭亡都救助不及，又怎么能再伤害别人呢！"吴夫人说："周公瑾的话很对。公瑾与伯符同岁，只是小一个月，我看待他如自己的儿子，你要像对兄长一样敬待他。"于是孙权不送人质。

癸未（203）　汉献帝建安八年

春二月，曹操进攻黎阳，袁谭、袁尚兵败逃走。夏四月，曹操率军追到邺城而回。袁谭进攻袁尚，未能取胜。

曹操率领军队进攻黎阳，袁谭、袁尚兵败逃走，退回邺城。曹操率军追到邺城，众将领想乘势攻城，郭嘉说："袁绍喜欢这两个儿子，生前没有确定他们到底谁是继承人。现在他们二人权力相当，各有自己的党羽，如果我军紧急攻击他们，这两人就会互相救援，如果缓和对他们的攻击，他们就又会争利相攻。现在不如先向南进攻打荆州，以等待他们之间出现变化，然后我们再进攻他们，就可以一举平定。"曹操说："好。"留下贾信镇守

黎阳而还。谭谓尚曰："今曹军退，人怀归志，及其未济，出兵掩之，可令大溃，此策不可失也。"尚疑之，谭大怒，攻尚，谭败，引兵还南皮。谭别驾王修自青州来救。谭欲更还攻尚，修曰："兄弟者，左右手也。今与人斗而断其右手，曰'我必胜'，其可乎？夫弃兄弟而不亲，天下其谁亲之！彼谗人离间骨肉以求一朝之利，愿塞耳勿听也。若斩佞臣数人，复相亲睦以御四方，可横行于天下。"谭不从。

秋八月，操击刘表。尚围谭于平原。冬十月，操还军救，却之。

操击刘表军于西平。袁尚攻袁谭，大破之。谭奔平原，尚围之急，谭遣辛评弟毗诣曹操请救。刘表以书谏谭曰："君子违难不适仇国，交绝不出恶声。况忘先人之仇，弃亲戚之好，而为万世之戒，遗同盟之耻哉！若冀州不弟，君当降志辱身，以济事为务，事定之后，使天下平其曲直，不亦为高义耶？"又与尚书曰："青州天性峭急，迷于曲直，君当先除曹操以卒先公之恨，事定之后，乃议曲直之计，不亦善乎？若迷而不反，则是韩卢、东郭自困于前而遗田父之获也。"谭、尚皆不从。

毗至西平，操群下多以为刘表方强，宜先平之。荀攸曰："天下方有事，而刘表坐保江、汉之间，其无四方之志可知矣。袁氏据四州之地，带甲数十万，绍以宽厚得众心，使二子和睦以守其成业，则天下之难未息也。

黎阳，自己率军而还。袁谭对袁尚说："现在曹军撤退，将士人人有思归之心，我们在他没有完全渡过黄河之前，出兵袭击，可以使其全军溃散，这个时机不可错过。"袁尚疑心袁谭另有所图，袁谭大怒，率军进攻袁尚，战败，率军退回南皮。袁谭的别驾从事王修从青州来援救袁谭。袁谭想再回军进攻袁尚，王修对袁谭说："兄弟之间的关系，如同左右手。现在与人相斗却要将右手折断，还要说：'我一定能胜。'这可以吗？如果抛弃兄弟而不与之亲近，天下还有谁能亲近！那些谄媚小人离间别人骨肉以求自己的一时利益，希望您堵塞双耳不要听信。如果斩杀几个奸佞小人，兄弟之间重相亲睦以制御四方，可以横行于天下。"袁谭不肯听从。

秋八月，曹操进攻刘表。袁尚围攻驻在平原的袁谭。冬十月，曹操回军救援袁谭，逼迫袁尚退军。

曹操进军西平攻打刘表。袁尚进攻袁谭，大破袁谭军。袁谭逃到平原，袁尚将他包围，发动猛攻，袁谭派遣辛评的弟弟辛毗到曹操那里去求救。刘表给袁谭写信劝谏他说："君子即使逃难，也不肯到敌国去，与人绝交，也不肯恶语相讥。何况你忘却父亲的仇敌，丢弃亲属的情分，而做出这种可为万世引以为戒的事情，给同盟之友都带来羞耻！如果袁尚没有待弟弟的礼数，你应当委曲求全，以成就大事为重，事情成功之后，让天下人去评判是非曲直，不也是高义之事吗？"又给袁尚写信说："袁谭生来性情急躁，不能分辨是非，你应当先除去曹操以了却你父亲的遗恨，大事成功之后，再来设法分辨是非曲直，不也很好吗？如果执迷不悟，那正是韩卢俊犬和东郭狡兔互相追逐两相困乏，而使农夫不经劳累便获得它们一样的事情。"袁谭、袁尚都不肯听从。

辛毗来到西平，曹操的众下属多认为刘表势力正强，应该先平定他。荀攸说："天下正是多事之秋，但刘表坐守江、汉之内，他没有吞并天下的大志由此可以知道了。袁氏占据四州之地，有将士数十万，袁绍因为宽和仁厚深得人心，如果他的两个儿子和睦相处，共守已有的现成基业，那天下的灾难就不能平息。

今兄弟构恶，其势不两全，若有所并则力专，力专则难图也。及其乱而取之，天下定矣，此时不可失也。”操从之。

谓毗曰：“谭必可信，尚必可克不？”毗对曰：“明公无问信与诈也，直当论其势耳。袁氏兄弟相伐，本谓天下可定于己。而一旦求救于明公，此可知也。今其兵革败于外，谋臣诛于内，兄弟谗阋，国分为二，连年战伐，介胄生虮虱。加以旱蝗，饥馑并臻。今往攻邺，尚不还救，即不能自守，还救，则谭踵其后，此乃天亡尚之时也。天以尚与明公，明公不取而伐荆州。荆州丰乐，国未有衅。二袁不务远略而内相图，朝不谋夕，民命靡继，而不绥之，欲待他年，他年或登，又自知亡而改修厥德，失所以用兵之要矣。今因其请救而抚之，利莫大焉。且四方之寇，莫大于河北，河北平则六军盛而天下震矣。”操曰：“善。”乃许谭平。

十月，至黎阳。尚闻操渡河，乃释平原还邺。操引军退。

孙权遣兵讨山越，平之。

孙权西伐黄祖，破其舟军，而山寇复动。权还，使吕范等讨之，又以吕蒙等守剧县令长，悉平之。贺齐讨建安，料出兵万人，权以为平东校尉。

现在他兄弟之间交恶相争，势必不能两全，如果一个人吞并了另一个，那他的力量就得以集中，力量集中就难以消灭了。现在应该乘他们相争时加以消灭，天下就可以平定了，这个时机不能错过。”曹操采纳荀攸的建议。

曹操见到辛毗，对他说：“袁谭肯定可以相信，袁尚一定可以攻破吗？”辛毗回答说：“明公您也不用问袁谭可以不可以相信，应当只研究他们的形势就可以了。袁氏兄弟二人相攻，本来认为天下可以由自己平定。而现在却来向您求救，这就可想而知了。现在袁氏的军队在外边连打败仗，谋臣在内部被诛杀，兄弟内讧相争，土地一分为二，将士连年征战，铠甲头盔上生出虱子。再加旱灾蝗灾，饥荒接连而至。现在您前去进攻邺城，袁尚如果不回军救援，邺城就不能守住，如果他率军回救，袁谭就会从后面向他进攻，这是上天灭亡袁尚之时。上天将袁尚赐给您，您不去攻取他，却要去讨伐荆州。荆州是富裕安乐之地，其内部又没有什么破绽。袁氏兄弟二人没有长远打算，自己内部又互相攻击，朝不虑夕，百姓的性命全无保证。这种情况您不去安抚百姓，却想要等到以后，如果以后赶上丰收年景，袁氏兄弟又自己知道将要失败而改行德政，那您就会失去用兵的重要时机了。现在乘袁谭求救时去安抚他们，所获得的利益是最大的。况且四方的敌人，没有比河北袁氏再大的了，河北平定，您的军队就可以壮大，而使天下震动了。”曹操说：“好。”这才答应出兵救援袁谭。

十月，曹操军至黎阳。袁尚听说曹操渡过黄河，撤掉对平原的包围返回邺城。曹操率军返回许都。

孙权派遣军队讨伐山越，将山越平定。

孙权西向讨伐黄祖，攻破黄祖的水军，这时山越再度起兵。孙权还师，命吕范等人讨伐山越，又任命吕蒙等人兼任政务繁忙之县的令长，将山越全部平定。贺齐讨伐建安等县山越，挑选出兵士一万余人，孙权任命他为东平校尉。

甲申(204)　九年

春二月,袁尚复攻谭。夏四月,曹操攻邺。秋七月,尚还战,败走幽州。操遂入邺,自领冀州牧。

正月,曹操济河,遏淇水入白沟以通粮道。二月,尚复攻谭于平原,留审配守邺。操为土山、地道以攻之,又攻绝其粮道。五月,凿堑围城,周回四十里。初令浅,示若可越。配望见,笑之,不出争利。操一夜浚之,广深二丈,引漳水灌之,城中饿死者过半。

七月,尚将万余人还救邺,先使主簿李孚入城。孚著平上帻,投暮诈称都督,历北围而东,呵责守围将士,随轻重行罚。遂历操营前,至南围,责怒守者,收缚之。因开其围,驰到城下,呼城上人,得入。操闻笑曰:"此非徒得入也,方且复出。"孚知围不可复冒,乃请配悉出城中老弱以省谷,夜持白幡出降。孚随辈出,突围得去。

尚兵既至,配出兵城北,操逆击之,败还。尚亦破走,依曲漳为营,操遂围之。尚惧,求降,不听。众溃,奔中山。审配杀辛毗家属,令士卒坚守死战,伏弩射操,几中。

配兄子荣开门内操兵,配拒战被执。毗以马鞭击其头而骂之,配顾曰:"狗辈,正由汝曹,破我冀州,恨不得杀汝

甲申（204） 汉献帝建安九年

春二月，袁尚又向袁谭发动进攻。夏四月，曹操进攻邺城。秋七月，袁尚还军与曹操交战，兵败，逃奔幽州。曹操于是进入邺城，自己兼任冀州牧。

正月，曹操渡过黄河，截拦淇水流入白沟，以通水路运输军粮。二月，袁尚又进军平原攻打袁谭，留下审配镇守邺城。曹操进围邺城，用堆土山、挖掘地道等办法攻城，又攻打断绝袁军在邺城的粮道。五月，曹操命将士开凿堑壕，包围邺城，四周长达四十里。最初故意挖得很浅，让袁军看起来好像可以越过。审配望见，付之一笑，没有派军出来争夺。曹操命人乘夜挖深堑壕，一夜之间，挖成深宽各二丈的堑壕，于是引漳河水入壕，邺城与外隔绝，城内饿死的人超过一半。

七月，袁尚率领将士万余人回救邺城，先派遣主簿李孚入城报信。李孚头戴武官所用的头巾，黄昏时假称自己是曹军都督，穿过操营北边的包围圈向东行，一路叱责守卫将士，随其违犯军纪的轻重给予处罚。于是李孚经过曹操大营前，进至南边包围圈，责备怒骂守围将士，将他们捆绑起来。随后乘机打开围营门，急驰至邺城城下，呼叫城上袁军，得以入城。曹操闻知这件事笑着说："这个人不仅仅能入城，马上还会再出来。"李孚知道不能再通过包围圈出城，便请求审配将城中的老弱人口全部放出城去以省口粮，命这些老弱人口夜间手持白旗出城投降。李孚混在这些人中间，突围而去。

袁尚军队到达以后，审配率军从城北出击，曹操迎击，审配兵败，退回城内。袁尚也兵败退走，依托漳水弯曲处安营，曹操进军包围袁尚营寨。袁尚恐惧，请求投降，曹操不许。袁尚部众溃散，逃奔中山。审配杀掉辛毗家眷，命令将士坚守死战，埋伏强弩射曹操，几乎射中。

审配的侄子审荣打开城门迎曹军入城，审配率军抵抗，被曹军生擒。辛毗用马鞭抽打审配的头，破口大骂，审配回头看着他说："狗东西，正是因为你们这些人，才破坏我冀州，我恨不得杀

也，且汝今日能生杀我耶！”操引见配，欲活之，配意气壮烈，终无挠辞，遂斩之。操乃临祀绍墓，哭之流涕，慰劳绍妻，还其家人宝物，赐缯絮，禀食。

初，绍与操共起兵，绍问操曰：“若事不辑，则方面何所可据？”操曰：“足下意以为何如？”绍曰：“吾南据河，北阻燕、代，兼戎狄之众，南向以争天下，庶可以济乎！”操曰：“吾任天下之智力，以道御之，无所不可。”

九月，诏以操领冀州牧，操让还兖州。

初，尚遣从事牵招至上党，闻尚走，说高幹以并州迎之，不从。招乃诣操，复为从事。操又辟崔琰为别驾，谓曰：“昨案户籍，可得三十万众，故为大州也。”对曰：“今九州幅裂，二袁寻戈，冀方蒸庶，暴骨原野。未闻王师存问风俗，救其涂炭，而唯以校讨甲兵为先，斯岂鄙州士女所望于明公哉！”操改容谢之。

许攸恃功骄嫚，操竟杀之。

冬十月，有星孛于东井。　高幹以并州降，复以为刺史。　十二月，曹操攻平原，拔之。袁谭走保南皮。

袁谭复背曹操，操与书责之，然后进讨。谭拔平原，走保南皮，操入平原，略定诸县。

公孙度卒，子康袭行郡事。

曹操表度为武威将军，封永宁乡侯。度曰：“我王辽东，何永宁也！”藏印绶于武库。是岁卒，子康嗣。

丹阳郡吏杀其太守孙翊，翊妻徐氏讨杀之。

了你，况且今天你能决定我的生死吗！”曹操接见审配，想宽恕审配，但审配意坚气壮，始终没有一句屈服告饶的话，曹操便下令将他杀掉。曹操于是到袁绍墓去祭祀，痛哭流涕，慰抚袁绍之妻，退还袁家的财物，并赐与她绸缎丝棉，并由官府供给粮食。

当初，袁绍与曹操一同起兵，袁绍问曹操说：“如果大事不能成功，那么什么地方可以据守呢？”曹操说：“您的意思怎么样？”袁绍说：“我南据黄河，北面凭仗燕、代地区，招揽北方异族士众，向南争夺天下，大概可以成功了吧！”曹操说：“我任用天下的智勇之士，用道加以统御，在什么地方都可以成功。”

九月，朝廷下诏命曹操兼任冀州牧，曹操让出兖州牧的职位。

当初，袁尚派遣从事牵招到上党去办事，牵招闻知袁尚逃走，便劝高幹迎袁尚到并州来，高幹不肯听从。牵招于是投奔曹操，曹操仍让他担任从事。曹操又举荐崔琰为别驾，对他说：“我昨天核查冀州的户籍，可以征集到三十万兵众，本来它是个大州。”崔琰回答说：“现在天下分崩离析，袁氏兄弟亲骨肉也自相残杀，冀州百姓的尸骨还暴露于原野之中。没听说您率领的王师慰问民间疾苦，拯救处于苦难之中的百姓，却以核实计算兵众的数量为先，这难道是本州百姓所期望于明公您的吗！”曹操改变脸色，向他表示歉意。

许攸仗恃功劳，轻慢曹操，曹操最终将他杀掉。

冬十月，有彗星出现于东井星旁。　高幹献出并州投降，曹操仍任命他为并州刺史。　十二月，曹操进攻平原郡，攻克。袁谭退守南皮。

袁谭又叛曹操，曹操写信责备他，然后进军讨伐。袁谭撤出平原郡，退守南皮，曹操进入平原，平定诸县。

公孙度去世，他的儿子公孙康接替他掌管郡中事务。

曹操上表推荐公孙度为度辽将军，封永宁乡侯。公孙度说：“我在辽东称王，哪里会永宁呢！”将曹操送来的印绶收藏于武库之中。这一年，公孙度去世，他的儿子公孙康继承他的官位。

丹阳郡吏杀死丹阳太守孙翊，孙翊之妻徐氏杀掉他们。

丹阳督妫览、丞戴员杀太守孙翊。览欲逼取翊妻徐氏，徐绐之曰："乞须晦日设祭除服，然后听命。"潜使所亲语翊旧将孙高、傅婴等与共图览，高、婴涕泣许诺，密呼翊时侍养者二十余人，与盟誓合谋。晦日，设祭，徐哭泣尽哀。毕，乃除服，薰香沐浴，言笑欢悦。览密觇，无复疑意。徐呼高、婴置户内，使人召览入。适得一拜，徐大呼："二君可起！"高、婴俱出，共杀览，余人即就外杀员。徐氏乃还缞绖，奉览、员首以祭翊墓，举军震骇。孙权族诛览、员余党，擢高、婴为牙门。

乙酉(205)　十年

春正月，曹操攻南皮，克之，斩袁谭。

曹操攻南皮，袁谭出战，士卒多死。操欲缓之，议郎曹纯曰："今县师深入，难以持久，若进不能克，退必丧威。"乃自执桴鼓以率攻者，遂克之。谭出走，追斩之。告谕吏民，各安故业，斩郭图等及其妻子。王修诣操，乞收葬谭尸，许之，辟为司空掾。郭嘉说操多辟青、冀、幽、并名士为掾属，操从之。

官渡之战，袁绍使陈琳为檄书，数操罪恶，连及家世，极其丑诋。及是琳归操，操曰："卿昔为本初移书，但可罪状孤身，何乃上及父祖邪？"琳谢罪，操释之，使与阮瑀俱管记室。

丹阳督妫览、郡丞戴员杀死丹阳太守孙翊。妫览想要逼迫孙翊的妻子徐氏嫁给自己，徐氏哄骗他说："请等到月末日祭奠亡夫，除去丧服，然后听您的吩咐。"徐氏随后暗中派自己的亲信联系孙翊的旧将孙高、傅婴等人，请他们与自己一同除掉妫览，孙高、傅婴流着眼泪许诺下来，秘密召集孙翊平时宠信侍卫二十余人，一起盟誓，定好计划。月末日，徐氏设灵位香案祭奠亡夫，痛哭一场。祭奠结束后，徐氏除去丧服，熏香沐浴，谈笑欢悦。妫览暗中观察后，不再有怀疑之心。徐氏召唤孙高、傅婴进入屋内，派人唤请妫览进来。徐氏出门迎拜妫览，刚刚一拜，徐氏大声喊道："两位可以动手了！"孙高、傅婴一起冲出，共同杀掉妫览，其他的人便在外边杀掉戴员。徐氏于是又换上丧服，供奉上妫览、戴员的人头祭奠孙翊，全军将士听说这件事，都惊骇不已。孙权杀掉妫览、戴员的余党及其一族，提升孙高、傅婴为牙门。

乙酉（205） 汉献帝建安十年

春正月，曹操进攻南皮，攻克，斩杀袁谭。

曹操进攻南皮，袁谭率军出战，曹操将士伤亡很多。曹操想暂缓进攻，议郎曹纯说："现在我们孤军深入，难以持久，如果进不能攻克敌城，后退必定会大损军威。"曹操于是亲自擂鼓，督率将士攻城，终于攻克南皮。袁谭出逃，被曹军追上斩杀。曹操告谕南皮官吏百姓，让他们各安其业，斩杀郭图等人及他们的妻子儿女。王修往见曹操，乞请收葬袁谭的尸体，曹操答应，并辟举他为司空掾。郭嘉劝曹操多多辟举青、冀、幽、并四州名士出任掾属，曹操听从。

官渡之战时，袁绍命陈琳撰写檄文，历数曹操的罪恶，辱骂连及曹操的家世，极尽丑化诋毁。到这时陈琳归附曹操，曹操说："你从前为袁本初作檄文，只应该辱骂我一个人，为什么要向上骂及我的父祖呢？"陈琳请罪，曹操赦免了他，让他与阮瑀一起掌管记室。

幽州将吏逐刺史袁熙，遣使降操。熙、尚俱奔乌桓。

袁熙为其将焦触、张南所攻，与尚俱奔辽西乌桓。触自号幽州刺史，驱率守令，背袁向曹，陈兵数万，杀白马而盟，令曰："敢违者斩。"众莫敢仰视，各以次歃。别驾韩珩曰："吾受袁公父子厚恩，今其破亡，智不能救，勇不能死，于义阙矣，若乃北面曹氏，所不能为也。"一座失色。触曰："夫举大事，当立大义，事之济否，不待一人，可卒珩志，以厉事君。"乃舍之。

夏四月，黑出贼帅张燕降。　冬十月，高幹复叛。诏以杜畿为河东太守。

高幹复以并州叛，守壶关口。河内张晟众万余人寇崤、渑间。河东太守王邑被征，郡掾卫固、范先等诣钟繇，请留之，繇不许。固等与幹通谋。曹操谓荀彧曰："关西诸将外服内贰，张晟寇乱，南通刘表，固等因之，将为深害。当今河东，天下之要地也，君为我举贤才以镇之。"彧曰："京兆杜畿，勇足以当难，智足以应变。"操乃以畿为河东太守。

固等使兵绝陕，畿至，数月不得渡。操遣夏侯惇讨固等，未至。畿曰："河东有三万户，非皆欲为乱也。今兵迫之急，欲为善者无主，必惧而听于固。固等势专，必以死战。讨之不胜，为难未已；讨之而胜，是残一郡之民也。且固等未显绝王命，外以请故君为名，必不害新君。吾单车

幽州将吏驱逐幽州刺史袁熙，派遣使者归降曹操。袁熙、袁尚一同投奔乌桓。

袁熙被他的部将焦触、张南所攻击，与袁尚一同投奔辽西乌桓。焦触自称幽州刺史，胁迫所属郡守、县令一起背叛袁氏，归顺曹操，集聚兵众数万人，杀白马盟誓，下令说："有敢于违命者，斩首。"众人都不敢抬头仰视，依次歃血盟誓。别驾韩珩说："我受袁氏父子的厚恩，现在他们破亡，我的智谋不能救助他们，又缺乏勇气去尽死节，对于道义已有所欠缺，如果再去向曹氏投降，这是我所不能做的事情。"在座的人都大惊失色。焦触说："兴建大事，应当树立大义，事情的成功与否，不在于一个人，可以成全韩珩的心志，以鼓励忠心事主的人。"于是听任韩珩离去。

夏四月，黑山军首领张燕投降曹操。　冬十月，高幹又背叛曹操。朝廷下诏任命杜畿为河东太守。

高幹又拥据幽州反叛，派兵拒守壶关口。河内人张晟聚众万余人寇掠崤山、渑池一带。河东太守王邑被征召入朝，郡掾卫固、范先等人去见钟繇，请求将他留任，钟繇不许。卫固等人与高幹暗中勾结。曹操对荀彧说："关中诸将外表服从，内心却怀有二心，张晟作乱，向南与刘表串通联合，卫固等人如再依凭他们，将会成为心腹大患。现在的河东郡，是天下的关键之地，你替我举荐一个贤才来镇守河东。"荀彧说："京兆人杜畿就可以，他的勇气足以抵挡危难，智谋足以应付变局。"曹操便任命杜畿为河东太守。

卫固等人派军切断陕津黄河渡口，杜畿到陕津，数月不能渡过黄河。曹操派遣夏侯惇进讨卫固等人，军未至。杜畿说："河东郡有百姓三万户，并不是都要作乱。现在如果用军队逼迫太急，想要从善的百姓无人为他们做主，一定会害怕而听命于卫固。卫固等人势力专一以后，一定会拼力死战。如果我军讨伐他们不能取胜，他们就会作乱不已；讨伐能够取胜，那会使这一郡的百姓都受到残害。况且卫固等人并没公开地抗拒朝廷，他们表面上以请旧太守留下为名，一定不会伤害新太守。我单人独车

直往，出其不意，固为人多计而无断，必伪受吾。吾得居郡一月，以计縻之，足矣。”遂诡道从郖津渡。

范先欲杀畿，乃于门下斩杀主簿已下三十余人，畿举动自若。于是固曰：“杀之无损，徒有恶名，且制之在我。”遂奉之。畿曰：“卫、范，河东之望也，吾仰成而已。然君臣有定义，成败同之，大事当共平议。”以固为都督，行丞事，领功曹，将校吏兵三千余人皆先督之。固欲大发兵，畿曰：“今大发兵，众情必扰，不如徐以赀募兵。”固以为然，从之，得兵甚少。畿又曰：“人情顾家，诸将掾史，可分遣休息，急缓召之不难。”固等恶逆众心，又从之。于是善人在外，阴为己援，恶人分散，各还其家。

会白骑攻东垣，高幹入濩泽。畿乃单将数十骑，赴坚壁而守之，吏民多举城助畿者。固等与幹、晟共攻，不下，略无所得。会操征马腾等至，击晟、固等，破斩之。于是畿务崇宽惠，民有辞讼，为陈义理，遣归谛思之，父老皆自相责怒，不敢讼。劝耕桑，课畜牧，百姓丰实。然后兴学校，举孝弟，修戎事，讲武备，河东遂安。畿在河东十六年，常为天下最。

以荀悦为侍中。

直接去上任，一定会出其不意，卫固为人计谋虽然多，但是缺乏决断，他一定会假装接纳我。我能在河东郡内待上一个月，用计策稳住他们，这就足够了。”于是杜畿暗中绕道从郖津渡过黄河到郡。

范先想杀掉杜畿，于是在郡府门下斩杀主簿以下官吏三十余人，杜畿神色举止自若。于是卫固说：“杀了他对朝廷无有损害，却白白落下恶名，况且他完全控制在我们手里。”便遵奉他就任。杜畿说：“卫、范两家，是河东的豪门望族，我只不过坐享二位的成就而已。然而主官、下属有确定的名分，成败我与二位共同承受，有大事要共同商量。”任用卫固为都督，代行郡丞职权，兼任功曹，郡中的将校及军士三千余人，则都交由范先统带。卫固想要大举征兵，杜畿说：“现在如果大举发兵，一定会引起人心浮动，不如慢慢地用钱招募兵士。”卫固认为他说得对，同意了这种做法，结果募来的兵很少。杜畿又说：“顾念家是人之常情，郡中众将掾属等人，可以让他们轮流休息，有事时再召集他们也不难。”卫固等人怕不听会违背众人的心意，又听从了杜畿的建议。于是向善的人休息在外，暗中可以做杜畿的外援，而从恶之人休息分散，各自返回家中。

正好这时盗贼张白骑进攻东垣，高幹率军侵入濩泽。杜畿独自率领数十名骑兵出郡城，赶赴坚固营垒去镇守，各地官吏百姓都举城帮助杜畿。卫固等人与高幹、张晟一同进攻杜畿，没能攻下，劫掠各地也没有得到什么。恰巧曹操征调的马腾等人的军队来到，进攻张晟、卫固等人，击败他们并将其斩杀。于是杜畿治理河东崇尚宽和仁惠，百姓之间有争诉旨状的，他为其讲述仁义的道理，然后让他们回去仔细思考，父老们都自相责备，不敢再去告状。杜畿平时鼓励百姓从事农耕蚕桑，饲养牲畜，百姓家家都富裕起来。然后，他兴建学校，推举孝顺父母长辈、友爱兄弟的人，修治城防军械，加强军事训练，河东于是安定。杜畿在河东郡十六年，考核政绩常常为天下第一。

朝廷任命荀悦为侍中。

时政在曹氏，悦志在献替，而谋无所用，故作《申鉴》五篇，奏之。其大略曰："为政之术，先屏四患，乃崇五政。伪乱俗，私坏法，放越轨，奢败制。四者不除，则政末由行矣，是谓四患。兴农桑以养其生，审好恶以正其俗，宣文教以章其化，立武备以秉其威，明赏罚以统其法，是谓五政。人不畏死，不可惧以罪；人不乐生，不可劝以善。故在上者，先丰民财以定其志，是谓养生。善恶要乎功罪，毁誉效于准验。听言责事，举名察实，无或诈伪以荡众心。故俗无奸怪，民无淫风，是谓正俗。荣辱者，赏罚之精华也，故礼教荣辱以加君子，化其情也；桎梏鞭扑以加小人，化其形也。若教化之废，推中人而坠于小人之域；教化之行，引中人而纳于君子之涂，是谓章化。在上者必有武备以戒不虞，安居则寄之内政，有事则用之军旅，是谓秉威。赏罚，政之柄也。人主不妄赏，非爱其财也，赏妄行则善不劝矣。不妄罚，非矜其人也，罚妄行则恶不惩矣。赏不劝，谓之止善，罚不惩，谓之纵恶。在上者能不止下为善，不纵下为恶，则国法立矣，是谓统法。四患既蠲，五政又立，行之以诚，守之以固，简而不怠，疏而不失，垂拱揖让，而海内平矣。"悦，爽之兄子也。

当时朝政掌握在曹操手中，荀悦有志于劝善规过，议兴改革，但他的谋略无所施展，因此撰写《申鉴》五篇，上奏给汉献帝。其大略内容说："为政的方法，是要先除去四患，再推崇五政。诡诈扰乱风俗，私欲破坏法令，放任逾越规矩，奢侈败坏制度。这四种现象不革除，就无法推行政令，所以这叫四患。大兴农耕蚕桑以养育百姓，明辨善恶以端正民俗，传播文化教育以促进教化，整建武备以保持朝廷的权威，明正赏罚以统一律法，这叫作五政。人们不怕死，就不能用刑罚来吓唬他；人们生活没有乐趣，就无法鼓励他们向善。所以身在上位的人，先要使百姓富裕起来以安定其心，这叫作养育百姓。对于善、恶，要用功绩或罪过来判定，对于毁谤和赞誉，要用实际的根据来验证。对一个人不仅要听他的言辞，还要考察他的行为，要看是否名实相符，不要让诈伪之人得逞，以免众人去仿效。所以没有奸诈怪异的风俗，百姓没有贪淫之风，这叫作端正民俗。荣誉与羞辱，是赏罚的关键，所以礼教将荣誉与羞辱用于君子身上，以感化其内心；枷锁鞭笞用于小人身上，以改变他们的行为。如果教化不能实行，便会使一般人坠入小人圈中；教化实行，便可以将一般人升入君子群中，这叫作促进教化。在上位的人一定要拥有武备以防备意外事件，平时则寄之以内政，有战事时用于疆场，这叫作保持朝廷的权威。奖赏与惩罚，是执政的权柄。君主不随意奖赏，不是因为吝惜财物，而是因为奖赏随意而行，就不能用奖赏来鼓励善行了。君主不随意惩罚，不是因为怜悯谁，而是因为惩罚任意而行，就不能使惩罚来处治恶行。奖赏不能鼓励善行，叫作阻止人们行善，惩罚不能处治恶行，叫作纵容人们作恶。在上位的人能不阻止下边的人行善，能不纵容下边的人作恶，那国法就得以确立，这叫作统一律法。四患既已除去，五政又得以确立，真心诚意地去实行，坚定不移地保持，简要而不懈怠，宽疏而不漏失，如能这样去做，君主垂衣拱手端坐不动，天下便可以太平了。"荀悦是荀爽的侄子。

丙戌(206)　十一年

春正月,有星孛于北斗。　曹操击高幹,斩之。以梁习为并州刺史。

时荒乱之余,胡、狄雄张,吏民亡叛,入其部落,兵家拥众,各为寇害。习到官,诱喻招纳,皆礼召其豪右,稍荐举,使诣幕府。次发诸丁强以为义从,又因大军出征,令诸将分请以为勇力。吏兵已去之后,稍移其家,前后送邺,凡数万口。其不从命者,兴兵致讨。单于恭顺,名王稽颡,服事供职,同于编户。边境肃清,百姓布野,勤劝农桑,令行禁止。习乃贡达名士常林、杨俊之徒,后皆显名。

以仲长统为尚书郎。

初,山阳仲长统游学至并州,遇高幹,幹善遇之,访以世事。统谓幹曰:"君有雄志而无雄才,好士而不能择人,所以为君深戒也。"幹不悦,统去之。幹死,荀彧举统为尚书郎。统尝著论曰《昌言》,其略曰:"豪杰之当天命者,未始有天下之分者也,无天下之分,故战争者竞起焉。角智者皆穷,角力者皆负,形不堪负伉,势不足复校,乃始羁首系颈,就我之衔绁耳。及继体之时,豪杰之心既绝,士民之志已定,贵有常家,尊在一人。当此之时,虽下愚之才居之,犹能使恩同天地,威侔鬼神。彼见天下莫敢与之违,自谓若天地之不可亡也,乃奔其私嗜,骋其邪欲,君臣宣淫,

丙戌(206)　汉献帝十一年

春正月,有彗星出现于北斗。　曹操进攻高幹,将他杀掉。朝廷任命梁习为并州刺史。

当时大乱之后,北方各少数民族势力强大嚣张,官吏百姓叛逃加入他们的部落之中,带兵的人拥聚兵众,各自为害一方。梁习到任后,规劝诱导,将他们纳入自己管理之下,对豪右大族都以礼相召,逐渐推荐他们入仕,让他们到幕府中任职。随后征发众壮丁作为志愿从行的兵士,又乘大军出征的机会,命众将分别要求这些人作为勇士。等到这些兵士离开之后,梁习渐渐迁移其家眷到邺城,前后送往邺城的达数万口。有不服从命令的人,他便出兵讨伐。于是匈奴单于恭顺从命,诸部名王也叩首服从,事奉朝廷听从命令,如同普通编户百姓。并州边境肃清,百姓耕作遍野,勉励从事农耕蚕桑,令行禁止。梁习于是向朝廷贡举名士常林、杨俊一类人物,后来这些人都闻名于世。

朝廷任命仲长统为尚书郎。

当初,山阳人仲长统到并州游学时,曾访问并州刺史高幹,高幹友好地接待了他,向他咨询天下事。仲长统对高幹说:"您有雄心大志,却缺乏非凡的才能;喜好士人,却不能鉴别选择,这是我所以请您深以为戒的事情。"高幹听后不高兴,仲长统离他而去。高幹死后,荀彧举荐仲长统出任尚书郎。仲长统曾经撰写《昌言》,其大略意思说:"受命于天的英雄豪杰,并不是一开始就有君临天下的名分,由于没有这种名分,所以用武力争夺天下的人竞相崛起。等到这些人较量智谋的智谋竭尽,较量力量的力量枯竭,形势不允许他再相对抗,才开始羁首系颈,向我们就范。及至第二代君主继位的时候,英雄豪杰们不再有非分之心,士人百姓都已归心朝廷,富贵之家已经确定,尊严集于君主一人。当此之时,即使是下等的愚蠢之人居君主之位,仍能使君主恩泽同天地那样大,威严与鬼神相同。那些愚蠢帝王见到天下没有人敢违抗他的旨意,自认为像天地一样不可灭亡,于是便任意追求自己的私癖嗜好,放纵自己的邪恶欲念,君臣公开贪淫,

上下同恶，荒废庶政，弃忘人物。信任亲爱者，尽佞谄容说之人，宠贵隆丰者，尽后妃姬妾之家。遂至熬天下之脂膏，斫生民之骨髓，怨毒无聊，祸乱并起，中国扰攘，四夷侵叛，土崩瓦解，一朝而去。昔之为我哺乳之子孙者，今尽是我饮血之寇仇也。至于运徙势去，犹不觉悟者，岂非富贵生不仁，沉溺致愚疾邪！存亡以之迭代，治乱从此周复，天道常然之大数也。”

乌桓寇边。

乌桓乘天下乱，略有汉民十余万户。蹋顿尤强，为袁绍所厚，故尚兄弟归之，数入塞为寇，欲助尚复故地。操将击之，先凿平虏、泉州渠以通运。

丁亥（207）　十二年

春二月，曹操封功臣为列侯。　夏，操击乌桓。秋八月，破之，斩蹋顿。袁熙、袁尚奔辽东，公孙康斩之。

曹操将击乌桓，诸将皆曰：“袁尚亡虏耳，夷狄贪而无亲，岂能为尚用？今深入征之，刘备必说刘表以袭许，万一为变，事不可悔。”郭嘉曰：“公虽威震天下，胡恃其远，必不设备，因其无备，卒然击之，可破灭也。且袁绍有恩于民夷，而尚兄弟生存。今舍而南征，尚因乌桓之资，招其死主之臣，以生蹋顿之心，恐青、冀非己之有也。表，坐谈客耳，自知才不足以御备，重任之则恐不能制，轻任之则备不为

上下一同作恶，荒废朝政，废弃人才。信任亲近的，全是奸佞谄谀奉承之辈，宠信尊贵的，都是后宫妃嫔之家。竟至于熬煎民脂民膏，敲尽百姓骨髓的程度，人民怨声载道，无以为生，灾祸战乱，同时并起，中原纷乱不安，周边异族侵扰反叛，王朝的统治土崩瓦解，毁于一旦。从前由我哺育成长的臣民，现在都成为要饮我鲜血的仇敌。至于那些天运改变，大势已去仍不觉悟的君主，难道不是由于富贵产生了不仁之心，沉迷不悟导致了愚蠢顽劣的缘故吗！王朝兴亡因此而更迭替代，天下治乱由此周而复始，这正是天命自然的大规律。”

乌桓侵扰边境。

乌桓乘天下大乱之际，掠走汉人百姓十余万户。乌桓王蹋顿的力量最为强盛，曾受到袁绍的厚待，所以袁尚兄弟去投奔他，他几次进入边地抢掠，想要帮助袁尚恢复过去的统治区域。曹操准备进军讨伐他，先开凿平虏、泉州渠以打通运输水路。

丁亥（207）　汉献帝建安十二年

春二月，曹操封赐功臣为列侯。　夏季，曹操进军讨伐乌桓。秋八月，曹操击破乌桓，斩杀蹋顿。袁熙、袁尚投奔辽东郡，公孙康将他们杀掉。

曹操准备进攻乌桓，众将都说：“袁尚不过是逃亡的贼虏，异族人贪财而不念亲情，怎么能为袁尚所用？现在大军远征塞外，刘备一定会劝说刘表来袭击许都，万一出现变故，后悔就来不及了。”郭嘉说：“您虽然威震天下，袁尚及乌桓仗恃地处遥远，一定不会事先防备，我军乘其没有防备之时，突然袭击，便可以攻灭。况且袁绍对百姓及异族人都有恩德，而袁尚兄弟还生存于世。如果舍弃他们而转头南征，袁尚利用乌桓的人力物力，招集愿为袁氏主人效死的旧部下，因此而使蹋顿又生出南向中原的野心，恐怕那时青、冀二州就不是我们所有的了。刘表不过是一个坐着高谈阔论的人，他自知才干不足以驾驭刘备，重用刘备，则恐怕以后控制不住他，给予刘备很轻的职任，刘备又不甘心为他

用，虽虚国远征，公无忧矣。"操从之。行至易，嘉曰："兵贵神速，今千里袭人，辎重多，难以趋利，不如轻兵兼道以出，掩其不意。"

初，袁绍数遣使召田畴，又即授将军印，使统其众，畴皆拒之。然每忿乌桓多杀其本郡冠盖，意欲讨之而力未能。至是操遣使辟之，畴即至，随军次无终。时方夏水雨，而滨海洿下，泞滞不通，虏亦遮守蹊要，军不得进。畴曰："此道，秋夏有水，浅不通车马，深不载舟船，为难久矣。旧北平郡治在平冈，道出卢龙，达于柳城，自建武以来，陷坏断绝，尚有微径。若回军从卢龙口越白檀之险，出空虚之地，路近而便，掩其不备，蹋顿可不战而禽也。"操令畴将其众为乡导，上徐无山，堑山堙谷，五百余里，经白檀，历平冈，涉鲜卑庭，东指柳城。

未至二百里，虏乃知之。尚、熙与蹋顿等将数万骑逆军。八月，操登白狼山，卒与虏遇，纵兵击之，虏众大崩，斩蹋顿，降者二十余万。尚、熙奔辽东，尚有数千骑。或劝操遂击之，操曰："吾方使公孙康送尚、熙首，不烦兵矣。"九月，引还。康果斩尚、熙首送之。诸将或问操，操曰："彼素畏尚、熙，吾急之则并力，缓之则自相图，其势然也。"操枭尚首，令："敢哭者斩。"牵招独设祭悲哭，操义而举之。时天寒

所驱使，即使我们以倾国兵力去远征，也不必担忧刘表来攻。”曹操采纳郭嘉的建议，率军远征乌桓。大军行至易县时，郭嘉说："兵贵神速，如今远涉千里去袭击别人，辎重过多，难以抓住胜机，不如留下辎重，军队轻装兼程急进，出其不意，向敌人发动突然袭击。”

当初，袁绍几次派遣使者征召田畴，又命使者授予他将军印绶，让他仍然统率手下的部众，田畴都拒绝不受。然而田畴常常忿恨乌桓杀了本郡不少的士族大家，想要讨伐乌桓而力所不能。曹操派遣使者征召他，他立即起程来见，跟随大军到达无终县。当时正好是夏季，雨水频繁，而无终濒临大海，地势低洼，道路泥泞不通，乌桓也派兵守卫险阻要道，大军无法前进。田畴说："这条路，每年夏秋两季都积有雨水，说它浅，不能通行车马，说它深，又不能运行舟船，是很长时间的难题了。旧右北平郡的郡治在平冈，那里有道路可以出卢龙塞，直达柳城，从光武帝建武年间以来，这条道路陷落崩坏，交通断绝，但还有微小的路径可以找到。现在如果我们回军从卢龙塞口翻越白檀之险，出至空虚地带，路近而且方便，攻其不备，可以不经战斗便擒住蹋顿。”曹操命令田畴率领他的部众为向导，大军上徐无山，凿山填谷，行进五百余里，经过白檀、平冈，穿过鲜卑的王庭，向东直指柳城。

到距离柳城二百里时，乌桓才发现。袁尚、袁熙与蹋顿等人率领骑兵数万名前来迎击曹军。八月，曹操率领大军登上白狼山，突然与乌桓军队相遇，派兵进攻，乌桓兵众大败溃散，曹军斩杀蹋顿，投降者二十余万。袁尚、袁熙投奔辽东，手下还有数千骑兵。有人劝曹操乘胜追击，曹操说："我正要使公孙康送来袁尚、袁熙的首级，不用再劳师动众了。”九月，大军还师。公孙康果然杀掉袁尚、袁熙，将首级送来。诸将中有人问曹操，曹操说："公孙康素来畏惧袁尚、袁熙，我急着进攻，他们就会合力抵抗，我暂缓进攻，他们就会互相残杀，这是势所必然的事情。”曹操将袁尚的首级挂起来示众，下令说："有敢哭袁尚的斩首。”只有牵招设祭痛哭，曹操认为他有义气，推举他为茂才。当时天寒地冻，

且旱，二百里无水，军又乏食，杀马数千匹以为粮，凿地三十余丈方得水。

既还，科问前谏者，皆厚赏之，曰："孤前行，乘危以徼倖，不可以为常。诸君之谏，万安之计，是以相赏，后勿难言之。"封田畴为亭侯，畴曰："吾始为刘公报仇，率众遁逃，志义不立，反以为利，非本志也。"固让不受。后操复欲封之，畴上疏陈诚，以死自誓。操使畴所善夏侯惇喻之，畴曰："畴，负义逃窜之人耳，蒙恩全活，为幸多矣，岂可卖卢龙之塞，以易赏禄哉！必不得已，请效死，刎首于前。"言未卒，泣涕横流。惇以白操，操知不可屈，乃拜议郎。

操之北伐也，刘备说刘表袭许，表不能用。至是，表谓备曰："不用君言，故为失此大会。"备曰："今天下分裂，日寻干戈，事会之来，岂有终极乎！若能应之于后者，则此未足为恨也。"

冬十月，有星孛于鹑尾。　孙权母吴氏卒。

吴氏病笃，引见张昭，属以后事而卒。

刘备见诸葛亮于隆中。

初，琅邪诸葛亮寓居襄阳隆中，每自比管仲、乐毅，时人莫之许也，惟颍川徐庶、崔州平然之。州平，烈之子也。刘备访士于襄阳司马徽，徽曰："儒生俗士，岂识时务？识时务者在乎俊杰。此间自有伏龙、凤雏。"备问为谁，曰："诸葛孔明、庞士元也。"徐庶亦谓备曰："诸葛孔明，卧龙也，

又逢大旱，二百里之间没有水源，军中又缺乏粮食，只好杀掉战马数千匹作为军粮，掘地三十余丈才得到水。

大军回到许都后，曹操询问先前劝谏不要远征乌桓的有哪些人，都给予厚赏，说："我先前出兵远征，是行危险之事而侥幸成功，不能老这要做。各位的劝谏，是万全之策，所以给予赏赐，以后不要不敢进言。"曹操封赐田畴为亭侯，田畴说："我最初是想为刘虞州牧报仇，率领众人逃亡，我的志向现在没能实现，反而借此自己获求私利，这不是我的本意。"坚持辞让，不肯接受。后来曹操又想封赐田畴，田畴上疏陈述他的至诚之心，并且以死自誓，决不受封。曹操派与田畴相好的夏侯惇去劝谕他，田畴说："田畴我，不过是一个负义逃窜山间的人罢了，蒙曹公大恩得以保全活命，这已非常幸运了，怎么可以出卖卢龙塞而换取赏赐爵禄呢！如果实在不能推辞，请让我效死，自刎于您面前。"话没有说完，已经泪流满面了。夏侯惇回去向曹操报告，曹操知道不能使他屈服，便任命他做了议郎。

曹操北伐乌桓时，刘备劝刘表袭击许都，刘表没能听从。到这时，刘表对刘备说："我没有听从您的建议，所以失掉了这大好时机。"刘备说："现在天下分裂，战争日不间断，机会的到来，难道会有终结吗！如果能够抓住以后的机会，那么这次也不值得遗憾了。"

冬十月，有彗星出现于鹑尾星。　孙权的母亲吴氏去世。

吴氏病重，召见张昭，向他托付后事以后去世。

刘备在隆中访见诸葛亮。

当初，琅邪人诸葛亮寓居于襄阳隆中，他常常将自己比作管仲、乐毅一流人物，但是当时人对他不屑一顾，没有谁认可他的说法，只有颍川人徐庶、崔州平相信他的才干，认为确实如此。崔州平是崔烈的儿子。刘备向襄阳人司马徽访求士人，司马徽说："儒生俗士，哪里识得时务？识时务的只能是俊杰之士。此间俊杰之士自有伏龙、凤雏二人。"刘备问这二人是谁，司马徽说："是诸葛孔明和庞士元。"徐庶也对刘备说："诸葛孔明是卧龙，

将军岂愿见之乎?"备曰:"君与俱来。"庶曰:"此人可就见,不可屈致也,将军宜枉驾顾之。"

备由是诣亮,凡三往,乃见。因屏人曰:"汉室倾颓,奸臣窃命,孤不度德量力,欲信大义于天下,而智术浅短,遂用猖獗,至于今日,然志犹未已,君谓计将安出?"亮曰:"今曹操已拥百万之众,挟天子而令诸侯,此诚不可与争锋。孙权据有江东,已历三世,国险而民附,贤能为之用,此可与为援而不可图也。荆州北据汉、沔,利尽南海,东连吴会,西通巴蜀,此用武之国,而其主不能守,此殆天所以资将军也。益州险塞,沃野千里,天府之土,刘璋暗弱,张鲁在北,民殷国富而不知存恤,智能之士思得明君。将军既帝室之胄,信义著于四海,若跨有荆、益,保其岩阻,西和诸戎,南抚夷、越,外结孙权,内修政理。天下有变,则命一上将,将荆州之军以向宛、洛,将军身率益州之众出于秦川,百姓孰敢不箪食壶浆以迎将军者乎?诚如是则霸业可成,汉室可兴矣。"备曰:"善。"于是与亮情好日密。关羽、张飞不悦,备解之曰:"孤之有孔明,犹鱼之有水也。愿诸君勿复言。"羽、飞乃止。

徽,清雅有知人之鉴。同县庞德公素有重名,徽兄事之。亮每至其家,独拜床下,德公初不令止。士元名统,德公从子也,少朴钝,未有识者,唯德公与徽重之。德公尝谓孔明为卧龙,士元为凤雏,德操为水鉴,故德操与备语而称之。

将军是否愿见他?”刘备说:“您和他一起来。”徐庶说:“这个人可以去拜访,不能屈待他而把他招来,将军应当屈尊去拜访他。”

刘备因此去拜访诸葛亮,一共去了三次,才得以相见。于是屏退左右人说:“汉室危亡,奸臣窃据朝廷大权,我不度德量力,想为天下伸张正义,但智谋短浅,因此遭到挫败,到了今天这个地步,然而我的志向还没有止息,您认为我应该怎样去做?”诸葛亮说:“现在曹操已经拥有上百万的军队,挟制天子来号令诸侯,这确实无法与他竞争。孙权占据江东地区,已经历了三代,那里地势险要,人民归附,贤能之士能为他所用,这种情况只能以他为外援而不可能谋取他。荆州北据汉、沔二水,南通南海,东面连接吴郡、会稽一带,西边通达巴郡、蜀郡地区,这正是用武之地,而其主人刘表不能守住这块地方,这大概是上天用来资助将军的。益州地势险阻,沃野千里,是天府之国,益州牧刘璋昏庸懦弱,张鲁在北边威胁着他,百姓众多、境内富庶却不知慰抚,智能之士都希望能得到一个贤明的主人。将军本是汉家皇室的后裔,信义闻名于天下,如果能占据荆、益二州,守住它的险要之地,向西和好诸戎等族,向南安抚夷、越等族,对外结好孙权,对内修明政治。天下形势出现变化,便可以命令一员上将,率领荆州的军队向宛县、洛阳一带进军,将军亲自率领益州的军队出师秦川,百姓谁能不拿着食篮、酒壶来迎接将军呢?果真像这样的话,那您就可以成就霸业,汉室也就可以复兴了。”刘备听后说:“好!”于是与诸葛亮的情谊日益亲密。关羽、张飞为此不高兴,刘备解释说:“我有了诸葛孔明,就如同鱼有了水一样。希望各位不要再说了。”关羽、张飞这才罢休。

司马徽为人高雅,善于鉴别人才。同县人庞德公素来很有名声,司马徽把他当作兄长一样看待。诸葛亮每次到庞德公家,都单独在床下叩拜,庞德公从来不阻拦。庞士元名庞统,是庞德公的儿子,他小时迟钝,没有谁看到他的才能,只有庞德公与司马徽很看重他。庞德公曾经说诸葛亮是卧龙,庞士元是凤雏,司马德操是水镜,所以司马德操与刘备交谈而称赞诸葛孔明与庞士元。

戊子(208)　十三年

春正月，曹操还邺，作玄武池以肄舟师。　孙权击江夏太守黄祖，破斩之。

初，巴郡甘宁将僮客八百人归刘表，观表事势终必无成，欲东入吴。黄祖在夏口，军不得过。乃留，依祖三年，祖以凡人畜之。孙权击祖，祖军败走，权校尉凌操急追之，宁射杀操，祖得免。军罢还营，待宁如初。都督苏飞数荐宁，不用，乃白以为邾长。宁遂亡奔孙权，周瑜、吕蒙共荐达之。

宁献策曰："今汉祚日微，曹操终为篡盗。南荆形便，诚国之西势也。宁观刘表，虑既不远，儿子又劣，至尊当早图之，不可后操。图之之计，宜先取黄祖。祖今昏耄已甚，财谷并乏，左右贪纵，吏士心怨，舟船战具，顿废不修，怠于耕农，军无法伍，至尊今往，其破可必。一破祖军，鼓行而西，据楚关，大势弥广，即可渐规巴蜀矣。"权深纳之。张昭难曰："今吴下业业，若军果行，恐必致乱。"宁谓昭曰："国家以萧何之任付君，君居守而忧乱，奚以希慕古人乎！"权举酒属宁曰："兴霸，今年行讨，如此酒矣，决以付卿，但当勉建方略，何嫌张长史之言乎！"

权遂西击黄祖。祖横两蒙冲挟守沔口，大绁系碇，千弩交射，军不得前。将军董袭、司马凌统，各将敢死百人，人被两铠，乘大船突入蒙冲里，袭以刀断绁，蒙冲乃横流，大兵遂进。祖令陈就逆战，吕蒙亲枭就首。于是水陆并

戊子(208) 汉献帝建安十三年

春正月，曹操回到邺城，修建玄武池，用以训练水军。 孙权进攻江夏太守黄祖，击败并将他杀掉。

当初，巴郡人甘宁率领僮客八百人归附刘表，他观察到刘表最终难以成就大事，便想东去吴地。由于黄祖在夏口，甘宁与其兵众无法通过。便留在夏口，依附黄祖达三年之久，黄祖一直将他当作一般人来对待。孙权进攻黄祖，黄祖军战败逃走，孙权的校尉凌操在后紧紧追赶，甘宁发箭射死凌操，黄祖才得免于难。黄祖收军回营，对待甘宁如同以前一样。都督苏飞屡次向黄祖推荐甘宁，黄祖不肯用，苏飞便请求任命甘宁为邾县县长。甘宁于是投奔孙权，周瑜、吕蒙一起向孙权推荐甘宁。

甘宁向孙权献计说："现在汉室的气数日益衰微，曹操最终会篡夺皇位。荆州南部地势便利畅通，实在是我国西部的要地。我观察刘表，他既没有深谋远虑，儿子才质又很庸劣，您应当及早谋取他，不要落在曹操后边。谋取他的策略，应该是先消灭黄祖。黄祖现在已经年老，昏愦至极，财物粮食都很缺乏，身边左右贪赃横行，战士心怀怨恨，舟船战具毁坏失修，农耕荒废，军中没有法纪，您现在出兵进攻，一定可以击破他。一旦攻破黄祖后，便可以长驱西进，占据楚关，势力大大扩张，便可以逐渐攻取巴蜀地区了。"孙权认为他说得很对。张昭疑难甘宁说："现在江东形势不稳，如果军队果真出征，恐怕一定会带来祸乱。"甘宁对张昭说："国家将萧何那样的重任交给您，您留守后方而担忧祸乱，用什么来效法古人呢！"孙权举杯向甘宁劝酒，说："甘兴霸，今年出兵讨伐，就像这杯酒，决定交付给你了，你只管努力去策划谋略，何必计较张长史的话呢！"

孙权于是西进攻打黄祖。黄祖横置两艘蒙冲战船夹守沔口，用大绳捆系碇石，设置千张弓弩交射，孙权军无法前进。将军董袭、司马凌统各率敢死士卒百人，每人身披双副铠甲，乘大船冲入蒙冲战船间，董袭用刀砍断大绳，蒙冲横流，大军于是得以前进。黄祖命令陈就迎战，吕蒙亲手将他斩首。于是水陆并

进，遂屠其城。祖挺身走，追斩之。又欲杀苏飞，甘宁下席叩头流涕，言飞旧恩，乞其首领。权乃舍之。凌操子统欲杀宁，权命统不得仇之，令宁屯他所。

夏六月，罢三公官，曹操自为丞相。

操以崔琰为西曹掾，毛玠为东曹掾，司马朗为主簿，弟懿为文学掾。琰、玠并典选举，其所举用皆清正之士，虽有盛名而行不由本者，终莫得进。拔敦实，斥华伪，进冲逊，抑阿党。由是士以廉节自励，虽贵宠，舆服不敢过度。长吏还者，垢面羸衣，独乘柴车。军吏入府，朝服徒行。吏洁于上，俗移于下。操闻之，叹曰："用人如此，使天下人人自治，吾复何为哉！"懿，少聪达，多大略。琰谓朗曰："君弟聪亮明允，刚断英特，非子所及也。"操闻而辟之，懿辞以风痹。操怒，欲收之，懿惧，就职。操幼子仓舒卒，操伤惜之甚。掾邴原有女早亡，操欲求与仓舒合葬，原辞曰："嫁殇，非礼也。原之所以自容于明公，公之所以待原者，以能守训典而不易也。若听明公之命，则是凡庸也，明公焉以为哉！"操乃止。

以马腾为卫尉。

以腾子超为偏将军，代统其众。

秋七月，曹操击刘表。　八月，操杀太中大夫孔融，夷其族。

进，攻陷夏口并大肆屠杀城内人口。黄祖挺身逃走，被孙权军追上杀死。孙权又想杀掉苏飞，甘宁走下座位叩头流泪，陈说苏飞对他的旧恩，请求饶苏飞一命。孙权于是赦免苏飞。凌操的儿子凌统想杀掉甘宁替父报仇，孙权命令凌操不可以甘宁为仇，命令甘宁驻屯别的地方。

夏六月，朝廷罢置三公官，曹操自任丞相。

曹操任用崔琰为西曹掾，毛玠为东曹掾，司马朗为主簿，司马朗之弟司马懿为文学掾。崔琰、毛玠一同掌管选举之事，他们所举用的都是清廉正直的人，虽然有显赫的名声但品行不佳的人，最终都不会被举用。他们拔举敦朴务实的人才，排斥浮华虚伪之徒，进用谦冲恭逊的人士，压抑结党营私之辈。于是当时的士人都以廉洁节俭自勉，即使是贵宠大臣，车乘服饰也不敢超越制度。地方县令长还朝者，常常蓬头垢面，身穿破旧的衣服，独自一人乘坐简陋的车子而行。军吏入府做事，都身穿朝服徒步而行。于是官员廉洁奉公于上，百姓风俗也焕然一新。曹操知道这种情况，叹息道："像这样任用人才，使天下的人都能自己约束自己，我还有什么可做的呢！"司马懿从小聪明通达，富有深谋大略。崔琰对司马朗说："您的弟弟聪慧睿哲，明智允正，刚健果断，英俊卓越，不是您所能及的。"曹操听说后辟举他入仕，司马懿自称有手足麻木之症，不肯应召。曹操发怒，准备逮捕他治罪，司马懿害怕，这才就职。曹操的小儿子曹仓舒去世，曹操极为悲伤痛惜。司空掾邴原有个女儿很早就亡故了，曹操想请求邴原使曹仓舒与他的女儿合葬，邴原推辞说："冥婚合葬，不符合礼法。邴原我所以能容身于明公您身侧，您所以这样接待我，是因为我能恪守经典而不随意改变的缘故。我如果听从您的命令就成了凡庸之人，您怎么能这样做呢！"曹操这才作罢。

朝廷任命马腾为卫尉。

朝廷任命马腾的儿子马超为偏将军，接替马腾掌管军队。

秋七月，曹操进攻刘表。　八月，曹操杀掉太中大夫孔融，灭掉他的家族。

融恃其才望，数戏侮曹操，又上书言："宜准古王畿之制，千里寰内不以封建诸侯。"操疑融所论建渐广，益惮之。融与御史大夫郗虑有隙，虑承操旨，奏："融昔在北海，招合徒众，欲规不轨。与孙权使语，谤讪朝廷。又与祢衡更相赞扬，衡谓'仲尼不死'，融答'颜回复生'，大逆不道。"操遂收融，并其妻子皆杀之。初，京兆脂习与融善，每戒融刚直太过，必罹世患。及融死，许下莫敢收者。习往抚尸曰："文举舍我死，吾何用生为！"操收习，欲杀之，既而赦之。

刘表卒。九月，操至新野，表子琮举州降。

初，刘表二子琦、琮。表为琮娶其后妻蔡氏之侄，蔡氏遂爱琮而恶琦。琦不自宁，与诸葛亮谋自安之术，亮不对。后乃与亮升楼，去梯，谓曰："今日上不至天，下不至地，言出子口，而入吾耳，可以言未？"曰："君不见申生在内而危，重耳居外而安乎？"琦意感悟。会黄祖死，琦求代其任，表乃以琦为江夏太守。表卒，琮嗣。未几，曹操军至，蒯越等曰："逆顺有大体，强弱有定势。以人臣而拒人主，逆道也。以新造之楚而御中国，必危也。且将军自料何如刘备？若备不足御曹公，则虽全楚不能以自存也。若足御曹公，则备不为将军下也。"琮从之。操至新野，琮举州降。操遂进兵。

孔融仗恃他的才能名望，数次戏弄、侮辱曹操，又上疏给汉献帝说："应该依照古代的王畿制度，在京师方圆千里之内不建立诸侯封国。"曹操恐怕孔融所谈论建议的范围会越来越广，对他更加忌惮。孔融与御史大夫郗虑有隔阂，郗虑秉承曹操的旨意上奏说："孔融从前在北海时，招聚徒众，想要图谋不轨。曾与孙权的使者交谈，诽谤朝廷。又与祢衡互相吹捧，祢衡说孔融是'仲尼不死'，孔融称祢衡是'颜回复生'，这是大逆不道。"曹操于是逮捕孔融，连同他的妻子儿女一起杀掉。当初，京兆人脂习与孔融关系很好，常常告戒他性情过于刚烈耿直，一定会带来祸患。及至孔融被杀，许都没人敢为他收尸。脂习前去抚摸着孔融的尸体说："孔文举你抛下我而去，我还活着干什么！"曹操逮捕脂习，想杀掉他，但随后又将他赦免。

刘表去世。九月，曹操率军进至新野，刘表的儿子刘琮献出荆州投降。

当初，刘表有两个儿子，刘琦和刘琮。刘表为刘琮娶其后妻蔡氏的侄女为妻，蔡氏于是喜爱刘琮而厌恶刘琦。刘琦心中不安，请诸葛亮为他谋求自全的办法，诸葛亮不回答。后来刘琦与诸葛亮共登高楼，并撤掉登楼的梯子，对诸葛亮说："现在上不接天，不下着地，话从你的口里说出，只进入我一个人的耳朵，可以说了吗？"诸葛亮说："你没有见到春秋时晋国的申生在国内被逼自杀，重耳在国外而获得平安吗？"刘琦心中恍然大悟。正巧这时黄祖死掉，刘琦请求接替他的职位，刘表于是任命他为江夏太守。刘表去世，刘琮继承他的职位。不久，曹操大军来到，蒯越等人对刘琮说："逆顺有根本的道理，强弱有一定的趋势。以臣子的身份去抗拒君主，这是叛逆的做法。凭借刚刚接手的荆州去抵御中原，一定会有危险。况且将军您自己估量一下，您比刘备怎么样？如果刘备不足以抵御曹操，那么即使保全了荆州，也无法来保全您自己。如果刘备足以抵御曹操，那么刘备就不会甘心居于将军之下了。"刘琮听从了他们的建议。曹操军至新野，刘琮率全州投降。曹操于是率军南进。

刘备奔江陵，操追至当阳，及之，备走夏口。

刘备屯樊，琮降而不以告备。久乃觉，则操已在宛矣，备乃大惊。或劝备攻琮，荆州可得，备曰："刘荆州临亡托我以孤遗，背信自济，死何面目以见刘荆州乎！"将其众去，过襄阳，呼琮，琮惧，不能起。琮左右及荆州人多归备。备过辞表墓，涕泣而去。比到当阳，众十余万人，辎重数千两，日行十余里，别遣关羽乘船会江陵。或谓备："宜速行保江陵，今拥大众，被甲者少，曹公兵至，何以拒之？"备曰："夫济大事必以人为本，今人归吾，吾何忍弃去！"琮将王威曰："曹操闻将军既降，刘备已走，必懈弛无备，轻行单进。若给威奇兵数千，徼之于险，操可获也。获操，即威震四海，非徒保守今日而已。"琮不纳。

操以江陵有军实，恐刘备据之，乃释辎重，将精骑急追之，及于当阳之长坂。备弃妻子，与诸葛亮、张飞、赵云等数十骑走。徐庶母为操所获，庶辞备，指其心曰："本欲与将军共图王霸之业者，以此方寸地也。今已失老母，方寸乱矣，无益于事，请从此别。"遂诣操。张飞拒后，据水断桥，瞋目横矛曰："身是张益德也，可来共决死！"操兵无敢近者。云抱备子禅，与关羽船会，得济沔，遇刘琦众万余人，与俱到夏口。

操进军江陵。

刘备逃奔江陵，曹操追击至当阳，将刘备追上，刘备逃往夏口。

刘备驻屯樊城，刘琮投降曹操却没有告知刘备。刘备过了很长时间才发觉，这时曹操军已进至宛县，刘备大吃一惊。有人劝刘备进攻刘琮，说那样可以得到荆州，刘备说："刘荆州牧临终时将遗孤托付给我，违背信义保全自己，我死后有什么脸去见刘州牧呢！"便率领自己的部众离去，路过襄阳，止军呼唤刘琮，刘琮恐惧而动弹不得。刘琮左右人等及荆州人士大多归附刘备。刘备到刘表的墓前祭奠拜别，落泪而去。等到行至当阳，刘备已有人众十余万人，辎重数千车，每日行走十余里，另派关羽乘战船到江陵去等他会师。有人对刘备说："您应该急速行军去保住江陵，现在拥有大批部众，但披甲能战的人少，曹操军一旦来到，您怎样抵敌？"刘备说："成就大事必定要以人为根本，现在人们来归附我，我怎么忍心抛弃他们而去！"刘琮部将王威说："曹操闻知将军已经投降，刘备已经逃走，一定会松弛无备，自己率很少军队轻装而进。如果您给我奇兵数千，在险阻之地截击，便可以捉住曹操。捉住曹操，便可威震四海，那就不仅仅是保守今天的现状而已了。"刘琮不肯采纳。

曹操因为江陵储有军用物资，恐怕刘备先去占据，便留下辎重，亲率精锐骑兵兼程追赶刘备，在当阳县的长坂追上刘备。刘备抛弃妻子儿女，与诸葛亮、张飞、赵云等几十人乘马逃走。徐庶的母亲被曹操抓获，徐庶向刘备告辞，指着自己的心说："本来想与将军一起成就霸王之业，是靠这方寸之地。现在失去老母，方寸已乱，对于您的大事已经没有什么用处，请从此告别。"便去投归了曹操。张飞断后，他依据河水，拆断桥梁，横矛立马，怒目圆睁，大呼说："我就是张益德，你们可以过来与我决一死战！"曹操军中没人敢近前交战。赵云抱着刘备的儿子刘禅赶上刘备，刘备等人与关羽的水师会合，得以渡过沔水，遇到刘琦与其部众一万余人，一同到了夏口。

曹军进军江陵。

曹操进军江陵，释韩嵩之囚，以为大鸿胪。初，袁绍在冀州，遣使迎汝南士大夫。西平和洽，以为冀州土平民强，英杰所利，四战之地，不如荆州土险民弱，易依倚也，遂从刘表。表以上客待之，洽曰："所以不从本初，辟争地也。昏世之主不可黩近，久而不去，谗慝将兴。"遂南之武陵。表辟刘望之为从事，而其友二人皆以谗诛，望之又以正谏不合，投传告归。弟廙谓曰："赵杀鸣犊，仲尼回轮。今兄既不能法柳下惠和光于内，则宜模范蠡迁化于外，坐而自绝于时，殆不可也。"望之不从，寻亦见害。廙奔扬州，于是操以洽、廙为掾属，从人望也。刘璋遣别驾张松致敬于操。松为人短小放荡。操已定荆州，走刘备，不存录松。松怨之，归，劝璋绝操，与刘备相结，璋从之。

冬十月朔，日食。　曹操东下，孙权遣周瑜、鲁肃等与刘备迎击于赤壁，大破之。操引还。

初，鲁肃言于孙权曰："荆州与国邻接，江山险固，沃野万里，士民殷富，若据而有之，此帝王之资也。今刘表新亡，二子不协，军中诸将，各有彼此。刘备天下枭雄，与操有隙，若与彼协心，上下齐同，则宜抚安，与结盟好。如有离违，宜别图之，以济大事。肃请得奉命吊表二子，并慰劳其军中用事者。及说备使抚表众，同心一意，共治曹操，备必喜而从命。如其克谐，天下可定也。今不速往，恐为操

曹操进军江陵，从狱中释放出韩嵩，任命他为大鸿胪。当初，袁绍在冀州，派遣使者去迎请汝南的士大夫。西平人和洽认为冀州地势平坦，百姓强悍，是豪杰所争夺的地方，四面都容易遭受攻击，不如荆州地势险要，百姓懦弱，易于依傍安身，于是到荆州投靠刘表。刘表用对待上等宾客的礼节接待他，和洽说："我之所以不去追随袁绍，是为了避开兵家争夺之地。对昏庸的君主不能随便亲近，时间长了还不离去，便会被奸佞之徒进谗言陷害。"便南行到了武陵。刘表辟举刘望之为从事，但他的两个朋友都因遭陷害被杀，刘望之又因自己的正确进谏不被采纳，弃官归家。刘望之的弟弟刘廙对他说："从前赵简子杀掉窦鸣犊，孔子中途返回，不再前往晋国。现在兄长既然不能效法柳下惠与世沉浮，随遇而安，便应该仿效范蠡那样迁身于外，自谋他途，端坐不动自绝于当政者，恐怕不行。"刘望之不听，不久也被刘表杀掉。刘廙逃奔扬州，于是曹操任用和洽、刘廙为掾属，以顺从人心。刘璋派遣别驾张松去见曹操，表示敬意。张松为人身材矮小，行为放荡。当时曹操已经占领荆州，赶走刘备，不再对张松表示关怀，也没录用他任职。张松心中怨恨，回去后，劝刘璋与曹操断绝来往，与刘备结好，刘璋听从。

冬十月初一，出现日食。　曹操率军东下，孙权派遣周瑜、鲁肃等人与刘备在赤壁一同迎击曹操，大破其军。曹操领军退回。

当初，鲁肃向孙权进言说："荆州与我境相接，境内有长江山峦，地形险固，沃野千里，百姓富足，如果能据有它，那是开创帝王之业的凭据。现在刘表刚去世，两个儿子不和睦，军中众将也都各有凭依，相互对立。刘备是天下的英雄，与曹操有仇隙，如果他与刘表的儿子齐心协力，上下一致，我们便应该用安抚的办法，与他们结盟交好。如果他们之间离心离德，那就应该另做打算，谋取荆州，以成就大事。我请求奉您之命去向刘表的两个儿子去吊丧，并慰劳荆州军中掌有实权的人。并劝说刘备，使他安抚刘表的军队，同心一意，共抗曹操，刘备一定会很高兴地接受。如果能够成功，就能平定天下。如果不赶紧前去，恐怕会被曹操

所先。”权即遣肃行。

到夏口，闻操已向荆州，晨夜兼道，比至南郡，而琮已降，肃遂逐备于当阳长坂。宣权旨，致殷勤之意，且曰：“孙讨虏聪明仁惠，敬贤礼士，江表英豪，咸归附之。已据有六郡，兵精粮多，足以立事。今为君计，莫若遣腹心自结于东，以共济世业。”备甚悦。肃又谓诸葛亮曰：“我，子瑜友也。”即共定交。子瑜者，亮兄瑾也，为权长史。备进住樊口。

操将顺江东下，亮谓备曰：“事急矣，请奉命求救于孙将军。”遂与肃俱诣孙权，见于柴桑，说曰：“海内大乱，将军起兵江东，刘豫州收众汉南，与曹操并争天下。今操芟夷大难，略已平矣，遂破荆州，威震四海。英雄无用武之地，故豫州遁逃至此，愿将军量力而处之。若能以吴、越之众与中国抗衡，不如早与之绝；若不能，何不按兵束甲，北面而事之！今将军外托服从之名而内怀犹豫之计，事急而不断，祸至无日矣。”权曰：“苟如君言，刘豫州何不遂事之乎？”亮曰：“田横，齐之壮士耳，犹守义不辱，况刘豫州王室之胄，英才盖世，众士慕仰，若水之归海。若事之不济，此乃天也，安能复为之下乎！”权勃然曰：“吾不能举全吴之地，十万之众，受制于人，吾计决矣！非刘豫州莫可以当曹操者，然豫州新败，安能抗此难乎？”亮曰：“豫州军虽败于长坂，今战士还者及关羽水军精甲万人，刘琦合江夏战士，亦不下万人。曹操之众，远来疲敝，闻追豫州，轻骑一日一

抢先动手。”孙权便派遣鲁肃动身前往荆州。

鲁肃行至夏口，听说曹操已率大军向荆州进发，便日夜兼程赶往荆州，等他进至南郡时，刘琮已经投降，鲁肃于是到当阳县的长坂迎候刘备。鲁肃向刘备陈说了孙权的意图，又向刘备表示敬意和关心，并且说：“孙将军聪明仁惠，敬重礼待贤能之人，江南的英雄豪杰，都已归附了他。现在他已占有六郡之地，兵精粮足，足以成就大事。现在为您考虑，不如派遣心腹之人去与孙将军交结，以便共同救助天下。”刘备听后甚为高兴。鲁肃又对诸葛亮说：“我是诸葛子瑜的朋友。”于是互相结为好友。诸葛子瑜，是诸葛亮的兄长诸葛瑾，时为孙权的长史。刘备进驻樊口。

曹操将要顺长江东下，诸葛亮对刘备说：“事情很紧急了，请让我奉您的命令去向孙将军求救。”于是与鲁肃一同去见孙权。诸葛亮在柴桑见到孙权，劝他说：“海内大乱，将军在江东起兵，刘州牧在汉水以南聚集部众，与曹操共争天下。现在曹操铲削群雄，差不多已经平定，于是攻破荆州，威震天下。英雄已经没有用武之地，所以刘州牧逃到这里，希望将军度量自己的力量来决定对策。如果您能用江东的兵众与中原曹操的军队相抗衡，不如及早与曹操断绝来往；如果不能的话，您何不放下兵器捆束铠甲，向他称臣投降呢！现在您表面上有服从他的名义，内心却犹豫不决，事情紧急而不做决断，大祸很快就要临头了。”孙权说：“如果像您说得那样，刘州牧为什么不向曹操称臣投降呢？”诸葛亮说：“田横，不过是齐国的一个壮士，尚且能坚守志义不肯屈辱投降，何况刘州牧是皇室后裔，英才盖世，众多士人仰慕他，如同水流向大海一样。倘若事情不能成功，那是天意，怎么能再做曹操的臣下呢！”孙权勃然大怒，说：“我不能拿整个吴地和十万将士去受制于人，我的主意已定！除了刘州牧，没有人可以与曹操抗衡，但刘州牧刚遭失败，怎么能抵抗得了这么强大的敌人呢？”诸葛亮说：“刘州牧虽然兵败于长坂，但现在回来的将士及关羽的水军共有精兵一万人，刘琦召集江夏的将士，也不少于一万人。曹操的军队远道而来，疲惫不堪，听说他追赶刘州牧时，轻装骑兵一昼

夜行三百余里，此所谓‘强弩之末，势不能穿鲁缟’者也。故兵法忌之，曰‘必蹶上将军’。且北方之人，不习水战，又荆州之民附操者，逼兵势耳，非心服也。今将军诚能命猛将统兵数万，与豫州协规同力，破操军必矣。操军破，必北还。如此，则荆、吴之势强，鼎足之形成矣。成败之机，在于今日！”权大悦。

时操遗权书曰：“近者奉辞伐罪，刘琮束手。今治水军八十万众，方与将军会猎于吴。”权以示群下，莫不失色。张昭等曰：“曹公，豺虎也，挟天子以征四方，拒之不顺。且将军大势可以拒操者，长江也。今操得荆州水军，蒙冲、斗舰乃以千数，浮以沿江，水陆俱下。此为长江之险已与我共之矣，而势力众寡又不可论。愚谓大计不如迎之。”鲁肃独不言。权起更衣，肃追于宇下，权知其意，执肃手曰：“卿欲何言？”肃曰：“向察众人之议，专欲误将军，不足与图大事。今肃可迎操耳，如将军不可也。何以言之？今肃迎操，操当以肃还付乡党，品其名位，犹不失下曹从事，乘犊车，从吏卒，交游士林，累官故不失州郡也。将军迎操，欲安所归乎？愿早定大计，莫用众人之议也。”权叹息曰：“诸人持议，甚失孤望。今卿廓开大计，正与孤同。”

时周瑜受使至番阳，肃劝权召瑜还。瑜至，谓权曰：“操虽托名汉相，实汉贼也。将军以神武雄才，兼仗父兄之

夜走了三百余里路，这正是所说的'强弩发出去的箭，在射程末了时，连鲁国的薄绢也穿不透'。所以兵法上忌讳这种做法，说这样做'一定会损伤上将军'。况且北方之人，不熟习水战，此外荆州归附曹操的百姓，不过是被曹操的大军所逼迫，并不是从心里服从。现在将军如果能命令猛将率领将士数万，与刘州牧同心协力，一定可以击败曹操的军队。曹军失败，一定会退回北方。这样，荆州、吴地的势力就会增强，天下鼎足三分的形势就形成了。事情成败的关键，就在今天！"孙权听后非常高兴。

这时，曹操给孙权送去书信说："最近我奉天子之命讨伐罪臣，刘琮束手归降。现在统领水军八十万，将与将军在吴地一同打猎。"孙权将曹操的书信拿给众僚属观看，众人无不惊惶失色。张昭等人说："曹操这个人就像豺虎一样，他挟天子以征讨四方，如果抵抗他，在名义上就是不顺从朝廷。况且将军在形势上可以用来抗拒曹操的，是长江天险。现在曹操得到荆州水军，拥有的蒙冲、斗舰数以千计，用这些战船浮江而进，与步军配合，水陆俱下。这就是说，曹操已经和我们共同占有长江天险，而双方的实力强弱，又根本无法相提并论。我们认为最好还是投降曹操。"只有鲁肃一言不发。孙权起身更衣，鲁肃追至屋檐下，孙权知道鲁肃的意思，拉住他的手说："你想说什么？"鲁肃说："我琢磨众人的议论，只是想耽误将军，不值得与他们商议大事。现在我鲁肃可以投降曹操，像将军这样的人却不可以。为什么这样说呢？如果我投降曹操，他将会把我送交乡里父老，品评我的名位，还可以做一个下曹从事，可以乘坐牛车，携带随从，与士大夫们交结游乐，经过多年迁升，也还能当上州郡的地方官。但如果将军投降曹操，是想到哪里去安身呢？希望您早定大计，不要听信众人的议论。"孙权感叹地说："众人所持的意见，很让我失望。现在你阐明了国家大计，正与我一样。"

当时周瑜接受命令到番阳办事，鲁肃劝谏孙权召回周瑜。周瑜回来后，对孙权说："曹操虽然假借汉朝丞相的名义，但其实他是汉朝的贼臣。将军以自己的神武雄才，再加上凭据父兄的

烈，割据江东，地方数千里，兵精足用，英雄乐业，当横行天下，为国家除残去秽，况操自送死，而可迎之邪！请为将军筹之：今北土未平，马超、韩遂为操后患。而操舍鞍马，仗舟楫，与吴越争衡。又今盛寒，马无稿草，驱中国士众远涉江湖之间，不习水土，必生疾病。此数者用兵之患也，而操皆冒行之，将军禽操，宜在今日。瑜请得精兵数万人，进住夏口，保为将军破之！"权曰："老贼欲废汉自立久矣，徒忌二袁、吕布、刘表与孤耳，今数雄已灭，惟孤尚存。孤与老贼势不两立。君言当击，甚与孤合，此天以君授孤也。"因拔刀斫前奏案曰："诸将吏敢复有言当迎操者，与此案同！"乃罢会。

是夜，瑜复见权曰："诸人徒见操书言水步八十万而各恐惧，甚无谓也。今以实校之，彼所将中国人不过十五六万，且已久疲。所得表众亦极七八万耳，尚怀狐疑。夫以疲病之卒御狐疑之众，众数虽多，甚不足畏。瑜得精兵五万，自足制之，愿将军勿虑。"权抚其背曰："公瑾，卿言至此，甚合孤心。子布、元表各顾妻子，深失所望，独卿与子敬与孤同耳，此天以卿二人赞孤也。五万兵难卒合，已选三万人，船粮战具俱办，卿与子敬、程公便在前发，孤当续发人众，多载资粮，为卿后援。"遂以周瑜、程普为左右督，与备并力逆操。以鲁肃为赞军校尉，助画方略。

基业，割据江东地区，地方数千里，将士精锐足用，英雄豪杰乐于效力，应当横行天下，为国家除去奸佞，何况曹操自己前来送死，却可以投降他吗！请让我为将军分析一下：现在北方尚未平定，马超、韩遂是曹操的后患。而曹操舍弃鞍马，依靠舟船，来与我们江东人较量。现在又正当严寒季节，马匹没有草料，驱使中原地区的士众远途跋涉来到江湖多水的地区，不服水土，一定会生疾病。这几点是用兵的大忌，但曹操却贸然犯此多处忌讳，将军擒获曹操，应该就在今天了。周瑜我请求带领精兵数万人，进驻夏口，保证为将军打败曹操！"孙权说："曹操老贼想废掉汉帝自己篡位已经很久了，只是顾忌二袁、吕布、刘表和我罢了，现在这几位英雄都已被灭，只剩下我还在。我与老贼势不两立。你说应该迎击他，与我的心意非常一致，这是上天将你赐给了我。"于是拔刀砍面前的奏案说："众将吏有再敢说应该投降曹操的，就与这个案子一样。"于是散会。

这天夜里，周瑜又去见孙权说："众人只见到曹操书信中说有水、步军共八十万便各自心怀恐惧，很没有道理。现在根据实际情况核算一下，曹操所统率的北方将士不过十五六万，而且早已疲惫不堪。所得到的刘表部众至多也就七八万，对他尚怀有疑虑之心。曹操凭借疲惫的将士驾御心怀疑虑的兵众，人数虽多，却一点儿也不值得害怕。周瑜我只要得到精兵五万，就可以击败曹军，希望将军不要多虑。"孙权拍着周瑜的后背说："周公瑾，你的话说到这儿，非常合我的心思。张子布、秦文表等人只是各自关心他们的妻子儿女，非常让我失望，只有你和鲁子敬与我的心思相同，这是上天派你们两个人来帮助我。五万精兵一时难以集结，我已选好三万精兵，舟船粮草及兵甲战具都已齐备，你与鲁子敬、程普领军先行，我将继续集结兵马，多多载运物资粮草，做你的后援。"于是孙权任命周瑜、程普为左右督，率军与刘备合力迎击曹军。任命鲁肃为赞军校尉，协助筹划作战方略。

刘备望见瑜船，乘单舸往见瑜，问："战卒有几？"瑜曰："三万人。"备曰："恨少。"瑜曰："此自足用，豫州但观瑜破之。"备深愧喜。

进，与操遇于赤壁。时操军已有疾疫。初一交战，操军不利，引次江北。瑜等在南岸，瑜部将黄盖曰："今寇众我寡，难与持久。操军方连船舰，首尾相接，可烧而走也。"乃取蒙冲斗舰十艘，载燥荻、枯柴，灌油其中，裹以帷幕，上建旌旗，豫备走舸，系于其尾。先以书遗操，诈云欲降。时东南风急，盖以十舰最著前，中江举帆，余船以次俱进。操军吏士皆出营立观，指言盖降。去北军二里余，同时发火，火烈风猛，船往如箭，烧尽北船，延及岸上营落。顷之，烟炎张天，人马烧溺死者甚众。瑜等率轻锐继其后，雷鼓大进，北军大坏。操引军走，遇泥泞，道不通，悉使羸兵负草填之，蹈藉死者甚众。天又大风，刘备、周瑜水陆并进，追至南郡。操军死者太半，操乃留曹仁守江陵，乐进守襄阳，引军北还。

甘宁径进取夷陵，守之。益州将袭肃举军降，瑜以肃兵益吕蒙。蒙盛称："肃有胆用，且慕化远来，于义宜益，不宜夺也。"权善其言，还肃兵。曹仁围甘宁，蒙谓瑜曰："留凌公绩于江陵，蒙与君行，解围释急，势亦不久。蒙保公绩能十日守也。"瑜从之，大破仁兵于夷陵，于是将士形势自倍。瑜乃渡江，屯北岸，与仁相拒。

刘备望见周瑜的水师，单独乘坐一只战船去见周瑜，问周瑜："有多少将士？"周瑜说："三万人。"刘备说："可惜少了些。"周瑜说："这已足够使用，您只看我破敌就是了。"刘备很惭愧又高兴。

周瑜率军前进，在赤壁与操军相遇。当时曹军中已发生瘟疫。两军刚一交战，曹军失利，退至长江北岸。周瑜屯军长江南岸，部将黄盖说："现在敌众我寡，难于与之长久相持。曹军现在正把战船连在一起，首尾相接，可以用火攻，赶走曹军。"于是选用蒙冲斗舰十艘，上边载以干草、枯柴，并在柴草上浇灌上油，外面裹上帷幕，船上插树旌旗，并预备好轻快快船，系在大船之后，以备船上将士在火起后撤退。黄盖先写信给曹操，假称要投降曹军。当时东南风正急，黄盖将十艘战船排列在前面，到江心时升起船帆，其余船只在后依次而进。曹军将士都走出营寨站在那里观看，指着船队说是黄盖来降。黄盖船队到离曹军二里余远时，十艘战船同时点火，火烈风猛，船像箭一样向前疾行，将曹军的战船全部点燃烧尽，大火蔓延到岸上营寨。顷刻之间，烟火满天，曹军人马被火烧及淹死的不计其数。周瑜等人率领轻装精兵继黄盖之后进军，战鼓震天，将士奋勇向前，曹军大败。曹操率军退走，路遇泥泞，道路不通，曹操命令全部的老弱残兵背负柴草垫路，互相践踏而死者甚众。当时天又刮起大风，刘备、周瑜率军水陆并进，追击曹军直至南郡。曹军死伤大半，曹操于是留下曹仁镇守江陵，乐进镇守襄阳，自己领军北还。

甘宁率部直进，攻取夷陵，据城防守。益州将领袭肃率部投降，周瑜将袭肃带来的军队补充给吕蒙。吕蒙极力称赞袭肃，说："袭肃有胆识才干，而且是仰慕德化远来归顺，从道义上说，应该给他补充将士，不应该削夺他的兵力。"孙权认为吕蒙说得很对，将军队还给了袭肃。曹仁围攻甘宁，吕蒙对周瑜说："可以留下凌公绩在江陵，吕蒙我与您一起去救甘宁，解除围困排释危急，也用不了很长时间。我保证凌公绩能坚守十天。"周瑜听从了他的建议，在夷陵大破曹仁，于是全军将士士气倍增。周瑜渡过长江，驻屯北岸，与曹仁相峙。

十二月，孙权围合肥。　刘备徇荆州江南诸郡，降之。

刘备表刘琦为荆州刺史，引兵南徇武陵、长沙、桂阳、零陵，皆降。庐江营帅雷绪率部曲数万口归备。备以诸葛亮为军师中郎将，督诸郡赋税以充军实。

孙权使其将贺齐讨黟贼，平之。

丹阳黟贼帅陈仆等二万户屯林历山，四面壁立。齐募轻捷士，夜于隐处以铁戈拓山而上，县布以援下人，得上者百余人，分布四面，鸣鼓角，贼守路者皆惊走，还。大军上攻破之。以其地为新都郡，齐为太守。

十二月，孙权围攻合肥。　刘备攻取荆州的江南诸郡，迫使他们投降。

刘备上表推荐刘琦为荆州刺史，率军南进，攻取武陵、长沙、桂阳、零陵四郡，四郡都来投降。庐江营帅雷绪率部曲数万人归降刘备。刘备任命诸葛亮为军师中郎将，命他征收诸郡赋税，以充作军用物资。

孙权命令部将贺齐讨伐黟县的盗贼，贺齐将其平定。

丹阳黟县的盗贼首领陈仆等两万户人屯据林历山，林历山四面都是悬崖峭壁。贺齐招募身体轻巧敏捷的壮士，命他们在夜间用铁戈掘山攀登至山上，然后放下布绳，使下边的人攀援而上，先后上去一百多人，四面分散，鸣响鼓角，扼守山路的盗贼听到鼓角声，都惊慌逃走，返回营寨。贺齐大军乘机攻上山顶，大破陈仆等人。孙权在当地设置新都郡，任命贺齐为新都太守。

资治通鉴纲目卷十四

起己丑(209)汉献帝建安十四年,尽丁未(227)汉后主建兴五年。凡一十九年。

己丑(209)　建安十四年

春三月,孙权引兵还。

孙权围合肥,久不下。率轻骑欲身往突敌,长史张纮谏曰:“夫麾下恃盛壮之气,忽强暴之虏,三军之众莫不寒心。虽斩将搴旗,威震敌场,此乃偏将之任,非主将之宜也。愿抑贲、育之勇,怀霸王之计。”权乃止。操遣兵救合肥,久而不至。扬州别驾蒋济诈言救至,遣使赍书语城中,权军获之,遂引兵还。

秋七月,曹操军合肥,开芍陂屯田。　冬十月,荆州地震。　十二月,操军还谯。

操留张辽、乐进、李典屯合肥而还。辽军中尝有谋反者,夜惊乱起火,一军尽扰。辽曰:“是不一军尽反,必有造变者,欲以惊动人耳。”乃令军中其不反者安坐。辽将亲兵数十人中陈而立,俄顷皆定,即得首谋者杀之。

孙权表刘备领荆州牧。

周瑜攻曹仁岁余,所杀伤甚众,仁委城走。权以瑜领南郡太守,屯江陵;程普领江夏太守,治沙羡;吕范领彭泽太守;吕蒙领寻阳令。刘备表权行车骑将军,领徐州牧。

己丑(209)　汉献帝建安十四年

春三月，孙权统率大军返回。

孙权包围合肥，很久没有攻下。孙权率领轻骑将要亲自突击敌人，长史张纮规劝说："将军凭着锐气，轻视强横凶暴的敌人，使得全军上下没有人不胆颤心惊。即使能斩杀敌将，拔取战旗，威震敌军，但这是偏将的责任，不是主将所应该做的事情。希望您控制一下孟贲、夏育的勇气，而心怀争霸天下的王者谋略。"孙权这才停止出击。曹操派兵解救合肥，很长时间没有赶到。扬州别驾蒋济假称救兵到达，派信使送信告诉城中守将，孙权的军队获得这封信，于是率领大军撤走。

秋七月，曹操的军队驻屯合肥，开发芍陂的水利设施屯田。冬十月，荆州地震。　十二月，曹操的军队返回谯县。

曹操留下张辽、乐进、李典驻屯合肥，自己率军返回。张辽军中曾经有人谋反，夜里惊慌起火，全军被干扰。张辽说："这不是全军都谋反，定是有人发动事变，想惊动他人。"于是命令没有谋反的人安心坐下。张辽带领几十个随身护卫的士兵在营垒的中央站立，不久都安定了下来，立即找到主谋杀掉。

孙权上表朝廷，推荐刘备兼任荆州牧。

周瑜围攻曹仁已经一年有余，杀伤曹军很多，曹仁于是弃城而走。孙权任命周瑜兼任南郡太守，屯据在江陵；程普兼任江夏太守，设官署在沙羡；吕范兼任彭泽太守；吕蒙兼任寻阳县令。此外，刘备还上表朝廷，推荐孙权代理车骑将军，兼任徐州牧。

会刘琦卒，权以备领荆州牧，周瑜分南岸地以给备。备立营于油口，改名公安。权以妹妻备。妹才捷刚猛，有诸兄风，侍婢百余人，皆执刀侍立，备每入，心常凛凛。

曹操密遣辩士蒋幹，布衣葛巾私行说周瑜。瑜出迎，立谓之曰："子翼良苦，远涉江湖，为曹氏作说客邪？"因延幹与周观营中，行视仓库、军资、器仗讫，还饮宴，示之侍者服饰珍玩之物。因谓幹曰："丈夫处世，遇知己之主，外托君臣之义，内结骨肉之恩，言行计从，祸福共之，假使苏、张更生，能移其意乎？"幹但笑，终无所言。还白操，称瑜雅量高致，非言辞所能间也。

庚寅(210)　十五年

春，曹操下令求才。

掾和洽言于操曰："天下之人，材德各殊，不可以一节取也。俭素过中，自以处身则可，以此格物，所失或多。今朝廷之议，吏有著新衣、乘好车者，谓之不清；形容不饰、衣裘敝坏者，谓之廉洁。至令士大夫故污辱其衣，藏其舆服；朝府大吏，或自挈壶飧以入官寺。夫立教观俗，贵处中庸，为可继也。今崇一概难堪之行，以检殊涂，勉而为之，必有疲瘁，而或容隐伪矣。"操善之，下令曰："孟公绰为赵、魏老则优，不可以为滕、薛大夫。若必廉士而后可用，则齐桓

适逢刘琦去世,孙权使刘备兼任荆州牧,周瑜把长江以南的地区分给刘备。刘备在油口设立军营,改名公安。孙权把妹妹嫁给刘备。孙权的妹妹才思敏捷,性情刚强勇猛,有她的兄长们的风范,她的侍婢一百多人,都持刀在旁边站着侍候,刘备每次进入她的房间,心里常常恐惧不安。

曹操秘密派遣辩士蒋幹,穿上平民穿的布衣,戴上葛布制成的头巾,私下拜访并劝说周瑜。周瑜出来迎接,站着对他说:"蒋子翼,你实在是很辛苦,涉水远道而来,是为曹操做说客吗?"于是邀请蒋幹与他一同参观军营,巡视仓库、军用物资和武器装备以后,回来设宴招待蒋幹,让蒋幹看他的侍女、服装、饰品和各种珍贵的玩物。趁机对蒋幹说:"大丈夫活在世上,遇到知己的君主,外表上有君臣的关系,内心却结骨肉之情,言听计从,有福共享,有难同当,即使苏秦、张仪复生,能改变他们的心意吗?"蒋幹只是笑笑,始终没有什么话可说。他回来禀告曹操,称赞周瑜胸襟宽广,志向高远,不是言语所能挑拨离间的。

庚寅(210) **汉献帝建安十五年**

春天,曹操下令求取人才。

丞相掾和洽对曹操说:"天下的人,才能和品德各不相同,不能用同一个标准来选取人才。过分的节俭朴素,如果是用来要求自己是可以的,但用来约束别人,或许就会出现很多失误。当今朝廷上的舆论是,官吏中穿新衣服、乘好车的人,被称作不清廉;而容貌不修饰、衣服破旧的人,被称为廉洁。致使士大夫故意弄脏自己的衣服,收藏起车子、服饰;朝廷各官府的高级官员,有的自己带着饭罐到官府上班。树立典范来供人效仿,最好采取中庸之道,才能继续。如今一概崇尚使人难以忍受的行为,用它来约束不同阶层的人士,勉强施行,必定会疲惫不堪,而且有时会包藏虚伪。"曹操认为很好,下令说:"以前,孟公绰做赵、魏贵族家庭的家臣首领,才力有余,但不能胜任滕、薛这样的小国的大夫的职责。如果必须是清廉的人才能任用,那么,齐桓公

其何以霸世？二三子其佐我明扬仄陋，惟才是举，吾得而用之。”

二月朔，日食。　冬，曹操作铜爵台于邺。　十二月，操让还三县。

操下令曰：“孤始举孝廉，自以本非岩穴知名之士，恐为人所凡愚，欲好作政教以立名誉，故在济南，除残去秽，平心选举。以是为强豪所忿，恐致家祸，故以病还乡里。乃于谯东五十里筑精舍，欲秋夏读书，冬春射猎。为二十年规，待天下清乃出仕耳。然不能得如意，征为典军校尉，意遂更欲为国家讨贼立功，使题墓道言：‘汉故征西将军曹侯之墓。’此其志也。遭值董卓之难，兴举义兵；破降黄巾；又讨击袁术；摧破袁绍，枭其二子；复定刘表，遂平天下。身为宰相，人臣之贵已极，意望已过矣。设使国家无有孤，不知当几人称帝，几人称王？或者见孤强盛，妄相忖度，言有不逊之志，每用耿耿。然欲孤便尔委兵归国，实不可也。何者？诚恐离兵为人所祸，既为子孙计，又己败则国家倾危，是以不得慕虚名而处实祸也！然封兼四县，食户三万，何德堪之？今上还阳夏、柘、苦三县，户二万，但食武平万户，且以分损谤议，少减孤之责也。”

孙权南郡守将周瑜卒，权以鲁肃代领其兵。

刘表故吏士多归刘备，备以周瑜所给地少，不足以容其众，乃自诣孙权，求都督荆州。瑜上疏曰：“刘备以枭雄

又怎么能称霸于世？大家要帮助我举用出身卑微的人，只要有才能就推举上来，让我能够任用他们。”

二月初一，日食。　冬季，曹操在邺城修建铜爵台。　十二月，曹操归还三个县给朝廷。

曹操下令说：“我最初被推举为孝廉时，自己认为本来不是隐居深山的知名人士，担心被人看作平庸无能，准备好好处理政务、推行教化来树立名誉，所以在济南国做国相时，铲除凶残邪恶势力，公平地选拔人才。由于这样而被地方豪强憎恨，自己担心给家庭招来灾祸，因此以生病为借口，回到乡里。就在谯县县城以东五十里的地方修建书房，准备秋夏两季读书，冬春两季射猎。做二十年的计划，等天下太平以后才出来做官。可是我未能如愿，被朝廷征召为典军校尉，于是改变主意，想为国家讨贼立功，使墓碑上题上：‘汉故征西将军曹侯之墓’。这就是我的志向。然而遭逢董卓之乱，我兴举义兵；打败黄巾军，迫使他们投降；又讨伐袁术；击败袁绍，杀了他的两个儿子悬头示众；再平定刘表，于是使天下太平。我身为宰相，作为臣子已达到显贵的极点，也已经超出了我的愿望。假使国家没有我，不知该有几个人称帝，几个人称王？或许有人看到我势力强盛，胡乱猜测，说我有篡位的野心，每每想到这些，便会忧心忡忡。然而想要我就这样放弃军队返回封地，实在是不可能的。为什么呢？我的确害怕离开军队便被人陷害，既是为我的子孙考虑，又由于自己失败会使国家倾危，因此，我不能仰慕虚名而遭受实际的灾祸。可是我的封地总共四个县，可以收取三万户百姓的租税，我的品德怎么能配得上呢？今天，我把阳夏、柘、苦三县的二万户封地还给朝廷，只收取武平的一万户百姓的租税来生活，姑且以此来减少对我的诽谤议论，也稍微减轻我的责任。”

孙权的南郡守将周瑜去世，孙权任命鲁肃接替周瑜统率军队。

刘表过去的部属大部分归附了刘备，刘备因为周瑜分给他的土地太少，不足以容纳他的部下，就自己去见孙权，请求把荆州交给自己统管。周瑜上书说：“刘备可以称得上是一代枭雄，

之姿，而有关羽、张飞熊虎之将，必非久屈为人用者。谓宜徙备置吴，盛为筑宫，多其美女玩好，以娱其耳目。而分羽、飞各置一方，使如瑜者得挟与攻战，大事可定也。今猥割土地以资业之，聚此三人俱在疆埸，恐蛟龙得云雨，终非池中物也。”权不从。备还，乃闻之，叹曰：“天下智谋之士，所见略同。前时孔明谏孤莫行，其意亦虑此也。”

瑜诣京见权曰：“今曹操新败，忧在腹心，未能与将军连兵相事也。乞与奋威俱进，取蜀而并张鲁，因留奋威固守其地，与马超结援。瑜还与将军据襄阳以蹙操，北方可图也。”权许之。奋威者，权从弟瑜也。

周瑜还治行装，道病困，与权笺曰：“修短命矣，诚不足惜。但恨微志未展，不复奉教命耳。今曹操在北，疆埸未静，刘备寄寓，有似养虎。此朝士旰食之歌，至尊垂虑之日也。鲁肃忠烈，临事不苟，可以代瑜。倘所言可采，瑜死不朽矣。”卒于巴丘。权闻之，哀恸曰：“公瑾有王佐之资，今忽短命，孤何赖哉？”自迎其丧于芜湖。为子登娶其女，而以女妻其子循、胤。

初，瑜见友于孙策，太夫人又使权以兄奉之。时诸将、宾客为礼尚简，而瑜便执臣节。程普以年长，数陵侮瑜，瑜折节下之，终不与校。普后自敬服，乃告人曰：“与公瑾交，

而且拥有关羽、张飞这些熊虎一样的猛将，肯定不是长久屈居而为人所用的人。我认为应该迁走刘备，把他安置在吴郡，大兴土木，为他修建宫室，多给他输送美女和赏玩嗜好的物品，来使他的耳目沉迷。同时把关羽、张飞二人分开，各驻一个地方，使像我周瑜这样的将领能统率他们攻战，天下大事就可以安定了。如今滥割土地给他作资本，把这三人都聚在疆埸，恐怕如同蛟龙获得云和雨，终究不会留在池中了。”孙权没有听从他的意见。刘备回到公安，就听说这件事，叹息说：“天下的智谋之士，所见略同。那时孔明劝我不要去，他的意思也是担心这样的事。”

周瑜到京口拜见孙权说：“如今曹操刚刚失败，担心内部有人谋反，不能同将军一同用兵打仗。我恳请与奋威将军一起进军，攻取蜀地，吞并张鲁，趁此留下奋威将军牢固地守卫这片土地，与马超结成联盟。我回来与将军据守襄阳，紧逼曹操，北方就可以谋取了。”孙权同意了他的计划。奋威将军，指的是孙权的堂弟孙瑜。

周瑜回去准备行装，在途中病情加重，给孙权写信说：“我的生命短暂，实在不值得惋惜。我只恨心中微小的志向没有实现，再也不能接受您的命令了。如今曹操在北方，疆埸尚未平静，刘备寄居荆州，好像家中养了一只老虎。这正是臣子们勤于政事之时，也是您思虑谋划之日。鲁肃为人忠烈，临事不苟，可以来接替我。倘若我的建议可以被采纳，我就死而不朽了。”周瑜在巴丘去世。孙权听到这个消息，非常悲伤地说：“周瑜有辅佐帝王的才能，如今突然短命而死，我依赖谁呢？”孙权亲自到芜湖迎接周瑜的灵柩。为自己的儿子孙登娶周瑜的女儿为妻，而把自己的女儿嫁给周瑜的儿子周循、周胤。

起初，周瑜是孙策的好朋友，太夫人又让孙权把周瑜当成兄长来尊敬。当时，孙权部下的各位将领和宾客对孙权的礼节还比较简单，而周瑜便以臣属的礼节事奉孙权。程普凭着年长，好几次凌辱周瑜，而周瑜却降低身份对待他，始终没有与他计较。后来，程普敬重、佩服周瑜，于是告诉别人说：“与周公瑾交往，

若饮醇醪，不觉自醉。”权以肃代瑜，肃劝权以荆州借刘备，与共拒曹操，权从之。

初，权谓吕蒙曰：“卿今当涂掌事，不可不学。”蒙辞以军中多务。权曰：“孤岂欲卿治经为博士邪！但当涉猎，见往事耳。卿言多务，孰若孤？孤常读书，自以为大有所益。”蒙乃始就学。及肃过寻阳，与蒙议论，大惊曰：“卿今者才略，非复吴下阿蒙。”蒙曰：“士别三日，即更刮目相待，大兄何见事之晚乎！”肃遂拜蒙母，结友而去。

刘备以庞统为治中从事。

刘备以庞统守耒阳令，不治，免官。肃遗备书曰：“士元非百里才也，使处治中、别驾之任，始当展其骥足耳。”诸葛亮亦言之。备与善谭，大器之，遂用统为治中，亲待亚亮，并为军师中郎将。

孙权以步骘为交州刺史。

初，士燮为交阯太守，表其三弟领合浦、九真、南海太守。燮体器宽厚，中国士人多往依之。雄长一州，震服百蛮。而交州刺史张津好鬼神事，常著绛帕头，读道书，为其将所杀。至是权以骘为刺史。燮率兄弟奉承节度，遣子入质。由是岭南始服于权。

辛卯（211）　十六年

春正月，曹操以其子丕为五官中郎将，为丞相副。三月，遣钟繇击张鲁。　马超、韩遂等反，秋，操击破之。

就像喝醇厚的美酒，自己就醉了。”孙权任命鲁肃接替周瑜，鲁肃劝孙权把荆州借给刘备，与刘备共同抵御曹操，孙权采纳了他的建议。

起初，孙权对吕蒙说：“你现在位居要职，执掌要事，不能不学习。”吕蒙推辞说军中事务多，无暇学习。孙权说：“我难道是要你研究经学，去做博士吗！我只是要你浏览书籍，了解历史罢了。你说事务繁多，那么谁像我这样忙？我经常读书，自以为大有裨益。”于是吕蒙开始读书。等到鲁肃经过寻阳时，与吕蒙交谈，非常吃惊地说：“如今你的才略比起吴下时的阿蒙可强多了！”吕蒙说：“士别三日，就应该重新刮目相待，大哥怎么这么晚才明白这个道理呢！”鲁肃就去拜见吕蒙的母亲，与吕蒙结为好友才离去。

刘备任命庞统为治中从事。

刘备任命庞统为耒阳县县令，庞统不能治理，被免官。鲁肃写信给刘备说：“庞统的才能不适合治理一个方圆百里的小县，让他担任治中、别驾的职务，才能施展他的才干。”诸葛亮也这样说。刘备与庞统交谈后，非常器重他，就任命他为治中，对他的亲近程度和待遇仅次于诸葛亮，与诸葛亮同时担任军师中郎将。

孙权任命步骘为交州刺史。

起初，士燮担任交阯太守，上表推荐他的三个弟弟兼任合浦、九真、南海太守。士燮性情宽厚，中原地区的士大夫有很多人前去依附他。士燮称霸交州地区，威震当地各蛮族，使他们服服帖帖。可是交州刺史张津喜欢鬼神之事，常常用绛色头巾包头，读道家的书籍，被他的部将杀死。到这个时候，孙权任命步骘为刺史。士燮率领兄弟们接受步骘的安排调遣，派遣自己的儿子到孙权那里充当人质。从此，岭南开始归属于孙权。

辛卯(211)　汉献帝建安十六年

春正月，曹操任命自己的儿子曹丕担任五官中郎将，作为丞相的副手。　三月，曹操派遣钟繇攻打张鲁。　马超、韩遂等人反叛，秋季，曹操击败他们。

初，操遣钟繇讨张鲁，而使夏侯渊等出河东，与繇会。仓曹属高柔谏曰："大兵西出，韩遂、马超疑为袭己，必相扇动。宜先招集三辅，三辅苟平，汉中可传檄而定也。"操不从。关中诸将果疑之，马超、韩遂等十部皆反，其众十万，屯据潼关。七月，操自将击之。八月，至潼关，潜遣二将渡蒲阪津，据河西为营。闰月，操北渡河。兵众先渡，操独与虎士百余人留南岸断后。马超将步骑万余人攻之，矢下如雨，操犹据胡床不动。许褚扶操上船，船工中流矢死，褚左手举鞍蔽操，右手刺船。校尉丁斐放牛马以饵贼，贼乱，取之，操乃得渡。遂自蒲阪渡西河，循河为甬道而南。超等退拒渭口，操乃多设疑兵，潜遣兵入渭作浮桥，而夜分兵结营于渭南。超等夜攻营，伏兵击破之。

九月，进军悉渡。超等数挑战，不许。固请割地送任子，贾诩以为可伪许之。操复问计，诩曰："离之而已。"操曰："解。"韩遂请与操相见，操与遂有旧，于是交马语移时，不及军事，但说京都旧故，拊手欢笑。时秦、胡观者，前后重沓，操笑谓之曰："尔欲观曹公邪？亦犹人也，非有四目两口，但多智耳。"既罢，超等问遂："公何言？"遂曰："无所言也。"超等疑之。他日，操与遂书，多所点窜，如遂改定者，超等愈疑遂。操乃与克日会战，大破之。遂、超奔凉州，操追至安定而还。

起初，曹操派遣钟繇讨伐张鲁，而命令夏侯渊等人从河东出发，与钟繇会合。仓曹属高柔规劝曹操说："大军向西挺进，韩遂、马超会怀疑是袭击自己，必然互相煽动。应该先安抚三辅地区，假如三辅地区平定了，汉中可以发布文书就平定。"曹操没有听从。关中的将领们果然起了疑心，马超、韩遂等十部都起来造反，他们的部队有十万人，据守潼关。七月，曹操亲率大军攻打他们。八月，曹操到了潼关，暗中派遣两个将领率军渡过蒲阪津，在黄河以西扎营。闰八月，曹操向北渡过黄河。士兵先过河，曹操单独与一百多个勇士留在黄河南岸断后。马超率步兵、骑兵一万多人前来进攻，箭如雨下，而曹操仍坐在折叠椅上不动。许褚扶曹操上船，船工被流箭射死，许褚左手举着马鞍遮挡着曹操，右手撑船。校尉丁斐放出牛马来引诱敌人，敌军大乱，去抢牛马，曹操这才得以渡过黄河。曹操的大军就从蒲阪渡过西河，沿河作甬道，向南进发。马超等退到渭口抵抗，曹操于是设下很多疑兵，暗中派士兵进入渭水修造浮桥，而夜里分兵到渭水南岸修筑营垒。马超等乘夜攻营，曹操埋伏的军队将他们打败。

九月，曹操进军，全部渡过渭水。马超等多次挑战，曹操不许应战。马超等一再请求割让土地，送亲属去做人质，贾诩认为可以假装答应。曹操再问他的计策，贾诩说："离间他们罢了。"曹操说："我明白了。"韩遂请求与曹操相见，曹操与韩遂是老交情，于是，他们走到一起，马头相交，谈了很长时间，没有谈到军事，只谈论在京都时的老朋友，拍手欢笑。当时马超军中的关中人和胡人都来观看，前后重重叠叠，曹操笑着对他们说；"你们想看曹操吗？我也是人，并没有四只眼睛两张嘴，只是智谋多一些而已。"会面结束，马超等人问韩遂说："曹操说了些什么？"韩遂回答说："什么也没有说。"马超等人怀疑他。有一天，曹操给韩遂写了一封信，信中圈改了许多地方，好像是韩遂改定的，马超等人更加怀疑韩遂。曹操于是与马超等约定日期会战，大败马超等人。韩遂、马超逃奔凉州，曹操追到安定才返回。

诸将问曰："初，贼守潼关，渭北道缺，不从河东击冯翊而反守潼关，引日而后北渡，何也？"操曰："若吾入河东，贼必引守诸津，则西河未可渡。吾故盛兵向潼关，使贼悉众南守，而西河之备虚，故二将得取西河。然后引军北渡，贼不能与吾争。连车树栅为甬道而南，既为不可胜，且以示弱。渡渭为坚垒，虏至不出，所以骄之也。故贼不为营垒而求割地。吾顺言许之，使不为备，因畜士卒之力，一旦击之，所谓疾雷不及掩耳。兵之变化，固非一道也。"

始，关中诸将每一部到，操辄有喜色。诸将问其故，操曰："关中长远，若贼各依险阻，征之，不一二年不可定也。今皆来集，其众虽多，莫适为主，一举可灭，吾是以喜。"乃留夏侯渊屯长安，以张既为京兆尹，招怀流民，兴复县邑。

冬，刘璋遣使迎刘备，备留兵守荆州而西。璋使备击张鲁。

扶风法正为刘璋军议校尉，璋不能用，又为州里俱侨客者所鄙，正邑邑不得志。别驾张松与正善，亦自负其才，忖璋不足与有为，因劝璋结刘备。璋曰："谁可使者？"松乃举正。正辞谢，佯为不得已而行。还，为松说备有雄略，密议奉戴以为州主。

会钟繇欲向汉中，璋惧。松因说曰："曹公兵无敌于天下，若因张鲁之资以取蜀土，谁能御之！刘豫州使君之宗

将领们问曹操说："起初，敌军据守潼关，渭水以北的道路空虚而没有防备，但您不从河东进攻冯翊，反而把守潼关，过了些日子再北渡黄河，是为什么呢？"曹操说："我军如果进入河东，敌军必然会分兵把守各处渡口，那么我们不能渡过西河。我故意把重兵推向潼关，使敌军集中全部力量在南面防守潼关，而西河戒备空虚，所以两位将军能够取得西河。然后，我率大军北渡黄河，敌军就不能与我争西河。我用车辆和树木连接向南修建甬道，既是为了安全，也是向敌军示弱。渡过渭水后修筑坚固的营垒，敌人来到，我们不出来迎战，这样做是使敌军骄傲自大。因此，敌军没有修筑营垒而请求割让土地。我顺势答应了他们的要求，使他们不加防备，趁此机会，我们也养精蓄锐，一旦发起攻击，就像是迅雷不及掩耳。军事的变化，原本不只是一个办法。"

开始时，关中的每一个将领都率军来到，曹操就面露喜色。部下的将领们询问缘故，曹操说："关中的土地辽阔，如果敌将各自据守险要地势，我们攻打他们，没有一二年时间不可能平定。今天他们全都集中在一起，人数虽多，但不能互相照应，没有主帅，可以一举消灭，我因此而高兴。"于是，曹操留夏侯渊驻守长安，任命张既为京兆尹，召回流亡在外的百姓，兴建和恢复县城。

冬季，刘璋派遣使者迎接刘备，刘备留下军队守卫荆州，自己率军向西挺进。刘璋让刘备攻打张鲁。

扶风人法正担任刘璋的军议校尉，不被刘璋重用，又受到与他一起侨居益州的同乡们的鄙视，法正心情郁闷而不得志。益州别驾张松与法正交情甚好，也自负自己的才干，深感刘璋不能同他一起有所作为，因而劝刘璋与刘备结交。刘璋说："谁可以充当使者？"张松就推举法正。法正推辞，然后假装是不得已才领命出发。法正出使回来，对张松说刘备有雄才大略，两人秘密商议奉迎刘备做益州之主。

恰在这个时候，钟繇率领军队向汉中进发，刘璋心中十分恐惧。张松乘机劝刘璋说："曹操的军队无敌天下，如果利用张鲁蓄积的物资来攻取蜀地，谁能抵挡得住呢！刘豫州是您的宗

室，而曹公之深仇也，善用兵，若使之讨鲁，鲁必破。鲁破，则益州强，曹公虽来，无能为也。今州中诸将恃功骄豪，欲有外意。不得豫州，则敌攻其外，民攻其内，必败之道也。”璋然之，遣正迎备。主簿黄权谏曰：“左将军有骁名，今以部曲遇之，则不满其心，以客礼待之，则一国不容二君，若客有泰山之安，则主有累卵之危。不若闭境以待时清。”从事王累自倒县于州门以谏，璋一无所纳。

正至荆州，阴说备取益州，备疑未决。庞统曰：“荆州荒残，人物殚尽，东有孙车骑，北有曹操，难以得志。今益州户口百万，土沃财富，诚得以为资，大业可成也。”备曰：“今指与吾水火者，曹操也。操以急，吾以宽；操以暴，吾以仁；操以谲，吾以忠。每与操相反，事乃为可成耳。今以小利而失信于天下，奈何？”统曰：“乱离之时，固非一道所能定也。且兼弱攻昧，逆取顺守，古人所贵。若事定之后，封以大国，何负于信？今日不取，终为人利耳。”备以为然。乃留诸葛亮、关羽等守荆州，自将步卒数万而西。

孙权闻备西上，遣船迎妹，而夫人欲将备子禅去，张飞、赵云勒兵截江，乃得禅还。

刘璋敕在所供奉，赠遗以巨亿计。巴郡太守严颜拊心叹曰：“此所谓‘独坐穷山，放虎自卫’者也。”备北诣涪，璋率兵三万往会之。张松令法正白备于会袭璋。庞统曰：“如此则无用兵之劳而坐定一州，不可失也。”备曰：“初入

室，曹操的大仇人，善于用兵，如果让他去讨伐张鲁，张鲁一定失败。张鲁一败，那么益州的势力增强，即使曹操来进攻，也无能为力了。如今州中的将领们自恃功劳，骄横不法，想要向外投奔。如果不能得到刘豫州，那么敌人在外面进攻，老百姓从内部瓦解，必定要失败。”刘璋同意了他的主张，派遣法正迎接刘备。主簿黄权劝刘璋说：“刘备以骁勇闻名于世，今天把他当作私人的军队对待，他心中则会不满意，以宾客的礼节对待他，那么一国不容二主，如果宾客安如泰山，那么主人就有累卵的危险。不如关闭边境来等待时局的太平。”从事王累把自己倒挂在州城的城门上来劝谏刘璋，刘璋什么也没有采纳。

法正到了荆州，暗中劝刘备攻取益州，刘备犹豫不决。庞统说：“荆州荒芜残败，人才已尽，东有孙权，北有曹操，难以得志。如今益州的户口有一百万，土地肥沃、财产丰富，假如真能得到益州做资本，大业就可成就。”刘备说：“如今，与我水火不容的是曹操。曹操严厉，我宽厚；曹操凶暴，我仁慈；曹操诡诈，我忠信。每每与曹操相反，事情才能成功。如果今天因贪图小利而失信于天下，怎么办？”庞统说：“天下大乱之时，本来就不是靠一种办法能平定的。而且兼并弱小，进攻愚昧，以武力夺取天下，再修文教治理天下，这是古人所崇尚的。如果事定之后，赐给刘璋面积广大的封地，对信义有什么背弃呢？今天我们如果不攻取，终究会被别人占有。”刘备认为是这样。于是，留下诸葛亮、关羽等守卫荆州，自己率领数万步兵向西挺进。

孙权听说刘备向西进发，派船来接妹妹，而孙夫人准备带刘备的儿子刘禅离开，张飞、赵云率领军队在长江拦截孙权的船，才使刘禅回到荆州。

刘璋命令沿途郡县为刘备供应物资，赠送的物资数以亿计。巴郡太守严颜抚胸叹息说：“这正是‘独自坐在深山中，放出老虎来自卫’。”刘备向北到达涪县，刘璋率领三万士兵去会见。张松让法正建议刘备在会面时袭击刘璋。庞统说：“这样可不必动用武力，就坐得一州，不能失去这个机会。”刘备说：“刚进入

他国,恩信未著,此不可也。”欢饮百余日。璋增备兵,厚加资给,使击张鲁。备北到葭萌,厚树恩德以收众心。

壬辰(212)　十七年

春正月,曹操还邺。赞拜不名,入朝不趋,剑履上殿。

操之西征也,河间民田银反,扇动幽、冀。世子丕欲自讨之,功曹常林曰:“今大军在远,外有强敌,将军为天下之镇,轻动远举,虽克不武。”乃遣将军贾信讨灭之,余贼请降。议者皆曰:“公有旧法,围而后降者不赦。”程昱曰:“此乃扰攘之际,权时之宜。今天下略定,不可诛也。必欲诛之,宜先启闻。”议者皆曰:“军事有专无请。”昱曰:“凡专命者,谓有临时之急耳。今此贼制在贾信之手,故老臣不愿将军行之也。”丕曰:“善。”即白操,操果不诛。既而闻昱之谋,甚悦,曰:“君非徒明于军计,又善处人父子之间。”

故事:破贼文书,以一为十。居府长史国渊上首级,皆以实数。操问其故,渊曰:“夫征讨外寇,多其斩获之数者,欲以大武功,耸民听也。河间在封域之内,银等叛逆,虽克捷有功,渊窃耻之。”操大悦。

夏五月,诛马腾,夷三族。　六月晦,日食。　秋七月,螟。　鄜贼梁兴作乱,左冯翊郑浑讨平之。

他人的地盘，恩德与信义还没显露出来，不能这样做。”双方的军队在一起欢宴作乐一百多天。刘璋给刘备增兵，拨给大批军用物资，使刘备攻打张鲁。刘备向北行进，到达葭萌，广泛建立恩德，来收取人心。

壬辰（212） 汉献帝建安十七年

春正月，曹操回到邺城。曹操拜见皇帝时，司仪官不称呼他的名字，入朝见到皇帝时，不必小步快走，可以佩剑穿鞋上殿。

曹操西征时，河间人田银造反，煽动幽州、冀州的百姓同反。世子曹丕准备亲自去征讨，功曹常林说：“现在，我们的大军在远方，境外有强敌，将军留守邺城，是为了天下的安危，如果轻率出兵远征，即使平定，也不足以显示威武。”曹丕于是派将军贾信去征讨，消灭了田银，剩余的叛民请求投降。评议的人都说：“曹公过去订立法令，凡是包围后才投降的人，一概不赦免。”程昱说：“这是天下纷乱之际的权宜之策。现在天下已基本平定，不能把他们杀了。即使要杀他们，也应当先禀告曹公。”评议的人都说：“军事行动可以专断，不必请示。”程昱说：“专断是指临时发生紧急情况。如今这些叛民控制在贾信手中，所以老臣我不希望将军擅自采取行动。”曹丕说：“好。”立即派人禀报曹操，曹操果然赦免不杀。不久，曹操听说程昱的建议，非常高兴，说：“你不仅清楚军事谋略，还善于处理他人父子之间的关系。”

以往的惯例，在报告打败敌人的文书中，杀死一人报成十人。居府长史国渊报告斩杀的人数，都按照实数。曹操问他为什么，国渊说：“征讨境外的敌人，多报斩首和俘获的人数，是为了炫耀武力，耸人听闻。河间在咱们的疆域之内，田银等叛离，虽然咱们取得胜利，建立功勋，但我私下感到耻辱。”曹操对他的回答非常满意。

夏五月，杀死马腾，诛灭他的三族。　六月最后一天，日食。

秋七月，发生螟灾。　鄜县盗贼梁兴作乱，左冯翊郑浑前去征讨，将其平定。

鄜贼梁兴寇略冯翊，诸县恐惧，皆寄治郡下，议者以为当移就险阻。冯翊郑浑曰：“兴等破散，藏窜山谷，虽有随者，率胁从耳。今当广开降路，宣谕威信，而保险自守，此示弱也。”乃聚吏民，治城郭，为守备，募民逐贼。得其财物妇女，十以七赏，民大悦，皆愿捕贼。贼之失妻子者皆降，浑责其得他妇女，然后还之。于是转相寇盗，党与离散。又遣吏民有恩信者告谕之，出者相继。乃使诸县长吏各还本治，以安集之。兴将余众聚鄜城，浑讨斩之，余党悉平。

孙权徙治建业。

初，张纮以秣陵山川形胜，劝孙权以为治所，刘备亦劝权居之。权于是作石头城，徙治秣陵，改号建业。

权长史张纮卒。

纮还吴迎家，道病，授子靖留笺曰：“自古有国家者，咸欲修德政以比隆盛世，至于其治，多不馨香。非无忠臣贤佐也，由主不胜其情，弗能用耳。夫人情惮难而趋易，好同而恶异，故与治道相反。《传》曰：‘从善如登，从恶如崩’，言善之难也。人君承基据势，无假于人，而忠臣挟难进之术，吐逆耳之言，其不合也，不亦宜乎？故明君寤之，求贤如饥渴，受谏而不厌，抑情损欲，而以义断恩也。”权省书，为之流涕。

鄜县盗贼梁兴抢掠冯翊，各县官员十分害怕，都把县府迁到郡府所在地，评议此事的人认为应当迁到地势险要的地方据守。左冯翊郑浑说："梁兴等人已经失败逃散，隐藏逃窜到深山峡谷，虽然还有跟随的人，但大多是被胁迫的。如今应当广开招降的门路，宣扬朝廷的威信，而据险自守，这是示弱的表现。"于是，郑浑聚集官吏百姓，修治城郭，加强守备，招募百姓追逐盗贼。获得盗贼的财物和妇女，十分之七拿来作奖赏，百姓极为高兴，都愿意捕捉盗贼。失去妻子的盗贼都来投降，郑浑责令他们送回所得到的其他妇女，然后归还他们的妻子。于是盗贼们转而相互攻击，梁兴的党羽纷纷离散。郑浑又派遣官吏和百姓中有威望的人宣传官方的旨意，结果，出来投降的人络绎不绝。郑浑于是命令各县的长官把县府迁回原地以安抚百姓。梁兴率领残部聚集在鄜城，郑浑前去讨伐，斩杀梁兴，将其余党全部平定。

孙权把治所迁到建业。

起初，张纮认为秣陵地势优越便利，劝孙权把它当作治所，刘备也劝孙权到那里居住。孙权于是修筑石头城，把治所迁到秣陵，将秣陵改称建业。

孙权的长史张纮去世。

张纮回吴县迎接家人，路上生病，给他的儿子张靖留下信说："自古以来，凡是拥有国家的人，都想推广德政以同盛世一样昌盛，至于他们的统治，大多不能流芳后世。不是因为没有忠臣的辅佐，而是由于主人不能尽情地任用他们罢了。人的常情是惧怕困难而趋向容易，喜欢别人的意见与自己相同，而憎恶不与自己一致，这本来就与治国之道正好相反。《传》说'从善就像登山，从恶如同山崩'，说的是行善的困难。君主承袭一代接一代的基业，依据自然之势，不依靠他人，而忠臣心怀难以进用的治国法术，口吐令人刺耳的进谏之言，这两者不相合，不也合乎情理吗？所以圣明的君主醒悟了，求贤若渴，接受进谏而不厌烦，抑制感情，减少欲望，而以义割裂恩情。"孙权看了这封信，流下了眼泪。

权作濡须坞。

吕蒙闻曹操欲东兵，说孙权夹濡须水口立坞，诸将皆曰："上岸击贼，洗足入船，何用坞为？"蒙曰："兵有利钝，战无百胜，如有邂逅，敌步骑蹙人，不暇及水，其得入船乎？"权遂从之。

冬十月，曹操击孙权，至濡须。侍中、光禄大夫参军事荀彧自杀。

董昭言于曹操曰："自古已来，人臣匡世，未有今日之功；有今日之功，未有久处人臣之势者也。今明公耻有惭德，乐保名节，然使人以大事疑己，诚不可不重虑也。"乃与诸将议，以丞相宜进爵国公，九锡备物，以彰殊勋。荀彧以为："曹公本兴义兵以匡朝宁国，秉忠贞之诚，守退让之实。君子爱人以德，不宜如此。"操由是不悦。及击孙权，表请彧劳军于谯，因辄留彧，以侍中、光禄大夫持节参丞相军事。操向濡须，彧以病留寿春，饮药而卒。彧行义修整，而有智谋，好推贤进士，故时人皆惜之。

十二月，有星孛于五诸侯。　刘备据涪城。

备在葭萌，庞统言于备曰："今阴选精兵，昼夜兼道，径袭成都，一举便定，此上计也。杨怀、高沛，璋之名将，各仗强兵，据守关头，闻数谏璋使遣将军还荆州。将军遣与相闻，说荆州有急，欲还救之，二子喜必来见，因此执之，进取其兵，乃向成都，此中计也。还退白帝，连引荆州，徐还图之，此下计也。若沉吟不去，将至大困，不可久矣。"备然其

孙权建濡须坞。

吕蒙听说曹操想东征，劝说孙权在濡须水口修建堡垒，将领们都说："上岸攻打敌人，洗洗脚就上船了，要堡垒有什么用？"吕蒙说："军事有胜利和失败，不会百战百胜，如果敌人突然到来，步兵、骑兵紧逼，我们到水边还来不及，难道还能上船吗？"孙权于是采纳了他的意见。

冬十月，曹操攻打孙权，到达濡须。侍中、光禄大夫参军事荀彧自杀。

董昭对曹操说："自古以来，臣子救助国家，从来没有您今天的功劳大；有您今天这么大功劳的人，没有长期居于臣属位置的。今天，贤明的您耻于获得亏德的名声，乐于保持名节，然而使人们因为这样的大事怀疑自己，实在不可不深思熟虑。"于是，与将领们商议，认为曹操应该进爵为国公，由皇帝赏赐九锡，来表彰曹操的特殊功勋。荀彧认为："曹操原本是为了拯救朝廷、安定天下而发起义兵，怀着忠贞的诚心，严守退让的实意。君子以德爱人，不应该这样做。"曹操因此不高兴。等到攻打孙权，曹操上表请求派荀彧到谯县慰劳军队，曹操就趁机留下荀彧，让他以侍中、光禄大夫的身份，持符节参与丞相府的军事。曹操向濡须挺进，荀彧因为生病留在寿春，喝下毒药而死。荀彧品性善良正派，而且有智谋，喜欢推荐贤能的人，所以，当时的人们对他的去世都很惋惜。

十二月，有彗星出现在五诸侯星座。　刘备占领涪城。

刘备驻军于葭萌，庞统向刘备进言说："现在暗中挑选精兵，昼夜兼程，直接袭击成都，一举平定，这是上策。杨怀、高沛是刘璋的名将，各领强兵，据守关头，听说他们多次规劝刘璋送将军回到荆州。将军派人告诉他们，说荆州有紧急情况，想回军救援，这两个人一定会高高兴兴来见将军，趁机把他们抓起来，进而收取他们的部队，这才向成都进军，这是中策。退回白帝城，联合荆州兵力，慢慢再策划攻取益州，这是下策。如果犹豫不决而不离去，将陷入严重的困境，不可再拖延了。"刘备采用庞统的

中计。及曹操攻孙权，权呼备自救。备贻璋书曰："孙氏与孤本为唇齿，而关羽兵弱，今不往救，则曹操必取荆州，转侵州界，其忧甚于张鲁。鲁自守之贼，不足虑也。"因求益万兵及资粮，璋但许兵四千，余皆给半。备因激怒其众曰："吾为益州征强敌，师徒勤瘁，而积财吝赏，何以使士大夫死战乎？"张松书与备曰："今大事垂立，如何释此去乎！"璋闻之，收斩松，敕关戍勿复得与备通。备大怒，召怀、沛责以无礼，斩之。勒兵径至关头，并其兵，进据涪城。

癸巳(213)　十八年

春正月，曹操引兵还。

操进军濡须口，号四十万，孙权率众七万御之，相守月余。操见其舟船器仗军伍整肃，叹曰："生子当如孙仲谋，如刘景升儿子，豚犬耳。"权为笺与操，说："春水方生，公宜速去。"操撤军还。

并十四州为九州。　徙滨江郡县。

初，曹操在谯，恐滨江郡县为孙权所略，欲徙令近内，以问蒋济曰："昔军官渡，徙燕、白马民，民不得走，贼亦不敢抄。今欲徙淮南民，何如？"对曰："是时兵弱贼强，不徙必失之。今明公威震天下，民无他志，人情怀土，实不乐徙，惧必不安。"操不从。既而民转相惊，户十余万皆东渡江，江西遂虚，合肥以南惟有皖城。

中策。等到曹操攻打孙权，孙权向刘备请求援救。刘备写信给刘璋说："孙权与我本是唇齿相依，而关羽兵力薄弱，现在不去援救，那么曹操一定攻取荆州，转而侵犯益州疆界，这比张鲁更让人担忧。张鲁是个只求自保的小贼，不足以让人忧虑。"趁机请求刘璋增兵一万人以及增加财物和粮食，刘璋只答应增兵四千人，其余的也都只给一半。刘备因此激怒他的部下说："我们为益州征讨强敌，兵士劳苦，而刘璋积蓄财物，十分吝啬，怎么能使士大夫为他死战呢？"张松写信给刘备说："现在，大事很快就可完成，怎么能舍弃这里离去呢！"刘璋听说了这件事，逮捕张松，把他杀死，下令各关口的守将不要再与刘备往来。刘备大怒，召来杨怀、高沛，责备他们没有礼貌，杀了他们。刘备率领军队直接到达关头，吞并了杨怀、高沛的部队，进而占领涪城。

癸巳（213） 汉献帝建安十八年

春正月，曹操撤军返回北方。

曹操进军濡须口，号称四十万大军，孙权率领七万人抵抗曹军，相持一个多月。曹操看到孙权大军的战船、武器和队伍整齐严肃，叹息说："生儿子应当像孙权，像刘表的儿子，就是猪狗一般了。"孙权写信给曹操说："春水正要上涨，您应该赶快离开。"于是曹操撤军返回北方。

把全国的十四个州合并为九个州。 迁移长江两岸郡县的百姓到内地。

起初，曹操在谯县，担心沿长江的郡县被孙权侵略，准备把百姓迁移到内地，询问蒋济说："从前，我驻扎官渡，迁移燕县和白马县的百姓，百姓没能逃走，敌人也不敢抢掠。现在，我想迁徙淮河以南的百姓，怎么样？"蒋济回答说："那时我弱敌强，不迁徙就一定会失去那些百姓。如今您威震天下，老百姓没有其他想法，而且人情怀恋故土，实在不乐意迁徙，我担心百姓一定会不安。"曹操没有听从。不久，百姓互相转告，惊恐不安，十余万户全都东渡长江，长江以西于是渺无人烟，合肥以南只剩下皖城。

夏五月，曹操自立为魏公，加九锡。

以冀州十郡封曹操为魏公，以丞相领冀州牧如故。又加九锡：大辂、戎辂各一，玄牡二驷；衮冕之服，赤舄副焉；轩县之乐，六佾之舞；朱户以居；纳陛以登；虎贲三百人；铁、钺各一；彤弓一，彤矢百，玈弓十，玈矢千；秬鬯一卣，珪、瓒副焉。

大雨水。　刘璋遣将吴懿等拒刘备，败绩，皆降，备进围洛城。

益州从事广汉郑度谓刘璋曰："左将军悬军袭我，野谷是资。莫若尽驱巴西、梓潼民内、涪水以西，其仓廪野谷，一皆烧除，高垒深沟，请战勿许，不过百日，彼将自走，走而击之，此必禽矣。"备闻而恶之。法正曰："璋终不能用，无忧也。"璋果谓其群下曰："吾闻拒敌以安民，未闻动民以避敌也。"遣其将吴懿等拒备，皆败退，懿诣军降。复遣李严、费观督军，严、观亦降。备军益强，分遣诸将平下属县。进围洛城，守将张任出战，败死。

秋七月，魏始建宗庙、社稷。　魏公操纳三女为贵人。　八月，马超入凉州，杀刺史。九月，参军事杨阜起兵攻之，超奔汉中。

初，曹操追马超至安定，引军还。参凉州军事杨阜言于操曰："超有信、布之勇，得羌、胡心，若不设备，陇上诸郡非国家之有也。"操还，超果率羌、胡击陇上诸郡，取之，

夏五月，曹操自立为魏公，加九锡。

献帝用冀州的十个郡封曹操为魏公，曹操以丞相的身份兼任冀州牧。同时，给曹操加九锡：大车和兵车各一辆，各配上四匹黑马；衮衣、冠冕配上红色的礼鞋；诸侯享用的三面悬挂的乐器和三十六人表演的舞蹈；宅第的大门漆成红色；登堂的台阶凿在屋檐下；勇士三百人；𫓧和钺各一把；朱红色的弓一把，朱红色的箭一百支，黑色的弓十把，黑色的箭一千支；祭祀用的香酒一罐，配上珪和瓒。

天降大雨。　刘璋派部将吴懿等抵御刘备，被打败，都投降刘备，刘备进军包围洛城。

益州从事、广汉人郑度对刘璋说："左将军刘备孤军深入，袭击我们，靠田野里的庄稼为食。我们不如把巴西、梓潼境内的百姓全部驱赶到内水、涪水以西，把巴西、梓潼的粮食和田野里的庄稼全部烧掉，高筑堡垒、深挖壕沟，刘备来挑战，我们不应战，不出一百天，他们将自动撤退，他们撤退时我们出击，一定能抓到刘备。"刘备听到这个消息，憎恨郑度。法正说："刘璋最终不会采用郑度的计策，你不要担忧。"刘璋果然对部下说："我听说过抵御敌人来使百姓安定，没有听说迁动百姓来躲避敌人的。"派部将吴懿等抵抗刘备，都被击败，向后撤退，吴懿到刘备大军中投降。刘璋又派李严、费观统率军队，李严、费观也投降刘备。刘备大军的势力更加强大，分派将领们去平定周围各县。刘备进军包围洛城，守将张任出城迎战，战败而死。

秋七月，魏国开始建立祭祀祖先的宗庙和祭祀土神和谷神的社稷坛。　魏公曹操进献三个女儿给献帝做贵人。　八月，马超进入凉州城，杀死刺史。九月，参军事杨阜进兵攻打马超，马超投奔汉中。

当初，曹操追击马超到安定，率军返回。参凉州军事杨阜对曹操说："马超有韩信、英布一样的勇猛，又得羌人、胡人的信服，如果不加防范，陇山以西的各郡恐怕就不再属朝廷拥有。"曹操撤走后，马超果然率领羌人、胡人进攻陇山以西各郡，将其占领，

惟冀城固守。自正月至八月,救兵不至,刺史韦康及太守欲降,杨阜号哭谏曰:“阜等率父兄子弟,以义相励,有死无二,以为使君守此城。今奈何弃垂成之功,陷不义之名乎?”康等不听,开门迎超。超入,遂杀康等。曹操使夏侯渊来救,超逆战,败之。

会杨阜丧妻,求假以葬。阜外兄姜叙拥兵屯历城。阜见叙及其母,歔欷悲甚。叙曰:“何为乃尔?”阜曰:“守城不能完,君亡不能死,亦何面目以视息于天下!马超背父叛君,虐杀州将,岂独阜之忧责,一州士大夫皆蒙其耻。君拥兵专制,而无讨贼之心,此赵盾所以书弑君也。超强而无义,多衅,易图耳。”叙母慨然曰:“咄!伯奕,韦使君遇难,亦汝之负,岂独义山哉!人谁不死,死于忠义得其所矣。但当速发,我不以余年累汝也。”叙乃与赵昂、尹奉等合谋,又使人至冀,结梁宽、赵衢使为内应。时超已取昂子月为质,昂谓妻异曰:“吾谋如是,当奈月何?”异厉声应曰:“雪君父之大耻,丧元不足为重,况一子哉。”

九月,阜与叙、昂、奉讨超。衢因谲说超使自出战,而与宽闭门,尽杀超妻子。超袭历城,得叙母并赵月,皆杀之。与阜战,败,奔汉中。张鲁欲妻之,或曰:“有人若此,不爱其亲,焉能爱人!”鲁乃止。

冬十一月,魏初置尚书、侍中、六卿。

以荀攸为尚书令,凉茂为仆射,毛玠、崔琰、常林、徐

只有冀城坚守不降。从正月到八月，救兵不到，刺史韦康和太守想投降，杨阜号啕大哭，劝阻他们说："我们率领父兄子弟，以大义互相勉励，至死没有二心，来为你们守卫此城。现在，怎么能放弃垂手可得的功劳，陷入不义的罪名呢？"韦康等人不听杨阜的劝阻，打开城门迎接马超。马超进入冀城，就杀死韦康等人。曹操命令夏侯渊援救冀城，马超出城迎战，打败夏侯渊。

这时正值杨阜妻子去世，杨阜向马超请假去安葬妻子。杨阜的表兄姜叙率军驻守历城。杨阜见到姜叙和姜叙的母亲，抽泣不止，极度悲痛。姜叙说："你为什么这么悲痛？"杨阜说："守城没能守住，长官被杀而不能同死，我还有什么脸面活在世上！马超背叛父亲和君主，残酷地杀害州将，这岂是只让我一人感到愁闷和自责的事情，一州的士大夫都蒙受耻辱。您率军全权管理这一地区，而没有讨伐逆贼之心，这就是赵盾被史官记载为弑君的原因所在。马超势力强大，但不讲道义，弱点很多，容易谋取。"姜叙的母亲感慨地说："好了！姜叙，韦刺史遇难，也有你的责任，难道仅仅是杨阜一人的责任吗！人谁没有死，死于忠义，就死得其所。你只应快速出发，我不以余年牵累你。"姜叙就与赵昂、尹奉等合谋，又派人到冀城，结交梁宽、赵衢，使他们做内应。当时，马超已经收留赵昂的儿子赵月做人质，赵昂对妻子士异说："我们的谋划已经如此，应当把赵月怎么办？"士异厉声回答："能昭雪君父的大耻，即使掉脑袋也在所不惜，何况一个儿子呢。"

九月，杨阜与姜叙、赵昂、尹奉讨伐马超。赵衢趁机骗马超亲自率军出城迎战，而与梁宽关闭城门，把马超的妻子儿女全部杀死。马超袭击历城，抓到姜叙的母亲和赵月，把他们都杀了。马超与杨阜交战失败，投奔汉中。张鲁想把女儿嫁给马超做妻子，有人说："像他这样的人，不爱自己的父母，怎么能爱别人！"张鲁才打消嫁女的念头。

冬十一月，魏国开始设置尚书、侍中、六卿职位。

任命荀攸为尚书令，凉茂为尚书仆射，毛玠、崔琰、常林、徐

奕、何夔为尚书，王粲、杜袭、卫觊、和洽为侍中，钟繇为大理，王修为大司农，袁涣为郎中令，行御史大夫事，陈群为御史中丞。涣得赏赐，皆散之，家无所储，乏则取之于人，不为皦察之行，然时人皆服其清。时有传刘备死者，群臣皆贺，惟涣独否。

操欲复肉刑，令曰："昔陈鸿胪以为死刑有可加于仁恩者，御史中丞能申其父之论乎？"群对曰："臣父纪以为汉除肉刑而增笞法，本兴仁恻而死者更众，所谓名轻而实重者也。名轻则易犯，实重则伤民。且杀人偿死，合于古制；至于伤人或残毁其体，而裁剪毛发，非其理也。若用古刑，使淫者下蚕室，盗者刖其足，则永无淫放穿逾之奸矣。夫三千之属，虽未可悉复，若斯数者，时之所患，宜先施用。汉律殊死之罪，仁所不及也，其余逮死者，可易以肉刑。则所刑之与所生足以相贸矣。今以笞死之法易不杀之刑，是重人支体而轻人躯命也。"议者惟钟繇与群议同，余皆以为未可行。操以军事未罢，顾众议而止。

甲午（214）　十九年

春，张鲁遣马超围祁山，夏侯渊击却之。　三月，魏公操进位诸侯王上。

改授金玺、赤绂、远游冠。

夏四月，旱。　五月，雨水。　闰月，孙权使其将吕蒙攻皖城，破之。

奕、何夔为尚书，王粲、杜袭、卫觊、和洽为侍中，钟繇为大理，王修为大司农，袁涣为郎中令，代理御史大夫事务，陈群为御史中丞。袁涣得到赏赐，全都分发给别人，家中没有积蓄，当生活所需缺乏之时，就向别人索取，从来不做明察秋毫的事情，然而当时的人们都佩服他的清廉。就在这时，有人传说刘备死了，郡臣都为此庆贺，只有袁涣一人不这样做。

曹操想恢复肉刑，下令说："过去，陈鸿胪认为死刑有体现仁慈的地方，御史中丞陈群能申说你父亲的论点吗?"陈群回答说："我父亲陈纪认为，汉朝废除肉刑而增加笞刑，本来是为了充分体现仁慈，然而死于鞭杖之下的人更多，这就是所谓名义上减轻，而实际上加重。名义上减轻，人们则容易犯法；实际上加重，百姓则容易受伤害。而且，杀人偿命，符合古代的制度；至于伤人或残害他人身体，而剪去头发，是不合理的。如果用古代的刑法，对犯奸淫罪的人处以宫刑，对犯盗窃罪的人砍去双脚，就会永远没有淫荡和穿壁翻墙的犯罪行为。古代的三千条刑法，虽然不能全部恢复，但像上述所举的几种罪行，正是现时的忧患，应该先施用。汉朝的法律，对于判处斩首的罪刑，是不能讲仁慈的，其余达到死罪的人，可以改判肉刑。这样，施加刑法与保全生命足以相互持平了。现在，用鞭杖抽打致死的刑法替换不杀人的肉刑，是注重人的肢体，而轻视人的生命。"参与评议的人只有钟繇与陈群的意见相同，其余的人都认为不能恢复肉刑。曹操因为军事行动还没停止，顾虑大家的意见，因而放弃了恢复肉刑的打算。

甲午(214)　汉献帝建安十九年

春季，张鲁派马超包围祁山，夏侯渊击退马超。　三月，魏公曹操地位进到诸侯王之上。

献帝给曹操改授金制玺印、红色的祭服和远游冠。

夏四月，干旱。　五月，雨多。　闰五月，孙权命令他的部将吕蒙攻打皖城，取得胜利。

初，曹操遣庐江太守朱光屯皖，大开稻田。吕蒙言于孙权曰："皖田肥美，若一收熟，彼众必增，宜早除之。"权乃亲攻皖城，诸将欲作土山，添攻具，吕蒙曰："治攻具及土山，必历日乃成。城备既修，外救亦至，不可图也。且吾乘雨水以入，若留经日，水必向尽，还道艰难，蒙窃危之。今观此城，不能甚固，以三军锐气四面并攻，不移时可拔，及水以归，全胜之道也。"权从之。蒙荐甘宁为升城督，宁持练缘城，蒙以精锐继之，手执枹鼓，士卒皆腾踊。侵晨进攻，食时破之，获朱光及男女数万口。权拜蒙为庐江太守，还屯寻阳。

马超奔刘备，备入成都，自领益州牧，以诸葛亮为军师将军。

诸葛亮留关羽守荆州，与张飞、赵云将兵溯流克巴东，破巴郡，获太守严颜。飞呵颜曰："何以不降？"颜曰："卿等无状，侵夺我州。我州但有断头将军，无降将军也。"飞怒，令牵去斫头。颜容止不变，曰："斫头便斫头，何为怒邪？"飞壮而释之，引为宾客。分遣云从外水定江阳、犍为，飞定巴西、德阳。庞统中流矢，卒。

法正笺与刘璋曰："左将军旧心依依，实无薄意，可图变化以保尊门。"璋不答。洛城溃，备进围成都。亮、飞、云引兵来会。马超知张鲁不足与计事，亦来请降。备令引军屯城北，城中震怖；使从事中郎简雍入说刘璋。时城中尚

起初，曹操派庐江太守朱光驻守皖城，大规模开垦稻田。吕蒙向孙权建议说："皖地的稻田肥沃，如果一旦稻谷成熟收获，曹军必然增兵，应该早日除掉朱光。"孙权于是亲自率军攻打皖城，将领们准备堆土山，增加攻城的器具，吕蒙说："造攻城的器具和堆土山，须多日才能完成。敌人的城防已经修整，外面的援兵也到，我们将不能夺取皖城。况且我军乘雨水多而来，如果旷日久留，大水一定会慢慢退走，我们回去的道路就会艰难，我私下认为是很危险的。现在看来，此城不会十分坚固，如果我们以三军高昂的士气四面同时进攻，不久就可攻下，然后趁着大水未退返回，这才是大获全胜的策略。"孙权采纳了他的主张。吕蒙推荐甘宁担任升城督，甘宁手拿白色的熟绢，攀上城墙，吕蒙派精锐的士兵紧随其后，吕蒙亲自击鼓进军，士兵们都奔腾跳跃，竞相登城。拂晓发起进攻，到进早餐时攻克皖城，抓获朱光和城中男女数万人。孙权任命吕蒙担任庐江太守，回军驻守寻阳。

马超投奔刘备，刘备进入成都，自己兼任益州牧，任命诸葛亮为军师将军。

诸葛亮留下关羽守卫荆州，与张飞、赵云率军逆长江而上，攻克巴东，打败巴郡守军，抓获太守严颜。张飞呵斥严颜说："你为什么不投降？"严颜说："你们太没礼貌，侵夺我江州。江州只有断头将军，没有投降将军。"张飞大怒，叫人把严颜拉去砍头。严颜面容举止不变，说："砍头便砍头，发什么怒？"张飞赞许严颜的胆魄，把他释放了，召做自己的宾客。诸葛亮分派赵云从外水出兵平定江阳、犍为，派张飞平定巴西、德阳。庞统被流箭射中，死去。

法正写信给刘璋说："左将军刘备对您旧情依旧，实在没有轻视的意思，你可想办法改变态度，以保住家门的尊贵。"刘璋没有答复。刘备攻克洛城，进而包围了成都。诸葛亮、张飞、赵云也率兵前来会合。马超知道不值得与张鲁商讨大事，也来请求投降。刘备命令他率军驻扎在成都城的北面，城内的人非常震惊，深感恐惧；派从事中郎简雍进城劝说刘璋投降。当时城中还

有精兵三万人，谷帛支一年，吏民咸欲死战。璋言："父子在州二十余年，无恩德以加百姓。百姓攻战三年，肌膏草野者，以璋故也，何心能安！"遂开城出降，群下莫不流涕。备迁璋公安，尽归其财物，佩以振威将军印绶。

备入成都，自领益州牧，以诸葛亮为军师将军，董和为掌军中郎将，并署左将军府事，马超为平西将军，法正为蜀郡太守，许靖为左将军长史，庞羲为司马。和为蜀郡太守，清俭公直，为民夷所爱信，蜀中推为循吏，故备举而用之。

备自新野南奔，荆楚群士从之如云，而刘巴独北诣曹操。操辟为掾，遣招纳长沙、零陵、桂阳。会备略有三郡，巴欲由交州道还京师。时诸葛亮在临蒸，以书招之，巴不从而入蜀，备深恨之。及璋迎备，巴谏曰："备，雄人也，入必为害。"既入，巴复谏曰："若使备讨张鲁，是放虎于山林也。"璋不听，巴闭门称疾。备攻成都，令军中曰："有害巴者，诛及三族。"及得巴，甚喜，以为西曹掾。时益州郡县皆望风景附，独黄权闭城坚守，须璋稽服乃降，备以为将军。李严，本璋所授用；吴懿、费观等，璋之婚亲；彭羕，璋所摈弃，备皆处之显任，尽其器能。有志之士，无不竞劝，益州之民，是以为大和。

初，刘璋以许靖为蜀郡太守。成都将溃，靖谋逾城出降，备以此薄之，不用。法正曰："天下有获虚誉而无其实者，许靖是也。然今始创大业，天下之人不可户说，宜加敬

有精兵三万人，粮食和布帛可以支持一年，官吏和百姓都想死战。刘璋说："我们父子统治益州二十多年，没有给百姓带来什么恩德。而百姓参与战斗三年，露尸荒野，是因为我刘璋的缘故，我的心怎能平静！"于是打开城门出来投降，部下无不痛哭流涕。刘备把刘璋迁移到公安，归还他的全部财物，让他佩带振威将军印绶。

刘备进入成都，自己兼任益州牧，任命诸葛亮为军师将军，董和为掌军中郎将，并且代理左将军府事，马超为平西将军，法正为蜀郡太守，许靖为左将军长史，庞羲为司马。董和任蜀郡太守时，清廉节俭，公平正直，受到各族百姓的爱戴和信任，大家推举他为奉职守法的官吏，因此刘备提拔任用他。

刘备从新野逃奔江南时，荆楚一带的士人追随他的十分多，而只有刘巴一人向北投奔曹操。曹操征召刘巴为属官，派遣他去招降和接收长沙、零陵、桂阳三郡。就在这时，刘备夺取了三郡，刘巴打算由交州取道回京师。这时，诸葛亮在临蒸，写信招引刘巴，刘巴不接受，进入蜀地，刘备深感遗憾。等到刘璋迎接刘备入蜀，刘巴劝阻说："刘备是一代枭雄，进入蜀地必定危险。"刘备入蜀以后，刘巴又进谏说："如果使刘备去讨伐张鲁，就是放虎归山。"刘璋不听，刘巴便闭门称病。刘备围攻成都，下令军中说："谁若伤害刘巴，诛灭三族。"等到得到刘巴，刘备非常高兴，任命他为西曹掾。当时，益州的郡县都察看风头，如影随形般地投靠刘备，只有黄权关闭城门坚守，必须等刘璋跪拜降服后他才投降，刘备任命他为将军。李严，本为刘璋任用；吴懿、费观等是刘璋的姻亲；彭羕，被刘璋摈弃，刘备都安排他们担任重要职位，以竭尽其才能。有志之士，无不争相尽职尽责，益州的百姓，因此相处极为和睦。

起初，刘璋任命许靖为蜀郡太守。成都将被攻破时，许靖翻墙出城投降，刘备因此看不起他，没有任用他。法正说："世上有一种人获有虚名而其实不副，许靖就是。然而如今您刚刚开始创建大业，您不可能挨家挨户进行宣传告谕，对许靖应该多加敬

重，以慰远近之望。”备乃礼而用之。

军用不足，备以为忧。刘巴请铸直百钱，平诸物价，令吏为官市。备从之。数月之间，库府充实。或欲以成都名田宅分赐诸将。赵云曰：“霍去病以匈奴未灭，无用家为。今国贼非但匈奴，未可求安也。须天下都定，各反桑梓，归耕本土，乃其宜耳。益州人民初罹兵革，田宅皆可归还，令安居复业，乃可役调，得其欢心，不宜夺之以私所爱也。”备从之。

备留霍峻守葭萌城。璋将向存帅万余人，攻围一年。峻兵才数百人，伺其怠隙，选精锐出击，大破，斩之。备以为梓潼太守。

法正一飧之德，睚眦之怨，无不报复。或谓诸葛亮曰：“法正太横，宜稍抑之。”亮曰：“主公之在公安也，北畏曹操，东惮孙权，近则惧孙夫人生变于肘腋。法孝直为之辅翼，令翻然翱翔，不可复制。今奈何禁止孝直，使不得少行其意邪！”

亮治颇尚严峻，人多怨者。法正谓曰：“昔高祖入关，约法三章，秦民知德。愿君缓刑弛禁，以慰此州之望。”亮曰：“君知其一，未知其二。秦以无道，政苛民怨，匹夫大呼，天下土崩。高祖因之，可以弘济。刘璋暗弱，自焉已来有累世之恩，文法羁縻，互相承奉，德政不举，威刑不肃，君

重，来抚慰远近的人们的希望。”刘备这才对许靖以礼相待，加以任用。

军费不足，刘备非常忧虑。刘巴请求铸造价值为一百钱的钱币，平抑物价，下令官吏设立官方市场。刘备听从了他的建议。几个月之后，府库中的财物就充实了。有人主张把成都有名的田地和住宅分赐将领们。赵云说：“霍去病认为‘匈奴未灭，无以家为’。如今国贼远非匈奴可比，我们还不能寻求安乐。必须等天下都安定以后，大家回归故里，在自己的土地上耕作，才会各得其所。益州人民刚刚遭受战争灾难，土地、住宅都应该归还原来的主人，使他们安定地生活，恢复生产，这样才能向他们征发劳役，征收赋税，取得他们的欢心，不该夺取他们的财物来私宠自己喜爱的人。”刘备采纳了赵云的意见。

刘备留下霍峻守卫葭萌城。刘璋的部将向存统率一万多人，围攻霍峻一年。霍峻的军队才几百人，瞅准敌人疲惫的机会，挑选精锐的士兵出击，大破敌军，斩杀向存。刘备任命霍峻为梓潼太守。

法正爱恨分明，凡是别人对他的一餐饭的恩惠，一瞪眼的怨恨，他没有不报答和报复的。有人对诸葛亮说：“法正肆意横行，应该稍微压制一下。”诸葛亮说：“主公在公安时，北面畏惧曹操，东面害怕孙权，近处则担心孙夫人在家中引发事端。法正像羽翼一样辅佐主公，使主公能凌空自由翱翔，不再受人控制。如今怎么能禁止法正，使他不能稍稍随心所欲！”

诸葛亮的治理非常提倡严刑峻法，很多人都埋怨。法正对诸葛亮说：“从前汉高祖进入函谷关，约法三章，秦地百姓感恩戴德。希望您放宽刑法和禁令，来抚慰这一州人的愿望。”诸葛亮说：“您只知其一，不知其二。秦朝因为暴虐无道，政令苛刻，百姓怨恨，因此一个普通百姓大呼一声，天下就土崩瓦解。汉高祖面对此种情况，可以放宽政策，取得成功。刘璋昏庸懦弱，自从其父刘焉以来，刘氏对蜀地有两代人的恩惠，靠法令条文维系上下的关系，互相逢迎旨意行事，德政不能推行，刑罚失去威严，君

臣之道渐以陵替。宠之以位，位极则贱；顺之以恩，恩竭则慢。所以致敝，实由于此。吾今威之以法，法行则知恩；限之以爵，爵加则知荣。荣恩并济，上下有节，为治之要于斯著矣。”

备以蒋琬为广都长，不治，大怒。亮请曰：“蒋琬社稷之器，非百里之才也。其为政以安民为本，不以修饰为先。愿主公重加察之。”备雅敬亮，乃不加罪。

秋七月，魏公操击孙权。

操留少子植守邺，以邢颙为植家丞。颙防闲以礼，无所屈挠，由是不合。庶子刘桢美文辞，植亲爱之。桢曰：“君侯采庶子之春华，忘家丞之秋实，为上招谤，其罪不小，愚实惧焉。”

魏荀攸卒。

攸深密有智防，谋谟帷幄，时人及子弟莫知其所言。操尝称：“荀文若之进善，不进不休；荀公达之去恶，不去不止。”又称：“二荀论人，久而益信，吾没世不忘。”

枹罕宋建反。冬十月，讨斩之，诸羌皆降。

建自号平汉王。

十一月，魏公操弑皇后伏氏及皇子二人。

帝自都许以来，守位而已，左右侍卫莫非曹氏之人者。议郎赵彦尝为帝陈言时策，操恶而杀之。操后以事入见殿中，帝不任其惧，因曰：“君若能相辅，则厚；不尔，幸垂恩

臣之道逐渐废弛。给高位表示宠爱，高位不能再高时，就被别人轻视；施加恩惠表示顺从，恩惠不能满足时，就会被人轻慢。所以，蜀地招致破败的境地，实在是由于这样的原因。如今我树立法令的威严，法令施行百姓便会知道我们的恩德；以爵位限定官员的地位，加上爵位的人便会知道荣耀。荣耀和恩德并重，上下之间有礼节，治国的关键，由此显示出来了。”

刘备任命蒋琬为广都长，蒋琬不能治理，刘备因此大怒。诸葛亮请求说：“蒋琬是国家的栋梁之材，不是管理方圆百里的小县的人才。他为政以安定百姓为本，不以做表面工作为先。希望主公重加考察。”刘备向来敬重诸葛亮，这才没有给蒋琬加罪。

秋七月，魏公曹操进攻孙权。

曹操留下小儿子曹植守护邺城，任命邢颙为曹植的家丞。邢颙按礼节严格约束曹植，毫不退让，因此与曹植不和。庶子刘桢擅长写文章，曹植亲近喜欢他。刘桢说：“君侯您采撷庶子我的春华，忘却家丞的秋实，要是为君上招来诽谤，你的罪过不小，我实在深感恐惧。”

魏国荀攸去世。

荀攸深沉而有智谋，参与曹操的军事谋划，当时的人和他的子弟都不知道他献过什么计策。曹操曾经称赞他说：“荀彧进献好计策，不接收不罢休；荀攸去除错误行为，不去除不停止。”又称赞说：“二荀评论人物，时间越长越发显出他们的观点可信，我终生不会忘记。”

枹罕宋建造反。冬十月，曹操派大军前去征讨，将宋建斩首，羌人各部落全部投降。

宋建自号平汉王。

十一月，魏公曹操杀死伏皇后以及两个皇子。

献帝自从建都许昌以来，仅能保住自己的皇位而已，左右无一不是曹操的人。议郎赵彦常为献帝分析时势，进献对策，曹操憎恶而把他杀死。后来，曹操有事到殿中拜见献帝，献帝不能控制恐惧，趁机说：“您如果能辅佐我，就宽厚些；否则，您就开恩

相舍。"操失色，俯仰求出。旧仪：三公领兵，朝见，令虎贲执刀挟之。操出，汗流浃背。自后不复朝请。

董承女为贵人，操诛承，求贵人杀之。帝以贵人有妊为请，不得。伏后惧，与父完书，令密图之。至是，事泄，操使郗虑持节策收皇后玺绶，以尚书令华歆为之副，勒兵入宫，收后。后闭户，藏壁中。歆坏户发壁，就牵后出。时帝在外殿，后被发、徒跣、行泣过，诀曰："不能复相活邪？"帝曰："我亦不知命在何时！"顾谓虑曰："郗公，天下宁有是邪！"遂将后下暴室以幽死，所生二皇子皆鸩杀之，兄弟及宗族死者百余人。

十二月，操以高柔为丞相理曹掾。

旧法：军征士亡，考竟其妻子。而亡者犹不息。操欲更重其刑，并及父母、兄弟。柔启曰："士卒亡军，诚在可疾，然窃闻其中时有悔者。愚谓乃宜贷其妻子，以诱其还心。猥复重之，柔恐自今军士见一人亡逃，诛将及己，亦且相随而走，不可复得杀也。此重刑非所以止亡，乃所以益走耳。"操善之。

乙未（215）　二十年

春正月，立贵人曹氏为皇后。

操之女也。

三月，魏公操击张鲁。　夏五月，韩遂为其下所杀。刘备、孙权分荆州。备使关羽守江陵，权使鲁肃屯陆口。

把我抛开。"曹操大惊失色,屈身请求告辞。汉朝旧制规定:领兵的三公,在朝见皇帝时,下令武士持刀夹持。曹操走出殿堂,汗流浃背。从此以后不再朝见皇帝。

董承的女儿是献帝的贵人,曹操杀死董承以后,要求把董贵人也杀死。献帝以贵人有身孕为由,向曹操求情,曹操不同意。伏皇后恐惧不安,给父亲伏完写信,令其秘密策划,除掉曹操。到这时,事情泄露了,曹操派郗虑带上符节和策书,收缴皇后的玺印和绶带,派尚书令华歆为副手,率兵入宫逮捕伏皇后。伏皇后关闭门窗,藏在墙壁中。华歆砸烂门窗,挖开墙壁,上去把伏皇后拖了出来。当时献帝在外殿,伏皇后披头散发、光着双脚,边走边哭经过献帝面前,诀别说:"不能再救我一命吗?"献帝说:"我也不知我能活到几时!"他回头看着郗虑说:"郗公,天下难道竟有这样的事吗!"曹操把皇后关到暴室中,幽禁而死,她生的两个皇子,也都用毒酒杀死,她的兄弟以及宗族被害死的有一百多人。

十二月,曹操任命高柔为丞相理曹掾。

旧制规定:军队外出征讨时士兵逃跑,要追究他们的妻子儿女。然而士兵逃跑仍然不断。曹操想加重对他们的刑罚,连带追究他们的父母、兄弟。高柔说:"士兵逃跑,实在可恶,但听说他们中时时有人懊悔。我认为应该宽免他们的妻子儿女,来诱使他们回心转意。如果还要加重刑罚,我恐怕从今以后,军中的士兵见一人逃跑,害怕将牵连到自己,也就跟随逃跑,不能再抓到他们杀死。这样,加重刑罚不能阻止士兵逃跑,反而使逃兵增多。"曹操认为他的建议好。

乙未(215) 汉献帝建安二十年

春正月,册立曹贵人为皇后。

曹贵人是曹操的女儿。

三月,魏公曹操攻打张鲁。 夏五月,韩遂被部下杀死。 刘备、孙权分割荆州。刘备派关羽守卫江陵,孙权使鲁肃驻守陆口。

初，刘备在荆州，周瑜、甘宁等数劝孙权取蜀。权遣使谓备曰："刘璋不武，不能自守，若使操得蜀，则荆州危矣。今欲先攻取璋，次取张鲁，一统南方，虽有十操无所忧也。"备报曰："益州民富地险，刘璋虽弱，足以自守。今曹操方欲观兵吴、会，而同盟无故自相攻伐，使承其隙，非长计也。"权不听，遣孙瑜率水军住夏口。备遏之不得过，谓曰："汝欲取蜀，吾当被发入山，不失信于天下也。"权不得已，召瑜还。及备攻璋，留关羽守江陵，与鲁肃数生疑贰，肃常以欢好抚之。

及备得益州，权令诸葛瑾从备求荆州。备曰："吾方图凉州，凉州定，乃尽以荆州相与耳。"权曰："此假而不反，乃欲以虚辞引岁也。"遂置长沙、零陵、桂阳长吏，羽逐之。权遣吕蒙取三郡，惟零陵太守郝普不降。备自至公安，遣羽争三郡。孙权进住陆口，使鲁肃将万人屯益阳以拒羽，召吕蒙还助肃。蒙得书，秘之，夜召诸将，授以方略，晨当攻零陵，而诈谓普故人邓玄之曰："左将军在汉中为夏侯渊所围，关羽在南郡，至尊身自临之。彼方首尾倒悬，救死不给，岂有余力复营此哉？君可见之，为陈祸福。"玄之见普，具宣蒙意。普惧出降，蒙乃赴益阳。

鲁肃邀羽相见，因责数羽，羽曰："乌林之役，左将军身在行间，戮力破敌，岂得徒劳，无一块土，而足下来欲收地邪？"肃曰："不然。始与豫州觐于长坂，豫州之众不当一校，计穷虑极，图欲远窜。主上矜愍豫州身无处所，不爱土

起初，刘备在荆州时，周瑜、甘宁等多次劝孙权夺取蜀地。孙权派使者对刘备说："刘璋不勇武，不能保护自己，假如曹操得到蜀地，那么荆州危险了。我现在打算先攻取刘璋，再攻下张鲁，统一南方，即使有十个曹操也没有任何忧虑了。"刘备回答说："益州百姓富裕，地势险要，刘璋虽然软弱，但足以保护自己。现在曹操正准备到吴郡、会稽阅兵，而抗曹同盟之间无故自相攻伐，使曹操有机可乘，这不是长久之计。"孙权不听刘备的劝告，派孙瑜率水军驻守夏口。刘备阻止孙瑜的军队不得过境，对孙瑜说："你们若想攻取蜀地，我一定披头散发，隐居深山，不能失信于天下的人。"孙权不得已，把孙瑜召回。等刘备攻刘璋地时，留下关羽守卫江陵，关羽多次与鲁肃因猜忌而产生二心，鲁肃却经常以友好的姿态使关羽安心。

刘备得到益州后，孙权派诸葛瑾向刘备索要荆州。刘备说："我正准备夺取凉州，凉州平定后，才能把荆州全部给你们。"孙权说："这是借而不还，却想找借口拖延时间。"于是设立长沙、零陵、桂阳三郡的地方长官，关羽驱逐他们。孙权派吕蒙率兵夺取三郡，只有零陵太守郝普没有投降。刘备亲自抵达公安，派关羽争夺三郡。孙权进驻陆口，派鲁肃领兵一万人驻扎益阳，抵抗关羽，召回吕蒙协助鲁肃。吕蒙接到孙权的书信后，藏了起来，夜里召集部下们，宣布自己的作战方案，清晨要向零陵发起攻击，而欺骗郝普的旧友邓玄之，对他说："现在左将军刘备在汉中被夏侯渊包围，关羽在南郡，我家主公亲自去征讨。他们正首尾倒悬，救命都来不及，哪里有多余的力量来营救零陵呢？你可以去看看郝普，为他陈述祸福。"邓玄之见到郝普，把吕蒙的意思全部告诉他。郝普深感恐惧，出城投降，吕蒙这才率军奔赴益阳。

鲁肃邀请关羽见面，趁机责备了关羽，关羽说："乌林那次战役，左将军亲自参战，竭尽全力打败敌人，怎么能白白辛苦，不拥有一块土地，而您却想来收取土地呢？"鲁肃说："不是这么回事。起初与刘豫州在长坂会面时，豫州的部众抵挡不了一校的人马，计穷虑竭，打算远逃。我家主公怜悯豫州无处安身，不吝惜土

地士民之力,以济其患。而豫州私独饰情,愆德堕好。今已藉手西州,又欲剪并荆土。斯盖凡夫所不忍行,而况整领人物之主乎!"羽无以答。会闻曹操将攻汉中,备乃求和于权。权令诸葛瑾报命。遂分荆州,以湘水为界:长沙、江夏、桂阳以东属权,南郡、零陵、武陵以西属备。瑾每奉使至蜀,与其弟亮但公会相见,退无私面。

秋七月,魏公操取汉中,走张鲁,留将军夏侯渊、张郃守之而还。

操至阳平,张鲁欲降,其弟卫不肯,率众拒关坚守。初,操以降人多言张鲁易攻,阳平城下南北山相远不可守,信以为然。至是,身履不如所闻,乃叹曰:"他人商度,少如人意。"攻阳平诸屯,山峻难登,士卒伤夷,军食且尽。操意沮,欲还。会前军夜迷,误入张卫别营,营中大惊,退散。操进兵攻之,卫等夜遁。鲁奔南山,入巴中。左右欲悉烧宝货仓库,鲁曰:"本欲归命国家,而意未得达。今避锋锐,非有恶意。宝货仓库,国家之有。"遂封藏而去。操入南郑,遣人慰喻之。

主簿司马懿言于操曰:"刘备以诈力虏刘璋,蜀人未附,而远争江陵,此机不可失也。今克汉中,益州震动,进兵临之,势必瓦解。圣人不能违时,亦不可失时也。"操曰:"人苦无足,既得陇,复望蜀邪!"刘晔曰:"刘备,人杰也,有度而迟。得蜀日浅,蜀人未恃也。今破汉中,蜀人震恐,

地和人民的劳力，来解除豫州的忧患。而豫州自私自利，虚情假意，背弃恩德，损坏我们彼此间的友好关系。现在豫州已经得到益州，又想兼并荆州的土地。这样的事大概凡夫俗子都不忍心做，何况是领导一方的主要人物呢！”关羽无话可说。正在这时，听说曹操将攻打汉中，刘备于是向孙权求和。孙权命令诸葛瑾答复刘备。最终以湘江为界分割荆州：长江、江夏、桂阳以东属孙权，南郡、零陵、武陵以西属刘备。诸葛瑾每次奉使命到蜀，与他的弟弟诸葛亮只是因公事会晤时相见，退下后没有私相会面。

秋七月，魏公曹操攻取汉中，赶走张鲁，留将军夏侯渊、张郃守护汉中，自己率军返回。

曹操抵达阳平，张鲁打算投降，他的弟弟张卫不同意，率部众凭借关隘坚守。起初，曹操因为大多数投降的人说张鲁容易攻破，阳平城下南山、北山相距太远，不可防守，便信以为真。到了这时，曹操亲身实地考察，发现并不像所听说的那样，就感叹说：“别人的测度，很少能令人满意。”攻打阳平各处驻军时，山势险峻难登，士兵受伤，军粮快要吃尽。曹操心情沮丧，准备撤军。适逢前面的部队夜里迷路，误入张卫部下的军营，张卫的士兵大惊，纷纷溃逃而散。曹操进兵攻打张卫，张卫等人乘夜逃走。张鲁逃奔南山，进入巴中。张鲁的部下想烧毁全部宝物和仓库，张鲁说：“本来我想归附国家，而我的意愿没有能传达上去。如今躲避大军的锋锐，并没有恶意。宝物和仓库为国家所有。”于是把宝物和仓库封存好后才离开。曹操进入南郑，派人前去抚慰张鲁。

主簿司马懿向曹操建议说：“刘备靠欺诈劫持了刘璋，蜀人还没有归附他，而他却到远方争夺江陵，这个机会不能失去。现在我们攻克汉中，益州受到震动，如果我们进兵逼近，益州势必土崩瓦解。圣人不能违背天时，也不能失去良机。”曹操说：“人们苦于不满足，既得陇地，还眼望着蜀地吗！”刘晔说：“刘备，是人中豪杰，做事有分寸，但是行动迟缓。取得蜀地时间不长，蜀人还没有依附他。如今我们攻破汉中，蜀人受到震动，十分恐慌，

其势自倾。因而压之,无不克也。若小缓之,诸葛亮明于治国而为相,关羽、张飞勇冠三军而为将,蜀民既定,据险守要,则不可犯矣。今不取,必为后忧。"操不从。居七日,蜀降者说:"蜀一日数十惊,守将虽斩之,而不能安也。"操问晔曰:"今尚可击不?"晔曰:"今已小定,未可击也。"乃还,以夏侯渊督张郃、徐晃等守汉中。

八月,孙权攻合肥,大败而还。

曹操之征张鲁也,为教与合肥护军薛悌,署函边曰:"贼至乃发。"及是孙权率众十万围合肥,悌发函,教曰:"若孙权至者,张、李将军出战,乐将军守,护军勿得与战。"诸将以众寡不敌,疑之。张辽曰:"公远征在外,比救至,彼破我必矣。是以教指及其未合逆击之,折其盛势以安众心,然后可守也。"乐进等莫对。辽怒,将独出。李典素与辽不睦,慨然曰:"此国家大事,顾君计何如耳,吾岂可以私憾而忘公义乎,请从君而出。"于是夜募敢从之士。明旦陷阵冲垒,入至麾下。权大惊走,撤军还,至逍遥津北。辽将步骑奄至。甘宁、吕蒙力战扞敌,凌统率亲近扶权出围,乘骏马上津桥,桥南已撤,丈余无板。亲近谷利使权持鞍缓控,于后著鞭,遂得超渡。贺齐率三千人在津南迎权入船。齐涕泣曰:"至尊人主,常当持重,今日之事,群下震怖,若无天地,愿以此为终身之诫。"权自前收其泪曰:"大惭,谨已刻

势必将自行崩溃。我们趁机率兵压境,一定能取得胜利。如果行动稍稍迟缓,诸葛亮善于治国而做丞相,关羽、张飞勇冠三军而担任军队将领,蜀地人民安定以后,据守险要地势,我们就不能攻取了。如今不去夺取,必定会成为后患。"曹操没有听从他的建议。七天后,蜀地来投降的人说:"蜀地一天受到数十次惊吓,守将虽然以斩首来压制,但仍然不能安定下来。"曹操问刘晔:"现在还可以进攻吗?"刘晔说:"现在蜀地已经稍微安定,不能再进攻了。"曹操于是撤军,任命夏侯渊率领张郃、徐晃等守卫汉中。

八月,孙权进攻合肥,大败而回。

曹操去征伐张鲁时,留下一份指令给合肥护军薛悌,在指令封套的边上写上:"敌人来了再打开。"到了这时,孙权率领十万大军包围合肥,薛悌打开指令,指令中写道:"如果孙权到来,张、李将军出城迎战,乐将军守城,护军不许参加。"将军们认为寡不敌众,怀疑这道指令。张辽说:"魏公远征在外,等到救兵赶到,敌人必定打败我们了。因此,指令的意思是趁敌人未集结时出兵迎头抗击,摧折敌人强大的气势,来安定大众的人心,然后才能坚守。"乐进等人都不发表意见。张辽非常生气,将独自出战。李典平素与张辽不和,却感慨地说:"这是国家大事,不过看您的计策怎么样罢了,我怎么能因为私恨而忘记公义呢,我请求跟您出战。"于是,张辽当夜招募敢跟随自己出战的士兵。第二天早晨,冲锋陷阵,冲破敌人的营垒,直到孙权的大旗下。孙权大惊而逃,撤军返回,直达逍遥津北岸。张辽率领步兵、骑兵突然来到。甘宁、吕蒙奋力抵御,凌统率领亲兵搀扶孙权冲出重围,骑骏马上逍遥津桥,桥南部的桥板已撤去,有一丈多长没有桥板。亲兵谷利使孙权抓住马鞍,放松缰绳,而他在后面用鞭抽马,才终于跨越过去。贺齐率三千人在逍遥津南岸迎接孙权上船。贺齐哭着说:"至尊的主公,您应当时时小心谨慎,今天的事,部下们都非常惊恐,像是天塌地陷,希望您以此为终生的教训。"孙权亲自上前为他擦拭眼泪,说:"非常惭愧,我一定把这次教训铭刻

心，非但书绅也。”

冬十月，始置名号侯以赏军功。　十一月，张鲁出降，以为镇南将军，封其属阎圃为列侯。

刘备遣兵击巴、賨，破之。

张鲁之走巴中也，黄权言于刘备曰：“若失汉中，则三巴不振，此为割蜀之股臂也。”备乃使权迎鲁。会诸夷帅朴胡、杜濩、任约已降于曹操，而鲁亦降。权遂击胡等，破之。操遣张郃徇三巴，备遣巴西太守张飞击之，郃走还。

丙申（216）　**二十一年**

夏五月，魏公操进爵为王。操杀尚书崔琰。

初，崔琰荐杨训，操礼辟之。及操进爵，训发表称颂。或笑训希世浮伪，谓琰失举。琰取其草视之，与训书曰：“省表，事佳耳。时乎，时乎，会当有变！”琰本意讥论者好谴呵而不寻情理。有与琰不平者，白之。操怒，收琰付狱，髡为徒隶。白者复云：“琰对宾客虬须直视，若有所瞋。”遂赐琰死。

毛玠伤琰无辜，心不悦。人复白玠怨谤。亦收付狱，桓阶、和洽为之陈理。操曰：“此捐君臣恩义，妄为死友怨叹，殆不可忍也。”洽曰：“臣非敢曲理玠以枉大伦也，以玠历年荷宠，刚直忠公，为众所惮，不宜有此。然人情难保，要宜考核，两验其实。今不忍致之于理，更使曲直之分不

心中，而不仅仅是写在束腰的大带上。”

冬十月，开始设置只有名号的侯爵来奖励立军功的人。十一月，张鲁出降，任命他为镇南将军，封他的部属阎圃为列侯。

刘备派兵攻打巴、賨两族，获胜。

张鲁逃奔巴中时，黄权对刘备说：“如果失去汉中，那么三巴不能援救，这等于割去蜀地的手脚。”刘备于是派黄权迎接张鲁。就在这时，夷人的部族首领朴胡、杜濩、任约已经投降曹操，而张鲁也投降了。孙权便攻打朴胡等，取得胜利。曹操派张郃夺取三巴，刘备派巴西太守张飞攻打张郃，张郃败逃而回。

丙申（216）　汉献帝建安二十一年

夏五月，魏公曹操进封为王。曹操杀死尚书崔琰。

起初，崔琰推荐杨训给曹操，曹操以礼征召杨训。等到曹操进封为王，杨训向皇帝进献奏章称赞颂扬。有人嘲笑杨训迎合世俗，轻浮虚伪，认为崔琰推举人不当。崔琰把杨训奏章的草稿取来查看，给杨训写信说：“看了你的奏章，事情做得很好。时代啊时代，一定会改变的！”崔琰的本意，是讥讽那些议论的人喜欢指责他人而不考虑人情和事理。有人与崔琰不和，把这事禀报曹操。曹操极为生气，逮捕崔琰关进监狱，剃成光头，判罚服劳役。禀报的人又说：“崔琰判刑后，面对宾客，胡须鬈曲，两眼注视前方，像是很愤怒。”曹操于是赐崔琰自杀。

毛玠对崔琰无辜而死感到很悲伤，于是心中不乐。有人又上告毛玠怨愤诽谤。曹操也把毛玠逮捕入狱，桓阶、和洽就为毛玠辩解。曹操说：“毛玠这样做，是捐弃君臣的恩义，荒谬地为处死的旧友怨愤感叹，他的这些行为，恐怕不能容忍。”和洽说：“我不敢强辞夺理地为毛玠辩护，而违背臣下绝对服从君王的伦常大道，凭着毛玠多年受您宠幸，为人刚直、忠诚、公正，被很多人忌惮，因而他不应有这样的事。可是人的思想难保会发生变化，应该进行考查审核，从告发者和毛玠两方面核实。如今您不忍心把这事交给有关部门审理，更使得是非曲直的界限不

明。”操曰：“所以不考，欲两全玠及言事者耳。”洽曰：“玠信有谤言，当肆之市朝；若无此言，言事者诬大臣以误主听。臣窃不安。”操卒不穷治，玠遂免黜。

时西曹掾丁仪用事，玠之获罪，仪有力焉，群下侧目。何夔、徐奕独不事仪，仪谮奕出之。傅选谓夔：“宜少下之。”夔曰：“为不义，适足害身，焉能害人？”琰从弟林，尝与陈群共论冀州人士，称琰为首，群以智不存身贬之。林曰：“大丈夫为有邂逅耳，即如卿诸人，良足贵乎？”

五月朔，日食。　以裴潜为代郡太守。

代郡乌桓三大人皆称单于，恃力骄恣，太守不能治。至是潜单车之郡，单于惊喜。潜抚以恩威，遂皆詟服。

秋七月，南匈奴单于入朝于魏，遂留居邺。

初，南匈奴久居塞内，与编户大同而不输贡赋。议者恐其户口滋蔓，浸难禁制，欲豫为之防。至是单于呼厨泉入朝于魏，操因留之于邺，使右贤王去卑监其国。单于岁给绵、绢、钱、谷如列侯，子孙袭号。分其众为五部，各立其贵人为帅，选汉人为司马以监督之。

八月，魏以钟繇为相国。

丁酉（217）　二十二年

春正月，魏王操击孙权军。三月，权降。

初，权护军蒋钦与徐盛有隙，至是钦持诸军节度，每称其善。权问之，钦曰：“盛忠而勤强，有胆略器用，好万人督也。

明。”曹操说：“所以不考查审核，是要使毛玠和告发的人都得以保全罢了。”和洽说：“毛玠如果确实有诽谤的言论，应当把他处死，陈尸街头示众；如果没有，告发的人就是诬陷大臣来迷惑主上的视听。我私下感到不安。”曹操最终没有追究，毛玠被释放，罢免官职。

当时西曹掾丁仪当权，毛玠获罪，丁仪起了很大作用，群臣都不敢正眼相看。只有何夔、徐奕不依附丁仪，丁仪诬陷徐奕，徐奕被调离京城。傅选对何夔说：“你应该稍稍向他低头。”何夔说：“做不义之事，恰恰害了自己，怎么能害人？”崔琰的堂弟崔林，曾经与陈群共同评论冀州有名望的人，称崔琰为第一，陈群认为崔琰的才智不足以保护自己，因而贬低崔琰。崔林说：“大丈夫做事看有没有碰上圣明的君主罢了，就像您这样的一些人，算得上高贵吗？”

五月初一，日食。　曹操任命裴潜为代郡太守。

代郡乌桓的三个首领都称单于，仰仗实力，态度骄横，无拘无束，以前的太守对他们无可奈何。到这时，裴潜一人驾车到郡，单于们又惊又喜。裴潜恩威并施，进行安抚，单于们终于慑服。

秋七月，南匈奴单于到魏朝见，曹操于是把他留在邺城。

起初，南匈奴长期居住在塞内，与编入户籍的平民大致相同，但不交纳贡赋。评论的人担心他们的户口增加，渐渐地难以控制，想事先做好预防。到这时，单于呼厨泉到魏朝见，曹操乘机把他留在邺城，派右贤王去卑监管他的国家。单于每年供应的绵、绢、钱、谷，与列侯相同，子孙世袭封号。单于的部属分为五部，各自设立一个贵族为统帅，选拔汉人做司马监督他们。

八月，魏任命钟繇为相国。

丁酉(217)　汉献帝建安二十二年

春正月，魏公曹操进攻孙权的军队。三月，孙权投降。

起初，孙权的护军蒋钦跟徐盛有矛盾，到了这时，蒋钦负责指挥各路军队，每每称赞徐盛的优点。孙权问蒋钦，蒋钦说：“徐盛忠诚而勤劳坚强，有胆略和才干，是统帅千军万马的优秀将领。

今大事未定,臣当助国求才,岂敢挟私恨以蔽贤乎?”权既请降,留将军周泰督濡须,诸将以泰寒门,不服。权会诸将乐饮,命泰解衣,手指其疮痕,问之。因把其臂流涕曰:“幼平,卿为孤兄弟,战如熊虎,被创数十,吾亦何心不待卿以骨肉之恩,委卿以兵马之重乎!”诸将乃服。

夏四月,魏王操用天子车服,出入警跸。

冕十二旒,乘金根车,驾六马,设五时副车。

六月,魏以华歆为御史大夫。　冬十月,魏以世子丕为王太子。

初,操娶丁夫人,无子;妾刘氏生子昂;卞氏生四子:丕、彰、植、熊。于是出丁夫人而立卞氏为继室。植性机警,多艺能,才藻敏赡,操爱之。操欲以女妻丁仪,丕以仪目眇,止之。仪由是怨丕,与弟廙及杨修数称植才,劝操立以为嗣。操以函密访于外,尚书崔琰露板答曰:“《春秋》之义,立子以长。五官将仁孝聪明,宜承正统,琰以死守之。”丕使人问太中大夫贾诩以自固之术。诩曰:“愿将军恢崇德度,躬素士之业,朝夕孜孜,不违子道,如此而已。”它日,操屏人问诩,诩嘿然不对。操问其故,诩曰:“属有所思,故不即对耳。”操曰:“何思?”诩曰:“思袁本初、刘景升父子也。”操大笑。

如今大业还没有成功，臣下我应当帮助国家求取人才，怎么敢心怀私恨而埋没贤才呢？”孙权请求投降以后，留下将军周泰统率濡须守军，将领们认为周泰出身寒微，心中不服。孙权召集将领们饮酒作乐，在酒席上让周泰解开衣服，用手指着他身上的伤痕，询问他受伤的经过。于是拉着周泰的手臂流着眼泪说：“周泰，你为了我家兄弟，作战像熊虎一样勇猛，身受几十处伤，我又怎么忍心不把你当作亲骨肉看待，委任统率军队的重任呢！”将领们这才服从周泰指挥。

夏四月，魏王曹操使用皇帝专用的车和礼服，出入像皇帝一样实行戒严和清道。

曹操的王冠有十二条旒，乘坐金根车，驾六匹马来拉，设五时副车。

六月，魏任命华歆为御史大夫。　冬十月，魏立嫡长子曹丕为王太子。

起初，曹操娶了丁夫人，丁夫人没有生儿子；妾刘氏生儿子曹昂；卞氏生四个儿子，分别是：曹丕、曹彰、曹植、曹熊。曹操于是休了丁夫人而立卞氏为继室。曹植生性机警，多才多艺，才华横溢而敏捷多智，曹操很喜爱他。曹操想把女儿嫁给丁仪为妻，曹丕因为丁仪一只眼瞎，阻止了曹操。丁仪因此怨恨曹丕，与弟弟丁廙和杨修多次称赞曹植的才能，劝曹操立曹植为继承人。曹操用信秘密探讨外界对立继承人的看法，尚书崔琰用不封口的信回答说：“按《春秋》之义，应立长子。而且五官将曹丕仁慈、忠孝而又聪明，应立他做继承人，我的看法至死不变。”曹丕派人询问太中大夫贾诩有关巩固自己地位的办法。贾诩说：“希望将军您发挥盛德和气度，亲自去做寒微之士的事情，朝夕孜孜不倦，不违背做儿子应该遵守的规矩，如此而已罢了。”一天，曹操叫旁人退下，询问贾诩的看法，贾诩默然不答。曹操追问其中的原因，贾诩说：“我正在思考，所以没有立即回答你。”曹操说：“你在思考什么？”贾诩说：“我在想袁绍、刘表两对父子。”曹操大笑起来。

操尝出征，丕、植并送。植称述功德，发言有章，左右属目，操亦悦焉。丕怅然自失，吴质耳语曰："王当行，流涕可也。"及辞，丕涕泣而拜，操及左右咸歔欷。于是皆以植多华辞而诚心不及也。植既任性而行，不自雕饰，丕御之以术，矫情自饰，宫人左右并为之称说，故遂定为太子。

丕抱议郎辛毗颈而言曰："辛君知我喜不？"毗以告其女宪英，宪英曰："太子，代君主宗庙、社稷者也。代君，不可以不戚；主国，不可以不惧。宜戚宜惧，而反以为喜，何以能久，魏其不昌乎！"

久之，植乘车行驰道中，开司马门出。操大怒，公车令坐死。由是重诸侯科禁，而植宠日衰。

刘备进兵汉中，魏王操遣将军曹洪拒之。

法正说刘备曰："曹操一举而降张鲁，定汉中，不因此势以图巴、蜀，而留夏侯渊、张郃屯守，身遽北还，此非其智不逮，而力不足也，必将内有忧逼故耳。今策渊、郃才略，不胜国之将帅，举众往讨，必可克之。克之之日，广农积谷，观衅伺隙。上可以倾覆寇敌，尊奖王室；中可以蚕食雍、凉，广拓境土；下可以固守要害，为持久之计。此盖天以与我，时不可失也。"备乃进兵，遣张飞、马超、吴兰等屯下辨。操遣曹洪拒之。

孙权陆口守将鲁肃卒，权以吕蒙代之。

孙权以严畯代肃，督兵镇陆口。畯固辞以"朴素书生，不闲军事"。权乃以吕蒙代之。众嘉畯能以实让。

权遣陆逊讨丹阳山越，平之。

一次，曹操出征，曹丕、曹植一同来送行。曹植称颂曹操的功德，出口成章，左右的人瞩目欣赏，曹操也非常高兴。曹丕怅然若失，吴质在他耳边说："大王即将出行，流眼泪就可以了。"等到辞行时，曹丕哭着下跪，曹操和旁边的人都感动得哽咽不已。于是，大家都认为曹植华丽的辞藻多而诚心赶不上曹丕。曹植既任性行事，言行又不加修饰，而曹丕驾驭有术，掩盖真情，宫中的人和曹操身边的人都为他说好话，所以最终被立为太子。

曹丕抱住议郎辛毗的脖子说："辛君，你知道我高兴吗？"辛毗把这件事告诉女儿宪英，宪英说："太子是代替君王主持宗庙、社稷的人。代替君王，不可以不忧虑；管理国家，不可以不恐惧。应该忧虑恐惧，可他反而高兴，怎么能长久，魏国不会昌盛的！"

过了很久，曹植乘车在驰道中行驶，打开司马门而出。曹操大怒，掌管宫门的公车令被判处死刑。从此以后，曹操加重了对诸侯的法律限制，而对曹植的宠爱也一天不如一天了。

刘备进军汉中，魏王曹操派将军曹洪抵御。

法正劝说刘备说："曹操一举招降张鲁，平定汉中，不借助这个时机进攻巴、蜀两地，却留夏侯渊、张郃驻屯汉中，自己立即北返，这样做，并不是他的才智不够，而是力量不足，必将有内忧压力的缘故。如今估计夏侯渊、张郃的才能，比不上我们的将帅，如果我们举兵去征讨，一定可以取胜。夺取汉中之后，扩大农业生产，积蓄粮食，等待有利时机。做得好，可以彻底击败曹操，辅助王室恢复至尊的地位；次之，可以蚕食雍州、凉州，扩展疆土；最次，也可以坚守要害地势，与曹操长期对峙。这大概是上天的赐予，时机不可丧失。"刘备于是进军汉中，派张飞、马超、吴兰等驻军下辨。曹操派曹洪抵御。

孙权的陆口守将鲁肃去世，孙权派吕蒙接替鲁肃的职位。

孙权派严畯接替鲁肃的职位，率兵镇守陆口。严畯以"朴素书生，不谙熟军事"为借口坚决推辞。孙权于是派吕蒙接替鲁肃。大家都称赞严畯能以实相让。

孙权派陆逊讨伐丹阳山越，取得胜利。

吴郡陆逊言于权曰："克敌宁乱，非众不济。而山寇未平，难以图远，可大部伍，取其精锐。"权从之，命逊部伍东三郡强者为兵，羸者补户，得精卒数万人。宿恶荡除，所过肃清，还屯芜湖。会稽太守淳于式表逊枉取民人。逊后诣都，言次，称式佳吏。权曰："式白君，而君荐之，何也？"逊对曰："式意欲养民，是以白逊，逊岂可复毁式以乱圣听乎！"权曰："此诚长者之事，顾人不能为耳。"

戊戌（218）　二十三年

春正月，少府耿纪、司直韦晃起兵讨魏王操，不克，死之。

对有金祎者，自以世为汉臣，乃发愤与纪、晃起兵，欲挟天子以伐魏，南援刘备，不克而死。

三月，有星孛于东方。　夏四月，代郡、上谷乌桓反，魏王操遣其子彰击破之。

魏王操召裴潜为丞相理曹掾。潜曰："潜于百姓虽宽，于诸胡为峻。今继者必以潜为治过严而事加宽惠。彼素骄恣，过宽必弛，既弛又将摄之以法，此怨叛所由生也。以势料之，代必复叛。"后数十日，反问果至。操使其子彰讨之。彰少善射御，膂力过人。操戒曰："居家为父子，受事为君臣，动以王法从事，尔其戒之！"

刘备击张郃，不克。

吴郡人陆逊对孙权说："如今要想打败敌人，平定动乱，没有大军就不可能取得成功。而山匪还没有铲除，难以向远方发展，可以扩充军队，选取精锐。"孙权采纳了他的建议，命令陆逊在东部三郡征集强壮的人当兵，瘦弱的人做后备，得到精兵数万人。陆逊经过的地方，那些长期作恶的人被彻底清除，然后回驻芜湖。会稽太守淳于式上表称陆逊随意征发搜刮百姓。陆逊后来回到都城，言谈之间，称赞淳于式是个好官吏。孙权说："淳于式告发你，你却推荐他，这是为什么？"陆逊回答说："淳于式本意是想使百姓休养生息，所以告发我，我怎么可以再诋毁他，来扰乱您圣明的听闻呢！"孙权说："这实在是谨慎厚道的长者做的事，而一般人做不到。"

戊戌(218)　**汉献帝建安二十三年**

春正月，少府耿纪、司直韦晃起兵讨代魏王曹操，没有取胜，战死。

当时有个叫金祎的人，自认为世世代代都是汉朝的臣子，见汉朝政权将被取代，便发愤与耿纪、韦晃起兵，想挟持天子来攻打魏国，同时向南援助刘备，然而不胜而死。

三月，在东方的天空出现彗星。　夏四月，代郡、上谷郡的乌桓人造反，魏王派他的儿子曹彰打败他们。

魏王曹操召回裴潜，任命为丞相理曹掾。裴潜说："我对百姓虽然宽容，但对胡人却很严厉。如今我的继任者必定会认为我的治理过严而采取宽厚的策略，施恩惠于百姓。那些胡人一向骄横放肆，过分宽厚必然导致放纵，放纵以后又将用法律限制，这是引起他们怨恨而反叛的原因。根据形势预料，代郡的乌桓人一定还会反叛。"几十天后，反叛的消息果然传来。曹操派他的儿子曹彰去讨伐。曹彰从小擅长射箭驾车，体力过人。曹操告诫曹彰说："在家里，我们是父子，接受任务后，变成君臣关系，一举一动都要按王法行事，你要当心！"

刘备攻打张郃，没有取胜。

刘备屯阳平关，攻郃等不克，急书发益州兵。诸葛亮以问从事犍为杨洪，洪曰："汉中，益州咽喉，存亡之机会，若无汉中，则无蜀矣。此家门之祸也，发兵何疑？"时法正从备北行，亮于是表洪领蜀郡太守。众事皆办，遂使即真。初，犍为太守李严辟洪为功曹，严未去犍为，而洪已为蜀郡。洪举门下书佐何祗有才策，洪尚在蜀郡，而祗已为广汉太守。是以西土咸服诸葛亮能尽时人之器用也。

秋七月，魏王操击刘备。九月，至长安。

己亥(219)　二十四年

春正月，刘备击夏侯渊，破斩之。

初，夏侯渊战虽数胜，魏王操常戒之曰："为将当有怯弱时，不可但恃勇也。将当以勇为本，行之以智计。若但任勇，则一匹夫敌耳。"及与刘备相拒逾年，备自阳平南渡沔水，缘山稍前，营于定军山。渊引兵争之。法正曰："可击矣。"备使讨虏将军黄忠乘高鼓噪攻之，渊军大败，遂斩之。张郃引兵还，督军杜袭收敛散卒，推郃为军主，众心乃定。

二月晦，日食。　三月，魏王操出斜谷，刘备将赵云击其军，败之。夏五月，操引还，备遂取汉中。

操自长安出斜谷，军遮要以临汉中。刘备曰："曹公虽来，无能为也，我必有汉川矣。"乃敛众拒险，终不交锋。操运米北山下，黄忠引兵欲取之，过期不还。赵云将数十骑

刘备驻军阳平关，攻打张郃等没有取胜，急送文书调发益州的军队。诸葛亮问从事、犍为人杨洪这事该怎么处理，杨洪说："汉中是益州的咽喉，存亡的关键，如果没有汉中，就没有蜀了。这是家门口的祸患，对发兵还有什么疑问?"当时法正跟随刘备北行，诸葛亮于是上表推荐杨洪代理蜀郡太守。杨洪把众多的事务处理完毕，终于获得正式任命。起初，犍为太守李严征召杨洪任功曹，李严没有离开犍为，而杨洪已任蜀郡太守。杨洪推举自己门下的书佐何祗有才能和智谋，杨洪还在蜀郡，而何祗已做了广汉太守。因此，西土人士都佩服诸葛亮能够最充分地利用当时的人才。

秋七月，魏王曹操攻打刘备。九月，抵达长安。

己亥(219)　**汉献帝建安二十四年**

春正月，刘备攻打夏侯渊，打败曹军，斩杀夏侯渊。

起初，夏侯渊作战虽然多次取胜，魏王曹操却经常告诫他说："做将领，应当有怯弱的时候，不能单凭勇猛。将领应当以勇猛为本，但行动应该靠智慧和计谋。如果只凭勇猛，则只敌得过一个普通人罢了。"后来，夏侯渊与刘备对峙了一年有余，刘备从阳平向南渡过沔水，沿着山势慢慢前行，在定军山扎营。夏侯渊率兵争夺定军山。法正说："可以发动攻击了。"刘备派讨虏将军黄忠居高临下，击鼓呐喊，发动进攻，夏侯渊的军队大败，终于斩了夏侯渊。张郃率兵返回，督军杜袭集合散乱的士兵，推举张郃为军中主帅，军心才安定下来。

二月最后一天，日食。　三月，魏王曹操穿过斜谷，刘备将领赵云攻曹军，获胜。夏五月，曹操率军返回，刘备终于攻取汉中。

曹操从长安出发，穿过斜谷，派兵把守险要地势，以便大军到达汉中。刘备说："曹公虽然亲自前来，但不能有什么作为，我是必然要占有汉川的。"于是刘备集结部队，占据险要阻击敌人，但始终没有与敌人交锋。曹操在北山下运送粮食，黄忠率领军队企图夺取，超过约定的时间没有返回。赵云率领几十个骑兵

出营视之，值操扬兵大出，云遂前突其阵，且斗且却。魏兵散而复合，追至营下，云入营，开门偃旗息鼓。魏兵疑云有伏，引去。云以劲弩射魏兵，魏兵惊骇，自相蹂践，堕水死者甚多。相守积月，魏军士多亡。五月，操引兵还长安，备遂有汉中。操恐备北取武都氐以逼关中，问雍州刺史张既，既曰："可劝使北出就谷以避贼，前至者厚其宠赏，则先者知利，后必慕之。"操从之，徙氐五万余落出居扶风、天水界。备遣将军孟达攻房陵，杀其太守。又遣养子中郎将封与达会攻上庸，太守申耽举郡降。

秋七月，刘备自立为汉中王。

备设坛场于沔阳，陈兵列众，群臣陪位，奏以备为汉中王，读讫，备拜受玺绶，御王冠，立子禅为王太子。拔牙门将军魏延领汉中太守，以镇汉川。备还治成都，以许靖为太傅，法正为尚书令，关羽、张飞、马超、黄忠皆进位有差。遣司马费诗即授羽印绶，羽闻黄忠位与己并，怒曰："大丈夫终不与老兵同列。"不肯受拜。诗谓羽曰："夫立王业者，所用非一。昔萧、曹与高祖少小亲旧，而陈、韩亡命后至，论其班列，韩最居上，未闻萧、曹以此为怨。今王以一时之功隆崇汉室，然意之轻重，宁当与君侯齐乎！且王与君侯譬犹一体，同休等戚，祸福共之。愚谓君侯不宜计官号之高下、爵禄之多少为意也。仆一介之使，衔命之人，君侯不受拜，如是便还，但相为惜此举动，恐有后悔耳。"羽大感悟，遽即拜受。

出营察看，正值曹操大军出动，赵云便上前突击敌阵，且战且退。曹军冲散后再次汇合，追到赵云的军营下，赵云进入军营，打开营门偃旗息鼓。曹军怀疑赵云有埋伏，便撤走了。赵云用强弩在后面射杀曹军，曹军惊骇，自相践踏，落水而死的人很多。曹操与刘备对峙了一个月，曹军有很多士兵逃跑。五月，曹操率军返回长安，刘备终于占据了汉中。曹操担心刘备向北攻取武都氐人，以进逼关中，就询问雍州刺史张既，张既说："可劝说武都氐人向北迁移到有粮食的地方，以避开刘备，迁去的人丰厚地加以奖赏，这样先迁移的人知道有利可图，后面的人一定会羡慕他们。"曹操采纳了他的建议，迁徙氐人五万余村落离开故土到扶风、天水交界处居住。刘备派将军孟达进攻房陵，杀了房陵太守。又派养子、中郎将刘封与孟达会合，进攻上庸，上庸太守申耽率全郡投降。

秋七月，刘备自立为汉中王。

刘备在沔阳设坛场，军队排列成阵，群臣陪席，奏报献帝立刘备为汉中王，读罢奏章，刘备跪拜接受汉中王的印玺和绶带，戴上王冠，立儿子刘禅为王太子。拔牙门将军魏延兼任汉中太守，镇守汉川。刘备回去把官署设在成都，任命许靖为太傅，法正为尚书令，关羽、张飞、马超、黄忠都按等级升迁进用。刘备派司马费诗到关羽驻地给关羽授官印和绶带，关羽听说黄忠地位与自己一样，非常生气地说："大丈夫终究不能和老兵同列。"不肯受拜。司马费诗对关羽说："创立王业的人，任用的人不能都一样。过去萧何、曹参与高祖从小就关系亲密，而陈平、韩信是后来逃亡来的，如果论他们的地位，韩信位居最上，但没有听说萧何、曹参对此有过怨恨。如今汉中王凭一时的功劳推崇黄忠，然而他心中的轻重，黄忠怎么能跟您等同呢！况且汉中王跟您犹如一体，休戚同等，祸福与共。我认为您不应该计较官号的高低，在意爵禄的多少。我仅是一介使者，奉命之人，您不接受任命，我这就回去，我只是对您这一做法感到惋惜，恐怕您会后悔的。"关羽被这席话大为感动，醒悟过来，立即跪拜接受任命。

魏王操号其夫人为王后。　八月，汉中将关羽取襄阳。

关羽使麋芳守江陵，士仁守公安，羽自率众攻曹仁于樊。仁使于禁、庞德等屯樊北。八月，大霖雨，汉水溢，平地数丈。禁与诸将登高避水，羽乘大船，就攻之，禁等穷迫，遂降。庞德力战，矢尽，战益怒，气益壮，而水浸盛，吏士尽降。德乘小船欲还仁营，船覆为羽所得，立而不跪。羽谓曰："何不早降？"德骂羽，羽杀之。急攻樊城，城多崩坏，众皆恟惧。或曰："可及围未合，乘轻船夜走。"满宠曰："山水速疾，冀其不久。闻羽遣别将已在郏下，自许以南，百姓扰扰。羽所以不敢遂进者，恐吾军掎其后耳。今若遁去，洪河以南，非复国家有也。君宜待之。"仁曰："善。"乃沉白马与军人盟誓，同心固守。城不没者数版。羽乘船临城，外内断绝。羽又遣别将围襄阳。刺史胡修、太守傅方皆降。操闻庞德死，流涕曰："吾知于禁三十年，何意临危反不及庞德耶。"

魏王操杀丞相主簿杨修。

初，杨修、丁仪谋立曹植为魏嗣，丕患之，以车载废簏内吴质，与之谋。修以白操。丕惧，告质，质曰："无害也。"明日复以簏载绢入，修复白之，推验，无人。操由是疑。后植以骄纵见疏，修亦不敢自绝。每当就植，虑事有阙，忖度

魏王曹操称他的夫人为王后。　八月，汉中大将关羽攻取襄阳。

关羽派糜芳守卫江陵，士仁守卫公安，关羽自己率大军到樊城攻打曹仁。曹仁派于禁、庞德等驻守樊城的北面。八月，天降大雨，汉水涨漫出来，平地水深数丈。于禁和将领们登到高处避水，关羽乘大船前来，发动进攻，于禁等无处可逃，终于投降。庞德奋力战斗，箭射光了，战斗更加猛烈，气势更加强盛，然而水淹没得越来越厉害，官兵全都投降了。庞德乘小船想回曹仁的军营，小船被大水冲翻，庞德被关羽俘获，站着不肯下跪投降。关羽对他说："为什么不早点投降呢？"庞德大骂关羽，关羽把他杀了。关羽急速进攻樊城，城墙有很多地方倒塌，众人都惊恐不安。有人对曹仁说："可以在关羽的包围还没合拢前，乘轻便船趁夜撤走。"满宠说："山洪来得快，去得也快，希望滞留不会很久。听说关羽已经派遣辅助他的将领率兵抵达郏下，自许都以南，百姓忧心忡忡。关羽之所以不敢向前推进，是因为担心我军从后面牵制他们罢了。今天如果我们逃走，黄河以南地区，就不再属国家所有了。您应该坚守等待。"曹仁说："你说得好。"于是将白马沉入河中，与将士们盟誓，同心协力，坚守樊城。城墙没有被水浸没的只有几版高。关羽乘船到了城下，使城中的内外联系断绝。关羽又派辅助他的将领包围襄阳。刺史胡修、太守傅方都投降了关羽。曹操听说庞德被关羽杀死的消息，流下了眼泪说："我和于禁相识三十年，怎料在临危之时，于禁反而不如庞德呢。"

魏王曹操杀死丞相主簿杨修。

起初，杨修、丁仪策划立曹植为魏的继承人，曹丕很担忧，把吴质藏在旧竹箱中用车拉来，与他谋划。杨修将这事禀告曹操。曹丕害怕，告诉吴质，吴质说："没关系。"第二天，又用竹箱运绢进入曹丕府，杨修又报告曹操，进行检查，竹箱里没有人。曹操因此怀疑杨修。后来曹植因为骄纵而被曹操疏远，杨修也不敢与他断绝关系。每到曹植那里，担心曹植做事有缺点，杨修揣度

操意，豫作答教十余条，敕门下，随问答之。于是教裁出，答已入。操怪其捷，推问，始泄。遂收斩之。

关中营帅许攸降。

攸拥众不附，而有慢言。操怒，欲伐之。群臣多谏，操横刀于膝，作色不听。长史杜袭入欲谏，操逆谓之曰："吾计已定，卿勿复言。"袭曰："若殿下计是邪，臣方助殿下成之；若殿下计非邪，虽成，宜改之。殿下逆臣令勿言，何待下之不阐乎？"操曰："许攸慢吾，如何可置？"袭曰："今豺狼当路，而狐狸是先，人将谓殿下避强攻弱，进不为勇，退不为仁。臣闻千钧之弩，不为鼷鼠发机；万石之钟，不以莛撞起音。今区区之许攸，何足以劳神武哉！"操曰："善。"遂厚抚攸，攸即归服。

冬十月，孙权使吕蒙袭取江陵。魏王操帅师救樊，关羽走还，权邀斩之。十二月，蒙卒。

自许以南，往往遥应关羽，羽威震华夏。曹操议徙许都以避其锐。司马懿、蒋济曰："于禁等为水所没，非战攻之失，于国家大计未足有损。刘备、孙权外亲内疏，关羽得志，权必不愿也。可遣人劝权蹑其后，许割江南以封权，则樊围自解。"操从之。

初，鲁肃常劝孙权以曹操尚存，宜且抚辑关羽，与之同仇，不可失也。及吕蒙代肃，以为羽素骁雄，有兼并之心，且居国上流，其势难久，密言于权曰："今令征虏守南郡，

曹操的意图，预先为曹植准备十多条答辞，嘱咐曹植手下的人，根据曹操的问话做出相应的答复。于是，曹操的训诲才送出，曹植的答辞就已经送来。曹操对回答如此迅速感到奇怪，经过审问，真相才泄露出来。于是曹操把杨修逮捕杀死。

关中营帅许攸投降。

许攸率领部众不肯归附曹操，而且口出傲慢的言辞。曹操大怒，打算讨伐他。很多大臣规劝曹操，曹操把刀横在膝上，变了脸色，不听规劝。长史杜袭想进去劝说，曹操迎出来，对他说："我的主意已定，你不要再说了。"杜袭说："如果殿下的策略正确，臣将协助殿下去实现；如果殿下的策略不正确，即使决定好了，也应该改变。殿下迎出来叫臣不要说话，为什么对待部下如此不开明呢？"曹操说："许攸轻慢我，怎么可以置之不理？"杜袭说："如今豺狼当道，却先去对付狐狸，人们将认为殿下避强攻弱，进攻算不上勇猛，撤退也算不上仁慈。臣听说力量千钧的强弩，不射鼷鼠这样的小动物；万石的大钟，不会被草茎撞出响声。如今区区一个许攸，怎么值得烦劳您的神明和威武呢！"曹操说："你说得好。"于是以优厚的待遇安抚许攸，许攸随即归服。

冬十月，孙权派吕蒙袭击取得江陵。魏王曹操率部队援救樊城，关羽撤兵返回，孙权半路拦击，斩杀关羽。十二月，吕蒙去世。

自许都以南，处处有人与关羽遥相呼应，关羽的名声威震华夏。曹操主张迁离许都以避开关羽的锐气。司马懿、蒋济说："于禁等是被大水淹没，而非攻战失利，他们的失败对国家大计没有构成重大损害。刘备、孙权外表看起来关系亲密，而内心很疏远，关羽得志，孙权必然不愿意。可派人劝说孙权紧紧跟在关羽之后，许诺割江南给孙权做封地，这样，樊城的包围自然会解除。"曹操采纳了他们的建议。

起初，鲁肃常劝孙权，因为曹操势力还在，应暂且安抚关羽，与他同仇敌忾，不能有所失误。等到吕蒙代替鲁肃，认为关羽向来骁勇雄武，心怀吞并东吴的野心，又驻扎在吴的上游，局势难以持久，秘密地对孙权说："现在命令征虏将军孙皎镇守南郡，

潘璋住白帝，蒋钦将游兵循江应敌，蒙为国家前据襄阳，如此，何忧于操，何赖于羽！且羽君臣矜其诈力，所在反覆，不可以腹心待也。”权曰：“今欲先取徐州，然后取羽，何如？”对曰：“今操抚集幽、冀，未暇东顾。徐土往自可克。然地势陆通，今日取之，操后旬必来争，虽以七八万人守之，犹当怀忧。不如取羽，全据长江，形势益张，易为守也。”权善之。

权尝为其子求昏于羽，羽骂其使，不许。至是，蒙上疏曰：“羽讨樊而多留备兵，必恐蒙图其后故也。蒙常有病，乞分士众还建业，以治疾为名，羽闻之，必撤备兵，尽赴襄阳。大军浮江昼夜驰上，袭其空虚，则南郡可下，而羽可禽也。”遂称病笃。权乃露檄召蒙还，阴与图计。下至芜湖，陆逊谓曰：“关羽接境，如何远下？”蒙曰：“诚如来言，然我病笃。”逊曰：“羽务北进，未嫌于我。今闻君病，必益无备，若出其不意，羽可禽也。下见至尊，宜好为计。”蒙曰：“羽素勇猛，未易图也。”蒙至都，权问：“谁可代卿者？”蒙对曰：“陆逊意思深长，才堪负重，而未有远名，非羽所忌，无复是过也。若用之，当令外自韬隐，内察形便，然后可克。”权乃召逊代蒙。逊至陆口，为书与羽，称其功美，深自谦抑。羽意大安，稍撤兵以赴樊。逊具启形状，权遂发兵袭羽。

潘璋驻守白帝，蒋钦率领流动部队沿长江上下巡逻，根据敌情随机应变，我为国家前去据守襄阳，这样，何必忧患曹操，又何必依赖关羽！况且关羽君臣自负他们的狡诈武力，反复无常，不可以用真心相待。”孙权说：“现在我准备先攻取徐州，然后进攻关羽，怎么样？”吕蒙回答说：“现在曹操安抚幽州、冀州，没有时间顾及东方。徐州的守军，只要前去进攻，就可打败。然而徐州陆路交通方便，今天攻下徐州，曹操十来天后一定会来争夺，即使以七八万兵力防守，仍然令人担忧。不如打败关羽，完全占据长江，我们的势力会更加壮大，守住就容易了。”孙权认为吕蒙的建议很好。

孙权曾为他的儿子向关羽的女儿求婚，关羽责骂孙权的使者，拒绝联姻。等到关羽攻打樊城时，吕蒙向孙权上书说：“关羽攻打樊城，却留下很多军队防守，一定是害怕我从后面进攻他。我常常生病，请求您允许我以治病为名，分带一部分士兵回建业，关羽听到这个消息，一定撤去防守的军队，全部开赴襄阳。我大军乘船日夜沿长江而上，袭击他空虚的后方，南郡就可攻取，而关羽也会被擒获。”于是吕蒙假称病重。孙权使用公开的征召文书召回吕蒙，暗中与他商量对策。吕蒙顺江而下到了芜湖，陆逊对他说：“关羽接近我境，为什么远离而下？”吕蒙说：“的确如您所说，可是我病得很重。”陆逊说：“关羽一心只顾向北进攻，没有怀疑我们。现在听说您生病，一定更无防备，如果出其不意，关羽就可擒住。您顺江而下，见到主公，应该妥善地定下大计。”吕蒙说：“关羽向来勇猛，不容易对付。”吕蒙回到建业，孙权问：“谁可以接替你？”吕蒙回答说：“陆逊谋虑深远，才能可以担负重任，而且没有大名声，不是关羽所顾忌的人，再没有人比他更合适了。如果任用他，应当叫他表面上隐藏锋芒，暗地里观察时机，然后可以取胜。”孙权于是召来陆逊代替吕蒙。陆逊到陆口，写信给关羽，称赞他的功德，表示自己非常谦逊。关羽大为放心，渐渐地撤出防守的军队开赴樊城。陆逊把全部情况向孙权报告，孙权便发兵袭击关羽。

权欲令孙皎与蒙分督左右。蒙曰："若以征虏能，宜用之；以蒙能，宜用蒙。昔周瑜、程普为左右督攻江陵，事决于瑜，普恃久将，遂共不睦，几败国事，此目前之戒也。"权寤，乃以蒙为大督。

曹操使徐晃屯宛以助曹仁。孙权为笺与操，请以讨羽自效，及乞不漏，令羽有备。群臣咸言宜密之。董昭曰："军事尚权，宜内露之，使羽闻权上而还自护，则围速解。且可使两贼相持，坐待其敝。秘而不露，使权得志，非计之上也。又，围中将吏不知有救，倘有他意，为难不小，露之为便。且羽为人强梁，自恃二城守固，必不速退。"操即敕徐晃以权书射著围里及羽屯中。围里闻之，志气百倍。羽果犹豫不能去。

操自洛阳南救曹仁，驻军摩陂。晃攻羽破之，羽撤围退，然舟船犹据沔水。吕蒙至寻阳，尽伏其精兵艕艫中，使白衣摇橹，作商贾服，昼夜兼行，羽所置江边屯候，尽收缚之。糜芳、士仁素皆嫌羽轻己，羽之出军，供给军资不悉相及，羽言："还，当治之。"芳、仁咸惧，于是即降。蒙入江陵，释于禁，得关羽及将士家属，皆抚慰之，令军中："不得干历人家，有所求取。"蒙麾下同郡人取民家一笠以覆官铠，蒙犹以为犯军令，垂涕斩之。于是军中震栗，道不拾遗。旦暮使亲近存恤耆老，问所不足，给医药，赐衣粮。

孙权准备任命孙皎和吕蒙分别统率左右两路大军。吕蒙说:“如果您认为征虏将军有能力,应该用他;认为我有能力,应该用我。以前周瑜、程普任左右两路大军统帅攻打江陵,虽然事情由周瑜决定,但程普自恃是多年的老将,就彼此不和睦,几乎败坏国家大事,这是目前要引以为戒的。”孙权明白过来,才任命吕蒙为大统帅。

曹操派徐晃驻屯宛城援助曹仁。孙权写信给曹操,请求讨伐关羽,为朝廷效力,并要求不走漏风声,使关羽有所防备。群臣都说应该保密。董昭说:“军事崇尚权变,应该暗中将消息泄露出去,使关羽知道孙权逆江而上,而后回兵保护自己,这样,樊城的包围迅速解除了。同时,可以使两贼相斗,我们坐待他们精疲力尽。如果保密而不透露,使孙权得志,不是上策。另外,围城中的将士不知道有救兵,倘若有其他意图,危害不小,所以,还是泄露出去好。况且关羽为人强横,自恃江陵、公安二城防守坚固,一定不会迅速退兵。”曹操立即下令徐晃把孙权的信射进樊城和关羽的军营中。围城中的将士得到这个消息,士气增长百倍。关羽得到这个消息果然犹豫不决,不能撤兵离去。

曹操从洛阳南下援救曹仁,驻扎在摩陂。徐晃进攻关羽,把关羽打败,关羽撤围退走,但他的船只仍然据守沔水。吕蒙到了寻阳后,把精兵都埋伏在𦪇䑽船中,让百姓摇橹,穿商人的衣服,昼夜兼程,把关羽设在江边的哨兵全都捉了起来。糜芳、士仁一直都埋怨关羽轻视自己,关羽出兵在外时,糜芳、士仁供应军用物资不能悉数送到,关羽说:“等我回去后,一定要治他们的罪。”糜芳、士仁都很害怕,于是立即投降。吕蒙进入江陵,释放了被囚禁的于禁,俘获了关羽及其将士们的家属,对他们都给予抚慰,下令军中:“不得侵扰百姓,向他们索取财物。”吕蒙部下有一同乡拿了百姓的斗笠来遮盖官用的铠甲,吕蒙还是认为他犯了军令,流着眼泪把他斩了。于是将士们惊恐不安,道不拾遗。吕蒙早晚派亲近的人慰问老年人,问他们缺少什么,送去医药,赐予粮食。

关羽走还，曹仁会诸将议，咸曰："今因羽危惧，可追禽也。"赵俨曰："权、羽连兵，恐我承其两疲，故顺辞求效耳。今羽已孤迸，更宜存之以为权害。若深入追北，则权将改虞于彼，而生患于我矣。王必以此为深虑。"仁乃解严。操闻羽走，恐诸将追之，果疾敕仁如俨所策。

羽数使人与蒙相闻，蒙辄厚遇其使，周游城中，家家致问，或手书示信。使还，人知家门无恙，见待过于平时，皆无斗心。

权至江陵，荆州将吏悉归附，独治中从事潘濬称疾不见，权遣人舆致，濬伏面不起，涕泣交横。权慰谕恳恻，濬起拜谢，即以为治中，荆州军事一以谘之。从事樊伷诱导诸夷，西附汉中。外白遣万人讨之，濬曰："以五千兵往足矣。"权曰："卿何以轻之?"濬曰："伷能弄唇吻，而实无才略。尝为州人设馔，比至日中，食不可得，而十余自起，此亦侏儒观一节之验也。"权大笑，即遣濬将五千人往，果斩平之。权以蒙为南郡太守，逊为右护军，皆封侯。使逊屯夷陵，守峡口。

关羽遁走，兵皆解散，才十余骑。权先使潘璋断其径路，十二月，获羽，斩之，遂定荆州。

初，全琮上疏陈关羽可取之计，权恐事泄，寝而不答。至是，谓琮曰："君前陈此，孤虽不相答，今日之捷，抑亦君之功也。"权复以刘璋为益州牧，驻秭归，未几而卒。

关羽撤走，曹仁会同将领们商议，大家都说："现在趁关羽困厄忧惧，可派兵追击，将他擒住。"赵俨说："孙权、关羽两军鏖战，担心我军乘他们都疲惫时，从中获利，所以孙权和顺地请求为朝廷效力。如今关羽已经势力孤单，逃奔而散，我们更应该留着他成为孙权之害。如果对败逃的关羽穷追不舍，孙权就会改变态度，不防范关羽而给我们制造祸端了。大王一定要对此深思熟虑。"曹仁就下令停止追击关羽。曹操听说关羽撤走，担心将领们追击他，果然迅速给曹仁下达命令，正如赵俨的策略。

关羽多次派人与吕蒙互通消息，吕蒙总是厚待关羽的使者，让他遍游城中，问候关羽部下的亲属各家，有人亲手写信表示他带回的消息可信。使者返回，关羽的部下知道家中平安，所受待遇超过以往，因此关羽的将士都无心再战了。

孙权到了江陵，荆州的武官和文官全都归附，只有治中从事潘濬称病不见，孙权派人把他抬来，潘濬伏着不起来，眼泪纵横。孙权诚恳地安慰劝导，潘濬起身拜谢，孙权当即任命他为治中，荆州的军事全部同他商量。从事樊伷诱导各少数民族，向西归附汉中。有人请求派一万人去征讨樊伷，潘濬说："派五千兵去就够了。"孙权说："你为什么轻视他？"潘濬说："樊伷很会耍嘴皮，而实际上没有才智和胆略。樊伷曾为州里的人设宴，直到中午，饭菜还没有，而十多个人自己起身离去，这就像看侏儒演戏，看一节就知道他有多高的技艺了。"孙权大笑，立即派潘濬率五千人前去征讨，果然将樊伷斩首。孙权任命吕蒙为南郡太守，陆逊为右护军，都封为侯。派陆逊驻屯夷陵，守卫峡口。

关羽逃走，军队解散，随行仅十多个骑兵。孙权事先派潘璋切断关羽的去路，十二月，抓获关羽，把他斩了，终于平定荆州。

起初，全琮向孙权上书陈述关羽可以攻取的计策，孙权害怕事情泄露，扣压下来未予答复。擒获关羽以后，孙权对全琮说："你以前陈述攻取关羽的计策，我虽然没有做出答复，但今天的胜利，也有你的功劳。"孙权又任命刘璋为益州牧，驻在秭归，不久，刘璋就死了。

吕蒙未及受封，疾发，亦卒。权哀痛殊甚。后谓陆逊曰：“公瑾雄烈，胆略兼人，遂破孟德，开拓荆州，邈焉寡俦。子敬因公瑾致达于孤，一见便及帝王大略，此一快也。后孟德东下，诸人皆欲迎之，子敬驳言不可，劝孤急呼公瑾付任，以众逆而击之，此二快也。后虽劝吾借玄德地，是其一短，不足以损其二长，故孤常以方邓禹也。子明少时，孤谓不辞剧易，果敢有胆而已；及身长大，学问开益，筹略奇至，可次公瑾，但言议英发不及之耳。图取关羽，胜于子敬。子敬云：‘羽不足忌。’此内不能办，外为大言耳。孤亦恕之，不苟责也。然其作军屯营不失，令行禁止，路无拾遗，法亦美矣。”

曹操欲徙荆州残民，司马懿曰：“荆楚轻脆易动，关羽新破，诸为恶者藏窜观望。徙其善者，既伤其意，将令去者不敢复还。”操从之。是后，亡者悉还。

以孙权为票骑将军，领荆州牧。

曹操表孙权为票骑将军，假节，领荆州牧，封南昌侯。权上书称臣于操，称说天命。操以示外曰：“是儿欲踞吾著炉火上邪！”陈群等皆曰：“汉祚已终，非适今日。殿下功德巍巍，群生注望，故孙权在远称臣。此天下之应，异气齐声，殿下宜正大位，复何疑哉？”操曰：“若天命在吾，吾为周文王矣。”

吕蒙还没来得及受封，病情发作，也去世了。孙权极度哀痛。后来，孙权对陆逊说："周瑜有雄心壮志，胆略过人，终于打败曹操，开辟荆州，他的才能，远远超出同辈，很少有人能与他相比。鲁肃因为周瑜的推荐来到我这里，一见面便谈到建立帝王大业的远大谋略，这是第一件快事。后来曹操东下，大家都主张迎接他，鲁肃反驳说不可以，劝我立即召回周瑜委以重任，率大军迎击曹操，这是第二件快事。后来虽然劝我把土地借给刘备，这是他的一个错误，但不足以损害他的两大杰出成就，所以我常把他比作邓禹。吕蒙年少时，我认为他只是不在乎艰难或容易，果敢有胆量而已；等他长大以后，学问越来越好，谋略常常出人意料，可仅次于周瑜，只是言谈议论、才华横溢不如周瑜罢了。谋划攻取关羽，才能超过鲁肃。鲁肃说：'关羽不值得顾忌。'这是他自己无能为力，表面上说大话罢了。我也原谅了他，没有随便指责。然而他行军作战、安营驻守没有失误，令行禁止，路不拾遗，他的治理方法也很完美。"

曹操打算迁徙荆州残余的百姓，司马懿说："我们在荆楚的根基还不扎实，容易波动，关羽刚刚被打败，那些作恶的人隐藏逃窜，在观望等待。如果迁徙那些善良的人，既伤了他们的心，又将使那些离开的人不敢再回来。"曹操听从了他的意见。从此以后，逃出去的人全都回来了。

献帝任命孙权为票骑将军，兼任荆州牧。

曹操上表推荐孙权担任票骑将军，授予符节，兼任荆州牧，封为南昌侯。孙权上书向曹操称臣，劝曹操顺从上天的旨意，即位当皇帝。曹操把孙权的信展示给大家看，说："孙权这小子想把我搁在炉火上吗！"陈群等人都说："汉朝的统治已经结束，并非始于今日。殿下您的功德如高山巍巍，天下的人都在期待着您，所以孙权在远方向您称臣。这是天下的人们对天命所做的反应，异口同声，殿下应该正式称帝，还有什么可犹豫的呢？"曹操说："如果上天希望我当皇帝，我就做周文王吧。"

庚子(220)　**延康元年**魏文帝曹丕黄初元年。凡僭国一。

春正月，丞相、冀州牧、魏王曹操还至洛阳，卒。太子丕立，自为丞相、冀州牧。

操知人善察，难眩以伪。识拔奇才，不拘微贱，随能任使，皆获其用。与敌对陈，意思安闲，如不欲战。及决机乘胜，气势盈溢。勋劳宜赏，不吝千金；无功望施，分毫不与。用法峻急，有犯必戮，或对之流涕，然终无所赦。雅性节俭，不好华丽。故能芟刈群雄，几平海内。至是薨，太子丕在邺。鄢陵侯彰自长安来赴，问玺绶所在。谏议大夫贾逵正色曰："国有储副，先王玺绶非君侯所宜问也。"凶问至邺，群臣聚哭，无复行列。太子中庶子司马孚厉声于朝曰："君王晏驾，天下震动，当早拜嗣君，以镇万国，而但哭耶？"乃罢群臣，备禁卫，治丧事。孚，懿之弟也。群臣以为太子即位，当俟诏命。尚书陈矫曰："王薨于外，爱子在侧，彼此生变，则社稷危。"乃具官备礼，一夕而办。明旦，以王后令策太子即王位，大赦。帝寻遣御史大夫华歆奉策诏，授丞相印绶、魏王玺绶，领冀州牧。尊王后曰王太后。葬武王于高陵。

二月朔，日食。　魏以贾诩为太尉，华歆为相国，王朗为御史大夫。　魏王丕遣其弟鄢陵侯彰等皆就国。

丕遣其弟皆就国。临菑监国谒者希指奏："临菑侯植醉酒悖慢，劫胁使者。"丕贬植为安乡侯，诛其党丁仪、丁廙

庚子(220)　汉献帝延康元年魏文帝曹丕黄初元年。共一个僭伪之国。

春正月，丞相、冀州牧、魏王曹操回到洛阳，去世。太子曹丕即魏王位，自己担任丞相、冀州牧。

曹操知人善任，善于洞察一切，很难被假象迷惑。能够赏识并提拔有特殊才能的人，从不拘泥于地位的低下卑贱，唯才是用，使他们各尽其才。与敌人对阵时，神态安闲，像是不愿意打仗的样子。但策略制定后，乘胜出击，气势充沛。将士们立下功勋，应该赏赐时，则不吝千金；没有功劳却想非分地享受赐予，则分文不给。执法严厉急切，犯法的一定严惩，尽管有人伤心流涕，然而终归不会赦免。他一向崇尚节俭，不喜欢华丽。所以能够消灭各个强大的割据势力，几乎统一天下。曹操去世时，太子曹丕正在邺城。鄢陵侯曹彰从长安赶到洛阳，问魏王的玺印在哪里。谏议大夫贾逵严肃地说："国家已经确定先王的继承人，先王的印玺和绶带不是君侯您应该打听的。"噩耗传到邺城，大臣们聚集在一起痛哭流涕，一片混乱。太子中庶子司马孚在朝廷上大声说："君王去世，天下震动，应该尽快拜立新君，以镇抚天下，哭能解决问题吗？"这才命令大臣们退廷，准备好宫廷警卫，治办丧事。司马孚，是司马懿的弟弟。大臣们认为太子即位，应当等献帝的诏令。尚书陈矫说："君王在外去世，爱子曹彰正守候在灵柩旁边，他如果在这时生出变故，国家就危险了。"于是召集百官，准备礼仪，一天就全部办理完毕。第二天早晨，以王后的命令，授太子曹丕即魏王之位，大赦天下。不久，献帝派御史大夫华歆送去策命的诏书，授予曹丕丞相印绶和魏王玺绶，兼任冀州牧。尊奉王后为王太后。在高陵安葬武王曹操。

二月初一，日食。　魏国任命贾诩为太尉，华歆为相国，王朗为御史大夫。　魏王曹丕派其弟鄢陵侯曹彰等都回到封地。

曹丕派他的弟弟都回到自己的封地。临菑侯的监国谒者迎合魏王曹丕的意旨，上奏："临菑侯曹植酒醉，悖逆傲慢，劫持胁迫魏王的使者。"曹丕贬曹植为安乡侯，将曹植的党羽丁仪、丁廙

并其男口。

魏立法：自今宦者官不得过诸署令。

作金策，藏之石室。

魏立九品法，置州郡中正。

尚书陈群以天朝选用，不尽人才，乃立九品官人之法。州、郡皆置中正，择有识鉴者为之，区别人物，第其高下。

夏六月，魏王丕南巡至谯，大飨军士父老。

丕至谯，大飨六军及谯父老，设伎乐百戏，吏民上寿，日夕而罢。

汉中将孟达以上庸降魏。

益州将军孟达屯上庸，与副军中郎将刘封不协，率部曲降魏。达有容止才观，曹丕爱之，引与同辇。合房陵、上庸、西城为新城郡，以达为太守。刘晔曰："达有苟得之心，而恃才好术，必不能感恩怀义。新城与孙、刘接连，若有变态，为国生患。"丕不听。遣将军夏侯尚、徐晃与达袭封。封败，走还成都。

封本寇氏之子，汉中王备至荆州，以未有嗣，养以为子。诸葛亮虑其刚猛，易世之后终难制御，劝备因此除之。遂赐死。

以贾逵为豫州刺史。

时天下初定，刺史多不能摄郡。逵曰："州本以六条诏书察二千石以下，故其状皆言严能鹰扬，有督察之才，不言安静宽仁，有恺悌之德也。今长吏慢法，盗贼公行，州知而不纠，天下复何取正乎？"其二千石以下阿纵不如法者，皆

和两家的男子全部杀死。

魏国立法：从今以后，宦官做官不得超过各署的署令。

把这一条法令用金写在策书上，藏在图书档案室中。

魏国立九品官人的法律，在州、郡设中正。

尚书陈群认为汉朝选拔任用官员，没有把人才全部挖掘出来，于是设立九品官人的法律。州、郡都设中正，挑选有识别能力的人担任，由中正区别人物的品行、能力，分出高低不同的等级。

夏六月，魏王曹丕南巡到达谯县，大摆酒宴款待军中将士和谯县的父老乡亲。

曹丕到达谯县，大摆宴席款待军队将士和谯县父老，表演歌舞百戏，官吏、百姓为魏王祝寿，直到日落才散去。

汉中王的将领孟达以上庸投降魏国。

益州将军孟达驻守上庸，与副军中郎将刘封不和，率部队投降魏国。孟达仪表堂堂，才能超群，曹丕非常宠爱他，带他同乘一辆车。另外合并房陵、上庸、西城为新城郡，由孟达担任太守。刘晔说："孟达有苟且求得之心，而且依仗才智，喜欢权术，一定不会感恩戴德。新城与孙权、刘备的地盘接连，如果发生变故，就会对国家产生祸患。"曹丕不听。派将军夏侯尚、徐晃与孟达一同袭击刘封。刘封失败，逃回成都。

刘封原本是寇姓人家的儿子，汉中王刘备到了荆州后，因为没有子嗣，于是收养他做儿子。诸葛亮担心他性情刚烈凶猛，刘备去世后没人能控制他，劝刘备借此机会把他除掉。刘备于是下令刘封自杀。

魏王曹丕任命贾逵为豫州刺史。

当时天下刚刚安定，刺史大都不能管理所属各郡的事务。贾逵说："刺史本来是以六条诏书监察二千石以下的官员，所以在他们呈报的文书中，都说威严雄武，有督察的才能，不说安详恬静、宽厚仁慈，有和乐平易的道德。如今各郡的长官不重视法令，盗贼公开行窃，刺史知道但不追究，这样，天下还能走上正轨吗？"那些二千石以下纵容坏人、不按法令行事的官员，贾逵全

奏免之。外修军旅，内治民事，兴陂田，通运渠，吏民称之。曹丕曰："真刺史矣。"布告天下，赐爵关内侯。

冬十月，魏王曹丕称皇帝，废帝为山阳公。

左中郎将李伏、太史丞许芝言："魏当代汉，见于图纬。"魏之群臣因表劝丕篡位。至是，帝乃告祠高庙，遣使持节奉玺绶诏策，禅位于魏。魏王丕上书三让，乃为坛于繁阳，升受玺绶，即皇帝位，燎祭天地，改元黄初。奉汉帝为山阳公，用天子礼乐。追尊武王曰武皇帝，庙号太祖，尊王太后曰皇太后。改相国为司徒，御史大夫为司空。山阳公奉二女以嫔于魏。

魏主丕欲改正朔，辛毗曰："孔子曰'行夏之时'，《左氏》曰'夏数得天'，何必期于相反？"丕从之。魏主丕欲追封太后父母，陈群曰："创业革制，当为后式。案礼典，妇因夫爵，无分土命爵之制。秦违古法，汉氏因之，非先王令典也。"丕曰："尚书议是。"其著定制，藏之台阁。

魏主丕谓侍中苏则曰："西域前献径寸大珠，可复求市得不？"对曰："若化洽中国，德流沙幕，即不求自至。求而得之，不足贵也。"丕嘿然。

魏主丕召蒋济为散骑常侍。时有诏赐征南将军夏侯尚曰："卿腹心重将，特当任使，作威作福，杀人活人。"尚以示济。济至，丕问以所闻见，对曰："未有他善，但见亡国之语耳。"丕忿然问其故。济具以答，因曰："'作威作

都上奏朝廷，予以免官。贾逵对外整顿军队，对内处理民事，开垦水田，疏通运输的水道，受到官吏和百姓的称赞。曹丕说："贾逵，是真正的刺史。"于是，通告天下，赐贾逵为关内侯。

冬十月，魏王曹丕称皇帝，废除汉献帝，尊奉他为山阳公。

左中郎将李伏、太史丞许芝说："魏应当取代汉，见于《河图》和纬书。"魏的大臣们趁机上表劝说曹丕篡位。到了十月，献帝才在高祖庙祭祀，报告祖先，派使者带着符节，捧着玺绶和诏书，把皇位让给魏。魏王曹丕三次上书推辞，才在繁阳筑起高坛，登坛接受皇帝的玺绶，即皇帝位，燃起大火祭祀天地，改元黄初。尊奉汉献帝为山阳公，享用皇帝的礼仪、音乐。追尊武王曹操为武皇帝，庙号为太祖，尊奉王太后为皇太后。改相国为司徒，御史大夫为司空。山阳公奉送两个女儿给魏主曹丕做嫔妃。

魏主曹丕想改定历法，辛毗说："孔子说'实行夏朝的历法'，《左传》说'夏朝的历法最符合天地运行的规律'，我们为什么要与它相反呢？"曹丕听从了他的意见。魏主曹丕想追封太后的父母，陈群说："创立大业，革除旧制，应当成为后代的典范。按有关礼仪的典籍记载，妇女依从丈夫的爵位，没有分土地、封爵位的制度。秦朝违背古代的制度，汉朝沿袭下来，不符合古代君王的宪章法令。"曹丕说："你的意见很正确。"于是把它写下来，定成制度，保存在尚书的官署中。

魏主曹丕对侍中苏则说："西域从前贡献直径一寸的大珍珠，可不可以再买到？"苏则回答说："如果陛下的教化遍及全国，恩德传到沙漠，就是不求，珍珠也会有人送来。如果是求取才得到，就不值得珍贵了。"曹丕沉默不语。

魏主曹丕召蒋济任散骑常侍。当时有诏书赐给征南将军夏侯尚，诏书中说："你是我最信赖的重要将领，应当对你特别委以重任，所以我允许你作威作福，杀人或者赦免人都可以。"夏侯尚把诏书拿给了蒋济看。蒋济到了京城，曹丕问他的所见所闻，蒋济回答说："没有什么可称道的，只是听到亡国之音而已。"曹丕忿忿然问他其中的原因。蒋济如实回答，进一步说："'作威作

福’,《书》之明诫。天子无戏言,惟陛下察之。”丕即遣追取前诏。

十二月,魏主丕如洛阳营宫室。　魏徙冀州士卒家实河南。

魏主丕欲徙冀州士卒家十万户实河南。时旱蝗,民饥,群司以为不可,而丕意甚盛。侍中辛毗求见,丕作色待之,曰:“卿谓徙民非耶?”毗曰:“诚以为非。”丕曰:“吾不与卿议。”毗曰:“陛下置臣谋议之官,安得不与臣议!臣所言非私,乃社稷之虑也,安得怒臣!”丕不答,起入内。毗随引其裾,丕奋衣而去,良久乃出,曰:“佐治,卿持我何太急耶?”毗曰:“今徙既失民心,又无以食,必将为寇。故臣不敢不力争。”丕乃徙其半。丕尝出射雉,顾群臣曰:“乐哉!”毗对曰:“于陛下甚乐,于群下甚苦。”丕默然,后为之稀出。

辛丑(221)　昭烈皇帝章武元年魏黄初二年。

春正月,魏封孔羡为宗圣侯。

奉孔子祀。

魏复五铢钱。　夏四月,汉中王即皇帝位。

蜀中传言帝已遇害,于是汉中王发丧制服,谥曰孝愍皇帝。群下竞劝王称尊号。司马费诗上疏曰:“殿下以曹操父子篡位,故羁旅万里,合众讨贼。今大敌未克而先自立,恐人心疑也。”王不悦,左迁之。遂即帝位于武担之南,大赦,改元。以诸葛亮为丞相,许靖为司徒。

福’,《尚书》中明确地将其作为戒律。天子无戏言,请陛下明察。”曹丕立即派人追回给夏侯尚的诏书。

十二月,魏主曹丕到洛阳营建宫室。　魏国迁徙冀州籍士兵的家属充实河南郡。

曹丕打算迁徙冀州籍士兵的家属十万户,充实河南郡。当时天旱闹蝗灾,百姓饥馑,朝廷各部门认为不可,而曹丕态度坚决。侍中辛毗求见,曹丕板起面孔等他,说:“你认为迁徙百姓不对吗?”辛毗说:“确实认为不对。”曹丕说:“我不和你讨论。”辛毗说:“陛下安排我做谋议的官员,怎么能不和我讨论!我说的话不是为了个人,而是为国家考虑,怎么能对我生气!”曹丕没有回答,起身进入内室。辛毗跟着拉住他的衣襟,曹丕猛然拽过衣襟而去,很久才出来,说:“辛佐治,你挟持我怎么这么急啊?”辛毗说:“现在迁徙百姓既失民心,又无粮食,必将成为流寇。所以我不敢不尽力争取。”曹丕就迁徙了五万户。曹丕曾外出打野鸡,环顾大臣们说:“太高兴了!”辛毗说:“对于陛下确实很高兴,对于大臣们却很辛苦。”曹丕默然无语,以后很少出去打猎了。

汉昭烈帝

辛丑(221)　汉昭烈帝章武元年魏黄初二年。

春正月,魏封孔羡为宗圣侯。

敬奉祭祀孔子。

魏国恢复五铢钱。　夏四月,汉中王刘备即皇帝位。

蜀地传言献帝已经遇害,于是,汉中王刘备发讣告,穿丧服,尊谥献帝为孝愍皇帝。大臣们竞相劝汉中王即位称帝。司马费诗上疏说:“殿下因为曹操父子篡夺皇位,所以流亡万里,联合大家讨伐奸贼。如今大敌尚未打败,而你率先自称皇帝,恐怕人们会怀疑你的行为。”汉中王很不高兴,降了司马费诗的官职。终于在武担山之南即位称帝,大赦罪犯,改年号。任命诸葛亮为丞相,许靖为司徒。

孙权徙治武昌。

权自公安徙都于鄂，更名鄂曰武昌。

立宗庙，祫祭高皇帝以下。　五月，立夫人吴氏为皇后，子禅为皇太子。

吴氏，将军懿之妹，故刘璋兄瑁之妻也。

六月，魏杀夫人甄氏。

初，魏主丕从太祖入邺，悦袁熙妻甄氏，太祖为聘焉，生子睿。及即位，郭贵嫔有宠，甄氏留邺，失意，出怨言。贵嫔谮杀之。

魏祀太祖于建始殿。

魏主丕以宗庙在邺，祀太祖于洛阳建始殿，如家人礼。

是月晦，日食。

魏有司以日食奏免太尉，诏曰："灾异之作，以谴元首，而归过股肱，岂禹、汤罪己之义乎？其令百官各虔厥职。后有天地之眚，勿劾三公。"

秋七月，帝自将伐孙权。

帝耻关羽之没，将击孙权。将军赵云曰："国贼曹操，非孙权也。若先灭魏，则权自服。今操虽毙，子丕篡盗。当因众心，早图关中，居河、渭上流以讨凶逆，关东义士必裹粮策马以迎王师。不应置魏，先与吴战。兵势一交，不得卒解，非良策也。"群臣谏者甚众，帝皆不听。乃留诸葛亮辅太子，守成都，而自率诸军东下。

车骑将军张飞为其下所杀。

孙权将吴的都城迁移到武昌。

孙权从公安迁都到鄂,将鄂改名为武昌。

汉主刘备建立宗庙,集中高皇帝以下各位先帝一同祭祀。五月,册立夫人吴氏为皇后,儿子刘禅为皇太子。

吴氏是将军吴懿的妹妹,已故刘瑋的哥哥刘瑁的妻子。

六月,魏主曹丕杀夫人甄氏。

起初,魏主曹丕跟随太祖曹操进入邺城时,喜欢袁熙的妻子甄氏,太祖为他娶为妻子,生儿子曹睿。即位称帝以后,郭贵嫔深受宠爱,而甄氏被留在邺城,不顺心,因而口出怨言。郭贵嫔诬陷她,曹丕因此把她杀了。

魏国在建始殿祭祀太祖曹操。

魏主曹丕因为宗庙在邺城,所以在洛阳建始殿祭祀太祖,按照祭祀家人的礼仪。

六月最后一天,日食。

魏有关部门因为出现日食,而奏请罢免太尉,魏主曹丕下诏说:"灾祸和怪异现象的出现,是上天谴责君主,如果把罪过归到辅佐的大臣身上,难道符合夏禹、商汤归罪于自己的大义吗?现在命令百官各自恪守自己的职责。以后天地出现灾祸,不要弹劾三公。"

秋七月,昭烈帝刘备亲自率兵攻打孙权。

刘备对关羽的死深感耻辱,准备攻打孙权。将军赵云说:"国贼是曹操,而不是孙权。如果先消灭魏,那么孙权自然会归服。如今曹操虽然死了,但他的儿子曹丕篡夺了皇位。我们应当顺应民心,及早攻取关中,占据黄河、渭河上游以便讨伐凶残的逆贼,函谷关以东的义士,一定会携带军粮,扬鞭策马迎接陛下的军队。我们不应该置曹魏于不顾,先与孙吴交战。两军一交锋,不可能很快结束战斗,这不是良策。"大臣中劝谏的人很多,刘备都不听。于是留下诸葛亮辅佐太子,守卫成都,而自己率各路大军东下。

车骑将军张飞被他的部下杀害。

飞雄猛亚于关羽。羽善待卒伍而骄于士大夫，飞爱礼君子而不恤军人。帝常戒之，飞不悛。至是，当率万人会江州，临发为帐下所杀，以其首奔孙权。帝闻飞营都督有表，曰："噫，飞死矣。"

孙权请和，不许，遂遣陆逊督诸将拒守。

孙权遣使求和，诸葛瑾因致笺曰："关羽之亲，何如先帝？荆州大小，孰与海内？俱应仇疾，谁当先后？若审此数，易于反掌矣。"帝不听。时吴人或言瑾别遣亲人与汉相闻者，权曰："孤与子瑜有死生不易之誓，子瑜之不负孤，犹孤之不负子瑜也。"陆逊亦表明瑾必无此。权报曰："玄德昔遣孔明至吴，孤尝语子瑜曰：'卿与孔明同产，何不留之？'子瑜言：'亮已委质于人，义无二心。弟之不留，犹瑾之不往也。'其言足贯神明，今岂当有此乎？孤与子瑜可谓神交，非外言所间。知卿意至，辄封来表示之矣。"帝遣吴班、冯习攻破权将李异等于巫，进军秭归。权以陆逊为大都督，督朱然等五万人拒守。

魏筑陵云台。　八月，孙权遣使降魏，魏封权为吴王。

权遣使称臣，送于禁等还魏。朝臣皆贺，刘晔独曰："权无故求降，必内有急。恐中国往承其衅，故委地求降，一以却中国之兵，二假中国之援，以强其众而疑敌人耳。夫吴、蜀各保一州，有急相救，此小国之利也。今自相攻，

张飞雄武勇猛仅次于关羽。关羽关心士兵，而对士大夫傲慢；张飞对士大夫彬彬有礼，而不体恤士兵。昭烈帝刘备常常告诫张飞，张飞不改。刘备征伐孙权，张飞应当率一万人在江州与刘备会师，临近发兵时，部下将张飞杀死，带着他的头投奔孙权。刘备听说张飞军营的营都督上表，便说："哎呀，张飞死了。"

孙权求和，昭烈帝刘备不答应，孙权于是派陆逊统率各路大军抵御。

孙权派使者求和，诸葛瑾趁机写信给刘备说："您对关羽的感情，比起对先帝的感情来怎么样？荆州的大小，比起全国来哪个大？都应仇恨，谁在先，谁在后？如果弄清楚这几个方面，做起来就易如反掌了。"刘备不听。当时吴地有人说诸葛瑾另外派亲人与汉互通消息，孙权说："我与诸葛瑾有生死不变的誓言，他不会背叛我，就像我不会背叛他一样。"陆逊也上表说明诸葛瑾一定不会做那种事。孙权回信说："以前刘备派诸葛亮到吴地，我曾对诸葛瑾说：'你与诸葛亮是同母所生，为什么不把他留下来呢？'诸葛瑾说：'诸葛亮已经以死委身于他人，按大义讲不应再有二心。我的弟弟不留在这里，就像我不投奔刘备一样。'他的话足以贯通神明，今天难道还会做出这样的事吗？我与诸葛瑾可以说是推心置腹之交，绝非外人的谗言所能离间。我知道你的想法，立即封好你的奏表，拿给诸葛瑾看。"昭烈帝刘备派遣吴班、冯习在巫县打败孙权的将领李异等人，进军秭归。孙权任命陆逊为大都督，统领朱然等五万人抵御防守。

魏国修筑陵云台。　八月，孙权派使者向魏投降，魏封孙权为吴王。

孙权派遣使者向魏称臣，将于禁等人送还魏国。朝廷大臣都向魏主曹丕表示祝贺，唯独刘晔说："孙权无缘无故请求投降，一定是内部有了紧急情况。害怕我们趁机发动进攻，所以献上土地请求投降，第一可以使我们退兵，第二可以借助我们的支援，来加强他自己的力量，迷惑他的敌人。说起来吴、蜀各自保有一州的土地，有危急互相援救，这是小国的便利。如今自相攻击，

天亡之也，宜大兴师，径渡江袭之。蜀攻其外，我袭其内，吴之亡不出旬月。吴亡则蜀亦不能久有矣。”魏主不听，遂受吴降，遣太常邢贞奉策，拜权为吴王，加九锡。

刘晔谏曰：“权虽有雄才，故汉票骑将军、南昌侯耳，官轻势卑，士民有畏中国心，不可与成所谋也。夫王位去天子一阶耳，礼秩服御相乱也。今信其伪降，崇其位号以封殖之，是为虎傅翼也！权却蜀兵之后，必外尽礼以事中国，而内为无礼以怒陛下。陛下伐之，则彼徐告其民曰：‘我事中国不失臣礼，而无故伐我，此必欲残我国家，俘我人民以为仆妾耳。’民信其言，则上下同心，而战加十倍矣。”魏主丕不听。

贞至吴，吴人以为宜称上将军、九州伯，不当受魏封。权曰：“沛公亦受项羽封为汉王，盖时宜耳，何损耶?”遂出都亭候贞。贞入门不下车。张昭曰：“君敢自尊大，岂以江南寡弱，无方寸之刃乎?”贞即下车。中郎将徐盛忿愤，谓同列曰：“盛等不能奋身出命，为国家并许、洛，吞巴、蜀，而令吾君与贞盟，不亦辱乎?”因涕泣横流。贞闻之，谓其徒曰：“江东将相如此，非久下人者也。”

魏诸将以吴内附，意皆从缓，独夏侯尚益修攻守之备。魏主令于禁诣邺谒高陵。豫于陵屋画关羽战克、庞德愤怒、禁降服之状。禁见，惭恚病死。

这是上天要使它们灭亡了，我们应该大举出兵，直接渡过长江袭击孙权。蜀从外面进攻，我们从内部攻击，不出一个月时间，吴必定灭亡。吴灭亡则蜀也不会存在很久了。”魏主曹丕不听刘晔的建议，终于接受吴投降，派太常邢贞带上策书，拜孙权为吴王，加赐九锡。

刘晔劝谏说：“孙权虽有雄才大略，原先不过是汉朝的票骑将军、南昌侯而已，官品低，权势弱，他的百姓畏惧我们，很难与他们共同完成谋划好的事情。王位与皇位相比，只相差一级，礼仪、服饰、车马的等级也很混乱。今天我们相信他的假投降，尊崇他的地位和名号，使他增加土地，聚敛财物，增强实力，这是给老虎添上双翼！孙权使蜀兵退去之后，必定从表面上完全按照礼节来侍奉朝廷，而实际上对朝廷不恭敬，以激怒陛下。陛下如果讨伐他，他就慢慢地告诉他的百姓说：‘我侍奉朝廷没有违背臣下对皇帝的礼节，而朝廷却无缘无故地征讨我们，一定是想要吞食我们的国家，俘虏我们的人民去做他们的奴仆和婢妾。’吴国的百姓相信他的话，就会上下一心，战斗力增强十倍。”魏主曹丕仍然不听规劝。

邢贞到了吴国，吴人认为孙权应该自称上将军、九州伯，而不应该接受魏的封号。孙权说：“沛公刘邦也接受项羽的封号，封为汉王，这是一时的权宜之计，有什么损害吗？”于是孙权来到都亭等候邢贞。邢贞进门不下车。张昭说：“您敢妄自尊大，难道是认为江南人少力弱，连方寸的兵刃都没有吗？”邢贞立即下车。中郎将徐盛愤怒地对在场的大臣和将领们说：“我们不能抛舍性命为国家兼并许都、洛阳，吞并巴、蜀，而使我们的君主与邢贞订立盟约，难道还不感到耻辱吗？”说着说着泪流满面。邢贞听了这席话，对随从说：“江东有这样的将相，不会长久居于人下。”

魏国的将领们认为东吴已经归顺，思想都放松警惕，只有夏侯尚进一步做好攻守的准备。魏主曹丕命令于禁到邺城拜谒曹操的陵墓高陵。预先派人在陵园的房屋中画上关羽战胜、庞德愤怒、于禁投降的壁画。于禁看到这些画，惭愧忿恨，患病而死。

孙权城武昌。　冬十月，魏以杨彪为光禄大夫。

初，魏主丕欲以彪为太尉，彪辞曰："尝为汉朝三公，值世衰乱，不能立尺寸之益，若复臣魏，于国之选，亦不为荣也。"及是，公卿朝朔旦，乃并引彪，待以客礼，赐几杖，使著布单衣、皮弁以见，拜光禄大夫，朝见，位次三公，又令门施行马以优崇之。

魏罢五铢钱。

以谷贵故也。

孙权遣使如魏。

吴遣中大夫赵咨入谢于魏。魏主丕问曰："吴王何等主也？"咨对曰："聪明、仁智、雄略之主也。"魏主问其状，对曰："纳鲁肃于凡品，聪也；拔吕蒙于行陈，明也；获于禁而不害，仁也；取荆州而兵不血刃，智也；据有三州，虎视四方，雄也；屈身于陛下，略也。"丕曰："颇知学乎？"对曰："吴王任贤使能，志存经略，虽有余闲博览书史，然不效书生寻章摘句而已也。"曰："吴可征不？"对曰："大国有征伐之兵，小国有备御之固。"曰："吴难魏乎？"对曰："带甲百万，江、汉为池，何难之有？"曰："吴如大夫者几人？"对曰："聪明特达者八九十人。如臣之比，车载斗量，不可胜数。"

魏遣使求珍物于孙权。

魏主丕遣使求大贝、明珠、象犀、玳瑁、孔雀、翡翠、斗鸭、长鸣鸡于吴。吴群臣曰："荆、扬贡有常典，魏所求非礼，宜勿与。"吴主权曰："彼所求者于我瓦石耳，孤何惜

孙权在武昌筑城。　冬十月，魏国任命杨彪为光禄大夫。

起初，魏主曹丕想任命杨彪为太尉，杨彪推辞说："我曾经做过汉朝的三公，正值社会衰乱，不能给汉朝带来一尺一寸的利益，如果再做魏的臣子，对于国家选拔人才来说，也不光彩。"到了十月，大臣们早晨上朝，魏主曹丕就叫杨彪一同上前，以宾客的礼节对待他，赐给他老年人靠身的几案和手杖，让他穿布做的单衣、戴皮弁帽来朝见，拜官光禄大夫，朝见时，列位仅次于三公，又叫他在门前施用拦阻人马通行的木栅，来优待和尊崇他。

魏国停止使用五铢钱。

因为粮食太贵的缘故。

孙权派使者到魏国。

孙权派中大夫赵咨到魏表示感谢。魏主曹丕问他："吴王是什么样的君主？"赵咨回答说："是位聪明、仁慈、明智、有雄才大略的君主。"魏主问表现在哪些方面，赵咨说："从平民百姓中任用鲁肃，是聪明的表现；从行伍中提拔吕蒙，是明智的表现；俘获于禁而不把他杀死，是仁慈的表现；夺取荆州而兵不血刃，是有智慧的表现；占据荆、扬、交三州之地，对西部虎视眈眈，是有雄才的表现；屈身于陛下，是有谋略的表现。"曹丕说："吴王很有学问？"赵咨回答说："吴王任用贤能，志在经略天下，虽然有闲暇博览经史典籍，但不仿效书生寻章摘句罢了。"曹丕说："吴可以征服吗？"赵咨回答说："大国有征伐小国的军队，小国有坚固的防备。"曹丕说："吴把魏当作灾难吗？"赵咨答道："吴有武装部队一百万，长江和汉水为护城河，还有什么灾难？"曹丕说："吴像你这样的人有几个？"赵咨回答说："特别聪明通达的有八九十人。像我这样的人，车载斗量，数不胜数。"

魏国派使者向孙权索要珍玩宝物。

魏主曹丕派使者到吴索要大贝、明珠、象牙、犀角、玳瑁、孔雀、翡翠、斗鸭、长鸣鸡。吴的大臣们说："荆州、扬州按常规向朝廷纳贡，魏索要的宝物，不合礼制，不应该给。"吴主孙权说："曹丕索要的东西，对我们来说不过是瓦片石块罢了，我有什么吝惜

焉？且彼在谅暗而所求若此，宁可与言礼哉？”具以与之。

孙权立子登为太子。

吴王权为登妙选师友，以诸葛瑾子恪、张昭子休、顾雍子谭、陈武子表为中庶子，入讲诗书，出从骑射，待以布衣之礼，谓之四友。魏欲封登万户侯，权以年幼辞之。

魏置护鲜卑、乌桓校尉。

初，魏太祖既克蹋顿，乌桓浸衰，鲜卑大人轲比能、素利、弥加等因求通市，太祖皆表以为王。轲比能本小种，以勇健廉平为众所服，威制余部。时自云中、五原东抵辽水，皆为鲜卑庭，分地统御。轲比能近塞，中国叛人多归之；素利等在塞外，道远，故不为边患。魏主丕以牵招为护鲜卑校尉，田豫为护乌桓校尉，使抚镇之。

壬寅（222）　**二年**魏黄初三年，吴太帝孙权黄武元年。旧国一，新国一，凡僭国二。

春正月朔，日食。　魏除贡士限年法。　二月，魏复置戊己校尉。

鄯善、龟兹、于阗各遣使奉献。是后西域复通，置戊己校尉。

帝进军猇亭。

帝自秭归将进击吴，黄权曰：“水军沿流，进易退难。臣请先驱以当寇，陛下宜为后镇。”帝不从，以权督江北诸军，自率诸将自江南缘山截岭，军于夷道猇亭。吴将皆欲

的？况且曹丕在服丧期间，而索求的东西这么多，怎么能跟他谈论礼仪呢？”因此，按要求悉数送去。

孙权立儿子孙登为太子。

吴王孙权为孙登精心挑选师友，任命诸葛瑾的儿子诸葛恪、张昭的儿子张休、顾雍的儿子顾谭、陈武的儿子陈表为中庶子，进宫给孙登讲授诗书，外出则教孙登骑马射箭，按平民之间的礼仪对待孙登，被称作四友。魏准备封孙登为万户侯，孙权以孙登年幼为借口推辞了。

魏国设立护鲜卑、乌桓校尉。

起初，魏太祖打败蹋顿以后，乌桓部落渐渐衰落，鲜卑部落首领轲比能、素利、弥加等人借机向朝廷请求通商，太祖都册封他们为王。轲比能本来属于小种鲜卑部落，因为勇敢强健、廉洁公正，为大家所信服，靠威势控制其余部落。当时从云中、五原以东，直到辽水，都是鲜卑人居住的地区，各部落分地区统治。轲比能的部落靠近边塞，中原有很多叛逃的人归附他；素利等人的部落在塞外，路途遥远，所以不会成为边境的忧患。魏主曹丕任命牵招为护鲜卑校尉，田豫为护乌桓校尉，派他们镇抚鲜卑和乌桓。

壬寅(222)　汉昭烈帝章武二年魏黄初三年，吴太帝孙权黄武元年。一个旧国，一个新国，共两个僭伪之国。

春正月初一，日食。　魏国废除向朝廷推举人才限定年龄的法令。　二月，魏国恢复设立戊己校尉。

鄯善、龟兹、于阗各自派使者到朝廷贡献物品。从此以后，朝廷恢复与西域的交往，在西域设立戊己校尉。

昭烈帝刘备进军猇亭。

昭烈帝刘备从秭归率军进攻吴国，黄权说：“水军沿江流而下，前进容易，撤退困难。臣请求做先锋，抵挡敌人，陛下应在后方坐镇。”刘备没有采纳，任命黄权统率江北各军，自己率将领们从长江南岸翻山越岭，驻扎到夷道县的猇亭。吴国将领都想

迎击之，陆逊曰："彼锐气始盛，乘高守险，难可卒攻。若有不利，损我大势，非小故也。今且奖厉将士以观其变。彼势不得展，自当罢于木石之间，徐制其敝耳。"诸将皆以为怯。帝遂自佷山通武陵，使马良以金锦赐五溪诸蛮夷，授以官爵。

三月，魏立子弟为王。

魏主丕立子睿为平原王，弟鄢陵公彰等皆进爵为王。时诸侯王皆寄地空名，国有老兵百余人以为守卫，隔绝千里之外，不听朝聘，设防辅监国之官以伺察之。虽有王侯之号而侪于匹夫，皆思为布衣而不能得。法既峻切，过恶日闻。独北海王衮谨慎好学，未尝有失。文学、防辅共表称其美，衮闻大惊，责之曰："修身自守，常人之行耳，而诸君乃以上闻，适所以增其累耳，岂所以为益乎？"

夏六月，吴陆逊进攻猇亭。诸军败绩，帝还永安。

帝自巫峡建平连营至夷陵界，立数十屯，自正月与吴相拒，至六月不决。遣吴班将数千人于平地立营，吴将帅欲击之。陆逊曰："此必有谲，且观之。"帝知计不得行，乃引伏兵八千从谷中出。逊曰："所以不听诸君击之者，以此故也。"遂上疏吴王权曰："夷陵，国之关限，失之则荆州可忧。臣初嫌彼水陆俱进，今反舍船就步，处处结营，察其布置，必无他变矣。"

出兵迎击，陆逊说："他们锐气正盛，而且占据高山，把守险要地势，很难向他们发动突然进攻。如果进攻不利，将损失我军的大部分兵力，绝非小事。眼下，我们暂且奖赏和勉励将士，以观察形势的变化。他们的兵力如果不能展开，自己就会在乱石中精疲力竭，到时，我们再慢慢进攻制服他们。"将领们都认为陆逊胆怯。昭烈帝刘备于是从佷山与武陵沟通消息，派马良带黄金和锦缎赏赐武陵五溪的各蛮夷部落，给部落首领授予官职和爵位。

三月，魏主曹丕立皇子、皇弟为王。

魏主曹丕立皇子曹睿为平原王，晋封皇弟鄢陵公曹彰等为王。当时，诸侯王都只是保有封地的空名，而并没有实力，诸侯王国有一百多名老兵守卫，与朝廷隔绝千里，不许诸侯王入朝拜见皇帝，朝廷在各诸侯王国设立防辅和监国的官员，以监视诸侯王的行动。诸侯王虽有王侯的名号，但跟平民百姓并没什么两样，都想做平民百姓而又不能够。法令既然严厉急切，诸侯王的过错和恶行便天天都能听到。只有北海王曹衮小心谨慎，勤奋好学，未曾有什么过失。诸侯王的文学、防辅共同上表朝廷称赞他的美德，曹衮听说后，大为惊恐，责备他们说："修养身心，约束自己，这是常人的行为，而诸君却将这些报告朝廷，恰好给我增加负担，怎么会给我带来益处呢？"

夏六月，吴将陆逊进攻猇亭。蜀各军败绩，昭烈帝刘备退回永安。

昭烈帝刘备自巫峡建平扎营，连到夷陵附近，设数十座大营，从正月开始与吴军对峙，到六月还没有一决胜负。刘备派吴班率数千人在平地扎营，吴军的将领们想进攻他。陆逊说："这一定有诈，我们暂且观察一下。"刘备见计谋不能实现，便率领八千伏兵从山谷中出来。陆逊说："我之所以没有听从诸君的意见去进攻吴班，原因就在这里。"陆逊于是上书吴王孙权说："夷陵是我国的关口，失去它则荆州令人担忧。我当初担心刘备水陆并进，如今他反而舍船步行，处处扎营，观察他的部署，一定不会有其他变化了。"

逊将进攻汉军，诸将曰："攻当在初，今诸要害皆已固守，击之必无利。"逊曰："彼更事多，其军始集，思虑精专，未可干也。今住既久，不得我便，兵疲意沮，计不复生。掎角此军，正在今日。"乃先攻一营，不利。逊曰："吾已晓破之之术。"乃敕各持一把茅，以火攻，拔之。遂率诸军同时俱攻，破四十余营。帝升马鞍山，陈兵自绕。逊促兵四面蹙之，土崩瓦解，死者万数。帝夜遁，仅得入白帝城，舟械、军资略尽。帝大惭恚曰："吾乃为陆逊所折辱，岂非天耶！"将军傅肜为后殿，兵众尽死，肜气益烈，吴人使降，肜骂曰："吴狗，安有汉将军而降者。"遂死之。从事祭酒程畿溯江而退，众劝其走，畿曰："吾在军，未习为敌之走也。"亦死之。

逊初为大都督，诸将或讨逆旧将，或公室贵戚，各自矜恃，不相听从。逊按剑曰："彼天下知名，曹操所惮，今在境界，乃强对也。仆虽书生，然国家屈诸君使相承望者，以仆尺寸可称，能忍辱负重耳。各任其事，岂复得辞！军令有常，不可犯也！"至是，诸将乃服。权闻之，谓曰："公何以初不启诸将违节度者邪？"对曰："此诸将或任腹心，或堪爪牙，皆国家所当与共定大事者，臣窃慕相如、寇恂相下之义以济国事耳。"权乃加逊辅国将军，领荆州牧。

初，诸葛亮与法正好尚不同，而以公义相取，亮每奇正智术。及是，正已卒，亮叹曰："孝直若在，必能制主上东

陆逊准备进攻蜀军，将领们说："攻打刘备，应当在开始的时候，如今各处要害地势他们都已固守，发动进攻一定不会取胜。"陆逊说："刘备经历的事情多，蜀军刚集结时，他考虑周到，不可冒犯。现在驻扎时间已久，没有找到我军的空子，将士疲惫，心情沮丧，再也无计可施。我们前后夹击蜀军，就在今天。"于是，先攻蜀军的一座军营，失利。陆逊说："我已经知道破敌的办法。"便命令士兵各人带一把茅草，用火攻，获胜。于是率领各路军队同时进攻，攻破蜀军四十多座营垒。昭烈帝刘备登上马鞍山，把军队布置在自己周围。陆逊督促各路军队从四面逼近，蜀军土崩瓦解，战死一万多人。刘备夜里逃走，才得进入白帝城，而船只、器械、军用物资差不多耗尽。刘备非常惭愧地说："我竟然被陆逊羞辱，难道不是天意吗！"将军傅肜为断后的殿军，部下全部战死，傅肜气概更加壮烈，吴军劝他投降，他骂道："吴国的狗东西，哪有汉将军投降的事！"终于血战而死。从事祭酒程畿由长江逆流而退，大家劝他逃走，程畿说："我在军中，不懂为了躲避敌人而逃走。"也战死了。

陆逊刚担任大都督时，部下将领们有的是讨逆将军的老部下，有的是王室的亲族，都骄傲自负，不听从调度。陆逊手按宝剑说："刘备是天下的知名人物，曹操都惧怕他，现在前来进犯，是我们的强劲对手。我虽然是一介书生，但是国家之所以委屈诸君接受我的指挥，是因为我还有一点点可以称道，能忍辱负重罢了。大家各任其职，怎么能推辞！军有常法，不可违犯！"打败刘备后，将领们才佩服陆逊。孙权听到这个消息，对陆逊说："您当初为什么不向我报告将领中不听从命令的人呢？"陆逊回答说："这些将领，有的是您的心腹爱将，有的是得力助手，都是国家所应当共成大事的人，我很仰慕蔺相如、寇恂委曲求全以成国家大事的精神。"孙权于是给陆逊加辅国将军的称号，兼任荆州牧。

起初，诸葛亮与法正爱好、崇尚不同，但在共同的道义上取向一致，诸葛亮往往赞赏法正的智谋。刘备伐吴惨败时，法正已经去世，诸葛亮叹息说："法正如果还活着，一定能阻止主公东

行，就行必不危矣。”帝在白帝，吴徐盛等表请再攻之。吴王以问陆逊，逊曰：“曹丕大合士众，外托助国，内实有奸心，谨决计辄还。”

初，魏主丕闻汉兵树栅连营七百余里，谓群臣曰：“彼不晓兵，岂有七百里营可拒敌乎？‘苞原隰险阻而为军者为敌所禽’，此兵忌也。孙权上事今至矣。”七日，吴破汉书到。

秋七月，魏冀州大蝗，饥。　八月，将军黄权叛降魏。

帝既败退，黄权在江北，道绝不得还，率其众降魏。有司请收权妻子，帝曰：“孤负权，权不负孤也。”待之如初。魏主丕谓权曰：“君欲追踪陈、韩耶？”对曰：“臣受刘主殊遇，降吴不可，还蜀无路，是以归命。且败军之将，免死为幸，何古人之可慕也。”丕善之，拜为镇南将军。或云汉已诛权妻子，魏主令权发丧。权曰：“臣与刘、葛推诚相信，明臣本志。窃疑未实。”后得审问，果如所言。马良亦死于五溪。

九月，魏立法：自今后家不得辅政。

诏曰：“妇人与政，乱之本也。自今以后，群臣不得奏事太后。后族之家不得辅政，及横受茅土。后世有背违者，天下共诛之。”时卞太后每见外亲，不假以颜色，常言：“吾事武帝四五十年，行俭日久，不能自变为奢。有犯禁

伐，即使东伐，也绝不会失败。”刘备逃到白帝城，吴将徐盛等向孙权上表请求继续进攻。吴王征求陆逊的意见，陆逊说：“曹丕集结大军，表面上声称协助我国，内心里却包藏祸心，请下令立即撤军。”

起初，魏主曹丕听说蜀军竖起木栅扎营，相连七百多里，便对大臣们说：“刘备不懂兵法，哪有连营七百里能够与敌对抗的？‘在杂草丛生、宽阔平坦、低洼潮湿、艰险阻塞的地方驻军，容易被敌所擒’，这是兵家大忌。孙权报告战事的奏章很快就到。”过了七天，吴军打败蜀军的捷报果然送到。

秋七月，魏国所属的冀州发生严重蝗灾，出现饥荒。 八月，汉将军黄权反叛投降魏国。

昭烈帝刘备败退以后，黄权在长江北岸，道路阻绝，不能退回，率领部下向魏投降。蜀汉的有关官吏请求逮捕黄权的妻子、儿女，刘备说：“我对不起黄权，不是黄权对不起我。”对待黄权的家人和往常一样。魏主曹丕对黄权说：“您想效法陈平、韩信吗？”黄权回答说：“我受蜀主刘备优厚的待遇，既不能降吴，回蜀又无路可走，因此归顺了陛下。况且败军之将，免死就很幸运，还谈什么仰慕古人。”曹丕善待他，拜为镇南将军。有人说蜀汉已经杀了黄权的妻子、儿女，魏主曹丕叫黄权为亲人发丧。黄权说：“我与刘备、诸葛亮以诚相待，他们了解我的人品和志向。我怀疑不是实情。”后来得到确切消息，果然如黄权所说。马良也死在五溪。

九月，魏国立法：从今以后，皇太后和皇后家族的人不得辅佐朝政。

魏主曹丕下诏：“妇人参与到朝政，是国家动乱的根源。从今以后，大臣们不得再向皇太后奏报与朝政相关的事情。皇太后和皇后家族的人不得辅佐朝政，以及不得受封为王侯。后代有谁违背，天下的人将一同惩罚他。”当时，卞太后每次见到自己的亲属，都不给好脸色，她常对亲属们说：“我侍奉武皇帝四五十年，一直过着节俭的生活，不能变得奢侈豪华。如果有谁违反禁

者，吾能加罪一等耳，莫望钱米恩贷也。"

魏立贵嫔郭氏为后。

魏主丕将立郭贵嫔为后，中郎栈潜上疏曰："后妃之德，盛衰治乱所由生也。是以圣哲立元妃，必取世家令淑，以统六宫奉宗庙。《易》曰：'家道正而天下定。'《春秋》书宗人衅夏云：'无以妾为夫人之礼。'若因爱登后，使贱人暴贵，臣恐后世下陵上替，开张非度，乱自上起也。"魏主不从。

魏遣将军曹休等击孙权。

魏主丕遣使责吴任子，不至。怒，欲伐之，刘晔曰："彼新得志，上下齐心，而阻带江湖，不可仓卒制也。"不从。命将军曹休等出洞口，曹仁出濡须，曹真等围南郡。吴遣将军吕范以舟车拒休，诸葛瑾等救南郡，朱桓拒仁。

冬十月，魏作寿陵。

魏主丕表首阳山东为寿陵，作终制，务从俭薄，不藏金玉，一用瓦器。

吴王权改元，拒魏。十一月，魏主丕自将击之。

吴王权以扬、越蛮夷未平，卑辞上书魏主丕，求自改厉，若必不见置，当奉还土地民人，寄命交州以终余年。丕报曰："朕之与君大义已定，若登朝到，夕召兵还耳。"于是权改元黄武，临江拒守。丕自许昌南伐之。

是月晦，日食。　吴人来聘，遣太中大夫宗玮报之。

令的话，我还能给他罪加一等，不要指望我给你们钱财、粮食、恩惠和宽免。”

魏主曹丕立贵嫔郭氏为皇后。

魏主曹丕将立郭贵嫔为皇后，中郎栈潜上书说：“后妃的品德，关系到国家的盛衰治乱。因此圣明的君主立正妻，一定要选择显贵家族中贤良的淑女，以统御六宫嫔妃，祭奉宗庙。《易经》说：‘管理家庭的办法正确了，天下就安定。’《春秋》记载宗人衅夏的话：‘没有以妾做夫人之礼。’如果因为宠爱就把她立为皇后，使卑贱的人突然高贵起来，臣担心日后卑贱者被册立，高贵者被遗弃的事日趋增多，没有限度，祸乱就从上面开始了。”曹丕不听规劝。

魏国派将军曹休等攻打孙权。

魏主曹丕派使者督促吴送出人质，吴没有送来。曹丕发怒，想攻打孙权，刘晔说：“吴国刚刚取得胜利，上下齐心协力，而且有江湖的阻隔，我们不能迅速将其制伏。”曹丕不听。下令曹休等攻打洞口，曹仁攻打濡须，曹真等包围南郡。吴派将军吕范率水军抵御曹休，诸葛瑾等救援南郡，朱桓抵御曹仁。

冬十月，魏主曹丕建造自己的陵墓。

魏主曹丕决定在首阳山东部建造自己的陵墓，发布有关丧葬的文告，丧事务必从俭，墓中不随葬金器、玉器，一律用陶器。

吴王孙权改年号，抵御魏军。十一月，魏主曹丕亲自率大军攻打吴国。

吴王孙权因为扬、越一带的蛮夷还没有平定，便言辞谦卑地上书魏主曹丕，请求自己改正错误，倘若不被原谅的话，他一定奉还朝廷所封的土地和人民，寄居交州，度过余生。曹丕回信说：“朕与你的君臣关系已经确定，如果孙登早晨送到，傍晚我就召回大军。”于是，孙权改年号为黄武，沿着长江抵御防守，曹丕从许昌出发，南下讨伐。

十一月最后一天，日食。　吴人到蜀汉访问，昭烈帝刘备派太中大夫宗玮回访。

癸卯(223)　后主禅建兴元年魏黄初四年,吴黄武二年。

春,魏师攻濡须,别将围江陵,皆不克,引还。

曹仁以步骑数万向濡须。朱桓兵才五千人,诸将皆惧。桓曰:"胜负在将,不在众寡。兵法称'客倍而主人半'者,谓俱在平原,而士卒勇怯等耳。今仁非智勇,士卒甚怯,千里步涉,人马罢困。桓与诸君共据高城,临江背山,以逸待劳,以主制客,此百战百胜之势,虽曹丕自来,尚不足忧,况仁等邪?"乃偃旗鼓,示弱以诱之。仁遣其子泰攻濡须城,分遣常雕、王双等袭中洲。中洲者,桓部曲妻子所在也。桓遣别将击雕等,而身自拒泰。泰烧营退,桓遂斩雕虏双。

初,吕蒙病笃,吴王权问曰:"卿如不起,谁可代者?"蒙曰:"朱然胆守有余,可任也。"蒙卒,权使然镇江陵。及曹真等围之,中外断绝,城中兵多肿病,堪战裁五千人。真等起土山,凿地道,弓矢雨注,将士皆失色。然无恐意,方厉兵伺间,攻破魏两屯。

时江水浅狭,夏侯尚欲乘船将步骑入渚中安屯,作浮桥南北往来,议者多以为城必可拔。董昭上疏曰:"今屯渚中至深也,浮桥而济至危也,一道而行至狭也。三者,兵家

汉后主

癸卯(223)　**汉后主建兴元年**魏黄初四年,吴黄武二年。

春季,魏军攻打濡须,其他将领包围江陵,都没有取胜,撤军返回。

曹仁率数万步兵、骑兵向濡须进军。朱桓的军队只有五千人,部下的将领们都感到恐惧。朱桓说:"胜负的关键在于将领,而不在人数的多少。兵法所谓'前来进攻的军队的人数应该是守军的一倍',是就双方都在平原交战,而且士兵的战斗力相同而言。如今曹仁并非智慧勇武之人,士兵又非常胆怯,千里跋涉,人疲马困。我与诸君一同据守高城,面对长江,背靠群山,以逸待劳,以守军制服前来进攻的敌人,这是百战百胜的形势,即使曹丕亲自前来,尚且不足忧虑,何况曹仁等无智无勇的小人呢?"于是朱桓偃旗息鼓,表示软弱以引诱曹仁。曹仁派他的儿子曹泰攻打濡须城,分派常雕、王双等人袭击中洲。中洲,是朱桓的亲兵和妻子、儿女的所在地。朱桓派别的将领进攻常雕等人,而自己亲自抵御曹泰。曹泰烧毁营垒退走,朱桓终于斩杀常雕,俘虏王双。

当初,吕蒙病重,吴王孙权问他:"你的病情如果不能好转,谁可以接替你?"吕蒙说:"朱然很有胆识,注重节操,可以任用。"吕蒙去世,孙权派朱然镇守江陵。等到曹真等人包围江陵以后,城内城外联系断绝,城中有很多士兵患浮肿病,能够战斗的才五千人。曹真等堆起土山,开挖地道,向城中放箭,箭如雨下,守城的将士都大惊失色。朱然毫不畏惧,不断勉励将士,寻找敌人的可乘之机,攻破了魏军的两座营垒。

当时,长江水浅,水面狭窄,夏侯尚准备乘船率兵进入江陵的中洲安营扎寨,造浮桥以便南北往来,评议的人大多认为江陵城一定可以攻下。董昭上书说:"如今在中洲驻军,太深入了;架浮桥往来,太危险了;一条道通行,太狭窄了。这三者,是兵家

所忌,而今行之,恐渚中精锐将转而为吴矣。加江水向长,一旦暴增,何以防御!"魏主丕即诏尚等促出。吴人两头并前,魏兵一道引去,仅而获济。吴已作荻筏,欲烧桥,尚退而止。后旬日,江水大涨,丕谓昭曰:"君论此事,何其审也!"会大疫,丕悉召诸军还洛阳。

初,丕问贾诩曰:"吾欲伐不从命以一天下,吴、蜀何先?"对曰:"刘备有雄才,诸葛亮善治国;孙权识虚实,陆逊见兵势。据险守要,泛舟江湖,皆难卒谋也。用兵之道,先胜后战,量敌论将,故举无遗策。今群臣无备、权对,虽以天威临之,未见万全之势也。"丕不纳,军竟无功。

夏四月,帝崩于永安,丞相亮受遗诏辅政。五月,太子禅即位,改元,尊皇后曰皇太后,封亮为武乡侯,领益州牧。

诸葛亮至永安,帝病笃,命亮辅太子禅,以尚书令李严为副。帝谓亮曰:"君才十倍曹丕,必能安国,终定大事。嗣子可辅,辅之;如其不才,君可自取。"亮涕泣曰:"臣敢不竭股肱之力,效忠贞之节,继之以死!"帝又诏敕禅曰:"勿以恶小而为之,勿以善小而不为。惟贤惟德,可以服人。汝父德薄,不足效也。汝与丞相从事,事之如父。"亮奉丧还成都,以严为中都护,留镇永安。

禅即位,时年十七,大赦,改元,封亮为武乡侯,领益州牧,政事咸取决焉。亮乃约官职,修法制,发教与群下曰:

大忌，而我们现在却正在做，我担心中洲的精锐部队将变成吴国所有了。加之长江的水位正在上涨，一旦暴增，我军将如何防御！”魏主曹丕立即下诏夏侯尚等人迅速退出中洲。吴军从两头同时进军，魏国从一条路撤退，差不多都撤回了北岸。吴军已经做好芦苇筏子，想烧毁浮桥，夏侯尚率军撤退，吴军才停了下来。过了十天，江水暴涨，曹丕对董昭说：“你判断这件事，怎么这么准确！”当时正闹瘟疫，曹丕把各路军队召回洛阳。

起初，曹丕问贾诩说：“我打算讨伐不服从命令的人，以统一天下，吴、蜀哪一个先讨伐？”贾诩回答说：“刘备有雄才大略，诸葛亮善于治理国家；孙权善于识别虚实，陆逊精通军事。蜀汉据守险要，吴国泛舟江湖，都很难迅速图谋。用兵的原则是，先制定取胜的策略，然后再作战，估量敌人的力量，然后任命将领，这样，进攻或防守都不会失算。如今大臣们没有一个是刘备、孙权的对手，即使陛下亲自对付他们，也未见得万无一失。”曹丕没有采纳，派出大军，最终无功而返。

夏四月，昭烈帝刘备在永安去世，丞相诸葛亮接受遗诏辅助朝政。五月，太子刘禅即位，改元，尊奉皇后为皇太后，封诸葛亮为武乡侯，兼任益州牧。

诸葛亮抵达永安，刘备病重，命令诸葛亮辅佐太子刘禅，任命尚书令李严做副手。刘备对诸葛亮说：“你的才干超过曹丕十倍，一定能够使国家安定，最终完成大业。刘禅如果可以辅佐，你就辅佐他；如果不可辅佐，你可取代他。”诸葛亮流着眼泪说：“臣怎敢不竭尽全力辅佐太子，忠贞不二，舍命报效，至死不渝！”刘备又下诏刘禅说：“不要因为坏事很小就去做，不要因为好事很小就不做。贤明和德行，可以让人折服。你的父亲德行浅薄，不值得你仿效。你与丞相处理事务，对待他要像对待父亲一样。”诸葛亮护送灵柩回到成都，任命李严为中都护，留下镇守永安。

刘禅即位，当时他十七岁，大赦天下的罪犯，修改年号，封诸葛亮为武乡侯，兼任益州牧，国家政事全都取决于诸葛亮。于是诸葛亮精简官职，整顿法制，向手下的官员们发布文告说：

“夫参署者，集众思，广忠益也。若远小嫌，难相违覆，旷阙损矣。违覆而得中，犹弃敝蹻而获珠玉。然人心苦不能尽，惟徐元直处兹不惑。又，董幼宰参署七年，事有不至，至于十反，来相启告。苟能慕元直之十一，幼宰之勤渠，有忠于国，则亮可少过矣。”又曰：“昔初交州平，屡闻得失；后交元直，勤见启诲；幼宰每言则尽；伟度数有谏止。虽资性鄙暗，不能悉纳，然与此四子终始好合，亦足以明其不疑于直言也。”伟度者，亮主簿胡济也。

亮尝自校簿书，主薄杨颙谏曰：“为治有体，上下不可相侵。请为明公以作家譬之：今有人使奴执耕，婢典爨，鸡司晨，犬吠盗，牛负重，马涉远。私业无旷，所求皆足，雍容高枕，饮食而已。忽一旦尽欲以身亲其役，形疲神困，终无一成。岂其智之不如奴婢鸡狗哉？失为家主之法也。是故古人称‘坐而论道，谓之王公；作而行之，谓之士大夫’。丙吉不问死人，陈平不知钱谷，彼诚达于位分之体也。今公躬校薄书，流汗终日，不亦劳乎？”亮谢之。及颙卒，亮垂泣三日。

六月，魏大水。　益州郡耆帅雍闿等以四郡叛。

初，益州郡耆帅雍闿杀太守求附于吴，又使郡人孟获诱扇诸夷，牂牁、越嶲皆叛，应闿。丞相亮以新遭大丧，抚

“参与朝政，处理政务，就是要集中大家的想法，扩大忠诚和利益。如果因为小小的怨恨而彼此疏远，难以保留不同意见，难以详细审察，我们的事业就会受到损失。保留不同意见详细审察而得出正确的结论，如同抛弃破鞋而获得珍珠宝玉。然而人们为不能做到这一点而深感苦恼，只有徐庶在保留不同意见时没有困惑。还有董和，参与朝政，处理政务七年，事情如果达不到标准，就反复十次详细审察，来向我报告。如果能做到徐庶的十分之一，像董和那样勤勤恳恳，忠于国家，那么我就可以减少失误了。”诸葛亮又说：“过去我先结交崔州平，多次听到他指出我的优缺点；后来结交徐庶，经常得到启迪和教诲；董和每次都言无不尽；胡伟度多次规劝我，使我改正错误。我虽然资质鄙陋愚昧，对他们给我的教益不能全部吸收，但和这四人的关系始终友好，也足以表明他们对我直言是不会犹豫不决的。”胡伟度，就是诸葛亮的主簿胡济。

诸葛亮曾经亲自校对官署的文书，主簿杨颙劝谏说：“治理国家有一定的规矩，上级和下级在职责上不能相互侵越。请允许我以治家为您打个比方：现在有一个人，命令奴仆耕地，婢女烧火做饭，雄鸡报晓，狗咬盗贼，牛拉车，马代步远行。家中的事没有一件空缺不做，所求的事都得到满足，悠然自得，高枕无忧，整天饮酒吃饭而已。忽然有一天，想亲自去做所有的事情，结果身体疲惫，精神困倦，最终一事无成。难道是他的才智不如奴婢和鸡狗吗？不是，是他改变了作为一家之主的规矩。所以古人说‘坐着讨论政事的，是王公；具体执行的，是士大夫’。丙吉不过问杀人的事情，陈平不知道钱粮的收入，他们都真正懂得职位的权限。现在您亲自校对官署的文书，终日汗流浃背，不也太劳累了吗？”诸葛亮深表感谢。杨颙去世时，诸葛亮痛哭了三天。

六月，魏国发大水。　益州郡的老帅雍闿带领四郡叛乱。

起初，益州郡旧帅雍闿杀了太守，请求归附吴国，又派同郡人孟获诱惑和煽动各地的夷人，牂牁、越巂都发动了叛乱，响应雍闿。丞相诸葛亮因为新近遭遇国丧，对叛乱的百姓只是安抚

而不讨，务农殖谷，闭关息民，民安食足而后用之。

秋八月，魏以钟繇为太尉。

时三公无事，希与朝政。廷尉高柔上疏曰："公辅国之栋梁，而不使知政，遂各偃息养高，鲜有进纳。诚非朝廷崇用大臣，大臣献可替否之义也。古者刑政有疑，辄议于槐、棘之下。自今有疑议大事，宜访三公。三公朝朔、望日，可特延论，博尽事情，庶有补益。"魏主丕嘉纳之。

遣尚书邓芝使吴。

芝言于丞相亮曰："上初即位，宜申吴好。"亮曰："吾思之久矣，未得其人，今日始得之耳。"芝问为谁，亮曰："即使君也。"乃遣芝修好于吴。时吴王犹未与魏绝，不时见芝。芝请见曰："臣今来，亦欲为吴，非但为蜀也。"吴王权见之，曰："孤诚愿与蜀和亲，然恐蜀主幼，国小，为魏所乘，不自全耳。"芝曰："大王命世之英，诸葛亮一时之杰。蜀有重险，吴有三江，共为唇齿，进可并兼天下，退可鼎足而立。今若委质于魏，魏必望大王入朝，求太子内侍。若不从命，则奉辞伐叛，蜀亦顺流，见可而进，如此，则江南之地非复大王有也。"权默然良久，曰："君言是也。"遂绝魏，专与汉连和。

立皇后张氏。

后，飞之女也。

而没有派兵征讨，发展农业，种植粮食，关闭关门，休养生息，等百姓生活安定、粮食充足以后，再使用武力。

秋八月，魏国任命钟繇为太尉。

当时三公没有具体事务，很少参与朝政。廷尉高柔上书说："三公是辅助国家的栋梁，而不使他们参与朝政，于是他们各自安卧休息，保养高尚节操，很少提出主张。这实在不是朝廷尊崇和任用大臣，大臣献上无可替代之计的本意。古时候，刑罚与政令有疑问，三公与士大夫就在槐树、酸枣树下讨论。从今以后，有疑议的大事，应该征询三公。三公在每月初一、十五上朝时，可以特别请他们深入讨论，广泛了解事情，希望能有裨益。"魏主曹丕赞赏他，采纳了他的意见。

蜀汉派尚书邓芝出使吴国。

邓芝对丞相诸葛亮说："皇上刚刚即位，应该申明和吴国和好。"诸葛亮说："我考虑这个问题很久了，没有找到合适的使者，今天才找到。"邓芝问这人是谁，诸葛亮说："就是使君你。"于是派邓芝与吴国修好。当时吴王孙权还没有同魏断绝关系，没有即时接见邓芝。邓芝请求接见，说："我这次来，也是为吴着想，而不仅仅只是为蜀考虑。"吴王孙权接见他，说："我确实愿意与蜀和好，然而担心蜀主年幼，国家小，一旦被魏钻了空子，便不能保全自己。"邓芝说："大王您是当今著名的英雄，诸葛亮是一代豪杰。蜀有重重险要地势，吴有三条大江，如果两国像唇齿一样相依相伴，进可以兼并天下，退可以与魏鼎足而立。现在倘若委身事奉魏国，魏一定期盼大王您入朝朝拜，要求太子做人质到朝廷供使唤。如果不从命，就以反叛为借口派兵讨伐，蜀也顺流而下，见可乘之机发动进攻，像这样，江南之地就不再属大王所有了。"孙权沉默了很久，说："你说得对。"于是和魏断绝关系，专心与蜀汉和好。

蜀汉后主刘禅立张氏为皇后。

皇后张氏，是张飞的女儿。

甲辰(224)　二年魏黄初五年,吴黄武三年。

夏四月,魏立太学。

初平以来,学道废坠。至是,初立太学,置博士,依汉制设"五经"课试之法。

吴人来聘,复遣邓芝报之。

吴使张温来聘,自是信使不绝。时事所宜,吴王权常令陆逊语诸葛亮,又刻印置逊所,每与帝及亮书,必以示逊,有不安辄改而封之。邓芝至吴,权谓曰:"若天下太平,二主分治,不亦乐乎?"芝对曰:"天无二日,土无二王。如并魏之后大王未识天命,君各茂其德,臣各尽其忠,则战争方始耳。"权大笑曰:"君之诚款,乃当尔耶!"

秋八月,魏主丕以舟师伐吴,临江而还。

魏主丕欲大兴军伐吴,辛毗谏曰:"天下新定,土广民稀,而欲用之,未见其利。今日之计,莫若养民屯田,十年然后用之,则役不再举矣。"丕不从,留尚书仆射司马懿镇许昌,亲御龙舟,循蔡、颍,浮淮如寿春,至广陵。吴将军徐盛列舟舰于江,而植木衣苇,为疑城假楼,自石头至于江乘,联绵数百里,一夕而就。时江水盛长,丕临望,叹曰:"魏虽有武骑千群,无所用之,未可图也。"会暴风至,龙舟几覆。丕问群臣:"权当自来否?"刘晔曰:"彼谓陛下欲以万乘之重牵己,而超越江湖者在于别将,必勒兵待事,未有进退也。"既而吴王权果不至,于是旋师。

吴尚书暨艳、郎徐彪有罪自杀。

甲辰(224)　汉后主建兴二年魏黄初五年，吴黄武三年。

夏四月，魏国创立太学。

初平以来，教育制度废弛。到了这时，开始创立太学，设博士，依照汉朝的制度，设立以“五经”考试的办法。

吴国派人到蜀汉访问，蜀汉派邓芝回访。

吴国派张温到蜀汉访问，从此，两国使者往来不断。当时有事应该通告蜀汉，吴王孙权常叫陆逊告诉诸葛亮，还刻印章放在陆逊那里，孙权每次给蜀汉后主刘禅和诸葛亮写信，一定让陆逊看，有不妥之处，就让陆逊改正后封好。邓芝到了吴国，孙权对他说：“如果天下太平，两国君主分而治之，不也很高兴吗？”邓芝回答说：“天上不会有两个太阳，地上不会并存两个君王。如果吞并魏之后，大王您没能领会上天的旨意，两国的君主各自充分发扬德行，臣子各自充分发扬对国君的忠诚，那么战争将开始了。”孙权大笑起来，说：“你的诚恳竟然到了如此地步呀！”

秋八月，魏主曹丕率水军进攻吴国，到了长江北岸撤军返回。

魏主曹丕想出动大军讨伐吴国，辛毗规劝说：“如今国家刚刚安定，土地辽阔而人口稀少，如果想在这时动用百姓的力量，不可能有什么好处。现在我们的策略，不如休养生息，开垦田地，十年后再用兵打仗，就可一举统一天下了。”曹丕没有采纳，留下尚书仆射司马懿镇守许昌，自己亲自驾龙舟指挥水军，沿蔡河、颍水进入淮河，到达寿春，最后抵达广陵。吴将军徐盛在长江上布上舰船，同时竖起木头包上苇席，做成疑惑敌人的假城池假望楼，从石头到江乘，绵延数百里，一夜之间全部建成。当时江水猛涨，曹丕临江而望，叹息说：“魏即使有成千上万的勇猛骑兵，无用武之地，也不能取胜。”恰在这时，刮起了狂风，龙舟几乎倾覆。曹丕问大臣们：“孙权会亲自来吗？”刘晔说：“孙权认为陛下准备亲率大军引出自己，而跨江越湖另派将领，所以他一定统率军队等待您去进攻，既不上前，也不退后。”过了一小段时间，吴王孙权果然没有来，曹丕于是撤走军队。

吴尚书暨艳、郎官徐彪有罪自杀。

吴张温少以俊才有盛名,顾雍以为当今无辈。温荐同郡暨艳为选部尚书。艳好为清议,弹射百僚,核奏三署,贬高就下,十不存一。其居位贪鄙,志节污卑者,皆以为军吏,置营府处之。多扬人暗昧之失,以显其谪。陆逊弟瑁与书曰:"圣人嘉善矜愚,忘过记功,以成美化。今王业始建,乃汉高弃瑕录用之时,汝、颍月旦之评,恐未易行也。"朱据谓艳曰:"举请厉浊,足以沮劝。若一时贬黜,惧有后咎。"艳皆不听。于是怨愤盈路,言艳及选曹郎徐彪用情憎爱,皆坐自杀。温斥还本郡以卒。始,温方盛用事,虞俊叹曰:"张惠恕才多智少,华而不实,怨之所聚,有覆家之祸,吾见其兆矣。"未几,果败。

冬十一月晦,日食。

乙巳(225)　**三年**魏黄初六年,吴黄武四年。

春三月,丞相亮南征。

亮率众讨雍闿等,问计于参军马谡,谡曰:"南中恃其险远,不服久矣。今日破之,明日复反。今公方北事强贼,彼知内虚,其反必速。若殄尽遗类,以除后患,又非仁者之情也。用兵之道,攻心为上,攻城为下;心战为上,兵战为下,愿公服其心而已。"亮纳之。谡,良之弟也。

吴国的张温年少时，以卓越的才智享有盛名，顾雍认为当时无人能与他相比。张温推荐同郡人暨艳担任选部尚书。暨艳喜欢做公正的评论，弹劾百官，审查左右三署的郎官，然后上奏皇帝，被奏报的人几乎都被贬官，能保住原官的十人中没有一人。那些为官贪婪鄙陋，志向和节操卑下污浊的人，都被发落去做军吏，安排到各营各府。暨艳经常揭发别人隐秘不正的事，以显示他处罚得当。陆逊的弟弟陆瑁给他写信说："圣明的人称赞别人的善行，怜悯别人的愚昧，忘记别人的过失，记住别人的功劳，以成美好的风尚。如今皇上的帝业刚刚建立，正像汉高祖录用有缺点的人的时候，汝南许劭兄弟每月所做的人物品评，在这时恐怕不容易推行。"朱据也对暨艳说："如果只是推举清白的人，而对缺点采取严厉态度，恰恰败坏了劝勉的作用。如果一下子全被贬官免职，恐怕以后会带来灾祸。"暨艳都不听。于是怨恨的声音充满道路，说暨艳和选曹郎徐彪凭私人的感情表示对他人的爱和憎，两人都被定罪自杀。张温受牵连，被逐回本郡，死在家中。起初，张温正当权得势时，虞俊叹息说："张温才多智小，华而不实，人们的怨愤集中到他身上，有倾家荡产的灾祸，我看见兆头了。"不久，张温果然被治罪逐回家中而死。

冬十一月最后一天，日食。

乙巳(225)　**汉后主建兴三年**魏黄初六年，吴黄武四年。

春三月，丞相诸葛亮南征。

诸葛亮率大军征讨雍闿等人，向参军马谡询问计策，马谡说："南中依仗地势险要和路途遥远，不听从命令已经很久了。即使今天打败他们，明天他们还要反叛。现在您正准备北伐，对付强贼，他们知道我们的内部空虚，就一定会加速反叛。如果将他们斩尽杀绝以除后患，又不符合仁厚者的心愿。用兵的原则，以攻心为上，攻城为下；以心理战为上，以派兵出战为下，希望您使他们真心归服而已。"诸葛亮采纳了马谡的主张。马谡是马良的弟弟。

夏五月，魏主丕以舟师伐吴。

魏主丕复以舟师伐吴，群臣大议。鲍勋谏以："往年龙舟漂荡，宗庙几覆，今又劳兵袭远，虚耗中国。窃以为不可。"丕怒，左迁之。勋，信之子也。

六月，吴以顾雍为丞相。

初，吴当置相，众议归张昭，吴王权曰："方今多事，职大者责重，非所以优之也。"乃以孙邵为丞相。至是卒，百僚复举昭，权曰："孤岂于子布有爱乎？顾丞相事烦，而此公性刚，所言不从，怨咎将兴，非所以益之也。"乃以雍为相。雍为人寡言，举动时当，权尝叹曰："顾公不言，言必有中。"至宴乐之际，左右恐有酒失，雍必见之，是以不敢肆情。权亦曰："顾公在坐，使人不乐。"其见惮如此。初，领尚书令，封侯，还，而家人不知。及为相，所用文武吏各随其能，心无适莫。时访逮民间及政职所宜，辄密以闻，用则归之于上；不用，终不宣泄。权以此重之。其于公朝有所陈及，辞色虽顺而所执者正。军国得失，非面见不言。权常令中书郎诣雍有所咨访，若事可施行，即与反覆究论，为设酒食；如不合意，正色不言。权曰："顾公欢悦，是事合宜；其不言者，孤当重思之。"江边诸将各欲立功自效，多陈便宜，有所掩袭。雍曰："兵法戒小利，此等欲邀功名而为其身，非为国也。不宜听。"权从之。

夏五月，魏主曹丕率水军征伐吴国。

魏主曹丕再次率水军征伐吴国，召集大臣们广泛讨论。鲍勋劝阻说："去年征讨吴国，龙舟在长江中漂荡，朝廷几乎覆没，如今又劳师动众，袭击远方之敌，白白耗费国家的钱财。我私下认为不可以。"曹丕大怒，降了鲍勋的官职。鲍勋是鲍信的儿子。

六月，吴国任命顾雍为丞相。

起初，吴国要设丞相，大家推举张昭，吴王孙权说："如今是多事之秋，职位高的人责任重大，让张昭当丞相并不是优待他。"于是任命孙邵为丞相。到了这时，孙邵去世，文武百官又再次推举张昭，孙权说："我对张昭难道不敬爱吗？担任丞相，事务繁多，而张昭性情刚烈，他说的话我如果不听，他就会埋怨和责怪，这对他是没有好处的。"于是，任命顾雍为丞相。顾雍为人寡言少语，举止沉稳妥当，孙权曾叹息说："顾公不说话则已，一说就能抓住关键。"每次设宴饮酒作乐时，大臣们担心酒醉后顾雍一定会看到，因此不敢纵情畅饮。孙权也说："顾公在座，使人不乐。"大臣和孙权惧怕顾雍就像这样。起初，顾雍兼任尚书令，封为侯，回到家里，家人对此一无所知。担任丞相后，他任用的文武官吏，都各按才能加以选拔，而不厚此薄彼。他经常到民间查访政治得失，一旦有了好的建议，就秘密上报，如果被采用，功劳就归于主上；如果不被采用，始终不泄露出去。孙权因此很看重他。顾雍在朝廷发表意见，言语和神态虽然和顺，但能将正确意见坚持到底。对于军务和国政的得失，如果不是亲眼所见，决不发表意见。孙权常常使中书郎到顾雍那里咨询访问，如果事情可以施行，顾雍就与中书郎反复讨论研究，并为他摆上酒饭；如果事情不合心意，顾雍便表情严肃，沉默不语。孙权说："顾公高兴，说明此事可以去做；他不发表看法的，我应当重新加以考虑。"驻守长江岸边的将领们，都想建立功勋，报效国家，大多数人上书认为时机有利，可以对魏发动突然袭击。顾雍说："兵法戒贪图小利，这些人想求取功名，是为了自身，而不是为了国家的利益。不该听他们的话。"孙权采纳了顾雍的意见。

秋七月，丞相亮讨雍闿，斩之，遂平四郡。

亮至南中，所在战捷。由越巂入，斩雍闿等。孟获素为夷、汉所服，收余众拒亮。亮募生致之，既得，使观于营陈之间，获曰："向者不知虚实，故败。今只如此，即易胜耳。"乃纵使更战，七纵七禽，而亮犹遣获，获止不去，曰："公，天威也，南人不复反矣。"遂至滇池。

益州、永昌、牂牁、越巂四郡皆平，亮即其渠率而用之。或以谏亮，亮曰："留外人则当留兵，兵留则无所食，一不易也；夷新伤破，父兄死丧，留外人而无兵，必成祸患，二不易也；又，夷累有废杀之罪，自嫌衅重，留外人，终不相信，三不易也。今吾欲使不留兵，不运粮，而纲纪粗定，夷、汉粗安故耳。"于是悉收其俊杰孟获等以为官属，出其金、银、丹、漆、耕牛、战马以给军国之用。终亮之世，夷不复反。

冬十月，魏师临江而还。

八月，魏主丕以舟师自谯循涡入淮。蒋济言水道难通，不从。十月，如广陵故城，临江观兵，戎卒十余万，旌旗数百里，有渡江之志。吴人严兵固守。时天寒，冰，舟不得入江。丕见波涛汹涌，叹曰："嗟乎！固天所以限南北也。"遂归。吴孙韶等率敢死士于径路夜要丕，获副车、羽盖。于是战船数千皆滞不得行，议者欲留兵屯田，蒋济以为：

秋七月，丞相诸葛亮征讨雍闿，把他杀死，终于平定了四郡。

诸葛亮到了南中，所到之处，每战必胜。诸葛亮从越嶲进军，斩杀雍闿等人。孟获向来深得夷族和汉族人的信赖，收拾雍闿等人的残余部队抵抗诸葛亮。诸葛亮想生擒孟获，擒获后，使他参观蜀汉大军的军营和战阵，孟获说："过去我不知你们的虚实，所以失败了。现在你们只是这样的军队，我就容易取胜了。"于是，诸葛亮释放孟获，让他再战，七纵七擒，诸葛亮还将孟获释放，孟获却停下不走了，说："您有神威，南方人不会再反叛了。"最后，诸葛亮到达滇池。

益州、永昌、牂牁、越嶲四郡都被平定了，诸葛亮就在当地任用原来的部落首领为四郡的长官。有人因为这件事劝阻诸葛亮，诸葛亮说："如果留外地人做四郡的长官，就要留下驻守的军队，留驻军队则没有粮食，这是第一个难题；夷族人刚刚经历战争创伤，父兄多有死伤，留下外人而不留军队，一定会酿成祸患，这是第二个难题；另外，夷族叛贼多次废掉和杀死地方官吏，自知有罪，心怀嫌怨，如果留下外人，始终不会被他们相信，这是第三个难题。我现在是想不留军队，不运送粮食，而法纪能够初步确立，夷族和汉人大体上安定下来。"于是诸葛亮网罗孟获等当地才能出众的人，任命为地方官吏，让他们献出金、银、丹、漆、耕牛、战马，供给军队和朝廷使用。在诸葛亮的有生之年，夷族再也没有反叛。

冬十月，魏军到了长江北岸后返回。

八月，魏主曹丕率水军从谯县沿涡水进入淮河。蒋济说水路很难通行，曹丕不听。十月，曹丕到达广陵故城，在长江岸边检阅军队，将士十余万，旌旗绵延数百里，有渡江的意图。吴军整肃军队，坚固防守。当时天寒地冻，水已结冰，战船无法入江。曹丕眼看波涛汹涌，叹息说："唉！原来是上天要分割大江南北啊。"于是，撤回大军。吴军将领孙韶等人率领敢死之士，夜里从小路袭击曹丕，缴获副车、羽盖。在这时，魏军的战船几千艘都因为受到阻挡而不能撤走，有人主张留下军队屯田，蒋济认为：

“东近湖，北临淮，若水盛时，贼易为寇，不可安屯。”丕从之，即还，留船付济。济凿地为四五道，蹴船令聚。豫作土豚，遏断湖水，皆引后船，一时开遏入淮中，乃得还。

冬十二月，吴番阳贼彭绮反。

丙午(226)　**四年**魏黄初七年，吴黄武五年。

春正月，中都护李严移屯江州。

丞相亮欲出军汉中，李严当知后事，移屯江州，留护军陈到驻永安，而统属于严。

吴令诸将屯田。

陆逊以所在少谷，表请诸将增广农亩。吴王权报曰：“甚善！孤父子亲受田，车中八牛以为四耦，虽未及古人，亦欲与众均劳也。”

魏杀其执法鲍勋，免将军曹洪官。

魏主丕之为太子也，郭夫人弟有罪，魏郡都尉鲍勋治之。请，不能得。及即位，勋数直谏，丕益忿之。及伐吴还，屯陈留界，勋为治书执法，太守孙邕过勋。时营垒未成，但立标埒，邕行不从正道，营令史欲推之，勋解止不举。丕闻之，诏曰：“勋指鹿作马，收付廷尉。”法议，“正刑五岁”。三官驳，“依律罚金”。丕大怒曰：“勋无活分，而汝等欲纵之。收三官已下付刺奸，当令十鼠同穴。”钟繇、华歆、陈群、辛毗、高柔等并表勋父信有功于太祖，求免勋罪，

“此地东近高邮湖，北临淮河，如果水涨时，敌人很容易骚扰我们，不能在此安营屯田。”曹丕听从了他的建议，撤兵返回，将战船交给了蒋济。蒋济叫人在地上挖出四五条水道，把船集中到一起。事先准备好装满沙土的袋子，拦截断湖水，牵拉后面的船进入水道，即时掘开沙袋堆成的堤坝，船就全部随水涌入淮河，这样，所有战船才得以返回。

冬十二月，吴国番阳盗匪彭绮造反。

丙午（226） **汉后主建兴四年**魏黄初七年，吴黄武五年。

春正月，中都护李严移驻江州。

丞相诸葛亮打算出兵汉中，李严主持后方事务，移驻江州，留护军陈到驻守永安，归李严统管。

吴国下令将领们屯田。

陆逊因为所在地区缺少粮食，上表吴王孙权请求下令将领们扩充农田。孙权答复说：“很好！我家父子接受田地，亲自耕种，驾着八头牛拉四张耦，虽然赶不上古人，也是想要和大家平等劳动。”

魏国处死执法鲍勋，罢免将军曹洪的官职。

魏主曹丕做太子时，郭夫人的弟弟犯罪，由魏郡都尉鲍勋处理。曹丕请求鲍勋宽大处理，遭到拒绝。曹丕即位后，鲍勋多次直言进谏，曹丕更加怨恨他。等到征伐吴国返回，驻扎在陈留地区，鲍勋担任治书执法，太守孙邕拜访鲍勋。当时营垒尚未建好，只是立下界标，孙邕不从正路走，军营令史想追究他，鲍勋劝止了令史，没有上报。曹丕听说后，下诏说：“鲍勋指鹿为马，逮捕起来交给廷尉治罪。”廷尉根据法律议定，“判处五年徒刑”。廷尉正、廷尉监、廷尉平三位官员反驳说：“依据法律，罚金赎罪。”曹丕生气地说：“鲍勋应该处死，而你们这些人却想释放他。将廷尉正、监、平三官及其下属逮捕起来，交给刺奸治罪，应把你们这些老鼠埋在一起。”钟繇、华歆、陈群、辛毗、高柔等人一同上奏，说鲍勋的父亲鲍信有功于太祖曹操，请求赦免鲍勋的罪行，

丕不许。柔固执不奉诏，丕怒甚，召柔诣台，遣使诛勋，然后遣柔还寺。

票骑将军曹洪富而吝，丕在东宫，尝从贷绢，不称意。至是，以舍客犯法，下狱当死，群臣救，莫能得。卞太后责帝曰："梁、沛之间，非子廉无今日。"又谓郭后曰："洪今日死，吾明日敕帝废汝。"于是郭后泣请，乃得免官，削爵土。

夏五月，魏主丕卒。

初，郭后无子，魏主丕使母养平原王睿。以睿母被诛，故未建为嗣。睿事后甚谨，后亦爱之。丕与睿猎，见子母鹿，既射其母，命睿射其子。睿泣曰："陛下已杀其母，臣不忍复杀其子。"丕释弓矢，为之恻然。及是，疾笃，立为太子。召中军大将军曹真、镇军陈群、抚军司马懿，并受遗诏辅政而卒。太子睿即位，尊皇太后曰太皇太后，皇后曰皇太后，追谥甄夫人曰文昭皇后；葬文帝于首阳陵，庙号世祖。

初，太子在东宫，不交朝臣，不问政事，惟潜思书籍。即位后，群下想闻风采。居数日，独见侍中刘晔，语尽日，晔出，或问："何如？"曰："秦皇、汉武之俦，才具微不及耳。"莅政之始，陈群首上疏曰："臣下雷同，是非相蔽，固国之大患。然若不和睦，则有仇有党，而毁誉失实。二者不可不深察也。"

秋八月，吴王权围魏江夏，不克。

曹丕没有答应。高柔拒不执行曹丕的诏令，曹丕更加愤怒，将高柔召到尚书台，派使者处死鲍勋，然后遣送高柔回官署。

票骑将军曹洪虽然富有，但很吝啬，曹丕做太子时，曾经向曹洪借绢，不能称心如意。到了这时，因为曹洪的门客犯法，曹丕便将曹洪逮捕入狱，判处死刑，大臣们解救曹洪，遭到拒绝。卞太后责备曹丕说："当年在梁、沛之间大战时，要是没有曹洪，就不会有今天。"又对郭皇后说："曹洪如果今天被处死，我明天就下令皇帝废掉你。"于是，郭皇后哭着为曹洪求情，曹洪这才免于一死，被罢免官职，削去封地和爵位。

夏五月，魏主曹丕去世。

起初，郭皇后没有生下儿子，魏主曹丕就让她以母亲的名义抚养平原王曹睿。曹睿的母亲被杀死，所以曹睿没有被立为继承人。曹睿侍奉郭皇后十分谨慎，郭皇后也很喜爱他。有一次，曹丕和曹睿一同去打猎，看见一只母鹿领着一只小鹿，曹丕射死母鹿后，要曹睿射小鹿。曹睿哭着说："陛下已经杀死了母亲，我不忍心再杀死它的孩子。"曹丕放下弓箭，为之感到悲伤。到了夏季五月，曹丕病重，立曹睿为太子。召中军大将军曹真、镇军大将军陈群、抚军大将军司马懿，一同接受遗诏辅助朝政，而后去世。太子曹睿即位当皇帝，尊皇太后为太皇太后，皇后为皇太后，追谥甄夫人为文昭皇后；将魏文帝曹丕安葬到首阳陵，庙号为世祖。

起初，曹睿在东宫当太子时，不结交朝廷大臣，不过问政事，只是潜心读书。即位以后，大臣们想看一看他的风采。过了几天，只接见侍中刘晔，谈了一整天的话，刘晔出来，有人问："怎么样？"刘晔说："风采可与秦始皇、汉武帝相比，只是才能稍稍赶不上他们罢了。"曹睿开始主持朝政，陈群第一个上书，说："大臣们随声附和，掩盖是非，本来就是国家的大祸害。然而，如果不和睦相处，就会有相互仇视的朋党，互相诋毁，不尊重事实。这两方面都不可不深入考察。"

秋八月，吴王孙权包围魏所属江夏郡，没有取胜。

吴王权闻魏丧，自将攻江夏，太守文聘坚守。魏朝议欲发兵救之，魏主睿曰："权习水战，今敢陆攻者，冀掩不备也。已与文聘相拒，攻守势倍，终不敢久。"未几，果退。

吴攻襄阳，魏抚军司马懿击破之。　冬，吴王权令陆逊、诸葛瑾损益科条。

吴陆逊陈便宜，劝吴王权以施德缓刑，宽赋息调。于是权令有司尽写科条，使郎中褚逢赍以就逊及诸葛瑾，意所不安，令损益之。

魏征处士管宁，不至。

宁在辽东三十七年，魏主丕征之，乃浮海西归，以为太中大夫，不受。至是，华歆为太尉，让位于宁，不许。征为光禄大夫，敕青州给安车吏从，以礼发遣，宁复不至。

吴吕岱诱交趾守士徽，杀之。

吴交趾太守士燮卒，吴王权以其子徽领九真太守，而以校尉陈时代燮。徽自署交趾太守，发兵拒之。交州刺史吕岱督兵三千浮海讨徽，以燮弟子辅为师友从事，遣往说徽。徽率其兄弟六人出降，岱皆斩之。又遣从事南宣威命，徼外扶南、林邑诸王，各遣使入贡于吴。

丁未(227)　**五年**魏明帝曹睿太和元年，吴黄武六年。

春正月，吴讨彭绮，禽之。

吴王孙权听说魏主曹丕去世，便亲自率大军进攻江夏，江夏太守文聘率兵坚守。魏朝廷商议，打算派兵救援，魏主曹睿说："孙权的军队习惯水战，今天敢于从陆地上进攻，是想趁我军没有防备而发动突然袭击。现在孙权已经与文聘相对峙，进攻军队的力量应该是守军的一倍，孙权终究不敢久留。"不久，孙权果然退兵。

吴军进攻襄阳，魏抚军大将军司马懿率军打败他们。　冬季，吴王孙权下令陆逊、诸葛瑾增删法令条文。

吴将陆逊提出对国家有利的措施，劝吴王孙权施行德政，减缓刑罚，放宽赋税，免除徭役。于是，孙权下令有关部门拟出全部的法令条文，派郎中褚逢送给陆逊和诸葛瑾，让他们对不妥之处进行删改或增添。

魏国征召处士管宁，管宁不赴任。

管宁在辽东生活了三十七年，魏主曹丕征召他，他就乘坐船只渡过大海，往西回到中原地区，曹丕任命他为太中大夫，他不肯接受。到了这时，华歆任太尉，要把职位让给管宁，曹睿不同意。征召管宁为光禄大夫，下敕令给青州官府让他们给管宁提供可以坐乘的安车，派官吏按朝廷大臣的礼节护送管宁，管宁还是不赴任。

吴国吕岱劝诱交趾太守士徽投降，把他杀了。

吴交趾太守士燮去世，吴王孙权任命他的儿子士徽兼任九真太守，而任命校尉陈时接替士燮。士徽自封为交趾太守，发兵抗拒陈时。交州刺史吕岱统率三千士兵，渡过大海讨伐士徽，任命士燮弟弟的儿子士辅为师友从事，派他前去劝说士徽。士徽率领兄弟六人出来投降，吕岱把他们都斩杀了。又派从事深入南方，宣扬吴王的声威，敦促境外扶南、林邑各王，各自派使者向吴进贡。

丁未(227)　汉后主建兴五年魏明帝曹睿太和元年，吴黄武六年。

春正月，吴国讨伐彭绮，将他抓获。

初,绮自言为魏讨吴,议者以为因此伐吴必克。魏主以问中书令孙资,资曰:“番阳宗人数有举义者,众弱谋浅,旋辄乖散。昔文皇尝密论贼形势,言洞浦杀万人,得船千数,数日间,船人复会;江陵被围历月,权裁以千数百兵住东门,而其土地无崩解者。是有法禁上下相维之明验也。以此推绮,未能为权腹心大疾。”至是,果败。

二月,魏大营宫室。

魏司徒王朗如邺,见百姓贫困,而魏主睿方营宫室,上疏谏曰:“昔大禹欲拯天下之患,故卑宫俭食;勾践欲广御兒之疆,故约其身以及家,俭其家以及国;汉文欲恢祖业,故罢露台,衣弋绨;霍去病中才之将,犹以匈奴未灭,不治第宅。明恤远者略近,事外者简内也。今建始之前,足列朝会,崇华之后,足序内官;华林、天渊,足展游宴。宜且先成象魏,修城池,余悉废罢,专以勤耕农、习戎备为事,则民充兵强,而寇戎宾服矣。”

三月,丞相亮率诸军出屯汉中,以图中原。

亮率诸军北驻汉中,使长史张裔、参军蒋琬统留府事。临发,上疏曰:“先帝创业未半,而中道崩殂。今天下三分,益州疲敝,此诚危急存亡之秋也。然侍卫之臣不懈于内,忠志之士忘身于外者,盖追先帝之殊遇,欲报之于陛下也。

起初，彭绮自称为魏国讨伐吴国，评议的人认为趁机征讨吴国，一定能取胜。魏主曹睿问中书令孙资该怎么办，孙资说："番阳的世家大族，多次举兵起义，因为人数不多，计谋不够高明，所以很快就失败了。过去文皇帝曾详细分析吴国的形势，说我军在洞浦杀吴军一万人，缴获战船一千多艘，可是在数日之间，吴军又把船和人集中到一起；江陵被包围了几个月，孙权才率一千几百名士兵驻守在江陵城的东门，但是吴国的土地没有土崩瓦解。这是有法可依，上下共同维护的明证。以此来推断彭绮，不可能成为孙权的心腹大患。"到了这时，彭绮果然失败了。

二月，魏国大规模营建宫室。

魏司徒王朗到了邺城，看到老百姓很贫困，而曹睿正营建宫室，便上书进谏说："从前大禹想拯救天下人的灾难，所以使自己的宫室简陋，饮食节俭；越王勾践想扩充御兒的疆土，也约束自己及其家人，节省家庭以及国家的开支；汉文帝想发扬祖先的事业，所以停止修建露天高台，穿黑色的粗布衣服；霍去病只是个中等才能的将领，还认为匈奴尚未消灭，不修建宅第。这些都说明，有远虑的人，近时应该简略；对付外敌的国家，内部应该简朴。如今建始殿的前面，足够大臣们列队朝见皇上；崇华殿的后面，足够内官依次序排列开来；华林园、天渊池，足够摆设宴会和游乐。应该先建成宫廷外的阙门，修筑好城池，其余的工程全部停止，而一心一意以辛勤耕作农田、练习军事为首要任务。这样，人民富裕、军队强大，敌人就会前来归顺臣服。"

三月，丞相诸葛亮率各路军队向北进发，驻屯汉中，准备攻取中原。

诸葛亮率各路军队向北挺进，驻守汉中，让长史张裔、参军蒋琬留下统管丞相府的事务。临近出发时，诸葛亮上书后主刘禅说："先帝开创大业未到一半，而中途溘然长逝了。如今天下魏、蜀、吴三国鼎立，我益州地区贫穷困乏，这正是一个危急存亡的时刻。然而朝廷里的侍卫之臣勤奋不懈，疆场上的忠诚志士报国忘身，这都是追念先帝的特殊恩遇，想报答给陛下的缘故。

诚宜开张圣听，以光先帝遗德，恢弘志士之气，不宜妄自菲薄，引喻失义，以塞忠谏之路也。

“宫中、府中俱为一体，陟罚臧否，不宜异同。若有作奸犯科，及为忠善者，宜付有司论其刑赏，以昭陛下平明之理，不宜偏私，使内外异法也。

“侍中、侍郎郭攸之、费祎、董允等，此皆良实，志虑忠纯，是以先帝简拔以遗陛下。愚以为宫中之事，事无大小，悉以咨之，然后施行，必能裨补阙漏，有所广益。将军向宠，性行淑均，晓畅军事，试用于昔日，先帝称之曰能，是以众议举宠为督。愚以为营中之事，悉以咨之，必能使行陈和睦，优劣得所。

“亲贤臣，远小人，此先汉所以兴隆也；亲小人，远贤臣，此后汉所以倾颓也。先帝在时，每与臣论此事，未尝不叹息痛恨于桓、灵也。侍中、尚书、长史、参军，此悉端良死节之臣，愿陛下亲之，信之，则汉室之隆可计日而待也。

“臣本布衣，躬耕于南阳，苟全性命于乱世，不求闻达于诸侯。先帝不以臣卑鄙，猥自枉屈，三顾臣于草庐之中，谘臣以当世之事，由是感激，遂许先帝以驱驰。后值倾覆，受任于败军之际，奉命于危难之间，尔来二十有一年矣。先帝知臣谨慎，故临崩寄臣以大事也。

“受命以来，夙夜忧叹，恐托付不效，以伤先帝之明。故五月渡泸，深入不毛。今南方已定，兵甲已足，当奖率三军，北定中原，庶竭驽钝，攘除奸凶，兴复汉室，还于旧都。

陛下确实应该广开言路，听取不同意见，发扬光大先帝遗留下来的美德，振奋有志之士的勇气，而不应该自己轻视自己，说出没有道理的话来，以致堵塞了忠诚进谏的路子。

“宫廷里的人、丞相府里的人，都是一个整体，提升惩罚，扬善抑恶，不应当有什么异同。如果有作恶犯法的人以及尽忠行善的人，应该交给有关部门按规定给予处罚、奖赏，以显示陛下公允明察，不应该私心偏袒，使宫廷内外执法不统一。

“侍中、侍郎郭攸之、费祎、董允等，都是善良诚实、思想纯正的人，所以先帝选拔他们留下来辅佐陛下。我认为宫中的事情，无论大小，都去征询他们的意见，然后再去施行，这样，一定能弥补缺漏，大有收益。将军向宠，性情和品行平和公正，通晓军事，以前试用，先帝称赞他很有才能，因此大家推举他为中部督。我认为军营中的事情，都去征询他的意见，一定能使军队团结和睦，才能高低的人都各得其所。

“亲近贤臣，疏远小人，这是前汉所以兴隆的原因；亲近小人，疏远贤臣，这是后汉所以衰败的原因。先帝在世的时候，每次与我谈起这些事，未尝不叹息和痛恨桓帝、灵帝的政治腐败。侍中郭攸之、费祎、尚书陈震、长史张裔、参军蒋琬，都是端正善良、能以死报国的忠臣，希望陛下亲近他们，信任他们，那么汉朝的兴盛，指日可待了。

“我本是个平民，在南阳亲自耕作，只求在乱世中保全性命，不期望声名显赫，名扬天下。先帝不因为我地位低下，屈尊俯就，三次到草庐探访我，向我询问当今的天下形势，因此我万分感激，于是答应为先帝奔走效劳。后来遇上挫折，我在军事失败的时候承受重任，在危难时刻接受使命，至今已有二十一年了。先帝知道我做事谨慎，所以临终之时把国家大事托付给我。

“自接受使命以来，日夜忧虑叹息，唯恐托付我的任务不能完成，有损先帝的英明。所以五月渡过泸水，深入荒芜之地。如今南方已经平定，军力已经充足，应鼓励将士，统率三军向北平定中原，我希望竭尽平庸之力，铲除奸贼，复兴汉朝，重返故都。

此臣所以报先帝，而忠陛下之职分也。至于斟酌损益，进尽忠言，则攸之、祎、允之任也。愿陛下托臣以讨贼兴复之效，不效，则治臣之罪，以告先帝之灵；若无兴德之言，则责攸之、祎、允等之慢，以彰其咎。陛下亦宜自谋，以谘诹善道，察纳雅言，深追先帝遗诏，臣不胜受恩感激。今当远离，临表涕零，不知所言。”遂行，屯于沔北阳平石马。

辟广汉太守姚伷为掾，伷并进文武之士，亮称之曰："忠益莫大于进人，而进人者各务其所尚。今姚掾并存刚柔，可谓博雅矣。"

魏主睿闻亮在汉中，欲大发兵攻之，以问孙资，资曰："昔武皇取张鲁，危而后济，数言'南郑直为天狱，中斜谷道为五百里石穴'。今若进军南郑，道既险阻，计用精兵及转运、镇守南方，遏御水贼，用十五六万人，必当更有所兴，天下骚动，此宜深虑。不若但以见兵分命大将据诸要险，亦足以镇静疆埸，百姓无事。数年之间，中国日盛，吴、蜀必自敝矣。"乃止。

夏四月，魏复行五铢钱。

初，文帝罢五铢钱，而用谷帛，人多巧伪，竞以湿谷薄绢为市，严刑不能禁，故复之。

冬十二月，魏立贵嫔毛氏为后。

初，魏主睿为平原王，纳虞氏为妃。至是，不得为后，卞太后慰勉之。虞氏曰："曹氏自好立贱，未有能以义举者。然后职内事，君听外政，其道相由而成。苟不能以善

这是我报答先帝、尽忠陛下的职责本分。至于权衡利弊得失，毫无保留地进献忠言，则是郭攸之、费祎、董允的责任。希望陛下把讨伐奸贼、复兴汉朝的使命交给我，若无成效，就治我的罪，以告先帝在天之灵；如果没有发扬圣德的言论，就责备郭攸之、费祎、董允等人的怠慢，公布他们的过错。陛下也应该自己谋划，征询妥善的治国方法，审察和接受好的建议，深切追念先帝的遗诏，我就受恩、感激不尽了。如今就要远离陛下，流着泪写下这篇表，不知说了一些什么。"于是率军出发，驻军在沔水以北的阳平石马。

诸葛亮征召广汉太守姚伷为丞相掾，姚伷同时推荐文武官员，诸葛亮称赞他说："对国家尽忠莫过于推举人才，然而推举者各自注重自己的崇尚。如今姚伷刚柔并举，可谓广博典雅。"

魏主曹睿听说诸葛亮在汉中，就准备大举出兵发起进攻，征求孙资的意见，孙资说："过去武皇帝攻打张鲁，虽然危急，但后来取胜，他多次说'南郑真像天狱，中间的斜谷道是五百里的石穴'。现在如果进军南郑，道路既然险阻，估计动用精兵以及转运物资、镇守南方的荆、扬、徐、豫四州，防御东吴水兵，总共需要十五六万人，一定还要不断地征调兵力，全国都会因此骚动不安，这一切，陛下应该深加考虑。不如只以现有的军队分派大将据守各处险要之地，也足以使我国边境安宁，百姓无事。数年之后，我国日益强盛，吴、蜀必然自己疲惫下去。"曹睿这才停止。

夏四月，魏国恢复使用五铢钱。

起初，魏文帝废除了五铢钱，而用粮食和丝绢当钱币，人们常常弄虚作假，争相以潮湿的粮食和薄绢来做买卖，虽然严刑处罚也不能禁止，所以，又恢复使用五铢钱。

冬十二月，魏主曹睿立贵嫔毛氏为皇后。

起初，魏主曹睿做平原王时，娶虞氏为妃。曹睿即位以后，虞氏没有被立为皇后，卞太后安慰和勉励她。虞氏说："曹家喜欢立地位低贱，没有能按照礼的大义推举的人。然而皇后管理宫内事务，皇帝处理朝廷政务，内外相辅相成。假如不能有好的

始，未有能令终者也，殆必由此亡国矣。”虞氏遂绌还邺宫。

魏议复肉刑，不果行。

太傅钟繇上言：“宜如孝景之令，其当弃市欲斩右趾者，许之；其黥、劓、左趾、宫刑者，自如孝文易以髡笞，可以岁生三千人。”诏公卿以下议。司徒朗以为：“恐所减之文未彰于百姓之目，而肉刑之问已宣于寇仇之耳，非所以来远人也。可按繇所欲轻之死罪，使减死髡刑，嫌其轻者，可倍其居作之岁数。内有以生易死之恩，外无以刖易钛之骇。”议者多与朗同。魏主睿亦以吴、蜀未平，且寝。

魏孟达以新城来归，魏将军司马懿帅兵攻之。

初，达为文帝所宠，至是，心不自安，数与诸葛亮通书，阴谋归蜀。魏兴太守申仪密表告之，达惶惧欲叛。时司马懿镇宛，以书慰解而潜军进讨。初，达与亮书曰：“宛去洛八百里，去吾一千二百里。闻吾举事，当表上，比相反覆，一月间也，则吾城已固，诸军足办。吾所在深险，司马公必不来。诸将无足患者。”懿倍道兼行，八日而兵至城下。

开端，就不会有好的结果，恐怕一定会因此而使国家灭亡。”虞氏最终被贬回邺城的皇宫。

魏国讨论恢复肉刑，最终没有实施。

太傅钟繇进言：“应该按照汉景帝的法令，那些应当斩首示众的人，如果想砍去右脚来代替死罪，就准许；那些判处黥面、割鼻、砍去左脚以及宫刑的人，仍然按照汉文帝的法令，以剃发和鞭打或竹板打代替，这样，一年可以使三千人保住性命。”曹睿下诏公卿及其下属的官员讨论。司徒王朗认为：“恐怕所减刑罚的文字还没对百姓发布，而恢复肉刑的消息已经传到仇敌的耳中，这不是招徕远方之人的办法。现在可以按照钟繇减免死罪的想法，将死刑减为剃去头发服劳役，如果认为处罚太轻，可以延长他们服劳役的时间。这样，对内有以生代死的恩德，对外没有以砍脚代替脚镣的恐怖。”参与讨论的人大多数与王朗的意见相同。魏主曹睿也因为吴、蜀尚未平定，暂且把这事搁下了。

魏国孟达以新城归附蜀汉，魏将军司马懿率兵攻打孟达。

起初，孟达被文帝宠爱，到了这个时候，心中不得安宁，多次与诸葛亮通信，暗中策划归蜀。魏兴太守申仪秘密上表告发了孟达，孟达惊惶恐惧，准备反叛。当时司马懿镇守宛城，写信安慰劝解孟达，暗中率军前去讨伐。一开始，孟达给诸葛亮写信说：“宛城距洛阳八百里，距我所在的新城一千二百里。听说我起兵，司马懿一定要报告魏朝廷，一去一来，需要一个月的时间，那时我的城池防守已经坚固，各军也做好了准备。我所在的地区地势十分险要，司马懿肯定不会来。其他将领们来，不会让我担忧。”司马懿兼程而行，八天时间，军队就到达新城城下。

资治通鉴纲目卷十五

起戊申(228)汉后主建兴六年,尽壬申(252)汉后主延熙十五年。凡二十五年。

戊申(228) **建兴六年**魏太和二年,吴黄武七年。

春正月,魏陷新城,孟达死之。　丞相亮伐魏,战于街亭,败绩。诏贬亮右将军,行丞相事。

初,魏以夏侯渊子楙都督关中。至是,丞相亮将伐魏,与群下谋之。司马魏延曰:"楙,主婿也,怯而无谋。今假延精兵五千,负粮五千,直从褒中出,循秦岭而东,当子午而北,不过十日可到长安。楙闻延奄至,必弃城走。横门邸阁与散民之谷,足周食也。比东方合聚,尚二十许日,而公从斜谷来,亦足以达。如此,则一举而咸阳以西可定矣。"亮以为此危计,不如安从坦道,可以平取陇右,十全必克而无虞,故不用延计。

扬声由斜谷取郿,使将军赵云、邓芝为疑军,据箕谷。魏使曹真督诸军军郿以拒之。亮乃率大军攻祁山,戎陈整齐,号令明肃。始,魏以昭烈既崩,数岁寂然无闻,是以略无备豫。而卒闻亮出,朝野恐惧,于是天水、南安、安定皆举郡应亮,关中响震。魏主睿如长安,右将军张郃率步骑五万拒之。亮使参军马谡督诸军与郃战于街亭。谡违亮节

戊申(228)　**汉后主建兴六年**魏太和二年,吴黄武七年。

春正月,魏军攻陷新城,孟达战死。　丞相诸葛亮征伐魏国,在街亭交战,失败。后主刘禅下诏贬诸葛亮为右将军,兼任丞相职务。

起初,魏任命夏侯渊的儿子夏侯楙都督关中。到这时,丞相诸葛亮将要征伐魏,和部下众人商量这次行动。司马魏延说:"夏侯楙是魏主的女婿,胆怯而无智谋。现在借给我五千精兵,带着五千人的口粮,一直从褒中出去,沿秦岭向东,到子午道折向北方,不出十天就可到达长安。夏侯楙听说我突然来到,一定弃城逃走。横门邸阁存的粮食以及老百姓逃散时剩下的粮食,足够供给军粮。等魏军在东部集军,还要二十多天,而您率军从斜谷出来接应,也能够赶到。这样,咸阳以西可以一举平定了。"诸葛亮认为这是个危险的计策,不如安全地从平坦的路上出击,可以平稳地攻取陇右,十拿九稳不会有失,所以不用魏延的计策。

诸葛亮扬言从斜谷道攻取郿城,使将军赵云、邓芝充当疑兵,把守箕谷。魏派曹真统率各路军队驻守郿城,抵御诸葛亮。诸葛亮就率大军攻打祁山,军阵整齐,号令严明。起初,魏认为昭烈帝刘备已经去世,几年来寂静无声,因此差不多没有防备。而突然听到诸葛亮出兵,朝廷和百姓都感到恐惧,于是天水、南安、安定等全郡都背叛魏国响应诸葛亮,关中震惊。魏主曹睿到达长安,右将军张郃率五万步兵、骑兵抵御诸葛亮。诸葛亮派参军马谡统率各路军队在街亭与张郃交战。马谡违背诸葛亮的指挥

度,举措烦扰,舍水上山,不下据城。郃绝其汲道,击大破之。亮乃拔西县千余家还汉中。

初,亮以谡才术过人,深加器异。昭烈临终谓曰:"谡言过其实,不可大用,君其察之。"亮未以为然,引谡参军事,每与谈论,自昼达夜。至是,乃收杀之。而自临祭,为之流涕,抚其遗孤,恩若平生。蒋琬谓亮曰:"昔楚杀得臣,而文公喜。今天下未定,而戮智计之士,岂不惜乎?"亮流涕曰:"孙武所以能制胜于天下者,用法明也。今四海分裂,兵交方始,若复废法,何用讨贼耶?"

先是,裨将军王平连规谏谡,谡不能用。及败,众散,惟平所领千余人鸣鼓自守,张郃疑其有伏,不敢逼,于是平徐徐收合诸营散兵以还。亮拜平参军,进位封侯。上疏请自贬三等,诏以右将军行丞相事。

时赵云亦以箕谷兵败坐贬。亮问邓芝曰:"箕谷军退,兵将初不相失,何也?"芝曰:"赵云身自断后,军资什物略无所弃,不但兵将不相失也。"云有军资余绢,亮使分赐将士。云曰:"军事无利,何为有赐,请须十月为冬给。"亮大善之。

或劝亮更发兵者,亮曰:"大军在祁山、箕谷皆多于贼,而不破贼,乃为贼所破,此病不在兵少也,在一人耳。今欲减兵省将,明罚思过,校变通之道于将来。若不能然者,虽兵多

调度，部署杂乱，放弃水源上山驻军，不下山据守城邑。张郃切断马谡取水的道路，发动进攻，大败马谡。诸葛亮只得攻取西县一千多户人家回到汉中。

起初，诸葛亮认为马谡才智过人，对他非常器重。昭烈帝刘备临终前对诸葛亮说："马谡言过其实，不可重用，希望您再考察他。"诸葛亮不以为然，任命马谡为参军事，经常与他谈论，从白天谈到深夜。到这次兵败后，诸葛亮把马谡逮捕杀了。诸葛亮亲自吊丧，为马谡痛哭流涕，抚慰他的遗孤，像平时一样恩待他们。蒋琬对诸葛亮说："从前楚国杀了得臣，晋文公非常高兴。如今天下还没有平定，而杀戮智谋之士，难道不惋惜吗？"诸葛亮流着眼泪说："孙武所以能够制胜于天下，是因为用法严明。如今天下分裂，交战才刚刚开始，如果又废除军法，用什么来讨伐敌人呢？"

马谡没有失街亭以前，裨将军王平多次规劝马谡，马谡没有听。等到失败后，部众四散，只有王平率领的一千多人敲响战鼓，守护营地，张郃怀疑有伏兵，不敢逼近，于是王平慢慢收拢各处营地逃散的士兵，率领所剩人马返回。诸葛亮提拔王平担任参军，升官封侯。诸葛亮上书请求自己降官三级，后主刘禅下诏诸葛亮任右将军，兼任丞相职务。

这时赵云也因为在箕谷打败仗而被贬官。诸葛亮问邓芝说："箕谷的军队撤退，兵将仍然秩序井然，这是什么原因？"邓芝回答说："赵云亲自在部队后面抵挡敌人的追击，军需物资几乎没有抛弃，不仅仅是兵将秩序井然。"赵云有军用物资和剩余的绢丝，诸葛亮让他分给将士。赵云说："军事上没有胜利，为什么还要赏赐，请等到十月作为冬季的供应物品。"诸葛亮非常赞赏这个意见。

有人劝诸葛亮再次发兵，诸葛亮说："我们的大军在祁山、箕谷时都多于敌人，不但没有打败敌人，反而被敌人打败，这问题不在于兵少，而在于将领。现在我准备减少兵将，严明刑罚，反思过失，将来另外寻求变通的办法。如果不能这样，即使兵多

何益！自今已后，诸有忠虑于国，但勤攻吾之阙，则事可定，贼可死，功可跻足而待矣。”于是考微劳，甄壮烈，引咎责躬，布所失于天下，厉兵讲武，以为后图，戎士简练，民忘其败矣。

亮之出祁山也，天水参军姜维诣亮降，亮美其胆智，使典军事。魏曹真复取三郡，以亮惩祁山，必出陈仓，使将军郝昭城守以备之。

夏四月，魏以徐邈为凉州刺史。

邈务农积谷，立学明训，进善黜恶，与羌、胡从事，不问小过；若犯大罪，先告部帅，乃斩以徇，由是服其威信，州界肃清。

五月，大旱。　吴人诱魏扬州牧曹休战于石亭，大败之。

吴使鄱阳太守周鲂诈以郡降于魏，魏扬州牧曹休率步骑十万向皖以应之。魏主睿又使司马懿向江陵，贾逵向东关，三道俱进。

八月，吴主权至皖，以陆逊为大都督，假黄钺，亲执鞭以见之；以朱桓、全琮为左右督，各督三万人以击休。桓曰：“休以亲见任，非智勇名将。今战必败，败必走，走当由夹石、挂车。此两道险阨，若以万兵柴路，则彼众可尽，而休可虏。臣请将所部以断之。若得休，则可乘胜长驱，进取寿春，以规许、洛，此万世一时也。”权以问陆逊，逊以为不可，乃止。战于石亭，逊令桓、琮为左右翼，三道俱进，冲休伏兵，因驱走之，追至夹石，斩获万余，资仗略尽。

又有什么用呢！从今以后，凡是为国家谋划的人，只要多多批评我的过错，那么大事就可确定，敌人就可消灭，成功就可踮脚而待了。”于是考察功劳微小的将士，甄别勇敢有气节的人，引咎自责，把过失布告天下，磨利兵器讲习武事，以为将来作打算，精选将士加以训练，老百姓忘记了这次兵败。

诸葛亮出兵祁山的时候，天水参军姜维到诸葛亮的驻地投降，诸葛亮很赞赏姜维的胆略和才智，任命他掌管军事。魏将曹真又收复了三个郡，认为诸葛亮以祁山之败为戒，以后一定会从陈仓出兵，就派将军郝昭据守陈仓城，以防备诸葛亮。

夏四月，魏国任命徐邈为凉州刺史。

徐邈发展农业，积蓄粮食，开办学校，严明训导，提拔善良之士，罢黜邪恶之官，和羌人、胡人办事，不追究小过错；但如果犯了大罪，先报告他们的部落首领，然后才斩首示众，因此羌人、胡人都佩服他的威信，凉州境内太平无事。

五月，天大旱。　吴军引诱魏扬州牧曹休到石亭交战，大败曹休。

吴派鄱阳太守周鲂假装以鄱阳郡向魏投降，魏扬州牧曹休率十万步兵、骑兵向皖城进发接应周鲂。魏主曹睿又派司马懿向江陵，贾逵向东关，三路大军同时挺进。

八月，吴主孙权到达皖城，任陆逊为大都督，赐给黄钺，亲手执马鞭接见了他；命朱桓、全琮为左、右督，各率三万人迎击曹休。朱桓说：“曹休因皇亲而被任用，不是有勇有谋的名将。如今交战必定失败，失败后必定逃走，逃走时一定经由夹石、挂车。这两条路地势险要，如果派一万名士兵在路上设置篱障，那么曹休的部队可全消灭，曹休可俘虏。我请求率所部切断他们的退路。如果擒获曹休，就可乘胜长驱直入，进一步攻取寿春，以谋取许昌、洛阳，这是万世难逢的良机。”孙权征询陆逊的意见，陆逊认为不可以，便停止了。吴军与曹休在石亭开战，陆逊命令朱桓、全琮为左、右翼，三路并进，冲击曹休埋伏的部队，趁势把他们赶走，追到夹石，斩获一万多人，几乎缴获全部的物资和器械。

初，睿命贾逵引兵东与休合，逵曰："贼无东关之备，必并军于皖，而休深入与战，必败。"乃亟进，闻休已败，而吴遣兵断夹石。诸将或欲待后军，逵曰："休兵败路绝，进退不能，安危之机，不及终日。今疾进，出贼不意，此所谓'先人以夺其心'也。若待后军，贼已断险，兵多何益？"乃兼道进军，而多设旗鼓疑兵。吴人惊退，休乃得还。初，逵与休不善，至是，赖逵以免，魏亦不之罪也。

冬十二月，右将军亮伐魏，围陈仓，不克而还，斩其追将王双。

右将军亮闻曹休败，魏兵东下，关中虚弱，欲出兵击魏，群臣多以为疑。亮言于帝曰："先帝以汉贼不两立，王业不偏安，故托臣以讨贼。以先帝之明，量臣之才，固知臣才弱敌强。然不伐贼，王业亦亡，惟坐而待亡，孰与伐之。是故托臣而弗疑也。臣受命之日，寝不安席，食不甘味，思惟北征，宜先入南，故五月渡泸，深入不毛。臣非不自惜也，顾王业不可偏全于蜀都，故冒危难以奉先帝之遗意也，而议者谓为非计。今贼适疲于西，又务于东，兵法乘劳，此进趋之时也。且高帝明并日月，谋臣渊深，然涉险被创，危然后安。今陛下未及高帝，谋臣不如良、平，而欲以长计取胜，坐定天下，此臣之未解一也。刘繇、王朗各据州郡，论安言计，动引圣人，群疑满腹，众难塞胸，今岁不战，明年不

起初，曹睿命令贾逵率兵向东与曹休会合，贾逵说："敌人在东关没有防备，一定会把军队集中到皖城，而曹休深入与敌交战，必定要失败。"于是急速前进，听说曹休已失败，吴军派兵切断夹石的道路。将领中有人想等待后继部队，贾逵说："曹休兵败，路又被堵绝，进退不能，正是危急存亡的时刻，恐怕坚持不了一天。现在我们加速前进，出敌不意，这就是所谓的'先声夺人以挫败敌人的士气'。如果等待后继部队，敌人已切断险要的道路，兵多又有什么好处呢？"于是加倍进军，沿途设下很多旌旗战鼓作为疑兵。吴人惊骇退兵，曹休才得以返回。起初，贾逵与曹休关系不好，到这时，曹休依靠贾逵才幸免，魏也不治他的罪。

冬十二月，右将军诸葛亮讨伐魏国，包围陈仓，没有取胜而返回，斩杀魏军追击的将领王双。

右将军诸葛亮听说曹休战败，魏军东下，关中虚弱，准备出兵攻打魏国，多数大臣对能否取胜表示怀疑。诸葛亮对后主说："先帝认为蜀汉和魏贼势不两立，帝王的大业不能偏安于蜀地，所以托付我讨伐敌人。以先帝的英明，度量我的才干，本知我的才能微弱而敌人强大。然而不讨伐敌人，帝王的大业也会灭亡，与其坐等灭亡，还不如去讨伐敌人。所以把这一重任托付给我而不加怀疑。我从接受使命那天起，睡觉不安稳，吃饭没滋味，考虑到北伐敌人，应该先进军安定南方，所以五月渡过泸水，深入荒芜的地区。我不是不爱惜自己，是考虑到帝王的大业不能在蜀都偏安，所以冒着危险艰难来奉行先帝的遗愿，但评议的人认为不是好计策。如今敌人刚在西面的祁山之役中疲惫不堪，又对东面的吴国用兵，按兵法的原则，要抓住敌人疲劳的机会，这正是前去进击的时机。况且高帝有日月之明，谋臣思广虑深，但历经艰险受过创伤，经过危难而后取得安稳。如今陛下比不上高帝，谋臣不如张良、陈平，而想以长久对峙的策略取胜，坐着不动就能安定天下，这是我不敢懈怠的第一个原因。刘繇、王朗各自占据州郡，谈论安定天下的计策，动辄引证圣人之言，大家心里满是疑问，众人胸中疑难不解，他们今年不打仗，明年不

征，使孙策坐大，遂并江东，此臣之未解二也。臣到汉中，中间期年，已丧赵云等及曲长、屯将七十余人，突将、武骑一千余人，皆数十年所纠合四方之精锐，非一州之所有。若复数年，则损三分之二，当何以图敌，此臣之未解三也。今民穷兵疲，而事不可息；事不可息，则住与行，劳费正等，而不及虚图之，欲以一州之地与贼支久，此臣之未解四也。夫难平者事也，昔先帝兵败于楚，曹操拊手谓天下已定矣。然先帝东连吴越，西取巴蜀，举兵北征，夏侯授首，此操之失计而汉事将成也。其后吴更违盟，关羽毁败，秭归蹉跌，曹丕称帝。凡事如是，难可逆见。臣鞠躬尽力，死而后已，至于成败利钝，非臣之明所能逆睹也。”

十二月，引兵数万出散关，围陈仓，不克。使人说郝昭，不下。昭兵才千余人，亮进攻之，起云梯、冲车临城，昭以火箭逆射其梯，人皆烧死。昭又以绳连石磨压其冲车，冲车折。亮乃更为井阑百尺以射城中，以土丸填堑，欲直攀城，昭又于内筑重墙。亮又为地突，欲踊出于城里，昭又于城内穿地横截之。昼夜相攻拒二十余日。魏遣张郃救之，未至，亮粮尽，引还。将军王双追亮，亮击斩之。

魏以公孙渊为辽东太守。

初，公孙康卒，子渊幼，弟恭立。及渊长，胁夺恭位，上书言状。侍中刘晔曰：“公孙氏世权日久，今若不诛，后必生患，

出征，结果使孙策坐享强大，终于吞并了江东，这是我不敢懈怠的第二个原因。我自从到了汉中，只经过一年时间，已经失去了赵云等人和曲长、屯将七十多人，突将、武骑一千多人，都是数十年来从四面八方召集来的精锐，不是我蜀地一州所能具有的。如果再过几年，就会损失三分之二，还靠什么去打败敌人，这是我不敢懈怠的第三个原因。如今百姓贫困士兵疲惫，而战事不能停；战事不能停，那么原地驻守和出兵进击，在劳力和费用上正好相等，而不乘关中空虚攻取敌人，准备以一州之地同敌人长期对峙，这是我不敢懈怠的第四个原因。说来最难预测的是战事，以前先帝在楚地兵败，曹操拍手高兴，认为天下已定。然而后来先帝东联孙吴，西取巴蜀，挥师北伐，斩了夏侯渊的头，这是曹操的失策，而汉朝大事将要成功了。但是后来吴军违背盟约，关羽战败身亡，秭归受挫，曹丕称帝。一切事情就像这样，难以预料。我鞠躬尽力，死而后已，至于成败得失，绝不是我的聪明所能预见的了。”

十二月，诸葛亮率军数万出散关，包围陈仓，没有取胜。使人劝说郝昭，郝昭没有投降。郝昭的部队才有一千多人，诸葛亮发起进攻，架起云梯、冲车进逼城池，郝昭率兵用火箭迎着汉军的云梯发射，云梯上的人都被烧死。郝昭又用绳子系上石磨击压汉军的冲车，冲车被折毁。诸葛亮重新制作了百尺高的井字形木栏，用来向城中射箭，用土块填平护城的壕沟，想直接攀登城墙，郝昭又在城内筑起另一道城墙。诸葛亮又挖地道，想从地道进入城里，郝昭又在城内横向凿地进行堵截。昼夜攻守，持续了二十多天。魏派张郃救援，还没赶到，诸葛亮粮食已尽，率军撤退。将军王双追击诸葛亮，诸葛亮发起反击，把他杀了。

魏国任命公孙渊为辽东太守。

起初，公孙康去世，他的儿子公孙渊还年幼，所以由他的弟弟公孙恭继位。等到公孙渊长大，强逼公孙恭夺得太守之位，上书说明了真实情况。侍中刘晔说：“公孙氏世世代代承袭太守这一权力，已经很久很久了，现在如果不诛杀，以后必生祸患，

不如因其新立，有党有仇，先其不意，以兵临之，开设赏募，可不劳师而定也。”魏主不从，因有是命。

吴大司马吕范卒。

初，孙策使范典财计，时吴王权年少，私从有求，范必关白，不敢专许。及权守阳羡长，有所私用，策或料覆，功曹周谷辄为传著簿书，使无谴问，权以是望范而悦谷。及后统事，以范忠诚，信任之，而谷能欺更簿书，不用也。至是，以范为大司马，印绶未下而卒。

己酉(229)　**七年**魏太和三年，吴黄龙元年。

春，右将军亮伐魏，拔武都、阴平，复拜丞相。　夏四月，吴王孙权称皇帝。

吴王权即皇帝位，大赦，改元。百官毕会，权归功于周瑜。将军张昭举笏欲褒赞功德，未及言，权曰：“如张公计，今已乞食矣。”昭大惭，汗。权追尊父坚为武烈皇帝，兄策为长沙桓王，立子登为太子，以诸葛恪为太子左辅，张休为右弼，顾谭为辅正，陈表为翼正，谢景、范慎、羊衜等为宾客，于是东宫号多士。太子使侍中胡综作《宾友目》曰：“英才卓越则诸葛恪，精识时机则顾谭，凝辩宏达则谢景，究学甄微则范慎。”羊衜私驳之曰：“元逊才而疏，子嘿精而狠，叔发辩而浮，孝敬深而狭。”恪等恶之，其后皆败，如衜所言。

遣卫尉陈震使吴，及吴主权盟。

不如趁他们新立太守,有党羽也有仇敌,先出其不意,派大军进逼,公开悬赏招募,可以不必劳师动众而平定。”魏主曹睿没有采纳,因此有这一道命令。

吴大司马吕范去世。

起初,孙策使吕范掌管财经,当时吴王孙权还年少,私下向吕范要钱要物,吕范必定要禀告孙策,不敢独自答应。等孙权担任阳羡太守以后,有私人开支,孙策有时进行审计复查,功曹周谷就为孙权造假账本,使孙权不受责问,孙权因此埋怨吕范而喜欢周谷。但等孙权统领国家大事以后,认为吕范忠诚,极为信任他,而周谷善于伪造账簿,不被任用。到了这时,孙权任命吕范为大司马,还没有授给印章和绶带,吕范就去世了。

己酉(229)　汉后主建兴七年魏太和三年,吴黄龙元年。

春季,右将军诸葛亮讨伐魏国,攻取武都、阴平,又拜为丞相。　夏四月,吴王孙权称皇帝。

吴王孙权即皇帝位,大赦罪犯,改年号。文武百官都来朝会,孙权将功劳归于周瑜。将军张昭举起笏想赞颂孙权的功德,还没来得及开口,孙权说:“如果按照张公的计策,现在已经去讨饭了。”张昭深感惭愧,汗直往下流。孙权追尊父亲孙坚为武烈皇帝,哥哥孙策为长沙桓王,立儿子孙登为太子,任命诸葛恪为太子左辅,张休为右弼,顾谭为辅正,陈表为翼正,谢景、范慎、羊衜等为宾客,于是东宫号称人才济济。太子孙登派侍中胡综作《宾友目》说:“英才卓越,是诸葛恪;准确把握时机,是顾谭;辩才雄健而证据宏远,是谢景;深究学问鉴别细微,是范慎。”羊衜私下反驳说:“诸葛恪有才但很粗疏,顾谭精明但很狠毒,谢景善辩但很轻浮,范慎深邃但很偏狭。”诸葛恪等人因此憎恨他,后来这四人都失败了,正如羊衜所言。

蜀汉派卫尉陈震出使吴国,与吴主孙权订立盟约。

吴主权使以并尊二帝来告。众皆以为交之无益而名体弗顺，宜显明正义，绝其盟好。丞相亮曰："权有僭逆之心久矣，国家所以略其衅情者，求掎角之援也。今若加显绝，仇我必深。更当移兵东戍，与之角力，须并其土，乃议中原。彼贤才尚多，将相辑睦，未可一朝定也。顿兵相守，坐而须老，使北贼得计，非算之上者。昔孝文卑辞匈奴，先帝优与吴盟，皆应权通变，深思远益，非若匹夫之忿者也。议者以权利在鼎足，不能并力，且志望已满，无上岸之情，此皆似是而非也。"盖其智力不侔，故限江自保。权之不能越江，犹魏贼之不能渡汉，非力有余而利不取也。若大军致讨，彼高当分裂其地以为后图，下当略民广境，示武于内，非端坐者也。就其不动而睦于我，我之北伐，无东顾忧，河南之众不得尽西，此之为利，亦已深矣。权僭逆之罪，未宜明也。乃遣震贺吴。权与盟，约中分天下。

吴以张昭为辅吴将军。

吴主权尝于武昌临钓台饮酒，大醉，使人以水洒群臣曰："今日醉堕台中乃止。"昭正色而出。权呼入，谓曰："共作乐耳，公何为怒乎？"昭曰："昔纣糟丘酒池，长夜之饮，当时亦以为乐，不以为恶也。"权默然，遂罢酒。

至是，昭以病告老，更拜辅吴将军，班亚三司。昭每朝见，

吴主孙权派使者以并尊两个皇帝来通告蜀汉。蜀汉的大臣们都认为与吴国结交没有益处而且名号体制不顺，应该显明正义，跟他们断绝友好盟约。丞相诸葛亮说："孙权有犯上之心已经很久了，国家之所以忽略他分裂的念头，是想要他分兵牵制曹魏，给我们作援助。现在如果明确断绝关系，他对我们的仇恨必定会加深。我们更需要转移兵力加强东部的防守，与吴国对抗，这样必须先吞并他们的土地，然后才能讨论攻取中原。孙权的贤能人才很多，将相相处和睦，不可能一朝平定。如果驻兵相互防守，坐而待老，使北方的敌人计谋得逞，不是最上等的谋略。从前孝文帝以谦卑之辞对待匈奴，先帝友好地和吴国结盟，都是适应形势灵活变通，深思长远利益的做法，绝非像平民百姓的意气用事。议政的人认为孙权的利益在于鼎足而立，不能与我们合力，而且志满意得，没有北伐的愿望，这些都似是而非。"大概是孙权的智谋和实力不相等，所以以长江为界保全自己。孙权不能越过长江北上，如同魏贼不能渡过汉水南下，不是实力有余而有利也不去夺取。如果我们的大军去讨伐魏贼，孙权的上策应当是分割中原的土地然后再图谋，下策应当是抢劫魏民开拓疆界，在国内显示武力，而不会安坐不动。即使他安坐不动而与我们和睦相处，我们北伐没有东顾之忧，魏黄河以南的部队为了防备吴军而不能全部调到西部对抗我们，就这一点利益，也已经很丰厚了。孙权僭号不顺的罪行，不宜公开宣布。于是派遣陈震去吴祝贺孙权称帝。孙权与蜀汉订立盟约，约定将来平分天下。

吴国任命张昭为辅吴将军。

吴主孙权曾在武昌临钓台饮酒，大醉，使人用水洒大臣们，说："今天要醉到掉进临钓台中才罢休。"张昭表情严肃地走出去。孙权招呼他进来，对他说："大家一同作乐罢了，您为什么发怒呢？"张昭说："从前商纣酒糟堆成山，以酒为池，整夜酣饮，当时也认为是作乐，不认为是坏事。"孙权沉默不语，于是撤去酒宴。

等到孙权称帝以后，张昭因为患病请求辞去官职，告老还乡，改任命他为辅吴将军，班位仅次于三司。张昭每次朝见，

辞气壮厉，义形于色，曾以直言逆旨，中不进见。后汉使来，称汉德美，群臣莫能屈。权复思昭，遣中使劳问，请见。昭避席谢，权跪止之。昭坐定，仰曰："昔太后、桓王不以老臣属陛下，而以陛下属老臣，是以思尽臣节以报厚恩，而意虑浅短，违逆盛旨。然臣愚心所以事国，志在忠益毕命而已。若乃变心易虑以偷荣取容，此臣所不能也。"权辞谢焉。

秋七月，魏制：后嗣有由诸侯入奉大统者，不得顾私亲。

诏曰："礼，王后无嗣，择建支子以继大宗，则当纂正统而奉公义，何得复顾私亲哉？其令公卿有司，深以前世行事为戒，后嗣万一有由诸侯入奉大统，则当明为人后之义。敢为导谀，建非正之号以干正统，谓考为皇，称妣为后，则股肱大臣诛之无赦。其书之金策，藏之宗庙，著于令典。"

九月，吴迁都建业，使上大将军陆逊辅太子登，守武昌。

吴主权迁都建业，皆因故府，不复增改。使上大将军陆逊辅太子登，及尚书九官留武昌。南阳刘廙尝著《先刑后礼论》，同郡谢景称之于逊，逊呵景曰："礼之长于刑久矣。廙以细辩而诡先圣之教，君侍东宫，宜遵仁义以彰德音，若彼之谈，不须讲也。"太子与西陵督步骘书，求见启诲。骘条时事在荆州界者及诸僚吏行能以报之，且上疏曰："人君不亲小事，使百官有司各任其职，故舜命九贤，则无所用心，不下庙堂而天下治。贤人所在，折冲万里，

辞严气正，义形于色，曾因为直言劝谏违背旨意，不肯来朝见。后来蜀汉的使臣来到吴国，称赞蜀汉的美德，大臣们不能驳倒对方。孙权又想起张昭，派宫中的使者慰劳他，请求接见。张昭离开席位谢罪，孙权跪下阻止他。张昭坐定以后，仰起头说："以前太后、桓王没有把老臣我托付给陛下，而是把陛下托付给老臣，因此我想竭尽臣子的节操来报答厚恩，然而考虑不透彻，违背了陛下的旨意。但是，我之所以以一片愚笨之心为国效劳，是因为立志忠诚进益、尽力效命罢了。如果改变心志，为了取得荣华富贵而曲从讨好、取悦于人，这是我不能做的。"孙权连连表示感谢。

秋七月，魏国规定：王室后代如果有由诸侯即位当皇帝的，不能照顾个人亲情。

魏主曹睿下诏说："按礼的规定，君王没有继承人时，选择庶子继承大宗，就应当继承正统而奉行公义，怎么能再顾及个人的亲情呢？现在我命令公卿及有关官吏，深刻地以前代所行之事为戒，王室后代万一有由诸侯继位当皇帝的，就应当明白作继承人的大义。谁要是胆敢阿谀逢迎当时的帝王，建立非正统的尊号干犯正统，称已故的父亲为皇，称已故的母亲为后，那么你们这些辅佐国家的重臣，应将佞臣诛杀不赦。这份诏书用金写在简册上，藏在宗庙中，收入国家的法典。"

九月，吴迁都建业，使上大将军陆逊辅佐太子孙登，守卫武昌。

吴主孙权迁都建业，都沿用原有的官府，不再增加和改建。派上大将军陆逊辅佐太子孙登，留守武昌，同时留下尚书九卿。南阳刘廙曾著《先刑后礼论》，同郡人谢景向陆逊称赞这部书，陆逊呵斥谢景说："礼先于刑法已经很久了。刘廙用琐细的辩解违背先圣的教化，你在东宫侍奉太子，应该遵奉仁义宣扬善言，像刘廙那样的言论，没有必要讲。"太子给西陵都督步骘写信，请求指教。步骘把当时在荆州境内的实情及各位官吏的品行才能分条罗列报告，并且上书说："君王不亲临小事，而是使文武百官各任其职，所以舜任命九位贤人，自己就不用再花费心思，不下庙堂而天下治理得好。贤人所在之地，能使敌人退到万里之外，

信国家之利器，崇替之所由也。愿重以经意，则天下幸甚！”

冬十月，魏立听讼观，置律博士。

魏主睿常言：“狱者，天下之命。”因改平望观为听讼观，每断大狱，诣观临听之。初，魏文侯师李悝著《法经》六篇，萧何定《汉律》，益为九篇，后稍增至六十篇。又有《令》三百余篇，《决事比》九百六卷。马、郑诸儒章句又十余家。至是，所当用二万六千余条，七百七十余万言。乃诏但用郑氏章句。尚书卫觊奏：“刑法者，国家之所贵重，而私议之所轻贱。狱吏者，百姓之所县命，而选用者之所卑下。王政之敝，未必不由此也。请置律博士。”从之。又诏司空陈群等删约汉法，制《新律》十八篇，《州郡令》四十五篇，《尚书官令》《军中令》百八十余篇，于《正律》九篇为增，于旁章科令为省矣。

十二月，筑汉、乐二城。

丞相亮徙府营于南山下，筑汉城于沔阳，乐城于成固。

庚戌（230）　**八年**魏太和四年，吴黄龙二年。

春，吴发兵浮海求夷洲、亶洲。

吴主权使将军卫温、诸葛直将甲士万人，浮海求夷洲、亶洲，欲俘其民以益众。陆逊、全琮皆谏，以为：“桓王创基，兵不一旅。今江东见众，自足图事，不当远涉不毛，万里袭人，风波难测。又民易水土，必致疾疫，且其民犹禽兽，得之不足济事，无之不足亏众。”权不听。温等遂行，

他们实在是国家的杰出人才，是国家存亡的关键。希望引起足够的重视，这样天下的人民深感幸运！”

冬十月，魏国建立听讼观，设置法律博士。

魏主曹睿经常说：“诉讼案件，关系天下人的性命。”因此改平望观为听讼观，每次判决重大刑事案件，常常到听讼观临听。起初，魏文侯的老师李悝著《法经》六篇，萧何制定《汉律》，增为九篇，以后逐渐增到六十篇。另外有《令》三百余篇，《决事比》九百零六卷。马融、郑玄等儒学大师逐章逐句注释，又有十余家。到了这时，适合使用的总计二万六千多条，七百七十余万字。于是魏主曹睿下诏只采用郑玄的注释。尚书卫觊上奏说：“刑法，国家认为宝贵重要，但是被人们的私下议论所轻视。监狱中的官吏，掌管着百姓的性命，但是被选用者所鄙视。国家法令的衰败，未必不是因为这一缘故。请设置法律博士。”魏主曹睿听从了他的建议。又下诏司空陈群等删减汉朝的法令法规，制定《新律》十八篇，《州郡令》四十五篇，《尚书官令》《军中令》一百八十余篇，比《正律》九篇有所增加，比附属的法规和补充的法令条文有所减少。

十二月，蜀汉修建汉城和乐城。

丞相诸葛亮把丞相府和军营迁移到南山下，在沔阳县修建汉城，在成固县修建乐城。

庚戌（230）　**汉后主建兴八年**魏太和四年，吴黄龙二年。

春季，吴国发兵渡海寻求夷洲、亶洲。

吴主孙权派将军卫温、诸葛直率领士兵一万人，渡海寻求夷洲、亶洲，想俘获这两地的百姓来增加人口。陆逊、全琮都进谏，认为：“桓王创立基业时，士兵不过一个旅。如今江东人口已很多，足够自己成就事业，不应远涉重洋深入不毛之地，到万里之外袭击别人，海上风高浪急难以预测。另外，百姓一旦改变水土，一定会引发瘟疫，况且这两地的百姓如同禽兽，得到他们于事无补，没有他们也不会觉得人口缺乏。”孙权不听。卫温等人前往，

经岁乃还，士卒疾疫，死者什八九。亶洲绝远不可至，得夷洲数千人以归。温等以无功坐诛。

二月，魏立郎吏课试法，尚书诸葛诞等有罪免。

魏尚书诸葛诞、中书郎邓飏等结为党友，更相题表，以夏侯玄等为四聪，诞辈为八达。中书监刘放子熙、中书令孙资子密、吏部尚书卫臻子烈，以父居势位，容之为三豫。行司徒事董昭上疏曰："凡有天下者，莫不贵朴忠之士，疾虚伪之人，以其毁教乱治，败俗伤化也。窃见当今年少不复以学问为本，专以交游为业。国士不以孝悌清修为首，乃以趋势游利为先，合党连群，互相褒叹，以毁訾为罚戮，用党誉为爵赏，附己者则叹之盈言，不附者则作为瑕衅。至乃往来禁奥，交通探问，凡此诸事，皆法之所不取，刑之所不赦也。"魏主睿善其言，诏："郎吏学通一经，才任牧民，博士课试，擢其高第者，亟用；其浮华不根道本者，罢退之。"仍免诞、飏等官。

秋七月，魏寇汉中，丞相亮出次成固。九月，魏师还。

魏曹真以汉人数入，请由斜谷伐之。魏主睿诏司马懿泝汉水，由西城与真会汉中，诸将或欲由子午谷，或欲由武威。陈群谏曰："太祖昔攻张鲁，多收豆麦以益军粮，鲁未下而食犹乏。今既无所因，而斜谷阻险，转运有钞截之虞，多留兵守要，则损战士，不可不熟虑也。"并言军事用度

一年后才返回，士兵患瘟疫，死去的人占十分之八九。亶洲极远不能到达，只得到夷洲的数千人带回。卫温等人因为没有功效，被判处死罪。

二月，魏国订立郎官考核的法律，尚书诸葛诞等人犯罪，被免去官职。

魏尚书诸葛诞、中书郎邓飏等人结为朋党，相互品评褒奖，以夏侯玄等人为四聪，诸葛诞等人为八达。中书监刘放的儿子刘熙、中书令孙资的儿子孙密、吏部尚书卫臻的儿子卫烈，因为他们的父亲高居权势地位，容许他们参与品评，称为三豫。行司徒事董昭上书说："凡是拥有天下的人，无不崇尚朴实忠诚之士，痛恨虚伪之人，这是因为虚伪之人毁坏教化，扰乱统治，伤风败俗。我私下认为当今的年轻人不再以学问为追求之本，专门以结交朋友为业。国中的士人不把孝悌和操行高洁放在首位，反而把趋炎附势和追逐利益放在第一位，结党连群，互相吹捧，把诋毁当作处罚侮辱，把同党的赞誉当作封爵奖赏，对依附自己的人则频频赞叹，说尽好话，对不依附自己的人则百般挑剔。以至于出入宫廷，相互往来，探听消息。凡是这些事情，都是法律所不容许，刑法所不赦免的。"魏主曹睿赞赏他的意见，下诏："郎官精通一部经书，才能胜任管理百姓，通过博士上课的考核，选拔成绩优秀的，立即任用；那些华而不实不务正道的，罢免回家。"于是罢免了诸葛诞、邓飏等人的官职。

秋七月，魏军入侵汉中，丞相诸葛亮出兵临时驻扎在成固县。九月，魏军撤回。

魏曹真认为蜀汉多次入侵，请求经由斜谷出兵讨伐。魏主曹睿下诏司马懿逆汉水，经由西城与曹真在汉中会师，其余的将领有的想从子午谷，有的想从武威进攻蜀军。陈群进谏说："从前太祖攻打张鲁，大量收集豆子、麦子来增加军粮，张鲁没有攻下而粮食还是吃光了。如今既不能就地取粮，而且斜谷地势险阻，转运粮食有被抄截的担忧。如果多留士兵据守险要处，就会减少作战的士兵人数，不可不深思熟虑。"并谈到军事费用

之计。睿以群议下真,真据之遂行。

丞相亮闻之,次于成固、赤坂以待之,召李严使将二万人赴汉中。会天大雨三十余日,栈道断绝,魏太尉华歆上疏曰:"陛下宜留心治道,以征伐为后事。为国者以民为基,民以衣食为本。使中国无饥寒之患,百姓无离上之心,则二敌之衅可坐而待也。"

少府杨阜曰:"昔武王白鱼入舟,君臣变色,动得吉瑞,犹尚忧惧,况有灾异而不战竦者哉! 今吴、蜀未平,而天屡降变,诸军始进,便有天雨之患,稽阂山险,已积日矣。转负劳苦,所费已多,若有不继,必违本图。"

散骑常侍王肃曰:"前志有之:'千里馈粮,士有饥色;樵苏后爨,师不宿饱。'此谓平途之行军者也,又况深入险阻,凿路而前,则其为劳必相百也。今又加之以霖雨,山坂峻滑,众迫而不展,粮远而难继,实行军之大忌也。闻曹真发已逾月而行裁半谷,治道功夫,战士悉作。是彼偏得以逸待劳,乃兵家之所惮也。远则周武出关而复还,近则武、文临江而不济,岂非顺天知时,通于权变者哉?"乃诏班师。

魏主睿如许昌。

魏主睿如许昌,左仆射徐宣总留事。及还,主者奏呈文书,睿曰:"吾省与仆射省何异?"竟不视。

冬十二月,吴人攻魏合肥,不克。

的预算。曹睿把陈群的意见交给曹真考虑，曹真据此随即行动。

丞相诸葛亮听说魏军来到，驻扎在成固、赤坂等待魏军，召李严派他率领二万人奔赴汉中。适逢大雨连降三十多天，栈道断绝，魏太尉华歆上书说："陛下应该留心于国家的治理，把征伐作为以后的事情。统治国家的人以百姓为基础，百姓以衣食为根本。如果使中原没有饥寒的担忧，百姓没有叛离主上的念头，那么吴、蜀二敌的嫌怨可以坐等其爆发。"

少府杨阜说："从前周武王白鱼跃入舟中，君臣变了脸色，行军得到吉祥的瑞兆，还忧虑恐惧，何况有灾难和怪异现象而不胆战心惊呢！如今吴、蜀尚未平定，而上天屡次降下灾变，各路军队刚刚前进，便有天降大雨的灾祸，流沙乱石阻塞了山上的险要之路，已经很久了。转运和担负军用物资的劳苦，所费已经很多了，如果供应接不上，一定事与愿违。"

散骑常侍王肃说："以前的书上有这样的话：'从千里之外供应粮食，士兵就会面有饥色；先打柴割草然后烧火做饭，军队就会经常吃不饱。'这说的是平路上行军的事，又何况是深入崇山峻岭，开凿道路前进，所费劳力与平路行军相比，一定相差百倍。现在又加上连天大雨，山峻坡滑，士兵们相挤而不能展开，粮食在远方难以紧跟着送上，实在是行军的大忌。听说曹真发兵已过了一个月，而行军才到子午谷的半路，修路的劳动，战士们全都参加。这样做蜀军独能以逸待劳，这是兵家所忌讳的。远古有周武王出关伐纣又返回，近时则有武帝、文帝征伐孙权，到了长江而不渡过，难道不是顺天知时，依据时势而变通的例子吗?"曹睿于是下诏班师。

魏主曹睿到许昌。

魏主曹睿到许昌，左仆射徐宣总管留守京师事宜。等到曹睿返回，尚书省各部门的主管官吏奏呈徐宣审阅过的文书，曹睿说："我审阅和仆射审阅有什么不同?"终究没有看。

冬十二月，吴军进攻魏合肥，没有取胜。

魏征东将军满宠闻吴欲攻合肥,表请召兵。吴寻退还。宠以为:"贼大举而还,非其本意,此必欲伪退以罢吾兵,而倒还乘虚,掩不备也。"遂表不罢兵。后十余日,吴果来攻,不克而还。

丞相亮以蒋琬为长史。

亮数外出,琬常足食足兵,以相供给。亮每言:"公琰托志忠雅,当与吾共赞王业者也。"

吴廷尉监隐蕃作乱,伏诛。

青州人隐蕃逃奔入吴,上书求见,吴主召入。蕃陈时务,甚有辞观,吴主以为廷尉监。将军朱据、廷尉郝普皆称其有王佐材,于是蕃门车马云集。潘濬子翥亦与周旋,馈饷之。濬闻,大怒,疏责翥曰:"吾受国厚恩,志报以命,尔等在都,当念恭顺,亲贤慕善,何故与降虏交,以粮饷之。疏到,急就往使受杖一百,促责所饷!"时人怪之。顷之,蕃谋作乱,伏诛。普自杀,据坐禁止,久之乃解。

辛亥(231)　**九年**魏太和五年,吴黄龙三年。

春二月,吴武陵蛮叛,吴主权遣潘濬击之。

吴武陵五溪蛮叛,吴主权遣太常潘濬讨之。武陵太守卫旍奏濬姨兄蒋琬为诸葛亮长史,濬密使相闻,欲以自托。权曰:"承明不为此也。"即封表示濬,而免旍官。

魏征东将军满宠听说吴军想攻打合肥，上表请求召集军队。不久吴军退回。满宠认为："敌人大举进兵不战而还，不是他们的本意，这一定是想假装撤退以使我们停止作迎敌准备，而返回来乘虚而入，在我们没有防备的情况下发动突然袭击。"于是上表请求不要停止作战准备。十多天后，吴军果然前来进攻，没有取胜而返回。

丞相诸葛亮任命蒋琬为长史。

诸葛亮多次外出征战，蒋琬常常能够准备充足的粮食和兵员，供给诸葛亮。诸葛亮每每称："蒋琬寄身于国家，忠诚而有雅量，当是与我共同辅佐帝王之业的人。"

吴廷尉监隐蕃叛乱，被判处死刑。

青州人隐蕃逃奔到吴国，上书请求接见，吴主孙权召他入宫。隐蕃陈述时势，善于言谈，仪态大方，孙权任命他为廷尉监。将军朱据、廷尉郝普都称隐蕃有辅佐帝王的才能，于是隐蕃的门前车马云集。潘濬的儿子潘翥也与隐蕃频繁往来，赠送他物品。潘濬听说后，勃然大怒，写信责备潘翥说："我受国家厚恩，立志以生命回报，你们在京师，应当考虑恭敬顺从，亲近贤能仰慕善行，为什么要与一个投降的人交往，送给他物品！收到信后，立即到信使那里接受杖打一百下的惩罚，尽快索回赠送的物品！"当时的人们对潘濬的做法感到奇怪。不久，隐蕃图谋叛乱，被判处死刑。郝普自杀，朱据被判罪软禁，很久以后才被解除。

辛亥(231)　汉后主建兴九年魏太和五年，吴黄龙三年。

春二月，吴武陵的蛮人反叛，吴主孙权派潘濬前去征讨。

吴国武陵五溪蛮人反叛，吴主孙权派遣太常潘濬前去讨伐。武陵太守卫旍上奏说潘濬妻子的哥哥蒋琬担任诸葛亮的长史，潘濬秘密派人与他互通消息，有归附的打算。孙权说："潘濬不会做这样的事。"就将卫旍的奏表封好送给潘濬看，而罢免卫旍的官职。

丞相亮伐魏，围祁山。　自十月不雨，至于三月。夏五月，亮败魏司马懿于卤城，杀其将张郃。

魏遣司马懿屯长安，督将军张郃、郭淮等以御汉。懿留精兵四千守上邽，余众悉救祁山。张郃欲分兵驻雍、郿，懿曰："料前军能独当之者，将军言是也。若不能当而分为前后，此楚之三军所以为黥布禽也。"遂进。亮分兵攻祁山，自逆懿于上邽。魏将郭淮等徼亮，亮破之，因大芟其麦，与懿遇于上邽之东。懿敛军依险，兵不得交，亮引还。

懿蹑其后，至于卤城，又登山掘营，不肯战。贾诩、魏平数请战，曰："公畏蜀如虎，奈天下笑何？"懿病之，乃使张郃攻南围，自案中道向亮。亮使魏延等逆战，魏兵大败，懿还保营。亮以粮尽退军，懿遣郃追之。至木门，与亮战，中伏弩而卒。

秋八月，魏令其宗室王侯朝明年正月。

魏黄初以来，诸侯王法禁严切，吏察之急，亲姻皆不敢相通问。东阿王植上疏曰："尧之为教，先亲后疏，自近及远。周文王刑于寡妻，至于兄弟，以御于家邦。今陛下惠洽椒房，恩昭九族，群后百寮番休递上，亲理之路通，庆吊之情展，诚可谓恕己治人，推恩施惠者矣。至于臣者，人道绝绪，禁锢明时，婚媾不通，兄弟乖隔，又以一切之制，永无朝觐之望，至于注心皇极，结情紫闼，神明知之矣。然天

丞相诸葛亮攻打魏国，包围祁山。 自从去年十月不下雨，一直到本年的三月。 夏五月，诸葛亮在卤城打败魏司马懿，杀了他的部将张郃。

魏派司马懿驻屯长安，统率将军张郃、郭淮等人抵御蜀汉军队。司马懿留下四千精兵防守上邽，其余的部队全部去援救祁山。张郃准备分兵驻守雍县、郿县，司马懿说："估计前面的部队能够独自抵挡敌人，将军的意见就对了。如果不能抵挡而分为前后两部分，这就是楚国的三军所以被黥布打败的原因。"于是进军。诸葛亮分兵攻打祁山，自己率大军到上邽迎战司马懿。魏将郭淮等拦截诸葛亮，诸葛亮击败他们，乘机收割上邽的麦子，与司马懿在上邽的东面相遇。司马懿收兵凭依险要防守，两军不得交战，诸葛亮撤军返回。

司马懿紧紧跟在诸葛亮的后面，到达卤城，又上山扎营，不肯与诸葛亮交战。贾诩、魏平多次请求出战，说："您害怕蜀军就像害怕老虎，怎能不让天下人取笑？"司马懿对此很忧虑，于是派张郃攻打包围祁山南部的蜀军，自己据中路指向诸葛亮。诸葛亮派魏延等将领迎战，魏军大败，司马懿撤回营垒据守。诸葛亮因为粮尽退军，司马懿派张郃追击。张郃到了木门，与诸葛亮交战，被伏兵的弩射中而死。

秋八月，魏下令皇族的王侯于明年正月到京城朝会。

魏黄初以来，对诸侯王的法律禁令极为严厉，官吏对诸侯王的审察疾速，以至于姻亲都不敢互相往来问候。东阿王曹植上书说："尧推行教化，先从亲族开始，而后推及关系疏远的人，由近及远。周文王对嫡妻以礼法相待，推及兄弟，以此来治理国家。如今陛下恩惠遍及后宫，恩德显于九族，诸王百官交替值宿，亲属邻里往来的路子通达，喜庆和吊唁的感情能够表达，真可谓推己及人，推施恩惠的了。至于作为臣子的我，人与人的交往完全断绝，在政治清明的时代遭禁锢，姻亲不能互相往来，兄弟之间背离隔阂，又因为受到各种各样的制约，永远没有进京朝会的希望，至于倾心皇室，情绕皇宫，只有神明知晓。然而上天

实为之，谓之何哉？愿陛下沛然垂诏，使诸国庆问，四节得展。妃妾之家，膏沐之遗，岁得再通，则圣世无不蒙施之物矣。”魏主睿报曰：“诸国本无禁锢之诏，矫枉过正，下吏惧谴，以至于此耳。已敕有司，如王所诉。”

植复上疏曰：“昔管、蔡放诛，周、召作弼；叔鱼陷邢，叔向赞国。三监之衅，臣自当之；二南之辅，求必不远。夫能使天下倾耳注目者，当权者是也。权之所在，虽疏必重；势之所去，虽亲必轻。盖取齐者田族，非吕宗也；分晋者赵、魏，非姬姓也。吉专其位，凶离其患者，异姓之臣也。存共其荣，殁同其祸者，公族之臣也。今公族疏而异姓亲，臣窃惑焉。不胜愤懑，拜表陈情。”睿优文答报而已。

至是，乃诏曰：“先帝著令，不欲使诸王留京都者，谓幼主在位，母后摄政，防微渐，关盛衰也。朕不见诸王十有二载，其令诸王及宗室公侯，各将嫡子一人朝明年正月，后有少主、母后在宫者，自如先帝令。”

中都护李平有罪，废徙梓潼。

丞相亮之攻祁山也，命李严以中都护署府事，更名平。会天霖雨，平主督运，恐粮不继，遣参军喻指，呼亮来还。亮既退军，平乃更言：“军粮饶足，何为而退？”欲杀督运以解不办之责。又表言：“军伪退以诱贼。”亮出其前后手书，本末违错。平辞穷谢罪。于是亮表其前后过恶，免官，

确实这样做,能说些什么呢?希望陛下迅速降下诏书,使各诸侯王国互相庆贺和通报消息,四时之节得以扩展。妃妾的母家,赠送脂粉,一年可以往来两次,这样圣明之世没有人不蒙受施予的恩泽。”魏主曹睿答复说:“各诸侯王国之间本来没有禁止往来的诏令,矫枉过正,下级官吏害怕遭到谴责,才造成您所说的境况。现在已经下令有关官员,遵照您的意见办。”

曹植又上书说:“从前管叔、蔡叔被杀死和流放,周公、召公作辅佐的大臣;叔鱼被邢侯处死,叔向辅佐国家。三监的灾祸,我自己会阻止;二南的辅佐,不必远求。能使天下倾耳注目的人,是当权者。握有大权,即使被疏远也必定举足轻重;大权旁落,即使是皇亲也必定轻微。所以取代齐国的是田氏家族,而不是吕氏家族;瓜分晋国的是赵氏、魏氏,而不是姬氏。在吉祥时专擅权位,在凶险来临时逃离灾祸的,都是异姓之臣。国家存则共享荣耀,亡则同当灾祸的,都是皇族之臣。如今皇族被疏远而异姓受亲近,我私下迷惑不解。我禁不住内心的郁闷和怨恨,上表陈情。”曹睿只是以褒奖的文告作为答复而已。

到了这时,曹睿才下诏说:“先帝制定法令,不想让各位亲王留在京都,是因为皇帝年幼,母后摄政,防微杜渐,关系国家的盛衰。朕没有见到各位亲王已有十二年了,现在下令各亲王和皇族的公爵、侯爵,各派一位嫡子于明年正月到京城朝会,但以后如遇皇帝年少,母后在宫中摄政,自当遵照先帝颁布的法令。”

中军护李平犯罪,被罢免官职,流放梓潼。

丞相诸葛亮攻打祁山时,任命李严以中都护的身份代理丞相府的事务,改名叫李平。时值连天大雨,李平统管粮食和军需物资的运送,担心粮食供应不上,派参军传布后主的旨意,叫诸葛亮撤军返回。诸葛亮退军以后,李平便改口说:“军粮充足,为什么要撤退呢?”还打算杀死督运军粮的官员来摆脱不可推卸的责任。又向后主上表说:“军队佯装撤退来引诱敌人。”诸葛亮出示李平前后所写的亲笔信,从始至终矛盾重重。李平理屈词穷,承认罪责。于是诸葛亮上表陈述李平前后所犯的错误,罢免李平的官职,

削爵土，徙梓潼郡。复以平子丰为中郎将、参军事，出教敕之曰："吾与君父子戮力以奖汉室，谓至心感动，终始可保，何图中乖乎？若都护思负一意，君与公琰推心从事，否可复通，逝可复还也。"

亮又与蒋琬、董允书曰："孝起前为吾说正方腹中有鳞甲，乡党以为不可近。吾谓鳞甲者但不当犯之耳，不图复有苏、张之事也。"孝起者，陈震也。

冬十月，吴人诱败魏兵于阜陵。

吴主权遣中郎将孙布诈降于魏，以诱扬州刺史王凌，伏兵阜陵以俟之。凌腾布书，请兵迎之。征东将军满宠以为必诈，不与兵，而为凌作报书曰："知欲避祸就顺，甚相嘉尚。今欲遣兵相迎，然少则不足相卫，多则事必远闻。且先密计以成本志，临时节度其宜。"会宠被书入朝，又敕留府勿与兵。凌索兵不得，乃单遣一督将步骑七百人往迎之，布夜掩击，死伤过半。

先是，凌表宠年过耽酒，不可居方任。魏主睿欲召宠还，给事中郭谋曰："宠有勋方岳二十余年，及镇淮南，吴人惮之。若不如所表，将为所窥，可令还朝，问东方事以察之。"睿从之。既至，体气康强，乃慰劳遣还。

十一月晦，日食。

削去他的封爵和封地，流放到梓潼郡。又任命李平的儿子李丰为中郎将、参军事，写信告诫他说："我与你们父子戮力同心辅助汉王室，自认为真心感动，自始至终可以保持不变，怎么会想到中途背离呢？如果你的父亲悔改过错，一心一意为国效力，你与蒋琬推心置腹，共同处理事务，那么闭塞不通的可以再次畅通，流逝的可以重新得到。"

诸葛亮又给蒋琬、董允写信说："孝起以前对我说李严老谋深算，乡里的人认为不可接近。我认为老谋深算的人只是不该触犯他罢了，没有想到又有苏秦、张仪反复无常的事重演。"孝起，就是陈震。

冬十月，吴军在阜陵引诱魏军，并将魏军打败。

吴主孙权派中郎将孙布佯装向魏投降，以引诱扬州刺史王凌，在阜陵埋下伏兵俟机袭击王凌。王凌把孙布的信上报，请求出兵迎接。征东将军满宠认为一定有诈，不派军队，而替王凌写回信说："知道要躲避灾祸，顺从时势，非常值得赞美。现在准备派兵迎接，然而兵少不足以保卫您，兵多则事情会传播远方。暂且先秘密谋划以完成您原本的志向，等到时机合适时再作合宜的部署。"恰逢满宠领命入朝，他又命令留府不要给王凌派兵。王凌要不到兵，就单独派一位大将统率步兵、骑兵七百人前去迎接，孙布趁夜发动突然袭击，魏兵死伤过半。

在此以前，王凌上表说满宠年迈嗜酒，不可担当一方的重任。魏主曹睿打算召回满宠，给事中郭谋说："满宠担任地方长官二十多年，很有功劳，等后来镇守淮南，吴国人害怕他。如果不像王凌奏表所说的那样，将被敌人暗中窥探利用，可以命令他回朝，通过询问东方的情况来考察他。"曹睿采纳了这一建议。满宠到了以后，一看他身体和气色健康强壮，便慰劳一番，然后派遣回去。

十一月最后一天，发生日食。

壬子（232） **十年**魏太和六年，吴嘉禾元年。

春三月，魏主睿东巡。

魏主睿幼女淑卒，睿痛之甚，追谥立庙，葬于南陵，取甄后从孙黄与之合葬，追封黄为列侯，为之置后，袭爵。欲自送葬，又欲幸许。司空陈群谏曰："八岁下殇，礼所不备，况未期月而为制服，举朝素衣，朝夕哭临，自古以来，未有此比。况欲自往视陵，亲临祖载乎？愿陛下抑割有损无益之事，此万国之至望也。又闻车驾欲幸许昌，将以避衰。夫吉凶有命，祸福由人，移走求安，则亦无益。且吉士贤人犹不妄徙其家以宁乡邑，况帝王万国之主，行止动静，岂可轻脱哉？"少府杨阜曰："文皇帝、武宣皇后崩，陛下皆不送葬，所以重社稷，备不虞也，何至孩抱赤子而送葬哉！"皆不听。

吴遣使如辽东，徙其骑都尉虞翻于苍梧。

吴主遣周贺等之辽东求马。

初，虞翻性疏直，数有酒失，又好抵忤人，多见谤毁。吴主权尝与群臣饮，自起行酒，翻伏地阳醉，权去，翻起坐。权大怒，手剑欲击之，刘基谏曰："大王以三爵之后手杀善士，虽翻有罪，天下孰知之？"权曰："曹孟德尚杀孔文举，孤于虞翻何有哉？"基曰："大王躬行德义，欲与尧、舜比隆，何乃自喻于孟德！"翻由是得免。权因敕左右："自今酒后言杀，皆不得杀。"

他日，与张昭论神仙，翻又指昭曰："彼皆死人而语神仙，世岂有仙人也！"权积怒，遂徙翻交州。及周贺等行，翻

壬子(232)　汉后主建兴十年魏太和六年，吴嘉禾元年。

春三月，魏主曹睿东巡。

魏主曹睿的幼女曹淑去世，曹睿极度悲痛，追加谥号，建立庙宇，在南陵安葬，选甄后的侄孙甄黄与她合葬，追封甄黄为列侯，为他安排继承人，承袭爵位。曹睿准备亲自送葬，又想去许昌。司空陈群劝谏说："八岁以下的孩子夭折，没有丧葬的礼仪，况且还未满一个月就做成丧服，满朝白衣，日夜对棺痛哭，自古以来，没有能与此相比的。况且陛下要亲自去察看陵墓，去行祭祖之礼吗？希望陛下抑制和割舍这种有损无益之事，这是全国老百姓的最大愿望。又听说陛下准备前去许昌，将以此来避灾。在我看来，吉祥和凶险都是天命，灾祸和幸福由人掌握，靠迁居来求得平安，也于事无益。而且贤人吉士还不随便迁移他们的家以使乡里安宁，何况是帝王这一天下的主人，一举一动怎么可以轻率呢？"少府杨阜说："文皇帝、武宣皇后去世，陛下都不送葬，这样做是因为陛下以国家利益为重，随时防备不测，为什么要为一个怀抱中的婴儿送葬呢！"曹睿都不听。

吴国派使者到辽东，调骑都尉虞翻到苍梧。

吴主派周贺等人到辽东求购马匹。

起初，虞翻性情粗疏直率，多次酒后误事，又好顶撞他人，因此常常被人诋毁。吴主孙权曾经与大臣们饮酒，自己站起来环绕宴席酌酒劝饮，虞翻伏到地上假装酒醉，孙权走开后，虞翻爬起来回到座位上。孙权勃然大怒，手按宝剑准备刺杀虞翻，刘基劝谏说："大王在喝了三爵酒后亲手杀品行高尚的人，即使是虞翻有罪，天下又有谁知道呢？"孙权说："曹操尚且杀死孔融，我杀死虞翻又有什么问题呢？"刘基说："大王亲身奉行品德和信义，想与尧、舜一比高低，现在为什么又把自己比作曹操！"虞翻因此得以免死。孙权乘机告诫左右："从今天起，酒后说要杀人，都不允许杀。"

有一天，孙权与张昭谈论神仙，虞翻又指着张昭说："他们都是死人而你说是神仙，世上难道有仙人吗！"孙权蓄积对虞翻的愤怒，于是将虞翻调到交州。等到周贺等人出发去辽东时，虞翻

闻之，以为去人财以求马，既非国利，而辽东绝远，往恐无获。欲谏不敢，作表以示吕岱，为人所白，复徙苍梧猛陵。

秋九月，魏治许昌宫。　魏伐辽东，不克，还击吴使者，斩之。

公孙渊数与吴通，魏主睿使汝南太守田豫自海道，幽州刺史王雄自陆道讨之。散骑常侍蒋济谏曰："凡非相吞之国，不侵叛之臣，不宜轻伐。伐之不能制，是驱使为贼也。故曰：'虎狼当路，不治狐狸。'先除大害，小害自已。今海表委质，不乏职贡，而议者先之。正使克之，无益于国，傥不如意，是为结怨失信也。"不听。豫等往皆无功，诏令罢军。

时吴遣将军周贺乘海求马于渊，豫以贺等垂还，岁晚风急，必赴成山，遂辄以兵据之。贺等还至，遇风，豫勒兵击斩之。权始思翻言，召之。会卒，以其丧还。

魏以刘晔为大鸿胪。

魏侍中刘晔为魏主睿所亲重，睿将伐蜀，朝臣皆谏，晔入赞议，则曰："可伐。"出与朝臣言，则曰："不可。"晔有胆智，言之皆有形。中领军杨暨尝谏伐蜀，睿曰："卿书生，焉知兵事。"暨谢曰："臣言诚不足采。刘晔，先帝谋臣，盖亦云然。"睿曰："晔与吾言可伐。"暨曰："请召质之。"乃召晔至，问之，晔终不言。后因独见，责睿曰："伐国，大谋也，臣得与闻，常恐眯梦漏泄为罪，焉敢向人言之！夫兵诡道也，

听到了这个消息，认为带财物去购马，既不是国家的利益，而且辽东相隔极远，去恐怕没有收获。虞翻想进谏但又不敢，作奏表给吕岱看，被人告发，再次被调到苍梧郡猛陵县。

秋九月，魏国修整许昌的宫室。　魏国讨伐辽东，没有取胜，返回时攻击吴国的使者，将他们斩首。

公孙渊多次与吴国联系，魏主曹睿派汝南太守田豫从海路，幽州刺史王雄从陆路去讨伐他。散骑常侍蒋济劝谏说："凡不是要吞并的国家，以及不侵扰和反叛的臣属，都不宜轻易出兵征讨。讨伐他们而不能将其制服，这是驱使他们成为与我们对立的敌人。所以说：'虎狼当路，不治狐狸。'先去除大害，小害自会消失。如今沿海地区委身侍奉朝廷，不缺应该贡奉的物品，而且议政的人把它排到前面。即使将其打败，对国家也没有益处，倘若失败，就会由此结下怨恨，失掉信义。"曹睿不听。田豫等前去征讨都徒劳无功，曹睿才下诏停止军事行动。

当时吴派将军周贺渡海向公孙渊购买马匹，田豫认为周贺等人即将返回，时已冬季，海上风高浪急，一定赶赴成山，于是便派出军队据守成山。周贺等返回时到达成山，遇上大风，田豫率军发起进攻，将他们斩首。孙权这才想起虞翻的话，召虞翻返回。赶上虞翻去世，只运回灵柩。

魏国任命刘晔为大鸿胪。

魏侍中刘晔被魏主曹睿亲近器重，曹睿将要讨伐蜀国，朝廷大臣都劝阻，刘晔入朝与曹睿商议，则说："可以讨伐。"出来和大臣们谈论，则说："不可以。"刘晔有胆识有谋略，谈论起可不可以讨伐蜀国都绘声绘色。中领军杨暨曾经劝阻讨伐蜀国，曹睿说："你是个书生，哪里懂得军事。"杨暨道歉说："我的意见实在不值得采纳。刘晔，是先帝的谋臣，大概也反对出兵讨伐蜀国。"曹睿说："刘晔与我说可以讨伐。"杨暨说："请召刘晔来对质。"于是将刘晔召来，问刘晔，刘晔始终不说话。后来刘晔趁独自晋见时，责备曹睿说："讨伐一个国家，是重大的决策，我知道后，常担心说梦话泄漏而犯罪，怎么敢对别人说起！用兵之道在于诡诈，

未发，不厌其密。陛下显然露之，臣恐敌国已闻之矣。”魏主谢之。晔出，责暨曰：“夫钓者中大鱼，则纵而随之，须可制而后牵，则无不得也。人主之威，岂徒大鱼而已乎！子诚直臣，然计不足采，不可不精思也。”暨亦谢之。

或谓睿曰：“晔不尽忠，善伺上意所趋而合之，陛下试反意而问之，与所问反者，是晔常与圣意合也；每问皆同者，晔之情必无所逃矣。”睿验之，果得其情，从此疏焉。晔遂发狂，出为大鸿胪，以忧死。

吴人击魏庐江，不克。

陆逊引兵向庐江，魏人以为宜速救之。满宠曰：“庐江虽小，将劲兵精，守足经时。况贼舍船二百里来，后尾空绝，不来尚欲诱致，今宜听其遂进，但恐走不可及耳。”乃整军趋杨宜口，吴人闻之，夜遁。

时，吴人岁有北计。宠上疏曰：“合肥城南临江湖，北远寿春，贼来攻围，必据水为势。官兵救之，当先破贼，然后围解。贼往甚易，救之甚难，然其西三十里有奇险可依，宜更立城，徙见兵以固守，此为引贼平地而掎其归路，于计为便。”蒋济以为：“如此，既示天下以弱，且望贼烟火而坏城，此为未攻而自拔。一至于此，劫略无限，必以淮北为守矣。”魏主睿疑之。宠重表曰：“孙子言：‘兵者，诡道也，故能而示之不能。’形实不必相应也。又曰：‘善动敌者形之。’

没有行动前，越秘密越好。陛下公开泄漏了秘密，我担心敌国已经听说了。”魏主曹睿表示道歉。刘晔出来，责备杨暨说：“钓鱼的人钓到一条大鱼，就要放松线随着大鱼走，必须到可以控制时再把大鱼牵引上来，这样就没有得不到的。帝王的威严，难道仅仅是一条大鱼而已吗！你的确是正直的臣子，但是计谋不值得采纳，不可不仔细想一想。”杨暨也向刘晔道歉。

有人对曹睿说：“刘晔没有竭尽忠心，善于探察皇上的意图而阿谀迎合，陛下试着以相反的意思问刘晔，刘晔的回答如果与所问意思相反，表明刘晔经常与陛下的意见相合；如果他的回答每一个都与所问意思相同，刘晔的阿谀逢迎之情必然暴露无遗。”曹睿验证，果然发现刘晔的迎合之情，从此疏远了刘晔。刘晔于是变得疯疯癫癫，出任大鸿胪，因为忧郁而死。

吴军进攻魏庐江，没有取胜。

陆逊率军向庐江进发，魏国的大臣们认为应该迅速前去救援。满宠说：“庐江虽小，但将强兵精，足以防守一段时间。况且敌军舍船步行二百里而来，没有后继部队，不来还想引诱他们来，现在应该听任他们顺利前进，我只担心他们逃走我们追赶不上。”于是整顿军队开赴杨宜口，吴军听到消息，趁夜逃走。

当时，吴国每年都有进攻魏国的计划。满宠上书说：“合肥城的南面临近长江、巢湖，北面远离寿春，敌人一旦来围攻，一定占据水为有利地势。我军官兵前去救援，应该先打败敌人，然后包围才能解除。敌军去进攻很容易，而我们救援却很困难，但是城西三十里处有奇险可依，应该另修城堡，调集现有部队来固守，这是为了把敌人引到平地上而切断他们的退路，此计为宜。”蒋济认为：“这样做，既向天下表示软弱，而且看到敌人的烟火就毁坏城池，这是敌人还没进攻而城自动陷落。一旦到了这种地步，敌人就会没完没了地抢劫，我军一定会退到淮河北岸防守。”魏主曹睿犹豫不决。满宠再次上表说：“孙子说：‘用兵之道，在于诡诈，所以能战而要显示出不能。’这就是表面和实质不必相对应的道理。又说：‘善于牵动敌人者应该造成一定的态势。’

今贼未至而移城却内，引贼远水，择利而动，所谓形而诱之也。"尚书赵咨以宠策为长，乃报听之。

癸丑(233)　**十一年**魏青龙元年，吴嘉禾二年。

春正月，青龙见魏摩陂井中。二月，魏主睿往观之。吴遣使拜公孙渊为燕王。

公孙渊遣校尉宿舒等奉表称臣于吴，吴主权大悦，遣太常张弥、执金吾许晏等将兵万人，金宝珍货，九锡备物，乘海授渊，封为燕王。举朝皆谏，以为渊未可信，但可遣兵吏护送其使而已。权不听，张昭曰："渊背魏惧讨，远来求援，非本志也。若渊改图，欲自明于魏，两使不反，不亦取笑于天下乎?"权反覆难昭，昭意弥切。权不能堪，案刀而怒曰："吴国士人入宫则拜孤，出宫则拜君，孤之敬君亦为至矣，而数于众中折孤，孤常恐失计。"昭熟视曰："臣虽知言不用，每竭愚忠者，诚以太后临崩，呼老臣于床下，顾命之言故在耳。"因涕泣横流。权掷刀于地，与之对泣。然卒遣弥、晏往。昭称疾不朝，权土塞其门，昭于内以土封之。

夏，闰五月朔，日食。　六月，魏洛阳宫鞠室灾。　公孙渊斩吴使者，献首于魏，魏封渊乐浪公。

渊知吴远难恃，乃斩张弥等首，传送于魏。魏拜渊大司马，封乐浪公。吴主权闻之，大怒曰："朕年六十，世事难易，靡所不尝。近为鼠子所前却，令人气踊如山。不自截

如今敌人还未到而我军却从城中退出，引诱敌人远离江湖，选择有利时机发起进攻，这就是以一定的态势引诱敌人。”尚书赵咨认为满宠的计策比较可行，曹睿这才答应采纳。

癸丑(233)　**汉后主建兴十一年**魏青龙元年，吴嘉禾二年。

春正月，青龙出现在魏国摩陂井中。二月，魏主曹睿去观看青龙。　吴国派使者封公孙渊为燕王。

公孙渊派校尉宿舒等奉送表章向吴称臣，吴主孙权非常高兴，派太常张弥、执金吾许晏等率领万人大军，带上金银财宝珍贵物品，预备好九锡之物，渡海赐予公孙渊，封公孙渊为燕王。全朝的文武大臣都劝阻，认为公孙渊不能相信，只能派官兵护送他的使者就行了。孙权不听，张昭说：“公孙渊背叛魏国，害怕被讨伐，从远地来求援，不是他的本意。如果公孙渊改变意图，准备向魏表明忠诚，我们的两个使臣不能返回，不也让天下人取笑吗？”孙权反复质问张昭，张昭的立场更加坚定。孙权不能忍受，手按宝刀愤怒地说：“吴国的士人入宫则参拜我，出宫则参拜您，我敬重您也已经到了极点，而您却多次在大庭广众之下顶撞我，我常常担心失策。”张昭仔细地看着孙权说：“我虽然知道我的意见不会被采用，但每每竭尽愚忠的原因，实在是因为太后临终前，把老臣叫到她的床下，叮嘱我辅佐陛下的话仍旧在耳边回响。”紧接着泪流满面。孙权把刀扔到地上，与张昭相对而哭。但最终还是派张弥、许晏出发。张昭称病不去朝见，孙权用土把张昭家的门堵死，张昭从里面用土将门封住。

夏季，闰五月初一，日食。　六月，魏洛阳宫鞠室发生火灾。　公孙渊杀死吴国的使者，将首级献给魏国，魏国封公孙渊为乐浪公。

公孙渊知道吴国距离远难以依靠，便斩了张弥等人的首级，送给魏国。魏国拜公孙渊为大司马，封乐浪公。吴主孙权听到这个消息，勃然大怒说：“朕年已六十，世事的艰难和容易，没有不尝试的。近来被鼠辈所耍弄，令人气踊如山。我如果不亲手砍下

鼠子头以掷于海，无颜复临万国，就令颠沛，不以为恨。”

陆逊上疏曰：“陛下破操乌林，败备西陵，禽羽荆州，斯三虏者当世雄杰，而皆摧其锋矣。方将荡平华夏，总一大猷。今乃不忍小忿，而轻万乘之重，违垂堂之戒，此臣之所惑也。臣闻行万里者，不中道而辍足；图四海者，不怀细以害大。今强寇在境，荒服未庭，乃远惜辽东之众与马，而捐江东万安之业乎？”

仆射薛综、尚书陆瑁亦上疏曰：“北寇与国壤地连接，苟有间隙，应机而至。所以越海求马于渊者，为此故也。而更弃本追末，捐近治远，忿以改规，激以动众，斯乃猾虏所愿闻，非大吴之至计也。且沓渚去渊，道里尚远，今到其岸，兵势三分，使强者进取，次当守船，又次运粮，行人虽多，难得悉用。若渊狙诈，与北未绝，动众之日，唇齿相济。若其不然，畏威远迸，使天诛稽于朔野，山虏乘间而起，恐非万安之长虑也。”权乃止。

数遣人慰谢张昭，昭固不起。权因出，过其门，呼昭，昭辞疾笃。权烧其门以恐之，昭亦不出。乃灭火，驻门良久，昭诸子共扶昭起，权载以还宫，深自克责，昭乃朝会。

初，弥等至襄平，渊欲图之，乃先分散其吏兵，中使秦旦、张群、杜德、黄彊等六十人置玄菟。旦等议曰：

鼠辈的头扔进大海，就再也无颜面对全国的百姓了，即使这样做使我颠沛流离，我也不认为遗憾。”

陆逊上书说：“陛下在乌林打败曹操，在西陵打败刘备，在荆州擒获关羽，这三人都是当世的英雄豪杰，却都被陛下摧折了他们的锋芒。如今正要荡平中原，统一天下。如果现在不能忍住小怨小恨，而轻视身为帝王的贵重身份，违背‘千金之子，坐下垂堂’的训诫，这就是我所感到困惑的。我听说行万里路的人，不在中途停步；立志取得天下的人，不因为小事耿耿于怀而危害大局。如今强大的敌人压境，边远之地没有归附朝廷，陛下怎么还顾念远在辽东的人口和马匹，而放弃江东万安的基业呢？”

仆射薛综、尚书陆瑁也上书说：“北方的敌人与我国土壤连接，一旦有了空隙，他们就乘机而来。我们之所以渡过大海向公孙渊求购马匹，就是因为这样的缘故。而现在更加弃本逐末，舍近求远，因为愤恨而改变计划，因为激动而兴师动众，这才是狡猾的敌人所希望听到的，而不是我大吴最好的计策。况且沓渚县距离公孙渊，道路还很遥远，现在到达他们的岸边，兵力也要一分为三，使强壮的士兵向前发动进攻，身体稍差的守护舰船，最差的运送粮食，去的人虽然很多，但难以全部用上。如果公孙渊狡诈，与魏没有断绝关系，我们的大军出动时，他们就会像唇齿一样互相救助。如果不是这样，也会因为害怕我们的威势而远逃，使我们对他的惩罚到达北方的荒野，而境内的山越人乘机发动叛乱，这恐怕不是万全的长久之计。”孙权这才罢休。

孙权多次派人慰问张昭，向张昭道歉，张昭坚决不起床。孙权便出宫，经过张昭的家门，呼唤张昭，张昭以病重推辞。孙权让人火烧张昭家的门来吓唬张昭，张昭也不出来。孙权便让人将火灭掉，在门口站立很久，张昭的几个儿子一起扶张昭起床，孙权用车把他拉回宫，深切地责备自己，张昭这才参加朝会。

起初，张弥等到达襄平，公孙渊想消灭他们，就先分散他们的官兵，将中使秦旦、张群、杜德、黄疆等六十人安置在玄菟。秦旦等商议说：

"吾观此郡,形势甚弱,若焚其城郭,杀其长吏,为国报耻,然后伏死,足以无恨。孰与偷生苟活,长为囚虏乎?"于是阴相结约,未发,为人所告,旦等皆走。时群病疽创著膝,不能前,乃推旦、彊,使前。德留守群,采菜果食之。旦、彊行数日,得达句丽,因宣权诏于其主位宫,位宫即使人迎群、德,并遣还吴,奉表称臣。旦等至吴,皆拜校尉。

吴主权自将攻魏新城,不克。

吴主权出兵欲围新城,以其远水,积二十余日不敢下船。满宠谓诸将曰:"孙权得吾移城,必于众中有自大之言,今来,虽不敢至,必当上岸耀兵,以示有余。"乃潜遣步骑六千伏肥水隐处。权果上岸,伏军卒起击之,斩首数百,或有赴水死者。

以马忠为庲降都督。

庲降都督张翼用法严,夷帅刘胄叛。丞相亮以参军马忠代翼,召翼令还。其人谓翼宜速归即罪,翼曰:"吾临战场,代人未至,当运粮积谷为灭贼之资,岂可以黜退之故而废公家之务乎?"于是统摄不懈,代到乃发。忠因其资,破胄,斩之。

甲寅(234)　**十二年**魏青龙二年,吴嘉禾三年。

春二月,丞相亮伐魏。

初,丞相亮劝农讲武,作木牛、流马,运米集斜谷口,治邸阁,息民休士,三年而后用之。至是,悉众十万由斜谷

"我们观察此郡,兵力十分薄弱,如果放火焚烧他们的城郭,杀了他们的长官,为国报仇雪耻,然后伏地而死,也足以无恨了。这与苟且偷生,长期做囚犯比怎么样?"于是暗中相互约定起事,还未行动,就被人告发,秦旦等人都逃走了。当时张群膝盖生疮,不能向前走,便推出秦旦、黄彊,让他们在前面走。杜德留下来守护张群,采集野菜、山果来吃。秦旦、黄彊努力前进了几日,得以到达句丽国,乘机宣称孙权给高丽王位宫颁布诏书,位宫就派人迎接张群、杜德,并把他们送回吴国,上表称臣。秦旦等人回到吴国,都拜为校尉。

吴主孙权亲自率领大军攻打魏新城,没有取胜。

吴主孙权出兵打算围攻新城,但因远离水域,停留了二十多天不敢下船。满宠对将领们说:"孙权如果得到我们的新城,必定在他的大军中说妄自尊大的话,如今出兵而来,虽然不敢前来进攻,但一定上岸炫耀武力,以显示他们兵力有余。"于是秘密派遣步兵、骑兵六千人埋伏在肥水隐蔽的地方。孙权果然上岸,魏伏兵突然发动袭击,杀死吴兵数百人,也有的吴兵跳入水中淹死。

蜀汉任命马忠为庲降都督。

庲降都督张翼执法严厉,夷人首领刘胄叛乱。丞相诸葛亮任命参军马忠接替张翼,召张翼返回。张翼的部下认为张翼应该立即去接受处治,张翼说:"我身临战场,接替的人还没有到,应当转运粮食,积蓄谷物,作为消灭叛贼的资本,怎么可以因为贬官的缘故而使国家的公务废止呢?"于是统管军务毫不松懈,马忠到达后张翼才出发返回。马忠利用张翼准备好的物资,打败刘胄,并将他斩首。

甲寅(234)　**汉后主建兴十二年**魏青龙二年,吴嘉禾三年。

春二月,丞相诸葛亮讨伐魏国。

起初,丞相诸葛亮鼓励农业讲习武事,制作木牛、流马,运送粮食集存在斜谷口,修整囤积军粮等物资的仓库,使百姓和士兵休养生息,三年后才动用他们。到这时,十万大军全部出动,由斜谷

伐魏,遣使约吴同时大举。

三月,魏山阳公卒。

魏主睿素服发丧。山阳传国至晋永嘉中,乃为胡寇所灭。

夏四月,魏大疫。崇华殿灾。　丞相亮进军渭南,魏大将军司马懿引兵拒守。亮始分兵屯田。

丞相亮至郿,军于渭水之南。司马懿引军渡渭,背水为垒以拒之,谓诸将曰:"亮若出武功,依山而东,诚为可忧;若西上五丈原,诸将无事矣。"亮果屯五丈原。

郭淮曰:"亮若跨渭登原,连兵北山,隔绝陇道,摇荡民夷,非国之利也。"懿乃使淮先据北原,堑垒未成,汉兵大至,淮逆击却之。

亮以前者数出,皆以运粮不继,使己志不伸,乃分兵屯田为久驻之基,耕者杂于渭滨居民之间,而百姓安堵,军无私焉。

五月,吴主权击魏。秋七月,魏主睿自将击却之。

吴主权入居巢湖口,向合肥新城,众号十万。又遣陆逊、诸葛瑾入江夏、沔口,向襄阳;孙韶、张承入淮,向广陵、淮阴。魏满宠欲率兵救新城,将军田豫曰:"贼欲质新城以致大军耳。宜听使攻城,挫其锐气,俟其疲怠,然后击之,可大克也。若便进兵,适入其计矣。"散骑常侍刘劭曰:"可先遣步骑数千扬声进道,引出贼后,拟其归路,要其粮道,贼必震怖遁走,不战自破矣。"

讨伐魏国，并派使臣约定吴国同时大举出兵。

三月，魏山阳公去世。

魏主曹睿身穿素服，讣告众人。山阳公刘协传国到晋永嘉中，才被胡人所灭。

夏四月，魏大规模流行瘟疫。崇华殿发生火灾。 丞相诸葛亮进军渭南，魏大将军司马懿领兵拒守。诸葛亮开始分出部队屯田。

丞相诸葛亮率军到达郿县，驻扎在渭水的南面。司马懿率军渡过渭水，背水扎营来抵御诸葛亮，对将领们说："诸葛亮如果从武功出兵，依山向东，确实让人忧虑；如果西上五丈原，将领们就没事了。"诸葛亮果然驻扎在五丈原。

郭淮说："诸葛亮如果跨过渭水登上北原，与北山连兵，隔断陇道，使百姓和夷人动荡不安，这对国家不利。"司马懿于是派郭淮首先占据北原，壕沟和营垒还没有修成，汉军的大部队已经来到，郭淮迎击将他们击退。

诸葛亮因为前几次出兵，都由于运送粮食跟不上，使自己的志向不能伸展，便分出部队屯田，作长期驻军的基础，耕种田地的士兵与渭水之滨的居民杂处在一起，而百姓安居乐业，汉军没有偏私。

五月，吴主孙权率军攻打魏国。秋七月，魏主曹睿亲率大军将他们击退。

吴主孙权进驻巢湖口，指向合肥新城，号称十万大军。又派遣陆逊、诸葛瑾进入江夏、沔口，指向襄阳；孙韶、张承进入淮河，指向广陵、淮阴。魏国满宠打算率兵援救新城，将军田豫说："敌人想以新城作目标来引诱我大军。应该听任他们攻城，挫败他们的锐气，等他们疲惫懈怠了，然后攻击他们，可以大获全胜。如果我们立即进军，正好中了他们的计策。"散骑常侍刘劭说："可先派遣数千步兵、骑兵扬言从几路进军，出现在敌人的背后，控制他们的退路，拦截他们的粮道，敌人一定震惊而逃跑，不交战自己就屈服了。"

宠又欲拔新城守，致贼寿春，魏主睿不听，曰："先帝东置合肥，南守襄阳，西固祁山，贼来辄破于三城之下者，地有所必争也。纵权攻新城，必不能拔。敕诸将坚守，吾将自往攻之。比至，度权已走矣。"乃使秦朗督步骑二万助司马懿拒汉，敕懿："但坚守以挫其锋，彼进不得志，退无与战，久停则粮尽，虏略无所获则必走。走而追之，全胜之道也。"乃御龙舟而东。满宠募壮士焚吴攻具，吴吏士多病，又闻睿至，遂退。

陆逊遣人奉表于权，为魏逻者所得。诸葛瑾闻之甚惧，与逊书，速其去。逊未答，方催人种葑、豆，与诸将弈棋、射戏如常。瑾来见逊，逊曰："今兵将意动，且当自定以安之，施设变术，然后出耳。今若便退，贼谓吾怖，而来相蹙，必败之势也。"乃密与瑾立计，令瑾督舟船，逊悉上兵马以向襄阳城。魏人素惮逊名，遽还赴城。瑾便引船出，逊徐整部伍，张拓声势，步趋船，魏人不敢逼。行到白围，托言往猎，遣周峻等击江夏、新市、安陆、石阳，斩获千余人而还。

八月，魏葬汉孝献皇帝于禅陵。　丞相、武乡侯诸葛亮卒于军，长史杨仪引军还。前军师魏延作乱，仪击斩之。

亮数挑战，懿不出。乃遗以巾帼妇人之服，懿怒，上表请战，魏主睿使卫尉辛毗杖节为军师以制之。姜维谓亮曰："贼不复出矣。"亮曰："彼本无战情，所以固请者，

满宠又想抽调新城的守军，将敌人引到寿春，魏主曹睿不同意，说："先帝之所以在东面设置合肥，在南面据守襄阳，在西面固守祁山，敌人来就在这三城之下将他们打败，这是因为三城处于必争之地。纵使孙权攻打新城，也肯定不能攻下。下令将领们坚守，我将亲自去攻打他们。等我赶到，估计孙权已经逃走了。"于是派秦朗率领步兵、骑兵二万人援助司马懿抵御汉军，命令司马懿："你只要坚守，挫败敌军的锋芒，使他们进攻不能得逞，退军不能交战，长久停留粮食就要耗尽，抢掠没有任何收获就一定撤军。敌人逃跑就追击，这是大获全胜的办法。"便乘龙舟向东进发。满宠招募壮士烧毁了吴军攻城的器械，吴军官兵有很多人生病，又听说曹睿的大军来到，于是撤走。

陆逊派人给孙权奉送章表，被魏军巡逻的士兵得到。诸葛瑾听到消息后深感恐惧，给陆逊写信，叫他火速撤军。陆逊没有答复，正在催促士兵种菜、种豆，与将领们下棋、做射箭的游戏，就像往常一样。诸葛瑾来见陆逊，陆逊说："如今我们的将士思想不平静，暂且应当镇定自己来安定军心，采取权变之术，然后撤出。如果现在立即撤退，敌人会认为我们害怕，而来逼近我们，我军势必失败。"于是秘密地与诸葛瑾订下计策，命令诸葛瑾统率舰船，陆逊率领全部人马向襄阳城挺进。魏兵一向害怕陆逊的名声，立即撤回襄阳城。诸葛瑾便率领舰船驶出，陆逊慢慢地整顿队伍，扩张声势，步行到船上，魏军不敢逼近。行到白围时，声称要去打猎，派遣周峻等进攻江夏、新市、安陆、石阳，杀死和俘获了一千多人返回。

八月，魏将汉孝献皇帝安葬在禅陵。　丞相、武乡侯诸葛亮在军中去世，长史杨仪率军返回。前军师魏延作乱，杨仪攻打魏延，将他斩首。

诸葛亮多次挑战，司马懿始终不出兵。诸葛亮于是把妇女穿的衣服送给司马懿，司马懿恼羞成怒，上表请求出战，魏主曹睿派卫尉辛毗担任军师持着符节去制止司马懿。姜维对诸葛亮说："敌人不会再出战了。"诸葛亮说："司马懿本来就不想作战，所以坚决请求出战，

以示武于众耳。将在军,君命有所不受,苟能制吾,岂千里而请战耶?"

亮遣使者至懿军,懿问其寝食及事之烦简,而不及戎事。使者曰:"诸葛公夙兴夜寐,罚二十已上,皆亲览焉;所噉食不至数升。"懿告人曰:"孔明食少事烦,其能久乎?"

亮病笃,帝使仆射李福省侍,因谘大计。与亮语已,别去,数日复还。亮曰:"孤知君还意,公所问者,公琰其宜也。"福谢:"前实失谘请,公百年后,谁可任大事者,故辄还耳。"又请其次,亮曰:"文伟可。"又问,亮不答。八月,薨。

长史杨仪整军而出。百姓奔告懿,懿追之。姜维令仪反旗鸣鼓,若将向懿者,懿不敢逼。于是仪结阵而去,入谷然后发丧。策赠印绶,谥曰忠武。百姓为之谚曰:"死诸葛走生仲达。"懿闻之,笑曰:"吾能料生,不能料死故也。"亮尝推演兵法,作八阵图,至是,懿案行其营垒,叹曰:"天下奇才也!"追至赤岸,不及而还。

初,前军师魏延勇猛过人,善养士卒。每欲请兵万人,与亮异道会于潼关,如韩信故事,亮不许。延常谓亮怯,不能尽用己才。仪为人干敏,亮每出军,仪规画分部,筹度粮谷,咸取办焉。延性矜高,当时皆下之,唯仪不假借,延以为至忿。亮深惜二人之才,不忍偏废也。

是向部众表示用武罢了。将领在军中，君主的命令可以不接受，如果他能战胜我军，难道还需要远隔千里而请求作战吗？"

诸葛亮派使者到司马懿军中，司马懿向使者打听诸葛亮的睡眠、饮食和办事多少，而没有问及军事。使者说："诸葛公早起晚睡，凡是责罚二十杖以上的案件，都亲自披阅；所吃的饭不到几升。"司马懿告诉别人说："诸葛孔明吃的少而事务烦杂，他还能活得久吗？"

诸葛亮病重，后主刘禅派仆射李福前来问候，趁机询问国家大事。李福与诸葛亮交谈完毕，辞别而去，几天后又回来。诸葛亮说："我知道您回来的意图，您所要问的事，蒋琬适合。"李福道歉说："日前实在是忘了询问，您去世之后，谁能担负重任，所以就返回来了。"李福又问蒋琬之后谁可承担重任，诸葛亮说："费祎可以。"李福又问费祎之后有谁呢，诸葛亮没有回答。八月，诸葛亮去世。

长史杨仪整顿军队退出。百姓跑着去告诉司马懿，司马懿率军追击。姜维命令杨仪调转战旗的方向，擂响战鼓，像是即将向司马懿发起进攻，司马懿不敢逼近。于是杨仪结阵离开，进入斜谷之后才报丧。后主用策书赠给诸葛亮印绶，赐谥号为忠武侯。百姓为这事编了一则谚语说："死诸葛亮吓跑了活司马懿。"司马懿听到后，笑着说："这是我能够估计诸葛亮活着，不能料到诸葛亮已死的缘故。"诸葛亮曾经推演兵法，制成八阵图，到诸葛亮去世以后，司马懿察看汉军驻过的军营，感叹说："真是天下的奇才啊！"追到赤岸，没有追上而返回。

起初，前军师魏延勇猛过人，善待士兵。每次出征总要请求带兵一万人，与诸葛亮分道在潼关会合，就像韩信过去请求独自率领一部分军队一样，诸葛亮不同意。魏延经常说诸葛亮胆怯，不能充分发挥他自己的才干。杨仪为人干练精敏，诸葛亮每次出军，杨仪规划调遣部队，筹办粮食，全部依靠他办理。魏延生性矜持高傲，当时大家都让着他，只有杨仪对他不客气，魏延对杨仪最为愤恨。诸葛亮十分爱惜二人的才干，不忍心偏废任何一人。

费祎使吴，吴主曰："杨仪、魏延，牧竖小人，虽尝有鸣吠之益，然已任之，势不得轻。若一朝无诸葛亮，必为祸乱，诸君愦愦，独不知虑此乎？"祎曰："仪、延不协，起于私忿，而无黥、韩难御之心。今方扫除强贼，混一函夏，功以才成，业由才广，若防其后患舍而不用，是犹备风波而逆废舟楫，非长计也。"

亮病笃，作退军节度，令延断后，姜维次之。延或不从，军即自发。亮薨，仪令费祎往揣延意。延曰："丞相虽亡，吾自见在。府亲官属，便可将丧还葬，吾自当率诸军击贼，云何以一人死废天下之事耶！且魏延何人，当为杨仪作断后将乎？"仪等乃案亮成规引还，延果大怒，搀仪未发，率所领先归，烧绝阁道，与仪相表叛逆。一日之中，羽檄交至。帝以问董允、蒋琬，咸保仪而疑延。仪等槎山通道，昼夜兼行，亦继延后。延据南谷口，逆击仪等。将军何平叱先登曰："公亡，身尚未寒，汝辈何敢乃尔！"士卒知曲在延，皆散。延逃奔汉中，仪遣将斩之，夷三族。

始，延欲杀仪等，冀时论以己代诸葛辅政，故不北降魏而南击仪，实无反意也。初，亮表于帝曰："臣成都有桑八百株，薄田十五顷，子弟衣食，自有余饶，不别治生以长尺寸。臣死之日，不使内有余帛，外有赢财，以负陛下。"至是，卒如其言。长史张裔常称亮曰："公赏不遗远，罚不阿近，

费祎出使吴国，吴主说："杨仪、魏延，是牧童一般的小人，虽然曾经有过鸡鸣狗吠的本领，但是已经任用了他们，势不得轻视。如果一旦没有了诸葛亮，必定发生祸乱，诸位糊涂，难道不知道对此要用心防备吗？"费祎说："杨仪、魏延不和，只是出于私愤，而没有黥布、韩信的叛逆意图。如今正在扫除强敌，统一全国，功业依靠人才来成就，伟业依靠人才来扩展，如果防备他俩带来后患而舍弃他们不加以任用，这就像是防备发生风波反而先废弃舟楫一样，不是长久之计。"

诸葛亮病重时，安排退军的调度，命令魏延在后面掩护撤军，姜维紧排在他前面。魏延如果不服从命令，军队就自行出发。诸葛亮去世后，杨仪让费祎去揣测魏延的想法。魏延说："丞相虽然死了，还有我在。丞相的亲属和官属，可以将遗体送回去安葬，我应当亲自率领各路军队攻击敌人，怎么能因为一人之死而废弃天下的大事呢！况且我魏延是何等人，应当为杨仪作断后的将领吗？"杨仪等人这才按照诸葛亮订立好的计划率军撤回，魏延果然勃然大怒，抢在杨仪没有发兵时，率领所属部队先返回，烧毁栈道，与杨仪一同上表说对方叛逆。一天之中，紧急的文书同时送到朝廷。后主刘禅把此事拿去询问董允、蒋琬，董允、蒋琬都担保杨仪而怀疑魏延。杨仪等人砍伐树木开通道路，日夜兼程，也紧随魏延之后。魏延据守南谷口，迎击杨仪等人。将军何平叱责先登上南谷口的士兵们说："诸葛公去世，尸骨未寒，你们怎敢如此！"士兵们知道魏延理亏，都散开走了。魏延逃奔汉中，杨仪派遣将领斩杀魏延，诛灭他的三族。

起初，魏延打算杀死杨仪等人，希望社会舆论让自己接替诸葛亮辅助朝政，所以不向北投降魏却向南进攻杨仪，确实没有反叛的意图。起初，诸葛亮上表后主刘禅说："我在成都有桑树八百株，薄田十五顷，我的子弟穿衣吃饭，自有富余，不用另外经营来增加收入。我死之时，不使家中有多余的绢帛，家外有多余的钱财，而辜负陛下。"到这时，最终就像他说的那样。长史张裔曾称赞诸葛亮说："诸葛公奖赏不忘关系疏远的人，处罚不偏袒亲近的人，

爵不可以无功取，刑不可以贵势免，此贤愚所以佥忘其身者也。”

初，长水校尉廖立，自谓才名宜为亮副，怏怏怨谤，亮废立为民，徙之汶山。及亮薨，立垂泣曰：“吾终为左衽矣。”李平闻之，亦发病死。平常冀亮复收己，得自补复，策后人不能故也。

以吴懿为车骑将军，督汉中，蒋琬为尚书令，总统国事。

时新丧元帅，远近危悚，琬拔处群僚之右，既无戚容，又无喜色，神守举止有如平日，由是众望渐服。

遣中郎将宗预使吴。

吴人闻诸葛亮卒，恐魏乘衰取蜀，增巴丘守兵万人，一欲以为救援，二欲以事分割。汉人闻之，亦增兵永安以备非常。预至吴，吴主权问之，对曰：“东益巴丘之戍，西增白帝之守，皆事势宜然，俱不足以相问也。”权嘉其抗尽，礼之亚于邓芝。

吴以诸葛恪为丹阳太守。

恪以丹阳山险，民多果劲，自求为官，出之三年可得甲士四万。众议以丹阳地势险阻，与吴郡、会稽、新都、番阳四郡邻接，周旋数千里。山出铜铁，自铸甲兵。俗好武尚气，仗兵野逸，时睹间隙，出为寇盗。战则蜂至，败则鸟窜，自前世所不能羁。皆以恪计为难。恪父瑾闻之，亦叹曰：

爵位不能没有功劳，而刑罚不能因为权贵而免除，这是贤能人和普通人都能够忘身报国的原因。”

起初，长水校尉廖立，自认为才气和名声适合作诸葛亮的副手，怏怏不快，抱怨诽谤，诸葛亮将他罢免为平民，迁居到汶山。等到诸葛亮去世，廖立流下眼泪说：“我终生都要受外族的统治了。”李平听到诸葛亮去世的消息，也发病而死。这是由于李平常常希望诸葛亮再次录用自己，得以弥补过去的错误，而估计后来的人不能这样做的缘故。

任命吴懿为车骑将军，统领汉中，蒋琬为尚书令，总管国家事务。

当时蜀汉刚刚失去统帅，远近都恐惧不安，蒋琬出类拔萃，身处百官之首，既没有悲戚的面容，也没有欢喜的神色，神态举止如同平时，因此大家渐渐服从他。

蜀汉派中郎将宗预出使吴国。

吴国人听说诸葛亮去世，担心魏军乘蜀汉衰弱时攻取蜀汉，因而增加巴丘的守军一万人，一来打算作为救援，二来打算参与分割蜀汉。汉人听说后，也增加永安的守军以防备非常之事。宗预到达吴国，吴主孙权问他永安增兵的事，宗预回答说：“东面增加巴丘的守军，西面增加白帝城的部队，都是符合时势的行动，都不值得互相询问。”孙权称赞他坦率耿直，对他的礼遇仅次于邓芝。

吴国任命诸葛恪为丹阳太守。

诸葛恪认为丹阳山路险阻，百姓大多劲悍，自己请求到山阳做官，出任三年可以获得士兵四万。百官讨论认为丹阳地势险阻，与吴郡、会稽、新都、番阳四郡邻接，周围数千里。山里出产铜铁，自己铸造武器。民间喜好武事，崇尚义气，手持武器，在山野奔逃，不时观察时机，出山作盗匪。打仗时他们蜂拥而上，战败时像鸟一样逃窜，从前代以来一直不能管束他们。大家都认为诸葛恪的计策难以实施。诸葛恪的父亲诸葛瑾听说后，也叹息说：

“恪不大兴吾家，将赤吾族也！”恪盛陈其必捷，吴主乃拜为丹阳守，使行其策。

冬十一月，魏洛阳地震。　吴潘濬平武陵蛮。

乙卯(235)　十三年魏青龙三年，吴嘉禾四年。

春正月，魏太后郭氏卒。

魏主睿数问甄后死状于太后，由是太后以忧卒。

中军师杨仪有罪，废徙汉嘉，自杀。

杨仪既杀魏延，自以为宜代诸葛亮秉政。而亮平生密指，以仪狷狭，意在蒋琬。仪至成都，拜中军师，无所统领。仪自以年宦先琬，才能逾之，由是怨愤形于声色。后军师费祎往慰省之，仪曰：“往者丞相初亡，吾若举军就魏，处世宁当落度如此耶？”祎密表其言。诏废为民，徙汉嘉郡。自杀。

夏四月，以蒋琬为大将军、录尚书事；费祎为尚书令。魏作洛阳宫。

魏主睿好土功，既作许昌宫，又治洛阳宫，起昭阳太极殿，筑总章观，高十余丈。力役不已，农桑失业。陈群谏曰：“昔禹承唐、虞之盛，犹卑宫室而恶衣服。况今丧乱之后，人民至少，边境有事乎！昔刘备多作传舍，兴费人役，太祖知其疲民也。今中国劳力，亦吴、蜀之所愿，此安危之机也。惟陛下虑之。”睿答曰：“王业、宫室亦宜并立，灭贼之后，岂可复兴役耶？此君之职，萧何之大略也。”群曰：

“诸葛恪不能使我们的家兴旺，将使我们的家族一无所有！”诸葛恪执意自己能取胜，吴主孙权于是拜他担任丹阳太守，使他按自己的计划行事。

冬十一月，魏洛阳地震。　吴国潘濬平定武陵的蛮夷。

乙卯（235）　汉后主建兴十三年魏青龙三年，吴嘉禾四年。

春正月，魏太后郭氏去世。

魏主曹睿多次向太后询问母亲甄后致死的实情，由此太后因忧惧而死。

中军师杨仪犯罪，被罢免官职，流放汉嘉，自杀而死。

杨仪杀死魏延以后，自认为应该接替诸葛亮执政。然而诸葛亮生前有秘密指示，认为杨仪心胸狭窄，准备由蒋琬接任。杨仪到达成都，任命为中军师，没有统领任何工作。杨仪自认为做官的资历比蒋琬深，才能也超过蒋琬，因此怨愤之情溢于声色之中。后军师费祎前去安慰看望他，杨仪说：“当初丞相刚刚去世时，我如果率军投奔魏国，为人处世难道会失意落魄到这种地步吗？”费祎秘密上表报告了他说的话。后主下诏罢免杨仪为平民，流放汉嘉郡。杨仪自杀而死。

夏四月，任命蒋琬为大将军、录尚书事；费祎为尚书令。魏国修建洛阳的宫殿。

魏主曹睿喜欢土木建筑工程，已经修建了许昌的宫殿，又修治洛阳的宫殿，建起昭阳太极殿，修筑总章观，高十余丈。征发劳役没有止境，耕织几乎停顿。陈群劝谏说：“从前大禹承袭唐尧、虞舜的昌盛基业，仍然居住低矮的宫室，穿质料粗劣的衣服。何况如今正值战乱之后，人口稀少，边境上还有战事呢！以前刘备在路旁大修供行人住宿的馆舍，耗费人力，太祖知道他使百姓疲惫了。如今中原浪费民力，也正是吴国和蜀国所希望的，这是关系国家安危的关键。愿陛下考虑。”曹睿答复说：“帝王之业和宫室也应该同时建立，消灭敌人以后，怎么可以再大兴劳役呢？这是你的职责，跟萧何当初修建未央宫的大略一样。”陈群说：

“昔汉祖已灭项羽，宫室焚烧，是以萧何建武库太仓，皆是要急，然高祖犹非其壮丽。今二虏未平，诚不宜与古同也。且人之所欲，莫不有辞，况乃王者，莫之敢违。若必欲作之，固非臣下言辞所屈；若卓然回意，亦非臣下所及也。汉明帝欲起德阳前殿，钟离意谏而止，后复作之，谓群臣曰：‘钟离尚书在，不得成此殿也。’夫王者岂惮一臣，盖为百姓也。”睿为之少省。

睿耽于内宠，自贵人以下至掖庭洒扫，凡数千人。廷尉高柔谏曰：“《周礼》，天子后妃以下百二十人，既已盛矣。窃闻后庭之数，今复过之，圣嗣不昌，殆或曲此。臣愚以为可妙简淑媛以备内官之数，其余尽遣还家，且以育精养神，专静为宝。则《螽斯》之征可庶而致矣。”睿报之曰：“辄克昌言，它复以闻。”

是时猎法严峻，杀禁地鹿者身死，财产没官。柔复上疏曰：“百姓供役，田者既减，复有鹿暴，所伤不訾。至如荥阳左右，周数百里略无所入。方今天下生财者少，而麋鹿之损者多，请除其禁。”

睿又欲平北芒作台观以望孟津。卫尉辛毗谏曰：“天地之性高高下下，今欲反之，既非其理。加以损费人功，民不堪役。”睿乃止。

少府杨阜上疏曰：“尧尚茅茨而万国安其居，禹卑宫室而天下乐其业。及至殷、周，或堂崇三尺，度以九筵耳。桀作璇宫象廊，纣为倾宫、鹿台，以丧其国，楚灵筑章华而身

“过去汉高祖已经消灭了项羽，宫室被焚烧，因此萧何修建了武器库和储粮的大仓，都是急需的，然而高祖还责怪他建得高大华丽。如今吴、蜀两国还没有平定，实在不该与古人一样。再说人们想要的，没有找不到托辞的，何况是帝王，没有人敢违抗。如果一定要兴建，固然不是臣下的劝说所能改变的；如果突然回心转意，也不是臣下劝说的功劳。汉明帝准备修建德阳殿的前殿，钟离规劝然后停止，后来又重新修建，对群臣说：‘如果钟离尚书还在，就不能建成此殿。’说起来帝王怎么会惧怕一个臣子呢，大概是为百姓考虑吧。”为此，曹睿稍有减省。

曹睿沉迷于嫔妃之中，从贵人以下到担任宫廷洒扫的宫女，总共几千人。廷尉高柔进谏说：“《周礼》规定，天子允许有后妃以下的宫女一百二十人，已经很盛大了。我私下听说后宫的人数，现在又超过了这个数字，圣上的子嗣不昌盛，大概是由于此吧。我愚笨地认为可以挑选少量贤淑的美女来充任内官的数目，其余的全部遣送回家，因此陛下可以育精养神，专心静养。这样《诗经·螽斯》所说的子嗣昌盛的征兆就可能出现了。”曹睿答复说：“你经常能够直言劝谏，其他事情请再对我说。”

这时狩猎的法令非常严厉，杀死皇室禁地内麋鹿的人要被处死，他的财产没收给官方。高柔又上书说：“百姓提供劳役，种田的人已经减少了，又有鹿糟蹋圈里的庄稼，所造成的损害不计其数。至于像荥阳附近地区，周围数百里几乎没有任何收成。如今天下创造财富的很少，而麋鹿造成的损失多，请解除狩猎的禁令。”

曹睿又打算铲平北芒山，建造台观来远望孟津。卫尉辛毗进谏说：“天地自然生成，本来就高高低低，如今要反其道而行，已经不符合自然之理。加之耗费人力，百姓不能承受劳役。”曹睿这才罢休。

少府杨阜上书说：“尧提倡住茅屋而万民安居，大禹居住低矮宫室而天下乐业。等到了商朝、周朝，有的殿堂堂基高三尺，宽容纳九筵罢了。夏桀用玉石建造宫室用象牙装饰走廊，商纣修建倾宫、鹿台，因此丧失了他们的国家，楚灵王修建章华台而身

受祸，秦皇作阿房，二世而灭。夫不度万民之力以从耳目之欲，未有不亡者也！陛下当以尧、舜，殷、周为法，桀、纣，秦、楚为戒，而乃自暇自逸，惟宫室是饰，必有危亡之祸矣。君作元首，臣为股肱，存亡一体，得失同之。臣虽驽怯，敢忘斯义！言不切至，不足以感寤陛下。谨叩棺沐浴，伏俟重诛。"魏主感其忠，手笔诏答。

睿常著帽，被缥绫半袖。阜问曰："此于礼何服也？"睿默然。自是不法服不见阜。

阜又上疏欲省宫人，乃召御府吏问后宫人数，吏对曰："禁密，不得宣露。"阜怒，杖而数之曰："国家不与九卿为密，反与小吏为密乎？"睿愈严惮之。

散骑常侍蒋济上疏曰："昔句践养胎以待用，昭王恤病以雪仇。今二敌强盛，当身不除，百世之责也。以陛下神武，舍其缓者，专心讨贼，臣以为无难矣。"

中书侍郎王基上疏曰："古人以水喻民曰：'水所以载舟，亦所以覆舟。'颜渊曰：'东野子之御，马力尽矣，而求进不已，殆将败矣。'今事役劳苦，男女离旷，愿陛下深察东野之敝，留意舟水之喻。汉文之时，唯有同姓诸侯，贾谊忧之，以为'置火积薪之下而寝其上'。今寇贼未殄，猛将拥兵，检之则无以应敌，久之则难以遗后。使贾谊复起，必深切于曩时矣。"

遭大祸，秦始皇建造阿房宫，统治二世就灭亡了。如果不考虑百姓的力量来满足自己的耳目享受，没有不灭亡的！陛下应当以尧、舜和商朝、周朝为榜样，以夏桀、商纣和秦国、楚国为鉴戒，如果不是这样，而是注重自己闲暇安逸，只是关心宫室的修饰，必定会有国家危亡的灾祸。君王好比是人的头脑，大臣好比是四肢，生死与共，得失相同。我虽然愚笨胆怯，哪里敢忘记直言进谏的大义！如果言辞不急切，就不足以感悟陛下。谨敲击棺材，沐浴净身，等候重罚。”曹睿被他的忠诚感动，亲笔写诏书作答。

曹睿曾经头戴小帽，身穿淡蓝色的半袖绸衫。杨阜问他：“这是符合礼制的哪一种服饰？”曹睿沉默不语，从此不穿戴符合礼制的服饰不见杨阜。

杨阜又上书想要减少宫女，于是召来御府的官吏询问后宫的人数，官吏回答说：“宫中的秘密，不能泄漏。”杨阜十分生气，用杖责打并数落他说：“国家不对九卿保密，反而对小吏保密吗？”曹睿更加惧怕杨阜。

散骑常侍蒋济上书说：“从前勾践鼓励生育以准备国家征用，昭王抚慰穷苦的人以报仇雪恨。如今吴、蜀二敌强盛，陛下在位时不能铲除，将为后世百代所谴责。凭着陛下的神明和勇武，放弃那些可以慢慢再做的事，专心讨伐敌人，我认为没有什么难办的。”

中书侍郎王基上书说：“古人用水比喻人民说：‘水可以载舟，也可以覆舟。’颜渊说：‘东野子驾车，马力用尽了，但仍不停地向前驱赶，大概是要将马匹毁掉。’如今役使百姓十分辛苦，丈夫离家，妇人孤苦，希望陛下深察东野子驾车的弊病，留意舟与水的比喻。汉文帝的时候，只有同姓诸侯，贾谊对此忧心忡忡，认为是‘将火苗放在柴堆下面而睡在上面’。如今敌人还没有消灭，而猛将拥有军队，约束他们则无法应付敌人，长久之后则难以交给后代。假使贾谊复活，必定比过去的感受更加深切。”

殿中监督役，擅收兰台令史。仆射卫臻奏案之，诏曰："殿舍不成，吾所留心，卿推之，何也？"臻曰："古制侵官之法，非恶其勤事也，诚以所益者小，所堕者大也。臣每察校事，类皆如此，若又纵之，惧群臣遂将越职，以至陵夷矣。"

尚书孙礼固请罢役，诏曰："钦纳谠言。"促遣民作。监者复奏留一月。礼径至作所，称诏罢之。睿虽不能尽用直言，然皆优容之。

秋七月，魏崇华殿灾。

魏主睿以殿灾问太史令高堂隆曰："此何咎也？"对曰："《易传》曰：'上不俭，下不节，孽火烧其室。'又曰：'君高其台，天火为灾。'人君务饰宫室，不知百姓空竭，故天应以旱，火从高殿起也。"又诏问隆："汉柏梁灾，而大起宫殿以厌之，其义云何？"对曰："此越巫所为，非圣贤之训也。今宜罢遣民役，清扫所灾之处，不敢有所立作，则蓮莆、嘉禾必生其地矣。"

八月，魏立子芳为齐王，询为秦王。

魏主睿无子，养二王为己子，宫省事秘，莫知其所由来者。或云：芳，任城王楷之子也。

魏复立崇华殿。

魏主睿复立崇华殿，更名九龙。通引谷水过殿前，为玉井绮栏，蟾蜍含受，神龙吐出。使博士马钧作司南车、水转百戏。作者三、四万人。

殿中监监督营造宫室的劳役，擅自拘捕兰台令史。仆射卫臻奏请调查这件事，曹睿下诏说："宫殿不能建成，是我最关心的，你追究这件事，到底是为什么？"卫臻说："古代制定有关官吏互相越权冒犯的法令，不是憎恶他们勤于办事，实在是因为收益小而破坏大。我每次考察校事，大致都是这样，如果再放纵他们，恐怕各部门终将超越职权，以至于国家衰落。"

尚书孙礼坚决请求废除劳役，曹睿下诏说："钦佩并接受你的正直之言。"催促遣返服役的百姓回家。然而监工又上奏留一个月。孙礼径直来到工地，宣称皇帝下诏废除劳役。曹睿虽然不能全部采纳大臣们的正直之言，然而都能宽容他们。

秋七月，魏崇华殿发生火灾。

魏主曹睿以崇华殿发生火灾的事询问太史令高堂隆说："这是什么灾祸？"高堂隆回答说："《易传》说：'居上不节俭，在下不节约，灾火烧他的宫室。'又说：'君王高筑台阁，天火成灾。'君王致力于修饰宫室，不知道老百姓一无所有，所以上天以旱灾回报，大火就从高耸的殿堂燃起。"曹睿又下诏询问高堂隆："汉代时柏梁发生火灾，却大建宫殿来震慑，这样做怎么解释呢？"高堂隆回答说："这是越族的巫师所为，不是圣贤的法则。如今应该停止劳役，遣散民夫，清扫发生火灾的地方，不随意大兴土木，那么表示吉祥的瑞草、象征吉瑞的茁壮稻禾一定能在这里生长。"

八月，魏国立皇子曹芳为齐王，曹询为秦王。

魏主曹睿没有儿子，收养曹芳和曹询为自己的儿子，宫禁内的事情非常秘密，没有人知道他俩的来历。有人说：曹芳是任城王曹楷的儿子。

魏国重新修建崇华殿。

魏主曹睿重新修建崇华殿，改名为九龙殿。开渠引来谷水经过九龙殿前，用玉石修造水井，用带花纹的丝织品包裹井栏，水从玉蟾蜍的口中流进，从玉神龙的口中吐出。让博士马钧制造指南车和靠水转动的百戏轮盘。参与劳作的有三、四万人。

陵霄阙始构，有鹊巢其上，魏主以问高堂隆。对曰：“《诗》曰：‘惟鹊有巢，惟鸠居之。’今始构阙而鹊巢之，天意若曰：‘宫室未成，身不得居，将有他姓制御之耳。’天道无亲，惟与善人。今宜休罢百役，增崇德政，则可以转祸为福矣。”

睿性严急，督修宫室有稽限者，亲召问之，言犹在口，身首已分。散骑常侍王肃谏曰：“陛下临时所刑，皆有罪之吏也，然众庶不知，谓为仓卒。愿下之吏，暴其罪而诛之，无使污宫掖而为远近所疑。且人命至重，难生易杀，是以圣贤重之。昔汉文帝欲杀犯跸者，张释之曰：‘方其时，上使诛之则已，今下廷尉，廷尉，天下之平，不可倾也。’臣以为大失其义。廷尉，天子之吏也，犹不可以失平，而天子之身反可以惑谬乎？斯重于为己而轻于为君，不忠之甚也，不可不察。”

冬十月，魏中山王衮卒。

衮疾病，令官属曰：“男子不死于妇人之手，亟以时成东堂。”堂成，舆疾往居之。又令世子曰：“汝幼为人君，知乐不知苦，必将以骄奢为失者也。兄弟有不良之行，当造膝谏之，谏之不从，流涕喻之，喻之不改，乃白其母，犹不改，当以奏闻，并辞国土。与其守宠罹祸，不若贫贱全身也。此亦谓大罪恶耳，其微过细故，当掩覆之耳。”遂卒。

魏杀鲜卑轲比能。

先是，轲比能诱保塞鲜卑步杜根以叛，杀魏将军苏尚、董弼二人，遂走幕北，复杀步杜根。至是，幽州刺史王雄

陵霄阙刚刚架起时，有喜鹊在上面筑巢，曹睿以此事询问高堂隆。高堂隆回答说："《诗经》说：'喜鹊筑巢，斑鸠居之。'如今刚刚架起陵霄阙而喜鹊在上面筑巢，上天的旨意好像是说：'宫室没有建成，不能在里面居住，将有外姓人管理它。'天道不偏私，只善待那些善良的人。如今应该停止各种各样的劳役，崇尚和施行德政，那么就可以转祸为福了。"

曹睿性情严厉急躁，那些监督修建宫室超过规定期限的人，他亲自召来训问，那些人话还没说出口，身首已经分家了。散骑常侍王肃进谏说："陛下临时惩罚的，都是有罪的官吏，然而众人不知实情，认为是仓促行事。希望陛下把他们交给有关官吏，揭发他们的罪行，然后再把他们杀了，不要让他们的血污染宫廷，而使远近的人们产生怀疑。再说人命宝贵，容易诛杀而难于复生，因此圣贤非常重视。从前汉文帝想杀死侵犯皇帝车驾通行的人，张释之说：'正当事情发生时，陛下派人将他杀了就算了，现在交付廷尉，廷尉代表天下的公平，不可偏私。'我认为这从根本上失去了大义。廷尉，是天子的属吏，还不能失去公平，而天子自己反倒可以迷惑错谬吗？这是看重自己而轻视君王，十分不忠诚，不可不明察。"

冬十月，魏中山王曹衮去世。

曹衮患重病，命令官属说："男人不该死在妇人的手中，赶快在东面给我修建一座殿堂。"殿堂建成，带病前去居住。又命令嫡长子说："你年幼就做了诸侯王，只知道快乐却不知道痛苦，必定会因为骄横奢侈而出现过失。兄弟们一旦有不良的行为，你应该亲自去劝说，劝说不听，再流泪劝告，劝告不改，才报告你们的母亲，还不改，就该禀报朝廷，同时辞退封地。与其守候着恩宠蒙受灾祸，不如贫贱保全性命。这指的是犯大罪，如果是细微的过错，应当替他们掩饰。"于是死去。

魏国杀死鲜卑首领轲比能。

起先，轲比能引诱保塞鲜卑步杜根一同反叛，杀死魏将军苏尚、董弼二人，最终逃到幕北，又杀死步杜根。到这时，幽州刺史王雄

使人刺杀之,种落离散,边陲遂安。

魏张掖涌石负图。

张掖柳谷口水溢,涌宝石负图,状象灵龟,立于川西,有石马七及凤凰、麒麟、白虎、牺牛、璜玦、八卦、列宿、孛彗之象,又有文曰"大讨曹"。诏书班天下,以为嘉瑞。任令于绰以问钜鹿张臶,臶曰:"夫神以知来,不追已往,祥兆先见,而后废兴从之。今汉久亡,魏已得之,何所追兴祥兆乎?此石,当今之变异而将来之符瑞也。"

魏以马易珍物于吴。

魏主睿使人以马易珠玑、翡翠、玳瑁于吴。吴主权曰:"此皆孤所不用,而可以得马,孤何爱焉?"与之。

丙辰(236)　十四年魏青龙四年,吴嘉禾五年。

春,吴铸大钱。

一当五百。

三月,吴娄侯张昭卒。

昭容貌矜严,有威风,吴主权以下皆惮之。卒年八十一。遗令幅巾素冠,敛以时服。

夏四月,帝如湔观汶水,旬日而还。　武都氐王苻健降。　冬十月,有星孛于大辰,又孛于东方。

魏高堂隆上疏曰:"古者将营宫室,宗庙为先,居室为后。今郊庙未定,而崇饰居室,士民失业。外人咸云:'宫人之用与军国之费略齐。'民不堪命,皆有怨怒。夫采椽,

派人刺杀轲比能，鲜卑部落从此四分五裂，边境这才得到安宁。

魏国张掖涌出带有图案的宝石。

张掖柳谷口水满涌出，露出一块宝石，上面带有图案，形状像灵龟，立在水面上，有七匹石马以及凤凰、麒麟、白虎、牺牛、璜玦、八卦、众星宿和彗星的图案，又有"大讨曹"三个字。曹睿颁布诏书通告天下，认为是祥瑞。任县县令于绰为此去问钜鹿人张臶，张臶说："神因为知道未来，不追溯往事，所以吉祥的征兆先显现出来，然后衰败和兴盛紧跟而来。如今汉朝灭亡已经很久了，魏国已经得到天下，怎么还会是魏国兴盛的吉兆呢？这块宝石，是当今要发生异变而预示将来的祥瑞征兆。"

魏国用马与吴国交换珍贵的物品。

魏主曹睿派人用马同吴国交换珍珠、翡翠、玳瑁。吴主孙权说："这些都是我不用的东西，还可以换成马匹，我为什么要吝惜呢？"于是给了使者。

丙辰(236)　汉后主建兴十四年魏青龙四年，吴嘉禾五年。

春季，吴国铸造大钱。

一当五百。

三月，吴娄侯张昭去世。

张昭容貌端庄严肃，威风凛凛，吴主孙权以下的人都惧怕他。终年八十一岁。留言叫人用绢给他束发，戴白色的帽子，穿入时的服装入殓。

夏四月，后主刘禅到湔氐道察看汶水，十天后返回。　武都氐王苻健降蜀汉。　冬十月，有彗星出现在大辰星旁，又出现在东方天空。

魏高堂隆上书说："从前帝王将要营建宫殿时，先建宗庙，后建居室。如今郊外祭祀的庙宇还未确定，而大规模装饰居室，使百姓失掉生计。外人都说：'宫女的费用与军务国政的费用几乎相同。'老百姓不能忍受，都心怀怨恨和愤怒。用原木作椽子，

卑宫，唐、虞、大禹之所以垂皇风也；玉台，琼室，夏癸、商辛之所以犯昊天也。今宫室过盛，天彗章灼，斯乃慈父恳切之训。当崇孝子祗耸之礼，不宜有忽，以重天怒。”魏主睿不悦。侍中卢毓进曰：“臣闻君明则臣直，古之圣王惟恐不闻其过，此臣等所以不及隆也。”睿意乃解。毓，植之子也。

魏司空陈群卒。

群前后数上封事，辄削其草，虽子弟莫知也。或讥其居位拱默。及正始中，诏撰《名臣奏议》，朝士乃见群谏事，皆叹息焉。

魏令公卿举才德兼备之士。

时司马懿以兖州刺史王昶应选。昶为人谨厚，名其兄子曰默，曰沉，子曰浑，曰深，为书戒之曰：“吾以四者为名，欲汝曹顾名思义，不敢违也。夫物速成则疾亡，晚就则善终。朝华之草，夕而零落，松柏之茂，隆寒不衰，是以君子戒于阙党也。夫能屈以为伸，让以为得，弱以为强，鲜不遂矣。毁誉者，爱恶之原而祸福之机，不可轻也。人或毁己，当退而求之于身。若己有可毁，则彼言当矣；无可毁，则彼言妄矣。当则无怨于彼，妄则无害于身，又何报焉？谚曰：‘救寒莫如重裘，止谤莫如自修。’斯言信矣！”

丁巳（237）　**十五年**魏景初元年，吴嘉禾六年。

春正月，魏黄龙见，以三月为夏四月。

建低矮的房屋，是唐尧、虞舜、大禹流传下来的风范；筑玉台，建琼室，是夏桀、商纣对皇天的冒犯。如今宫室修建过盛，彗星在天空闪烁，这是慈祥的父亲恳切的训诫。陛下应当提倡孝子恭敬地高拱两手的礼仪，不应该有什么忽略，以加重上天的忿怒。”魏主曹睿不高兴。侍中卢毓进言说：“我听说君主圣明则臣下正直，古代的圣王唯恐听不到自己的过错，这就是我等比不上高堂隆的地方。”曹睿的怒气这才消解。卢毓，是卢植的儿子。

魏司空陈群去世。

陈群前后多次奏上密封的奏章，奏上后就销毁草稿，即使是他的儿子、兄弟也不知道其中的内容。有人讥讽陈群身居高位却拱手沉默不语。直到正始年间，皇帝下令编纂《名臣奏议》，在朝的文武百官这才见到陈群进谏的事，都赞叹不已。

魏国下令公卿推举德才兼备的人士。

当时司马懿推荐的兖州刺史王昶应选。王昶为人谨慎忠厚，给他哥哥的儿子取名叫王默、王沉，给儿子取名叫王浑、王深，写信告诫他们说：“我以这四个字给你们取名，是想要你们顾名思义，不敢违反。事物成熟得快死亡也就快，成熟得晚则有好结果。早晨开花的小草，到晚上就凋零了，松柏的茂盛，即使是严寒也不会衰败，因此君子以‘阙党童子’急于求成为戒。如果能把委屈当作申冤，把谦让当作获得，把柔弱当作刚强，就很少不能成功。批评和赞誉，是喜爱和憎恶的本原，是灾祸和幸福的契机，不可轻视。有时别人批评自己，应当退而从自身寻找原因。如果自己有可以批评的地方，那么别人的批评是对的；如果自己没有可批评的地方，那么他的话就是一派胡言。说得对就不要对别人抱怨，说得不对也对自身无害，又何必报复呢？谚语说：‘解救寒冷不如厚的皮衣，阻止批评不如自己修身。’这话说得好！”

丁巳（237）　汉后主建兴十五年魏景初元年，吴嘉禾六年。

春正月，魏国出现黄龙，把三月当作夏四月。

高堂隆以魏得土德，故其瑞黄龙见，宜改正朔，易服色以变民耳目。魏主睿从之，遂以建丑之月为正，服色尚黄，牲用白。

夏六月，魏地震。　魏以陈矫为司徒。

矫初为尚书令，刘晔尝谮之，矫惧。其子骞曰："主上明圣，大人大臣，今若不合，不过不作公耳。"

尚书郎廉昭以才能得幸，好抉擿群臣细过以媚上，尝奏左丞罚当关，不依诏，抵罪，矫当连坐。

黄门侍郎杜恕上疏曰："陛下忧劳万机，或亲灯火，而庶事不康，刑禁日弛。原其所由，非独臣不尽忠，亦委任不专，而俗多忌讳故也。臣以为忠臣不必亲，亲臣不必忠。有疏者毁人，而陛下疑其私报所憎；誉人，而陛下疑其私爱所亲，左右或因之以进憎爱之说，遂使疏者不敢毁誉，至于政事损益，亦有所嫌。陛下当思所以广朝臣之心，厉有道之节。反使如廉昭者扰乱其间，臣惧大臣遂将容身保位，坐观得失也。昔周公戒鲁侯曰：'不使大臣怨乎不以。'言不贤则不可为大臣，为大臣则不可不用也。故能者不敢遗其力，而不能者不得处非其任。今陛下于群臣，知其不尽力也而代之忧其职，知其不能也而教之治其事，岂徒主劳而臣逸哉？虽圣贤并世，终亦不能以此为治也。陛下又患台阁禁令不密，人事请属不绝，作迎客出入之制，以恶吏守寺门，斯未得为禁之本也。昔汉安帝时，

高堂隆认为魏得的是土德，所以它的祥瑞是黄龙出现，应改历法，变服装颜色来使百姓耳目一新。魏主曹睿采纳了高堂隆的建议，于是以十二月为正月，服色尚黄，祭祀的牲畜用白色。

夏六月，魏国地震。　魏国任命陈矫为司徒。

陈矫最初担任尚书令，刘晔曾经诬陷他，陈矫感到恐惧。他的儿子陈骞说："主上圣明，您是大臣，如今如果不能令人满意，不过不做三公而已。"

尚书郎廉昭因为有才能而受到宠爱，他喜欢揭发群臣的细小过失以向上献媚，曾经奏报左丞处罚罪犯应当把关，而不依据诏书，因此获罪，陈矫受牵连而受处罚。

黄门侍郎杜恕上书说："陛下担忧劳苦，日理万机，有时还在灯下处理公务，但很多事情仍然不能妥善处理，刑法禁令日渐松弛。究其原因，不仅仅是因为大臣们不竭尽忠诚，也是由于主上所委任的职责没有独断的权力，而世俗有很多忌讳的缘故。我以为忠臣不必是亲信，亲信也不一定忠心耿耿。有关系疏远的人批评他人，陛下怀疑他是挟私报复；赞誉他人，陛下怀疑他是私相亲爱，这样您身旁就会有人趁机顺着您的态度说话，最终使关系疏远的人不敢提出批评和赞誉，以至于政事的变化也受到猜疑。陛下应当考虑如何使朝廷大臣思路开阔，砥砺有道之士的气节。现在反而让廉昭之类的人在当中扰乱，我担心大臣们最终将只求安身保位，而坐观国家的得失。从前周公告诫鲁侯说：'不要使大臣埋怨不任用他们。'这说的是凡不是贤能就不能任用做大臣，凡是大臣就不能不任用。因此贤能的人不敢保留他的能力，而没有才能的人不得占据不能胜任的职位。如今陛下对于群臣，知道他没有尽力而替他的职责担忧，知道他没有才能而教他处理各种事务，这难道只是主上辛劳而臣下安逸吗？即使圣贤并存于同一时代，终究也不能认为这样就是治理国家。陛下还担心台阁禁令不严，人与人之间私相请托不能断绝，制定迎客出入的制度，让凶狠的官吏守卫官署的大门，这不是实行禁令的根本做法。以前汉安帝时，

少府窦嘉辟廷尉郭躬无罪之兄子,犹见奏劾。近司隶校尉孔羡辟大将军狂悖之弟,而有司默然。盖陛下自无必行之罚以绝阿党之原耳。夫纠擿奸宄,忠事也,然而世憎小人行之者,以其不顾道理而苟求容进也。若陛下不考其终始,必以违众忤世为奉公,密行白人为尽节。焉有通人大才而不能此耶?诚顾道理而弗为耳。使天下皆背道而趋利,则人主之所最病者也,陛下何乐焉?"恕,畿之子也。

魏主睿尝卒至尚书门,矫跪问曰:"陛下欲何之?"曰:"欲案行文书耳。"矫曰:"此自臣职分,非陛下所宜临也。若臣不称职,请就黜退。"睿惭而反。睿尝问矫:"司马公忠贞,可谓社稷之臣乎?"矫曰:"朝廷之望也,社稷则未之知也。"

魏制三祖为不毁之庙。

魏有司奏以武皇帝为太祖,文皇帝为高祖,今皇帝为烈祖;三祖之庙,万世不毁。诏从之。

秋七月,魏伐辽东,不利。公孙渊自称燕王。

公孙渊数对国中宾客出恶言,魏主睿欲讨之,以毌丘俭为幽州刺史。俭上疏曰:"陛下即位以来,未有可书。吴、蜀恃险,未可卒平,聊可以此方无用之士克定辽东。"光禄大夫卫臻谏曰:"渊生长海表,相承三世,外抚戎夷,内修战射,而俭欲以偏军长驱,朝至夕卷,妄矣。"不听,使俭率诸军屯辽东南界,玺书征渊。渊遂发兵逆俭于辽隧,

少府窦嘉征召廷尉郭躬无罪的侄子，还被奏报弹劾。近来司隶校尉孔羡征召大将军狂妄无理的弟弟，而有关官员保持沉默。这大概是陛下自己没有做出必要的处罚以杜绝徇私枉法的根源。说来检举揭发为非作歹的人，是尽忠的行为，然而世人憎恨小人这样做，是因为小人不顾情理而一味迎合以求提拔晋用。如果陛下不考察事情的来龙去脉，人们一定会认为违背大众的意志抵触世事是奉公，窥伺别人的过失来向上报告是尽节。为什么有真正才能的人反而不去做这种事呢？实在是因为他们顾及道理而不去这样做。使天下之人都背离正道而去追逐私利，是君主最痛恨的事情，陛下还有什么可高兴的呢？"杜恕，是杜畿的儿子。

魏主曹睿曾经突然来到尚书台门，陈矫下跪问道："陛下想要做什么？"曹睿说："想察看一下文书而已。"陈矫说："这是我的职责，不是陛下应该亲临的事情。如果我不称职，请将我贬退。"曹睿惭愧返回。曹睿曾问陈矫："司马懿忠贞不二，可以称得上是国家的重臣吗？"陈矫回答说："司马公是朝廷中有声望的人，国家能不能依靠他，我就不知道了。"

魏主发布命令：三祖之庙为不能毁坏之庙。

魏国有关部门上奏以武皇帝曹操为太祖，文皇帝曹丕为高祖，现任皇帝为烈祖；三祖之庙，万世不能毁坏。魏主曹睿颁布诏书采纳了。

秋七月，魏军进攻辽东，出师不利。公孙渊自称为燕王。

公孙渊多次对魏国的宾客口出恶言，魏主曹睿准备讨伐他，任命毌丘俭为幽州刺史。毌丘俭上书说："陛下即位以来，没有可载入史册的功绩。吴、蜀凭借险要地势，不能迅速平定，暂且可调集这里派不上用场的士兵平定辽东。"光禄大夫卫臻进谏说："公孙渊生长在海边，三代相承，在外安抚戎夷，在内加强战备，而毌丘俭准备以部分军队长驱直入，早晨到达晚上就可席卷敌人，真是荒谬。"曹睿不听，派毌丘俭率各路军队驻屯在辽东南界，以玺书召公孙渊入朝。公孙渊于是发兵到辽隧迎战毌丘俭，

俭与战不利，引军还。渊因自立为燕王，改元绍汉，置百官，诱鲜卑以扰北方。

皇后张氏崩。　九月，魏大水。　魏主睿杀其后毛氏。

郭夫人有宠于魏主睿，毛后爱弛。睿游后园，曲宴极乐。夫人请延皇后，魏主不许，因禁左右不得宣。毛后知之，明日谓魏主曰："昨游北园，乐乎？"睿以左右泄之，杀十余人，因赐后死。

冬十月，魏营圆方丘南北郊。

魏用高堂隆议，营洛阳南委粟山为圆丘，诏曰："汉承秦乱，废无禘礼。曹氏世系出自有虞，今祀皇皇帝天于圆丘，以虞舜配；祭皇皇后地于方丘，以舜妃伊氏配；祀天神于南郊，以武帝配；祭地祇于北郊，以武宣皇后配。"

吴以诸葛恪为威北将军。

恪至丹阳，移书属城长吏，令各保疆界，明立部伍；从化平民，悉令屯居。乃内诸将，罗兵幽阻，但缮藩篱，不与交锋，俟其谷稼将熟，辄纵兵芟刈，使无遗种。平民屯居，略无所犯。于是山民饥穷，稍稍自首。恪复厚慰抚之，敕下不得拘执。臼阳长胡伉得旧恶民，困迫暂出者，缚送府。恪以伉违教，斩以徇。民间闻之，老幼相携而出。岁期人数，皆如本规。恪自领万人，余分给诸将。吴主权嘉其功，拜为威北将军，封都乡侯，徙屯庐江皖口。

魏铸铜人，起土山于芳林园。

毌丘俭出战不利，撤军返回。公孙渊乘机自立为燕王，改年号为绍汉，设置文武百官，引诱鲜卑侵扰魏国的北方。

蜀国皇后张氏去世。 九月，魏国发大水。 魏主曹睿杀了他的皇后毛氏。

郭夫人被魏主曹睿宠爱，曹睿对毛皇后的宠爱一日不如一日。曹睿游后花园，这次私宴极度欢乐。郭夫人请求邀请毛皇后参加，曹睿不同意，于是下令身旁的人不得传扬出去。毛皇后知道了这件事，第二天对曹睿说："昨天游北园，快乐吗？"曹睿认为是身边的人泄露了这件事，杀了十多个人，同时赐毛皇后自尽。

冬十月，魏国在南、北郊建圆丘、方丘。

魏国采纳高堂隆的建议，在洛阳城南的委粟山上建造圆丘，颁布诏书说："汉朝承袭秦朝的混乱，废除了禘礼。曹氏世系出自有虞氏，现在在圆丘祭祀皇皇帝天，以虞舜配享；在方丘祭祀皇皇后地，以舜妃伊氏配享；在南郊祭祀天神，以武帝配享；在北郊祭祀地祇，以武宣皇后配享。"

吴国任命诸葛恪为威北将军。

诸葛恪到达丹阳，移送文书通知属城长官，命令他们各自保卫疆界，整顿队伍；归顺的平民，全部设屯聚居。然后调集将领们，扼守险阻之地，只修缮防御工事，不与山越人交锋，等他们的庄稼快要成熟时，就派出士兵收割，不要给他们留下种子。平民设屯聚居，几乎抢割不到任何东西。于是山民饥饿难忍，渐渐出山自首。诸葛恪再优厚地慰抚他们，命令手下的人不得拘捕。臼阳县长官胡伉抓获过去的一个恶霸，迫于饥饿暂时出山，把他绑起来送到官府。诸葛恪认为胡伉违背命令，将他斩首，向众人宣告。山民们听说了这件事，扶老携幼走出山来。一年之后的人数，全都如同原来的计划一样。诸葛恪亲自率领一万人，其余的分给将领们。吴主孙权嘉奖诸葛恪的功劳，任命他为威北将军，封为都乡侯，移驻庐江皖口。

魏国铸铜人，在芳林园堆起土山。

魏主睿徙长安钟簴、橐佗、铜人、承露盘于洛阳。盘折，声闻数十里。铜人重，不可致。大发铜铸铜人二，号曰翁仲，列坐于司马门外。又铸黄龙、凤凰，置内殿前。起土山于芳林园，使公卿皆负土，树杂木善草，捕禽兽致其中。司徒掾董寻上疏曰："建安以来，野战死亡，或门殚户尽，虽有存者，遗孤老弱。若宫室狭小，当广大之，犹宜随时，不妨农务，况作无益之物哉？陛下既尊群臣，显以冠冕，载以华舆，而使穿方举土，沾体涂足，毁国之光以崇无益，甚无谓也。孔子曰：'君使臣以礼，臣事君以忠。'无忠无礼，国何以立？臣知言出必死，而自比于牛之一毛，生既无益，死亦何损？秉笔流涕，心与世辞。臣有八子，死后累陛下矣。"将奏，沐浴以待命。睿曰："寻不畏死耶？"主者奏收之，诏勿问。

高堂隆上书曰："今之小人好说秦、汉之奢靡以荡圣心，取亡国不度之器以伤德政。非所以兴礼乐之和，保神明之休也。况今吴、蜀欲与中国争衡，若有人来告：'权、禅并修德政，轻省租赋，动咨耆贤，事遵礼度。'陛下闻之，岂不恶其如此而为国忧乎？若告者曰：'彼并为无道，崇侈无度，重其赋敛，民不堪命。'陛下闻之，岂不幸彼疲敝而取之不难乎？苟如此，则可易心而度，事义之数亦不远矣。亡国之主自谓不亡，然后至于亡；贤圣之君自谓亡，然后至于不亡。今天下凋敝，若有寇警，臣惧版筑之士不能投命

魏主曹睿将长安的钟簴、橐佗、铜人、承露盘移到洛阳。承露盘折断，响声传出几十里。铜人十分沉重，不能运到洛阳。广泛搜集铜铸成铜人两个，称作翁仲，让他们并排列坐于司马门外。又铸成黄龙、凤凰，放置在内殿的前面。在芳林园堆起土山，让三公九卿都去背土，在土山上种植杂木和美草，捕捉山禽野兽放到土山中。司徒掾董寻上书说："建安以来，在野战中因为死亡和逃跑，有的人家门户尽灭，即使有存活的人，留下来的也是孤寡老弱。如果宫室狭小，应当扩大，也应该顺应农时，不妨碍农业生产，何况是造没有用处的东西呢？陛下既然尊重群臣，让他们头戴官帽，乘坐华丽的车子；可是使他们挖坑抬土，玷污身体弄脏手脚，丧失了国家的光彩，而目的仅是堆起毫无益处的土山，太没有必要。孔子说：'君王对臣下以礼相待，臣下侍奉君王忠心耿耿。'没有忠诚没有礼制，国家靠什么维持？我知道这话一说出口，肯定要被处死，然而我把自己比做牛身上的一根毛，活着既然无益于国家，死了也不会有什么损失？我握笔流泪，心已与世辞别。我有八个儿子，我死后要拖累陛下了。"将要上奏，沐浴以等待命令。曹睿说："董寻不怕死吗？"主管的官吏请求逮捕董寻，曹睿下诏不要追究。

高堂隆上书说："当今小人喜欢说秦、汉的奢靡生活来动摇陛下的思想，选取已亡之国不合法度的器物来败坏德政。这不是为了提倡礼乐的和谐，保持宫廷的喜庆气氛。何况现在吴、蜀想与中原之国抗衡，如果有人来报告：'孙权、刘禅都在施行德政，减轻租赋，经常向前贤咨询，凡事遵守礼制法度。'陛下听到这些，难道不憎恨他们这样做而为国家担忧吗？如果报告的人说：'他们都暴虐无道，崇尚奢侈没有限度，加重租赋，老百姓不堪忍受。'陛下听到这些，难道不庆幸他们的疲惫衰败而认为攻取他们不难吗？假如是这样，那么可换位思考一下，掌握事理的尺度也就差不多了。即将亡国的君主自以为不会灭亡，最后导致亡国；贤圣的君主自认为国家有灭亡的危险，最后才不会亡国。如今天下凋敝，如果有敌寇的警报，我担心修筑宫墙的人不能投身

虏庭矣。今将吏俸禄,稍见折减,不应输者今皆出半,此为官入兼多于旧,其所出与参少于昔。而度支经用,更每不足。反而推之,凡此诸费,必有所在矣。”睿览之,曰:“观隆此奏,使朕惧哉。”

尚书卫觊上疏曰:“今议者多好悦耳,其言政治,则比陛下于尧、舜;其言征伐,则比二虏于狸鼠,臣以为不然。四海之内,分而为三,群士陈力,各为其主,是与六国分治无以异也。武皇帝之时,后宫食不过一肉,衣不用锦绣,茵蓐不缘饰,器物无丹漆,用能平定天下,遗福子孙。当今宜计校府库,量入为出,犹恐不及,而工役不休,侈靡日崇,帑藏日竭。昔汉武信神仙之道,谓当得云表之露以餐玉屑,故立仙掌以承高露。陛下通明,每所非笑。汉武有求于露而犹尚见非,陛下无求于露而空设之,糜费功夫,皆圣虑所宜裁制也。”

时有诏录夺士女前已嫁为吏民妻者,还以配士。太子舍人张茂上书曰:“陛下,天之子也,百姓吏民亦陛下子也。今夺彼以与此,亦无以异于夺兄之妻妻弟也,于父母之恩偏矣。又,县官以配士为名,实内之掖庭,其丑恶乃出与士。得妇者未必喜,而失妻者必有忧。夫君天下而不得万姓欢心者,鲜不危殆。且军师在外,日费千金,而掖庭无录之女、椒房母后之家,赏赐横与,其费半军。加以尚方作玩弄之物,后园建承露之盘,斯诚快耳目之观,然亦足以骋寇仇之心矣。”皆不听。

疆场。现在武将和文官的俸禄渐渐减少，不应该交纳赋税的如今都要交纳一半，这样做使官方收入比过去多出了一倍，而支出比过去减少三分之一。然而预算和经费的开支，更是越来越不够。反过来推算，以上各种费用，必定另有用途。”曹睿看了说：“看到高堂隆的这一奏章，使朕深感恐惧。”

尚书卫觊上书说：“如今评议的人喜欢说好听的话，他们谈论政治，则把陛下比作尧、舜；他们谈论征伐，则把吴、蜀比做狸猫和老鼠，我认为不是这样。四海之内，分而为三，百官施展才力，各自为自己的君主效劳，这与从前六国分治的形势没有什么不同。武皇帝的时候，后宫每餐饭不超过一盘肉，衣服不用精美华丽的丝织品，坐垫不镶花边，使用的器物没有红漆，因此才能够平定天下，给子孙留下幸福。如今应该计算一下官府库存的财物，量入为出，恐怕还不够，更何况征发工匠的劳役永无止境，奢侈浪费一天胜似一天，国库日渐枯竭。过去汉武帝相信神仙之道，认为应当获得云表的露水和着玉屑一起吃下去，所以竖起仙掌来承接从高处降下的露水。陛下通达英明，对此每每发出非议笑之。汉武帝有求于露水还被非议，陛下无求于露水而空设承露盘，浪费了相当多的人力，都是陛下考虑时所应该裁减和克制的。”

当时有诏书命令强取已经嫁给小吏和平民为妻的仕女，改嫁士兵。太子舍人张茂上书说：“陛下是上天之子，百姓和小吏也是陛下之子。如今夺取那个来给这个，也跟夺兄之妻嫁给弟弟没有什么不同，对于父母来说则是有所偏爱。另外，朝廷以给士兵配妻为名，实际上是收入皇宫，其中丑陋的才配给士兵。得到妻子的未必高兴，而失去妻子的必定忧伤。拥有天下而得不到万民欢心的君主，很少有不面临危险的。况且军队驻扎在外地，每天耗费千金，而后宫超额的宫女、皇后和太后娘家，随意赏赐，其开支是军费的一半。加上尚方制作玩耍的器物，后园修建承露盘，这些确实能使人耳悦目爽，然而也足以放任敌人对我们的图谋。”这一切曹睿都不采纳。

魏光禄勋高堂隆卒。

隆疾笃，口占上疏曰："三代之有天下，历数百载，尺土一民莫非其有。然癸、辛纵欲，皇天震怒，宗国为墟，纣枭白旗，桀放鸣条，天子之尊，汤、武有之。岂伊异人？皆明王之胄也。黄初之际，天兆其戒，异类之鸟，育长燕巢，此大异也。宜防鹰扬之臣于萧墙之内。可选诸王，使典兵棋峙，镇抚皇畿，翼亮帝室。夫皇天无亲，惟德是辅。民咏德政，则延期过历，下有怨叹，则辍录授能。由此观之，天下乃天下之天下，非独陛下之天下也。"魏主睿手诏慰劳之。未几而卒。

魏作考课法，不果行。

魏主睿深疾浮华之士，诏吏部尚书卢毓曰："选举勿取有名，名如画地作饼，不可啖也。"毓对曰："名不足以致异人，而可以得常士。常士畏教慕善，然后有名，非所当疾也。愚臣既不足以识异人，又主者正以循名案常为职，但当有以验其后耳。古者敷奏以言，明试以功。今考绩之法废，而以毁誉为进退，故真伪浑杂，虚实相蒙。"睿纳其言，诏散骑常侍刘邵作《都官考课法》七十二条，下百官议。

司隶崔林曰："《周官》考课，其文备矣。康王而下，遂以陵夷，盖法存乎其人也。且万目不张，举其纲；众毛不整，振其领。若大臣能任职，则孰敢不肃，乌在考课哉！"

魏光禄勋高堂隆去世。

高堂隆病重，口授上书说：“夏、商、周三代拥有天下，历经数百年，每一尺土地，每一个百姓都属他们所有。然而夏桀、商纣放纵私欲，皇天震怒，国家化成了废墟，商纣的头被斩下悬挂在白旗上，夏桀被放逐到鸣条山，天子的尊位，被商汤和周武王享有。难道夏桀，商纣与别人不一样？他们都是圣明帝王的后裔。黄初年间，上天发出了警告的征兆，不同种类的鸟，在燕巢中抚育成长，这是极其奇怪的事。应该防备飞扬跋扈的大臣祸起萧墙。可以选拔各诸侯王，使他们掌管军队像棋子一样峙立天下，镇抚皇家的疆土，辅佐光大皇室。皇天对人没有亲疏，只辅助有德的君王。老百姓歌咏德政，则拥有天下的年数自然长久，下面哀怨叹息，上天就会重新选授贤能。由此看来，天下是全民的天下，不单是陛下的天下。”魏主曹睿亲自书写诏书慰劳高堂隆。不久高堂隆去世。

魏国制定考核官吏的法规，最终没有执行。

魏主曹睿深切痛恨华而不实的士人，下诏吏部尚书卢毓说：“选举人才不要唯名是举，名声如同在地上画饼，不能吃。”卢毓答复说：“靠名声选拔，不足以招来奇异的人才，但可以得到普通的人才。普通的人敬畏教化、仰慕善行，然后出名，不该憎恨这样的人。我既不能识辨奇异的人才，主管官吏的职责又只是根据名声按常规选官任职，只有在以后检验了。古代根据奏事考察言谈，根据实际工作考察能力。如今考核政绩的法规废止，只是根据他人的批评和赞誉来决定晋升和贬斥，所以真假混杂，虚实难辨。”曹睿采纳了他的建议，下诏散骑常侍刘邵制定《都官考课法》七十二条，分发百官讨论。

司隶崔林说：“《周官》考课的法规，条文非常完备了。自从周康王以后，便慢慢废弛，大概法规的保全在于人的重视。况且千万个网眼不能张开，就要提起大绳子；裘毛不齐整，就要抖动它的衣领。如果大臣们能胜任他们的职责，那么谁敢不恭恭敬敬任职，怎么还在乎考核呢！”

杜恕曰："明试以功，三考黜陟，帝王之盛制也。然其法可粗依，其文难备举。盖世有乱人而无乱法。若法可专任，则唐、虞不须稷、契之佐，殷、周无贵伊、吕之辅矣。今欲使州郡考士，必由四科，皆有事效，然后察举，试辟公府，为亲民长吏，转以功次补郡守者，或就增秩赐爵，此最考课之急务也。臣以为当用其言，使为课州郡之法，法具施行，必以赏罚随之。至于三公，坐而论道；内职大臣，纳言补阙，无善不纪，无过不举，焉有守职办课而可以致雍熙者哉？诚使容身保位，无放退之辜，而尽节在公，抱见疑之势，公义不修而私议成俗，虽仲尼为课，犹不能尽一才，又况于世俗之人乎？"

司空掾傅嘏曰："建官均职，倩理民物，所以立本也。循名考实，纠励成规，所以治末也。本纲未举而制末程，国略不崇而先考课，惧不足以料贤愚之分，精幽明之理也。"议竟不行。

初，卫臻典选举，蒋济遗之书曰："汉祖遇亡虏为上将，周文拔渔父为太师，布衣厮养，可登王公，何必试而后用？"臻曰："子欲同牧野于成、康，喻断蛇于文、景，好不经之举，开拔奇之津，将使天下驰骋而起矣。"卢毓论选，皆先性行而后言才。人或问之，毓曰："才所以为善也，故大才成大

杜恕说："公开考核官员的实际工作能力，三次考核后对官员晋升和贬斥，是帝王最完善的制度。然而这样的法规可以粗略地依据，详细的条文却难以一一列举。大概世上有善于治理国家的人，但没有妥善详备的法律。如果法律可以单独担当治国重任，那么唐尧、虞舜可以不必需要后稷、子契的辅佐，殷朝、周朝也不会以伊尹、吕尚的辅佐为贵了。现在准备让州、郡举行任官考试，必须经由四科，都有具体成效，然后选拔，由官府考试征用，担任地方长官，转而根据业绩升任郡守，或者增加官吏的品级，赐予爵位，这是考核官吏最为急切的事。我认为应该采用他们的建议，使他们制定州郡考核官吏的法规，法规全部施行，一定要紧接着确立赏罚制度。至于三公，坐在帝王的身旁讨论治国之道；内职大臣，掌管出纳帝王的命令，弥补帝王的错误，没有一件善行不记录，没有一次过失不检举，怎么可能仅靠臣子恪守职务，办理考课就能够使天下太平和乐呢？假使安身保位，没有被放逐和贬官的罪行，而为国家尽心竭力，保全节操，还处于被怀疑的形势中，公道没有树立起来，而私下议论却成为风气，即使是孔子主持考核，还是不能竭尽一人的才能，又何况是世俗之人呢？"

司空掾傅嘏说："设置官吏分担职责，治理百姓，这是立国之本。依据名声考察实际情况，依据规章制度检查监督，这是治国的细枝末节。大纲不举而控制细小的事情，国家的方针政策不重视而先举行官吏的考核，恐怕不足以区分贤能和愚昧，通晓明暗的道理。"这一主张最终没有实行。

起初，卫臻主管选举，蒋济给他写信说："汉高祖对待逃犯，任命做上将，周文王提拔渔父担任太师，平民或服劳役的人，可登上王公之位，何必先考试后任用呢？"卫臻说："您想将牧野之战等同周成王、周康王时代，把斩蛇起义比成汉文帝、汉景帝时代，喜欢不合常规的举动，开提拔奇才的先河，将使天下纷乱起来。"卢毓谈论选举，都先考虑性情品行然后再谈才干。有人问他这一做法，卢毓说："才干是用来做善事的，所以大才干成就大

善，小才成小善。今称有才而不能为善，是才不中器也。”时人服其言。

戊午(238) **延熙元年**魏景初二年，吴赤乌元年。

春正月，魏遣太尉司马懿伐辽东。

魏主睿召司马懿于长安，使将兵四万讨辽东。议臣或以为兵多难供，睿曰：“四千里征伐，虽云用奇，亦当任力，不当计役费也。”因谓懿曰：“公孙渊将何计以待君？”对曰：“弃城豫走，上计也；据辽东拒大军，其次也；坐守襄平，此成禽耳。”曰：“三者何出？”对曰：“唯明智能审量彼我，乃豫有所割弃。此非渊所及，必先拒辽东，后守襄平也。”曰：“还往几日？”对曰：“往百日，攻百日，还百日，以六十日为休息，如此一年足矣。”

渊闻之，复遣使称臣，求救于吴。吴人欲戮其使，羊衜曰：“不可，是肆匹夫之怒而捐霸王之计也，不如因而厚之，遣奇兵潜往以要其成。若魏伐不克，而我军远赴，是恩结遐夷，义形万里；若兵连不解，首尾离隔，则我虏其傍郡，驱略而归，亦足以报雪曩事矣。”吴主权乃大勒兵，谓渊使曰：“请俟后问，当从简书。”

二月，魏以韩暨为司徒。

魏主睿问卢毓：“谁可为司徒者？”毓荐处士管宁。睿不能用，更问其次，对曰：“敦笃至行，则太中大夫韩暨；亮直清方，则司隶崔林；贞固纯粹，则太常常林。”乃以暨为之。

善行，小才干成就小善行。如今说有才干但不能做好事，这种才干不值得器重。”当时的人都佩服他的见解。

戊午（238）　**汉后主延熙元年**魏景初二年，吴赤乌元年。

春正月，魏国派太尉司马懿进攻辽东。

魏主曹睿从长安召回司马懿，派遣他率军四万人讨伐辽东。参与议论的大臣有人认为兵员太多，难以提供军需财物，曹睿说：“到四千里之外去征伐，虽说要出奇制胜，也应当凭借实力，不该计较军费。”趁此机会对司马懿说：“公孙渊将用什么计策来对付你呢？”司马懿回答说：“弃城先逃，是上策；据守辽东抗拒大军，是中策；死守襄平，定被擒获。”曹睿说：“这三方面他将采取哪一种？”回答说：“只有明智的人才能审慎估量敌我双方的力量，才会事先有所放弃。这不是公孙渊所能达到的，他必定先据守辽东，而后退守襄平。”曹睿说：“往返多少天？”回答说：“去一百天，进攻一百天，返回一百天，以六十天作休息日，像这样一年足够了。”

公孙渊听到这个消息，又派使者称臣，向吴国求救。吴国人想杀掉来使，羊衜说：“不可以，这是发泄匹夫的愤怒而放弃称王称霸的大计，不如乘机好好款待他，然后派奇兵暗中前去要挟公孙渊归顺。如果魏军征讨不能取胜，而我军从远方赶赴，便与远方的夷人结下恩情，大义表现于万里之外；如果交战双方难解难分，前方和后方分隔开来，那么我们就在它旁边的郡县，抢劫财物返回，也足以为往事报仇雪恨。”吴主孙权于是率领大军，对公孙渊的使者说：“请等候回音，我们一定遵照来函的希望去做。”

二月，魏国任命韩暨为司徒。

魏主曹睿问卢毓：“谁可以担任司徒？”卢毓推荐处士管宁。曹睿没有任用，又问其次的人选，卢毓回答说：“品行敦厚笃实的，是太中大夫韩暨；忠诚高洁的，是司隶校尉崔林；忠贞纯正的，是太常常林。”于是任命韩暨担任司徒。

立皇后张氏。立子璿为皇太子。

大司农孟光问太子读书及情性好尚于秘书郎郤正，正曰："奉亲虔恭，举动仁恕，有古世子之风。"光曰："此皆家户所有耳，吾欲知其权略智谋何如也。"正曰："世子之道，在于承志竭欢。既不得妄有施为，智谋藏于胸怀，权略应时而发，此其有无，焉可豫知也？"光曰："今天下未定，智意为先。储君读书，宁当效吾等竭力博识以待访问，如博士探策讲试以求爵位耶？当务其急者。"正深然之。

吴铸当千大钱。　秋八月，魏司马懿克辽东，斩公孙渊。

六月，司马懿军至辽东，公孙渊使其将卑衍等将步骑数万，屯辽隧，围堑二十余里。诸将欲击之，懿曰："此欲以老吾兵也，攻之，正堕其计。且贼大众在此，其巢窟空虚，直指襄平，破之必矣。"乃多张旗帜，欲出其南，衍等尽锐趣之。懿潜济水，出其北，直趣襄平。衍等恐，引兵夜走。诸军进至首山，渊复使衍等逆战，懿击破之，遂进围襄平。

秋，大霖雨，辽水暴涨，运船自辽口径至城下。雨月余不止，平地水数尺，三军恐，欲移营，懿令军中："敢有言徙者斩！"都督令史犯令，斩之，军中乃定。贼恃水，樵牧自若，诸将欲取之，懿皆不听。司马陈珪曰："昔攻上庸，八部并进，昼夜不息，故能一旬之半拔坚城，斩孟达。今者远来，

后主刘禅立张氏为皇后。立皇子刘璿为皇太子。

大司农孟光向秘书郎郤正询问太子读书以及性情爱好方面的情况，郤正说："侍奉父母虔诚恭敬，一举一动都出自仁爱宽恕之心，有古代太子的风范。"孟光说："这都是每一个家庭所具有的，我想了解他的权略智谋怎么样。"郤正说："太子之道，在于继承君父的志向，竭尽全力使君父欢心。既然不能随随便便有所作为，智谋就藏在胸怀，权略应时而发，所以，智谋和权略是否具备，怎么可以预先知道呢？"孟光说："如今天下还没有平定，智谋放在第一位。太子读书，怎能效仿我们竭尽心力博闻强识以备询问，像博士探讨对策、训练考试一样以谋求爵位呢？应当在急需的方面多花精力。"郤正深感孟光说得对。

吴国铸造相当于一千的大钱。　秋八月，魏国司马懿攻克辽东，斩杀公孙渊。

六月，司马懿的大军到达辽东，公孙渊派遣将领卑衍等人率领数万步兵、骑兵，驻扎在辽隧，绕城挖掘护城河长达二十多里。魏军的将领们准备发起进攻，司马懿说："敌人这样做是准备拖垮我军，如果我们发起进攻，正中了他们的计策。再说敌人的主力部队在此，他们的老巢空虚，我军直指襄平，必能攻克。"于是打出许多旗子，准备出兵向南，卑衍等率全部精锐部队紧跟其后。司马懿率军悄悄渡过辽河，向北挺进，直奔襄平。卑衍等人深感恐惧，连夜撤军逃走。魏各路大军挺进到首山，公孙渊再次派卑衍等人迎战，司马懿发起进攻将他们打败，于是进军包围襄平。

秋季，大雨连绵，辽河暴涨，运送物资的船只从辽口直接到达城下。大雨持续一个多月不停，平地水深数尺，魏全军上下惊恐不安，打算迁移营垒，司马懿下令军中："有敢说迁营的人斩首！"都督令史违反命令，被斩首，军中这才安定下来。敌人凭借水势，打柴放牧依然如故，将领们打算把他们抓起来，司马懿都不同意。司马陈珪说："过去攻打上庸，八支部队同时挺进，昼夜不停，所以能用五天时间攻下坚城，斩杀孟达。如今远道而来，

而更安缓，愚窃惑焉。”懿曰：“达众少而食支一年，我军四倍于达，而粮不淹月。以一月图一年，安可不速？以四击一，正令失半而克，犹当为之，是以不计死伤，与粮竞也。今贼众我寡，贼饥我饱，水雨乃尔，功力不设，虽当促之，亦何所为？自发京师，不忧贼攻，但恐贼走。今贼粮垂尽，而围落未合，掠其牛马，抄其樵采，此故驱之走也。夫兵者诡道，善因事变。贼凭众恃雨，故虽饥困，未肯束手，当示无能以安之。取小利以惊之，非计也。”朝廷闻师遇雨，咸欲罢兵。魏主睿曰：“懿临危制变，禽渊可计日待也。”

雨霁，懿乃合围，作土山地道，楯橹钩冲，昼夜攻之，矢石如雨。渊窘急，粮尽，人相食。八月，使其相王建、柳辅请解围却兵，当君臣面缚。懿命斩之，檄告渊曰：“楚、郑列国，郑伯犹肉袒牵羊迎之。孤天子上公，而建等欲使退舍，岂得礼耶？二人老耄，传言失指，已相为斩之。若意有未已，可更遣年少有明决者来。”渊复遣侍中卫演乞克日送任，懿谓演曰：“军事大要有五：能战当战，不能战当守，不能守当走。余二事，惟降与死耳。汝不肯面缚，此为决就死也，不须送任。”既而城溃，渊将数百骑突围走，懿击斩之，遂入城，诛其公卿以下及兵民七千余人，筑为京观。辽东、带方、乐浪、玄菟四郡皆平。

反而更安稳缓慢，我私下感到疑惑不解。”司马懿说：“孟达的人马少而粮食可以支撑一年，我军人数是孟达的四倍，而粮食不能支持一个月。以一个月攻打一年，怎么能不快呢？以四个人对付一个敌人，即使失去一半的人而能够取胜，也仍然应该这样做，因此不计死伤发起进攻，是与粮食竞争啊。如今敌众我寡，敌饥我饱，雨水如此之大，功力不能施展，虽然应当速战速决，又能做些什么呢？自从由京师出发时起，不担心敌人进攻，只恐怕敌人逃走。如今敌人的粮食即将耗尽，而我们的包围还没有合拢，抢掠他们的牛马，抄夺他们的樵夫，这是故意驱赶他们逃走。用兵讲究诡诈之道，要善于随机应变。敌人凭借人多，依仗大雨，所以虽然饥饿困窘，还不肯举手投降，应该显示我们的无能来使敌人安心。如果我们贪图小利而使敌人惊慌而逃，这不是好计策。”朝廷听说军队遇到大雨，都想退兵。魏主曹睿说：“司马懿临危能够控制事变，擒获公孙渊指日可待。”

雨停了，司马懿才合拢包围成圈，堆土山挖地道，用楯干、橹车、钩梯、冲车，日夜发起进攻，射出的箭，抛出的石头像雨一样密集。公孙渊窘困危急，粮食吃尽，人们只得互相残食。八月，公孙渊派相国王建和柳辅请求解围撤军，按君臣关系两手反绑表示投降。司马懿下令斩杀来使，用檄文通告公孙渊说：“楚国、郑国都是诸侯国，可是郑伯还脱衣露体牵羊出城迎接楚庄王。我是天子的上公，而王建等人想要我撤退，难道不失礼吗？这两人年老昏乱，传言失去意旨，已被我斩了。如果还有投降的意思，可另派年轻而能够明快决断的人来。”公孙渊又派侍中卫演请求在指定日期送来人质，司马懿对卫演说：“军事最重要的有五条：能战就战，不能战就应当坚守，不能坚守就应当逃走。剩下来的两条，只有投降和死了。你们不肯投降，这是决心去死，不须送来人质。”不久襄平城溃败，公孙渊率数百名骑兵突围逃走，司马懿追击将他斩首，于是进入襄平城，杀死城中公卿以下官吏以及士兵、百姓七千多人，积尸封土，筑成高冢。辽东、带方、乐浪、玄菟四郡全都平定了。

渊之将反也，将军纶直、贾范等苦谏，渊皆杀之。懿乃封其墓而显其遗嗣，释渊叔父恭之囚，遂班师。

初，渊兄晃为恭任子在洛阳，先渊未反，数陈其变。及渊谋逆，睿不忍市斩，欲就狱杀之。廷尉高柔曰："仲尼亮司马牛之忧，祁奚明叔向之过。晃信有言，宜贷其死；苟自无言，便当市斩。今进不赦其命，退不彰其罪，臣恐四方或疑此举也。"不听，竟遣使赍金屑饮之，赐以棺敛。

吴中书郎吕壹伏诛。

吴主权使中书郎吕壹典校官府州郡文书，壹因此作威福，深文巧诋，排陷无辜，毁短大臣，纤介必闻。太子登数谏，不听，群臣莫敢复言。壹诬故江夏太守刁嘉谤讪国政，收系验问。时同坐人皆畏壹，并言闻之。侍中是仪独云无闻，穷诘累日，诏旨转厉，仪终无变辞。嘉遂得免。

陆逊、潘濬忧壹乱国，每言之，辄流涕。壹白丞相顾雍过失，吴主怒，诘责雍。谢厷谓壹曰："此公免退，潘太常得无代之乎？"壹曰："近之。"厷曰："潘常切齿于君，今日代顾君，恐明日便击君矣。"壹惧，乃解散雍事。濬诣建业，欲极谏，闻太子已数言不听，乃大请百寮，欲因会杀之，为国除患。壹知之，称疾不行。

公孙渊将要反叛时，将军纶直、贾范等人苦苦规劝，都被公孙渊杀了。司马懿于是加封高纶直等人的坟墓，显扬他们留下来的子孙后代，释放了被公孙渊囚禁的叔父公孙恭，最后班师。

起初，公孙渊的哥哥公孙晃作为公孙恭的人质住在洛阳，公孙渊还没有反叛时，公孙晃多次报告公孙渊的变故。等到公孙渊图谋反叛，曹睿不忍心将公孙晃在街市上斩首，准备关进牢狱处决。廷尉高柔说："孔子明察司马牛的担忧，祁奚指明叔向的错误。公孙晃先前确实有过举报，应当宽免他的死罪；假如他自己没有举报，就应当在街市上斩首示众。如今进不赦免他的性命，退又不公开他的罪状，我担心天下会有人怀疑我们的这一做法。"曹睿不听，最终派遣使者赐给公孙晃带有金屑的酒让他喝下，然后赏赐棺木装殓埋葬。

吴中书郎吕壹被判处死刑。

吴主孙权派中书郎吕壹主管官府以及州郡的文书，吕壹因此作威作福，援引法律条文给人定罪，以巧言对人进行诋毁诬陷，排斥陷害无辜，揭发朝廷大臣的短处，深加诽谤，即使是非常细微的事也禀报吴主孙权。太子孙登多次劝谏，孙权都不接受，群臣不敢再说什么。吕壹诬告前江夏太守刁嘉诽谤和讥讽朝政，孙权逮捕刁嘉拘禁起来审问。当时一同受牵连的人都畏惧吕壹，都说听到过刁嘉讽刺朝政。唯独侍中是仪说没有听到过，尽管连日苦苦追问，诏书的意旨越来越严厉，是仪始终没有改变自己的说法。刁嘉于是得以免罪。

陆逊、潘濬担心吕壹扰乱国家，每次谈起这件事，就泪流满面。吕壹告发丞相顾雍的过失，孙权十分生气，责问顾雍。谢厷对吕壹说："如果此公被罢免，潘太常能不能接替他呢？"吕壹说："差不多。"谢厷说："潘濬经常对您咬牙切齿，如果他今天接替顾公，恐怕明天便会攻击您了。"吕壹恐惧不安，于是将顾雍的事化解了。潘濬到了建业，准备极言进谏，听说太子已经多次规劝孙权都不听，就宴请文武百官，准备在宴席上杀死吕壹，为国除害。吕壹听到消息，声称有病而没有赴宴。

左将军朱据部曲应受三万缗，工王遂诈而受之。壹疑据自取，考问主者，死于杖下。据无以自明，藉草待罪。典军吏刘助觉，言遂取。吴主大感悟，曰："朱据见枉，况吏民乎？"乃赏助百万，穷治壹罪。

顾雍至廷尉，见壹，和颜色而问之曰："君意得无欲有所道乎？"壹叩头无言。时尚书郎怀叙面詈辱壹，雍责叙曰："官有正法，何至于此！"

壹既伏诛，权因遣人告谢诸大将，问时事所当损益。诸将皆不敢有所言，权复以诏责之曰："'子瑜、子山、义封、定公，皆不肯有所陈，而伯言、承明涕泣危怖，有不自安之心。'闻之怅然，深自刻怪。夫惟圣人能无过行，明者能自见耳。人之举厝，何能悉中？独当己有以伤拒众意，忽不自觉，故诸君有嫌难耳。与诸君从事，自少至长，发有二色，义虽君臣，恩犹骨肉，荣福喜戚，相与共之。忠不匿情，知无遗计，事统是非，诸君岂得从容而已哉？齐桓有善，管子未尝不叹；有过，未尝不谏，谏而不得，终谏不止。今孤自省无桓公之德，而诸君谏诤未尝出口，仍执嫌难。以此言之，孤于齐桓良优，未知诸君于管子如何耳！"

冬十二月，蒋琬出屯汉中。　魏主睿有疾。立郭夫人为后。召司马懿入朝。以曹爽为大将军。

初，魏太祖以刘放、孙资为秘书郎，文帝更命秘书曰中书，以放为监，资为令，遂掌机密。魏主睿即位，尤见宠任。时亲览万机，数兴军旅，腹心之任，皆二人管之。每大事，

左将军朱据的部队应该领三万缗钱，工匠王遂行诈将钱冒领。吕壹怀疑朱据自己取了钱，拷问主管的军官，将他打死在棍棒之下。朱据无法表明自己的清白，坐卧在草垫上等候判罪。典军吏刘助发现了真相，说钱被王遂领取。孙权深深感悟，说："朱据尚被冤枉，何况小吏和百姓呢？"于是奖赏刘助百万钱，深究吕壹的罪行。

顾雍到廷尉审理案件，见到吕壹，和颜悦色地问吕壹说："你是否还想说些什么？"吕壹叩头无语。当时尚书郎怀叙当面责骂羞辱吕壹，顾雍责备怀叙说："官方有正常的法制，何必这样做！"

吕壹被处死以后，孙权于是派人向各位大将道歉，询问时事的利弊。将领们都不敢发表意见，孙权又发布诏书责备他们说："袁礼说：'诸葛瑾、步骘、朱然、吕岱，都不肯发表意见，而陆逊、潘濬泪流满面，深感危险恐怖，自己怀有不安之心。'我听了怅然若失，深深责怪自己。只有圣人能够没有错误的行为，只有明智的人能够自己发现错误。人的一举一动，怎么能全部正确呢？自以为是而伤害和拒绝了大家的意见，自己疏忽而没有觉察，所以诸君疑惑不解。我与诸君共事，从年少到年长，如今头发花白，大义上我们虽然是君臣关系，但感情上亲如骨肉，荣耀、幸福、欢喜、悲戚，都共同享有。忠臣不隐瞒实情，智士不保留计谋，事情有是有非，诸君怎么可以从容悠闲呢？齐桓公有善行，管子未尝不赞叹；有过失，未尝不劝谏，规劝而不被采纳，就永不停止地规劝。如今我自知没有齐桓公的德行，而诸君不曾开口进谏，仍然采取疑惑畏难的态度。仅就这一点来说，我比齐桓公优秀，不知诸君与管子相比又如何呢？"

冬十二月，蒋琬出兵驻屯汉中。　魏主曹睿生病。册立郭夫人为皇后。召司马懿入朝。任命曹爽为大将军。

起初，魏太祖曹操任命刘放、孙资为秘书郎，文帝曹丕改称秘书为中书，任命刘放为中书监，孙资为中书令，都掌管机密。魏主曹睿即位，刘放、孙资二人尤其被宠爱信任。当时曹睿亲自处理政务，多次出兵，朝廷大事，都由他俩掌管。每有国家大事，

朝臣会议，常令决其是非，择而行之。中护军蒋济上疏曰："臣闻大臣太重者国危，左右太亲者身蔽，古之至戒也。往者大臣秉事，外内扇动；陛下卓然自览万机，莫不祗肃。夫大臣非不忠也，然威权在下，则众心慢上，势之常也。陛下既已察之于大臣矣，愿无忘于左右。左右忠正远虑，未必贤于大臣，至于便辟取容，或能工之。况实握事要，日在目前，傥因疲倦之间有所割制，众臣见其能推移于事，即亦因而向之。一有此端，私招朋援，臧否毁誉必有所兴，功负赏罚必有所易，直道而上者或壅，曲相比附者反达，因微而入，缘形而出，意所狎信，不复猜觉。此宜早以经意也。"睿不听。

及寝疾，深念后事，乃以武帝子燕王宇为大将军，与将军夏侯献、曹爽、曹肇、秦朗等辅政。

刘放、孙资久典机任，献、肇心不平。殿中有鸡栖树，二人相谓曰："此亦久矣，其能复几？"放、资惧，阴图间之。宇性恭良，陈诚固辞。睿引放、资入卧内，问曰："燕王正尔为？"对曰："燕王实自知不堪大任故耳。"睿曰："谁可者？"时惟爽在侧，放、资因荐之，且请召司马懿与相参，睿从其言。既而中变，放、资复入说，又从之。放请为手诏，睿曰："我困笃不能。"放上床，执其手强作之，遂赍出，大言曰："有诏免燕王宇等官，不得停省中。"皆流涕而出。遂以爽为大将军。睿嫌其才弱，拜尚书孙礼为长史以佐之。

朝臣集会商讨,往往让他俩决定是非,选择施行。中护军蒋济上书说:"我听说大臣的权力太重,国家就有危险,左右过于亲近,自身就会受蒙蔽,这是古人最深刻的训诫。从前大臣执掌大权,朝廷内外动荡不安;陛下境界高远亲理政事,大臣无不恭敬肃然。大臣不是不忠,只是权力在下,人们便会怠慢君王,这是形势发展的规律。陛下既然对大臣已有所明察,希望不要忘记身边亲信的隐患。亲信的忠诚和长远的谋略,未必胜过大臣,至于逢迎谄媚、奉承讨好,有的却极其擅长。何况实际掌握着国家要事,整日在陛下的眼前,倘若趁着陛下疲倦之时,擅弄权术,大臣们见他们能影响到国家大事,也就趁机尊崇他们。一旦有此弊端,私结朋党,褒贬毁誉一定会兴起,功过赏罚必然改变标准,走正路向上的或许被阻塞,曲意逢迎攀附的反而得志显贵,他们便找到空子就钻,看到迹象就退出,陛下亲信他们,对他们不再猜疑。这些陛下早应该留意了。"曹睿不接受。

等到曹睿卧病在床,深虑后事,这才任命武帝的儿子燕王曹宇担任大将军,与将军夏侯献、曹爽、曹肇、秦朗等辅政。

刘放、孙资长期掌管国家机密,夏侯献、曹肇心中愤愤不平。殿中有一只鸡飞到树上栖息,两人互相说:"这也太久了,它还能再在上面几天?"刘放、孙资感到恐惧,暗中打算离间他们。曹宇性情恭顺善良,诚恳地坚决推辞。曹睿叫刘放、孙资进入卧室,问他们说:"燕王正是这样吗?"刘放、孙资回答说:"燕王实际上是自知不能承担重任,所以才这样做。"曹睿问:"谁可以胜任呢?"当时只有曹爽在旁边,刘放、孙资乘机推荐曹爽,并且请求召司马懿参与辅政,曹睿听从了他们的意见。不久中途又改变,刘放、孙资再次入见劝说曹睿,曹睿又听从了。刘放请求曹睿亲自写诏书,曹睿说:"我病重之极,不能写。"刘放爬上床,把着曹睿的手勉强写下,于是带着诏书出宫,大声说:"有诏书免去燕王曹宇等人的官,不得在宫禁中逗留。"曹宇等都流泪而出。于是任命曹爽担任大将军。曹睿嫌曹爽才能不强,又任命尚书孙礼担任大将军长史辅助他。

时懿在汲，宇以为关中事重，宜遣懿还长安，事已施行。至是，复得手诏，前后相违，懿疑京师有变，乃疾驱入朝。爽，真之子也。

己未(239)　**二年**魏景初二年，吴赤乌二年。

春正月，魏司马懿至洛阳，与爽受遗辅政。魏主睿卒，太子芳立。

司马懿至洛阳，入见魏主。睿执其手曰："吾以后事属君，君与曹爽辅小子。死乃可忍？吾忍死待君，得相见，无恨矣。"乃召二王示懿，别指齐王芳曰："此是也，君谛视之，勿误也。"又教芳前抱懿项。懿顿首流涕。于是，芳年八岁，即日立为太子。睿寻卒，芳嗣位，尊皇后为皇太后，爽、懿并加侍中，都督中外诸军、录尚书事。诸所兴作，皆以遗诏罢之。

明帝沉毅明敏，任心而行，简功能，屏浮伪。行师动众，论决大事，谋臣将相咸服之。左右小臣，官簿性行，名迹所履，及其父兄子弟，一经耳目，终身不忘。

二月，魏以司马懿为太傅，何晏为尚书。

时曹爽、司马懿各领兵三千人更宿殿内，爽以懿年位素高，常父事之，每事咨访，不敢专行。

初，毕轨、邓飏、李胜、何晏、丁谧皆有才名，而急于富贵，趋时附势。明帝恶其浮华，抑而不用。曹爽素与亲善，及辅政，骤加引擢，以为腹心。晏等为爽谋曰："重权不可委

当时司马懿在汲县，曹宇认为关中事关重大，应该派司马懿回长安，事情已经施行。到了这时，司马懿又接到曹睿亲笔写的诏书，前后矛盾，司马懿怀疑京师发生变故，于是急速驱马入朝。曹爽，是曹真的儿子。

己未(239)　**汉后主延熙二年**魏景初二年，吴赤乌二年。

春正月，魏司马懿到达洛阳，与曹爽一同接受曹睿的临终遗言辅助朝政。魏主曹睿去世，太子曹芳立为皇帝。

司马懿到达洛阳，入见魏主。曹睿拉着他的手说："我把后事托付给你，你与曹爽一起辅助幼子。死是可以忍住的吗？我强忍着不死是为等待你。能够与你相见，再没有遗恨了。"于是招来齐王、秦王让司马懿看，又指着齐王曹芳说："就是他了，你仔细看看，不要错了。"又教曹芳抱住司马懿的脖子。司马懿叩头流泪不止。这时，曹芳年纪八岁，当天立为太子。曹睿随即去世，曹芳继承皇位，尊皇后为皇太后，曹爽、司马懿都加侍中、都督中外诸军、录尚书事。各处修建宫室的劳役，都以遗诏的名义废除了。

明帝曹睿沉着刚毅，聪明机敏，行事任性，能选择有功绩和才能的官吏，能摒除轻浮和虚伪。每次出兵征讨，讨论决定大事，谋臣将相都非常佩服他。他身旁的卑微小官，凡在档案中记录的禀性行为，主要事迹和经历，以及他们的父母兄弟的有关情况，一经他耳闻目睹，始终不会遗忘。

二月，魏国任命司马懿担任太傅，何晏担任尚书。

当时曹爽、司马懿各自领兵三千人在宫中轮流值宿，曹爽因为司马懿年纪已大，地位一向很高，经常把他当作父亲一样侍奉，每次有事都向他咨询，不敢独断专行。

起初，毕轨、邓飏、李胜、何晏、丁谧都有才名，但急于富贵，趋炎附势。明帝厌恶他们华而不实，都压制他们不予任用。曹爽向来与他们亲近友好，等到辅佐朝政，立即引荐提拔他们，把他们当成心腹。何晏等人为曹爽出谋划策说："大权不能托付

之于人，可白天子转懿为太傅，外以名号尊之，内欲令尚书奏事，先来由己，得制其轻重。"爽从之，以懿为太傅，自以其弟羲、训等皆为将军，侍从出入禁闼；徙吏部尚书卢毓为仆射，而以晏代之，以飏、谧为尚书，轨为司隶。晏等依势用事，附会者升进，违忤者罢退，内外望风，莫敢忤旨。傅嘏谓羲曰："何平叔外静内躁，铦巧好利，必先惑子兄弟，仁人将远而朝政废矣。"晏等遂因事免嘏官。孙礼亮直不挠，爽出之为扬州刺史。

夏，以蒋琬为大司马。

东曹掾杨戏素简略，琬与言论，戏时不应。或谓琬曰："戏慢公矣。"琬曰："人心不同，各如其面，面从后言，古人所诫。戏欲赞吾是耶，则非其本心；欲反吾言，则显吾之非，是以默然耳。"督农杨敏尝毁琬曰："作事愦愦，诚不及前人。"主者请推治之。琬曰："吾实不及前人，无可推。"主者请问愦愦之状，琬曰："苟其不如，则事不理，事不理，则愦愦矣。"后敏坐事系狱，众犹惧其必死，琬心无适莫，敏得免重罪。

冬十月，吴遣将军吕岱屯武昌。

岱时年八十，躬亲王事，与陆逊共领荆州文书，同心协规，有善相让，南土称之。

吴将周胤有罪，废徙庐陵。

吴都乡侯周胤将兵千人屯公安，以罪废徙。诸葛瑾、步骘为之请。吴主权曰："胤年少无功，爵以侯将，盖念公瑾故也。而胤恃此，酗淫无悛，且欲苦之，使自知耳。

给别人，可以禀告皇上重新任命司马懿为太傅，外表上以虚名使他尊贵，实际上想让尚书奏报事情，先经自己过目，得以控制轻重缓急。”曹爽采纳了他的建议，任命司马懿为太傅，任命自己的弟弟曹羲、曹训等担任将军，随从皇帝的左右，出入宫廷禁地；调吏部尚书卢毓担任仆射，而任命何晏接替他，任命邓飏、丁谧担任尚书，毕轨担任司隶校尉。何晏等人仰仗曹爽的势力用事，阿谀逢迎他们的人升官进爵，违抗的人被罢官贬退，朝廷内外都察看风向行事，没有人敢违背他们的意旨。傅嘏对曹羲说：“何晏外表平静而心内焦躁，机巧好利，他一定先蛊惑你们兄弟，使仁人志士将远远离去，而朝政濒于荒废了。”何晏等人于是因事免去傅嘏的官职。孙礼忠诚耿直，不屈不挠，曹爽让他离京担任扬州刺史。

夏季，蜀汉任命将琬担任大司马。

东曹掾杨戏一向简慢倨傲，蒋琬与他谈话，杨戏常常不作回答。有人对蒋琬说：“杨戏怠慢您了。”蒋琬说：“人心不同，就像各自的面孔一样，当面顺从背后议论，是古人所戒备的。杨戏想要称赞我正确，则不是他的本意；想要反对我的意见，则显出我的不对，因此默然不语。”督农杨敏曾经批评蒋琬说：“做事糊涂，实在不如前任。”主事的官员请求追究惩治杨敏。蒋琬说：“我确实不如前任，没有什么可追究的。”主事的官员请求回答糊涂的具体表现，蒋琬说：“假如不如前人，事情就不处理，事情不处理，就是糊涂了。”后来，杨敏因事犯罪入狱，众人还担心他一定被处死。蒋琬的心中对杨敏没有成见，杨敏得以免去重罪处罚。

冬十月，吴国派遣将军吕岱驻屯武昌。

吕岱当时八十岁，亲自处理政事，与陆逊共同管理荆州文书，同心协力，有好事两人互相谦让，南方的人们对他们十分称道。

吴将周胤犯罪，被免官流放庐陵。

吴国都乡侯周胤领兵一千人驻屯公安，因为犯罪被免官流放。诸葛瑾、步骘为他求情。吴主孙权说：“周胤年轻而没有功劳，却封以侯爵，让他统率军队，全是因周瑜的缘故。然而周胤倚仗宠爱，酗酒荒淫没有悔改，我暂且想让他吃点苦，使他自己醒悟。

以公瑾之子，而二君居间，苟使能改，亦何患乎？”瑜兄子偏将军峻卒，全琮请使峻子护领其兵。权曰：“闻护性行危险，用之适为作祸耳。孤念公瑾，岂有已哉！”

十二月，魏复以建寅之月为正。

庚申(240)　**三年**魏主曹芳正始元年，吴赤乌三年。

春，以张嶷为越巂太守。

初，越巂蛮夷数叛，杀太守，太守寄治安定县，去郡八百余里。及嶷为守，招慰新附，诛讨强猾，郡界悉平，复还旧治。

冬，吴饥。

辛酉(241)　**四年**魏正始二年，吴赤乌四年。

夏四月，吴人攻魏，魏击却之。

初，吴主权将伐魏。零陵太守殷札言曰：“今天弃曹氏，丧诛累见，虎争之际而幼童莅事。陛下宜身自御戎，涤荆、扬之地，举强羸之数，使强者执戟，羸者转运。命益州军陇右，诸葛瑾、朱然指襄阳，陆逊、朱桓征寿春，大驾入淮阳，历青、徐。掎角并进，民必内应。一军败绩，则三军离心，便当乘胜逐北，以定华夏。若不悉军动众，循前轻举，良疲威消，时往力竭，非上策也。”权不能用。

四月，命全琮略淮南，朱然围樊，诸葛瑾攻柤中。魏将军王凌与琮战，败之。司马懿曰：“柤中民夷十万，流离无主，樊城被攻历月，此危事也，请自讨之。”遂督诸军救樊。吴军夜遁。

就凭他是周瑜的儿子，又有你们二位在中间，假如他能够改正，还有什么忧虑呢？”周瑜的侄子偏将军周峻去世，全琮请求派周峻的儿子周护统领周峻的部队。孙权说：“我听说周护性情凶险，任用他正好让他去惹祸作乱。我思念周瑜，岂有终止！”

十二月，魏国恢复以建寅之月为正月。

庚申（240） 汉后主延熙三年魏主曹芳正始元年，吴赤乌三年。

春季，蜀汉任命张嶷担任越嶲太守。

起初，越嶲蛮夷多次反叛，杀死太守，太守寄居安定县处理公务，距郡署八百多里。等张嶷担任太守后，招降安抚新归附的蛮夷，讨伐强悍狡猾的夷人，郡内全部平定，郡署又迁回原地。

冬季，吴国发生饥荒。

辛酉（241） 汉后主延熙四年魏正始二年，吴赤乌四年。

夏四月，吴国进攻魏国，魏国将其击退。

起初，吴主孙权将要征伐魏国。零陵太守殷札说：“如今上天舍弃曹氏，丧事和凶杀不断出现，值此猛虎相争之际让一个幼童临政。陛下应该亲自统率大军，搜尽荆州、扬州的财物，调查强壮和老弱的人数，使身体强壮的人执戟上阵，老弱的人转运物资。使蜀汉驻军陇右，诸葛瑾、朱然率军直指襄阳，陆逊、朱桓出征寿春，陛下进军淮河以北，经过青州、徐州。我们从几个方向夹击，同时进军，老百姓一定做内应。只要敌人有一军战败，则三军军心涣散，我们就应当乘胜追击，平定华夏。如果我们不全军出动，而因循从前那样出动少量部队，老百姓就会疲惫，军威就会消失，时间过去力量耗尽，这不是上策。”孙权没有采纳。

四月，吴主孙权命令全琮进军淮南，朱然包围樊城，诸葛瑾攻打柤中。魏将军王凌与全琮交战，打败全琮。司马懿说：“柤中的汉人和夷人有十万之多，流离失所，樊城被围攻已经一个月，这是危急的事情，我请求亲自去征讨他们。”于是率领各军救援樊城。吴军在夜里逃走。

吴太子登卒。　蒋琬徙屯涪。

琬以诸葛亮数出秦川，道险运难，卒无成功，乃多作舟船，欲乘汉、沔东下，袭魏兴、上庸。会疾动，未行。朝廷咸以为事有不捷，还路甚难。帝遣费祎、姜维喻指。琬言："今魏跨带九州，根蒂滋蔓。若东西并力，首尾掎角，虽未能速如志，且当分裂蚕食，摧其支党。然吴期二三，连不克果。辄与祎等议，以凉州胡塞之要，进退有资，且羌、胡乃心思汉如渴，宜以维为刺史。若维征行，衔制河右，臣当帅军为继。今涪水陆四通，惟急是应，若东北有虞，赴之亦易，请徙屯涪。"帝从之。

魏置淮南北屯田，广漕渠。

魏欲广田畜谷于扬、豫之间，使尚书郎邓艾行陈、项以东至寿春。艾以为："太祖破黄巾，因为屯田，积谷许都以制四方。今三隅已定，事在淮南，每大军出征，运兵过半，功费巨亿。陈、蔡之间，土下田良，可省许昌左右稻田，并水东下，令淮北屯二万人，淮南三万人，什二分休，常有四万人且田且守。益开河渠以增溉灌，通漕运。计除众费，岁完五百万斛，六、七年间，可积三千万斛于淮上，此则十万之众五年食也。以此乘吴，无不克矣。"司马懿善之。是岁，始开广漕渠。每东南有事，大军泛舟达于江、淮，资食有储，而无水害。

吴国太子孙登去世。　蒋琬迁到涪县驻军。

蒋琬认为诸葛亮多次出兵秦川，由于道路险阻，粮食运输困难，最终没有成功，于是大量制造船只，准备利用汉水、沔水顺流东下，袭击魏兴、上庸。适逢蒋琬发病，没有行动。朝廷上下都认为事情一旦不能成功，退兵极其困难。后主刘禅派费祎、姜维说明朝廷的意见。蒋琬说："如今魏国的势力横跨九州，它带来的祸患正滋长蔓延。如果吴国和蜀汉联合力量，首尾夹击，即使不能迅速如愿，暂时也能分割和蚕食他们的国土，摧垮他们的局部势力。然而与吴国两三次约定同时出兵，都未能最终实行。我便与费祎等人商议，认为凉州是胡人的边塞要地，进退都有依靠，而且羌人、胡人都如饥似渴地想着归附汉朝，应该任命姜维为凉州刺史。如果姜维出征，控制河右，我应当率军作后援。如今涪县水路陆路四通八达，能应付紧急情况，如果东部、北部有危险，前去救援也容易，请把部队迁到涪县驻屯。"后主刘禅采纳了他的意见。

魏国在淮河以南以北屯田，扩开河渠。

魏国打算在扬州、豫州之间开垦田地，积蓄粮食，派尚书郎邓艾到陈县、项县以东至寿春一带巡视。邓艾认为："太祖打败黄巾军，趁机屯田，在许都积蓄粮食来控制天下。如今二方边境都已平定，主要力量集中在淮河以南，每次大军出征，运粮的士兵超过一半，耗费千千万万。陈县、蔡县之间，到处是良田，可以减少许昌附近的稻田，把水并入河道向东流去，下令淮河以北驻屯二万人，淮河以南驻屯三万人，十分之二的人轮流休息，经常有四万人一边屯田一边防守。进一步开凿河渠以增加灌溉，开通漕运。除去所有费用，每年总共可获五百万斛粮食，六、七年内，可以在淮河土地上囤积三千万斛，这是十万大军五年的粮食。凭借这样的基础攻打吴国，无往而不胜。"司马懿称赞他的建议好。这一年，开始扩开河渠。以后，每次东南方出现战事，大军乘船直达长江、淮河，军费、粮食都有储备，而且江河没有水害。

管宁卒于魏。

宁名行高洁，人望之者，邈然若不可及，即之，熙熙和易。能因事导人于善，人皆化服。年八十四卒，天下知与不知闻之，无不嗟叹。

壬戌(242)　**五年**魏正始三年，吴赤乌五年。

春正月，中监军姜维自汉中徙屯涪。　吴立子和为太子，霸为鲁王。

霸，和母弟也，吴主权爱之，与和无异。其傅是仪谏曰："鲁王兼资文武，宜出镇四方，为国藩辅。且使二宫有所降杀，以正上下之序。"书四上，不听。

癸亥(243)　**六年**魏正始四年，吴赤乌六年。

夏五月朔，日食，既。　冬十月，遣前监军王平督汉中。　十一月，以费祎为大将军，录尚书事。　魏扬、豫都督王昶徙屯新野。

昶言："地有常险，守无常势。今屯宛去襄阳三百余里，有急不足相赴。"遂徙屯新野。

甲子(244)　**七年**魏正始五年，吴赤乌七年。

春正月，吴以陆逊为丞相。　三月，魏曹爽寇汉中。闰月，费祎督诸军救之。

魏征西将军夏侯玄，爽姑子也。辟李胜为长史，胜及邓飏欲爽立威名于天下，劝使伐蜀。司马懿止之，不得。三月，爽至长安，发卒十余万，与玄自骆谷入汉中。汉中

管宁在魏国去世。

管宁名声大，行止高洁，是人们敬仰的人，看上去好像不可接近，接近他，却感到温和平易。他能够随事引导人们行善，人们都深受感化而对他由衷佩服。管宁八十四岁去世，天下认识和不认识他的人听到他去世的消息，无不哀叹。

壬戌(242)　**汉后主延熙五年**魏正始三年，吴赤乌五年。

春正月，中监军姜维从汉中迁到涪县屯驻。　吴国立皇子孙和为太子，封孙霸为鲁王。

孙霸，是孙和的胞弟，吴主孙权喜爱他，与孙和没有什么不同。孙霸的老师是仪进谏说："鲁王文武双全，应该派他去镇守四方，作为辅助国家的屏藩。而且使太子和诸侯王之间有些差别，用以摆正上下的秩序。"奏书四次呈上，孙权都没有采纳。

癸亥(243)　**汉后主延熙六年**魏正始四年，吴赤乌六年。

夏五月初一，日食，为日全食。　冬十月，蜀汉派前监军王平统领汉中。　十一月，任命费祎担任大将军，录尚书事。　魏扬州、豫州都督王昶迁到新野县驻屯。

王昶说："地势的险阻固定不变，防守的形势变化无常。如今驻扎在宛县，距离襄阳三百余里，一旦有紧急情况，来不及赶去救援。"于是迁到新野县驻屯。

甲子(244)　**汉后主延熙七年**魏正始五年，吴赤乌七年。

春正月，吴国任命陆逊担任丞相。　三月，魏国曹爽入侵汉中。闰三月，费祎统率各路大军前去救援。

魏征西将军夏侯玄，是曹爽姑母的儿子。夏侯玄征召李胜担任长史，李胜与邓飏想让曹爽在天下树立起威名，劝曹爽讨伐蜀汉。太傅司马懿阻止他们，没有劝阻住。三月，曹爽到达长安，征发士兵十余万人，与夏侯玄一起从骆谷进入汉中。汉中

守兵不满三万,诸将皆恐,欲守城不出以待涪兵。王平曰:“此去涪垂千里,贼若得关,便为深祸。”遂遣护军刘敏据兴势,多张旗帜,弥亘百余里。闰月,帝遣费祎救汉中,将行,光禄大夫来敏诣祎别,求共围棋。时羽檄交至,人马擐甲,严驾已讫,祎与对戏,了无倦色。敏曰:“向聊观试君耳,君信可人,必能办贼也。”

夏四月朔,日食。　五月,魏军退走。

魏兵拒兴势不得进,关中及氐、羌转输不能供,牛畜多死,民夷号泣道路。司马懿与夏侯玄书曰:“《春秋》责大德重。今兴势至险,蜀已先据之,若进不获战,退见邀绝,覆军必矣,将何以任其责?”玄惧,言于爽,遂引军还。费祎进据三岭以截爽,爽争险苦战,仅乃得过,失亡甚众,关中为之虚耗。

冬,以费祎兼益州刺史,董允守尚书令。

蒋琬以病固让州职于祎,时国务烦猥,祎识悟过人,为尚书令,省读文书,举目究意,终亦不忘。常以朝晡听事,其间接纳宾客,饮食博戏,尽人之欢,而事无废阙。及允代祎,始欲学之,旬日之中,已多愆滞。乃叹曰:“人才相远如此,非吾所及也!”乃听事终日,而犹有不暇焉。

守军不满三万人，将领们都深感恐惧，准备坚守城池不出以等待涪县的援兵。王平说："汉中距离涪县将近一千里，敌人如果攻取关隘，便灾祸深重了。"于是派遣护军刘敏占据兴势，漫山遍野插上战旗，绵延一百余里。闰三月，后主刘禅派遣费祎救援汉中，将要出发时，光禄大夫来敏来到费祎的住处辞别，请求一起下一盘围棋。这时紧急的军事文书交相送到，士兵和战马都披挂铠甲，车马已整备完毕，可是费祎与来敏对弈，毫无倦意。来敏说："我之前姑且是有意试探您，您确实令人满意，一定能够击退敌人。"

夏四月初一，日食。　五月，魏军退走。

魏军到达兴势后受到抵抗，不能前进，关中以及氐人、羌人运送的粮食供应不上，牛马等牲畜大批死亡，汉民和夷人在道路上哀号哭泣。司马懿给夏侯玄去信说："《春秋》，对重臣要求高但给予的恩德重。如今兴势的地势十分险要，蜀军已经先占据了，如果发起进攻而敌人不应战，撤退又被拦截，全军必然覆没，您将怎么来承担这个责任呢？"夏侯玄害怕，禀告了曹爽，于是率军撤退。费祎进军占据三岭来拦截曹爽，曹爽为争夺险要的地势进行苦战，才勉强得以冲过，失散的人很多，关中因为这次战斗白白耗费了大量人力物力。

冬季，蜀汉任命费祎兼任益州刺史，董允担任尚书令。

蒋琬因为患病坚持把州职让给费祎，当时国家的公务烦琐细碎，费祎的见识和悟性过人，担任尚书令，审阅文书，抬眼一看便知大意，最终也不遗忘。费祎经常在早晨和傍晚听取大家的意见来处理公务，中间接待宾客，吃饭喝水，玩博戏，使人们都能尽兴快乐，而公务也不荒废。等董允接替费祎后，最初想学费祎，但十天之内，已有很多事情被拖延耽误。董允才叹息说："人的才能相差如此之大，不是我所能赶上的！"便整日听取意见处理公务，还是没有空闲。

乙丑(245)　八年魏正始六年,吴赤乌八年。

春,吴杀其太子太傅吾粲。

吴太子和与鲁王同宫,礼秩如一,群臣多以为言。吴主权乃命分宫别僚,二子由是有隙。

全琮遣其子寄事鲁王,陆逊谓曰:"子弟苟有材,不忧不用,私出以要荣利,终取祸耳。闻二宫势敌,此古人之深忌也。"寄果阿附交构。逊又与书曰:"卿不师日䃅而宿留阿寄,终为门户祸矣。"琮不纳。霸曲意交结名士。将军朱绩以胆力称,霸自诣之,欲与结好,绩辞不受。于是仇党疑贰,举国中分。权长女适全琮,少女适朱据。全公主与太子母王夫人有隙。权寝疾,遣太子祷桓王庙,太子妃叔父张休居近庙,邀太子过所居。公主因言:"太子不至庙中,专就妃家计议,而王夫人见上寝疾,有喜色。"权由是发怒,夫人以忧死,太子宠日衰。

霸党杨竺、全寄从而毁之,权惑焉。陆逊谏曰:"正统、藩臣,当使宠秩有差,则彼此得所,上下获安矣。"书三四上,辞情危切。权不悦。

太常顾谭,逊之甥也,上疏曰:"有国家者,必明嫡庶之端,异尊卑之礼,使高下有差,等级逾邈,则骨肉之恩全,觊觎之望绝矣。臣之所陈,非有所偏,诚欲以安太子而便鲁王也。"由是霸恶谭,全琮亦恶之,相与谮之吴主,徙谭于交州。太子太傅吾粲请使鲁王镇夏口,出杨竺等,不得在京师,又数以消息语陆逊。霸、竺谮之,吴主怒,诛粲。

乙丑(245)　汉后主延熙八年魏正始六年，吴赤乌八年。

春季，吴国处死太子太傅吾粲。

吴国太子孙和与鲁王孙霸同住一宫，礼仪和官品也完全一样，大臣们对此颇有说法。吴主孙权于是下令将二人的宫室和僚属分开，二人由此产生矛盾。

全琮派他的儿子全寄侍奉鲁王，陆逊对全琮说："你的儿子如果有才能，不必担忧不被任用，出任私门僚属以邀取名位利禄，最终要招致灾祸。听说太子和鲁王势均力敌，这是古人最忌讳的。"全寄果然依附鲁王与他结交。陆逊又写信给全琮说："你不向日磾学习严格教育儿子，反而包容庇护阿寄，最终会给你们家招来灾祸。"全琮不接受。孙霸委曲己意交结名士。将军朱绩以胆力著称，孙霸亲自到他的住所，想与他结好，朱绩推辞没有接受。于是仇视敌党，猜疑贰心，全国分为两派。孙权的长女嫁给全琮，小女儿嫁给朱据。全公主与太子的母亲王夫人有矛盾。孙权卧病在床，派太子到桓王庙祈祷，太子妃的叔父张休住在庙附近，邀请太子到家中坐坐。公主便说："太子不到庙中，专门去妃子家商议事情，而王夫人看到皇上重病在床，面有喜色。"孙权因此发怒，王夫人因忧虑而死，对太子的宠爱日渐衰减。

孙霸的徒党杨竺、全寄一起诋毁太子，孙权疑惑不解。陆逊进谏说："对于嫡长子、藩臣的宠爱和官品，应当有所区别，这样彼此各得其所，上下都能获得安定。"奏书呈上三四次，言辞情感忧惧急切。孙权不高兴。

太常顾谭，是陆逊的外甥，他上书说："做帝王的人，一定要明确嫡庶的区别，使卑尊之礼各不相同，使高下有差别，等级不可超越，这样骨肉的恩情才能保全，非分的念头才会断绝。我所陈述的，没有任何偏袒，实在是想使太子稳定和鲁王便利。"由于这样，孙霸憎恨顾谭，全琮也憎恨顾谭，向吴主孙权诬陷中伤，顾谭因此被流放到交州。太子太傅吾粲请求派鲁王去镇守夏口，逐出杨竺等人，不得留在京城，又多次向陆逊通报消息。孙霸、杨竺诬陷吾粲，吴主发怒，将吾粲杀死。

吴丞相陆逊卒。

吴主权以鲁王霸、杨竺之谮，数遣使责问逊，逊愤恚而卒。其子抗代领其众，送葬东还。权以竺所白逊二十事问抗，抗事事条答，权意乃稍解。

秋八月，皇太后吴氏崩。　冬十一月，大司马蒋琬卒。　十二月，尚书令董允卒。以宦者黄皓为中常侍。

董允秉心公亮，献替尽忠，帝甚严惮之。宦人黄皓，便僻佞慧，有宠，允数责之。皓畏允，不敢为非，终允之世，位不过黄门丞。

费祎以选曹郎陈祗代允为侍中，祗矜厉有威容，多技艺，挟智数，祎以为贤，越次用之。祗与皓相表里，皓始预政，迁中常侍，操弄威柄，终以覆国。自祗有宠，而帝追怨允日深，由祗阿意迎合，而皓浸润构间故也。

时帝数出游观，增广声乐。太子家令谯周谏曰："昔王莽之败，豪杰并起以争神器，然莫不快情恣欲，怠于为善。世祖初入河北，冯异劝之曰：'当行人所不能为者。'遂理冤狱，崇节俭，北州歌叹，声布四远。于是邓禹自南阳追之，吴汉、寇恂举兵助之。其余望风慕德，舆病赍棺，襁负而至，不可胜数。故能以弱为强而成帝业。在洛阳，尝欲小出，铫期进谏，即时还车。及颍川盗起，寇恂请身往临贼，闻言即行。故非急务，欲小出不敢；至于急务，欲自安不为。帝者之欲善也，如此。传曰：'百姓不徒附。'诚以德先之也。今汉遭厄运，天下三分，雄哲之士思望之时也，

吴丞相陆逊去世。

吴主孙权因为鲁王孙霸、杨竺的诬陷中伤，多次派使者责问陆逊，陆逊愤恨而死。陆逊的儿子陆抗接替他统领部队，送葬回吴。孙权拿杨竺告发陆逊的二十件事质问陆抗，陆抗一件事一件事做出答复，孙权的怒意才慢慢消解。

秋八月，皇太后吴氏去世。　冬十一月，大司马蒋琬去世。十二月，尚书令董允去世。任命宦官黄皓担任中常侍。

董允公平正直，诤言进谏，竭尽忠心，后主十分敬畏他。宦官黄皓，阿谀奉迎，花言巧语，很受宠爱，董允多次指责他。黄皓惧怕董允，不敢胡作非为，直到董允去世时，官位没有过黄门丞。

费祎任命选曹郎陈祗接替董允担任侍中，陈祗庄重严厉，多才多艺，工于心计，费祎认为贤能，越级提拔重用。陈祗与黄皓内外勾结，黄皓开始参与朝政，升迁到中常侍，操弄权柄，终于使蜀国灭亡。自从陈祗受到宠爱，后主追怨董允日渐加深，这是由于陈祗阿谀迎合，而黄皓长期进谗言离间的缘故。

当时后主多次外出游玩观赏，增加乐工的人数。太子家令谯周劝谏说："从前王莽失败时，四方豪杰群起争夺皇位，然而没有人不纵欲享乐，懒得去做善事。世祖刘秀刚入河北时，冯异劝他说：'你应该做别人不能做的事。'于是世祖清理冤案，提倡节俭，北方的人为他歌功颂德，他的名声传布四方。从此邓禹从南阳来追随他，吴汉、寇恂发兵来帮助他。其余的人也都观察时势而仰慕他的德行，至于抱病登车，带着棺材，用襁褓背负孩子赶来归附的人，数不胜数。所以他能够由弱到强最终成就帝王大业。他在洛阳时，曾经想到附近游玩，铫期进言劝阻，他立即驱车返回。等到颍川的盗匪作乱时，寇恂请求让他亲自率兵去对付盗贼，他听说后便立即动身。所以除非紧急事务，想出去游玩游玩也不敢；至于碰上紧急事务，想自己悠闲一下也不肯。帝王想行善，就像这样。经传上说：'百姓不会平白无故地依附你。'确实该把德行放在第一位。如今汉室正遭受厄运，天下分裂，三足鼎立，武勇明智之士盼望圣明的君主统一天下，

臣愿陛下复行人所不能为者以副人望。且承事宗庙，所以率民尊上也。今四时之祀不临，而池苑之观仍出，臣所不安也。夫忧责在身者，不暇尽乐，愿省减乐官、后宫凡所增造，以成先帝之志。”不听。

丙寅(246)　**九年**魏正始七年，吴赤乌九年。

春，魏击高句骊，克之。

幽州刺史毌丘俭以高句骊王位宫数为侵叛，督诸军讨之。位宫败走，俭遂屠丸都。初，句骊之臣得来数谏，位宫不从，退而叹曰：“立见此地将生蓬蒿。”遂不食而死。俭令诸军不坏其墓，全其妻子；遣将追位宫，至肃慎氏南界，刻石纪功而还。

秋九月，吴以步骘为丞相。　吴分荆州为二部。

以吕岱督右部，自武昌以西至蒲圻；诸葛恪督左部，镇武昌。

赦。

大司农孟光于众中责费祎曰：“赦者，偏枯之物，非明世所宜有也。必不得已，乃可权而行之。今有何急而数施非常之恩，以惠奸宄乎？”祎顾谢，踧踖而已。初，丞相亮时，有言公惜赦者，亮答曰：“治世以大德，不以小惠，故匡衡、吴汉不愿为赦。先帝亦有言：‘吾周旋陈元方、郑康成间，每见启告治乱之道悉矣，曾不语赦也。若刘景升父子，岁岁赦宥，何益于治乎？’”

我希望陛下再做别人所不能做的事，来满足人们的期望。再说主持宗庙祭祀，是为了带领百姓尊敬主上。如今四季的祭祀您不亲临主持，而仍然外出游赏池塘园林，我为此深感不安。那些身担天下重任的人，无暇尽情享乐，希望陛下减省乐官和后宫所有增加和建造的东西，以完成先帝的遗志。”后主没有接受。

丙寅（246）　**汉后主延熙九年**魏正始七年，吴赤乌九年。

春季，魏国攻打高句骊，攻克丸都。

幽州刺史毌丘俭因为高句骊国王位宫多次越境进犯和举兵叛乱，所以统率各路大军去讨伐。位宫失败而逃，毌丘俭屠杀丸都的军民。起初，高句骊的大臣得来多次劝谏位宫不要作乱，位宫不听，得来退下后叹息说：“不久之后将在这片土地上看到长满蓬蒿。”于是绝食而死。毌丘俭命令各军不得毁坏得来的坟墓，保全他的妻子儿女；派遣将领率兵追击位宫，直到肃慎氏的南部边界，在那里立碑刻石记录这次战功，然后返回。

秋九月，吴国任命步骘担任丞相。　吴国将荆州分成两个部分。

任命吕岱统领右部，管辖武昌以西到蒲圻一带；任命诸葛恪统领左部，镇守武昌。

蜀汉大赦天下罪犯。

大司农孟光在众人中责备费祎说：“大赦天下罪犯，就像大树一边枝繁叶茂而一边焦枯一样，是失之偏颇的做法，不是圣明之世所该采取的。实在不得已，才可暂时变通实行一次。如今有什么紧急情况而屡次施行这种不同寻常的恩典，给奸诈凶险的人带来好处呢？”费祎仅仅是表示歉意，恭敬地听其责备而已。当初，诸葛亮担任丞相时，有人说诸葛亮绝不肯赦免罪犯，诸葛亮回答说：“治理国家要依靠大的仁德，而不靠小恩小惠，所以匡衡、吴汉不希望实行大赦。先帝也说：‘我与陈纪、郑玄在一起时，经常听他们对我讲述治国之道，但不曾讲到过大赦罪犯。像刘表父子那样，年年实行赦免，对于治国又有什么好处呢？’”

吴罢大钱。　以姜维为卫将军，与费祎并录尚书事。

丁卯(247)　十年魏正始八年，吴赤乌十年。

春二月，日食。

时魏主芳亵近群小，游宴后园。何晏上言："自今游豫，宜从大臣询谋政事，讲论经义。"不听。而晏等朋附曹爽，亦好变改法度。太尉蒋济上疏曰："惟命世大才，乃能张其纲维以垂于后，下吏改易，无益于治，适足伤民。宜使文武之臣，各守其职，则和气可致也。"

吴作太初宫。

吴主诏徙武昌宫材瓦修建业宫。有司奏："故宫岁久，恐不堪用，宜下所在通伐。"吴主曰："大禹以卑宫为美，今军事未已，所在赋敛，若更通伐，恐妨农桑，武昌材瓦自可用也。"

魏迁其太后于永宁宫。

曹爽用何晏等谋，迁太后，擅朝政，多树亲党。司马懿不能禁，遂称疾不与政事。

戊辰(248)　十一年魏正始九年，吴赤乌十一年。

夏四月，魏以徐邈为司空，不受。

魏以光禄大夫徐邈为司空。邈叹曰："三公论道之官，无其人则缺，岂可以老病忝之哉！"遂固辞不受。

夏五月，费祎出屯汉中。

吴国停止使用大面额的钱币。　蜀汉任命姜维担任卫将军，与费祎一同担任录尚书事。

丁卯（247）　**汉后主延熙十年**魏正始八年，吴赤乌十年。

春二月，发生日食。

当时魏主曹芳亲近一群小人，在后园游乐饮宴。何晏进言："从今以后，皇帝游乐时，应该让大臣跟随，以便询问和谋划政事，讲解和讨论经书大义。"曹芳没有采纳。而何晏等人勾结依附曹爽，也喜欢更改国家的法令制度。太尉蒋济上书说："只有著称于世的伟大人才，才能掌管国家的法度以流传后世，小吏随意更改，无益于治理国家，却足以伤害人民。应该让文武大臣，恪守各自的职责，这样祥和之气就可受感应而来临。"

吴国建造太初宫。

吴主孙权下诏运武昌宫的木材砖瓦，来修缮建业宫。有关官吏上奏说："武昌宫年代已久，木材砖瓦恐怕不能再用，应该下令各地砍伐木材运来。"孙权说："大禹以低矮的宫室为美，如今战事持续不停，各地征收赋税，如果再让他们砍伐木材，恐怕影响农林生产，所以武昌宫的木材砖瓦还可再用。"

魏国将太后迁居永宁宫。

曹爽采纳何晏等人的计谋，将太后迁居永宁宫，独揽朝廷大权，树立大批亲信党羽。司马懿不能禁止，便声称患病不参与朝廷政事。

戊辰（248）　**汉后主延熙十一年**魏正始九年，吴赤乌十一年。

夏四月，魏国任命徐邈担任司空，徐邈没有接受。

魏国任命光禄大夫徐邈为司空。徐邈叹息说："三公是研讨治国之道的官吏，没有合适的人选就空缺，怎么能让年老多病的人愧居这个职位呢？"于是坚决推辞不接受任命。

夏五月，费祎离开都城驻扎到汉中。

自蒋琬及祎,虽身居于外,庆赏威刑,皆遥先谘断,然后乃行。祎雅性谦素,当国功名略与琬比。

己巳(249)　**十二年**魏嘉平元年,吴赤乌十二年。

春正月,魏司马懿杀曹爽及何晏等,夷其族。

曹爽骄奢无度,饮食衣服,拟于乘舆;又私取先帝才人以为伎乐。作窟室,绮疏四周,与何晏等纵酒其中。弟羲泣谏,不听。又兄弟数俱出游,司农桓范谓曰:"总万机,典禁兵,不宜并出,若有闭城门,谁复内入者?"爽曰:"谁敢尔耶!"

初,清河、平原争界,八年不能决。冀州刺史孙礼请天府所藏烈祖封平原时图以决之。爽信清河之诉,云图不可用,礼上疏自辨,辞颇刚切。爽大怒,劾礼怨望,结刑五岁。久之,复为并州,往见司马懿,有忿色而无言。懿曰:"卿得并州少邪?恚理分界失分乎?"礼曰:"礼虽不德,岂以是为意耶!本谓明公匡辅魏室,以报明帝之托。今社稷将危,天下凶凶,此所以不悦也。"因涕泣横流。懿曰:"且止,忍不可忍。"

后,李胜出刺荆州,过辞懿。懿令两婢侍,持衣,衣落;指口言渴,婢进粥,懿不持杯而饮,粥流沾胸。胜曰:"众谓明公旧风发动,何意乃尔。"懿使声气才属,言:"年老枕疾,死在旦夕。并州近胡,好为之备。且以子师、昭为托。"

从蒋琬到费祎，虽然身居于外，但国家庆典赏赐以及刑罚等事，都预先远远地向他们咨询，然后才执行。费祎向来性情谦虚朴素，治理国家的功名大约与蒋琬相当。

己巳(249)　汉后主延熙十二年魏嘉平元年，吴赤乌十二年。

春正月，魏司马懿杀曹爽以及何晏等人，灭掉他们的家族。

曹爽骄奢无度，饮食衣服，模仿皇帝；还私自挑选明帝的宫女做歌舞乐妓。修建地下宫室，在四周雕刻华丽的花纹，与何晏等人在里面饮酒作乐。曹爽的弟弟曹羲流着泪劝阻他不要这样做，但曹爽不听。另外，曹爽兄弟多次一起出去游玩，司农桓范对他说："您总理万机，掌管禁军，不宜与他们一同出城，如果有人关闭城门，谁在城中接应呢？"曹爽说："谁敢这样做！"

起初，清河、平原二郡的边界有争议，八年也不能解决。冀州刺史孙礼请求按照天府所藏的魏明帝受封作平原王时的地图来断决。曹爽相信清河郡的诉状，说地图不可用，于是孙礼上书自我辩解，言辞十分强硬严厉。曹爽勃然大怒，弹劾孙礼对朝廷怀有怨恨情绪，判刑五年。很久以后，孙礼又担任并州刺史，前去拜会司马懿，面有怒色却不说话。司马懿说："你是因为得到并州地盘小呢？还是怨恨分界不合理呢？"孙礼说："我虽然没有才德，难道会把这些小事放在心上吗！我原本要说的是您应该匡正并辅佐魏室，以报答明帝的嘱托。如今国家将面临危险，天下骚动不安，这便是我不高兴的原因。"说完便泪流满面。司马懿说："你暂且控制感情，要忍受那些不能忍受的事情。"

后来，李胜出任荆州刺史，到司马懿家中辞别。司马懿让两个婢女陪侍，拿着衣服，衣服掉到地上；指着嘴说口渴，婢女端来粥，司马懿不拿杯碗就喝，粥从嘴里流出来沾满前胸。李胜说："大家都说您中风的老毛病复发，怎么也没想到竟是这样。"司马懿气喘吁吁地说："我年老卧病在床，不久就要死了。并州靠近胡地，要做好戒备。我暂且把儿子司马师、司马昭托付于你。"

胜曰："还忝本州，非并州也。"懿复错乱其辞曰："君方到并州？"胜曰："当忝荆州。"懿曰："年老意荒，不解君言。今为本州，好建功勋。"胜退，告爽曰："司马公尸居余气，形神已离，不足虑矣。"故爽等不复设备。

是月，魏主谒高平陵，爽与弟羲、训皆从。懿与师、昭谋以皇太后令，闭诸城门，勒兵据武库，召司徒高柔假节行大将军事，据爽营；太仆王观行中领军事，据羲营。奏曰："大将军爽，背弃顾命，败乱国典，僭拟专权，尽据禁兵，群官要职，皆置所亲，殿中宿卫，易以私人，伺察至尊，离间两宫，天下汹汹，人怀危惧。此非先帝诏陛下及臣升御床之本意也。太尉臣济等皆以爽有无君之心，兄弟不宜典军宿卫。奏永宁宫，皇太后令臣如奏施行。臣辄敕主者罢爽、羲、训吏兵，以侯就第，敢有稽留车驾，便以军法从事。臣辄力疾将兵屯洛水浮桥，伺察非常。"爽得奏，迫窘不知所为。

懿使爽所亲信说爽，宜早自归罪，唯免官而已。懿以太后令召桓范。范欲应命，其子曰："车驾在外，不如南出。"范乃出。懿谓蒋济曰："智囊往矣。"济曰："驽马恋栈豆，必不能用也。"

范劝爽以天子诣许昌，发四方兵自辅。爽疑未决，范谓羲曰："此事昭然，卿用读书何为！今卿门户，求贫贱

李胜说："我是回家乡任州官，不是去并州。"司马懿又把他的话打乱，说："你刚到过并州？"李胜说："是愧居荆州州官。"司马懿说："我年老思绪混乱，不明白你说的话。如今你回到家乡，正好建立功勋。"李胜告退后，禀告曹爽说："司马公像死尸一样只是多一口气，无所作为，形体与精神已经分离，不足以忧虑了。"因此曹爽等人不再对司马懿有所戒备。

这个月，魏主曹芳去祭扫高平陵，曹爽与弟弟曹羲、曹训都跟着。司马懿与司马师、司马昭策划以皇太后的名义下令，关闭各道城门，率兵占据武库，召司徒高柔持节代理大将军，占据曹爽的营地；太仆王观代理中领军，占据曹羲的营地。于是奏报皇帝说："大将军曹爽，背弃先帝的临终遗命，败坏和扰乱了国家的制度，超越本分，自比皇帝，独揽大权，全部把持禁军，各种重要职位，都安排亲信担任，宫中的值宿卫士，也换上自己的人，窥视陛下，离间陛下和太后二宫的关系，天下骚动不安，人人心怀恐惧。这不是先帝诏令陛下和我到御床前嘱托的本意。太尉蒋济等人都认为曹爽有夺取皇位之心，他们兄弟不宜掌管军队和在皇宫中值宿警卫。我将这些情况上奏永宁宫，皇太后下令我按奏章所说执行。我就下令主管官吏罢免曹爽、曹羲、曹训的兵权，以侯爵的身份退官归居，如敢拖延执行皇太后的命令，便按军法处置。我就勉强支撑病体率兵驻扎在洛水浮桥，侦察非常情况。"曹爽得到司马懿的奏章，惊恐窘迫不知所措。

司马懿派曹爽的亲信去劝说曹爽，告诉他应该尽早服罪，这样只是免官而已。司马懿以太后的名义下令召桓范。桓范打算接受任命，他的儿子说："皇帝在外，你不如出南门去投奔。"桓范于是出城逃走。司马懿对蒋济说："曹爽的智囊去了。"蒋济说："曹爽像劣马贪恋马房的豆料一样，留恋现在的权势，必定不会采纳桓范的计谋。"

桓范劝曹爽将皇帝挟持到许昌，征调各方兵力辅助自己。曹爽犹豫不决，桓范对曹羲说："这件事很清楚只能这样，我不知你们读书是干什么用的！如今你们这样的门第，要想求得贫贱的日子

复可得乎？且匹夫质一人，尚欲望活；卿与天子相随，令于天下，谁敢不应？今诣许昌，不过中宿，所忧谷食，而大司农印章在我身。”羲兄弟不从，自申夜至五鼓，爽乃投刀于地曰：“我亦不失作富家翁！”范哭曰：“曹子丹佳人，生汝兄弟，犊犊耳。何图今日坐汝族灭也。”

爽乃通懿奏，请下诏免己官，奉驾还宫。爽兄弟归家，懿发吏卒围守之。有司奏：“黄门张当私以所择才人与爽，疑有奸。”收付廷尉考实，辞云：“爽与何晏、邓飏、丁谧、毕轨、李胜等谋逆。”于是收爽、羲等并桓范、张当，俱夷三族。

先是，宗室曹冏上书曰：“古者必建同姓以明亲亲，必树异姓以明贤贤，亲疏并用，故能保其社稷。今州郡牧守皆跨有千里，兼军武之任，或比国数人，或兄弟并据；而宗室子弟王空虚之地，君不使之民，曾无一人间厕其间，与相维制，非所以强干弱枝，备万一之虞也。语曰：‘百足之虫，至死不僵’，以其扶之者众也。此言虽小，可以譬大。”冏欲以感寤曹爽，爽不能用。及懿闭门，爽司马鲁芝闻变，将营骑斫津门出赴爽。及爽解印绶，主簿杨综止之曰：“公挟主握权，舍此以至东市乎？”有司奏收芝、综，懿曰：“彼各为其主也，宥之。”芝之出也，呼参军辛敞欲与俱。敞谋于其姊宪英

还可能吗？况且普通百姓有一人被当作人质，人们还希望他存活；何况你们与皇帝在一起，挟天子以令天下，谁敢不响应？现在去许昌，不过两天的路程，我们担心的粮食供应，有大司农的印章在我身上，可签章征调。”曹羲兄弟没有采纳桓范的建议，从初更时分坐到五更，曹爽才把刀扔到地上说：“即使服罪，我也不失为富家翁！”桓范哭着说：“曹子丹是有才能的人，却生下你们兄弟，像猪像牛一般。没想到今日受你们的连累要灭族了。”

曹爽于是向皇帝通报了司马懿的奏章，请求下诏令免除自己的官职，并侍奉皇帝回宫。曹爽兄弟回到家里，司马懿派兵包围曹府，日夜看守。有关部门上奏：“黄门张当私下把自己选择的宫中女官送给曹爽，怀疑他们之间图谋不轨。”于是逮捕张当，交廷尉审问核实。张当交代说：“曹爽与何晏、邓飏、丁谧、毕轨、李胜等人密谋反叛。”于是逮捕曹爽、曹羲等人以及桓范、张当，全都被诛灭三族。

先前，宗室曹冏上书说：“古代帝王一定任用同姓皇族，表明亲近亲族；也一定任用异姓大臣，表明崇尚贤能，亲族和非亲族同时任用，所以能保社稷平安长久。如今州牧、郡守都拥有千里之地，身兼军队之职，有的一家数人担任要职，有的兄弟同时把持高位；而宗室子弟空有王的虚名而实无封地，封国之君不能役使百姓，竟然没有一个人跻身州牧、郡守之间，与他们互相制约，这不是使主干强壮、枝叶微弱，防备万一的做法。俗语说：‘百足之虫，至死不僵’，这是因为支持它身体的脚众多的缘故。这句话说的虽是小事小物，但可以比喻国家大事。”曹冏希望他的这一席话能够使曹爽感动并省悟，但曹爽没有采纳。等到司马懿关闭城门，曹爽的司马鲁芝听说局势发生变化，便率领大将军营中的骑兵砍开津门，出城投奔曹爽。等到曹爽准备交出大将军印和绶带时，主簿杨综阻止他说：“您扶持皇上掌握大权，交出大将军印是想要被斩首于东市吗？”有关部门奏请逮捕鲁芝、杨综，司马懿说：“他们也是为了各自的主人，宽恕他们吧。”鲁芝出城时，招呼参军辛敞想要他一同离开。辛敞与姐姐辛宪英商量

曰："天子在外，太傅闭城门，人云将不利国家，于事可得尔乎？"宪英曰："以吾度之，太傅诛曹爽耳。""然则事就乎？"曰："得无殆就。爽才非太傅偶也。""然则可以无出乎？"曰："职守，人之大义也。凡人在难，犹或恤之；执鞭而弃其事，不祥莫大焉。且为人任，为人死，亲昵之职也，从众而已。"敞遂出。事定之后，叹曰："吾不谋于姊，几不获于义。"

先是，爽辟王沈、羊祜，沈劝祜应命。祜曰："委质事人，复何容易。"沈遂行。及爽败，沈以故吏免，谓祜曰："吾不忘卿前语。"祜曰："此非始虑所及也。"

爽从弟文叔妻夏侯令女，早寡无子，其父欲嫁之。令女截耳自誓，居常依爽。爽诛，其家上书绝昏，强迎以归，复将嫁之。令女又断其鼻，其家惊惋，谓之曰："人生世间，如轻尘栖弱草，何至自苦乃尔？且夫家夷灭已尽，守此欲谁为哉！"令女曰："吾闻仁者不以盛衰改节，义者不以存亡易心。曹氏前盛时，尚欲保终，况今衰亡，何忍弃之！此禽兽之行，吾岂为乎？"懿闻而贤之，听使乞子字养为曹氏后。

何晏等方用事，自以为一时才杰，人莫能及。尝为名士品目，曰："'唯深也故能通天下之志'，夏侯泰初是也；'唯几也故能成天下之务'，司马子元是也；'唯神也故不疾而速，不行而至'，吾闻其语，未见其人。"盖以自况也。晏闻平原管辂明术数，请与论《易》。邓飏在座，谓辂曰：

说："皇帝在外，太傅关闭城门，人们都说将对国家不利，事情能这样吗?"宪英说："在我看来，太傅只是杀曹爽而已。"辛敞说："然而事情能成功吗?"宪英说："差不多吧。曹爽的才能是不能与太傅相比的。"辛敞说："那么我可以不出城了?"宪英说："忠于职守，是做人的重要原则。大凡人遇危难，尚且有人救助；而给人执鞭驾车却突然撒手不管，没有比这更危险的了。再说为人承担责任，为人赴死，这是被亲近的人的职分，你只要随大流就行了。"辛敞于是出城而去。事情平定以后，辛敞感叹说："我要是不同姐姐商量，几乎背离了做人的重要原则。"

先前，曹爽征召王沈、羊祜，王沈劝羊祜响应。羊祜说："委身侍奉人，又谈何容易。"最终王沈赴召。等到曹爽失败，王沈因为是曹爽原来的属官而被罢免，他对羊祜说："我不会忘记你以前说的话。"羊祜说："这不是我当初所能考虑到的。"

曹爽的堂弟曹文叔之妻夏侯令女，早年守寡没有儿子，她的父亲想让她改嫁。她割下耳朵发誓决不改嫁，平时的生活依靠曹爽。曹爽被杀后，夏侯家上书断绝婚姻关系，强行将女儿接回家，再次让她改嫁。夏侯令女又割断鼻子，她的家人震惊惋惜，对她说："人生在世，就像轻轻的尘土飘落在柔弱的草上一样，你何必这样自讨苦吃呢？再说你丈夫家的人已被斩尽杀绝，你苦苦相守到底想为谁呢！"令女说："我听说仁人志士不会因为时势的盛衰而改变节操，讲义气的人不会因为存亡而改变志向。曹家以前兴盛时，我尚且想终生守节，何况如今衰亡了，我怎么忍心抛弃！这是禽兽的行为，我怎么能做呢?"司马懿听说后非常尊重她，允许她收养儿子作为曹家的后代。

何晏等人刚执政时，自认为是当时的杰出人才，没有人能比得上。何晏曾经品评名士，说："'唯其深刻，所以能通天下之志'，这是夏侯玄；'唯其隐微，所以能成天下之事'，这是司马师；'唯其神灵，所以不急速却快捷，不行却已到达'，我听说过这样的话，但没见过这样的人。"大概是比拟自己。何晏听说平原人管辂精通占卜之术，请求与他讨论《易经》。邓飏在座，对管辂说：

"君自谓善《易》，而语不及《易》中辞义，何也？"辂曰："夫善《易》者，不言《易》也。"晏笑而赞之曰："可谓要言不烦。"因谓辂曰："试为作一卦，当至三公否？"又问："连梦青蝇数千来集鼻上，何也？"辂曰："元、凯辅舜，周公佐周，皆以和惠谦恭，享有多福。今君侯位尊势重，而怀德者鲜，畏威者众，殆非小心求福之道。愿君侯裒多益寡，非礼不履，然后三公可至，青蝇可驱也。"飏曰："此老生之常谈。"辂曰："老生者见不生，常谈者见不谈。"辂舅闻之，责其言太切，辂曰："与死人语，何所畏耶？"舅怒，以为狂。

选部郎刘陶少有口辩，邓飏之徒以伊、吕称之。陶尝谓傅玄曰："智者于群愚，如弄一丸于掌中。而仲尼不能得天下，何以为圣？"玄曰："天下之变无常也，今见卿穷矣。"至是，陶退居里舍，乃谢其言之过。

辂之舅亦谓辂曰："尔前何以知何、邓之败？"辂曰："邓之行步，筋不束骨，脉不制肉，起立倾倚，若无手足，此为鬼躁。何之视候，魂不守宅，血不华色，精爽烟浮，容若槁木，此为鬼幽。二者皆非遐福之象也。"

晏性自喜，粉白不去手，行步顾影。尤好老、庄书，与夏侯玄、荀粲、王弼之徒竞为清谈，祖尚虚无，谓《六经》为圣人之糟粕。由是天下士大夫慕效之，遂成风流，不可复制。

魏以司马懿为丞相，加九锡，复辞不受。　魏护军夏侯霸来奔。

霸为曹爽所厚，以父渊死于蜀，常切齿有报仇之志，为征蜀护军，统属征西。征西将军夏侯玄，霸之从子，爽外弟也。

"你自称精通《易经》,但谈话时不说到《易经》的辞义,这是为什么?"管辂说:"精通《易经》的人,是不谈《易经》的。"何晏笑着称赞他说:"真可以说要言不烦。"趁机对管辂说:"请为我卜一卦,看我能否做到三公?"又问道:"我接连梦见数十只青蝇飞来落在鼻子上,这是怎么回事?"管辂说:"八元、八凯辅佐虞舜,周公辅佐成王,都因为温和宽厚、谦虚恭敬而享有福德。如今您地位高权势大,但怀念您的恩德的人少,惧怕您的威严的人多,这恐怕不是小心求福之道。但愿您削减多的,增加少的,不符合礼的事不做,这样三公可以做到,青蝇可以赶走。"邓飏说:"这是老生常谈。"管辂说:"可是老生者见到不生,常谈者见到不谈。"管辂的舅舅听到这些话,责怪管辂的话太急切了,管辂说:"同死人说话,有什么可畏惧的?"舅舅大怒,认为管辂狂妄。

选部郎刘陶年少时就有辩才,邓飏之徒把他比做伊尹、吕尚加以称赞。刘陶曾经对傅玄说:"有智慧的人对付一群愚笨的人,就像在掌中玩弄一个弹丸。可是孔子不能得天下,凭什么称作圣人?"傅玄说:"天下形势变化无常,如今看到你走投无路了。"等到曹爽被诛以后,刘陶退居家中,才抱歉自己言语的错误。

管辂的舅舅也对管辂说:"你以前怎么知道何晏、邓飏要失败的?"管辂说:"邓飏行走时,筋不能束住骨头,脉不能控制肌肉,站起来时歪歪扭扭,像是没有手脚的样子,这就是鬼躁。何晏看上去魂不守舍,面无血色,精神像烟一样飘来浮去,形如槁木,这就是鬼幽。二人都不是有长久福气的相貌。"

何晏生性喜欢孤芳自赏,搽脸的白粉不离手,行路时顾影自怜。尤其喜欢老、庄之书,与夏侯玄、荀粲、王弼之流竞相清谈,崇尚虚无,认为《六经》是圣人的糟粕。从此以后,天下的士大夫仰慕效法他们,终于形成一时的风气,不可再次加以遏制。

魏国任命司马懿担任丞相,加九锡,司马懿没有接受。　魏护军夏侯霸来投奔蜀汉。

夏侯霸深受曹爽厚爱,因为他父亲夏侯渊被蜀军杀死,所以他常常咬牙切齿立志为父报仇,担任讨蜀将军,隶属于征西将军统率。征西将军夏侯玄,是夏侯霸的侄子,曹爽的表弟。

至是，司马懿召玄诣京师，而以郭淮代之。霸素与淮不叶，恐祸及，遂来奔。姜维问之曰："懿既得政，当复有征伐之志不？"霸曰："彼方营立家门，未遑外事。有钟士季者，其人虽少，若管朝政，吴、蜀之忧也。"士季者，钟繇之子、尚书郎会也。

三月，吴大司马朱然卒。

然气候分明，内行修洁，终日钦钦，若在战场，临急胆定，过绝于人。虽世无事，每朝夕严鼓，兵在营者，咸行装就队。以此玩敌，使不知所备，故出辄有功。为大司马，病卒。吴主权为之哀恸。

秋，姜维伐魏雍州，不克。

维攻魏雍州，依麹山筑二城，使句安、李歆守之，聚羌、胡质任，侵逼诸郡。魏郭淮使刺史陈泰进兵围之，断其运道及城外流水。将士窘困，分粮聚雪以引日月。维引兵救之，出自牛头山，与泰相对。泰敕诸军各坚垒勿与战，遣使白淮，使趣牛头，截其还路。淮从之，进军洮水。维惧，遁走。安等降魏。

冬十二月，魏即拜扬州都督王凌为太尉。

初，凌以将军假节督扬州西，其甥令狐愚为兖州刺史，屯平阿，甥舅并典重兵，专淮南之任。阴谋以魏主制于强臣，楚王彪有智勇，欲共立之，迎都许昌。愚遣其将与楚王相闻。凌子广谏曰："凡举大事，应本人情。曹爽骄奢，

到曹爽事败之后，司马懿召夏侯玄回京城，而让郭淮接替夏侯玄。夏侯霸向来与郭淮相处不好，担心祸害殃及自身，因此来投奔蜀汉。姜维问夏侯霸说："司马懿已经掌握国家大权，会不会再有征伐别人的意图？"夏侯霸说："他正在料理内部事务，还来不及对外征伐。但有个叫钟士季的人，虽然年少，但如果让他管理朝政，将是吴、蜀两国的忧患。"钟士季，就是钟繇的儿子、尚书郎钟会。

三月，吴国大司马朱然去世。

朱然态度分明，注重自身的道德修养，每天都恭恭敬敬，像是在战场上一样，遇到紧急情况，沉着镇定，胆力过人。即使是没有战事，每天早晚都要急促地敲响战鼓，听到鼓声，军营中的士兵，都整理行装排好队伍。用这个办法来戏弄敌人，使敌人不做防备，所以每次出战都会取得胜利。担任大司马，生病去世。吴主孙权对他的去世极度悲痛。

秋季，姜维攻打魏雍州，没有取胜。

姜维攻打魏雍州，依靠麴山修建两座城，派句安、李歆守护，集中羌人、胡人做人质，进逼各郡。魏将军郭淮派刺史陈泰出兵包围麴城，切断他们的运输道路以及城外流水。城中将士困窘，靠分发粮食和聚集起来的雪水度日。姜维率军前来救援，从牛头山出来，便与陈泰的军队相遇，双方对峙。陈泰下令各军坚守营垒，不与姜维的军队交战，派使者向郭淮报告，让郭淮尽快向牛头山进军，截断姜维的退路。郭淮采纳了他的建议，进军洮水。姜维害怕，率军逃走。句安等人投降魏国。

冬十二月，魏国任命扬州都督王凌担任太尉。

起初，王凌以将军的身份持节督领扬州西部地区，他的外甥令狐愚担任兖州刺史，驻扎在平阿，甥舅二人同时掌握重兵，专门承担淮南的防御重任。二人暗中策划，认为魏主受强臣控制，楚王曹彪足智有勇，打算共同立他为皇帝，奉迎他到许昌建都。令狐愚派手下将领与楚王通了消息。王凌的儿子王广劝谏说："凡要干一番大事业，应该本着人情世故。曹爽骄横奢侈，

平叔虚华，丁、毕、邓、桓专竞于世。所存虽高而事不下接，变易朝典，民莫之从。故同日斩戮，名士减半，而百姓不哀，失民故也。今司马懿情虽难量，事未有逆，而擢用贤能，修先朝政令，副众心所求。爽之所以为恶者，彼莫不改，夙夜匪懈，以恤民为先，父子兄弟并握兵要，未易亡也。”凌不从。会愚病卒。

魏光禄大夫徐邈卒。

卢钦曰：“徐公志高行洁，才博气猛，其施之也，高而不狷，洁而不介，博而守约，猛而能宽。”或问钦：“徐公当武帝之时，人以为通，自为凉州刺史还，人以为介，何也？”钦曰：“往者毛孝先、崔季珪用事，贵清素之士，时皆变易车服以求名，而徐公不改其常，故人以为通。比来天下奢靡相效，而徐公雅尚自若。故前日之通乃今日之介也，是世人无常，而徐公有常耳。”

庚午(250)　**十三年**魏嘉平二年，吴赤乌十三年。

秋，吴废其太子和，杀鲁王霸及将军朱据。冬十月，立子亮为太子。

初，潘夫人有宠于吴主权，生少子亮，权爱之。全公主既与太子和有隙，欲豫自结，数称亮美。权以鲁王霸结朋党以害其兄，心亦恶之，谓侍中孙峻曰：“子弟不睦，将有袁氏之败，为天下笑。若使一人立者，安得不乱乎！”遂有废和立亮之意，然犹沉吟历年。

何晏华而不实，丁谧、毕轨、邓飏、桓范一心一意追名逐利。他们心里想的虽然十分高远但都不切实际，改变朝廷的典章制度，老百姓没人顺从他们。所以在同一天被杀之后，天下的名士便失去了一半，然而老百姓不感到悲哀，这是失去民心的缘故。如今司马懿的真心虽然难以揣摩，事情也不能预料，但是他却提拔任用贤能，修订先朝的政策法令，符合大家的愿望。曹爽为人憎恨的事情，他没有不加以改正的，终日兢兢业业，把体恤人民放在第一位，再说他们父子兄弟都掌握着军中大权，是不容易灭亡的。"王凌没有接受。就在这时令狐愚因病去世。

魏光禄大夫徐邈去世。

卢钦说："徐公志向高远，品行高洁，才学广博，气势勇猛，一旦施行起来，高远而不急躁，高洁而不孤傲，广博而能掌握要领，勇猛而能宽宏大量。"有人问卢钦："徐公在武帝时，人们都认为他很通达，但自从任凉州刺史回京后，人们都认为他很孤傲，这是为什么？"卢钦说："以前毛玠、崔琰执政，崇尚清廉朴素的人，当时的人们都改变自己的车马服饰以求取名声，然而徐公不改平常的装束，所以人们认为他通达。近来天下奢侈淫靡，人们竞相效仿，而徐公依然保持平素的风尚。所以从前的通达变成今日的孤傲，这是因为世人变化无常，而徐公始终如一。"

庚午（250）　**汉后主延熙十三年**魏嘉平二年，吴赤乌十三年。

秋季，吴国废除太子孙和，诛杀鲁王孙霸以及将军朱据。冬十月，立皇子孙亮做太子。

起初，潘夫人深受吴主孙权宠幸，生下少子孙亮，孙权非常喜爱他。全公主与太子孙和有隔阂以后，自己想预先结交孙亮，因此常常称赞孙亮的美德。孙权因为鲁王孙霸结交朋党来陷害他的哥哥，因此心里十分憎恨他，对侍中孙峻说："子弟们相处不和睦，将会有袁绍兄弟一样的失败，而被天下人耻笑。像这样只立一人做太子，怎能不乱呢！"于是便有了废孙和立孙亮的打算，然而犹豫不定，过了几年仍没施行。

至是，乃幽太子和。将军朱据谏曰："太子，国之本根，加以雅性仁孝，天下归心。昔晋献用骊姬而申生不存，汉武信江充而戾太子冤死，臣窃惧太子不堪其忧，虽立思子之宫，无及矣。"不听。据与尚书仆射屈晃率诸将吏泥头自缚，连日诣阙请和，而无难督陈正及五营督陈象各上书切谏。吴主大怒，族诛正、象。牵据、晃入殿，据、晃犹叩头流血，辞气不挠，权杖之一百。遂废和为庶人，徙故鄣，赐霸死。杀杨竺、全寄等，据寻亦赐死。明年，立潘氏为皇后。

吴作堂邑、涂塘。

遣兵十万作之，以淹北道。

十二月，魏击吴，战于江陵，大破之。

魏王昶言："孙权流放良臣，嫡庶分争，可乘衅击之。"司马懿遣新城太守州泰袭巫、秭归，荆州刺史王基向夷陵，昶向江陵。昶引竹絙为桥，渡水击吴军。吴将施绩夜遁入江陵，昶欲引致平地与战，乃先遣五军案大道发还，使吴望见而喜，又以所获铠马甲首环城以怒之，而设伏兵以待之。绩果来追，昶与战，大破之，斩其二将。王基、州泰亦破吴兵，降数千口。

辛未（251）　十四年魏嘉平三年，吴大元元年。

夏四月，魏司马懿杀王凌及楚王曹彪，遂置诸王公于邺。

凌遣将军杨弘以废立事告兖州刺史黄华，华、弘连名以白司马懿。懿将中军乘水道讨凌，先下赦赦凌罪，又为书谕

到了这时,才幽禁了太子孙和。将军朱据进谏说:“太子,是国家的根基,加之他平素性情仁慈忠孝,天下人都拥护他。从前晋献公宠幸骊姬而太子申生不能活下来,汉武帝相信江充而戾太子蒙冤死去,我私下担心太子不堪忍受忧愁,即使是像汉武帝那样修建思子之宫,也于事无补。”孙权不听。朱据与尚书仆射屈晃率领将领们把泥抹在脸上将自己捆绑起来,连日到宫殿前请求释放孙和,而无难督陈正和五营督陈象各自上书恳切劝谏。吴主勃然大怒,诛杀陈正、陈象及其家族。又将朱据、屈晃带入殿中,朱据、屈晃仍然劝谏不止,叩头流血,言辞声调不屈不挠,孙权责打他们一百下。最终将太子孙和废为平民,迁居故鄣县,赐孙霸自杀。诛杀杨竺、全寄等人,不久又赐朱据自杀。第二年,立潘氏为皇后。

吴军设立堂邑、涂塘二县。

派兵十万人进驻,以堵塞通往北方的道路。

十二月,魏军攻打吴国,在江陵交战,大败吴军。

魏王昶说:“孙权流放良臣,嫡子和庶子争权,我们可以乘机发起进攻。”司马懿派新城太守州泰袭击巫县、秭归,荆州刺史王基率兵向夷陵进发,王昶直指江陵。王昶拉起竹索作桥,渡河向吴军发起攻击。吴将施绩趁夜送入江陵城,王昶想把他引入平地再与他交战,于是先派五军人马沿大路返回,使吴军看到而高兴,又把缴获的铠甲马具丢在城的四周来激怒吴军,然后埋下伏兵等待他们出击。施绩果然来追,王昶与他交战,大败吴军,斩杀吴军的两个将领。王基、州泰也打败吴军,收降数千人。

辛未(251) **汉后主延熙十四年**魏嘉平三年,吴大元元年。

夏四月,魏司马懿诛杀王凌和楚王曹彪,于是把各个王公安置在邺城。

王凌派将军杨弘把废立皇帝的事情告诉了兖州刺史黄华,黄华、杨弘连名将这件事报告了司马懿。司马懿率领中军从水路去讨伐王凌,先发布赦免令赦免王凌的罪行,又写信晓谕

凌，已而大军掩至百尺。凌势穷，面缚水次，懿解其缚，送诣京师，道饮药死。懿至洛阳，穷治其事，诸相连者悉夷三族。发凌、愚冢，剖棺暴尸。赐楚王彪死。尽录诸王公置邺，使有司察之，不得与人交关。

初，愚为白衣时，常有高志，众谓必兴令狐氏。族父邵独以为："愚性倜傥，不修德而愿大，必灭我宗。"愚甚不平。及愚仕进有名称，从容谓邵曰："先时闻大人谓愚为不继，今竟云何耶？"邵熟视而不答，私谓妻子曰："公治性度，犹如故也。不知我当坐之不耶，必逮汝曹矣。"邵没十余年而愚灭族。初，愚以别驾单固、治中杨康为腹心。及愚卒，康露其阴事，愚由是败。懿至寿春，以问固，固曰："无有。"遂收系狱，使康诘之，固辞穷，乃骂曰："老傭！既负使君，又灭我族，顾汝当活耶！"康初自冀封侯，后以辞颇参错，亦并斩之。固又骂之曰："若死者有知，汝何面目行地下乎？"

秋七月八月，魏太傅司马懿卒，以其子师为抚军大将军，录尚书事。　魏分匈奴左部为二国。

初，南匈奴自谓其先本汉室之甥，因冒姓刘氏。魏太祖留单于呼厨泉于邺，分其众为五部，居并州境内。左贤王豹为左部帅，部族最强。城阳太守邓艾上言："单于在内，羌夷失统，合散无主。今单于之尊日疏，而外土之威日重，不可不深备也。闻刘豹部有叛胡，可因此割为二国，以分其势。

王凌，不久大军突然到达百尺。王凌大势已去，便把自己的双手绑到身后，到水边向司马懿投降，司马懿给他松了绑，将他送到京师去，王凌半路服毒自杀。司马懿到达洛阳，彻底处理此事，把各个相关联的人全都诛灭三族。挖开王凌、令狐愚的坟墓，剖开棺材将尸体暴露在光天化日之下。赐楚王曹彪自杀。全部收捕各个王公安置在邺城，派有关官员监察，不准他们与人交往。

当初，令狐愚还是平民时，常常志存高远，大家都说他一定能使令狐氏家族兴盛。只有同族父辈令狐邵认为："令狐愚性情洒脱豪迈，不修养德行而志向远大，必定会灭我宗族。"令狐愚深感不公正。等令狐愚做官有名声后，从容地对令狐邵说："过去我听您说我不能光大宗族，今天您还有什么话说呢？"令狐邵仔细看着他却没有回答，私下对妻子说："令狐愚的性情和气度，还跟过去一样。不知我能否受到他的连累，而你们是一定会赶上的。"令狐邵死后十余年，令狐愚灭了家族。起初，令狐愚把别驾单固、治中杨康当作心腹。等令狐愚死后，杨康揭露了他的秘事，令狐愚因此而败露。司马懿到达寿春，拿这件事问单固，单固说："没有这事。"于是将单固逮捕入狱，让杨康追问他，单固无言以对，于是大骂起来："你这老奴才！既背叛使君，又灭我家族，看你能不能活！"杨康最初还希望自己能封侯，后来因为供词有很多错乱，也被一同处斩。单固又骂他说："如果死者有知，你有什么脸面在地下活下去？"

秋七月八月，魏太傅司马懿去世，任命他的儿子司马师担任抚军大将军、录尚书事。　魏国将匈奴左部族分割成两个国家。

起初，南匈奴人自认为他们的先人原本是汉室的外甥，因此冒充姓刘。魏太祖将单于呼厨泉留在邺城，把他的人分成五部，居住在并州境内。左贤王刘豹担任左部帅，部族最为强大。城阳太守邓艾进言："单于留在内地，羌人、夷人失去统治，是合是散没有头领管理。如今单于的尊贵地位日见削弱，而外地的威势日见加重，不可不深加防备。听说刘豹的部族中有反叛的胡人，可以趁此将他们分割成两个国家，来分散刘豹的势力。

去卑功显前朝，宜加其子显号，使居雁门。离国弱寇，追录旧勋，御边长计也。”又陈：“羌、胡与民同处，宜以渐出之，使居民表，以崇廉耻之教，塞奸宄之路。”司马师皆从之。

冬十一月，吴以诸葛恪为太子太傅，总统国事。

吴立节中郎将陆抗自柴桑屯所诣建业治病。病差，当还，吴主权涕泣与别，谓曰：“吾前听用谗言，与汝父大义不笃，以此负汝。前后所问，一切焚之，莫令人见也。”时权颇寤太子和之无罪。十一月，祀南郊还，得风疾，欲召和还。全公主及侍中孙峻、中书令孙弘固争之，乃止。

权以太子亮幼，议所付托，峻荐恪可付大事。权嫌其刚很自用，峻曰：“朝臣才无及恪者。”乃召之。恪将行，吕岱戒之曰：“世方多难，子每事必十思。”恪曰：“昔季文子三思而后行，夫子曰：‘再思可矣。’今君令恪十思，明恪之劣也。”岱无以答，时咸谓之失言。

恪至建业，见吴主于卧内，受诏床下，以大将军领太子太傅，孙弘领少傅；有司诸务一统于恪，惟杀生大事乃以闻。

费祎北屯汉寿，以陈祗守尚书令。

壬申(252)　**十五年**魏嘉平四年，吴主孙亮建兴元年。

春正月，魏司马师自为大将军。　吴立故太子和为南阳王。

吴主权复封和为南阳王，居长沙；奋为齐王，居武昌；休为琅邪王，居虎林。

去卑的功劳显赫于前朝，应该给他的儿子加封一个号，让他居住在雁门。分裂国家削弱敌人，追记旧功，这是统治边境的长久之计。”邓艾又说：“羌人、胡人与汉民居住在一起，应该渐渐把他们分出来，使他们居住在编民之外，以便推行廉耻的教化，堵塞奸人为非作歹的路子。”司马师都采纳了。

冬十一月，吴国任命诸葛恪为太子太傅，总管国家大事。

吴立节中郎将陆抗从柴桑驻所到建业治病。病愈将返时，吴主孙权流着泪与他告别，对他说：“过去我听信谗言，与你的父亲在君臣大义上没能真诚深厚，因此对不起你。我前后责问你父亲的诏书，全都焚毁，不要让人看到。”这时孙权渐渐感到太子孙和无罪。十一月，孙权从南郊祭祀回来，患了中风病，打算召孙和回来。但是全公主以及侍中孙峻、中书令孙弘坚决地劝阻，孙权这才罢休。

孙权因为太子孙亮年幼，商议找个可以托付国事的人，孙峻推荐诸葛恪，说他可以担当大事。孙权嫌诸葛恪刚愎自用，孙峻说：“朝廷大臣的才能，没有谁比得上诸葛恪。”这才将诸葛恪召来。诸葛恪临行时，吕岱告诫他说：“当今世上多灾多难，每件事你一定要先想十次再去做。”诸葛恪说：“从前季文子三思而后行，孔子说：‘想两次就可以了。’如今您让我想十次，这说明我才能低劣。”吕岱无言以对，当时人们都认为他失言。

诸葛恪到达建业，在卧室内拜见吴主，在床下接受诏命，以大将军的身份兼任太子太傅，孙弘兼任少傅；有关部门的事务全部由诸葛恪统管，只有生杀大事才报告吴主。

费祎向北驻屯到汉寿县，任命陈祗担任尚书令。

壬申(252)　**汉后主延熙十五年**魏嘉平四年，吴主孙亮建兴元年。

春正月，魏国任命司马师为大将军。　吴国封前太子孙和为南阳王。

吴主孙权再次封孙和为南阳王，居住长沙；孙奋为齐王，居住武昌；孙休为琅邪王，居住虎林。

夏四月，吴主权卒，太子亮立，以诸葛恪为太傅。

吴主权疾病，潘后使人问孙弘以吕后称制故事。左右畏后虐戾，伺其昏睡，缢杀之。

权病困，诏诸葛恪、孙弘、太常滕胤及将军吕据、侍中孙峻，属以后事而卒。弘素与恪不平，秘不发丧，欲矫诏诛恪。峻以告恪。恪请弘咨事，于坐杀之。乃发丧，谥权曰大皇帝。太子亮即位，以恪为太傅，胤为卫将军，吕岱为大司马。恪乃命罢视听，息校官，原逋责，除关税，崇恩泽，众莫不悦。

吴徙其齐王奋于豫章。

诸葛恪不欲诸王处滨江兵马之地，乃徙齐王奋于豫章，琅邪王休于丹阳。奋不肯徙，恪遗之笺曰："帝王之尊与天同位，是以家天下，臣父兄；仇雠有善，不得不举，亲戚有恶，不得不诛，所以承天理物，先国后身，盖圣人立制，百代不易之道也。大行皇帝览古戒今，虑于千载，是以寝疾之日，分遣诸王，诏策勤渠，科禁严峻。诚欲上安宗庙，下全诸王，使百世相承，无凶国害家之悔也。大王宜上惟太伯顺父之志，中念河间、东海恭顺之节，下存前世骄恣荒乱之戒。而闻顷至武昌以来，多违诏敕，不拘制度，擅发诸将，私杀左右，小大惊怪，莫不寒心。里语曰：'明鉴所以照形，古事所以知今。'大王宜深以鲁王为戒，改易其行。若弃忘先帝法教，怀轻慢之心，臣下宁负大王，不敢负先帝遗诏，

夏四月，吴主孙权去世，太子孙亮继位，任命诸葛恪担任太傅。

吴主孙权患病后，潘后派人向孙弘询问吕后行使皇帝权力的旧例。身边的人惧怕潘后暴虐无理，乘她昏睡之际，用绳子将她勒死。

孙权病危，召来诸葛恪、孙弘、太常滕胤以及将军吕据、侍中孙峻，嘱托后事后去世。孙弘平素与诸葛恪不和，封锁消息没有发布讣告，想伪造诏令杀死诸葛恪。孙峻将此事报告诸葛恪。诸葛恪请孙弘来询问事情，在座位上把他杀了。于是讣告天下，谥孙权为大皇帝。太子孙亮即位，任命诸葛恪为太傅，滕胤为卫将军，吕岱为大司马。诸葛恪于是下令废除充当朝廷耳目察探事情的官吏，原谅欠债，免除关税，推广恩泽，老百姓皆大欢喜。

吴国将齐王孙奋迁徙到豫章。

诸葛恪不想让各诸侯王居住在濒临长江的军事要地，于是将齐王孙奋迁徙到豫章，琅邪王孙休迁徙到丹阳。孙奋不肯迁移，诸葛恪就写信对他说："帝王的尊贵与上天同一地位，因此以天下为家，以父兄为臣；仇人有善行，不得不举荐，亲戚有恶行，也不得不诛杀，就这样来承受天命治民，先国家后自身，这就是圣人订立的制度，百世不变的重要原则。先帝以古代的经验教训作为今日的借鉴，考虑到后世长治久安，因此卧病在床的时候，将诸侯王分派各地，诏令恳切真挚，禁令严峻。这样做，实在是想要上使国家安定，下使诸王保全，使百世后基业能够继承下去，而不会有危国害家的悔恨。对待长辈，大王您应该想着太伯顺从父亲的志向；对待同辈人，应该念及河间王和东海王恭顺兄长的节操；对待自己，应该将前世骄横恣肆荒废紊乱的诸侯王铭记在心作为警戒。但是听说您最近到武昌以后，多次违背诏令，不受法律制度约束，擅自征调将领，私下杀死身旁的人，我们上上下下都深感震惊，没有人不为此感到寒心。俗语说：'明镜用来照形，知古为了知今。'大王您应该深刻地将鲁王作为警戒，改变自己的行为。如果背弃和遗忘先帝的教诲，对朝廷心怀轻慢之心，那么我宁肯辜负大王您，也不敢违背先帝的遗诏，

宁为大王所怨疾，岂敢令诏敕不行于藩臣耶？”奋惧，遂徙。

冬十月，吴诸葛恪修东兴堤。十二月，魏人击之，恪与战于涂塘，魏人败走。

初，吴大帝筑东兴堤以遏巢湖，后攻魏淮南，败，以内舡，遂废不治。至是，诸葛恪更作大堤，左右结山，侠筑两城，各留千人，使全端、留略守之。

魏诸葛诞言于司马师曰：“今因吴内侵，使文舒逼江陵，仲恭向武昌，以羁吴之上流，然后简精卒攻其两城，可大获也。”是时征南王昶、征东胡遵、镇南毌丘俭各献征吴之策。诏以问尚书傅嘏。嘏曰：“吴为寇六十年，君臣相保，吉凶同患，设令列船津要，则彼坚城据险，横行之计，其殆难捷。今边城之守，与贼相远，罗落重密，间谍不行，而举大众临巨险，以徼功，先战而后求胜，非长策也。唯有进军大佃，最差完牢。可诏昶、遵等择地居险，三方并进。夺其肥壤，使还瘠地，一也；兵出民表，寇钞不犯，二也；招怀近路，降附日至，三也；罗落远设，间构不来，四也；贼退其守，佃作易立，五也；坐食积谷，士不运输，六也；衅隙时闻，讨袭速决，七也。凡此七事者，军事之急务也。不进据则贼擅便资，据之则利归于国，不可不察也！”师不从，诏昶等三道击吴，昶攻南郡，俭向武昌，遵、诞攻东兴。恪将兵四万救

宁肯被大王您怨恨，又岂敢使诏令不能在藩镇中施行呢？"孙奋害怕，于是迁徙豫章。

冬十月，吴国诸葛恪修筑东兴堤。十二月，魏军来进攻，诸葛恪与魏军在涂塘交战，魏军战败逃走。

起初，吴大帝孙权修筑东兴堤来阻止巢湖水外流，后来进攻魏淮南，失败，便把巢湖用来停泊战船，大堤于是被废置不再修筑。到了这时，诸葛恪重新修筑大堤，连接左右两山，在大堤两边修筑两城，各留一千人把守，派全端、留略守城。

魏将诸葛诞对司马师说："如今趁着吴国入侵内地，派王昶进逼江陵，毌丘俭向武昌发起攻击，以牵制住吴军上游的兵力，然后挑选精兵进攻大堤旁的两座城，可以大获全胜。"当时征南大将军王昶、征东将军胡遵、镇南将军毌丘俭各自献上征伐吴国的策略。朝廷下诏征求尚书傅嘏的意见。傅嘏说："吴国与我为敌六十年了，他们君臣团结，同甘共苦，假使他们将战船排列在重要渡口，加固城池，占据险要，我们横渡长江的计策，恐怕难以取胜。如今边境上的守军，与敌人相距甚远，敌人设置的联络站数量众多，防守严密，我们的间谍不能通行，而在这时出动大军面临巨大的危险，以求得成功，想先交战而后取胜，这不是长久之计。只有大规模屯田垦荒，才最为完善牢靠。可以下令王昶、胡遵等人选择地方占据险要地势，从三方同时进军。第一，夺取肥沃的土地，让敌人回到贫瘠的土地上去；第二，士兵来往于百姓之间，不许抢劫掠夺；第三，在边境附近地区实行招抚怀柔政策，使投降顺附的人每天来到；第四，从远处开始设置联络站，使敌人的间谍不能过来；第五，敌人退守后，屯田垦荒容易开展；第六，军队坐地食用积蓄的粮食，兵士不用承担运输任务；第七，敌军内讧的消息及时传到，征讨突袭迅速做出决断。以上这七个方面，是军事行动急需办理的事务。如果不进一步占有，敌人就会独揽便利的资财；占有，利益就会归于我国，不可不明察！"司马师没有采纳，下诏王昶等人分三路进攻吴国，王昶攻打南郡，毌丘俭直指武昌，胡遵、诸葛诞攻打东兴。诸葛恪率兵四万援救

东兴。遵等作浮桥以渡,陈于堤上,分兵攻两城。城高峻不可拔。恪使将军丁奉与吕据为前部,从山西上。奉曰:“诸军行缓,若贼据便地,则难与争锋,我请趋之。”乃辟诸军使下道,自率麾下三千人径进,举帆二日至东关,遂据涂塘。时天雪寒,遵方置酒高会。奉见其前部兵少,使兵皆解铠,去矛戟,但兜鍪刀楯,裸身缘堨。魏人望见,大笑之,不即严兵。吴兵得上,便鼓噪,斫破其前屯。据等继至,魏军惊扰散走,争渡,桥坏,相蹈藉,溺死者数万。吴获车乘、牛马、驴骡各以千数,资器山积,振旅而归。

昶、俭闻东军败,各烧屯走,众议欲贬诸将,师曰:“此我不听公休过也,诸将何罪?”悉宥之,惟削其弟昭爵而已。后雍州刺史陈泰求敕并州讨胡,未集而雁门、新兴以远役惊反。师又曰:“此我过也,非陈雍州之责。”是以人皆愧悦。

魏光禄大夫张辑曰:“恪其不免乎。”司马师曰:“何也?”辑曰:“威震其主,功盖一国,何以能久?”

东兴。胡遵等人造浮桥渡江，布阵在大堤之上，分兵攻打两城。城高攻不下。诸葛恪派将军丁奉和吕据作前锋，从山的西面向上进攻。丁奉说："各路军队行动迟缓，如果敌人占据有利地势，就难以与他们争斗以决胜负，我请求赶快进攻。"于是让诸军避开，从山路上下去，丁奉亲率麾下三千人径直突进，扬帆行船两天到达东关，最终占据了涂塘。当时漫天大雪，非常寒冷，胡遵正摆酒宴聚会。丁奉见魏军前部兵力少，让手下的士兵都脱下铠甲，丢掉矛和戟，只戴着头盔拿着刀和盾牌，赤裸上身爬上堤坝。魏军看到他们，大笑起来，没有立即整理队伍对付敌人。吴兵得以爬上，便击鼓呐喊，攻破魏军的前部营垒。吕据等人相继赶到，魏军惊恐万状，纷纷逃散，争相渡过浮桥，浮桥毁坏，互相践踏，掉入水中淹死的有数万人。吴军缴获车辆、牛马、驴骡都数以千计，物资器材堆积如山，整顿部队而归。

王昶、毌丘俭听说东路军失败，各自烧毁营垒撤走，朝廷商议打算降将领们的官职，司马师说："这是我不听诸葛诞的话造成的错误，将军们有什么罪呢？"便全部宽免，不予处罚，只是削去司马师的弟弟司马昭的爵位而已。后来雍州刺史陈泰请求下令让并州讨伐胡人，队伍还没集中起来，而雁门、新兴二郡的胡人因为路途遥远，惊恐不安而反叛。司马师又说："这是我的过错，不是陈雍州的责任。"因此人们都对他心悦诚服。

魏光禄大夫张辑说："诸葛恪不能免死啊。"司马师说："为什么呢？"张辑说："他的名声震慑君主，功劳盖过全国，凭什么能活得长久呢？"

资治通鉴纲目卷十六

起癸酉(253)汉后主延熙十六年,尽己亥(279)晋武帝咸宁五年。凡二十七年。

癸酉(253)　**十六年**魏嘉平五年,吴建兴二年。

春正月,盗杀大将军费祎。

初,姜维攻魏西平,获中郎郭循,以为左将军。循欲刺帝,不得近,每因上寿,且拜且前,为左右所遏,事辄不果。至是,费祎与诸将大会于汉寿,欢饮沉醉,循刺杀之。祎泛爱不疑,待新附太过。张嶷尝与书,引岑彭、来歙为戒,祎不从,故及。魏追封循为乡侯,使其子袭爵。

二月,吴诸葛恪击魏。

吴军还自东兴,加诸葛恪荆、扬二州牧,督中外诸军事。恪遂有轻敌之心,复欲出军,诸大臣以为数出疲劳,固谏,不听。中散大夫蒋延固争,恪命扶出。因著论以谕众曰:"昔秦但得关西耳,尚并吞六国。今以魏比秦,土地数倍;以吴、蜀比六国,不能半也。所以能敌之者,但以操时兵众于今适尽,而后生者未长,又司马懿陨毙,而其子幼弱专国,虽有智计之士,未得施用,是其厄会也。若顺众人之情,

癸酉(253)　**汉后主延熙十六年**魏嘉平五年,吴建兴二年。

春正月,刺客杀死大将军费祎。

起初,姜维攻打魏国西平,俘获中郎将郭循,任命他担任左将军。郭循想刺杀后主刘禅,但没有接近的机会,他常常乘上寿的时候,一边跪拜一边向前靠近,被左右侍卫阻止,刺杀之事就没有成功。到了这时,费祎与将领们在汉寿大聚会,费祎畅饮酣醉,郭循将他刺死。费祎广施仁爱,从不怀疑别人,对待新近归附的人过分信任。张嶷曾给他写信,援引岑彭、来歙被刺客杀害的事让他引以为戒,但费祎不听,所以祸及自身。魏国追封郭循为乡侯,让他的儿子继承爵位。

二月,吴国诸葛恪进攻魏国。

吴军从东兴返回,任命诸葛恪兼任荆州、扬州二州的州牧,都督中外诸军事。诸葛恪于是产生轻敌之心,想要再次出兵,大臣们认为频繁出兵,将士们都疲劳不堪,于是极力劝谏,但诸葛恪不听。中散大夫蒋延坚决规劝,诸葛恪派人将他架了出来。诸葛恪便著文晓谕众人说:"从前秦国只拥有关西之地,尚且吞并了六国。如今以魏国同秦国相比,土地是秦国的数倍,以吴、蜀二国同六国相比,土地却不到六国的一半。我们之所以能与魏国对抗,仅仅是因为曹操时的士兵到今天已经无人再能征战,而后来出生的人还没有长大,另外司马懿死去,他的儿子幼小却专擅朝廷大权,即使有出谋划策的谋士,也没能加以任用,这是他们的厄运降临的时候。如果我们顺从大家的心愿,

怀偷安之计，以为长江之险可以传世，不论魏之终始而以今日遂轻其后，此吾所以长叹息者也。今众人或以百姓尚贫，欲务闲息，此不知虑其大危而爱其小勤者也。昔汉祖幸已自有三秦，何不闭关自娱，而数出攻楚，岂甘锋刃而忘安宁哉？每鉴荆邯之计，近见家叔父陈表，未尝不喟然也！”众人皆心以为不可，莫敢复难。

独滕胤谓曰：“君前破强敌，天下震动。今猥以劳役之后，兴师出征，民疲力屈，远主有备。若攻城不克，野掠无获，是丧前劳而招后责也。且兵者大事，事以众济，众苟不悦，君独安之！”恪又不听，遂大发州郡二十万众，复击魏，以滕胤为都下督，掌统留事。

夏四月，姜维伐魏，围狄道。

维负其才武，欲诱诸羌、胡以为羽翼，谓自陇以西，可断而有。每欲大举，费祎常裁制不从，与兵不过万人，曰：“丞相犹不能定中夏，况吾等乎？不如保国治民，谨守社稷，如其功业，以俟能者。无为侥幸，决成败于一举，若不如志，悔之无及。”及祎死，维遂将数万人伐魏，围狄道。

吴师围魏新城，不克。

初，诸葛恪入淮南，或曰：“宜围新城，俟救至而图之，可大获也。”恪从其计。魏司马师问于虞松曰：“今二方皆急，而诸将意沮，若之何？”松曰：“昔周亚夫坚壁昌邑而吴、

心怀苟且偷安的打算，认为长江天险可以保持到后代，不考虑魏国的整体情况而凭当今的实力便轻视它以后的发展，这就是我一直叹息的原因。如今有人认为老百姓还很贫困，想休养生息，这是不知道考虑极为危险的事而只是怜惜微小的辛苦的想法。从前汉高祖幸运地占有三秦之地，为什么他不封锁关隘自享娱乐，而是多次出兵攻打西楚，难道他甘心在刀光剑影中生活而忘记安宁了吗？我每次借鉴荆邯的计谋，以及近来见到叔父诸葛亮陈述计策的奏表，没有一次不喟然叹息！”大家虽然心里都认为不能再出兵，但没有人敢再责难他。

只有滕胤对他说：“您先前打败强敌，天下震动。如今在繁重的劳役之后，兴师动众，外出征战，老百姓已精疲力竭，而且远方的敌人也有了防备。如果城池不能攻下，抢夺土地没有收获，就会前功尽弃而且招致事后的责备。再说出兵征战是件大事，事情依靠众人才能成功，假使众人不乐意，您一人能安然处之吗！”诸葛恪还是不听，于是征发州郡的二十万大军，再次进攻魏国，任命滕胤担任都下督，掌管留守事宜。

夏四月，姜维讨伐魏国，包围狄道城。

姜维对自己的才能勇武颇为自负，想诱使众羌人、胡人部落作为自己的羽翼，他认为从陇往西，可以占为己有。姜维多次想大举出兵，费祎常常阻止不同意，调拨给他的士兵不足一万人，说：“丞相尚且不能平定中原，何况我们这些人呢？我们不如保卫国家，治理人民，谨慎地守住国土，至于建功立业，要等待有才能的人了。我们不能心存侥幸，一举决出成败，如果不能如愿，后悔就来不及了。”等费祎死后，姜维就率数万人讨伐魏国，包围狄道城。

吴军围攻魏国新城，没有攻克。

起初，诸葛恪进入淮南，有人对他说：“应该围攻新城，等救兵赶到，再向他们发起进攻，可以大获全胜。”诸葛恪采纳了这个计策。魏司马师询问虞松说：“如今东西两方都很紧急，而将领们神情沮丧，应该怎么办？”虞松说：“从前周亚夫坚守昌邑而吴军、

楚自败,事有似弱而强者,不可不察也。今恪悉其锐众,足以肆暴,而坐守新城,欲以致一战耳。若攻城不拔,请战不可,师老众疲,势将自遁。诸将之不进,乃公之利也。姜维投食我麦,非深根之寇。且谓我并力于东,是以径进。今若使关中诸军倍道急赴,出其不意,殆将走矣。”师曰:“善!”乃使郭淮、陈泰解狄道之围,敕毌丘俭等案兵自守,以新城委吴。泰至洛门,维果以粮尽引还。

魏扬州牙门将张特守新城,吴人攻之连月,城中兵合三千人,疾病、战死者过半,而恪起土山急攻,城将陷。特谓吴人曰:“今我无心复战也。然魏法,被攻过百日而救不至者,虽降,家不坐。自受敌以来,已九十余日矣,城虽陷,尚有不欲降者,我当还为相语,条别善恶,明早送名,且以我印绶去为信。”吴人听之。特乃夜撤诸屋材栅,补其缺为二重,明日,谓曰:“我但有斗死耳。”吴人大怒,进攻之,不能拔。会大暑,吴军病者大半,死伤涂地。恪内惟失计,忿形于色。将军朱异以军事迕恪,恪夺其兵。都尉蔡林数陈计,不用,策马奔魏。魏诸将伺知其兵已疲,乃进救兵。七月,恪引去,士卒伤病,流曳顿仆,哀痛嗟呼。而恪晏然自若,诏召相衔,徐乃旋师。由是众庶失望,而怨讟兴矣。汝南太守邓艾言于司马师曰:“孙权已没,大臣未附,恪不念

楚军不战自败，事情有看上去弱而实际上强的，不可不明察。如今诸葛恪率领全部精锐部队前来，很是肆意暴虐，但却坐守新城，想招我军去与他一战。如果他不能攻下城池，请战无人回应，军中将士疲劳不堪，势必将自动逃走。将领们不愿进击，这对您有利。姜维只以我们境内的麦子为食，不能扎根坚持长期作战。况且他认为我们全力投入东部的战事，因此径直进入我们境内。现在如果派遣关中各路军队兼程急速奔赴西部前线，出其不意袭击姜维，他恐怕要逃走了。”司马师说：“好！”于是派郭淮、陈泰解除狄道城的包围，下令毌丘俭等人按兵不动坚守营地，把新城交给吴军处置。陈泰到达洛门，姜维果然因为粮尽撤兵返回。

魏扬州牙门将张特守卫新城，吴军连月围攻，城中士兵总共三千人，疾病、战死者超过一半，而诸葛恪堆起土山发动猛烈进攻，新城即将陷落。张特对吴人说：“现在我无心再战了。然而按照魏国的法律，被围攻超过一百天而救兵没有赶到的，即使投降，他的家族也不会受牵连而被处罚。我被围攻以来，已经九十多天了，城即使失陷，也还有不想投降的人，我应当回去劝说他们，辨明好坏，明天早晨送名单来，暂且把我的印绶拿去当信物。”吴人听信了他的话。张特于是连夜拆除城中房屋的木板，将城墙缺口增补成双重结构，第二天，对吴人说：“我只有战斗而死，决不投降！”吴人极为愤怒，发起攻击，但却不能攻破。适逢天气十分炎热，吴军士兵生病者过半，死伤的人到处都是。诸葛恪心中无计可施，愤怒之情流露到脸上。将军朱异因为军事与诸葛恪发生抵触，诸葛恪剥夺了他的兵权。都尉蔡林多次进献计策，诸葛恪都没有采用，蔡林便驱马投奔魏国。魏军的将领们侦察了解到吴军已经疲惫，于是发出救兵。七月，诸葛恪率军撤退，士兵受伤生病，流落道路，相互搀扶，困顿倒毙，哀痛悲叹。而诸葛恪平静自如，召他返回的诏书接连而至，他才慢慢撤军返回。从此群臣百姓对他十分失望，怨言也就越来越多。汝南太守邓艾对司马师说：“孙权已死，大臣们尚未依附新主，诸葛恪不想着

抚恤上下以立根基，乃竞于外事，载祸而归，其亡可待也。”

冬十月，吴杀其太傅诸葛恪，以孙峻为丞相。

恪还建业，陈兵入府，即召中书令孙默厉声谓曰：“卿等何敢数妄作诏！”征行之后曹所奏署令长职司一罢更选，愈治威严，多所罪责。改易宿卫，用其亲近，复严兵欲向青、徐。孙峻因民怨众嫌，构恪于吴主亮，云欲为变。遂与亮谋置酒请恪，伏兵杀之，以苇席裹尸，投之石子冈，并夷三族。临淮臧均表请听故吏收葬，从之。

初，恪少有盛名，大帝深器重之，而恪父瑾常以为戚，曰：“非保家之主也。”陆逊尝谓恪曰：“在我前者，吾必奉之同升；在我下者，则扶接之。今君气陵其上，意蔑其下，非安德之基也。”汉侍中诸葛瞻，亮之子也。恪再攻淮南，越巂太守张嶷与之书曰：“太傅受寄托之重，而离少主，履敌庭，恐非良计。郎君宜进言于太傅，旋军务农，务行德惠，数年之后，东西并举，未为晚也。”至是果败。

吴群臣共推峻为太尉，滕胤为司徒。有媚峻者言：“万机宜在公族。”乃表峻为丞相、大将军，都督中外诸军事，又不置御史大夫，由是士人失望。峻骄矜淫暴，国人侧目。与胤虽内不洽，而外相包容，共事如前。

吴杀其南阳王和。

抚恤上下臣民以树立国家的根基，却争相对外用兵，结果惨败而归，因此诸葛恪的灭顶之灾指日可待。”

冬十月，吴国杀死太傅诸葛恪，让孙峻担任丞相。

诸葛恪回到建业，让士兵排列成阵进入府邸，一进家门就召来中书令孙默厉声呵斥道：“你们怎么敢多次胡乱撰写诏书！”对出征之后选曹所奏报的各部门选任的官吏一概不用，重新选拔，管理越来越严，被治罪责罚的人很多。诸葛恪还改换宫中侍卫，任用他亲近的人，又整顿军队打算出兵青州、徐州。孙峻因为老百姓怨恨诸葛恪，便在吴主孙亮面前构陷诸葛恪，说他想叛乱。于是与孙亮密谋设酒宴邀请诸葛恪，设下伏兵将诸葛恪杀死，用苇席包裹尸体，扔到石子冈，并诛灭他的三族。临淮人臧均上表请求允许诸葛恪的老部下收尸埋葬，孙亮批准了。

当初，诸葛恪年少就享有盛名，吴大帝孙权非常器重他，而他的父亲诸葛瑾常常为此而悲伤，说：“他不是能保护家族的人。”陆逊曾经对诸葛恪说：“在我前面的人，我一定尊奉他，与他共升迁；在我下面的人，我就扶持结交他。如今你的气势凌驾于你前面的人，而心中蔑视你下面的人，这不是安定德行的基础。”蜀汉侍中诸葛瞻，是诸葛亮的儿子。诸葛恪第二次攻打淮南时，越巂太守张嶷给诸葛瞻写信说：“太傅诸葛恪承受托孤辅政的重任，却离开年少的君主，深入敌境，这恐怕不是良策。您应该向太傅进言，撤回军队，发展农业，致力于推行仁德恩惠，几年以后，东西两国再同时举兵，还不算晚。”到这时，诸葛恪果然失败。

吴国的大臣们共同推举孙峻担任太尉，滕胤担任司徒。有个向孙峻献媚的人说：“朝廷大权应该掌握在皇族手中。”于是上表请求孙峻担任丞相、大将军，都督中外诸军事，而不设御史大夫，因此士人们大为失望。孙峻骄傲自负，荒淫凶暴，国人怨恨愤怒。孙峻与滕胤虽然内心不和，但表面上相互包容，像以前一样一起共事。

吴国诛杀南阳王孙和。

和妃张氏，恪甥也。峻因此赐和死，张妃亦自杀。其妾何氏曰："若皆从死，谁当字孤？"遂抚育其子皓及诸姬子德、谦、俊，皆赖以全。齐王奋闻恪诛，欲至建业观变。傅相谏，奋杀之。亦坐废为庶人。

甲戌（254）　**十七年**魏主曹髦正元元年，吴五凤元年。

春二月，魏司马师杀中书令李丰及太常夏侯玄、光禄大夫张缉，遂废其后张氏。

初，李丰年十七八，已有清名。其父恢不悦，敕使闭门断客。后司马师秉政，以丰为中书令。时太常夏侯玄有天下重名，以曹爽亲，故不得在势位，居常快快；张缉以后父家居，亦不得意。丰皆与亲善，虽为师所擢用，而心常在玄。魏主又数独召丰语，师知其议己，诘之，不以实告。师怒，以刀镮筑杀之，遂收玄、缉下廷尉。钟毓案治，云："丰等谋诛大将军，以玄代之。缉知其谋。"遂皆夷三族，并废张后。夏侯霸之入蜀也，邀玄与俱，不从。及司马懿卒，中领军许允谓曰："无复忧矣。"玄叹曰："此人犹能以通家年少遇我，子元、子上不吾容也。"及下狱，玄不肯下辞，钟毓夜为作辞，流涕示之，玄视颔之而已。及就东市，颜色不变，举动自若。后允出为镇北将军，与魏主别，涕泣歔欷。师讽有司奏其罪，徙乐浪，道死。

孙和的妃子张氏，是诸葛恪的外甥女。孙峻因此赐孙和自杀，张氏也自杀而死。孙和的姬妾何氏说："如果都相随而死，谁来抚养孤儿？"于是抚育她的儿子孙皓以及其他姬妾所生的儿子孙德、孙谦、孙俊，这些孩子全都靠她得以活了下来。齐王孙奋听说诸葛恪被杀死，想到建业去观察事态的变化。傅相劝阻他不要去，他就把傅相杀了。孙奋也因此被废为平民。

甲戌（254）　汉后主延熙十七年魏主曹髦正元元年，吴五凤元年。

春二月，魏国司马师诛杀中书令李丰及太常夏侯玄、光禄大夫张缉，最终废除皇后张氏。

当初，李丰十七八岁时，就已享有高洁的名声。他的父亲李恢不乐意，叫他闭门谢客。后来司马师执掌政权，任命李丰为中书令。当时太常夏侯玄在天下名望极高，因为是曹爽的亲戚，所以没能担任有权势的职位，平时怏怏不乐；张缉因为是皇后的父亲，闲居在家，也不得志。李丰和他们都亲近友好，李丰虽然被司马师提拔重用，但心里常想着夏侯玄。魏主曹芳又多次单独召见李丰一起交谈，司马师知道他们在议论自己，责问李丰，李丰不以实情相告。司马师非常生气，就用刀柄上的铁环将李丰捶死，于是逮捕夏侯玄、张缉交付廷尉处治。钟毓负责审讯判罪，说："李丰等人密谋杀害大将军，由夏侯玄接替大将军的职位。张缉知道他们的阴谋。"于是将他们的三族全部诛灭，并且废除张皇后。夏侯霸投奔蜀国时，邀请夏侯玄同去，夏侯玄不听。等司马懿去世后，中领军许允对夏侯玄说："不用再担忧了。"夏侯玄叹息说："司马懿还能把我当作世代相交的少年对待我，而司马师、司马昭就容不下我了。"等入狱以后，夏侯玄不肯招供，钟毓连夜为他写供词，流着泪给夏侯玄看，夏侯玄看到只是点点头而已。等到押送东市斩首，夏侯玄脸不变色，举动自若。后来许允出任镇北将军，临行时与魏主曹芳辞别，流下眼泪，哽咽不已。司马师暗示有关部门上奏许允的罪状，将他流放乐浪县，许允在流放的路上死去。

丰弟翼为兖州刺史，师遣使收之。翼妻荀氏曰："可及诏书未至赴吴，何为坐取死亡。左右可同赴水火者为谁？"翼思未答，妻曰："君在大州，不知可与同死生者，虽去亦不免！"乃止，死。

初，李恢与尚书仆射杜畿及东安太守郭智善。智子冲有内实而无外观，州里弗称也。冲尝与丰俱见畿，既退，畿叹曰："孝懿无子，非徒无子，殆将无家。君谋为不死也，其子足以继其业。"时人以畿为误。及丰死，而冲为郡守，卒继父业。

正始中，玄及何晏、邓飏俱有盛名，欲交傅嘏，嘏不受。荀粲怪而问之，嘏曰："太初志大其量，能合虚声而无实才。何平叔言远而情近，好辩而无诚，所谓利口覆邦国之人也。邓玄茂外要名利，内无关钥，贵同恶异，多言而妒前。多言多衅，妒前无亲。以吾观此三人皆将败家，远之犹恐祸及，况昵之乎？"嘏又与丰不善，谓同志曰："丰饰伪而多疑，矜小智而昧于权利，若任机事，其死必矣。"

夏，姜维伐魏。　秋九月，魏司马师废其主芳为齐王，迁之河内。冬十月，迎高贵乡公髦，立之。

魏主芳以李丰之死，意殊不平。安东将军司马昭镇许昌，诏召之使击姜维。九月，昭领兵入见，芳幸平乐观以临军过。左右劝因昭辞杀之，勒兵以退大将军。已书诏于前，芳惧，不敢发。

李丰的弟弟李翼担任兖州刺史，司马师派使者去逮捕他。李翼的妻子荀氏说："你可在诏书未到之前去投奔吴国，为什么要坐着等死。你的身边有谁能与你一起赴汤蹈火？"李翼想了想没有回答，他的妻子又说："你身在大州，却不知道能与你同生共死的人，你即使逃走也不免一死！"于是停止出逃计划，也被杀死。

当初，李恢与尚书仆射杜畿及东安太守郭智十分友好。郭智的儿子郭冲内心有才但外表不英俊，州里没有人称赞他。郭冲曾与李丰一同去看望杜畿，退下去以后，杜畿叹息说："李恢没有儿子了，岂只是没有儿子，恐怕也将要没有家了。郭智却不会死的，他的儿子足以继承父业。"当时的人们认为杜畿的看法不对。等李丰死后，郭冲当了郡守，最终继承了父业。

正始年间，夏侯玄和何晏、邓飏都享有盛名，想结交傅嘏，但傅嘏不理他们。荀粲感到奇怪，问傅嘏，傅嘏说："夏侯玄的志向大于他的气量，能符合虚有的名声却没有真才实干。何晏言语高深而感情却很浅薄，喜欢辩论却不够真诚，是所谓伶牙俐齿却会使邦国覆亡的人。邓飏表面上想邀取名利，而内心毫无约束，喜欢别人与自己的意见相同而讨厌与自己不一致，多嘴多舌而且嫉妒才能地位超过自己的人。多嘴多舌就会产生很多矛盾，妒忌超过自己的人就会失去亲近的人。以我看这三个人都将败家灭族，我远远躲着他们还担心祸及自身，更何况与他们亲近呢？"傅嘏还认为李丰人品不好，对朋友说："李丰善于掩饰伪装而且生性多疑，夸耀自己的小聪明而又热衷于权利，如果让他掌管机密要事，必死无疑。"

夏天，姜维伐魏。　秋九月，魏司马师将他们的君主曹芳废为齐王，迁到河内。冬十月，迎接高贵乡公曹髦，拥立为皇帝。

魏主曹芳对李丰之死，心中极为不平。安东将军司马昭镇守许昌，曹芳下诏召他去攻打姜维。九月，司马昭领兵入京拜见曹芳，曹芳到平乐观检阅他的部队。曹芳身边的人劝曹芳趁司马昭辞行的时候杀死司马昭，率军击退大将军司马师。在此之前已经写好诏书，曹芳深感恐惧，不敢发。

司马师以太后令召群臣议，以魏主荒淫无度，亵近倡优，不可以承天绪。群臣莫敢违。乃奏收玺绶，归藩于齐，立彭城王据。芳与太后垂泣而别，乘王车从太极殿南出，群臣送者数十人，太尉司马孚悲不自胜，余多流涕。

太后曰："彭城王，季叔也，今来，我当何之？高贵乡公，文皇帝长孙，明皇帝弟子，于礼，小宗有后大宗之义，其详议之。"师乃更召群臣议，迎髦于元城。髦，东海定王霖之子也，时年十四。师使请玺绶，迎之，太后曰："我见高贵乡公，小时识之，欲以玺绶手授之。"十月，髦至玄武馆，群臣奏请舍前殿，髦以先帝旧处，避止西厢。群臣又请以法驾迎，不听。入洛阳，群臣迎拜，髦下舆答拜，傧者请曰："仪不拜。"髦曰："吾人臣也。"遂答拜。至止车门，左右曰："旧乘舆入。"髦曰："吾被征，未知所为。"遂步至太极东堂，见太后。其日即位，百僚皆欣欣焉。

乙亥(255)　**十八年**魏正元二年，吴五凤二年。

春正月，魏扬州都督毌丘俭、刺史文钦起兵讨司马师，师击败之，钦奔吴，俭走死。

初，钦以骁果见爱于曹爽，而俭素与夏侯玄、李丰善。至是皆不自安，俭乃以计厚待钦。俭子甸谓俭曰："大人居方岳重任，国家倾覆而晏然自守，将受四海之责矣。"于是俭矫太后诏，起兵寿春，移檄州郡以讨司马师。又遣使邀镇南

司马师以太后的名义下令召群臣商议，认为魏主荒淫无度，亲近歌舞艺人，不能承担做帝王的重任。大臣们谁也不敢反对。于是上奏收缴曹芳的印玺，贬曹芳为齐王，拥立彭城王曹据为皇帝。曹芳与太后垂泪而别，乘坐诸侯王坐的车子，从太极殿出来向南行驶，大臣们出来送行的有数十人，太尉司马孚悲痛欲绝，其余的人也大多流下眼泪。

太后说："彭城王是我的小叔，他来做皇帝，我该到哪儿去？高贵乡公是文皇帝的长孙，明皇帝弟弟的儿子，按照礼制，可以选择小宗的后代来继承大宗，你们再详细讨论。"司马师于是再度召集群臣讨论，到元城迎接曹髦。曹髦是东海定王曹霖的儿子，当时年仅十四岁。司马师派使者向太后要玺绶，迎接曹髦，太后说："我要见高贵乡公，他小的时候我就认识他了，我想把印玺亲手授给他。"十月，高贵乡公曹髦抵达玄武馆，群臣上奏请求让他住到前殿，曹髦认为前殿是先帝的旧居，就避开前殿住到了西厢。群臣又请求用皇帝的车子来迎接，曹髦不同意。曹髦进入洛阳，群臣跪拜迎接，曹髦要下车答拜，司仪请求说："按照礼仪不必答拜。"曹髦说："我是臣子。"于是下车答拜。到了止车门，曹髦身旁的人说："按旧制可以乘车进入。"曹髦说："我被朝廷征召，还不知要做什么。"于是步行到太极东堂，拜见太后。在这一天即皇帝位，文武百官都十分高兴。

乙亥（255）　汉后主延熙十八年魏正元二年，吴五凤二年。

春正月，魏扬州都督毌丘俭、刺史文钦起兵讨伐司马师，司马师击败他们，文钦投奔吴国，毌丘俭在逃跑中被杀死。

起初，文钦因为骁勇果敢而深受曹爽喜爱，而毌丘俭向来与夏侯玄、李丰友好。到夏侯玄等人被杀后，毌丘俭心中惴惴不安，于是用计厚待文钦。毌丘俭的儿子毌丘甸对父亲说："大人担当一方重任，如果国家倾覆而您安然无恙，守住一方土地，那将受到天下人的斥责。"于是毌丘俭假称接到太后诏令，在寿春起兵，向州郡发送文书共同讨伐司马师。又派使者邀请镇南

将军诸葛诞，诞斩其使。俭将五六万众渡淮，至项坚守，使钦在外为游兵。

师问计于河南尹王肃，肃曰："昔关羽有北向争天下之志，孙权袭取其将士家属，羽众瓦解。今淮南将士家在内州，但急往御卫，使不得前，必有土崩之势矣。"时师新割目瘤，创甚，或谓不宜自行。肃又与尚书傅嘏、中书侍郎钟会劝师自行，师疑未决。嘏曰："淮、楚兵劲，其锋未易当。若诸将战有利钝，则公事败矣。"师蹶然起曰："我请舆疾而东。"以弟昭兼中领军，留镇洛阳。

师又问计于光禄勋郑袤，袤曰："俭好谋而不达事情，钦勇而无算。今大军出其不意，江、淮之卒，锐而不能固，宜深沟高垒以挫其气，此亚夫之长策也。"

荆州刺史王基言于师曰："淮南之逆，非吏民思乱也，畏俭等迫胁，是以屯聚。若大兵一临，瓦解必矣。"师从之。以基为前军，既复敕基停驻。基曰："俭等诈谋已露，众心疑沮。今不张示威形以副民望，而停军高垒，有似畏懦，非用兵之势也。若俭、钦略民以自益，而州郡兵家为贼所得者，更怀离心，此为错兵无用之地而成奸宄之源。吴寇因之，则淮南非国家之有矣。军宜速据南顿，南顿有大邸阁，计足四十日粮。保坚城，因积谷，先人有夺人之心，此平贼之要也。"师听之，进据㶏水。

将军诸葛诞，诸葛诞斩了他的使者。毌丘俭率领五六万人马渡过淮河，到达项县坚守，让文钦在外作为游动兵力。

司马师向河南尹王肃询问计策，王肃说："从前关羽有向北夺取天下的志向，孙权袭击攻取了他的将士家属，关羽的部队便土崩瓦解。如今淮南将士的家属在内地州县，只要急速派兵去保护他们的家属，抵御毌丘俭、文钦的部队，使他们不得上前，一定会土崩瓦解。"当时司马师刚割去眼部肿瘤，伤势很重，有人认为他不应该亲自率部队前去。王肃又与尚书傅嘏、中书侍郎钟会劝司马师亲自去，司马师犹豫不决。傅嘏说："淮、楚地区的兵力强劲，其锋利的势头不容易抵挡。如果将领们出战不利，您的事情就要失败了。"司马师迅速站起来说："我要抱病登车去东部前线。"任命弟弟司马昭兼任中领军，留下来镇守洛阳。

司马师又向光禄勋郑袤询问计谋，郑袤说："毌丘俭喜欢出谋划策但不能通达事情，文钦有勇无谋。如今大军出其不意发起攻击，而江、淮地区的士兵，锐利但不能持久，我们应该深挖沟高筑垒以挫败其锐气，这是周亚夫的妙计。"

荆州刺史王基对司马师说："淮南的叛逆，并不是小吏和百姓想要作乱，而是畏惧毌丘俭等人的胁迫，因此屯聚在一起。如果大兵一到，他们必定会土崩瓦解。"司马师采纳了他的意见。让王基做先头部队，不久又下令王基停止前进。王基说："毌丘俭等人的阴谋已经败露，众人心怀疑虑而停止不前。如今不显扬军队的威风阵势来满足老百姓的愿望，而是停止进军高筑营垒，像是畏惧懦弱，这不是用兵的气势。如果毌丘俭、文钦抢劫老百姓来增强自己的力量，而州郡士兵的家属被叛贼获得的话，众人会进一步心怀叛离之心，这是将军队安置到无用之地而促成为非作歹的根源。假如吴军乘机发动进攻，那么淮南不再属于国家所有了。我军应该迅速占领南顿，南顿有大邸阁，估计藏有足够大军食用四十天的粮食。占领南顿，保卫坚固的城池，依凭积蓄的粮食，行动在敌人之前而心怀夺取敌人的决心，这是平定叛贼的关键。"司马师听从了他的主张，进军占据㶏水一带。

闰月，次㶏桥，基复言曰："兵闻拙速，未睹巧久。议者多言将军持重，持重非不行之谓也，进而不可犯耳。今以积实资虏而远运军粮，甚非计也。"师犹未许。基曰："将在军，君令有所不受。彼得则利，我得亦利，是谓争地，南顿是也。"遂辄进据之。俭等亦往争，闻基先到，乃还。

吴孙峻率兵袭寿春，师命诸军深壁以待东军之集。诸将请进攻顿，师曰："淮南将士本无反志，俭、钦欺诱，与之举事。小与持久，诈情自露，将不战而克矣。"乃遣诸葛诞自安丰向寿春；胡遵出谯、宋，绝其归路。俭、钦进不得斗，退恐寿春见袭，计穷不知所为；将士家皆在北，降者相属。

兖州刺史邓艾将万余人趋乐嘉城，俭使钦袭之。师自汝阳潜兵就艾，钦猝遇之，未知所为。其子鸯，年十八，勇力绝人，谓之曰："及其未定，击之可破也。"于是分为二队，夜夹攻之，鸯率壮士先至鼓噪，军中震扰。师惊骇，病目突出，恐众知之，啮被皆破。钦失期不应，会明，鸯见兵盛，乃还。钦引而东，鸯以匹马拒追骑数千，所向披靡，人莫敢逼。

殿中人尹大目故曹氏家奴，从师行，知师目出，启云："钦本明公腹心，素与大目相信，乞为公追解之。"乃乘马追

闰月，驻军在滍桥，王基又说："军事行动只听说宁可笨拙也要求速胜，而没见过取巧能够持久的。议政的人大多认为将军您持重稳健，持重稳健不是不进军的意思，而是指进军不可阻挡。如今用积蓄的粮食资助叛贼而我军从远方运送军粮，这实在不是妙计。"司马师仍然不许进军。王基说："将在军中，君命有所不受。如果敌人得到则敌人有利，我方获得则我方有利，这就是所谓争地，这个地方就是南顿。"于是就进军占据南顿。毌丘俭等人也前去争夺，听说王基先到，才撤军返回。

吴孙峻率兵袭击寿春，司马师命令各军加高营垒等待东部军队的到来。将领们请求进攻顿县，司马师说："淮南将士本来没有反叛之心，毌丘俭、文钦欺骗引诱，与他们共同反叛。我们稍微与他们持久对峙一些日子，他们的欺诈之情自会暴露出来，我们将不战而胜。"于是派诸葛诞率军从安丰向寿春挺进；胡遵出兵谯县、睢阳，切断叛军的退路。毌丘俭、文钦进不能战，退又怕寿春遭受袭击，无计可施，不知该怎么办才好；将士们的家都在北方，投降的人络绎不绝。

兖州刺史邓艾率领一万余人直奔乐嘉城，毌丘俭派文钦领兵去袭击。司马师从汝阳秘密进兵乐嘉城与邓艾会合，文钦突然遭遇他们，不知所措。文钦的儿子文鸯，当时年龄为十八岁，勇敢有力无人能比，对文钦说："我们趁他们还没安定下来，突然袭击可以击败他们。"于是将部队分为两队，夜里夹攻进击，文鸯率领强壮的士兵首先赶到，击鼓呐喊，军中震惊混乱。司马师十分惊骇，生病的眼珠向外突出，他担心众人知道，就咬住被子强忍疼痛，把被子都咬破了。但是文钦超过约定的时间不来接应，等到天亮，文鸯见对方兵势强盛，便撤兵返回。文钦率军向东撤退，文鸯以单枪匹马抵御追击的数千骑兵，所向披靡，没有人敢靠近。

殿中人尹大目过去是曹氏家奴，跟随司马师出兵打仗，知道司马师的眼珠突了出来，启告说："文钦本来是您的心腹，平时与我互相信任，我请求为您追赶劝解他，使他回心转意。"于是骑马追赶

钦，谓曰："君侯何苦不可复忍数日中也?"钦殊不悟，乃更怒骂，欲射之。大目涕泣曰："世事败矣，善自努力。"

俭闻钦退，恐惧，夜走寿春，亦溃。孙峻进至橐皋，钦以孤军无继，不能自立，遂诣峻降。俭走慎县，人就杀之，传首京师。诏夷俭三族。以诸葛诞为镇东大将军，都督扬州诸军事。吴军亦还。

俭孙女适刘氏，当死，以孕系廷尉。司隶主簿程咸议曰："女适人者，已产育，则成他家之母，杀之不足惩乱源，而伤孝子之恩。且男不遇罪于他族，而女婴戮于二门，非所以矜女弱、均法制也。臣以为在室之女可从父母之刑，既醮之妇，使从夫家之戮。"魏朝从之，遂著为令。

魏大将军司马师卒。二月，师弟昭自为大将军、录尚书事。

师疾笃，还许昌。昭自洛阳往省之，师令总统诸军而卒。中书侍郎钟会从师典知密事。魏主髦诏敕尚书傅嘏，以东南新定，权留昭屯许昌，为内外之援，令嘏率诸军还。会与嘏谋，使嘏表上，辄与昭俱发，还屯洛水南。诏以昭为大将军、录尚书事。会由是常有自矜之色，嘏戒之曰："子志大其量，而勋业难为也，可不慎哉!"

秋七月，吴孙峻杀朱公主。

吴将军孙仪等谋杀孙峻，不克，死者数十人。全公主谮朱公主，云与同谋，峻遂杀之。

文钦，对文钦说："您有什么苦而不能再忍受几日呢？"文钦一点儿也听不明白，就更加生气地大骂尹大目，想用箭射他。尹大目流着眼泪说："当世之事毁败了，你自己好好努力吧。"

毌丘俭听说文钦撤退，惊恐不安，连夜逃离寿春，也被打败了。孙峻进军到橐皋，文钦因为孤军无援，难以立足，于是就向孙峻投降。毌丘俭逃到慎县，有人走近他将他杀了，将他的首级送到京城。朝廷下诏诛杀毌丘俭的三族。任命诸葛诞担任镇东大将军，都督扬州诸军事。吴军也撤走了。

毌丘俭的孙女嫁给刘氏，应当处死，但因为怀孕而被关押在廷尉监狱中。司隶主簿程咸建议说："已经出嫁的女人，如果生育孩子，就成了别人家的母亲，将她杀死不足以惩治犯罪根源，却伤害了孝子的恩情。再说男人不会受其他家族的人的犯罪牵连，而女人却会受到父母家和丈夫家两个家族的人的连累，这不是同情女子柔弱、均衡法制的做法。我认为没有出嫁的女子可以随父母受惩罚，而已经出嫁的妇女，让她们随夫家治罪。"魏朝廷采纳了这个建议，最终制定成法令。

魏大将军司马师去世。二月，司马师的弟弟司马昭自己担任大将军、录尚书事。

司马师病情加重，回到许昌。司马昭从洛阳前去探望他，司马师让他总管各路大军，而后去世。中书侍郎钟会跟随司马师掌管机密要事。魏主曹髦给尚书傅嘏下诏，认为东南刚刚平定，暂时留下司马昭驻屯许昌，作为内外的援军，命令傅嘏率领各路军队返回。钟会与傅嘏谋划，让傅嘏呈上奏表，就同司马昭一起出发，回到洛水的南面驻扎。朝廷下诏任命司马昭担任大将军、录尚书事。钟会因为这件事常常露出骄傲自大的表情，傅嘏告诫他说："你的志向大于你的才能，而功绩和事业难以建立，不可不谨慎啊！"

秋七月，吴国孙峻杀死朱公主。

吴将军孙仪等人密谋杀死孙峻，没有成功，死了几十人。全公主诬陷朱公主，说她是孙仪的同谋，于是孙峻杀死了朱公主。

八月，姜维伐魏，败其兵于洮西，遂围狄道，不克而还。

姜维复议出军，征西大将军张翼廷争，以为："国小民劳，不宜黩武。"不听。维遂将数万人至枹罕。魏雍州刺史王经与战于洮西，大败，死者万计，还保狄道城。翼谓维曰："可以止矣，进或毁此大功，为蛇画足。"维大怒，遂围狄道。

魏诏邓艾行安西将军与征西将军陈泰并力拒维。泰进军陇西，诸将皆曰："王经新败，蜀众大盛，今以乌合之卒当之，殆必不可。不如据险自保，观衅待敝，此计之得也。"泰曰："维轻兵深入，正欲与我争锋原野，求一战之利。当高壁深垒，挫其锐气，今乃与战，使贼得计。经既破走，维若以战克之威，进兵东向，据栎阳积谷之实，招纳羌、胡，东争关、陇，传檄四郡，此我之所恶也。今乃以乘胜之兵，挫峻城之下，攻守势殊，客主不同。吾乘高据势，临其项领，不战必走矣。"遂进军潜行，夜至狄道东南高山上，多举烽火，鸣鼓角。维不意救兵卒至，急攻不克，乃遁而还。

泰每以一方有事，辄以虚声扰动天下，故希简上事，驿书不过六百里。大将军昭曰："陈征西沉勇能断，救将陷之城而不求益兵，大将不当尔耶！"

冬，吴始作太庙。

八月，姜维讨伐魏国，在洮西打败魏军，于是围攻狄道城，没有取胜而返回。

姜维再次讨论出兵之事，征西大将军张翼在朝廷上劝阻他，认为："国家弱小百姓劳苦，不该滥用武力。"姜维不听。姜维于是率领数万人到达枹罕。魏雍州刺史王经在洮西与姜维交战，结果大败，死者数以万计，回军保卫狄道城。张翼对姜维说："可以停止了，如果进军或许会毁掉这次大胜利，成了画蛇添足了。"姜维勃然大怒，于是围攻狄道城。

魏下诏邓艾代理安西将军与征西将军陈泰合力抵御姜维。陈泰进军陇西，将领们都说："王经刚刚失败，蜀军士气太盛，如今您率领乌合之众抵挡他们，恐怕一定要失败。不如凭借险要保存实力，观察敌人的弱点，等待其疲惫，这才是上策。"陈泰说："姜维率轻装部队深入我们境内，正想与我们在原野上一争高低，希望一战取胜。王经应当高筑营垒，挫败敌人的锐气，可如今却与敌人交战，使敌人的计策得以实现。王经失败逃走以后，姜维如果凭借取胜的威势，向东挺进，占据有粮食储备的栎阳，招纳羌人、胡人部落，向东争夺关、陇地区，再向周围四郡发布文告，这是我最痛恨的事情。如今姜维却用士气旺盛的军队围攻狄道城，使锐气在坚固的城池下受挫，攻守的形势差别极大，主与客也不同。如果我们登高占据险要地势，突然出现在敌人的头顶之上，不用交战他们一定会逃走。"于是进军秘密前行，夜里到达狄道城东南面的高山上，点燃众多烽火，擂响战鼓，吹响号角。姜维没有料到敌人的救兵突然来到，急攻攻不下，便率军逃跑而回。

陈泰常常认为，一旦发生事情，有关人员总要虚张声势扰动全国，因此他上奏既稀少又简略，驿站传递的书信不用每天超过六百里的加急文书。大将军司马昭说："陈将军沉着勇敢，行事果断，援救即将陷落的城池而不要求增兵，大将难道不应当像他这样吗！"

冬季，吴国开始建太庙。

丙子(256) 十九年魏甘露元年,吴太平元年。

春正月,以姜维为大将军。 夏四月,魏司马昭始服衮冕赤舄。 魏主髦视学。

初,魏主宴群臣于东堂,与诸儒论夏少康、汉高祖优劣,以少康为优。至是幸太学,与诸儒论《书》《易》及《礼》,诸儒莫能及。常与中护军司马望、侍中王沈、散骑常侍裴秀及钟会等讲宴于东堂,特加礼异。魏主性急,请召欲速,以望职在外,特给追锋车、虎贲五人,每有集会,辄驰而至。望,孚之子也。

秋七月,姜维伐魏,与其将邓艾战,败绩。

姜维自狄道还驻钟提,魏人以其力竭未能更出。安西将军邓艾曰:"彼有乘胜之势,我有虚弱之实,一也。彼上下相习,我将易兵新,二也。彼以船行,我以陆军,三也。狄道、陇西、南安、祁山各当有守,彼专为一,我分为四,四也。彼从南安因食羌谷,若趣祁山,熟麦千顷,五也。贼有黠计,其来必矣。"秋,维复出祁山,闻艾有备,乃回,趣南安。艾与战于段谷,大破之,死者甚众。蜀人由是怨维。

八月,魏司马昭自为大都督,奏事不名,假黄钺。 吴孙峻卒,以其从弟綝为侍中辅政。 吴大司马吕岱卒。

始,岱亲近徐原,慷慨有才志,岱赐以巾褠,与共言论,后遂荐拔,官至侍御史。原好直言,岱有得失,辄谏诤,又公论之。或以告岱,岱叹曰:"是我所以贵德渊者也。"

丙子(256)　汉后主延熙十九年魏甘露元年，吴太平元年。

春正月，任命姜维为大将军。　夏四月，魏国司马昭开始穿戴绣龙的礼服和冠冕，穿红色的礼鞋。　魏主曹髦视察太学。

起初，魏主曹髦在东堂设宴招待群臣，与儒生们讨论夏少康和汉高祖的优劣，曹髦认为少康优于汉高祖。到这时，曹髦到太学去，与儒生们讨论《尚书》《周易》及《礼记》，儒生们没人能比得过他。曹髦经常与中护军司马望、侍中王沈、散骑常侍裴秀以及钟会等人在东堂宴饮讲论经学，对这几个人特别加以礼遇。魏主性情急躁，召集人前来总是希望迅速到达，因为司马望在宫殿外任职，所以特地赐给他追锋车和五个勇士，每有集会，就急驰而至。司马望是司马孚的儿子。

秋七月，姜维讨伐魏国，与魏将邓艾交战，失败。

姜维从狄道回钟提驻扎，魏国人认为他们兵力衰竭，不能再次出兵。安西将军邓艾说："他们有乘胜进击的力量，我们却虚弱不堪，这是一。他们官兵上下彼此熟悉了解，而我们换了将领，更新了士兵，这是二。他们乘船行进，而我们在陆地行军，这是三。狄道、陇西、南安、祁山各地都应当有人守卫，他们只专门进攻一个地方，而我们却要兵分四处，这是四。他们从南安进军可以食用羌人的粮食，如果从祁山急速进军，那里有千顷成熟的麦子，这是五。敌人有狡黠的计谋，来进攻是注定了的。"秋天，姜维再次出兵祁山，听说邓艾早有防备，就撤回，直奔南安。邓艾与姜维在段谷交战，大败汉军，汉军伤亡惨重。蜀人从此怨恨姜维。

八月，魏国司马昭自己担任大都督，奏事可以不称名，外出持黄钺。　吴国孙峻去世，任命孙峻的堂弟孙綝担任侍中辅佐朝政。　吴国大司马吕岱去世。

起初，吕岱亲近徐原，徐原慷慨大方有才志，吕岱赐给他头巾和单衣，与他一同谈论，后来就推荐提拔他，官至侍御史。徐原喜欢直言，吕岱有了失误，徐原就直言劝谏，又在公众场合议论他。有人告诉吕岱，吕岱感叹说："这就是我看重徐原的原因。"

及原死，哭之甚哀，曰："德渊，岱之益友，今不幸，岱复于何所闻过乎！"卒年九十六。

冬十月，吴孙綝杀大司马滕胤、将军吕据。

吴车骑将军吕据在江都，闻孙綝辅政，大怒，表荐滕胤为丞相。綝更以胤为大司马，出驻武昌，未行。据引兵还，约胤共废綝。綝遣从兄宪将兵逆据，而使人趣胤行。胤惧，勒兵自卫。綝表胤反，发兵攻围之。或劝胤曰："引兵至苍龙门，将士必委綝就公矣。"时夜已半，胤恃与据期，又难举兵向宫。比晓，据不至，綝兵大会，杀胤，夷三族。或劝据奔魏，据曰："吾耻为叛臣。"遂自杀。

魏以卢毓为司空。

魏以卢毓为司空，毓固让司隶校尉王祥，诏不许。祥至孝，继母朱氏遇之无道，祥愈恭谨。朱氏子览，年数岁，每见祥被箠，辄涕泣抱持母。母以非理使祥，览辄与俱。及长，娶妻，母虐使祥妻，览妻亦趋之，母为少止。祥渐有时誉，母深疾之，密使酖祥。览径起取酒，祥不与，母夺而反之。后母赐祥馔，览辄先尝，母惧，遂止。汉末遭乱，隐居三十余年，不应州郡之命，母终，毁瘁，杖而后起。徐州刺史吕虔檄为别驾，委以州事，政化大行，时人歌之曰："海沂之康，实赖王祥。邦国不空，别驾之功。"

到徐原死时，吕岱哭得十分哀伤，说："徐原，我的好友，今天你不幸去世，我又从哪里听人给我指出过失呢！"吕岱去世时，年龄为九十六岁。

冬十月，吴国孙𬘭杀死大司马滕胤和将军吕据。

吴车骑将军吕据在江都，听说孙𬘭辅佐朝政，勃然大怒，上表推荐滕胤担任丞相。孙𬘭改任滕胤为大司马，离京驻守武昌，滕胤没有去。吕据率兵返回，约滕胤共同废掉孙𬘭。孙𬘭派堂兄孙宪领兵迎击吕据，同时派人催促滕胤尽快到武昌赴任。滕胤害怕了，率军自卫。孙𬘭上表说滕胤造反，发兵围攻滕胤。有人劝滕胤说："您领兵到苍龙门，将士们必定弃孙𬘭而跟随您。"当时已是半夜时分，滕胤仗着与吕据约定了时间，又难以举兵向宫中发起进攻，因此没有采纳这个建议。等到拂晓，吕据仍没有赶到，孙𬘭的军队大举进攻，杀死滕胤，诛灭滕胤的三族。有人劝吕据投奔魏国，吕据说："我耻为叛臣。"于是自杀而死。

魏国命卢毓担任司空。

魏国命卢毓担任司空，卢毓坚决推辞想让司隶校尉王祥担任，但朝廷下诏不同意。王祥十分孝顺，继母朱氏待他不好，但王祥对她却愈加恭敬谨慎。朱氏的儿子王览，才几岁，每次看到王祥被鞭打，总是哭着抱住了母亲。母亲让王祥去做违背情理的事，王览总是与王祥一同去。长大后，王祥和王览都娶了妻子，母亲残暴地役使王祥的妻子，王览的妻子也跑去一起承担，母亲的暴行因此稍微有些收敛。王祥渐渐有了声誉，母亲特别憎恨他，暗地里想用毒酒毒死王祥。王览知道后，径直站起来去取酒，王祥不给他，母亲夺过来倒了。后来母亲给王祥吃的东西，王览就先尝一尝，母亲害怕了，这才停止了下毒。汉朝末年遭逢乱世，王祥隐居三十多年，没有应州郡的征召，母亲去世，王祥因为过度悲哀而生病，拄着拐杖才能站起来。徐州刺史吕虔用公文征召他担任别驾，将州中事务委任给他，结果政治教化广泛推行，当时的人歌唱道："海沂之康，实赖王祥。邦国不空，别驾之功。"

吴孙綝杀将军王惇。

綝负贵倨傲，多行无礼。惇与峻从弟宪谋杀之，事泄皆死。

丁丑(257)　二十年魏甘露二年，吴太平二年。

夏四月，吴主亮始亲政。

吴主亮亲政事，大将军孙綝表奏，多见难问。又科兵子弟十八已下、十五已上三千余人，选大将子弟年少有勇力者，使将之，日于苑中教习，曰："吾立此军，欲与之俱长。"数出中书视大帝时旧事，问左右侍臣曰："先帝数有特制，今大将军问事，但令我书可耶？"

尝食生梅，使黄门至中藏取蜜，蜜中有鼠矢。召问藏吏，藏吏叩头。亮曰："黄门从尔求蜜耶？"吏曰："向求，实不敢与。"黄门不服。亮令破鼠矢，矢中燥，因大笑谓左右曰："若矢先在蜜中，中外俱湿，今外湿里燥，必黄门所为也。"诘之，果服。左右惊悚。

魏扬州都督诸葛诞起兵讨司马昭。六月，昭以其主髦攻之。吴人救之，不克而还。

诞素与夏侯玄等友善，玄等死，王凌、毌丘俭相继诛灭，诞内不自安，乃倾帑振施，曲赦有罪以收众心，养轻侠数千人为死士。司马昭初秉政，长史贾充请遣参佐慰劳四征，且观其志。充至淮南，见诞，论时事，因曰："洛中诸贤皆愿禅代，君以为如何？"诞厉声曰："卿非贾豫州子乎？

吴国孙綝杀死将军王惇。

孙綝自负高贵，十分傲慢，经常做不符合礼制的事情。王惇与孙峻的堂弟孙宪策划杀掉他，由于事情泄露，两人都死了。

丁丑（257）　**汉后主延熙二十年**魏甘露二年，吴太平二年。

夏四月，吴主孙亮开始亲自处理政事。

吴主孙亮亲自处理政事，大将军孙綝上表奏事，常常受到他的质问。孙亮又将士兵子弟十八岁以下、十五岁以上的三千多人分成一个级别，选大将子弟中年少勇武有力的人，来率领他们，每天在苑囿中练兵习武，说："我建立这支部队，是想和他们一起成长。"他多次拿出秘府藏书让他们阅览吴大帝时的旧事，问左右侍臣说："先帝常常亲自书写诏书，而如今大将军奏事，为什么只让我批阅签字认可呢？"

有一次，孙亮吃生梅子，让黄门到中藏府去取蜂蜜，蜜中有老鼠屎。孙亮召来守府库的小吏询问，小吏叩头谢罪。孙亮说："黄门从你那儿要过蜂蜜吗？"小吏说："以前来要过，我实在不敢给他。"黄门不服。孙亮让人剖开鼠屎，屎中干燥，孙亮便大笑起来，对身边的人说："如果老鼠屎原先就在蜂蜜中，内外都是湿的。如今外面湿里面干燥，一定是黄门干的。"追问黄门，他果然服罪。孙亮身边的人都很震惊恐惧。

魏扬州都督诸葛诞起兵讨伐司马昭。六月，司马昭奉魏主曹髦的命令攻打诸葛诞。吴人援救诸葛诞，没有成功而返回。

诸葛诞一向与夏侯玄等人关系友好，夏侯玄等人死后，王凌、毌丘俭相继被诛灭，诸葛诞内心惴惴不安，于是竭尽所能拿出官方府库中的财物进行赈济施舍，又找特殊借口赦免有罪的人来收买众人之心，蓄养数千名轻捷的侠客作为敢死队员。司马昭刚刚执掌朝政，长史贾充请求派遣僚属慰劳征东、征南、征西、征北四将军，并且观察他们的思想动向。贾充到达淮南，见到诸葛诞，谈论时事，趁机说："洛阳各位贤达人士都希望实行禅让，您认为如何？"诸葛诞厉声说道："您不是贾豫州的儿子吗？

世受魏恩，岂可以社稷输人？若洛中有难，吾当死之。”充默然。还，言于昭曰：“诞再在扬州，得士众心。今召之，必不来，然反疾而祸小。不召，则反迟而祸大，不如召之。”充，逵之子也。诏以诞为司空，诞遂杀扬州刺史乐綝，敛屯田兵十余万及新附四五万人，聚谷足一年食，为闭门自守计；遣长史吴纲将小子靓至吴，称臣请救。

司马昭奉魏主髦及太后讨之。吴使将军全怿、全端、唐咨等与文钦同救诞。

六月，昭督诸军二十六万进屯丘头，使将军王基、陈骞围寿春。围未合，怿等将众因山乘险突入城，昭敕基敛军坚壁。基累求进讨，会吴朱异率三万人屯安丰，为钦外势，诏基转据北山。基曰：“今围垒转固，兵马向集，当修守备以待越逸，而更移兵守险，使得放纵。虽有智者，不能善其后矣！”遂守便宜，上疏，报听。于是四面合围，堑垒甚峻。击钦、异皆破，走之。

秋，吴孙綝大发卒出屯镬里，复遣异等解寿春之围。魏人又击破之，异走归綝，綝使异更死战，异以士卒乏食，不从。綝怒，斩异而还。綝既不能拔出诞而丧败士众，自戮名将，吴人咸怨。昭乃纵反间，言：“吴救方至，大军乏食，势不能久。”诞益宽恣食，俄而乏粮，外救不至。蒋班、

世世代代受到魏国的恩惠，怎么可以把国家送给他人？如果洛阳遇上危难，我愿为国而死。”贾充默然无语。回到洛阳，贾充对司马昭说：“诸葛诞再次到扬州任职，深得人心。如今召他到京师，他肯定不来，还会反叛，然而早反叛祸害小。如果不召他，那么晚反叛祸害就大了，因此不如将他召来。”贾充是贾逵的儿子。朝廷下诏任命诸葛诞为司空，诸葛诞于是杀死扬州刺史乐綝，聚集了屯田的十余万士兵和新归附的四五万人，积蓄了足够一年用的粮食，作闭门自守的打算；派长史吴纲带领他的小儿子诸葛靓到吴国，向吴国称臣请求救援。

司马昭奉魏主曹髦和太后的命令讨伐诸葛诞。吴国派将军全怿、全端和唐咨等人与文钦一同援救诸葛诞。

六月，司马昭统领各路军队二十六万人进驻丘头，派将军王基、陈骞围攻寿春。包围没有合拢，全怿等人率军凭借高山险要的地势突击入城，司马昭下令王基收兵坚守营垒，不与敌人交战。王基多次请求进讨，恰值吴国朱异率三万人进驻安丰，作为文钦的外围势力，朝廷下诏王基转到北山据守。王基说：“如今包围的营垒变得坚固，兵马也趋于集中，我们应该加强防守以等候敌人突围逃跑，可是这时却令我们转移兵力把守险要之地，使敌人得以放纵。这样下去，即使有足智多谋的人，也不能很好地对付以后发生的事！”于是坚守有利的做法，同时上书朝廷，朝廷答复同意王基的意见。于是王基等人四面合围，壕沟营垒等防御工事十分坚固。攻打文钦、朱异都获胜，将他们赶跑。

秋天，吴国孙綝大规模出动兵力驻扎到镬里，又派朱异等人去解寿春之围。魏军又将他们打败，朱异逃回孙綝所在的地方，孙綝派朱异再次死战，朱异以士兵缺乏粮食为由，没有服从命令。孙綝极为生气，杀死朱异返回。孙綝既不能救出诸葛诞，而且丧失了大批士兵，还杀戮自己的名将，吴人都怨恨他。司马昭于是行反间计，说：“吴国的救兵即将来到，魏国的大军缺乏粮食，看形势不会坚持太久。”诸葛诞的人马因此更加放宽心随意吃粮食，不久城中粮食匮乏，外面的救兵还没有赶到。蒋班、

焦彝，诞谋主也，言于诞曰："宜及众心尚固，并力决死，攻其一面，犹有可全，空坐守死，无为也。"诞不听，欲杀之。班、彝逾城出降。全怿兄子辉等得罪于吴，奔魏。司马昭作辉书告怿等，说："吴中怒怿等不能拔寿春城，欲尽诛诸将家，故逃来归命。"怿等遂帅其众出降。

姜维伐魏。

姜维闻魏分关中兵赴淮南，欲乘虚向秦川，率数万人出骆谷。时长城积谷多而守兵少，魏都督司马望及邓艾进据之，以拒维。维数挑战，不应。

是时，维数出兵，蜀人愁苦，谯周作《仇国论》讽之曰："或问往古能以弱胜强者，其术何如？曰：吾闻之，处大无患者常多慢，处小有忧者常思善。多慢则生乱，思善则生治，理之常也。故周文养民，以少取多；句践恤众，以弱毙强，此其术也。或曰：曩者，项强汉弱，约分鸿沟，各归息民，张良以为民志既定，则难动也，率兵追羽，终毙项氏。岂必由文王之事乎？曰：商、周之际，王侯世尊，君臣久固。深根者难拔，据固者难迁。当此之时，虽汉祖安能杖剑鞭马取天下乎！及秦罢侯置守之后，民疲秦役，天下土崩，于是豪强并争，虎裂狼分，疾搏者获多，迟后者见吞。今我与彼皆传国易世矣，既非秦末鼎沸之时，实有六国并据之势，

焦彝，是诸葛诞的主要谋士，对诸葛诞说："现在我们应该趁大家的思想还比较稳定，集中力量决一死战，从一个方向进攻敌人，还可保全实力，空坐等死，是没有出路的。"诸葛诞不听，想把他们杀了。蒋班、焦彝翻墙出城投降。全怿的侄子全辉等在吴国获罪，投奔魏国。司马昭替全辉写信告诉全怿等人，说："吴国朝廷对全怿等人不能击败包围寿春城十分生气，想把将领们的家人全部杀死，所以逃出来归顺魏国。"全怿等人于是也率领他们的部队出城投降。

姜维讨伐魏国。

姜维听说魏军分出关中的守兵开赴淮南，打算乘虚进攻秦川，于是率领数万人出骆谷。当时长城一带储存的粮食多而守兵少，魏都督司马望和邓艾进军占领了这里，来抵御姜维。姜维多次挑战，但魏军不应战。

这时，姜维多次出兵，蜀人愁苦，谯周作《仇国论》讽刺说："有人问古代能以弱胜强的人，他们的办法怎么样？答曰：我听说，处于大国地位而没有祸患者常常轻慢，处于小国地位而有忧患者常常心想善行。经常轻慢就会生出祸乱，心想善行就能使国家大治，这是普遍的道理。所以周文王蓄养百姓，能以少取多；句践抚恤众人，能以弱胜强，这就是他们的办法。有人说：从前，项羽强而汉高祖弱，相约以鸿沟划分土地，各自回到自己的土地上让人民休养生息，张良认为民心安定以后，就难以发动了，于是率兵追击项羽，终于将项羽消灭。难道一定要像文王那样做吗？答曰：商朝、周朝的时候，王侯世世代代尊贵，君臣关系长期牢固。根扎得深的东西难以拔掉，根据牢固的东西难以迁移。在那个时代，即使汉高祖又怎么能仰仗持剑策马夺取天下呢！等到秦朝废除诸侯王设置郡守之后，老百姓因为秦朝的苦役而疲惫不堪，天下土崩瓦解，于是豪强并起争夺天下，如狼似虎地分割天下，迅速搏杀的人获得的土地就多，行动迟缓的人就被吞并。如今我们和那个时代都经过了国家流传和改朝换代，已经不是秦朝末年鼎沸纷乱的时代，事实上却有六国并立的形势，

故可为文王，难为汉祖。夫民之疲劳，则骚扰之兆生，上慢下暴，则瓦解之形起。谚曰：‘射幸数跌，不如审发。’是故智者不为小利移目，不为意似改步，时可而后动，数合而后举，故汤、武之师不再战而克，诚重民劳而度时审也。如遂极武黩征，不幸遇难，虽有智者将不能谋之矣。”

戊寅(258) **景耀元年**魏甘露三年，吴景帝孙休永安元年。

春二月，魏司马昭拔寿春，杀诸葛诞。

文钦教诸葛诞决围而出，不克，复还。城中食尽，降者日众。钦欲尽出北方人省食，与吴人坚守，诞不听，由是争恨，遂杀钦。钦子鸯逾城自归于魏。军吏请诛之，司马昭曰：“钦子固应就戮，然今以穷来归，且城未拔，杀之是坚城内之心也。”乃使将数百骑巡城，呼曰：“文钦之子犹不见杀，其余何惧！”表为将军，赐爵关内侯。城中皆喜，昭因进军，克之，斩诞，夷三族。诞麾下数百人皆拱手为列，不降，每斩一人，辄降之，卒不变，以至于尽。吴将于诠曰：“大丈夫受命其主，以兵救人，既不能克，又束手于敌，吾弗取也！”乃免胄冒阵而死。

昭初围寿春，王基等欲急攻之，昭曰：“城固众多，攻之必力屈，若有外寇，表里受敌，此危道也。今三叛相聚于

因此可以像文王一样行事，难以像汉高祖一样作为。百姓疲劳，骚扰的征兆就会产生，位高的人简慢而位卑的人残暴，土崩瓦解的形势就会出现。谚语说：'射箭如果多次不中，不如仔细瞄准再射。'因此聪明的人不为蝇头小利而动心，不为意图相似而改变态度，时机成熟而后行动，时势合宜而后举兵，所以商汤、周武王的军队不用再次战斗就能取胜，实在是因为重视人民的疾苦，同时能审时度势。如果竟然竭尽武力滥用兵力征伐，又不幸遭遇危难，那么即使有智慧的人也将不能为此出谋划策了。"

戊寅(258) **汉后主景耀元年**魏甘露三年，吴景帝孙休永安元年。

春二月，魏国司马昭攻破寿春，杀死诸葛诞。

文钦让诸葛诞突围而出，没有成功，又返回城中。城中粮食吃尽，投降的人一天比一天多。文钦想让北方人全部出城投降以节省粮食，南方人留下来与吴国人一起坚守，但诸葛诞不同意，从此两人相互争辩彼此怨恨，诸葛诞最终杀死文钦。文钦的儿子文鸯翻越城墙，自己投奔魏国。军吏请求杀了他，司马昭说："文钦的儿子本来应该杀掉，然而现在因为走投无路来归顺，而且寿春城还没有攻下，杀了他会使城内的敌人更加坚定死守的决心。"于是派文鸯率领数百骑兵巡城，高呼："文钦的儿子还不被杀，其余的人害怕什么呢！"又上表推荐文鸯担任将军，赐爵关内侯。城中的人闻讯后都非常高兴，司马昭趁机进军，攻克寿春城，斩杀诸葛诞，诛灭他的三族。诸葛诞麾下有数百人，全都拱手排成队列，不投降，每杀死一人，就让其余的人投降，最终无人改变态度，以至于全部被杀尽。吴将于诠说："大丈夫受命于主上，率兵来救人，既不能取胜，又要被敌人擒获，我决不这样！"于是脱下盔甲突入敌阵而死。

司马昭最初围攻寿春，王基等人想迅速攻城，司马昭说："寿春城墙坚固，兵力众多，我们发起进攻，兵力一定会受损失，如果再有外敌进犯，表里受敌，这是危险的做法。如今三个叛贼相聚在

孤城之中，天其或者使同就戮，吾当以全策縻之。但坚守三面，若吴贼陆道而来，军粮必少，吾以轻骑绝其转输，可不战而破也。吴贼破，钦等必成擒矣。”乃命诸军按甲以守之，卒不烦攻而破。议者又以淮南仍叛，吴兵家在江南，宜悉坑之。昭曰：“古之用兵，全国为上，戮其元恶而已。吴兵得亡还，适可示中国之大度耳。”一无所杀，分布三河近郡安处之。

昭欲遣诸军因衅击吴，王基谏曰：“昔诸葛恪乘东关之胜以围新城，众死大半；姜维因洮西之利，轻兵深入，军覆上邽。夫大捷之后，上下轻敌，轻敌则虑难不深。今贼新败于外，又内患未弭，是修备设虑之时也。”昭乃止。以基为征东将军、都督扬州诸军事。时钟会谋画居多，昭亲待日隆，委以腹心之任，时人比之子房。

姜维引兵还。

维闻诸葛诞死而还。

夏五月，诏以司马昭为相国，封晋公，加九锡，复辞不受。　秋八月，魏主髦养老乞言于太学。

以王祥为三老，郑小同为五更。

九月，吴孙𬘭废其主亮为会稽王。冬十月，迎立琅邪王休。休以𬘭为丞相，封兄子皓为乌程侯。

孙𬘭以其主亮亲政，多所难问，称疾不朝，使弟据入宿卫，恩、幹、闿分屯诸营以自固。亮恶之，阴与全公主、将军刘承谋诛之。全后父尚为卫将军，亮使尚子纪语尚：

孤城之中，上天或许会让他们同时被杀，我应当用周全的计策将他们围困在城中。我们只坚守三面，如果吴军从陆路而来，军粮必定很少，我们用轻骑兵切断他们转运粮食的道路，就可以不战而胜了。吴军一旦失败，文钦等人一定能俘获。”于是命令各军按兵坚守不动，最后不用频频进攻而取胜。议政的人认为淮南仍在反叛，吴军士兵的家在长江以南，不可放他们回去，应该将他们全部活埋。司马昭说：“古人用兵，以保全国家为上策，只是杀其首恶而已。吴兵得以逃回去，正好可以显示我们中原之国的大度。”最后一个也没有杀，将他们分布在三河地区靠近京师的地方安置。

司马昭打算派遣各军趁吴国内讧袭击吴国，王基进谏说：“从前诸葛恪乘东关胜利之机围攻新城，部队死伤大半；姜维仰仗洮西的胜利，轻兵深入我境，军队在上邽覆没。在大胜之后，官兵上下都会轻敌，轻敌则考虑困难不深。如今敌人刚刚在外面失败，内部忧患的裂痕还没有弥合，正是他们加强防备谋划御敌的时候。”司马昭这才罢休。任命王基为征东将军、都督扬州诸军事。当时钟会出谋划策最多，司马昭对他的亲近厚待一天胜似一天，将机密要事委任给他，当时人把他比做张良。

姜维率军撤退。

姜维听说诸葛诞已死，便率军返回。

夏五月，魏国任命司马昭担任相国，封为晋公，加九赐，司马昭反复推辞不接受。　秋八月，魏主曹髦在太学养老请求教言。

以王祥为三老，郑小同为五更。

九月，吴国孙綝废君主孙亮为会稽王。冬十月，迎接瑯邪王孙休，拥立为皇帝。孙休任命孙綝担任丞相，封侄子孙皓为乌程侯。

孙綝因吴主孙亮亲自处理政事，常常质问他，称病不上朝，让弟弟孙据入宫担任值宿警卫，孙恩、孙幹、孙闿分别驻守各军营来自保。孙亮厌恶孙綝，暗中与全公主和将军刘承谋划杀掉孙綝。全后的父亲全尚担任卫将军，孙亮让全尚的儿子全纪告诉全尚：

“严整兵马，孤当率宿卫临桥。”且曰：“勿令卿母知，女人不晓大事，且綝姊也，邂逅漏泄，误孤非小。”纪承诏以告尚，尚无远虑，以语纪母，母使人密语綝。

綝夜袭尚。执之，杀刘承，比明，遂围宫。亮大怒，上马带鞬执弓欲出，曰：“孤大皇帝適子，在位已五年，谁敢不从者！”近臣共牵止之，不得出。綝使光禄勋孟宗告太庙，废亮为会稽王，以其罪班告远近。尚书桓彝不肯署名，綝怒，杀之。遂迎琅邪王休于会稽。遣会稽王亮之国，亮时年十六。杀全尚，迁全公主于豫章。

綝以休未至，欲入居宫中，召百官会议，皆惶怖唯唯。选曹郎虞汜曰：“明公擅废立之威，诚欲上安宗庙。今迎王未至而欲入宫，窃恐众听疑惑，非所以永终忠孝，扬名后世也。”綝不怿而止。

十月，休至，群臣奉上玺符，三让乃受。即日，御正殿，大赦，改元。綝称“草莽臣”，诣阙上印绶、节钺，求避贤路。吴主休慰谕之，以为丞相、荆州牧。

先是，丹阳守李衡数以事侵休，其妻习氏谏之，不听。休上书得徙会稽。至是衡谓妻曰：“以不用卿言至此。吾欲奔魏，何如？”妻曰：“逃叛求活，何面目见中国人？琅邪素好善慕名，方欲自显于天下，终不以私嫌杀君。可自诣狱，表列前失，显求受罪。如此，当逆见优饶，非但直活而已。”

“整肃兵马，我当率领值宿的警卫登临朱雀桥。”又说：“不要让你的母亲知道，女人不懂国家大事，再说他是孙綝的姐姐，如果见到孙綝泄漏出去，会误我的大事。”全纪接受诏令告诉了全尚，全尚没有从长远考虑，就把这事告诉了全纪的母亲，全纪的母亲派人秘密报告了孙綝。

孙綝夜里来袭击全尚。扣押全尚，诛杀刘承，等到天亮，最终包围了皇宫。孙亮勃然大怒，跨上马带上弓箭想要出宫，说：“我是大皇帝的嫡子，在位已经五年，谁敢不服从我！”他身边的臣子一起拉住马阻止他，不得出宫。孙綝派光禄勋孟宗祭告太庙，将孙亮废为会稽王，把他的罪状布告远近各地。尚书桓彝不肯在布告上署名，孙琳十分生气，杀了他。于是派人到会稽迎接琅邪王孙休。将会稽王孙亮遣送到他的封国，孙亮当时十六岁。孙綝杀死全尚，把全公主迁到豫章。

孙綝因为孙休还没到，想进入宫中居住，召集百官一同讨论，大家都惶惶不安，唯唯诺诺。选曹郎虞汜说：“您独揽废立的大权，实在是想从上面安定王室。现在迎接琅邪王还没有到而您想入宫居住，我私下担心众人听了会产生疑惑，这不是终生保持忠孝，扬名后世的做法。”孙綝极不情愿地放弃了入宫居住的想法。

十月，孙休到达京师，大臣们奉上印玺和符节，孙休辞让三次才接受。当天，亲临正殿，实行大赦，改年号。孙綝自称“草莽臣”，到皇宫中呈上印绶、节钺，请求避开进贤之路。吴主孙休安慰劝解他，任命他担任丞相、荆州牧。

在此之前，丹阳太守李衡多次因事侵犯孙休，他的妻子习氏劝阻他，他不听。后来孙休上书请求迁居，获准迁到会稽。到孙休即位当皇帝后，李衡对妻子说：“因为不听你的话才到这个地步。我想投奔魏国，怎么样？”妻子说：“你叛逃乞求活命，又有什么脸面去见中原之国的人？琅邪王平素喜欢善行、仰慕名声，正想使自己扬名于天下，终究不会因为私人的嫌怨而杀你。你可以自己到监狱自首，上表列出以前的过失，公开要求接受治罪。这样，反而会得到宽恕和优待，不仅仅是保住性命而已。”

衡从之。诏遣还郡，加将军号，授以棨戟。又封故南阳王和子皓为乌程侯。

十二月，吴孙綝伏诛。

綝奉牛酒诣休，休不受，赍诣张布。酒酣，出怨言曰："帝非我不立，今上礼见拒，是与凡臣无异，当复改图耳。"布以告，休衔之，恐其有变，数加赏赐。或告綝反，休执付綝，綝杀之。由是益惧，求出屯武昌，休许之。凡所请求，无一违者。

将军魏邈说休曰："綝居外，必有变。"卫士又告綝反。休将讨之，密问计于张布，布曰："左将军丁奉，虽不能吏书，而计略过人，能断大事。"乃召奉问计画，奉曰："丞相兄弟支党甚盛，不可卒制。可因腊会有陛兵以诛之。"

十二月，腊会，綝称疾，休强起之，不得已而入。奉、布目左右缚而斩之，以其首令众，诸同谋者皆赦之，放仗者五千人。夷綝三族，发孙峻棺，取印绶，斫而埋之。

改葬诸葛恪及胤、据等，其罹恪等事远徙者，一切召还。有乞为恪立碑者，诏曰："盛夏出军，士卒伤损，无尺寸之功，不可谓能；受托寄之任，死于竖子之手，不可谓智。"遂寝。

诏汉中兵屯汉寿，守汉、乐二城。

李衡听从了她的意见。孙休下诏将李衡遣送回郡，加上将军的称号，授以出行时作前导的棨戟。又封已故南阳王孙和的儿子孙皓为乌程侯。

十二月，吴国孙綝被判处死刑。

孙綝带上牛和酒去拜见孙休，孙休没有接受，于是送到张布那里。孙綝酒醉，口出怨言说："皇上要是没有我就不能即位，可是我今天给他送礼遭到了拒绝，这是把我当作普通大臣对待，我要再改立其他人。"张布将这些话禀报了孙休，孙休怀恨在心，担心孙綝发动叛乱，因此屡次加以赏赐。有人报告孙綝谋反，孙休将这个人扣押起来交给孙綝，孙綝把他杀了。从此孙綝更加恐惧，请求离京驻屯武昌，孙休同意了。凡是孙綝要求的事，孙休没有一件不同意的。

将军魏邈劝孙休说："孙綝居住在外，必定会发动叛乱。"卫士又报告孙綝要谋反。孙休将要讨伐孙綝，秘密向张布询问计策，张布说："左将军丁奉，虽然不能起草文书，但计谋过人，能决断大事。"于是召丁奉询问计策，丁奉说："丞相的兄弟党羽众多，不可突然将他制服。可以乘腊祭集会时用担任值宿警卫的士兵杀死他。"

十二月，腊祭集会，孙綝称病，孙休强令他起来，孙綝不得已而进入宫中。丁奉、张布目示身旁的人把他捆绑起来斩首，拿他的头对他的部下发布命令，同谋的人全部赦免，放下武器投降的有五千人。诛灭孙綝的三族，刨出孙峻的棺材，取出印绶，削薄了棺椁再埋上。

改葬诸葛恪和滕胤、吕据等人，那些受诸葛恪等人的事连累而被流放远方的人，全部召回。有人请求为诸葛恪立碑，孙休下诏说："诸葛恪盛夏出兵，士兵损失严重，又没有任何功劳，不能说有才能；接受托寄的重任，却死于坏小子的手中，不能说很聪明。"于是立碑的事就停止了。

后主刘禅下诏命令汉中的守军进驻汉寿，守卫汉、乐二城。

初，昭烈定汉中，实兵诸围以御外敌，敌若来攻，使不得入，其后皆承此制。及姜维用事，建议以为："诸围适可御敌，不获大利。不若敛兵聚谷，退就汉、乐二城，听敌入平，重关头镇守以捍之。敌攻关不克，千里运粮，自然疲乏。引退之日，然后诸城并出搏之，此殄敌之术也。"于是诏督汉中胡济却屯汉寿，王含守乐城，蒋斌守汉城。

己卯(259)　**二年**魏甘露四年，吴永安二年。

春正月，黄龙二见魏宁陵井中。

先是，魏地井中屡有龙见，群臣以为吉祥。魏主髦曰："龙者，君德也。上不在天，下不在田，而数屈于井，非嘉兆也。"作《潜龙诗》以自讽，司马昭见而恶之。

秋八月，陈祗卒。以董厥为尚书令，诸葛瞻为仆射。

祗以巧佞有宠，姜维虽位在祗上，而多处外，权任不及祗。

庚辰(260)　**三年**魏元帝曹奂景元元年，吴永安二年。

春正月朔，日食。　夏五月，魏司马昭弑其主髦于南阙下，尚书王经死之。

魏主髦见威权日去，不胜其忿。召侍中王沈、尚书王经、散骑常侍王业，谓曰："司马昭之心，路人所知也。吾不能坐受废辱，今日当与卿自出讨之。"经曰："昔鲁昭公不忍季氏，败走失国，为天下笑。今权在其门，为日久矣，朝廷四方皆为之致死，不顾逆顺之理，非一日也。且宿卫寡弱，

起初，昭烈帝刘备平定汉中，在外围各城布满兵力来抵御外来之敌，敌人如果来进攻，使他们不能进入汉中，以后都沿袭了这种用兵之法。等姜维执掌大权以后，提出建议认为："外围各城布兵，只能抵御来犯之敌，不会取得大胜。不如收拢兵力积聚粮食，退到汉、乐二城，听任敌人进入平地，我们在重要关头镇守来抵御敌人。敌人进攻关口不能取胜，从千里之外运送粮食，自然会十分疲乏。等敌人撤退的时候，我们驻守各城的军队一齐出击，与敌人展开搏斗，这是消灭敌人的办法。"于是刘禅下诏督领汉中的胡济退兵驻屯汉寿，王含驻守乐城，蒋斌驻守汉城。

己卯(259)　**汉后主景耀二年**魏甘露四年，吴永安二年。

春正月，黄龙两次出现在魏国宁陵的井中。

在此以前，魏国的井中多次有龙出现，群臣认为吉祥。魏主曹髦说："龙是代表君德的。它上不在天，下不在田，而多次屈居于井中，不是好兆头。"于是作《潜龙诗》来自我解嘲，司马昭看后十分厌恶。

秋八月，陈祗去世。命董厥担任尚书令，诸葛瞻任仆射。

陈祗因奸诈机巧、善于逢迎而深受后主的宠幸，姜维的地位虽然在陈祗之上，但大部分时间出征在外，权利比不上陈祗。

庚辰(260)　**汉后主景耀三年**魏元帝曹奂景元元年，吴永安二年。

春正月初一，日食。　夏五月，魏国司马昭在南面的宫阙下杀死魏主曹髦，尚书王经被处死。

魏主曹髦见自己的权势日渐削弱，禁不住心中的愤恨。召侍中王沈、尚书王经、散骑常侍王业，对他们说："司马昭之心，路人皆知。我不能坐等被废除的耻辱，今天应该亲自与你们出去讨伐他。"王经说："从前鲁昭公忍受不了季氏专权，派兵讨伐，结果战败出逃，失掉国家，被天下人耻笑。如今大权在司马昭手中，时间已经很久了，朝廷以及四方臣子都为他舍命效力，不顾逆顺之理，也不是一天了。再说宫中担任宿卫的兵力十分弱小，

陛下何所资用？而一旦如此，无乃欲除疾而更深之耶！祸殆不测。”髦出怀中黄素诏投地曰：“行之决矣！正使死何惧，况不必死耶！”于是入白太后。沈、业奔走告昭，呼经欲与俱，经不从。髦遂拔剑升辇，率殿中宿卫苍头官僮鼓噪而出。中护军贾充入，与战南阙下，髦自用剑。众欲退，太子舍人成济问充曰：“事急矣，当云何？”充曰：“司马公畜养汝等，正为今日。今日之事，无所问也。”济即抽戈前刺髦，殒于车下。昭闻之，大惊，自投于地。太傅孚奔往，枕之股而哭，甚哀，曰：“杀陛下者，臣之罪也。”

昭入殿中，召群臣会议。尚书仆射陈泰不至，昭使其舅尚书荀顗召之，泰曰：“论者以泰方舅，今舅不如泰也。”子弟逼之，乃入，见昭，悲恸，昭亦对之泣曰：“玄伯，卿何以处我？”泰曰：“独有斩贾充，少可以谢天下耳。”昭久之曰：“更思其次。”泰曰：“泰言惟有进于此者，不知其次。”昭乃不复言。顗，彧之子也。

以太后令罪状髦，废为庶人，葬以民礼。收王经及其家属付廷尉。经谢其母，母笑曰：“人谁不死，正恐不得其所。以此并命，何恨之有？”及就诛，故吏向雄哭之，哀动一市。王沈以功封安平侯。太傅孚等请以王礼葬髦，许之。

昭言成济大逆不道，夷三族。

陛下依靠什么与他作战呢？而您一旦这样做，不是想要除去疾病而是使病情更加严重！灾祸恐怕难以预测。”曹髦从怀中拿出用黄色丝绸写成的诏书投到地上，说：“这样做已经决定了！即使是死又有什么可怕的，何况不一定会死呢！”说完进去禀告太后。王沈、王业跑去告诉司马昭，招呼王经想要他一起去，但王经没有去。曹髦于是拔出剑登上辇车，率领殿中宿卫的士兵和奴仆击鼓呐喊，冲了出去。中护军贾充进入宫殿，与他们在南面的宫阙下交战，曹髦亲自用剑搏杀。大家想退却，太子舍人成济问贾充说：“事情危急了，你说怎么办？”贾充说：“司马公养你们这些人，正是为了今天派上用场。今天的事，没什么好问的。”成济随即抽出戈上前刺杀曹髦，把曹髦杀死在车下。司马昭闻讯，大吃一惊，自己跌倒在地上。太傅司马孚跑过去，把曹髦的头枕在自己的大腿上痛哭起来，十分哀伤，说：“陛下被杀，是我的罪过。”

司马昭进入殿中，召集群臣商议。尚书仆射陈泰不来，司马昭让陈泰的舅舅、尚书荀顗去召他，陈泰说：“议政的人认为陈泰我可以和舅舅您相比，如今看来舅舅您不如陈泰我了。”陈泰的孩子和弟弟逼迫陈泰，陈泰才入宫，见到司马昭，万分悲恸，司马昭也对着他哭泣，说：“玄伯，您怎么处置我呢？”陈泰说：“只有斩了贾充，才稍稍可以向天下谢罪。”司马昭沉吟良久，说：“您再想想其他办法。”陈泰说：“我说的话只能到这一步，不知其他办法了。”司马昭就不再说了。荀顗，是荀彧的儿子。

根据太后的命令，列举曹髦的罪状，将他废为平民，按百姓的礼节安葬。逮捕王经及其家属交付廷尉治罪。王经向母亲道歉，母亲笑着说：“人谁能不死，只担心死得不得其所。因为这样的事大家一同去死，还有什么遗憾呢？”等到被诛杀时，王经以前的属吏向雄为之痛哭流涕，悲哀之情感动整条街上的人。王沈因为立了功被封为安平侯。太傅司马孚等人请求按藩王的礼节安葬曹髦，太后同意了。

司马昭说成济大逆不道，诛灭了他的三族。

六月，魏主奂立。

奂，燕王宇之子也，本名璜，封常道乡公。司马昭迎立之，更名奂，年十五矣。

吴作浦里塘。

吴都尉严密建议作浦里塘，群臣皆以为难，唯将军濮阳兴力主之。功费不可胜数，士卒多死，民大愁怨。

吴会稽王亮自杀。

会稽谣言王亮当还为天子，而亮宫人告王祷祠，有恶言。吴主遂黜亮为候官侯，亮自杀。

冬，魏以王沈为豫州刺史。

沈初到，下教曰："有能陈长吏可否，说百姓所患者，给谷五百斛。言刺史得失，朝政宽猛者，给谷千斛。"主簿陈廞、褚䂮入白曰："教旨思闻苦言，示以劝赏。窃恐拘介之士或惮赏而不言，贪昧之人将慕利而妄举。苟言不合宜，不加以赏，则远听者又未知当否之所在，徒见言之不用，因谓设而不行。告下之事，可小须后。"沈曰："兴益于上，受分于下，斯乃君子之操，何不言之有！"䂮曰："尧、舜、周公所以能致忠谏者，以其款诚之心著也。冰炭不言而冷热之质自明者，以其有实也。若好忠直如冰炭之自然，则谔谔之言将不求而自至。若其不然，虽悬重赏，忠言未可致也。"沈乃止。

六月，魏主曹奂即位。

曹奂，是燕王曹宇的儿子，本名为曹璜，封为常道乡公。司马昭迎接他到京城，拥立他为皇帝，改名叫曹奂，当时年龄为十五岁。

吴国修建浦里塘。

吴都尉严密建议修建浦里塘，大臣们都认为很困难，只有将军濮阳兴极力主张修建。工程耗资不可胜数，士兵也死了很多，老百姓十分愁苦怨恨。

吴会稽王孙亮自杀。

会稽郡谣传会稽王孙亮会重返朝廷当皇帝，而孙亮的宫人告发孙亮作祈祷，说了些坏话。吴主于是贬孙亮为候官侯，孙亮因此自杀。

冬季，魏国任命王沈担任豫州刺史。

王沈到任之初，发布文告说："如果有能陈述县令、县尉等官吏是否称职，诉说百姓忧患的人，赐给粮食五百斛。如果能说出刺史为政的得失，朝政宽严的人，赐给粮食一千斛。"主簿陈廞、褚䂮进入官署禀告说："文告的宗旨是想要听到百姓的苦衷，表示要鼓励奖赏。我们私下担心有的清正廉洁之士害怕受赏而不说，而贪婪愚昧的人将贪图利益而胡言乱语。假如说得不合时宜，不给予奖赏，那么在远方听到消息的人又不知道正确和错误之所在，只看到说的话没有被采用，于是便认为您设置鼓励奖赏却不真正实行。我们认为对百姓发布文告之事，可以稍微等一等再说。"王沈说："进言有益于上，所受的赏赐给予百姓，这是君子的操守，怎么会有不说的道理呢？"褚䂮说："尧、舜、周公之所以能够招来忠诚进谏的人，是因为他们诚恳真挚的心十分显著。冰炭不会说话但冷热的本质自热会表现出来，这是因为它们实实在在。如果喜欢忠诚正直像冰炭那样自然，那么正直之言将不用求就自然而至。如果不是这样，即使是公开重赏，忠诚之言也不会招来。"王沈这才停止了奖赏进言的做法。

辛巳(261) **四年**魏景元二年,吴永安四年。

春三月,魏遣兵迎吴降将,未行而罢。

魏襄阳太守胡烈言:"吴将邓由等十八屯同谋归化,遣使送质。"诏王基部分诸军径造沮水以迎之。基遗司马昭书,言由等可疑状,且曰:"夷陵东西道皆险陋,竹木丛蔚,卒有要害,弩马不陈,此事之危者。嘉平以来,累有内难,当今之宜,当务镇安社稷,抚宁上下,力农务本,怀柔百姓,未宜动众以求外利。"昭从之。既而由等果不降。

冬,以董厥、诸葛瞻为将军,共平尚书事,樊建为尚书令。

时中常侍黄皓用事,厥、瞻皆不能矫正,士大夫多附之,唯建不与皓往来。秘书令郤正久在内职,与皓比屋,周旋三十余年,澹然自守,以书自娱,既不为皓所爱,亦不为所憎,故官不过六百石,而亦不罹其祸。帝弟甘陵王永憎皓,皓谮之,使十年不得朝见。

吴使薛珝来聘,及还,吴主问汉政得失,对曰:"主暗而不知其过,臣下容身以求免罪,入其朝不闻直言,经其野民皆菜色。臣闻燕雀处堂,子母相乐。突决栋焚,而怡然不知祸之将及,其是之谓乎!"

鲜卑索头贡质于魏。

鲜卑索头部世居北荒,不交南夏。至可汗毛,始强大,统国三十六,大姓九十九。后五世至可汗推寅,南迁大泽。

辛巳(261)　汉后主景耀四年魏景元二年,吴永安四年。

春三月,魏国派部队迎接吴国的投降将领,部队还没有行动,这件事就停止了。

魏国襄阳太守胡烈说:"吴国将领邓由等十八个营垒一同商量归顺我国,派使者送来了人质。"魏主诏令王基部署各军径直到沮水去迎接降军。王基送信给司马昭,陈说邓由等人值得怀疑的情况,并且说:"夷陵东西两边道路都险要狭窄,竹木丛密茂盛,如果突然有危险,弓箭和战马都无法施展力量,这将是一件危险的事情。嘉平年间以来,内部危机多次发生,现在最合适做的事,应是安定国家,抚慰臣民,致力农业生产,安抚百姓,不宜兴师动众地去追求外部利益。"司马昭听从了王基的话。过了不久,邓由等人果然不来归降。

冬季,任命董厥、诸葛瞻为将军,共同管理尚书事务,任命樊建为尚书令。

当时中常侍黄皓当权,董厥、诸葛瞻都不能纠正他的错误行径,士大夫大多依附于黄皓,只有樊建不与黄皓来往。秘书令郤正多年在宫内任职,与黄皓是邻居,同黄皓打了三十多年交道,淡然自守,以读书自我消遣,既不被黄皓所喜欢,也不被他所憎恨,因此官位没有超过六百石,但也没有遭受他的祸害。汉后主的弟弟甘陵王刘永憎恶黄皓,黄皓就对他加以诽谤,使他十年不能朝见汉后主。

吴国使者薛珝到蜀汉访问,等他回来后,吴主向他询问蜀汉的政治得失,薛珝回答说:"主上昏弱不知自己的过失,臣下苟且偷生以求免遭罪责,进入他们的朝廷听不到忠直的声音,经过他们的乡间看到百姓都面有饥色。臣听说燕雀住在堂屋顶上,母燕和小燕子相互嬉乐。烟囱突然破裂,屋梁被烧,而燕雀怡然自得不知灾祸将至,大概指的就是目前这种状况吧!"

鲜卑索头部送人质到魏国。

鲜卑索头部世代居住在北部荒凉地带,不同南面华夏交往。到可汗拓跋毛时,才开始强大起来,统治三十六个小国,九十九户大姓。后来经过五代到可汗拓跋推寅时,向南迁移到大泽。

又七世至可汗邻，使其兄弟七人及族人乙旃氏、车焜氏分统部众为十族。邻老，以位授其子诘汾，使南迁居匈奴故地。诘汾死，力微立，复徙居定襄之盛乐，部众浸盛，诸部畏服之。至是，始遣其子沙漠汗贡于魏，因留为质。

壬午（262） **五年**魏景元三年，吴永安五年。

秋八月，吴立子䨱为太子。　冬十月，姜维伐魏洮阳，不克。

初，维将出军，车骑将军廖化曰："兵不戢，必自焚，伯约之谓也。智不出敌而力少于寇，用之无厌，何以自存！"维遂伐魏，攻洮阳，邓艾与战于侯和，破之。时黄皓用事，与右大将军阎宇亲善，欲废维树宇。维知之，言于帝曰："皓奸巧专恣，将败国家，请杀之。"帝曰："皓趋走小臣耳，往董允每切齿，吾尝恨之，君何足介意。"维见皓枝附叶连，逊辞而出。帝敕皓诣维陈谢。维由是疑惧，返自洮阳，因求种麦沓中，不敢归成都。

吴以濮阳兴为丞相。

初，吴主休在会稽，兴为太守，遇之厚。而张布尝为左右督将，及即位，二人皆贵宠用事。布典宫省，兴关军国，以佞巧更相表里，吴人失望。

休喜读书，欲与祭酒韦昭、博士盛冲讲论，布以昭、冲切直，恐入侍言己过，固谏止之。休曰："孤欲与昭等讲习旧闻，亦何所损？君特恐其道臣下奸慝，故不欲令入耳。

又经过了七代到可汗拓跋邻，派他的七个兄弟以及族人乙旃氏、车惃氏分别统率部众成为十个部族。可汗拓跋邻年老之后，传位给他的儿子拓跋诘汾，让他南迁居住到匈奴人的故地。拓跋诘汾死后，拓跋力微继位，又迁徙到定襄郡的盛乐县，部族的民众逐渐强盛起来，其他部族都因害怕而服从了他。到这时，拓跋力微才派遣他的儿子沙漠汗到魏国，趁机留下来作为人质。

壬午（262） 汉后主景耀五年魏景元三年，吴永安五年。

秋八月，吴主立皇子孙𩅦为太子。 冬十月，姜维攻打魏国洮阳，没有成功。

当初，姜维将出兵时，车骑将军廖化说道："出兵不止，一定会自取灭亡，说的就是姜维。智谋比不上敌人而兵力又少于敌人，用兵不止，凭什么来保存自己呢？"姜维最终还是征伐魏国，攻打洮阳，邓艾同他在侯和交战，将他打败。当时黄皓当权，同右大将军阎宇亲近友好，他打算废除姜维而树立阎宇。姜维知道了这件事，就对后主说："黄皓奸诈弄巧，专横放纵，将会败坏国家，请把他杀了。"后主说："黄皓只是一个供人驱使的小臣罢了，以前董允常对他痛恨切齿，我还曾以此为憾，你何必介意！"姜维见黄皓党羽众多，就谦恭地告辞。后主敕令黄皓到姜维那里谢罪。姜维因此担心害怕，回到洮阳，便请求在沓中种麦，不敢回到成都。

吴国任命濮阳兴为丞相。

当初，吴主孙休在会稽时，濮阳兴任会稽太守，对孙休很好。张布曾任左右督将，等到孙休即位，两人都受到尊宠而执掌政权。张布主管朝内官署，濮阳兴主管军国大事，凭奸巧欺诈里应外合，吴国人感到失望。

孙休喜欢读书，想同祭酒韦昭、博士盛冲探讨，张布因韦昭、盛冲耿直，害怕他们进宫之后说出自己的过失，就坚决劝阻。孙休说："我想同韦昭等人探讨旧闻，这又有什么损害呢？你只不过怕他们说臣子的奸诈欺瞒，所以不想让他们进来罢了。

如此之事，孤已自备之，不须昭等然后解也。”布皇恐陈谢，且言惧妨政事，休曰：“王务、学业，其流各异，不相妨也。”然休恐布疑惧，卒废讲业，不使昭等入。

魏司马昭杀中散大夫嵇康。

康文辞壮丽，好言老、庄而尚奇任侠，与阮籍、籍兄子咸、山涛、向秀、王戎、刘伶相友善，号“竹林七贤”，皆崇尚虚无，轻蔑礼法，纵酒昏酣，遗落世事。

籍为步兵校尉，其母卒，方与人围棋，对者求止，籍留与决赌。既而饮酒二斗，举声一号，吐血数升，毁瘠骨立。居丧，饮酒无异平日。司隶何曾面质籍于司马昭座曰：“卿纵情、背礼、败俗之人，不可长也。”因谓昭曰：“公方以孝治天下，而听籍以重哀饮酒食肉于公座，何以训人！宜摈之四裔，无令污染华夏。”昭爱籍才，常拥护之。

咸素幸姑婢，姑将婢去，咸方对客，遽借客马追之，累骑而还。

伶尤嗜酒，常乘鹿车，携一壶酒，使人荷锸随之，曰：“死便埋我。”当时士大夫皆以为贤，争慕效之，谓之放达。

钟会闻康名造之，康箕踞而锻，不为之礼。会将去，康曰：“何所闻而来，何所见而去？”会曰：“闻所闻而来，见所见而去。”遂深衔之。

涛为吏部郎，举康自代。康与涛书，自说不堪流俗，而非薄汤、武。昭闻而怒之。康与东平吕安亲善，安兄巽诬

像这类事，我已有所了解，不必等韦昭等人告诉后才知晓。"张布诚惶诚恐地谢罪，并说这是害怕他们妨碍政事，孙休说："政事和学业，他们的源流各不相同，不会相互妨碍。"但孙休担心张布疑虑畏惧，最终废止讲论学业，不让韦昭等人入宫。

魏国司马昭杀了中散大夫嵇康。

嵇康文辞壮丽，喜欢谈论老子和庄子，崇尚奇行，行侠仗义，同阮籍、阮籍哥哥的儿子阮咸、山涛、向秀、王戎、刘伶友好，号称"竹林七贤"，他们都崇尚虚无，蔑视贬低礼法，纵酒行乐，不问世事。

阮籍任步兵校尉，他的母亲死时，他正同别人下围棋，与他对弈的人请求停止，阮籍却留下来与他决一胜负。不一会儿饮酒二斗，高呼一声，吐血数升，因极度哀痛而消瘦得只剩下皮包骨头。服丧期间，饮酒同平时没有什么两样。司隶校尉何曾在司马昭座位前当面质问阮籍说："你是一个放纵感情、违背礼仪、败坏风俗的人，不能助长这种习气。"便对司马昭说道："您正以孝治理天下，却听任阮籍在重丧时在您座前饮酒吃肉，您将凭什么来训导他人呢！应把他流放到四方蛮夷之地，不要让他污染华夏风气。"司马昭爱惜阮籍之才，常对他加以保护。

阮咸一向喜欢他姑姑的婢女，姑姑把婢女带走时，阮咸正在陪客，他立即向客人借马去追赶她们，同婢女一起骑着马回来了。

刘伶尤其好酒，经常乘一辆小车，携带一壶酒，让人扛着一把锹跟着他，说："我死后就把我埋掉。"当时士大夫都认为他贤明，争相仰慕效仿他，称作放达。

钟会听说嵇康的名气后就去拜访他，嵇康伸腿坐着打铁，不对钟会行礼。钟会将要离去时，嵇康说："你听到了什么而到来？见到了什么而离开？"钟会说："听到我所听到的而到来，见到我所见到的而离开。"钟会便对嵇康深恨在心。

山涛任吏部郎官时，举荐嵇康代替自己。嵇康给山涛写信，自称忍受不了流俗，又非薄商汤、周武王。司马昭听说后，对嵇康很愤怒。嵇康同东平的吕安亲近友好，吕安的哥哥吕巽诬告

安不孝，康为证其不然。会因谮康："尝欲助毌丘俭，与安皆有盛名于世，而言论放荡，害时乱教，宜因此除之。"昭遂杀安及康。康尝诣隐者孙登，登曰："子才多识寡，难乎免于今之世矣！"

魏以钟会都督关中军事。

魏司马昭患姜维数北伐，官骑路遗求为刺客入蜀，从事中郎荀勖曰："明公为天下宰，宜仗正义以伐违贰，而以刺客除贼，非所以刑于四海也。"昭善之。遂欲大举伐汉，朝臣多以为不可，独钟会劝之。昭谕众曰："自定寿春已来，息役六年，治兵缮甲以拟二虏。今吴地广大而下湿，攻之用力差难，不如先定巴蜀，三年之后，因顺流之势，水陆并进，此灭虢取虞之势也。计蜀战士九万，居守成都及备他境不下四万，然则余众不过五万。今绊姜维于沓中，使不得东顾，直指骆谷，出其空虚之地以袭汉中，以刘禅之暗，而边城外破，士女内震，其亡可知也。"乃以会为镇西将军，督关中。邓艾以蜀未有衅，屡陈异议，昭使人谕之，艾乃奉命。

姜维表遣左右车骑张翼、廖化督诸军分护阳安关口及阴平之桥头，以防未然。黄皓信巫鬼，谓敌终不自致，启帝寝其事，群臣莫知。

癸未(263)　炎兴元年魏景元四年，吴永安六年。是岁，汉亡。

春，诏立故丞相亮庙于沔阳。

吕安不孝，嵇康为吕安作证说他并不是这样。钟会便诽谤嵇康说：“他曾想帮助毌丘俭，与吕安在当世都有盛名，却言论放荡不羁，危害时事，扰乱教化，应该趁此除掉他。”司马昭便杀了吕安和嵇康。先前，嵇康曾去拜访隐士孙登，孙登说：“你才气大而见识小，在当今之世难免遭遇祸患啊！”

魏国任命钟会统领关中军事。

魏国司马昭对姜维屡次北伐感到忧虑，官骑路遗请求到蜀国去当刺客，从事中郎荀勖说：“明公为天下主宰，应凭借正义去讨伐不归顺的人，而用刺客除掉敌人，不是用法治理天下的做法。”司马昭对他说的话很赞同。于是想大举讨伐蜀汉，朝廷大臣大多认为不可行，只有钟会赞同。司马昭告谕众人说：“自从平定寿春以来，停止兵役已六年，我们要修治兵器铠甲准备去攻打两个敌国。现在吴国地方广大而地势低湿，攻打它使用兵力较困难，不如先平定巴蜀，三年之后，凭借长江顺流的形势，水陆并进，这是消灭虢国攻取虞国的情势。估计蜀国的战士有九万人，驻守成都以及守卫其他边境的不下四万人，这样剩下的兵力不过五万人。如今把姜维牵制在沓中，使他不能顾及东方，我们派兵直接插到骆谷，出现到他们守卫空虚的地方以袭击汉中，凭刘禅的昏愦，加上边境上的城池被攻破，境内的百姓震惊，他们的灭亡便可预知了。”于是任命钟会为镇西将军，统领关中。邓艾认为蜀国没有可乘之机，屡次陈述不同意见，司马昭派人向他讲明情况，邓艾才遵命。

姜维上表派遣左右车骑张翼、廖化率领各军分别守护阳安关口及阴平的桥头，以防患于未然。黄皓信奉巫术鬼神，认为敌人最终是不会到来的，禀告后主不要管这件事，群臣没有人知道这件事。

癸未(263)　**汉后主炎兴元年**魏景元四年，吴永安六年。这一年，蜀汉灭亡。

春季，后主下诏在沔阳为已故丞相诸葛亮建庙。

亮初亡，所在各求为立庙，朝议以礼秩不许，百姓遂因时节私祭之于道陌上。至是，校尉习隆等请："近其墓立一庙于沔阳，以时赐祭。其故臣吏欲奉祠者皆至其庙，断其私祀，以崇正礼。"从之。

夏五月，吴交趾杀其太守以降魏。

吴交趾太守孙谞贪暴，会吴主遣使至郡，又擅调孔雀三十头送建业，民惮远役，遂作乱。郡吏吕兴杀谞及使人而请吏于魏，九真、日南皆应魏。以兴为将军都督，寻为其下所杀。

秋，魏遣邓艾、钟会将兵入寇关口，守将傅佥死之。姜维战败还，守剑阁。

魏遣邓艾督三万余人自狄道趣甘松、沓中，以缀姜维。雍州刺史诸葛绪督三万余人自祁山趣武街桥头，绝维归路。钟会统十万余众分从斜谷、骆谷、子午谷趣汉中。以卫瓘持节监军事，行镇西军司。

会过幽州刺史王戎问计，戎曰："道家有言'为而不恃'，非成功难，保之难也。"或以问参相国军事刘寔曰："钟、邓其平蜀乎？"寔曰："破蜀必矣，而皆不还。"客问其故，寔笑而不答。

八月，军发洛阳，陈师誓众。将军邓敦谓蜀未可讨，司马昭斩以徇。

汉人遣廖化为姜维继援，张翼、董厥诣阳安关口为诸围外助。大赦，改元。敕诸围不得战，退保汉、乐二城。会平行至汉中，使兵围二城，径趣阳安口，遣人祭诸葛亮墓。使护军胡烈为前锋，攻关口，守将傅佥拒守。其下蒋舒率

诸葛亮刚去世时，各地都请求为他修庙，朝廷评议认为礼仪等第不允许，百姓于是就按时节私自在道路田野上祭祀他。到这时，校尉习隆等人请求："在沔阳靠近诸葛亮墓的地方建一座庙，朝廷按时派遣官员去祭祀。诸葛亮的故臣旧吏想去祭祀的都到这个庙，禁止对他的私下祭祀，以尊崇正礼。"后主采纳了这个建议。

夏五月，吴国交趾人杀了他们的太守投降魏国。

吴国交趾太守孙谞贪婪残暴，适逢吴主派使者到交趾郡，使者又擅自调三十只孔雀送到建业，老百姓害怕远出劳役，于是发动叛乱。郡吏吕兴杀掉孙谞和使者，然后向魏国请求派官，九真、日南二郡也都响应投降了魏国。魏国任命吕兴担任将军都督，不久，吕兴被部下杀死。

秋季，魏国派遣邓艾、钟会率兵入侵关口，守将傅佥战死。姜维战败后撤退，据守剑阁。

魏国派遣邓艾率领三万余人从狄道赶赴甘松、沓中地区，以牵制姜维。雍州刺史诸葛绪率领三万余人从祁山赶赴武街桥头，断绝姜维的退路。钟会率领十万余人分别从斜谷、骆谷、子午谷直奔汉中。派卫瓘持符节监督军事，兼任镇西军司。

钟会拜访幽州刺史王戎询问计策，王戎说："道家有句话'为而不恃'，就是说成功并不难，而保持它却很困难。"有人问参相国军事刘寔说："钟会、邓艾能够平定蜀国吗？"刘寔说："攻破蜀国是必然的，但他们都回不来。"这人问其中缘故，刘寔笑而不答。

八月，军队从洛阳出发，列队誓师。将军邓敦说蜀国不能去讨伐，马司昭将他杀了示众。

蜀汉派廖化作姜维的后援，张翼、董厥到阳安关口帮助外围各路守军。实行大赦，更改年号。命令外围各军不得与敌人交战，退守汉、乐二城。钟会平安行进到达汉中，派兵围攻汉、乐二城，直接奔赴阳安口，派人祭扫诸葛亮的墓。派护军胡烈作先头部队，进攻关口，关口守将傅佥拒敌守城。傅佥的部下蒋舒率领

众迎降，烈乘虚袭城，佥格斗而死。会遂长驱而前，大得库藏积谷。维闻会已入汉中，引兵还。

艾遣兵追蹑于强川口，大战，维败走。还至阴平，合众欲赴关城，闻其已破，遇化、翼、厥等，合兵守剑阁以拒会。

冬十月，吴人来援。

遣使告急于吴。吴使大将军丁奉向寿春，丁封、孙异向沔中救汉。

魏司马昭始称相国晋公，受九锡。

初，昭累辞进位爵赐，至是，蜀捷交至，诏复授之，昭乃受命。

辟魏舒为相国参军。舒少时迟钝质朴，不为乡亲所重，从叔父衡，有名当世，亦不知之，使守水碓，每叹曰："舒堪数百户长，我愿毕矣。"舒亦不以介意，不为皎厉之事。唯太原王乂谓舒曰："卿终为台辅。"常振其匮乏，舒受而不辞。年四十余，郡举上计掾，察孝廉。宗党以舒无学业，劝令不就，可以为高。舒曰："若试而不中，其负在我，安可窃不就之高以为己荣乎！"于是自课百日，习一经，对策升第，累迁后将军钟毓长史。毓每与参佐射，舒常为画筹而已。后遇朋人不足，以舒满数。舒容范闲雅，发无不中，举坐愕然，莫有敌者。毓叹而谢曰："吾之不足以尽卿才，有如此射矣。"及为参军，府朝碎务，未尝是非。至于废兴大事，众人莫能断者，舒徐为筹之，多出众议之表。昭深器重之。

部队出城投降，胡烈乘虚袭击城池，傅佥与敌人展开格斗而死。钟会于是长驱直入，获得大量府库所藏的粮食。姜维听说钟会已进入汉中，便率领部队撤退。

邓艾派兵紧追到强川口，两军大战，姜维战败逃走。姜维退到阴平，集合部队打算开赴关城，听说关城已被攻破，遇到廖化、张翼、董厥等人，将兵力集中一处据守剑阁来抵御钟会。

冬十月，吴军来增援。

蜀汉派使者向吴国告急。吴国派大将军丁奉率军向寿春进发，丁封、孙异率军到沔中救援蜀汉。

魏国司马昭开始称相国晋公，受九锡。

起初，司马昭多次推辞被赐的爵位，到这时，征蜀的捷报接连到达，魏主再次下诏授给他爵位，司马昭才接受任命。

征召魏舒为相国参军。魏舒年少时候反应迟缓，性情质朴，不为乡亲重视，他的堂叔魏衡，在当时有名望，也不了解他，让他去看守水碓，常常叹气说："如果你能胜任数百户之长，我的愿望就满足了。"魏舒也不介意，也不去做那些显示自己能力之事。只有太原王乂对魏舒说："你最终会达到宰辅的地位。"还常接济魏舒的贫乏，魏舒也毫不推辞地接收。在魏舒四十多岁的时候，郡里举荐上计掾，推举孝廉。同宗的人认为魏舒平素无学业，劝他不要去参加，还可显示清高。魏舒说："如果考试不中，那么责任在我自己，怎么能通过不参加考试窃取清高来作为自己的荣耀呢？"于是自学了一百天，学通了一部经书，对策后被录用，多次提升做到后将军钟毓的长史。钟毓每次与参军、佐吏一起射箭比赛，魏舒只是常常为他们计算成绩而已。后来遇到人数不够的时候，让魏舒来凑数。魏舒仪态闲适优雅，百发百中，在座的人都感到吃惊，没有人能与他匹敌。钟毓感叹地道歉说："我不能够发挥你的才能，就像这次射箭一样。"等到魏舒担任参军后，处理相国府中的琐碎事务，不曾出现什么问题。至于关系废兴的大事，众人不能决断的，魏舒从容为之筹划，常常比众人的意见高明。司马昭特别器重他。

卫将军诸葛瞻及邓艾战于绵竹，败绩，及其子尚皆死之。

邓艾进至阴平，欲与诸葛绪自江油趣成都。绪以西行非本诏，遂引军与钟会合。会欲专军势，密白绪畏懦不进，槛车征还，军悉属会。

姜维列营守险，会攻之，不能克，粮道险远，军食乏，欲引还。艾上言："贼已摧折，宜遂乘之，若从阴平由邪径经汉德阳亭趣涪，出剑阁西百里，去成都三百余里，奇兵冲其腹心，剑阁之守必还赴涪，则会方轨而进，如不还，则应涪之兵寡矣。"遂自阴平行无人之地七百余里，凿山通道，造作桥阁。山高谷深，又粮运将匮，濒于危殆，艾以毡自裹，推转而下。将士皆攀木缘崖，鱼贯而进。先登至江油，守将马邈降。诸葛瞻督诸军拒艾，至涪，不进。尚书郎黄崇屡劝瞻速行据险，无令敌得入平地，瞻不从。艾遂长驱而前，瞻退住绵竹。艾以书诱瞻曰："若降者，表为琅邪王。"瞻斩其使，列陈以待。艾大破之，斩瞻及崇。瞻子尚曰："父子荷国重恩，不早斩黄皓，使败国殄民，用生何为？"策马冒阵而死。

邓艾至成都，帝出降，皇子、北地王谌死之，汉亡。

汉人不意魏兵卒至，不为城守调度。闻艾已入平土，帝使群臣会议，或劝奔吴，或劝入南中。谯周以为："自古无寄他国为天子者，魏能并吴，吴不能并魏。等为称臣，为小

卫将军诸葛瞻与邓艾在绵竹交战，诸葛瞻大败，与他的儿子诸葛尚都战死了。

邓艾进兵到了阴平，想和诸葛绪一起取道江油去成都。诸葛绪认为向西行进不是原本的诏令，就带军队与钟会会合。钟会想独擅军权，就密告诸葛绪因为畏惧懦弱而不进兵，用囚车将诸葛绪押送回京师，而军队全部归属钟会。

姜维扎营据守险要之地，钟会攻打不能取胜，运送粮草的道路既危险又遥远，军队粮食匮乏，想撤军返回。邓艾上书说："敌人已受到摧折，应该乘胜追击，如果从阴平由小路经过汉朝的德阳亭奔向涪县，从剑阁以西一百里处发兵，离成都三百余里，出奇兵冲击其腹心之地，那么剑阁的守军必定撤回奔赴涪县，而钟会便可并肩向前推进。如果剑阁的守军不撤回，那么接应涪县的兵力就会很少了。"于是从阴平出发走了七百多里的荒无人烟之地，凿山通路，架桥梁建阁道。山高谷深，而且粮食运输将近匮乏，濒临危险的处境，邓艾用毡裹住自己，翻转着滚下山去。将士们都攀缘着树木悬崖鱼贯而进。邓艾首先到达江油，蜀国守将马邈投降。诸葛瞻督领诸军抵御邓艾，到达涪县后不再前进。尚书郎黄崇屡次劝说诸葛瞻迅速前进占据险要位置，不让敌人进入平地，诸葛瞻不听。邓艾于是长驱直入，诸葛瞻退住绵竹。邓艾写信劝诱诸葛瞻说："如果投降，一定表奏你为琅邪王。"诸葛瞻斩杀了使者，列阵等待邓艾的进攻。邓艾大败蜀军，杀死了诸葛瞻及黄崇。诸葛瞻的儿子诸葛尚说："我们父子蒙受国家的重恩，没有早点杀死黄皓，使国败民亡，活着还有什么作为？"策马冲入敌阵而死。

邓艾到达成都，后主出城投降，皇子、北地王刘谌自杀殉国，蜀汉灭亡。

蜀汉人没有想到魏兵突然到达，没有做好守城的准备。听说邓艾已入平地，后主召集群臣商议，有的劝说投奔吴国，有的劝说进入南中。谯周认为："自古以来没有寄居他国仍然是天子的，魏能吞并吴，吴却不能吞并魏。同样是称臣，对小国称臣

孰与为大，再辱何与一辱！若欲奔南，当早为计，今大敌已近，群心无可保者，恐发足之日，其变不测。就能至南，远夷平常无所供为，犹数反叛，今外当拒敌，内供服御，耗损诸夷，其叛必矣。”乃遣使奉玺绶诣艾降。北地王谌怒曰：“若理穷力屈，祸败将及，便当父子君臣背城一战，同死社稷，以见先帝可也，奈何降乎？”帝不听。谌哭于昭烈之庙，先杀妻子而后自杀。

帝别敕姜维使降钟会，又送士民簿于艾，户二十八万，口九十四万，甲士十万二千，吏四万人。艾至成都城北，帝率群臣面缚舆榇诣军门。艾持节解缚焚榇，延见。禁将士无得虏略，辄依邓禹故事，承制拜汉帝以下官。收黄皓，将杀之，皓赂左右以免。维等及诸郡县围守，得敕放仗，诣会降。将士咸怒，拔刀斫石。会厚待维等，皆权还其印绶节盖。

吴兵还。

吴闻汉亡，乃罢兵。中书丞华覈诣宫门上表曰：“伏闻成都不守，社稷倾覆。臣以草芥，窃怀不宁，陛下圣仁，必垂哀悼。臣不胜忡怅之情，谨拜表以闻。”

魏之伐蜀也，吴人或谓襄阳张悌曰：“司马氏得政以来，大难屡作，百姓未服，今又远征，何以能克？”悌曰：“不然。曹操虽功盖中夏，民畏其威而不怀其德也。丕、睿承之，刑繁役重，东西驱驰，无有宁岁。司马懿父子累有大功，

哪里比得上对大国称臣，与其二次受辱不如只受辱一次！如果想奔赴南方，应当早做打算，现在大敌当前，众人之心没有一个可保证不变，恐怕我们出发的时候，会发生突然变故。就算到了南方，偏远蛮夷之地平常对朝廷就无所供奉，还多次反叛，现在他们面临对外要抗拒敌兵，对内要供奉日常御用的局面，消耗各夷人部族，他们必然会反叛。”于是派遣使者送上御玺向邓艾投降。北地王刘谌愤怒地说：“如果我们理穷力尽，灾祸失败将至，便应当父子君臣共同背城一战，与社稷共存亡，这样才可以见先帝于地下，为什么要投降呢？”后主不听。刘谌哭诉于昭烈帝刘备之庙，先杀死了妻子儿女，然后自杀。

后主又下令姜维，让他投降钟会，又将士民户口簿送给邓艾，户数二十八万，人口九十四万，兵士十万二千人，官吏四万人。邓艾到达成都城北，后主率领群臣缚手于后拉着棺木走到军营门前投降。邓艾持节解开缚绳，烧掉棺木，请进军营相见。命令将士不得掠夺百姓，一切依照邓禹的旧例，秉承皇帝的命令授予后主和下属官吏官职。收押黄皓，准备杀掉他，黄皓贿赂了邓艾的左右亲信而免于一死。姜维等人和各郡县的军队坚守，接到后主的命令后放下武器，到钟会那里投降。将士们都很愤怒，拔出刀来砍石头。钟会厚待姜维等人，都暂时发还了他们的印绶、符节、车盖。

吴军返回。

吴国听说蜀汉已亡，便停止了军事行动。中书丞华覈到宫门上表说：“我听说成都已失守，国家全部覆灭。我是个草莽之人，暗自感到不安，陛下圣明仁厚，必然会产生哀悼之情。我克制不住忧虑惆怅之情，恭敬地上表禀报。”

魏国讨伐蜀国时，吴国有人对襄阳人张悌说：“司马氏执政以来，大乱屡次发生，百姓没有归服，现在又要远征，怎么能取胜？”张悌说：“不是这样的。曹操虽然功盖华夏，人民害怕他的威严而不怀念他的恩德。曹丕、曹睿承继政权以后，刑罚苛繁劳役沉重，人民东奔西走，没有一年安宁过。司马懿父子多次立有大功，

除其烦苛而布其平惠，为之谋主而救其疾苦，民心归之亦已久矣。故淮南三叛，腹心不扰；曹髦之死，四方不动。任贤使能，各尽其心，其本根固矣，奸计立矣。今蜀阉宦专朝，国无政令，而玩戎黩武，民劳卒敝。因危而伐，殆无不克。噫！彼之得志，我之忧矣。"吴人笑其言，至是乃服。

吴以钟离牧为武陵太守。

吴以武陵五溪夷与蜀接界，蜀亡，惧其叛乱，乃以牧为太守。时魏已遣郭纯诱动诸夷进攻酉阳，郡中震惧。朝吏以为："诸夷阻兵，不可以军惊扰，宜遣恩信吏宣教慰劳。"牧曰："不然。外境内侵，诳诱人民，当及其根柢未深而扑取之，此救火贵速之势也。"即率所领，晨夜进道，缘山险行垂二千里，斩恶民怀异心者凡千余人。纯等散走，五溪皆平。

魏赦益州，复半租五年。　魏以邓艾为太尉，钟会为司徒。

甲申(264)　魏咸熙元年，吴主孙皓元兴元年。凡二国。

春正月，魏以槛车征邓艾。钟会谋反，伏诛。监军卫瓘袭艾，杀之。

邓艾在成都，颇自矜伐，以书言于晋公昭曰："兵有先声而后实者，今因平蜀之势以乘吴，吴必震恐，席卷之时也。然大举之后，将士疲劳，不可便用。宜留陇右及蜀兵

废除对百姓烦琐苛刻的赋役而向他们施布恩德，为百姓谋划而解救他们的疾苦，民心归顺他们也已经很久了。所以淮南出现三次叛乱，而腹心之地不受惊扰；曹髦死去，四方没有行动。任用贤能，各尽其心，他们的根基已经很稳固了，奸计也实现了。如今蜀国宦官专政，国家没有政策法令，而且穷兵黩武，人民劳顿，士兵疲惫。魏军趁着他们的危难去讨伐，大概没有不取胜的。噫！魏国的得志，正是我国的忧患。”吴国人取笑他的话，到现在才信服。

吴国任命钟离牧为武陵太守。

吴国因为武陵郡五溪夷人与蜀国接壤，蜀国灭亡后，害怕五溪夷人叛乱，于是任命钟离牧为武陵太守。这时魏国已派郭纯引诱各夷人部落进攻酉阳，郡中一片惊恐。朝廷官员认为：“各夷人部落拥兵自守，不能用军队去惊扰他们，应该派遣有恩德信义的官吏去宣教慰劳。”钟离牧说：“不能这样。境外敌人入侵，诳骗引诱人民动乱，我们应当趁着他们根基未深而消灭他们，这就是救火贵在迅速的情势。”钟离牧马上率领他的部属，昼夜赶路，沿着危险的山路步行了近二千里，斩杀了怀有异心的恶民一千余人。郭纯等四散逃走，五溪都被平定。

魏国大赦益州罪犯，五年之内免交一半租税。　魏国任命邓艾为太尉，钟会为司徒。

魏元帝

甲申（264）　魏咸熙元年，吴主孙皓元兴元年。共两个国家。

春正月，魏国用囚车押送邓艾回京师。钟会谋反，被判处死刑。监军卫瓘袭击邓艾，将邓艾杀死。

邓艾在成都，颇为居功自傲，写信给晋公司马昭说：“用兵有先造声势而后真正发兵的情形，现今趁平定蜀国之势去攻打吴国，吴人必定震惊恐惧，这是席卷吴国的时候。然而在大规模用兵之后，将士们疲惫劳顿，不可以立即用兵。应留下陇右兵及蜀兵

煮盐兴冶，并作舟船，豫为顺流之事。且王刘禅以显归命之宠，如此则吴人畏威怀德，望风而从矣。”昭使卫瓘喻艾：“事当须报，不宜辄行。”艾曰：“元恶既服，承制拜假，以安初附，谓合权宜。若待命往复，延引日月。《春秋》之义：‘大夫出疆，有可以安社稷、利国家者，专之可也。’今吴人未宾，势与蜀连，不可拘常，以失事机。《兵法》：‘进不求名，退不避罪。’艾虽无古人之节，终不自嫌以损国家计也。”

钟会有异志，姜维知之，欲构成扰乱，乃说会曰：“君自淮南已来，算无遗策，今复定蜀，威德振世，欲以此安归乎？何不法陶朱公泛舟绝迹，全功保身耶！”会曰：“君言远矣，我不能行。”维曰：“其他则君智力之所能，无烦于老夫矣。”由是情好欢甚。因艾承制专事，乃与瓘密白艾有反状。会善效人书，于剑阁要艾章表，皆易其言令悖傲。

至是，诏以槛车征艾。昭恐艾不从命，敕会进军成都，又遣贾充将兵入斜谷。昭自将大军从魏主幸长安，令山涛为行军司马，镇邺。

初，会以才能见任，昭夫人王氏言于昭曰：“会见利忘义，好为事端，宠过必乱，不可大任。”及将伐汉，西曹属邵悌曰：“会单身无任，不若使余人行也。”昭笑曰：“我宁不知此耶！蜀数为边寇，师老民疲，我今伐之，如指掌耳，而众

在这里煮盐炼铁，同时制造舟船，预先为顺流而下攻打吴国做准备。再说授予后主刘禅官职以显示归顺后受到的恩宠，像这样吴人就会畏惧我们的威严，感怀我们的恩德，望风而顺从了。”司马昭让卫瓘去晓谕邓艾：“凡事应先上报，不应马上行动。”邓艾说：“首恶已经归服，秉承旨意授予降人官爵，以安定刚刚依附的人，这叫合乎权宜之计。如果等待命令来回传达，就会拖延时间。《春秋》之义说：‘大夫出征，有可以安社稷、利国家之事，专断是可以的。’现在吴人尚未称臣，势必与蜀国联合，我们不能拘于常理，以失掉处理事情的时机。《兵法》上说：‘进不求名，退不避罪。’我虽然没有古人的节操，但终究不会自避嫌疑而损害国家的利益。”

钟会有叛离之心，姜维知道了，想促成他叛乱，就劝说钟会说：“您从淮南之战以来，从未有过失算之策，现在又平定了蜀国，威望恩德盖世，还想因此安然而归吗？为何不效法陶朱公范蠡泛舟湖上隐遁，以保全自己的功名性命呢！”钟会说：“你说的话太远了，我不能做。”姜维说：“其他的事凭借您的智慧和力量就能办到，不用我再说了。”从此两个人感情融洽关系亲密。因为邓艾承旨专权行事，钟会就与卫瓘一起密报邓艾有谋反的表现。钟会善于模仿别人的笔迹，在剑阁拦截了邓艾的奏章，将其中的话都改写了，使言语狂悖傲慢。

到了这时，魏主下诏用囚车押送邓艾回京师。司马昭担心邓艾不服从命令，就命令钟会进军成都，又派遣贾充率兵进入斜谷。司马昭自己率领大军跟着魏主到达长安，任命山涛为行军司马，镇守邺城。

当初，钟会因有才能被任用，司马昭夫人王氏对司马昭说：“钟会见利忘义，好生事端，恩宠太过必会作乱，不可委以重任。”到钟会要伐蜀时，西曹属邵悌说：“钟会单身没有家人作人质，不如派别人去。”司马昭笑着说：“我怎会不知道这事呢！蜀国多次进犯，军队倦怠百姓劳顿，我们现在去讨伐，易如反掌，可大家都

言蜀不可伐。夫人心豫怯则智勇并竭，强使之，适所以为敌禽耳。惟会意与人同，今遣伐蜀，蜀必可灭。灭蜀之后，就如卿虑，蜀已破亡，遗民震恐，不足与图事。中国将士各自思归，会若作恶，只自灭族耳，不须忧也。"及昭将之长安，悌复曰："会所统兵五六倍于艾，但可敕会取艾，不须自行。"昭曰："卿忘前言耶？虽然所言不可宣也。我要自当以信意待人，但人不当负我耳。近日贾护军问我：'颇疑钟会不？'我答言：'如遣卿行，宁可复疑卿耶？'我到长安，则自了矣。"

会遣瓘先至成都收艾，会以瓘兵少，欲令艾杀瓘，因以为艾罪。瓘知其意，然不可得距，乃夜至成都，檄艾所统诸将，称："奉诏收艾，其余一无所问，若来赴官军，爵赏如先。敢有不出，诛及三族。"比至鸡鸣，悉来赴瓘，唯艾帐内在焉。平旦，开门，瓘乘使者车径入，艾卧未起，遂执艾父子，置之槛车。诸将图欲劫艾，整仗趣瓘营。瓘轻出迎之，伪作表草，将申明艾事，诸将信之而止。

会至成都，送艾赴京师。会所惮惟艾，艾既就禽，遂决意谋反。欲使姜维为前驱，自将随其后。既至长安，令骑士从陆道，步兵从水道，浮渭入河，五日可到孟津，与骑兵会洛阳，一旦天下可定也。会得昭书云："恐艾或不就征，吾自将屯长安，相见在近。"会惊曰："但取艾，相国知我独

说蜀国不可以讨伐。如果人心先存有畏惧，那么智勇都会衰竭，强迫他去战斗，正好就会被敌人所擒。只有钟会与我意见相同，现在派遣他去讨伐蜀国，蜀国必定会灭亡。消灭蜀国之后，即使像你所忧虑的那样，但蜀国已经破亡，遗民受到震恐，不足以与钟会共同谋乱。中原的将士们各个都急于返乡，钟会如果作乱，只会招致自我灭族的灾祸，没有必要担忧。"等司马昭将要去长安时，邵悌又说："钟会统率的兵力是邓艾的五六倍，只让钟会去攻取邓艾就行了，不必要亲自去。"司马昭说："你忘记以前说的话了吗？尽管我们所说的不可以宣扬出去。我自当以信义待人，但是别人也不应该背叛我。最近贾护军问我：'很怀疑钟会吗？'我回答说：'如果派遣你去，我难道可以再怀疑你吗？'我到达长安，就会了断此事。"

钟会派卫瓘先到成都收押邓艾，钟会因为卫瓘兵力少，想利用邓艾杀掉卫瓘，再利用此事定邓艾的罪。卫瓘知道钟会的意思，可是不能够拒绝，就在夜里到达成都，传达檄文给邓艾所统率的各位将领，说："我奉诏来收押邓艾，其余的人一概不追究，如果你们来投奔官军，加爵赏赐同先前一样。如果有胆敢不出来的，就要诛及三族。"等到鸡叫时，将领们都来到卫瓘那里，只有邓艾身边的人没来。清晨，打开营门，卫瓘乘坐使者车直接进入邓艾帐内，邓艾睡觉未起，于是将邓艾父子抓起来，把邓艾置于囚车之内。诸将想图谋劫持邓艾，就整兵奔赴卫瓘的营帐。卫瓘轻装出营迎接，假装拿出奏章，说将要向上申明邓艾之事，诸将相信了他而走了。

钟会到达成都，派人押送邓艾到京城。钟会忌惮的只有邓艾，邓艾已经就擒，就下定决心谋反。钟会想让姜维作前锋，自己率兵紧随其后。到长安后，命令骑兵从陆路出发，步兵从水路走，顺渭水进入黄河，以为五天即可到达孟津，与骑兵在洛阳会师，一时之间天下就可平定了。这时，钟会收到司马昭的信说："我担心邓艾可能不接受惩处，我要亲自率兵驻扎长安，近日即可相见。"钟会吃惊地说："如只取邓艾，相国知道我能独自

办之，今来太重，必觉我异矣，便当速发。事成，可得天下；不成，退保蜀汉，不失作刘备也。”会郭太后卒，会乃悉召诸将为太后发哀，称遗诏使起兵废司马昭，更使所亲信代领诸军。所请群官，悉闭诸曹屋中。瓘诈称疾笃，出就外廨，会信之，无所复惮。

维欲使会尽杀北来诸将，已因杀会，复立故汉帝，密书与帝曰：“愿陛下忍数日之辱，臣欲使社稷危而复安，日月幽而复明。”会欲从维言诛诸将，犹豫未决。

会帐下督丘建，本属胡烈，会信爱之。建愍烈独坐，启会，使听内一亲兵出取饮食。烈给语亲兵及疏与其子渊曰：“会已作大坑，白棓数千，欲悉呼外兵棓杀，内坑中。”一夜，转相告，皆遍。渊遂率其父兵出门，诸军鼓噪争先赴城。所闭诸人，各缘屋出，与其军士相得，斩维及会，死丧狼藉，瓘部分诸将，数日乃定。

艾本营将士追出艾于槛车，迎还。瓘自以与会共陷艾，恐其为变，乃遣护军田续袭艾父子于绵竹西，斩之。艾之入江油也，续不进，艾欲斩续，既而舍之。及是，瓘谓曰：“可以报江油之辱矣。”镇西长史杜预言于众曰：“伯玉其不免乎！身为名士，位望已高，既无德音，又不御下以正，将何以堪其责乎？”瓘闻之，不候驾而谢预。艾余子在洛阳者悉被诛。

会功曹向雄收葬会尸，昭召而责之曰：“往者王经之死，卿哭于东市而我不问。今会为叛逆，又辄收葬，若复相容，

办理，现在带重兵前来，必定觉察我有异心，我应当迅速发兵。事情如果成功了，可以得到天下；不成功，退守可保住蜀汉，仍可作刘备一样的人。”正巧郭太后去世，钟会便召集全部将领为郭太后致哀，说有遗诏让我们发兵废掉司马昭，又让亲信代领各军。将请来的全部官员，都关在各官署的房屋中。卫瓘假称病重，出来住在外面的官舍中，钟会相信了他，对他也无所忌惮。

姜维想让钟会把北方来的将领们都杀掉，自己再乘机杀掉钟会，重新拥立汉后主，便秘密写信给后主说：“希望陛下再忍受几天耻辱，我想让国家危而复安，日月幽而复明。”钟会想听从姜维的话杀掉诸将，但犹豫不决。

钟会帐下督丘建，本属胡烈的部下，钟会信任喜欢他。丘建可怜胡烈独自被囚，请求钟会，允许一名亲兵进出取饮食。胡烈欺骗亲兵并让他传消息给儿子胡渊说：“钟会已挖好大坑，备了数千根白色大棒，想叫外面的士兵进来击杀诸将，埋入坑中。”一夜间，辗转相告，遍及全营。胡渊于是率领父亲的军队冲出营门，各军呐喊着争先恐后奔向城里。所有被关押的人，各自从屋中爬出来，跟自己的军队相汇合，杀掉了姜维和钟会，死尸满地，一片狼藉。卫瓘部署诸将去平息叛乱，几天才安定。

邓艾本营的将士追上囚车将邓艾救出，迎接回来。卫瓘认为自己与钟会共同陷害邓艾，恐怕他有所变乱，就派遣护军田续在绵竹以西袭击邓艾父子，将他们杀死。邓艾进入江油之时，田续不继续前进，邓艾想杀掉田续，但后来又放了他。等到这时，卫瓘对他说：“可以报在江油所受的耻辱了。”镇西长史杜预对众人说：“卫瓘恐怕也免不了罪责！作为一位名士，他的地位声望已经很高，但是既没有表示仁德的语言，又不能用正道统率下属，将凭什么来承担职责呢？”卫瓘听到后，不等驾车而向杜预谢罪。邓艾其余的在洛阳的子女都被杀掉了。

钟会的功曹向雄去收葬钟会的尸体，司马昭召见他并责备他说：“以前王经死时，你哭于东市但我没有责备你。现在钟会作为叛逆之徒，你又去收葬，如果我再容忍你这样随心所欲，

其如王法何?”雄曰:“昔先王掩骼埋胔,仁流朽骨,当时岂卜其功罪而后收葬哉!今王诛既加,于法已备,雄感义收葬,教亦无阙。法立于上,教弘于下,以此训物,不亦可乎?”昭悦,与宴谈而遣之。

会之伐汉也,辛宪英谓其夫之从子羊祜曰:“会在事纵恣,非持久处下之道,吾畏其有他志也。”会请其子琇为参军,宪英忧曰:“他日吾为国忧,今日难至吾家矣。”琇固辞,不听。宪英谓曰:“行矣,戒之,军旅之间可以济者,其惟仁恕乎!”琇竟以全归。诏以琇尝谏会反,赐爵关内侯。

三月,魏晋公昭进爵为王。

魏诏晋公昭进爵为王,追命其父懿为宣王,兄师为景王。太尉王祥、司徒何曾、司空荀顗共诣晋王,顗谓祥曰:“相王尊重,何侯与朝臣皆已尽敬,今日便当相率而拜无疑也。”祥曰:“王、公相去一阶而已,安有天子三公可辄拜人者?君子爱人以礼,我不为也。”及入,顗拜,而祥独长揖。昭谓祥曰:“今日然后知君见顾之重也。”

魏封故汉帝禅为安乐公。

禅举家迁洛阳,大臣无从行者,惟秘书令郤正及殿中督张通舍妻子单身从行,正相导宜适,举动无阙。禅乃慨然叹息,恨知正之晚。

汉建宁太守霍弋闻成都不守,素服大临三日。诸将劝弋速降,弋曰:“道路隔塞,未详主之安危,去就大故,不可苟也。若魏以礼遇主上,则保境而降不晚也。万一危辱,

难道还有王法吗?”向雄说:“从前先王掩埋枯骨腐尸,仁德布施于朽骨,当时难道还要考核死者的功罪然后再收葬吗!现在君王的惩罚已经施行于其身,对于王法已经完备,我有感于大义而去收葬,教化也就没有缺憾了。法度确立于上,教化弘扬于下,以此来作为万物的法则,不是很好吗?”司马昭很高兴,与向雄宴饮交谈之后将他送走。

当初钟会讨伐蜀汉时,辛宪英对她丈夫的侄子羊祜说:“钟会做事恣意放纵,这不是长期处于臣下地位的做法,我害怕他有别的想法。”钟会请她的儿子羊琇担任参军,辛宪英忧虑地说:“以前我为国家忧虑,今日灾难降临我家了。”羊琇坚决推辞,但不被允许。辛宪英对羊琇说:“去吧,要警惕啊!军旅之间可以行得通的,大概只有仁恕吧!”羊琇最终安全返回。魏主因为羊琇曾劝谏钟会不要反叛,因此给他赐爵位为关内侯。

三月,魏晋公司马昭进爵位为晋王。

魏主诏令晋公司马昭进爵为晋王,追加司马昭的父亲司马懿为宣王,司马昭的哥哥司马师为景王。太尉王祥、司徒何曾、司空荀𫖮共同去拜见晋王,荀𫖮对王祥说:“相王地位尊贵,何曾和朝廷群臣都对他极尽恭敬,今日我们应当相继跪拜而不要迟疑。”王祥说:“王和公相差只一个等级而已,哪有天子的三公可以随便向人跪拜的?君子要以礼仪敬爱别人,我不能跪拜。”等进去后,荀𫖮跪拜,而王祥单单长揖不拜。司马昭对王祥说:“今天,才知你来看我对我是多么重要。”

魏国封原来的汉后主刘禅为安乐公。

刘禅全家迁往洛阳,大臣没有随行的,只有秘书令郤正和殿中督张通舍弃妻子儿女单身随刘禅而行,郤正引导帮助刘禅举止得当而无所缺误。刘禅才慨然叹息,悔恨这么晚才了解郤正。

当时,蜀汉建宁太守霍弋听说成都失守,穿白色衣服哭吊了三天。将领们劝说霍弋迅速投降,霍弋说:“如今道路被阻隔,不能详知主上的安危,投降是件大事,不可随便。如果魏国以礼对待主上,那么我们再全境投降也不晚。万一主上遭受危难侮辱,

吾将以死拒之，何论迟速耶？”及得禅东迁之问，始率六郡将守上表曰：“臣闻人生于三，事之如一，惟难所在，则致其命。今臣国败主附，守死无所，是以委质，不敢有贰。”晋王昭善之，委以本任。

封禅为安乐公。他日与宴，为之作蜀技，旁人皆感怆，而禅喜笑自若。昭谓贾充曰：“人之无情，乃至于是。虽使诸葛亮在，不能辅之久全，况姜维耶？”他日，问禅曰：“颇思蜀否？”禅曰：“此间乐，不思蜀也。”正闻之，谓曰：“若王复问，宜泣而答曰：‘先人坟墓，远在岷、蜀，乃心西悲，无日不思。’因闭其目。”会昭复问，禅对如前，昭曰：“何乃似郤正语耶？”禅惊视曰：“诚如尊命。”左右皆笑之。

夏五月，魏复五等爵。

晋王昭奏复五等爵，封骑督以上六百余人。

秋七月，魏以罗宪为陵江将军。

初，汉使罗宪守永安，及汉败，宪得其主手敕，乃帅所统临于都亭三日。吴闻蜀败，起兵西上，外托救援，内欲袭宪。宪曰：“吴不恤我难，而背盟徼利，不义甚矣。”乃缮甲誓众，厉以节义，遣使告急于魏。吴人来攻，与战，大破之。吴主怒，复遣陆抗等帅众三万增其围。

宪被攻凡六月，救援不到。或说宪弃城走，宪曰：“吾为城主，百姓所仰，危不能安，急而弃之，君子不为也，毕命

我将以死来拒敌，还谈什么快还是慢？”等到得知刘禅东迁的消息后，霍弋才率领六郡的将军、郡守上表说：“我听说人生在世对于父、母、君三个方面，要用同样的心意来事奉，只要遇到危难，就应舍命报答。如今我们国家败亡主上降附，坚守到死也没有了处所，因此决定投降，不敢有贰心。”晋王司马昭认为他的看法很对，委任以原来的官职。

封刘禅为安乐公。有一天晋王与刘禅宴饮，为他表演蜀国的歌舞，旁人都怆然泪下，但刘禅却与平时一样高兴。司马昭对贾充说：“人之无情，竟然达到这种程度。即使诸葛亮还在，也不能辅佐他长久保全国家，何况姜维呢？”一天，司马昭问刘禅说：“你很思念蜀地吗？”刘禅说：“我在这里很快乐，不思念蜀国。”郤正听说后，对刘禅说：“如果晋王再问，应该哭泣着回答：‘祖先的坟墓，都远在岷、蜀，我常向西而悲痛，没有一天不思念的。’然后便闭上眼睛。”后来赶上司马昭又问，刘禅就按照郤正教的回答，司马昭说：“你说的怎么像郤正的话呢？”刘禅吃惊地睁开眼说：“正如您所说的那样。”身边的人都大笑起来。

夏五月，魏国恢复五等爵位。

晋王司马昭上奏恢复五等爵位，加封骑督以上六百余人的爵位。

秋七月，魏国任命罗宪为陵江将军。

当初，蜀汉派罗宪坚守永安，等到蜀汉败亡，罗宪得到后主的手令，就率领所属军队在都亭哭吊三日。吴国听说蜀国败亡，从西上发兵，对外打着救援的旗号，实际上想袭击罗宪。罗宪说：“吴人不体恤我们的危难，反而背弃盟誓来求取利益，太不讲义气了。”于是整修武器，发动士兵，用节操义气来激励将士，派遣使者向魏国告急。吴人来攻打，罗宪与他们战斗，将吴军打得大败。吴主大为愤怒，又派遣陆抗等率领三万人前来增援围攻罗宪。

罗宪被围攻共六个月，援兵还是不到。有人劝说罗宪弃城逃跑，罗宪说：“我为一城之主，是百姓仰赖的人，有了危难不能使他们安定，情急之下便抛弃他们，这不是君子所为，我要战死

于此矣。"魏遣荆州刺史胡烈攻西陵以救之，吴师遂退。晋王昭使仍旧任，加号将军，封亭侯。

魏使荀顗定礼仪，贾充正法律，裴秀议官制。

从晋王昭之请也。

吴主休殂，乌程侯皓立。

吴主寝疾，口不能言，手书呼濮阳兴入，令子䨻出拜，把兴臂，指䨻托之而卒，谥曰景帝。

吴人以蜀初亡，恐惧，欲得长君。左典军万彧尝为乌程令，与乌程侯皓相善，称："皓才识明断，长沙桓王之畴也。加之好学，奉遵法度。"屡言于兴及左将军张布，兴、布说朱太后欲立皓，后曰："我寡妇人，安知社稷之虑，苟吴国无陨，宗庙有赖，可矣。"遂迎立之。吴主贬朱太后为景皇后，追谥父和曰文皇帝，尊母何氏为太后。

八月，魏晋王昭以其子中抚军炎副相国。冬十月，立为晋世子。

初，晋王昭娶王肃之女，生炎及攸，以攸继景王后。攸性孝友，多材艺，清和平允，名过于炎，昭爱之，常曰："天下者，景王之天下也，吾百年后，大业宜归攸。"炎立发委地，手垂过膝。羊琇又教以宜察时政所宜损益，豫记以备访问。昭欲以攸为世子，山涛曰："废长立少，违礼不祥。"贾充、何曾、裴秀曰："中抚军聪明神武，有超世之才，人望既茂，天表如此，固非人臣之相也。"乃立炎为世子。

在这里。”魏国派遣荆州刺史胡烈攻打西陵来救援罗宪，吴国军队这才撤退了。晋王司马昭让罗宪仍旧担任原职，并加封为将军，封万年亭侯。

魏国让荀觊修订礼仪，贾充订正法律，裴秀议定官制。

这是遵照晋王司马昭的请求。

吴主孙休去世，乌程侯孙皓即位。

吴主孙休卧病不起，口不能说话，用手书叫丞相濮阳兴进入宫中，让他的儿子孙𩅦出来拜见，孙休抓住濮阳兴的胳臂，指着孙𩅦托付给他，然后就去世了，谥号曰景帝。

吴人因为蜀国刚刚灭亡，十分恐惧，想有一位年长的君主。左典军万彧曾经做过乌程令，与乌程侯孙皓关系很好，称赞道：“孙皓的才华和判断力，可与长沙桓王相提并论。并且勤奋好学，遵守法度。”他多次对丞相濮阳兴和左将军张布讲这些话，于是濮阳兴和张布就去劝说朱太后准备立孙皓为皇帝，朱太后说：“我是个守寡的妇人，哪里懂得考虑国家大事，只要吴国不会灭亡，宗庙有所寄托，就行了。”于是就迎立孙皓为皇帝。吴主孙皓将朱太后贬为景皇后，追谥父亲孙和为文皇帝，将母亲何氏尊奉为太后。

八月，魏晋王司马昭任命其子中抚军司马炎为副相国。冬十月，立司马炎为晋世子。

当初，晋王司马昭娶了王肃的女儿，生了司马炎和司马攸，将司马攸过继给景王作后代。司马攸生性孝顺友善，多才多艺，做事公平正直，不争名好胜，名气盖过了司马炎，司马昭非常喜爱他，经常说：“天下是景王的天下，我去世之后，天下大业应该归司马攸掌管。”司马炎站立时头发能垂到地上，手长过膝。羊琇又教导他应该观察时政应增加和减少的地方，预先记下来以备晋王询问。司马昭要立司马攸为世子，山涛说：“废长子立少子，违反礼法，不吉祥。”贾充、何曾、裴秀说：“中抚军聪明神武，有超过世人的才能，名望很高，又有上天赋予的如此非凡的外表，绝对不是一般臣子的相貌。”这才立司马炎为世子。

十一月，吴杀其丞相濮阳兴、左将军张布。

吴主初立，发优诏，恤士民，开仓廪，振贫乏，科出宫女以配无妻者，苑中禽兽皆放之。当时翕然称为明主。及既得志，粗暴骄盈，多忌讳，好酒色，大小失望，濮阳兴、张布窃悔之。或谮诸吴主，十一月朔，兴、布入朝，执之，徙于广州，道杀之，夷三族。

魏罢屯田官。

乙酉(265)　魏咸熙二年，晋世祖武皇帝司马炎泰始元年，吴甘露元年。是岁，晋代魏。凡二国。

夏五月，魏晋王昭号其妃曰后，世子曰太子。　秋七月，吴主杀景后及其二子。　八月，魏晋王昭卒，太子炎嗣。

谥昭为文王，葬崇阳陵。

冬，吴迁都武昌。

从西陵督步阐之请也。

十二月，晋王炎称皇帝，废魏主为陈留王。

魏主禅位于晋，出舍金墉城。太傅司马孚拜辞，流涕歔欷不自胜，曰："臣死之日，固大魏之纯臣也。"晋王即皇帝位，奉魏主为陈留王，即宫于邺。魏氏诸王皆降为侯。追尊宣王、景王、文王为皇帝，尊王太后曰皇太后。

晋大封宗室。

晋封叔祖父孚为安平王、太宰，都督中外诸军事。叔父伷东莞王、弟攸齐王，其余封拜有差。伷，宣帝之子也。晋主惩魏氏孤立之敝，故大封宗室，授以职任。又诏诸王

十一月，吴国杀死丞相濮阳兴和左将军张布。

吴主刚刚即位，发布优抚诏书，体恤士民百姓，打开仓库，救济贫困的人，按条例放出宫女给那些无妻者做配偶，御苑中的禽兽也都放归山林。当时人们交口称赞他为英明之主。等他得志以后，开始变得粗暴骄纵，还有许多忌讳，又喜好酒色，全国上下都很失望，濮阳兴、张布暗地里后悔。有人向吴主诬陷濮阳兴、张布二人，十一月初一，濮阳兴和张布入朝，吴主将他们抓起来，放逐到广州，在半路上将他俩杀死了，又诛灭他们的三族。

魏国废除屯田官。

晋武帝

乙酉（265） 魏咸熙二年，晋世祖武皇帝司马炎泰始元年，吴甘露元年。这一年，晋国取代魏国。共两个国家。

夏五月，魏晋王司马昭称他的妃子为后，世子叫太子。　秋七月，吴主杀死景后及她的两个儿子。　八月，魏晋王司马昭去世，太子司马炎继位。

司马昭谥号为文王，葬在崇阳陵。

冬季，吴国迁都武昌。

这是听从西陵督步阐的请求而迁都的。

十二月，晋王司马炎称皇帝，废黜魏主为陈留王。

魏主禅位给晋王，出宫居住在金墉城。太傅司马孚与魏主辞别，流泪叹息不能自已，说："我死的那一天，仍是大魏的纯正臣子。"晋王即皇帝位，奉魏主为陈留王，宫室设在邺城。魏宗室各王都降为侯。追尊宣王、景王、文王为皇帝，尊王太后为皇太后。

晋武帝大封宗室。

晋武帝司马炎封叔祖父司马孚为安平王、太宰，都督中外诸军事。叔父司马伷为东莞王、弟司马攸为齐王，其余都有不同的封赏。司马伷，是晋宣帝司马懿的儿子。晋武帝鉴于魏国宗室孤立的弊端，所以大封宗室，授给他们官职。又下诏让诸王

皆得自选国中长吏。齐王独不敢，皆上请。

晋除汉、魏宗室禁锢，罢将吏质任。

时晋主承魏氏刻薄奢侈之后，欲矫以仁俭。将有事于太庙，朝议以太常许奇父允受诛，不宜接近左右，晋主乃述允之夙望，称奇之才，擢为祠部郎。有司言御牛青丝纼断，诏以青麻代之。

晋以傅玄、皇甫陶为谏官。

晋初置谏官，以傅玄、皇甫陶为之。玄以魏末士风颓敝，上疏曰："臣闻先王之御天下，教化隆于上，清议行于下。近者魏武好法术而天下贵刑名，魏文慕通达而天下贱守节，其后纲维不摄，放诞盈朝，遂使天下无复清议。陛下龙兴受禅，未举清远有礼之臣以敦风节，未退虚鄙之士以惩不恪，臣是以犹敢有言。"晋主嘉纳，使玄草诏进之，然亦不能革也。明年又诏："自今虽诏有所欲，及奏已得可，而于事不便者，皆不得隐情。"

丙戌(266) 晋泰始二年，吴宝鼎元年。

春正月，晋立七庙。

初，汉征西将军司马钧生豫章太守量，量生颍川太守儁，儁生京兆尹防，防生宣帝。至是即用魏庙，祭征西府君以下并景帝为七室。

晋除郊祀五帝座。

群臣奏："五帝，即天帝也，王气时异，故名号有五。自今明堂、南郊宜除五帝座。"从之。晋主，王肃外孙，故郊祀之礼，

都能自选封国中的官吏。只有齐王不敢选,一切请求朝廷任命。

晋武帝废除对汉、魏宗室的禁锢,废除将领和官吏送人质到京城的制度。

当时晋武帝继魏氏苛刻奢侈的政治之后,打算用仁慈节俭加以纠正。晋武帝将要在太庙举行祭祀,朝廷大臣议论认为太常许奇的父亲许允被杀,不宜让他在帝王身边任职,晋武帝就追述许允的名望,称赞许奇的才能,提升许奇为祠部郎。有关部门说牵牛的青丝绳断了,晋武帝下诏用青麻绳代替青丝绳。

晋国任命傅玄、皇甫陶为谏官。

晋国开始设置谏官,任命傅玄、皇甫陶担任。傅玄认为魏末士风衰败,就上疏说:"臣听说先王统治天下,教化昌盛于上,公论通行于下。近世魏武帝喜好法术而天下重视刑名,魏文帝仰慕通达而天下蔑视守节,从这以后纲纪不整,放诞之风充满朝廷,于是使天下不再有公正的议论。陛下接受禅让,没有选拔清明广远有礼法的大臣来促进风气与节操,没有斥退虚伪卑下的人来惩戒不恭敬的人,臣因此冒昧讲了这些话。"晋武帝赞许并采纳了他的建议,让傅玄起草诏书进献上来,但也不能革除当时的习气。第二年又下诏:"从现在开始,即使诏令有所要求,以及上奏已得到批准,但对事情不利的,都不能隐瞒实情。"

丙戌(266) 晋泰始二年,吴宝鼎元年。

春正月,晋国建立七座庙。

当初,汉征西将军司马钧生豫章太守司马量,司马量生颍川太守司马儁,司马儁生京兆尹司马防,司马防生宣帝司马懿。到这时开始利用魏庙,祭祀征西府君司马钧以下,连同景帝司马师,总共七座庙。

晋国废除在郊外祭祀的五帝的位置。

群臣上奏:"五帝,就是天帝,王气随时而发生变化,所以名号有五个。从现在起明堂、南郊应除去五帝的位置。"晋武帝听从了这一建议。晋武帝,是王肃的外孙,所以郊外祭祀的礼仪,

有司多从肃议。

三月，吴遣使如晋吊祭。

吴使者丁忠还说吴主曰："北方无守战之备，弋阳可袭而取。"吴主以问群臣，镇西大将军陆凯曰："北方新并巴蜀，遣使求和，非求援于我也，欲蓄力以俟时耳。敌势方强，而欲侥幸求胜，未见其利也。"吴主虽不出兵，然遂与晋绝。凯，逊之族子也。

吴杀其散骑常侍王蕃。

蕃体气高亮，不能承颜顺指，吴主不悦。万彧、陈声从而谮之。后吴主会群臣，蕃沉醉顿伏，吴主疑其诈，斩之殿下。

夏六月晦，日食。　秋八月，晋主谒崇阳陵。

文帝之丧，臣民皆从权制，三日除服。既葬，晋主亦除之，然犹素冠疏食，哀毁如居丧者。至是谒陵，诏以衰绖从行，群臣自依旧制。尚书令裴秀奏曰："既除复服，义无所依。"遂止。中军将军羊祜谓傅玄曰："三年之丧，虽贵遂服，礼也。而汉文除之，毁礼伤义。今主上至孝，虽夺其服，实行丧礼。若因此复先王之法，不亦善乎？"玄曰："以日易月，已数百年，一旦复古，殆难行也。"祜曰："不能使天下如礼，且使主上遂服，不犹愈乎？"玄曰："主上不除而天下除之，此为有父子而无君臣也。"乃止。群臣请易服复膳，诏曰："每念不得终苴绖之礼，以为沉痛。况食稻衣锦乎！

有关官员大多遵从王肃的意见。

三月，吴国派遣使者到晋国吊祭。

吴国使者丁忠回来之后对吴主说："北方没有做好战备，我们可以袭击攻取弋阳。"吴主以此询问群臣，镇西大将军陆凯说："北方刚刚吞并了巴蜀，派使者来求和，他们并不是向我们求援，而是打算积蓄力量等待时机罢了。敌人的势力正强，如果我们想要侥幸取胜，我看不出对我们有利的地方。"吴主虽然不出兵了，却与晋国断绝了关系。陆凯，是陆逊同族兄弟的儿子。

吴主杀死散骑常侍王蕃。

王蕃气质高贵忠正，不会看人脸色来顺从其意，吴主对他很不满意。万彧、陈声便趁机诬陷他。后来有一次吴主大会群臣，王蕃喝醉了趴伏到地上，吴主怀疑他是装出来的，在殿堂之下把他斩了。

夏六月最后一天，出现日食。　秋八月，晋武帝拜谒崇阳陵。

文帝司马昭的丧事，大臣和百姓都遵守临时制定的制度，服丧三日。葬礼结束，晋武帝也除去丧服，然而仍戴着白冠，吃素食，哀伤如同服丧的时候。到这时拜谒崇阳陵，晋武帝下诏让随从的人穿丧服，群臣各自依照旧制行事。尚书令裴秀上奏说："陛下已经除去了丧服现在又穿上，这样做在礼仪上没有依据。"晋武帝于是同意不穿丧服。中军将军羊祜对傅玄说："三年的丧期，即使尊贵也要身穿孝服，这是礼制。但汉文帝却把它废除了，毁坏损伤了礼制的大义。如今皇帝极为孝顺，即使除去了丧服，仍实行丧礼。如果能借此机会恢复先王的法规，不也是很好吗？"傅玄说："把穿丧服的时间从以月计改为以日计，已经有数百年了，一旦要恢复古制，恐怕难以行得通。"羊祜说："不能使天下人都遵守礼法，暂且使主上再穿孝服，不是更好一些吗？"傅玄说："主上不除去丧服而天下除去丧服，这就是只有父子，而没有君臣的做法了。"羊祜这才不提了。群臣请求武帝更换正常的服饰、改用平常的膳食，武帝下诏说："每当想起朕不能完成穿丧服的礼法，就为此深感哀痛。更何况是吃稻米穿锦衣了！

朕本诸生家，传礼来久，何至一旦易此情于所天？可试省孔子答宰我之言，无事纷纭也。”遂以疏素终三年。

吴以陆凯、万彧为左右丞相。

吴主恶人视己，群臣莫敢举目。凯曰：“君臣无不相识之道，若猝有不虞，不知所赴。”吴主乃听凯视。

吴主居武昌，扬州民泝流供给，甚苦之，又奢侈无度，公私穷匮。凯上疏曰：“今无灾而民命尽，无为而国财空，臣窃痛之。昔汉室既衰，三家鼎立；今曹、刘失道，皆为晋有，此目前之明验也。臣愚但为陛下惜国家耳。武昌土地险瘠，非王者之都，且童谣云：‘宁饮建业水，不食武昌鱼。宁还建业死，不止武昌居。’此足明民心与天意矣。今国无一年之蓄，有露根之渐，而官吏务为苛急，莫之或恤。大帝时后宫女不满百，景帝以来乃有千数，此耗财之甚者也。又左右率非其人，群党相扶，害忠隐贤，此皆蠹政病民者也。愿陛下省百役，罢苛扰，料出宫女，清选百官，则天悦民附而国安矣。”吴主虽不悦，以其宿望，特优容之。

冬十月朔，日食。　十一月，晋并圆方丘之祀于南北郊。　晋罢山阳督军，除其禁制。　十二月，吴还都建业。

吴主还建业，使后父卫将军滕牧留镇武昌。朝士以牧尊戚，推令谏诤，滕后之宠由是渐衰。迁牧苍梧，以忧死。

朕本生于儒生之家，礼法传习已久，何至于一时之间便改变了对自己父亲的感情？你们可以试着用孔子回答宰我的话反省自己，不要再议论纷纷了。"晋武帝最终吃素食、穿素服度过了三年。

吴国任命陆凯、万彧为左右丞相。

吴主孙皓憎恨别人注视自己，群臣因此没有人敢抬眼看他。陆凯说："君臣之间没有不相识的道理，如果突然发生预想不到的事情，就不知该怎么办了。"吴主才允许陆凯注视他。

吴主居住在武昌，扬州的老百姓逆流而上供应物资，非常辛苦，再加上吴主奢侈无度，使国家和百姓都很穷困匮乏。陆凯上书说："如今没有发生灾祸而老百姓的精力已经耗尽，没有任何作为而国库财物空虚，我私下为此感到痛心。从前汉室衰微，三国鼎立；如今曹、刘失道，都被晋所占有，这是近在眼前的确切证据。我愚笨无知，只是为陛下爱惜国家而已。武昌地势险要，土壤贫瘠，不是帝王建都的地方，况且童谣说：'宁饮建业水，不食武昌鱼。宁还建业死，不止武昌居。'这足以证明民心与天意了。如今国家连一年的积蓄都没有，老百姓渐渐流离失所，而官吏却致力于苛刻催逼，没有人体恤百姓。大帝时后宫女子不满百人，景帝以来已有上千人，这是最耗费钱财之处。另外，您身边的臣子大多不是合宜的人，他们拉帮结派互相挟制，陷害忠良，埋没贤达，这些都是危政害民的人。我希望陛下减省各种各样的劳役，免除苛政的骚扰，清查减少宫女，严格清理选拔文武百官，这样，就会使上天喜悦百姓归附而国家安定了。"吴主虽然不高兴，但由于陆凯历来的名声，因此对他特别宽容优待。

冬十月初一，出现日食。　十一月，晋国把冬至在圆丘祭天、夏至在方丘祭地的仪式合并于南郊和北郊。　晋国撤销了汉朝后裔居住的山阳国的监督卫队，解除了对山阳国的禁令。十二月，吴主把国都迁回建业。

吴主还都建业，派皇后之父、卫将军滕牧留下来镇守武昌。朝中官员认为滕牧是显贵的皇亲，推举他向吴主进谏，滕皇后因此逐渐失去了恩宠。吴主把滕牧放逐到苍梧，滕牧因忧郁而死。

后不复进见，诸姬佩皇后玺绂者甚众。又使黄门遍行州郡，料取将吏家女，其二千石大臣子女，皆岁岁言名，简阅不中，乃得出嫁。

丁亥(267) 晋泰始三年，吴宝鼎二年。

春正月，晋立子衷为太子。

诏以："近世每立太子必有赦，曲惠小人，朕无取焉。"遂不赦。

有司奏东宫施敬二傅，其仪不同，晋主曰："崇敬师傅，所以尊道重教也。何言臣不臣乎?"其令太子申拜礼。

晋杀其故立进令刘友。

司隶校尉李熹劾奏故立进令刘友及前尚书山涛、中山王睦、尚书仆射武陔各占官稻田。诏曰："友侵剥百姓，其考竟以惩邪佞。涛等不二其过，皆勿问。熹亢志在公，当官而行，可谓邦之司直矣。其申敕群僚，各慎所司，宽宥之恩，不可数遇也。"

晋征犍为李密，不至。

晋主征犍为李密为太子洗马，密以祖母老，固辞，许之。密与人交，每公议其得失而切责之，常言："吾独立于世，顾影无俦，然而不惧者，以无彼此于人故也。"

六月，吴作昭明宫。

吴主作昭明宫，二千石以下，皆自入山督伐木。大开苑囿，起土山、楼观，穷极伎巧，功费以亿万计。陆凯谏，不听。中书丞华覈上疏曰："今仓库空匮，编户失业，而北方

滕皇后不再能进见吴主，姬妾们佩带皇后印玺绶带的很多。吴主又派宦官走遍州郡，挑选将吏家中的女子，只要是二千石大臣的女儿，每年都要申报姓名，没有被选中，才能出嫁。

丁亥（267） 晋泰始三年，吴宝鼎二年。

春正月，晋国立皇子司马衷为太子。

晋武帝司马炎下诏说："近世每逢立太子时，必定大赦天下罪犯，曲意地赐好处给小人，朕不采取这种做法。"于是不再实行大赦。

有关部门上奏说东宫尊敬两位老师的礼仪不同，晋武帝说："尊崇老师，是为了尊崇道义重视教育。何必说臣子没有臣子的本分呢？"让太子申明叩拜之礼。

晋国杀死前立进县县令刘友。

司隶校尉李熹弹劾揭发前立进县县令刘友以及前尚书山涛、中山王司马睦、尚书仆射武陔等人霸占官府的稻田。晋武帝下诏说："刘友欺凌掠夺百姓，应将其拷问处死以惩戒邪佞之人。山涛等人如果不再重犯，就都不予追究。李熹一心为公，对官员行使职权，可称之为国家的司直了。应告诫群臣百官，使他们各自慎重对待自己的职责，而宽免的恩典，不可能多次遇到。"

晋国征召犍为李密为官，李密没有赴任。

晋武帝征召犍为人李密任太子洗马，李密因为祖母年老，坚决推辞不接受，晋武帝同意了。李密与人交往，经常公开议论他人的得失而且还严厉地指责，他经常说："我独立于人世，自顾其影没有伴侣，然而我的心中没有恐惧，这是因为我对人不厚此薄彼，而一视同仁的缘故。"

夏六月，吴国兴建昭明宫。

吴主修建昭明宫，俸禄二千石以下的官吏，都亲自进山监督伐木。大规模开辟苑囿，堆起土山、楼观，极尽工艺技巧，工程费用以亿万来计。陆凯规劝，吴主不听。中书丞华覈上书说："如今官仓国库空虚匮乏，编入户籍的平民失去谋生常业，而北方晋国

积谷养民，专心东向。乃舍此急务，尽力功作，卒有风尘之变，驱怨民而赴白刃，此乃大敌所因以为资者也。"时吴俗奢侈，覈又上疏曰："今民贫俗奢，转相仿效。兵民之家，内无甔石之储而出有绫绮之服。上无尊卑等级之差，下有耗财费力之损，求其富给，庸可得乎？"皆不听。

秋九月，晋增吏俸。　晋禁星气、谶纬之学。　晋遣索头质子归国。

戊子(268)　晋泰始四年，吴宝鼎三年。

春三月，晋律令成。

贾充等上所刊修律令，晋主亲自临讲。中书侍郎张华请抄死罪条目，悬以示民，从之。

晋主考课法，不果行。

诏河南尹杜预为黜陟之课，预奏："古者黜陟，拟议于心，不泥于法。末世不能纪远而专求密微，疑心而信耳目，疑耳目而信简书，简书愈繁，官方愈伪。魏氏考课，即京房之遗意，其文可谓至密，然失于苛细以违本体，故历代不能通也。岂若申唐尧旧制，取大舍小，去密就简。委任达官，各考所统，岁第其人，言其优劣。如此六载，主者总集，采案其言，六优者超擢，六劣者废免。优多劣少者平叙，劣多优少者左迁。其间所对不同，品有难易，主者固当准量轻

积蓄粮食，休养百姓，一心一意想攻取我们。而我们却放弃当前的紧急事务，竭尽全力来营造宫室，如果突然有战乱发生，驱使积怨的百姓奔赴刀光剑影的战场，这正是强大的敌人趁机加以利用的机会。”当时吴国民风奢侈，华覈又上书说：“如今百姓贫苦民风奢侈，转而相互仿效。兵士平民之家，家中没有一瓦罐粮食的储备，出门却穿着绫罗绸缎的衣服。上没有尊卑等级的差别，下却有耗财费力的危害，要想使国家富裕充足，怎么可能呢？”这些话吴主全都不听。

秋九月，晋国增加官吏的俸禄。　晋国禁止占星望气及谶纬之学。　晋国派遣索头的人质回国。

戊子（268）　晋泰始四年，吴宝鼎三年。

春正月，晋国的律令制定完成。

贾充等奉上他们修订的律令，晋武帝亲自来讲解。中书侍郎张华请求抄录有关死罪的条目，张贴起来告示民众，晋武帝采纳了他的建议。

晋武帝下诏订立对官吏进行考核的法令，但最终没有实行。

晋武帝下诏河南尹杜预对官吏的升降进行考核，杜预上奏说：“古时候进退人才，先在心中筹划好，不拘泥于法规。衰亡之世不能从长远考虑，却一心追求细密周到，心存怀疑就相信所见所闻，对所见所闻产生怀疑又相信文书，文书越烦琐，做官应遵守的常道却越来越虚伪。魏氏考核官吏的方法，是京房传下来的，其文辞可算极为细密，然而缺陷是苛求细枝末节而违背本体，所以历代都不能通行。怎么比得上申明唐尧时期的旧制度，取其大而舍其小，去其细密而从其简明呢。委任显贵的官员，各自考核所统领范围内的官吏，每年进行考察，评论其优劣。这样连续六年，主管的官吏综合六年的情况，审查对其六年的评议，六年成绩都是优秀的可以破格提拔，六年成绩都是劣等的要罢免官职。优多劣少的人平级任用，劣多优少的人要降职。其间有的调配不够平衡，品评有难有易，主管官员自然应当准确衡量轻

重，微加降杀，不足曲以法尽也。其有优劣徇情，不叶公论者，当委监司弹之。若令上下公相容过，此为清议大颓，虽有考课之法，亦无益也。”事竟不行。

晋主亲耕籍田。　三月，晋太后王氏殂。

晋主居丧一遵古礼，既葬，有司请除衰服，诏曰：“受终身之爱而无数年之报，情所不忍也。”有司固请，诏曰：“患在不能笃孝，勿以毁伤为忧。前代礼典，质文不同，何必限以近制，使达丧阙然乎！”群臣请不已，乃许之，然犹素服以终三年。

夏四月，晋太保王祥卒。

祥卒，门无杂吊之宾。其族孙戎叹曰：“太保当正始之世，不在能言之流。及间与之言，理致清远，岂非以德掩其言乎？”

秋七月，众星西流如雨而陨。　九月，晋大水。　晋扬州都督石苞罢。

晋大司马扬州都督石苞久在淮南，威惠甚著。监军王琛恶之，密表苞与吴通。晋主遣义阳王望帅大军征之，苞掾孙铄在许昌闻之。或劝铄无与于祸，铄驰诣寿春，劝苞放兵，步出都亭待罪。晋主闻之，意解，苞以公还第。

重，稍加损益，不必曲折周到以求全都合乎考课之法。如果有对优劣的品评徇私情，不符合公正的议论的，应交付监察部门进行检举揭发。假如上下公开相互容忍过错，这就会使公正的评论彻底衰败，即使有对官吏考核的法令，也无益处。”晋武帝提出的这件事最终没有实行。

晋武帝亲自耕种奉祀宗庙鼓励农业的籍田。　三月，晋太后王氏去世。

晋武帝居丧时一切都遵循古礼，太后安葬之后，有关部门请求晋武帝除去丧服，晋武帝下诏说：“我受到母亲终身的关怀爱护，如果不服丧数年来报答，我在感情上接受不了。”有关部门再三请求，晋武帝又下诏说：“我担心的是不能够竭尽孝顺，你们不用担心我会因悲痛而伤害身体。前代的礼仪制度，与今天的只是质朴和华丽的区别，何必用今天的礼制进行限制，使原本通行的丧葬制度废缺呢？”群臣仍请求不止，武帝就同意了，但仍穿了三年的素服。

夏四月，晋太保王祥去世。

王祥去世后，到家中去吊唁的宾客都是品行端正的人。他同族兄弟的孙子王戎感叹道：“太保在正始年间，没有被列入能言善辩这一类人。有时与他交谈，他的思想情趣清明旷远，莫非他的品德掩盖了他言谈方面的才能？”

秋七月，众多的流星像雨一样向西方流下。　九月，晋国发大水。　晋扬州都督石苞被免官。

晋大司马扬州都督石苞长期在淮南任职，威望与恩惠十分著名。监军王琛忌恨他，暗中上表晋武帝说石苞与吴国勾结。晋武帝派义阳王司马望率领大军征召石苞，石苞的副官孙铄在许昌听说了这件事。有人劝说孙铄不要卷入祸事中去，孙铄驱马急驰到寿春，劝说石苞放下武器，步行走出驿站等候治罪。晋武帝听到了这个消息，所存的戒心消除了，石苞以公的身份回到家中。

己丑(269)　晋泰始五年，吴建衡元年。

春二月，晋以胡烈为秦州刺史。

先是，邓艾纳鲜卑降者数万，置雍、凉之间，与民杂居，朝廷恐其久而为患，乃分雍、凉、梁州置秦州，以烈素著名西方，故使镇抚之。

晋青、徐、兖州大水。　晋以羊祜都督荆州军事。

晋主有灭吴之志，使祜都督荆州，镇襄阳；东莞王伷都督徐州，镇下邳。祜绥怀远近，甚得江、汉之心，与吴人开布大信，降者欲去，皆听之。减戍逻之卒，以垦田八百余顷。其始至也，军无百日之粮；及其季年，乃有十年之积。祜在军，常轻裘缓带，身不被甲。铃阁之下，侍卫不过十数人。

晋录用故汉名臣子孙。

济阴太守文立言："故蜀名臣子孙，宜量才叙用，以慰巴、蜀之心，倾吴人之望。"晋主从之，诏曰："诸葛亮在蜀，尽其心力，子瞻临难死义，其孙京宜随才署吏。蜀将傅佥父子，死于其主。息著、募没入奚官，宜免为庶人。"又以立为散骑常侍。

汉故尚书程琼，雅有德业，与立深交，晋主闻其名，以问立，对曰："臣至知其人，但年垂八十，禀性谦退，无复当时之望，故不以上闻耳。"琼闻之，曰："广休可谓不党矣，此吾所以善夫人也。"

秋九月，有星孛于紫宫。　冬十月，吴左丞相陆凯卒。

己丑(269)　晋泰始五年,吴建衡元年。

春二月,晋国任命胡烈为秦州刺史。

先前,邓艾曾招纳投降的数万鲜卑人,安置在雍州、凉州一带,与汉民杂居,朝廷担心天长日久会生出祸患,就从雍州、凉州、梁州各分出一部分土地设置秦州,因为胡烈在西部向来很有声望,所以派他去镇守安抚。

晋国青、徐、兖三州洪水泛滥。　晋国命羊祜都督荆州军事。

晋武帝有消灭吴国的志向,任命羊祜都督荆州军事,镇守襄阳;任命东莞王司马伷统领徐州,镇守下邳。羊祜对远近百姓都安抚关切,深得江、汉之地的民心,与吴人开诚布公讲信用,投降的吴人若想离开,也都听从他们的意愿。羊祜裁减守边巡逻的士兵,让他们开垦了八百多顷农田。他刚到任的时候,军队没有维持一百天的粮食;等到了后期,就有了够吃十年的积粮。羊祜在军中,常穿比较轻便的裘皮衣服,佩带宽松的腰带,不披挂铠甲。他居住的地方,侍卫不过十几人。

晋国录用前蜀汉名臣的子孙。

济阴太守文立上书说:"前蜀国名臣的子孙,应根据其才能分级进用,来抚慰巴、蜀之地的民心,使吴人心向我们。"晋武帝采纳了他的建议,下诏说:"诸葛亮在蜀地,尽心尽力,他的儿子诸葛瞻临难为大义而死,他的孙子诸葛京应根据他的才能安排任职。蜀将傅佥父子,为他们的主上而死。傅佥的儿子傅著、傅募被收入官署做杂役,应该赦免,使他们成为平民。"晋武帝又任命文立担任散骑常侍。

蜀汉时的前尚书程琼,素有德行与业绩,与文立交情很深,晋武帝听到他的名声,就问文立,文立回答说:"我非常了解他的为人,只是他快八十岁了,禀性又谦恭退让,再没有他当年的心愿,所以我没有把他的情况报告您。"程琼听说了这件事后,说:"文立可称之为不结党的人,这正是我赞赏他的原因。"

秋九月,有彗星出现在紫宫星座。　冬十月,吴国左丞相陆凯去世。

初，何定尝为大帝给使，自表旧人，求还内侍。吴主以为都尉，典知酤籴，遂专威福。吴主信任之，委以众事。凯面责之曰："卿见前后事主不忠，倾乱国政，宁有得以寿终者耶！宜自改厉。不然，方见卿有不测之祸。"定大恨之。凯竭心公家，忠恳内发，表疏皆指事不饰。及疾病，吴主遣中书令董朝问所欲言，凯陈："定不可用，奚熙小吏，建起蒲里田，亦不可听。姚信、楼玄、贺邵、张悌、郭逴、薛莹、滕修及族弟喜、抗，或清白忠勤，或资才卓茂，皆社稷之良辅，愿访以时务，使各尽其忠。"凯寻卒。吴主素衔其切直，且闻何定之谮，徙其家建安。

庚寅(270)　晋泰始六年，吴建衡二年。

夏四月，吴以陆抗都督诸军，治乐乡。

抗以吴主政事多阙，上疏曰："德均则众者胜寡，力侔则安者制危，此六国所以并于秦，西楚所以屈于汉也。今敌之所据，广于秦汉，而国家外无连衡之援，内无西楚之强，庶政陵迟，黎民未乂。议者徒以长江、峻山限带封域，此乃守国之末事，非智者所先也。臣每念及此，中夜抚枕，临餐忘食。夫事君之义，犯而勿欺，谨陈时宜十七条。"吴主不纳。

当初，何定曾任吴大帝的内侍，自称是先帝旧人，请求还去做内侍。吴主任命他为都尉，掌管买酒买粮等事，他便独断专行作威作福。吴主信任他，将很多事交给他去办。陆凯当面指责何定说："你看看前后侍奉君主不忠诚，扰乱国家政事的人，难道有能够寿终的吗！你应当改正错误自我激励。不然的话，我看你要有不测之祸来临。"何定对陆凯恨之入骨。陆凯为国家尽心尽力，忠诚恳切发自内心，所上表疏都列出事实，不为文饰。等陆凯病倒了后，吴主派中书令董朝去问他有什么话要说，陆凯说："何定不可以任用，奚熙这个小官，修建起蒲里塘，也不可听信他。姚信、楼玄、贺邵、张悌、郭逴、薛莹、滕修以及我的同族弟弟陆喜、陆抗，这些人有的清白忠诚、勤勤恳恳，有的资质才能卓越优秀，他们都是国家的良好辅佐，希望陛下向他们咨询时务，使他们能各尽忠诚。"陆凯不久就去世了。吴主一直对陆凯的严厉耿直怀恨在心，况且又听到何定的谗言，就把陆凯的家属迁徙到建安去了。

庚寅（270） 晋泰始六年，吴建衡二年。

夏四月，吴国任命陆抗统领各路军队，治所在乐乡。

陆抗因为吴主处理政事错误很多，上书说："如果恩德均衡，那么人多的一方可以战胜人少的一方；如果力量相同，那么安定的一方可以制服处于危难的一方，这就是六国之所以被秦国吞并，西楚之所以屈服于汉的原因。如今敌人占据的地方，比秦、汉辽阔，然而国家外面没有六国时连衡的援助，内部没有西楚那么强大，国家的各种政务渐渐衰微，黎民百姓没有得到治理。议政的人仅仅是以长江、高山作为疆界，这是守卫国家最微不足道的事情，并不是有智慧的人要首先考虑的。我每当想到这里，半夜里抚摸枕头不能入睡，面对饭菜忘了吃。侍奉君主的原则是，可以触犯他而不能欺骗他，我谨慎地陈述合乎时势的十七条建议。"吴主没有采纳。

何定使诸将各上御犬,一犬直缣数十匹,缨绁直钱一万,以捕兔供厨。吴主以为忠,赐爵列侯。抗上疏曰:"小人不明理道,所见既浅,虽使竭情尽节,犹不足任,况其奸心素笃而憎爱移易哉!"吴主不从。

六月,晋胡烈讨鲜卑秃发树机能,败死。

辛卯(271) 晋泰始七年,吴建衡三年。

春正月,晋匈奴右贤王刘猛叛走出塞。　晋豫州刺史石鉴有罪,免。

鉴坐击吴军虚张首级,诏曰:"鉴备大臣,吾所取信,而乃下同为诈,义得尔乎!今遣归田里,终身不得复用。"

吴大举兵游华里,不至而还。

吴人刁玄诈增谶文云:"黄旗紫盖,见于东南,终有天下者,荆、扬之君。"吴主信之。大举兵出华里,载太后及后宫数千人西上。行遇大雪,兵士寒冻殆死,皆曰:"若遇敌,便当倒戈。"吴主乃还。

夏四月,晋凉州胡叛,刺史牵弘讨之,败死。

初,大司马陈骞言于晋主曰:"胡烈、牵弘皆勇而无谋,强于自用,非绥边之材也,将为国耻。"晋主以为骞与弘不协而毁之,不信也。至是,烈既败死,弘讨叛胡,胡与树机能攻弘,杀之。征讨连年,仅而能定,晋主乃悔之。

秋七月,吴复取交趾。

吴三攻交趾,皆败没。至是遣陶璜、李勖等击取之。

何定让将领们各人进献一条御犬，一条犬能值数十匹细绢，拴狗的缰绳值一万钱，这些御犬用来捕捉兔子供应厨房。吴主因此认为何定忠诚，赐予列侯的爵位。陆抗上书说："小人不明事理，见识肤浅，即使让他们竭尽心力，还不能胜任自己的职责，更何况是他们的奸邪之心向来顽固，爱和恨在他们的心中颠倒了呢！"吴主不听陆抗的劝说。

六月，晋国胡烈讨伐鲜卑秃发树机能，战败而死。

辛卯（271） 晋泰始七年，吴建衡三年。

春正月，晋国匈奴右贤王刘猛叛逃出边塞。 晋豫州刺史石鉴获罪，被免官。

石鉴因在攻打吴军时虚报敌方首级数量而获罪，晋武帝司马炎下诏说："石鉴身为大臣，我很信任他，可他竟然和下面的人一起欺骗我，按道义行事能够如此吗！现在遣返他回老家，终身不能再起用。"

吴主从华里大规模出兵，没到目的地就退回了。

吴人刁玄伪造谶文说："黄色的旗帜、紫色的车盖，出现于东南方，最终得天下的人，是荆、扬之地的君主。"吴主信以为真。从华里大规模出兵，载着太后及后宫几千人向西进发。途中遇到大雪，兵士几乎要被冻死，都说："如果遇到敌兵，我们就要倒戈投降。"吴主这才退兵返回。

夏四月，晋国凉州胡人叛乱，刺史牵弘去征讨，兵败身亡。

当初，大司马陈骞对晋武帝说："胡烈、牵弘都勇敢而无谋略，刚愎自用，不是安定边境的人才，最终将会给国家带来耻辱。"晋主认为陈骞是因为与牵弘不和而诽谤牵弘，不相信陈骞的话。到这时，胡烈已兵败而死，牵弘征讨胡人叛乱，胡人和树机能攻打牵弘，杀死了牵弘。连年出兵征讨，仅能维持表面安定，晋武帝方才后悔没有听信陈骞的话。

秋七月，吴国再次攻取交趾。

吴国三次攻交趾，都失败了。到这时派陶璜、李勖等攻取交趾。

九真、日南皆降，以璜为交州牧，璜讨降夷獠，州境皆平。

冬十月朔，日食。　十一月，刘猛寇晋并州。　晋安乐公刘禅卒。

谥曰思。

壬辰（272）　晋泰始八年，吴凤凰元年。

春正月，匈奴杀刘猛，降晋。　二月，晋太子衷纳妃贾氏。

初，侍中、尚书令贾充，自文帝时宠任用事，晋主为太子，充颇有力，故益有宠。充为人巧谄，与太尉荀觊、侍中荀勖、越骑校尉冯𬘘相为党友。朝野恶之。晋主问侍中裴楷以方今得失，对曰："陛下受命，四海承风，所以未比德于尧、舜者，以贾充之徒尚在朝耳。宜引天下贤人，与弘政道，不宜示人以私。"侍中任恺、河南尹庾纯皆与充不协，会树机能乱秦、雍，晋主以为忧，恺曰："宜得威望重臣有智略者以镇抚之。"晋主曰："谁可者？"恺及纯因荐充，使督秦、凉诸军。

充患之，问计于勖，勖曰："是行也，辞之实难，独有结婚太子，可不辞而自留矣。"晋主初欲为太子娶卫瓘女，充妻郭槐赂杨后左右，使后说纳其女。晋主曰："卫公女有五可，贾公女有五不可：卫氏种贤而多子，美而长白；贾氏种妒而少子，丑而短黑。"后固以为请。至是，勖又与觊、𬘘皆称充女绝美，且有才德，晋主遂从之，留充复居旧任。贾妃年十五，长太子二岁，妒忌多权诈，太子嬖而畏之。

九真、日南郡都投降了，吴国任命陶璜为交州牧，陶璜讨伐降服了夷獠，交州全境都被平定。

冬十月初一，出现日食。　十一月，刘猛侵犯晋国并州。晋国安乐公刘禅去世。

加封刘禅谥号为“思”。

壬辰（272）　晋泰始八年，吴凤凰元年。

春正月，匈奴杀死刘猛，投降晋国。　二月，晋国皇太子司马衷娶贾妃。

当初，侍中、尚书令贾充，从晋文帝时就受到宠信而当权，晋武帝能成为太子，贾充立了很大的功劳，所以他更加受到晋武帝的宠爱。贾充为人巧佞谄媚，同太尉荀颉、侍中荀勖、越骑校尉冯统相互结为党羽。朝野上下都憎恨他们。晋武帝询问侍中裴楷当今朝政的得失，裴楷回答说：“陛下受命于天，四海承受教化，所以还不能与尧、舜相比，是因为贾充之流还在朝廷。应当召引天下的贤才，一同弘扬为政之道，不应当让天下人看到您凭个人偏爱用人。”侍中任恺、河南尹庾纯都同贾充不和，正逢树机能侵犯秦、雍之地，晋武帝为此深感忧虑，任恺说：“应派有威望、身居要职、有智谋才略的大臣去平定安抚。”晋武帝说：“谁可担此重任？”任恺和庾纯乘机推荐贾充，让他统领秦州、凉州诸军。

贾充害怕，向荀勖问计，荀勖说：“这次前行，推辞掉实在困难，只有和太子结成姻亲，才能不用推辞而自然留下来。”晋武帝最初想为太子娶卫瓘的女儿，贾充的妻子郭槐贿赂杨皇后身边的人，让杨皇后劝说晋武帝娶贾充的女儿。晋武帝说：“卫公的女儿有五可，贾公的女儿有五不可：卫氏种族贤良而且子女多，容貌美丽，身材修长，皮肤白亮；贾氏种族好妒而且子女少，相貌丑陋，身材矮小，皮肤黑。”杨皇后坚持向贾氏求婚。到这时，荀勖又同荀颉、冯统都称赞贾充的女儿绝美，而且有才德，晋武帝于是听从了他们，留下贾充仍然担任旧职。贾妃时年十五岁，比太子大两岁，生性妒忌，机巧多诈，太子既宠爱她又怕她。

太宰、安平王孚卒。

孚性忠慎，宣帝执政，常自退损。后逢废立之际，未尝预谋。及晋主即位，恩礼尤重。元会，诏孚乘舆上殿，晋主于阼阶迎拜。既坐，亲奉觞上寿，如家人礼。孚虽见尊宠，常有忧色。临终遗令曰："有魏贞士河内司马孚，字叔达，不伊不周，不夷不惠，立身行道，终始若一。当衣以时服，敛以素棺。"卒年九十三，谥曰献，诏赐东园温明秘器。其家遵遗旨，一不施用。

晋散骑常侍郑徽以罪免。

晋主与右将军皇甫陶论事，陶争辩不已，徽请罪之。晋主曰："忠谠之言，唯患不闻，徽越职妄奏，可免其官。"

夏，晋益州杀其刺史，广汉太守王濬讨平之，以濬为益州刺史。

时汶山白马胡侵掠诸种，益州刺史皇甫晏欲讨之。从事何旅谏曰："胡夷相残，未为大患。盛夏出军，必有疾疫。"不听。牙门张弘作乱，杀晏，兵曹从事杨仓勒兵战死。弘遂诬晏欲反，传首京师。主簿何攀方居母丧，闻之，诣洛证晏不反。广汉主簿李毅言于太守王濬曰："广汉与成都密迩，而统于梁州者，朝廷欲以制益州之衿领，正防今日之变。宜即时赴讨，不可失也。"濬欲先上请，毅曰："杀主之贼，为恶尤大，当不拘常制，何请之有。"濬乃发兵讨弘，斩之。诏以濬为益州刺史。

晋国太宰、安平王司马孚去世。

司马孚生性忠厚谨慎，晋宣帝执政时，司马孚经常谦虚退让。后来每逢帝王废立的时候，都不参与谋划。等到晋武帝司马炎即位以后，对司马孚的礼遇尤为厚重。元旦群臣朝见，晋武帝下诏让司马孚坐轿子上殿，晋武帝在东阶迎接拜见。待司马孚坐下后，晋武帝亲自捧上酒杯，为司马孚祝寿，如同家人的礼节。司马孚虽然被尊重恩宠，却常常面有忧愁之色。临终留下遗言说："有一个对魏朝忠贞不移的人士、河内人司马孚，字叔达，不像伊尹，不像周公，不像伯夷，不像柳下惠，但立身行道，始终如一。应当穿上平时的衣服，用平常的棺材装殓。"终年九十三岁，谥号"献"，晋武帝下诏赐予供王公贵族专用的棺木东园温明秘器。然而司马孚的家属遵照司马孚的遗愿，一概不用。

晋国散骑常侍郑徽因罪免职。

晋武帝同右将军皇甫陶讨论事情，皇甫陶与晋武帝争论不休，郑徽请求给皇甫陶判罪。晋武帝说："忠诚正直的言论，唯恐听不到，郑徽越权胡乱禀奏，可以免掉他的官职。"

夏天，晋国益州刺史被杀，广汉太守王濬征讨平定叛乱，任命王濬为益州刺史。

当时汶山白马胡侵犯、掠夺其他部族，益州刺史皇甫晏准备去征讨。从事何旅劝阻说："胡夷互相残杀，不会造成大的祸患。如果盛夏季节出兵，一定会发生疾病和瘟疫。"皇甫晏不听。牙门张弘叛乱，杀死皇甫晏，兵曹从事杨仓统率士兵战斗而死。张弘于是诬陷皇甫晏想要谋反，将他的首级送往京师。主簿何攀因母亲去世正在守丧，听到这个消息，便到洛阳证明皇甫晏没有反叛。广汉主簿李毅对太守王濬说："广汉与成都相距很近，而使二城都统属于梁州，朝廷是想以梁州来制约益州的咽喉要害，正为了防范今日的叛乱。应当马上去讨伐，不可失去机会。"王濬还想先向上请示，李毅说："杀死主人的贼子，罪恶特别大，应当不受常规限制，还请示什么呢？"王濬于是派兵征讨并杀死了张弘。晋武帝下诏任命王濬为益州刺史。

初，濬为羊祜参军，祜深知之。或曰："濬为人志大奢侈，不可专任。"祜曰："濬有大才，将以济其所欲，必可用也。"濬至益州，明立威信，蛮夷归附，俄迁大司农。时晋主与羊祜谋伐吴，祜以为宜藉上流之势，密表留濬加龙骧将军，监梁、益军。

诏使罢屯田兵，大作舟舰。别驾何攀曰："屯兵五六百人，作船不能猝办，后者未成，前者已腐。宜召诸郡兵合万余人造之，岁终可成。"濬欲先上须报，攀曰："朝廷猝闻召万兵，必不听。不如辄召，设或见却，功夫已成，势不得止。"濬从之，令攀典造。于是作大舰，长百二十步，受二千余人，以木为城，起楼橹，开四出门，其上可驰马往来。

时作船木柹，蔽江而下，吴建平太守吾彦，取以白吴主曰："晋必有攻吴之计，宜增建平兵以塞其冲。"吴主不从。彦乃为铁锁横断江路。

濬虽受中制募兵，而无虎符。广汉太守张敩收濬从事列上。晋主召敩还，责曰："何不密启而便收从事。"敩曰："蜀汉绝远，刘备尝用之矣。辄收，臣犹以为轻。"晋主善之。

秋七月，晋以贾充为司空。

充与侍中任恺皆为晋主所宠任，充欲专名势而忌恺，于是朝士各有朋党。晋主召充、恺，宴而谓之曰："朝廷宜一，

起初，王濬是羊祜的参军，羊祜非常了解王濬。有人说："王濬为人志向大，好奢侈，不可让他专权。"羊祜说："王濬有大才，足以达到他的目的，完全可以任用。"王濬到益州后，明确树立起自己的威信，蛮夷都投奔依附他，不久升迁为大司农。当时晋武帝与羊祜谋划讨伐吴国，羊祜认为应当凭借上游的地势，就秘密上书晋武帝请求留下王濬，加授王濬为龙骧将军，掌管梁州、益州军事。

晋武帝下诏让王濬解散屯田的军队，大量建造舰船。别驾何攀说："屯田的士兵不过五六百人，不能很快造出船来，后面的船还没有造成，前面造好的船已经腐烂。应当召集各郡士兵凑足一万多人造船，年终就能完成任务。"王濬想先向朝廷报告，何攀说："朝廷突然听到要召集一万名士兵，肯定不会同意。不如立即就召集士兵，假如被朝廷拒绝，工程和劳动人力已经齐备，趋势已不能阻止了。"王濬听从了何攀的话，命令何攀主管制造舰船。于是制造大战舰，舰身长一百二十步，能容纳二千多人，用木头造城楼，筑起瞭望高台，四面开了可以进出的门，战舰上面可以骑着马来回奔跑。

当时造船砍削下的木片，遮盖了江面，顺江水而下，吴国建平太守吾彦，拿着这些顺江流下的木屑，禀报吴主说："晋国一定有攻打吴国的计划，应该增加建平的兵力以堵塞要害地区。"吴主不听。吾彦就用铁锁横拦隔断江面。

王濬虽然接受了朝廷的命令招募士兵，但没有虎符。广汉太守张敩于是把王濬的从事抓起来上报。晋武帝召回张敩，责备他说："你为什么不秘密禀告就直接拘捕了他的从事？"张敩说："蜀汉之地偏僻遥远，刘备就曾利用此地割据一方。我立即拘捕他，臣还以为这太轻了。"武帝称赞他做得对。

秋七月，晋国任命贾充为司空。

贾充和侍中任恺都被晋武帝宠信，贾充想独霸权势声誉而忌恨任恺，于是朝廷官吏各自依附靠山结为朋党。晋武帝便召来贾充、任恺，设宴款待他们，对他们说："朝廷是个统一的整体，

大臣当和。”充、恺拜谢。既而以晋主知而不责，愈无所惮，外相崇重，内怨益深。充乃荐恺出为吏部尚书，而与荀勖、冯𬘘共谮之，恺由是得罪，废于家。

九月，吴步阐据西陵叛，降晋。

阐世在西陵，至是吴主征之。阐自以失职，且惧有谗，遂据城降晋。

冬十月朔，日食。　十一月，吴陆抗拔西陵，诛步阐，晋羊祜等救之，不及。

吴陆抗闻步阐叛，亟遣将军吾彦讨之。而晋遣荆州刺史杨肇迎阐，羊祜出江陵，徐胤击建平以救之。抗敕西陵诸军筑严围，自赤谿至于故市，内以围阐，外御晋兵，昼夜催切，众甚苦之。诸将谏曰：“今宜乘锐攻阐，何事于围，以敝士民之力。”抗曰：“此城势固粮足，凡备御之具，皆抗宿规，今反攻之，不可猝拔。北兵至而无备，表里受难，何以御之？”诸将请不已，抗欲服众心，听令一攻，果无利。围始合，而祜兵五万至江陵。诸将咸以抗不宜上，抗曰：“江陵城固兵足，无可忧者。假令敌得之，必不能守，所损者少。若晋据西陵，则南山群夷皆动，其患不可量也。”乃帅将赴西陵。

初，抗于江陵北作大堰，遏水以绝寇叛。祜欲因水运粮，而扬声将破堰以通步军。抗闻即决之。诸将皆惑，

大臣之间应该和睦相处。"贾充、任恺拜谢晋武帝。这以后贾充、任恺认为晋武帝已经知道了他们之间的不和却没有责备他们，就更加肆无忌惮，表面上互相尊重推崇，内心的怨恨却越来越深。贾充于是推举任恺出任吏部尚书，并与荀勖、冯统一起诬陷任恺，任恺因此获罪，被免官闲居在家。

九月，吴国步阐占据西陵反叛，投降晋国。

步阐世代居住在西陵，到这时吴主征召他。步阐自认为没有尽职尽责，并且害怕有人进了谗言，于是占领西陵城投降晋国。

冬十月初一，出现日食。　十一月，吴国陆抗攻取西陵城，杀死步阐，晋国羊祜等救援步阐，没有及时赶到。

吴国陆抗听到步阐叛乱的消息，急忙派遣将军吾彦去讨伐。晋武帝派荆州刺史杨肇去迎接步阐，羊祜进攻江陵，徐胤出击建平救援步阐。陆抗命令西陵各军修筑坚固的围墙，从赤谿一直到故市，对内可用来围剿步阐，向外可以抵御晋兵，陆抗日夜催逼工事，众人苦不堪言。各军将官进谏说："目前应当利用三军的锐气攻打步阐，为什么要修筑围墙，使士兵百姓疲惫呢！"陆抗说："这西陵城地势稳固，粮草充足，所有守备防御的设施器具，都是我早就设置准备好了的，现在反过来攻打它，不可能很快攻克。晋国援兵从北而来，如果我们没有准备，内外受敌，凭什么来抵御？"将领们都请求攻打步阐，陆抗想使众人心服，就听令他们去攻打了一次，最终没有得到好处。围墙刚刚筑好，而羊祜的五万大军已到江陵。将领们都认为陆抗不宜去西陵，陆抗说："江陵城池坚固，兵员充足，没有什么可担忧的。假如敌人攻取了江陵，也一定守不住，我们的损失小。如果晋兵占据西陵，那么南山的众多夷人都会骚乱动摇，其祸患就不可估量了。"于是亲自统率部队奔赴西陵。

当初，陆抗在江陵以北修筑大坝，阻断水流来断绝敌人的侵犯。羊祜想利用大坝拦的水运送粮草，却扬言要凿开大坝让步兵通行。陆抗听到后马上派人毁了大坝。将领们都迷惑不解，

屡谏不听。祜至当阳，闻堰败，乃以车运，大费功力。

十一月，肇至西陵，抗自将凭围对之。都督俞赞亡诣肇。抗曰："赞旧吏，知吾虚实。吾常虑夷兵素不简练，若敌攻围，必先此处。"即夜易夷兵，以精兵守之。明日，肇果攻故夷兵处，众败，夜遁。抗欲追之，而虑阐伺间，兵不足分，于是但鸣鼓，若将追者。肇众凶惧，悉解甲挺走。抗使轻兵蹑之，肇又大败。祜等皆引军还。抗遂拔西陵，诛阐及同谋将吏数十人，皆夷三族。东还乐乡，貌无矜色。

吴主既克西陵，志益张大，使术士尚广筮取天下，对曰："吉。庚子岁，青盖当入洛阳。"吴主喜，不修德政，专为兼并之计。

祜归自江陵，务修德信以怀吴人。每交兵，刻日方战，不为掩袭之计。将帅有欲进谲计者，辄饮以醇酒，使不得言。军行吴境，刈谷为粮，皆计所侵，送绢偿之。每游猎，常止晋地，所得禽兽，或先为吴人所伤者，皆送还之。于是吴边人皆悦服。祜与陆抗对境，使命常通：抗遗祜酒，祜饮之不疑；抗疾，祜与之成药，抗即服之。人多谏抗，抗曰："岂有酖人羊叔子哉？"抗告其边戍曰："彼专为德，我专为暴，是不战而自服。各保分界而已，无求细利。"吴主闻而责之，抗曰："一邑一乡不可以无信义，况大国乎？臣不如此，适足彰彼之德，于祜无伤也。"

多次劝阻陆抗都不听。羊祜到了当阳，听说大坝已毁，就改用车子运粮，耗费了许多人力物力。

十一月，杨肇到达西陵，陆抗亲自统率大军凭借围墙与杨肇对峙。都督俞赞逃到杨肇那里。陆抗说："俞赞是军队中的旧官吏，了解我军的虚实。我常担心夷兵平素不训练，如果敌人围攻，一定先打他们防守的地方。"当晚更换了夷兵，用精兵把守。第二天，杨肇果然攻打原来夷兵防守的地方，被打败，夜里逃跑了。陆抗想追击杨肇，但考虑到步阐可能乘机出兵，自己的兵力不足以分开对付两头，于是只是擂鼓，做出要追击的样子。杨肇的部队恐惧慌乱，全都丢盔弃甲脱身而逃。陆抗派轻装部队紧追其后，杨肇又被打得大败。羊祜等人都领兵而还。陆抗于是攻克西陵，杀死步阐以及同谋的将吏几十人，全都诛灭三族。陆抗返回东边的乐乡，脸上没有骄傲、矜持的神情。

吴主攻克西陵后，志向更加张扬，让术士尚广替他占卜是否能得到天下，尚广回答说："吉。庚子年，青色的车盖会进入洛阳。"吴主大喜，不修明道德政令，专门谋划兼并天下的计策。

羊祜从江陵归来以后，致力于修明道德信义来使吴人归附。每次与吴国交战，都要约定日期才开战，不做乘其不备、突然袭击的勾当。将帅当中有想献诡诈计谋的，羊祜总是给他喝甘醇的美酒，使他酒醉不能说话。羊祜的军队在吴国境内行走，割了谷子做口粮，全都记下所取的数量，然后送去绢偿还。每次出游打猎，经常只限于晋国的领地，如果所得的禽兽，是先被吴人杀伤的，都要送还吴人。因此吴国边境上的百姓对羊祜都心悦诚服。羊祜同陆抗在边境对峙，双方的使者常奉命相互交往：陆抗送给羊祜酒，羊祜喝起来从不怀疑；陆抗生病了，羊祜把成药送给他，陆抗也马上服下。许多人都劝谏陆抗，陆抗说："怎么会有用毒酒杀人的羊祜呢？"陆抗告诉守边士兵说："别人一心一意行恩惠，而我们专门做坏事，这就等于不战而自己屈服。双方各自保住疆界就可以了，不要再想占小便宜。"吴主听说后责备陆抗，陆抗说："一邑一乡都不可以没有信义，更何况大国呢？我如果不这样做，正好显扬了羊祜的德行，对羊祜毫无损伤。"

吴主用诸将谋，数侵盗晋边。抗上疏曰：“今不务力农富国，审官任能，明黜陟，慎刑赏，训诸司以德，抚百姓以仁，而听诸将徇名，穷兵黩武，动费万计，士卒凋瘁，寇不为衰而我已大病矣。争帝王之资，而昧十百之利，此人臣之奸便，非国家之良策也。昔齐、鲁三战，鲁人再克，而亡不旋踵。况今克获不补所丧哉。”吴主不从。

祜不附结中朝权贵，荀勖、冯紞之徒皆恶之。从甥王衍尝诣陈事，辞甚清辩。祜不然之，衍拂衣去。祜顾谓客曰：“王夷甫方当以盛名处大位，然败俗伤化，必此人也。”及攻江陵，祜以军法将斩王戎。衍，戎之从弟也，故皆憾之。时人谓之语曰：“二王当国，羊公无德。”

晋免其国子祭酒庾纯官，寻复用之。

贾充与朝士宴，河南尹庾纯醉，与充争言。充曰：“父老不归养，卿为无天地。”纯曰：“高贵乡公何在？”充惭怒，上表解职，纯亦自劾。诏免纯官，仍下五府正其臧否。石苞以纯荣官忘亲，当除名。齐王攸以为纯于礼律未有违者，诏复以纯为祭酒。

吴杀其丞相万彧、将军留平、大司农楼玄。

吴主之游华里也，万彧与将军留平密谋曰：“若至华里不归，社稷事重，不得不自还。”吴主颇闻之，因会，以毒酒饮彧及平，不死。彧自杀，平忧懑而卒。

吴主采用将领们的谋略，多次侵犯掠夺晋国边境。陆抗上书说："现在不大力发展农业以富国，不审查官吏任用贤能，不明确升降的标准，不谨慎使用刑罚奖赏，不用道德标准教诲各部门，不用仁爱安抚百姓，却听任将领们追求功名，穷兵黩武，动辄耗费数以万计的钱财，士卒疲惫憔悴，敌寇还没有衰败我们却已经病疲了。如果以争夺天下帝王的资本，去贪图几十几百的小便宜，这对奸邪之臣很便利，却不是国家的良策。从前齐国、鲁国打了三次仗，鲁人两次取胜，但是很快鲁国就灭亡了。何况如今部队获胜所得的，还不够补偿所丧失的呢。"吴主不听。

羊祜不攀附结交朝廷中的权贵，荀勖、冯𬘘等人都憎恨他。羊祜堂外甥王衍曾经到羊祜那里陈述事情，言辞很清晰明辨。羊祜不以为然，王衍拂衣而去。羊祜回过头来对宾客说："王衍将来会以很大的名声达到高位，然而败坏风俗、损伤教化的，必定是此人。"等到攻打江陵时，羊祜按军法要斩王戎。王衍，是王戎的堂弟，所以两人都怨恨羊祜。当时的人对此有句话说："二王执政，羊公无德。"

晋武帝免去国子祭酒庾纯的官职，不久又起用了他。

贾充与朝廷官员在一起宴饮，河南尹庾纯喝醉了酒，与贾充争执起来。贾充说："你的父亲年老，而你不回家去奉养，你这是无天无地！"庾纯说："你的先主高贵乡公在哪里？"贾充恼羞成怒，上表请求辞官，庾纯也上表自己弹劾自己，请求去官。晋武帝下诏免去庾纯的官职，并交给五府评品他的善恶。石苞认为庾纯以做官为荣耀而忘记了父母，应当除去他的名籍。齐王司马攸认为庾纯并没有违反礼制、律令，晋武帝因此下诏又任命庾纯担任国子祭酒。

吴主杀死丞相万彧、将军留平、大司农楼玄。

吴主去华里游玩时，万彧同将军留平密谋说："如果皇上到华里不回来，国家的事情重大，我们就不得不自己返回。"吴主听说了此事，便找了个机会，拿毒酒给万彧和留平喝，没有毒死。万彧自杀，留平忧郁愤懑而死。

初，或请选忠清之士以补近职，吴主以楼玄为宫下镇，主殿中事。玄正身帅众，奉法而行，应对切直，吴主浸不悦。

中书令贺邵谏曰："臣闻兴国之君，乐闻其过；荒乱之主，乐闻其誉。闻其过者，过日消而福臻；闻其誉者，誉日损而祸至。陛下严刑法以禁直辞，黜善士以逆谏口，杯酒造次，死生不保，是以正士摧方，庸臣苟媚，人执反理之评，士吐诡道之论，遂使仕者以退为幸，居者以出为福，非所以保洪绪也。何定妄兴事役，发江边戍兵以驱麋鹿，老弱饥冻，大小怨叹。《传》曰：'国之兴也，视民如赤子；其亡也，以民为草芥。'今法禁转苛，赋调益繁，呼嗟之声，感伤和气。且国无一年之储，家无经月之蓄，而后宫坐食万有余人。北敌注目，伺国盛衰，长江之限，不可久恃。苟不能守，一苇可杭也。愿陛下丰基强本，割情从道，则圣祖之祚隆矣。"吴主深恨之。

于是左右诬玄与邵谤讪政事，俱被诘责。徙玄于交阯，竟杀之。

癸巳(273)　晋泰始九年，吴凤凰二年。

夏四月朔，日食。　晋以邓艾孙朗为郎中。

初，邓艾之死，人皆冤之，而无为之辨者。及晋主即位，议郎段灼上疏曰："艾本屯田掌犊人，宠位已极，功名已成，

当初，万彧请求挑选忠厚清廉的士人来补充君主左右的职位，吴主任命大司农楼玄为宫下镇，主管宫中事务。楼玄以身作则，奉法行事，对答恳切耿直，吴主渐渐对他不满意。

中书令贺邵进谏说："我听说振兴国家的君主，乐于听到自己的过失；荒废乱亡的君主，喜欢听到别人对自己的称誉。乐于听到自己过失的人，他的过失会日渐减少幸福也就降临；喜欢听别人对自己赞誉的人，名誉会一天天减损而灾祸也就到来。陛下严厉刑法用以禁止正直的言辞，废黜品德纯善的人以拒绝直言进谏，一杯酒的小过失，也会导致死生都没有保障，因此正直之士受到摧折，平庸之臣苟且媚俗，人们根据的是不合道理的评论，士人谈论的是违背道义的言辞。这就使当官的人以退职为幸运，居住都市的人以离去为福气，这实在不是保住世代相传的大业的做法。何定狂妄地兴起劳役，发动江边防守的士兵去驱赶麋鹿，老人弱者忍饥挨冻，大人小孩怨恨叹息。《左传》说：'国家兴盛，视百姓如同赤子；国家衰亡，把人民看作草芥。'现在法律、禁令变得苛刻，赋税征调日益频繁，痛苦呼号叹息之声，使祥和之气受到了伤害。况且国家没有一年的储备，百姓家里没有度过一个月的积蓄，而后宫中不劳而食的人有一万多。北方的敌人正虎视眈眈，窥伺我国的盛衰，长江的险阻，不能长久地依赖。如果没有防守的能力，一束苇草当作船就可以航渡过来。希望陛下充实基础，强固根本，割断私人情欲，遵循正道，那么圣祖开创的基业就会兴隆昌盛了。"吴主听后对贺邵十分痛恨。

于是吴主身边的人就诬陷楼玄与贺邵诽谤、讽刺政事，两人都受到诘问责备。楼玄被流放到交趾，最终被杀。

癸巳（273） 晋泰始九年，吴凤凰二年。

夏四月初一，日食。　晋武帝任邓艾的孙子邓朗为郎中。

当初，对于邓艾的死，人们都觉得他很冤枉，却没有替他辩解说话的人。等晋武帝即位以后，议郎段灼上书说："邓艾原本是个屯田养牛之人，他的地位已经荣宠到了极点，功成名就，

七十老公，复何所求。正以刘禅初降，远郡未附，矫令承制，权安社稷。钟会有悖逆之心，畏艾威名，因其疑似，构成其事。艾被诏书，即束身就缚，诚知奉见先帝，必无当死之理也。会受诛之后，艾将吏愚戆自共追艾，脱其囚执。艾在困地，未尝与谋，而独受腹背之诛，岂不哀哉！谓宜听艾归葬，还其田宅，继封定谥，则艾死无所恨，而天下徇名之士，思立功之臣，必投汤火，乐为陛下死矣。"晋主善其言而未能从也。至是，问给事中樊建以诸葛亮之治蜀，曰："吾独不得如亮者而臣之乎？"建稽首曰："陛下知邓艾之冤而不能直，虽得亮，得无如冯唐之言乎？"晋主笑曰："卿言起我意。"乃以朗为郎中。

吴杀其侍中韦昭。

吴人多言祥瑞者，吴主以问昭。昭曰："此家人筐箧中物耳。"昭领国史，吴主欲为其父作纪，昭曰："文皇不登帝位，当为传。"吴主不悦。昭求去，不听。吴主饮群臣酒，不问能否，率以七升为限。至昭，独以茶代，后更见强。又酒后常使侍臣嘲弄公卿，发擿私短以为欢。昭但难问经义而已。吴主积怒，遂诛之。

秋七月朔，日食。　晋选公卿女备六宫。

晋主诏选公卿以下女备六宫，有蔽匿者，以不敬论。采择未毕，权禁天下嫁娶。公卿女中选者为三夫人、九嫔，

一个七十岁的老人,还有什么可希求的。当时正因为刘禅刚刚投降,远处的郡县还没有归附,邓艾假托皇帝命令而便宜行事,是为了暂时使国家安定下来。钟会有悖乱忤逆之心,害怕邓艾的威名,乘着是非难辨之际,构成了这件事。邓艾接受诏书后,即刻束身自缚接受拘禁,他知道如果见到先帝,必定不会被处死。钟会被杀之后,邓艾手下的将吏愚昧不明事理,自发地去追赶邓艾,为邓艾松了绑。邓艾当时身处困境,平时并没有与手下心腹预谋,因此独自被杀戮,难道还不悲哀吗!我认为陛下应该允许邓艾的尸骨归葬,归还他的田地房宅,加封他的后代,给他确定谥号,那么邓艾就死而无憾了,而天下舍身为名之士,想建立功勋的大臣,必然会赴汤蹈火,乐意为陛下舍身效命。"晋武帝称赞他这番话,却没有照着去实行。到了这时,晋武帝向给事中樊建询问诸葛亮治理蜀国的事情,说:"难道唯独我得不到一个像诸葛亮那样的人做我的臣子吗?"樊建跪拜说:"陛下知道邓艾的冤情而不能给他平反,即使得到诸葛亮,难道不会像汉文帝时冯唐所说的那样,得到了也不能任用吗?"晋武帝笑了笑说:"你的话提醒了我。"这才任命邓朗担任郎中。

吴国杀死侍中韦昭。

吴国有许多谈论祥瑞的人,吴主向韦昭询问这件事。韦昭说:"这不过是寻常的事物罢了。"韦昭兼任国史,吴主想给自己的父亲作纪,韦昭说:"文皇帝没有登帝王之位,只应当作传。"吴主不高兴。韦昭请求免去官职,吴主不允许。吴主召集群臣饮酒,不管能不能喝,一律以喝七升为限。到韦昭这里,唯独用茶代酒,后来又强逼他饮酒。吴主又经常酒后支使侍臣嘲弄公卿大臣,揭露他们的隐私短处来取乐。但韦昭只在经义方面发难质问公卿而已。吴主因长久以来的怨怒,于是杀了韦昭。

秋七月初一,日食。　晋挑选公卿以下人家的女子补充六宫。

晋武帝下诏,挑选公卿以下人家的女子补充储备六宫,如果有隐藏的人家,以不敬之罪论处。挑选没有完成之前,暂时禁止全国上下的嫁娶之事。公卿之家的女子中选的封为三夫人、九嫔,

二千石、将、校女补良人以下。

九月,吴杀其司市陈声。

吴主爱姬遣人至市夺民物,声绳之以法。吴主怒,假他事烧锯断声头,投其身于四望之下。

甲午(274) 晋泰始十年,吴凤凰三年。

春正月,日食。　晋诏自今不得以妾媵为正嫡。

晋主以近世多由内宠以登后妃,乱尊卑之序,故有是诏。

三月,日食。　晋取良家女入宫。

诏又取良家及小将吏女五千余人入宫选之,母子号哭于宫中,声闻于外。

吴杀其章安侯奋。

吴民间讹言奋当为天子,吴主诛之及其五子。

秋七月,晋后杨氏殂。

初,晋主以太子不慧,恐不堪为嗣,常密以访后。后曰:"立子以长不以贤,岂可动也?"疾笃,恐晋主更立后以危太子,泣而言曰:"叔父骏女芷有德色,愿以备六宫。"晋主许之。

既葬,晋主及群臣除丧,博士陈逵议,以为:"今时所行,汉帝权制。太子无国事,自宜终服。"尚书杜预曰:"古者天子、诸侯三年之丧,始同齐、斩,既葬除服,谅闇以居,心丧终制。故周公不言高宗服丧三年而云谅闇,此服心丧之

俸禄二千石的官员及将、校之女，补充良人以下的位置。

九月，吴主杀死司市陈声。

吴主宠爱的姬妾派人到集市上掠夺百姓的财物，陈声将其绳之以法。吴主勃然大怒，以其他事情为借口，烧红刀锯割断陈声的头颅，把他的尸体扔到四望山下。

甲午（274） 晋泰始十年，吴凤凰三年。

春正月，出现日食。 晋武帝下诏规定从现在起不得以侍妾任正宗的后妃。

晋武帝因为近代以来，时常出现由姬妾登上后妃的位子，乱了尊卑次序的现象，因此下了这个诏书。

三月，出现日食。 晋武帝选取良家女子入宫。

晋武帝下诏，又选取良家及小将吏家的女子五千多人入宫进行挑选，母女在宫中嚎啕大哭，声音响彻宫外。

吴主杀死章安侯孙奋。

吴国民间谣传孙奋将要成为天子，吴主杀了孙奋和他的五个儿子。

秋七月，晋皇后杨氏去世。

当初，晋武帝觉得太子不聪明，担心他不能很好地继承王位，时常秘密拜访皇后商议。皇后说："立太子应立长子而不是凭才德，怎么可以变动呢？"杨皇后病重时，担心晋武帝改立皇后将会危及太子的地位，流着眼泪对晋武帝说："叔父杨骏的女儿杨芷，既有德又有貌，希望陛下选她补充六宫。"武帝答应了。

埋葬了杨皇后之后，晋武帝以及众大臣除去丧服，博士陈逵提议，认为："现在所实行的丧礼，是汉代帝王暂时制定的。太子没有担任国家大事，自然应当穿丧服一直到守丧期满。"尚书杜预说："古时候天子、诸侯守丧三年，开始同样穿齐衰和斩衰，待葬礼结束就除去丧服，守丧而居，在心中悼念，直到服丧期满。因此周公不说高宗服丧三年而只说天子居丧，这就是服心丧的

文也。叔向不讥景王除丧，而讥其宴乐已早，明既葬应除，而违谅闇之节也。君子之于礼，存诸内而已，礼非玉帛之谓，丧岂衰麻之谓乎？太子出则抚军，守则监国，不为无事，宜卒哭除衰麻，而以谅闇终三年。”晋主从之。

晋以山涛为吏部尚书。

涛典选十余年，每一官缺，辄择才资可为者启拟数人，得诏旨所向，然后显奏之。晋主所用，或非举首，众以涛轻重任意为言。晋主益亲爱之。涛甄拔人物，各为题目而奏之，时称“山公启事”。

晋以嵇绍为秘书丞。

绍，康之子也，以父得罪，屏居私门。至是，山涛荐征之，绍欲辞不就。涛谓之曰：“为君思之久矣，天地四时，犹有消息，况于人乎？”绍乃应命。

初，东关之败，文帝问僚属曰：“近日之事，谁任其咎？”安东司马王仪对曰：“责在元帅。”文帝怒曰：“司马欲委罪于孤耶！”斩之。仪子裒痛父非命，隐居教授，三征七辟，皆不就。未尝西向而坐，庐于墓侧，旦夕攀柏悲号，涕泪著树，树为之枯。读《诗》至“哀哀父母，生我劬劳”，未尝不三复流涕，门人为之废《蓼莪》。家贫，计口而田，度身而蚕。人或馈之，不受；助之，不听。诸生密为刈麦，裒辄弃之，遂不仕而终。

制度。叔向不讥讽景王除去丧服，而讥刺他饮宴作乐过早，说明葬礼结束就应当除去丧服，而过早地饮宴作乐，违背了还应服心丧的礼仪。君子对于礼，保存在自己的心里而已，礼并非就是玉帛，丧礼难道就是衰麻之类的丧服吗？太子外出则从军出征，留守国都则在君王外出时代行处理国政，不是没有事情可做，应当在哭别之后，除去丧服，居丧三年。"晋武帝采纳了他的意见。

晋国任命山涛为吏部尚书。

山涛主管选拔官吏十多年了，每当有一个官位空缺，他总是选择几名才能与资历都合适的人禀告晋武帝，得到晋武帝有倾向性的旨意后，才明确地上奏。晋武帝任用的人，有的并不是被推举的人中最好的，众人就认为是山涛凭自己的意思推荐官吏。晋武帝对山涛却更加亲近宠爱。山涛甄别选拔人才，对每个人都进行评论，定出高下然后上奏，当时称之为"山公启事"。

晋国任命嵇绍为秘书丞。

嵇绍是嵇康的儿子，由于父亲获罪，隐居在家。到了这时，山涛推荐任用他，嵇绍想推辞不去就任。山涛对他说："我为你谋划好久了，天地四季，尚且有消有长、互为更替，何况对于人呢？"嵇绍这才接受了任命。

当初，晋在东关战败时，晋文帝问僚属说："最近这件事，谁来承担罪责？"安东司马王仪回答说："责任在元帅。"晋文帝大怒说："司马想把罪过推卸给我吗？"便把他杀了。王仪的儿子王裒为父亲死于非命而悲痛，隐居起来教授生徒，朝廷三次征召七次授职，他都不赴任。从来不曾面向西边的晋国都城洛阳坐过，在父亲的墓旁修建茅庐居住，早晚攀着柏树悲哀号哭，眼泪落到树上，树因此而干枯。读《诗经》读到"可怜父母心，生我多辛劳"，没有不再三流泪的，他的弟子们因此不再讲习《诗经·蓼莪》篇了。王裒家境贫寒，他根据人口食用来耕种，度量着身材养蚕制衣。有人馈赠物品，他不接受；想给予他帮助，他不允许。学生们偷偷地帮他割麦，王裒总是把麦子扔了，他一直到死都没有去做官。

吴大司马、荆州牧陆抗卒。

抗疾病，上疏曰："西陵、建平，国之蕃表，既处上流，受敌二境。若敌泛舟顺流，星奔雷迈，非可恃援他郡以救倒县，此乃社稷安危之机也。臣父逊昔上言：'西陵，国之西门，虽云易守，亦复易失。若有不守，非但失一郡，荆州非吴有也。如其有虞，当倾国争之。'今臣所统见兵，财有数万，羸敝日久，难以待变。臣以为诸王幼冲，无用兵马，及黄门宦官开立占募之人，乞特诏简阅，以补疆埸受敌常处，使臣所部足满八万，并力备御，庶几无虞。臣死之后，乞以西方为属。"及卒，吴主使其子晏、景、玄、机、云分将其兵。机、云皆善属文，名重于世。

初，周鲂之子处，膂力绝人，不修细行，乡里患之。处尝问父老曰："今时和岁丰而人不乐，何耶？"父老叹曰："三害不除，何乐之有？"处曰："何谓也？"曰："南山白额虎，长桥蛟，并子为三矣。"处曰："若所患止此，吾能除之。"乃射虎杀蛟，遂从机、云受学，笃志读书，砥节砺行，比及期年，州府交辟。

晋作河桥。

杜预以孟津渡险，请建河桥于富平津。议者以为："殷、周所都，历圣贤而不作者，必不可立故也。"预固请为之。及桥成，晋主从百僚临会，举觞属预曰："非君，此桥不立。"

吴国大司马、荆州牧陆抗去世。

陆抗病情严重，上书说："西陵、建平，是国家的屏障，地势既处于上流，二郡边境又与敌境接壤。如果敌人泛舟顺流而下，那就如同流星飞逝雷电闪耀一般迅猛，到那时就不可能仰仗其他地区的援助来解救危难了，这是关系到国家安危的关键。我的父亲陆逊曾上书说：'西陵，是国家的西门，虽然说容易防守，但也容易失去。如果守不住的话，就不只是失掉一个郡，连荆州也都不再属于吴国所有了。如果西陵有忧患，就应当竭尽国家的全力去争夺它。'现在我统率着的部队，才有几万人，早已疲惫衰败，很难应付突发事变。我认为诸王年幼，不要给他们配备兵马，另外，对黄门宦官招募的人，我请求特别下诏进行清查，凡清查出来的人，全都补充到边境地区经常与敌人冲突的地方，以使我所统领的军队，可以达到八万人，集中力量准备防御，这样也许可以没有忧患。我死之后，请特别留意西部边境。"等陆抗死后，吴主让陆抗的儿子陆晏、陆景、陆玄、陆机、陆云分别统领陆抗的军队。陆机、陆云都擅长写文章，在当时都极其有名。

起初，周鲂的儿子周处，体力超人，不拘小节，乡里百姓认为他是个祸害。周处曾经问乡里的老人说："如今四季谐调，又是丰收之年，而人们不快乐，这是为什么呢？"老人叹息说："三害不除掉，哪里会有快乐？"周处说："是哪三害？"老人说："南山的白额虎，长桥的蛟龙，加上你就是三害了。"周处说："如果所忧虑的只是这三害，那我能够将它们除掉。"于是射死老虎，杀死蛟龙，然后跟随陆机、陆云学习，专心致志地读书，磨砺名节德行，过了一年，州郡的官府争相征召他。

晋国修建黄河桥。

杜预认为孟津渡口险要，请求在富平津建造一座黄河桥。评议的人认为："殷、周时期在黄河边上建都，但是经历了圣主贤人的时代而没有造桥，必定有不能建桥的缘故。"杜预坚持请求建造一座桥。等到桥建成后，晋武帝带着文武百官一同光临集会，他举起酒杯敬杜预说："如果不是你，这座桥就建不起来。"

对曰:“非陛下之明,臣亦无所施其巧。”

晋邵陵公曹芳卒。

谥曰厉。初,芳之废也,太宰中郎陈留范粲素服拜送,哀动左右。遂称疾,阳狂不言,寝所乘车,足不履地。子孙有婚宦大事,辄密谘焉,合者则色无变,不合则眠寝不安。子乔等侍疾家廷,足不出邑里。及晋代魏,诏以二千石禄养病,加赐帛百匹。乔以父疾笃,辞不敢受。粲不言凡三十六年,年八十四,终于所寝之车。

吴比三年大疫。

乙未(275) 晋咸宁元年,吴天册元年。

春正月,吴杀其中书令贺邵。

邵中风不能言,吴主疑其诈,收掠千数,卒无一语,乃烧锯断其头,徙其家于临海。

夏六月,索头遣子入贡于晋。

索头拓跋力微,复遣其子沙漠汗入贡于晋。将还,幽州刺史卫瓘表留之,又密赂其诸部大人离间之。

秋七月晦,日食。　冬,晋追尊祖宗庙。

宣帝为高祖,景帝为世宗,文帝为太祖。

晋大疫。

丙申(276) 晋咸宁二年,吴天玺元年。

春,晋徙河南尹夏侯和为光禄勋。

杜预回答说："如果不是陛下的圣明，我也没有机会施展我的技巧。"

晋邵陵公曹芳去世。

谥号曰厉。当初，曹芳被废时，太宰中郎、陈留人范粲，身穿白色的衣服为他送行，哀伤之情感动了身边的人。从此以后，范粲就声称有病，装疯不说话，睡在自己乘坐的车上，脚不踩地。子孙当中如果有结婚、做官的大事，总是秘密地去询问他，他如果同意，脸色就没有变化；如果不同意，睡卧就不安稳。他的儿子范乔等在家里侍奉他的疾病，没有离开过所居住的地区。等到晋国取代魏国，晋武帝下诏给范粲二千石俸禄让他养病，又赐给他一百匹帛。范乔因为父亲病重的缘故，推辞不敢接受。范粲总共三十六年没说话，终年八十四岁，死在他睡卧的车子上。

吴国接连三年大瘟疫。

乙未(275)　晋咸宁元年，吴天册元年。

春正月，吴国杀死中书令贺邵。

贺邵患中风病不能说话，吴主怀疑他装病，将他逮捕起来，拷打了上千次，贺邵始终没说一句话，吴主于是烧红刀锯割断了他的头，把他的家属放逐到临海。

夏六月，索头派遣儿子向晋国进献贡品。

索头拓跋力微，又派他的儿子沙漠汗到晋国进献贡品。沙漠汗将要返回时，幽州刺史卫瓘上表请求把他留下来，又秘密贿赂索头各部落的首领，离间他们与沙漠汗之间的关系。

秋七月最后一天，出现日食。　冬季，晋国追尊祖先的庙号。

宣帝司马懿庙号为高祖，景帝司马师庙号为世宗，文帝司马昭庙号为太祖。

晋国流行大瘟疫。

丙申(276)　晋咸宁二年，吴天玺元年。

春季，晋国提拔河南尹夏侯和担任光禄勋。

晋主得疾甚剧，及愈，群臣上寿。诏曰："每念疫死者，为之怆然。岂以一身之休息，而忘百姓耶！"诸上礼者，皆绝之。

初，文帝临终，为晋主叙淮南王、陈思王事而泣，执齐王攸手以授之。太后临终，亦流涕谓晋主曰："桃符性急，而汝为兄不慈，恐不能相容，以是属汝，勿忘我言。"及是疾甚，朝野皆属意于攸。攸妃，贾充长女也。河南尹夏侯和谓充曰："卿二婿，亲疏等耳。立人当立德。"充不答。攸素恶荀勖、冯紞倾谄，至是勖使紞说晋主曰："陛下前日疾若不愈，齐王为公卿百姓所归，太子虽欲高让，其得免乎！宜遣还藩。"晋主阴纳之，乃徙和为光禄勋，夺充兵权，而位遇无替。

秋八月，吴临平湖开，石印封发。

吴人或言于吴主曰："临平湖自汉末葳塞，长老言：'湖塞天下乱，湖开天下平。'近者无故忽开，此天下当太平，青盖入洛之祥也。"吴主以问都尉陈训，对曰："臣止能望气，不能达湖之开塞。"退而告其友曰："青盖入洛者，衔璧之事也。"

初吴人掘地得银尺，上有刻文，吴主因改元天册。至是，或献小石刻"皇帝"字，又改元天玺。八月，历阳长又上言："历阳山石印封发，俗谓当太平。"吴主遣使者祠之。使者作高梯登其上，以朱书石。还以闻，吴主大喜，封其山神为王，

晋武帝患病非常严重，等他痊愈后，大臣们为他祝寿。晋武帝下诏说："每当我想起患瘟疫而死的人，就为他们悲伤。我怎能因为个人的平安，而忘了百姓呢?"于是，前来祝寿的人都遭到了拒绝。

起初，晋文帝临死的时候，给晋武帝讲述汉代淮南王、魏陈思王的故事，并流着眼泪，拉着齐王司马攸的手，放到晋武帝的手上。太后临死的时候，也流着眼泪对晋武帝说："桃符(司马攸的小名)性情急躁，而你这做哥哥的又不慈爱，我担心你容不下他，因此嘱咐你，不要忘记我的话。"到这时，晋武帝病得很重，朝野上下都心向司马攸。司马攸的妃子，是贾充的长女。河南尹夏侯和对贾充说："您的两位女婿，与皇帝的亲疏是相同的。立人应当立有德之人。"贾充不回答。司马攸平素就讨厌荀勖、冯𬘘逢迎谄媚，到晋武帝病愈后，荀勖让冯𬘘对晋武帝说："陛下前几天的病如果不能痊愈，齐王就成了公卿百姓所归心的人，太子即使想谦让，难道能免除灾祸吗！应当遣送齐王返回他的封国。"晋武帝暗中采纳了冯𬘘的意见，于是提升河南尹夏侯和担任光禄勋，削夺贾充的兵权，但是地位和待遇没变。

秋八月，吴国临平湖开通，石印显露。

吴国有人对吴主说："临平湖自从汉末以来就荒芜阻塞，老人们说：'湖塞天下乱，湖开天下平。'近来临平湖无缘无故忽然开通了，这是天下将要太平，青色车盖进入洛阳的吉祥征兆。"吴主向都尉陈训询问这件事，陈训回答说："我只能望云气，不能通晓湖水开通或阻塞的玄妙。"陈训退下来告诉他的朋友说："青色车盖进入洛阳，说的是国君战败表示投降的事。"

当初吴人挖地挖出一把银尺，上面刻有文字，吴主因此改年号为天册。到了这时，有人献上小石头，上面刻有"皇帝"字样，吴主又改年号为天玺。八月，历阳长官又上报说："历阳山上的石印显露，民间流传说天下应当太平。"吴主派使者去祭祀石印。使者造了很高的梯子登上历阳山，用朱红色在石头上书写。使者返回来禀告吴主，吴主十分高兴，封历阳山的山神为王，

又改明年元曰天纪。

吴杀其郡守张咏、车浚、尚书熊睦。

咏为湘东太守，不出算缗，吴主斩之，徇首诸郡。浚为会稽太守，公清有政绩，值郡旱饥，表求振贷，吴主以为收私恩，遣使枭首。睦微有所谏，吴主以刀镮撞杀之，身无完肌。

冬十月，晋加羊祜征南大将军。

祜上疏请伐吴，曰："期运虽天所授，而功业必因人而成。不一大举扫灭，则兵役无时得息也。夫谋之虽多，决之欲独。凡以险阻得全者，谓其势均力敌耳。若轻重不齐，强弱异势，虽有险阻，不可保也。蜀之为国，皆云一夫荷戟，千人莫当。及进兵之日，曾无藩篱之限，乘胜席卷，径至成都，汉中诸城，皆鸟栖而不敢出，诚以力不足以相抗也。今江、淮之险不如剑阁，孙皓之暴过于刘禅，吴人之困甚于巴蜀，而大晋兵力盛于往时，而不于此际平一四海，而更阻兵相守，使天下困于征戍，经历盛衰，不可长久也。今若引梁、益之兵水陆俱下，荆、楚之众进临江陵，平南、豫州直指夏口，徐、扬、青、兖并会秣陵。以一隅之吴当天下之众，势分形散，所备皆急。一处倾坏，则上下震动，虽有智者不能为吴谋矣。吴缘江为国，东西数千里，所敌者大，无有宁息。孙皓恣虐，将疑士困，平日犹怀去就，兵临必有应者。

又把第二年的年号改为天纪。

吴国杀死郡守张咏、车浚、尚书熊睦。

张咏任湘东太守，不上缴赋税，吴主杀了他，把他的首级在各郡示众。车浚任会稽太守，公正清廉颇有政绩。适逢会稽郡大旱饥荒，车浚上表请求赈济，吴主认为他是想收取私人的恩惠，派人杀了他，把头悬挂在木头上示众。尚书熊睦稍微劝谏吴主，吴主就用刀柄上的铁环把他砸死，身上的皮肉没有一处是完好的。

冬十月，晋朝任命羊祜为征南大将军。

羊祜上书请求讨伐吴国，说："运数虽然是由上天授予的，而功业却必须靠人来成就。如果不一次大规模出兵将敌人消灭干净，那么兵役就没有停息的时候。谋略虽然很多，也需要独自决断。凡是依靠险阻得到保全的，是指与敌人势均力敌的形势。如果轻重不等，势力强弱不同，即使有险阻，也不能保全。蜀作为一个国家，人们都说是一夫当关，千夫莫开。到了我军进军之时，却不曾受到任何阻碍，我军乘胜席卷，直抵成都，汉中各城，都像栖息之鸟不敢出动，这实在是因为他们的力量不足以相抗衡。如今长江、淮河的险峻不如蜀之剑阁，孙皓的残暴超过了刘禅，吴人的困苦胜过巴蜀，而大晋的兵力比以往强盛，如果不在此时平定统一四海，却还要依靠军队坚守，使天下人为远征而疲困，将士们经历盛年而到老迈，这样下去国家是不会长久的。现在如果率领梁州和益州的军队沿水路、陆路齐下，荆州、楚郡的大军进逼江陵，平南、豫州的军队直奔夏口，徐州、扬州、青州、兖州各路军队在秣陵会合。这样的话，吴国凭借一隅之地抵挡天下之众，势必会分散兵备防守，所有守备之处都形势危急。只要有一处被摧毁，就会引起上下震动，即使再足智多谋的人也不能为吴国谋划了。吴国沿着长江建立了国家，从东到西边界有几千里长，与敌相对的地方过于广大，所以没有安宁。孙皓放纵任性，暴虐残忍，将官疑虑不安，兵士困顿疲惫，在平常的日子里都还有离异之心，一旦大军逼近必有人倒戈响应。

兼其俗急速不能持久，弓弩戟楯不如中国，唯有水战是其所便。一入其境，则长江非复所保，还趣城池，去长入短，非吾敌也。”晋主深纳之。议者多有不同，贾充、荀勖、冯𬘘尤以为不可。祜叹曰：“天下不如意事十常居七八。天与不取，岂非更事者恨于后时哉！”唯杜预及中书令张华与晋主意合，赞成其计。

晋立后杨氏，以后父骏为车骑将军。

晋主初聘后，后叔父珧上表曰：“自古一门二后，未有能全其宗者，乞藏此表于宗庙，异日得以免祸。”晋主许之。

竟立后，而以骏为将军，封侯。尚书褚䂮、郭奕皆表骏小器，不可任社稷之重。晋主不从。骏骄傲自得，镇军胡奋谓曰：“卿恃女更益豪耶！历观前世，与天家婚，未有不灭门者，但早晚事耳。”

丁酉（277） 晋咸宁三年，吴天纪元年。

春正月朔，日食。 三月，晋讨树机能，破之，降诸胡二十万口。 秋七月，有星孛于紫宫。 晋诏遣诸王就国，封功臣为公侯。

卫将军杨珧等建议，以为：“古者封建诸侯，所以藩卫王室；今诸王公皆在京师，非扞城之义。又，异姓诸将居边，宜参以亲戚。”晋主乃诏诸王各以户邑多少为三等，大国置三军五千人，次国二军三千人，小国一军一千一百人。

加上吴人的习性一贯急速而不能持久，他们运用弓弩戟楯作战不如中原地区的士兵擅长，只有水战是他们的优势。一旦我军攻入吴国境内，那么长江就不再是他们所要保住的，等他们急速退回城池防守，抛弃了长处而拾起短处，就不是我军的对手了。”晋武帝深表赞同，采纳了羊祜的意见。参与朝议的人大多不同意羊祜的意见，贾充、荀勖、冯紞尤其认为不能攻打吴国。羊祜叹息道：“天下不如意的事情常占十之七八。上天赐予时机人们却不获取，这岂不是要使经历这些事的人事后懊悔不迭吗！”只有杜预和中书令张华与晋武帝意见相合，赞成羊祜的计谋。

晋武帝立杨氏为皇后，任命皇后的父亲杨骏为车骑将军。

晋武帝当初和皇后订婚的时候，皇后的叔父杨珧上表说：“自古以来，一个门里出两位皇后，没有能够保全她们的宗族的，我请求把我的这份奏表藏到宗庙里，如果有一天我的话应验了，我能因此免去灾祸。”晋武帝答应了他。

最终立杨氏为皇后，并任命皇后的父亲杨骏为车骑将军，封为侯。尚书褚䂮、郭奕都上表说杨骏气量狭小，不可担任国家重任。晋武帝不听。杨骏十分骄傲，自以为得意，镇军胡奋对杨骏说：“你仗着女儿做皇后越来越强横了！历观前代，凡与帝王之家通婚的，没有不遭灭门之祸的，只不过早晚的事罢了。”

丁酉（277） 晋咸宁三年，吴天纪元年。

春正月初一，出现日食。　三月，晋军征讨秃发树机能，将其打败，胡人各部落共二十万人归降晋国。　秋七月，有彗星出现在紫宫星座。　晋武帝下诏书遣返诸王回各自的封国，封功臣为公侯。

卫将军杨珧等建议，认为：“古时候分封诸侯，是为了护卫王室；如今诸位王公都在京师，不再具有保卫的意义。另外，异姓将领们住在边境，应让皇室亲戚加入。”晋武帝就下诏，将诸王各自根据户邑多少分三等，大的封国设三军共五千人，次等封国设二军共三千人，小的封国设一军一千一百人。

诸王为都督者，各徙其国使相近。八月，徙亮为汝南王，督豫州；伦为赵王，督邺城；辅为太原王，监并州；伷在徐州，徙封琅邪；骏在关中，徙封扶风；又徙颙为河间王，柬为南阳王。其无官者皆遣就国。诸王公恋京师，皆涕泣而去。又封皇子玮、允、该、遐皆为王。其异姓之臣有大功者，皆封郡公、郡侯。

羊祜封南城郡侯，固辞不受。祜每拜官爵，多避让，至心素著，故特见申于分列之外。历事二世，职典枢要。凡谋议皆焚其草，世莫得闻。所进达之人皆不知所由。常曰："拜官公朝，谢恩私门，吾所不取也。"

晋大水。　冬十二月，吴人袭晋江夏、汝南，大略而还。

吴人袭晋江夏、汝南，略千余家。晋主遣侍臣诘羊祜不追讨之意，并欲移荆州。祜曰："江夏去襄阳八百里，比知贼问，去已经日，步军安能追之？劳师以免责，非臣志也。昔魏武帝置都督，类皆与州相近，以兵势好合恶离故也。疆埸之间，一彼一此，慎守而已。若辄徙州，贼出无常，亦未知州之所宜据也。"

吴司直中郎将张俶伏诛。

吴主以俶多所谮白，甚见宠任。俶表置弹曲二十人，专纠司不法，于是吏民各以爱憎互相告讦，狱犴盈溢。至

诸王中任都督的，调换各自的封国使他们靠近任所。八月，调扶风王司马亮为汝南王，都督豫州诸军事；调琅邪王司马伦为赵王，统领邺城的防守事务；调勃海王司马辅为太原王，监察并州各项军事事务；东莞王司马伷在徐州，被封为琅邪王；汝阴王司马骏在关中，被封为扶风王；又调太原王司马颙为河间王，汝南王司马柬为南阳王。诸王中不担任官职的，都让他们回到各自的封国。各位王公留恋京师，都流着眼泪离开了。晋国又封皇子司马玮、司马允、司马该、司马遐都为王。那些异姓大臣中立过大功的人，都被封为郡公或郡侯。

羊祜被封为南城郡侯，坚决推辞不接受。羊祜每次被授予官职和爵位时，常常回避推让，他的至诚之心一向显著，所以他被特别允许不接受分封官爵。羊祜事奉了两代帝王，一直掌管重要的部门。凡是他参与谋划和商议的事情，他都把草稿烧掉，世人无从知晓。由羊祜推举而做了高官的人，都不知道自己是谁推荐的。羊祜常常说："在朝廷被授予官职，却让别人私下里向你谢恩，这样的事我是不会做的。"

晋国洪水泛滥。　冬十二月，吴人袭击晋国江夏、汝南，大肆掠夺而回。

吴人袭击晋国江夏、汝南，掠夺了一千多家。晋武帝派身边的大臣责问羊祜不追击讨伐的原因，晋武帝还准备迁徙荆州。羊祜说："江夏距离襄阳八百里，等知道了敌人来犯的消息，敌人已经离开几天了，步兵怎么能追上呢？劳师动众来使自己免遭责备，这不是我的主张。从前魏武帝设置都督，大抵都与州相接近，这是因为喜欢兵力集中而厌恶兵力分散的缘故。边境之间，一彼一此，只不过是谨慎防守罢了。如果总是迁州，敌人出没无常，也不知把州设在哪里才合适。"

吴国司直中郎将张俶被处死。

吴主因为张俶经常进谗言，很宠爱信任他。张俶上表请求设置弹曲二十人，专门负责纠察各种不法行为，于是官吏百姓各自凭着自己的爱憎互相告发检举，监狱里顿时人满为患。到了

是，俶奸利事发，车裂之。

索头拓跋力微死。

卫瓘遣拓跋沙漠汗归国，诸部大人共谮而杀之。力微以忧卒，时年一百四。子悉禄官立，其国遂衰。

初，幽、并二州皆与鲜卑接，东有务桓，西有力微，多为边患。瓘密以计间之，务桓降而力微死。朝廷嘉瓘功，封其弟为亭侯。

戊戌（278） 晋咸宁四年，吴天纪二年。

春正月朔，日食。　夏六月，晋羊祜入朝。

祜以病求入朝，既至，晋主命乘辇入殿，不拜而坐。祜面陈伐吴之计，晋主善之。以祜病，不宜数入，更遣张华就问筹策。祜曰："孙皓暴虐已甚，于今可不战而克。若皓没，更立令主，虽有百万之众，长江未可窥也。"华深然之。祜曰："成吾志者，子也。"晋主欲使祜卧护诸将，祜曰："取吴不必臣行，但既平之后，当劳圣虑耳。功名之际，臣不敢居。若事了，当有所付授，愿审择其人也。"

秋，晋大水，螟。

诏以水灾问主者："何以佐百姓？"杜预上疏以为："今者水灾，东南尤剧，宜敕兖、豫等州留汉氏旧陂以蓄水，余皆决沥，令饥者得鱼菜螺蜯之饶，此目下日给之益也。水去之后，填淤之田，亩收数钟，此又明年之益也。典牧

这时，张俶因以不法手段谋私利的事败露，被判车裂酷刑。

索头拓跋力微忧愤而死。

卫瓘遣返拓跋沙漠汗回国，各部落的首领共同诬陷并杀了他。拓跋力微由于忧虑而死去，死时一百零四岁。他的儿子拓跋悉禄继位，他们的国家从此就衰落了。

当初，幽州、并州都和鲜卑接壤，东边有拓跋务桓，西边有拓跋力微，经常骚扰边境，酿成祸患。卫瓘秘密地用计谋离间鲜卑各部，使得拓跋务桓投降晋国而拓跋力微死去。朝廷嘉奖卫瓘的功劳，封卫瓘的弟弟为亭侯。

戊戌（278） 晋咸宁四年，吴天纪二年。

春正月初一，出现日食。　夏六月，晋国羊祜入朝。

羊祜因病请求入朝，到朝廷以后，晋武帝让他乘坐车子上殿，不行跪拜的礼节就坐下。羊祜向晋武帝当面陈述讨伐吴国的计策，晋武帝赞赏他的主张。因为羊祜病重，不适宜一次次入朝拜见，晋武帝便改派张华向羊祜询问伐吴的策略，羊祜说："孙皓的暴虐已经到了极点，如今我们一旦行动可以不战而胜。如果孙皓死后，吴国再立一位贤明的君主，那么我们即使有百万之众，长江也不是我们可以窥伺的了。"张华深感他的话有理。羊祜说："实现我的志向的人，就是你。"晋武帝打算让羊祜躺在车上统领各路大军，羊祜说："夺取吴国不一定要我去，只是平定吴国之后，应会劳累您圣明的思虑了。我不敢居于功名之中。如果战事结束，应当委派官员去镇抚时，希望您慎重选择合适的人。"

秋季，晋国洪水泛滥，螟虫成灾。

晋武帝下诏就洪水泛滥之事询问主管官吏："用什么来帮助老百姓呢？"杜预上书认为："当前的水灾，以东南地区尤其严重，应当下令兖、豫等州，保住汉代修建的旧池塘用来蓄水，其余的都挖开把水引走，让饥饿的人能得到丰足的鱼菜螺蚌充饥，这是眼下每天能给予的好处。等大水退后，淤泥的田地，每亩收获几钟粮食，这又是明年能得到的好处。典牧官掌管着

种牛有四万五千余头，可给民使耕种，责其租税，此又数年以后之益也。”晋主从之，民赖其利。预在尚书七年，损益庶政，不可胜数，时人谓之“杜武库”，言其无所不有也。

吴杀其中书令张尚。

吴主忌胜己者，尚为人辩捷，谈论每出其表，吴主积以致恨。后问：“孤饮酒可以方谁？”尚曰：“陛下有百觚之量。”吴主曰：“尚知孔丘不王，而以孤方之。”因发怒，杀之。

冬，晋以卫瓘为尚书令。

是时，朝野咸知太子昏愚，不堪为嗣，瓘欲启而不敢。会侍宴凌云台，瓘阳醉，跪晋主前，欲言而止者三，因以手扶床曰：“此座可惜。”晋主意悟，因谬曰：“公真大醉耶！”遂悉召东宫官宴，而密封尚书疑事，令太子决之。贾妃大惧，倩外人代对，多引古义。给使张泓曰：“太子不学，陛下所知，不如直以意对。”妃喜，谓泓曰：“便为我好答，富贵与汝共之。”泓即具草，令太子自写，晋主省之甚悦。先以示瓘，瓘大踧踖，众人乃知瓘尝有言也。贾充密遣人语妃云：“卫瓘老奴，几破汝家。”

吴人大佃皖城，晋人攻破之。

吴人大佃皖城，谋寇晋边。晋都督扬州军事王浑，遣兵攻破之，斩首五千级，焚其积谷百八十余万斛，践稻苗四千余顷，毁船六百余艘。

四万五千多头种牛，可以把这些牛分给百姓耕田种地，再向老百姓索取租税，这又是几年以后可以得到的好处。”晋武帝听从了杜预的意见，老百姓因此获得了利益。杜预担任尚书七年，经他增删修改的各种政务，数不胜数，当时人称他为“杜武库”，意思是说他富有各种各样的才能。

吴主杀死中书令张尚。

吴主忌妒才能比他强的人，张尚口齿伶俐、能言善辩，谈论起来往往出人意料，吴主由此积累下了对他的憎恨。后来有一次吴主问张尚：“我喝酒可以和谁相比？”张尚说：“陛下有一百觚的酒量。”吴主说：“张尚明明知道孔丘没有做君主，却拿我和孔丘相比。”因此勃然大怒，杀了张尚。

冬季，晋国任命卫瓘为尚书令。

这时，朝廷上下都知道太子昏庸愚蠢，不能担负起继承王位的重任，卫瓘每次想向晋武帝陈说此事却不敢开口。后来，适逢在凌云台陪晋武帝宴饮，卫瓘假装喝醉了酒，跪在晋武帝的面前，做出欲言又止的样子，一共三次，趁势用手扶着床说：“这个座位可惜了。”晋武帝悟出了他的意思，便将错就错道：“你真是大醉了！”于是晋武帝把东宫的官吏全都召集起来宴饮，而把尚书犹疑不决的事情密封起来，让太子来决断。贾妃听到这个消息非常害怕，就借助外人代替太子回答问题，引用了很多古义。给使张泓说：“太子不学习，是陛下知道的，不如直接用意思来回答问题。”贾妃听后很高兴，对张泓说：“你这就给我好好地回答，我和你共享富贵。”张泓马上动手起草，让太子亲自抄写下来，晋武帝看后非常高兴。先拿给卫瓘看，卫瓘很是局促不安，众人这才知道卫瓘曾经说过有关太子的话。贾充暗地里派人告诉贾妃说：“卫瓘这个老奴才，几乎破坏了你的家。”

吴人在皖城大规模屯田，晋人攻破皖城。

吴人在皖城大规模屯田，打算进犯晋国边境。晋国都督扬州军事王浑，派兵攻破皖城，斩首五千级，焚烧储存的粮谷一百八十多万斛，践踏稻苗四千多顷，毁坏船只六百余艘。

十一月，晋诏毋得献奇技异服。

晋太医司马程据献雉头裘，晋主焚之于殿前，因有是诏。

晋以杜预为镇南大将军，督荆州军事。钜平侯羊祜卒。

祜疾笃，举预自代而卒。晋主哭之甚哀。祜遗令不得以南城侯印入柩。晋主曰："祜固让历年，身没让存。今听复本封，以彰高美。"谥曰成。南州民闻祜卒，罢市巷哭；吴守边将士亦为之泣。祜好游岘山，襄阳人建碑立庙于其地，岁时祭祀，望其碑者无不流涕，因谓之堕泪碑。

预至镇，简精锐，袭吴西陵督张政，大破之。政，吴之名将也，耻败，不以实告吴主。预欲间之，乃表还其所获。吴主果召政还，遣留宪代之。

晋司空何曾卒。

曾厚自奉养，过于人主。司隶刘毅数劾之，晋主不问。及卒，博士秦秀议曰："曾骄奢过度，名被九域。若生极其情，死又无贬，王公贵人复何畏哉！谨按《谥法》：'名与实爽曰缪，怙乱肆行曰丑。'宜谥缪丑公。"晋主策谥曰孝。

晋清泉侯傅玄卒。

玄性峻急，为司隶每有奏劾。或值日暮，捧白简，整簪带，竦踊不寐，坐而待旦。由是贵游震慑，台阁生风。卒谥

十一月，晋武帝下诏不准进献奇特的技艺和怪异的服装。

晋国太医司马程据献上用雉鸡头上的羽毛制成的裘衣，晋武帝在殿前把它烧了，因此颁布了这个诏书。

晋国任命杜预为镇南大将军，都督荆州诸军事。钜平侯羊祜去世。

羊祜病重，推举杜预接替他，然后去世了。晋武帝哭得非常哀痛。羊祜留下遗言，不准把南城侯印放入棺木。晋武帝说："羊祜坚持谦让很多年了，人已去世而谦让的美德犹存。现在就听从他的意见，恢复他原来的封号，以表彰他崇高的美德。"谥号曰成。南州的百姓听到羊祜去世的消息，为之罢市，聚集在里巷内痛哭；就连吴国守边的将士也为羊祜的死而流泪。羊祜喜欢游览岘山，襄阳的百姓就在岘山上为他建碑立庙，每年定期祭祀，看到他的碑的人无不痛哭流涕，因此人们称这座碑为堕泪碑。

杜预到任后，挑选精锐的部队，袭击吴国西陵都督张政，大败张政的部队。张政，是吴国的名将，对打了败仗感到羞耻，因此没有把实情告诉吴主。杜预想离间他们，于是把在战斗中缴获的东西全都公开送还吴国。吴主果然召回了张政，派遣留宪接替了他。

晋国司空何曾去世。

何曾自己生活十分奢侈，超过了君主。司隶刘毅多次弹劾他，晋武帝都没有过问。等到何曾死后，博士秦秀议论说："何曾骄奢过度，名声传遍了九州。如果活着的时候极尽所欲，死了以后又不受贬抑，那么王公贵人还有什么可畏惧的呢？根据《谥法》：'名与实相违背叫缪，乘乱取利、恣意妄为叫丑。'应当给何曾定谥号叫缪丑公。"晋武帝颁布策书赐何曾谥号曰孝。

晋国清泉侯傅玄去世。

傅玄性情严厉急躁，任司隶时，常常向皇帝上奏弹劾官吏的罪行。有时写完正值日暮时分，傅玄就手捧着白简，整理好上朝用的簪子、衣带，心情激动不能入睡，就坐着等待天亮。因此王公贵族震动畏惧，而台阁长官却意气风发。傅玄去世后赐赠谥号

曰刚。玄与尚书左丞崔洪善，洪亦清厉骨鲠，好面折人过，而退无后言，人以是重之。

己亥(279) 晋咸宁五年，吴天纪三年。

春正月，树机能陷晋凉州，晋遣将军马隆讨之。

初，树机能久为边患，仆射李憙请发兵讨之。朝议皆以为出兵重事，虏不足忧。至是，陷凉州，晋主临朝而叹曰："谁能为我讨此虏者？"司马督马隆进曰："陛下能任臣，臣能平之。"晋主曰："必能平贼，何为不任？顾方略何如耳？"隆曰："臣愿募勇士三千人，无问所从来，帅之以西，虏不足平也。"晋主许之，以为讨虏将军、武威太守。隆募能引弓四钧、挽弩九石者取之。立标简试，自旦至日中，得三千五百人。隆曰："足矣。"又请自至武库选仗，御史劾之，晋主命惟隆所取，仍给三年军资而遣之。

晋以匈奴刘渊为左部帅。

渊，豹之子也，幼而儁异。师事上党崔游，博习经史。尝谓同门生曰："吾常耻随、陆无武，绛、灌无文。随、陆遇高帝而不能建封侯之业，绛、灌遇文帝而不能兴庠序之教，岂不惜哉？"于是兼学武事。及长，猿臂善射，膂力过人，姿貌魁伟。为任子在洛阳，王浑及其子济皆重之，屡荐于晋主。晋主召与语，悦之。济曰："渊有文武长才，陛下任以东南之事，吴不足平也。"孔恂、杨珧曰："非我族类，其心必

为刚。傅玄同尚书左丞崔洪友好，崔洪也是清廉严厉耿直之人，喜好当面指责别人的过错，但不在背后议论别人，人们因此尊重他。

己亥（279） 晋咸宁五年，吴天纪三年。

春正月，树机能攻陷晋国凉州，晋国派遣将军马隆征讨树机能。

起初，树机能长久以来一直是边境地区的祸患，仆射李憙请求派兵征讨树机能。朝廷议事时，大家都认为出兵是件大事，而树机能还不足以令人担忧。到了这时，树机能攻陷了凉州，晋武帝在朝廷上叹息道："谁能为我讨伐此虏？"司马督马隆上前说："陛下如果能任用我，我能平定树机能。"晋武帝说："如果你一定能平定叛贼，我为什么不任用你呢？只是你的策略是什么呢？"马隆说："我准备招募三千名勇士，不问他们是从哪里来的，统率他们西征，一个树机能简直不够我打的。"晋武帝同意了他的想法，任命他为讨虏将军、武威太守。马隆招募能拉开四钧弓、牵引相当于九石的弩的人。他立下标准考试挑选，从早晨到中午，招募了三千五百人。马隆说："足够了。"又请求亲自到武器库里去挑选兵器，御史揭发马隆的罪状，晋武帝下令允许马隆到武器库任意挑选兵器，仍然供给他三年的军用物资，然后就派他出发。

晋国任命匈奴人刘渊为左部帅。

刘渊，是刘豹的儿子，年幼时就很杰出。他拜上党人崔游为师，广泛地学习经史。他曾经对同门的学生说："我常常为随何、陆贾没有武功，绛侯、灌婴没有文才而感到羞耻。随何、陆贾遇到了汉高帝却不能建立封侯的功业，绛侯、灌婴遇到了汉文帝却不能振兴教育事业，这难道不可惜吗？"于是他在学习经史时也兼学武功。等长大以后，像猿臂一样善于射箭，体力超人，身材相貌魁梧壮伟。作为人质留在了洛阳，王浑与儿子王济都很器重刘渊，多次向晋武帝推荐。晋武帝召他与他交谈，很喜欢他。王济说："刘渊有文才武略，陛下把东南的事情交付于他，连吴国都不够他平定。"孔恂、杨珧说："刘渊不是我们民族的人，他的心必然

异。渊才器诚少比，然不可重任也。”及凉州覆没，晋主问将于李憙，对曰：“陛下诚能发匈奴五部之众，假渊一将军之号，使将之而西，树机能之首可指日而枭也。”恂曰：“渊果枭树机能，则凉州之患方更深耳。”晋主乃止。

东莱王弥家世二千石，弥有学术勇略，善骑射，青州人谓之“飞豹”，然喜任侠。处士陈留董养见而谓之曰：“君好乱乐祸，若天下有事，不作士大夫矣。”渊与弥友善，谓弥曰：“王、李以乡曲见知，每相称荐，适足为吾患耳。”因歔欷流涕。齐王攸闻之，言于晋主曰：“陛下不除刘渊，臣恐并州不得久安。”王浑曰：“大晋方以信怀殊俗，奈何以无形之疑杀人侍子乎？何德度之不弘也！”晋主然之。会豹卒，以渊代为左部帅。

冬十一月，晋大举兵分道伐吴。

吴主每宴群臣，咸令沉醉。又置黄门郎十人为司过，宴罢之后，各奏阙失，或剥人面，或凿人眼。由是上下离心，莫为尽力。

王濬上疏曰：“孙皓荒淫凶逆，宜速征伐。若皓死，更立贤王，则强敌也。臣作船七年，日有朽败；臣年七十，死亡无日。三者一乖，则难图矣。愿陛下无失事机。”晋主于是

与我们不同。刘渊的才能器量确实很少有人能比，但是不能委以重任。”等凉州陷落以后，晋武帝询问李憙谁能担当解救凉州的将领，李憙回答说：“陛下如果真能把匈奴五个部落的人都发动起来，给刘渊一个将军的名号，让他率领匈奴向西征讨，那么树机能的脑袋割下来示众就可指日而待了。”孔恂说：“刘渊要是真斩下树机能的头示众，那么凉州的祸患会更深啊！”武帝这才没有任用刘渊。

东莱人王弥的家世袭二千石俸禄，王弥有学问，勇敢而有谋略，擅长骑马射箭，青州人叫他“飞豹”，然而他负气仗义，喜欢打抱不平。隐士陈留人董养看到他，对他说：“你喜好动乱和灾祸，如果天下大乱，你就不当士大夫了。”刘渊和王弥友善，对王弥说：“王浑和李憙因为与我是同乡所以了解我，他们时常向武帝推举我，这却正是我的忧虑所在。”说着便流下眼泪，哽咽不已。齐王司马攸听说这事后，对晋武帝说：“陛下如果不除掉刘渊，我担心并州不能长久安宁。”王浑说：“大晋正要以信义来安抚异邦，为什么要因为无形的怀疑而杀死人家入侍皇帝的儿子呢？为什么气度就不能宽宏大量一些呢？”晋武帝认为王浑说得对。适逢刘豹去世，任命刘渊继位担任左部帅。

冬十一月，晋国大规模出兵分道征讨吴国。

吴主每次设宴款待群臣，都要把他们灌醉。他还设置了十个黄门郎，负责搜集大臣们的过失，每次宴会结束之后，这十个人就各自向吴主上奏大臣们的过失，因此，有的大臣被剥下脸上的皮，有的被挖去眼睛。由此朝廷上下人心相离，没有人为吴主尽力。

王濬上书说：“孙皓荒淫残暴无道，应当迅速征讨他。如果孙皓死了，吴国重新立一个贤明的君主，那么吴国就成为我们的强敌了。我造船已经七年了，每天都有船因腐朽而烂掉；我年已七十，活不了几天了。这三点只要有一点不协调，那么攻取吴国的大事就难以实现。希望陛下不要失去机会。”晋武帝于是

决意伐吴。会王浑言孙皓欲北上，边戍皆戒严，乃更议明年出师。

杜预上表曰："贼之穷计，力不两完，必保夏口以东少延视息，无缘多兵西上。而陛下过听，便用委弃大计，纵敌患生，诚可惜也。向使举而有败，勿举可也。今有万安之举，无倾败之虑，臣心实了，不敢以暧昧之见自取后累，惟陛下察之。"旬月未报，预复表言："羊祜不博谋而与陛下计，故令朝臣多异同之议。凡事当以利害相较，今此举之利十有八九，而其害止于无功耳。必使朝臣言破败之形，亦不可得，直是以计不出己，功不在身，亦由恃恩不虑后患，而轻相同异耳。自秋已来，讨贼之形颇露，今若又中止，孙皓怖而生计，徙都武昌，完修江南诸城，远其居民，城不可攻，野无所掠，则明年之计亦无及矣。"晋主方与张华围棋，预表适至，华推枰敛手曰："陛下圣武，国富兵强，吴主淫虐，诛杀贤能，今讨之，可不劳而定，愿勿以为疑。"晋主乃许之。以华为度支尚书，量计运漕。贾充、荀勖、冯紞固争之，晋主大怒，充免冠谢罪。山涛退而告人曰："自非圣人，外宁必有内忧，今释吴为外惧，岂非算乎！"

十一月，遣将军琅邪王伷出涂中，王浑出江西，王戎

下定决心攻打吴国。恰逢王浑说孙皓打算北上，吴国的边境地区都已戒备森严，晋武帝于是更改主张第二年再出兵。

杜预上表说："敌人已无计可施，其兵力不能保全两头，一定会保住夏口以东地区以图苟延残喘，没有理由派更多的兵士向西而上。然而陛下却由于错误的听闻，便轻易放弃了伟大的战略计划，放纵敌人生出后患，实在太可惜了。假如派兵征讨有可能失败，那么也可以不出兵。如今我们的举动万分妥帖，绝没有倾覆失败的忧虑，我已下定了决心，不敢以暧昧的见解来自讨日后的麻烦，请陛下明察。"一个月过去了，杜预还没有得到晋武帝的答复，杜预又上表说："羊祜没有广泛地和大臣们谋划，就和陛下计议，所以使得朝廷大臣有很多不同的议论。任何事情都应当权衡比较利益和损害，现在伐吴的举措，可得十之八九的利益，而弊害只不过是没有功劳而已。如果一定要让大臣们说出计划的弊端，也是不可能的，他们之所以对计划有不同的看法，只是因为计划不是他们自己制定的，自己得不到功劳，也是由于仰仗着陛下的恩宠而不考虑后患，因而轻易地表示自己相同或不同的意见。自入秋以来，征讨敌人的举措越来越明显，现在如果中途停止行动，孙皓或许会因为害怕而产生新的计谋，迁都武昌，修缮长江以南各城，把居民迁到很远的地方去，使城市不可以攻，乡野之中得不到粮食，那么明年的计划也就没有办法实现了。"当时，晋武帝正在和张华下围棋。杜预的奏表恰好送到，张华便推开棋盘，垂手说："陛下圣明英武，国富兵强，吴主荒淫暴虐，诛杀贤能的人，现在就去讨伐他，可以不受劳累而一举平定，希望您不要再犹豫不定了。"晋武帝于是接受了他的意见。任命张华为度支尚书，按计划从水路运粮。贾充、荀勖、冯𬘘等人因为这件事而坚决争辩，晋武帝勃然大怒，贾充即刻脱帽认罪。山涛退朝后告诉别人说："假如不是圣人，那么外部安定了必然会有内部的忧患，如今放着吴国作为外部威胁，难道就不是计策吗！"

十一月，派遣将军琅邪王司马伷出兵涂中，王浑出兵江西，王戎

出武昌，胡奋出夏口，杜预出江陵，王濬、巴东监军唐彬下巴蜀，东西凡二十余万。命贾充为使持节、假黄钺、大都督，以冠军杨济副之。充固陈伐吴不利，且言衰老，不堪元帅之任。诏曰："君若不行，吾便自出。"充乃受命，将中军屯襄阳，为诸军节度。

十二月，晋马隆破树机能，斩之，凉州平。

马隆西度温水，树机能等以众数万据险拒之。隆以山路陿隘，乃作扁箱车，为木屋，施于车上，转战而前，行千余里，杀伤甚众。自隆之西，音问断绝，朝廷忧之，或谓已没。及隆使至，晋主抚掌欢笑，召群臣谓曰："若从诸君言，无凉州矣。"隆至武威，鲜卑大人帅万余落来降。隆与树机能大战，斩之，凉州遂平。

晋诏议省吏员。

诏问朝臣以政之损益，司徒长史傅咸上书，以为："公私不足，由设官太多。当今之急，在并官省役，务农而已。"遂议省州、郡、县半吏以赴农功，中书监荀勖以为："省吏不如省官，省官不如省事，省事不如清心。昔萧、曹相汉，载其清静，民以宁一，所谓清心也。抑浮说，简文案，略细苛，宥小人，变常以徼利者必诛，所谓省事也。以九寺并尚书，兰台付三府，所谓省官也。若直作大例，天下之吏，悉省其半，恐郡国职业剧易不同，不可以一概施之。若有旷阙，皆须更复；或激而滋繁，亦不可不重也。"

出兵武昌，胡奋出兵夏口，杜预出兵江陵，王濬和巴东监军唐彬从巴蜀进军，东西合计共有二十多万人。任命贾充为使持节、假黄钺、大都督，任命冠军杨济辅助贾充。贾充坚持陈述征讨吴国不利，并且说自己已经衰老，不能担当元帅的重任。晋武帝下诏说："你如果不去，我就亲自出征。"贾充才接受任命，率领中军驻扎在襄阳，负责各路军队的部署与调度。

十二月，晋国马隆打败并杀死树机能，凉州平定。

马隆向西渡过温水，树机能等人带领数万士兵凭借险要地势阻击马隆。马隆因为山路狭隘，于是制造了扁箱车，还造了木屋，放在车上，边作战边前进，走了一千多里，打得敌人死伤惨重。自从马隆西征之后，一直没有他的消息，朝廷十分担忧，有人说马隆已全军覆没。等到马隆派使者到朝廷后，晋武帝拍着手掌欢呼大笑，召集大臣们说："如果听从了诸位的话，晋国就不再拥有凉州了。"马隆到达武威后，鲜卑大人统率一万多部落前来投降。马隆与树机能大决战，斩杀树机能，凉州于是平定了。

晋武帝下诏讨论裁减官吏人数。

晋武帝下诏询问朝廷大臣关于治理政务的措施，司徒长史傅咸上书，认为："国家和百姓都不富足，原因在于设置官员太多。目前的当务之急，在于合并官职，减轻徭役，加强农业而已。"于是晋武帝下令大臣们讨论裁减州、郡、县一半的小吏员，去充实农业生产。中书监荀勖认为："裁减小吏员不如裁减官员，裁减官员不如减省事情，减省事情不如清静心思。从前萧何、曹参担任汉朝丞相时，年年清静无为，百姓安宁团结，这就是清心的景象。贬抑浮夸的议论，简省公文案件，废除苛刻琐碎的条例，宽容小人，以不正当手段获取暴利的一定要斩杀，这就是所谓的减省事情。把九寺归并入尚书，把兰台交付给三府，这就是所说的裁减官员。如果直接做出统一的规定，将全国的小吏员都裁减一半，恐怕各郡国的设置情况很不相同，不可以一概而论。如果有的职位还空缺，都必须重新设置；有的职事紧急而导致机构人员增多，也是不得不多设的。"

资治通鉴纲目卷十七

起庚子(280)晋武帝太康元年,尽甲子(304)晋惠帝永兴元年。凡二十五年。

庚子(280)　**晋世祖武皇帝太康元年**

春,诸军并进,吴丞相张悌迎战,死之。三月,龙骧将军王濬以舟师入石头,吴主皓出降。

正月,王浑出横江,所向皆克。二月,王濬、唐彬击破丹阳监盛纪。吴人于江碛要害处并以铁锁横截之,又作铁锥长丈余,暗置江中,逆拒舟舰。濬作大筏数十,方百余步,缚草为人,被甲持杖,令善水者以筏先行,遇铁锥,锥辄著筏而去。又作大炬长十余丈,大数十围,灌以麻油,在船前,遇锁然炬烧之,须臾,融液断绝,于是船无所碍,遂克西陵、荆门、夷道。杜预遣牙门周旨等帅奇兵八百,夜渡江,袭乐乡,多张旗帜,起火巴山。吴都督孙歆惧,与江陵督伍延书曰:"北来诸军,乃飞渡江也。"旨等伏兵城外,歆遣军出拒王濬,大败而归。伏兵随入,虏歆而还。濬击杀吴水军都督陆景。预进克江陵,斩吴将伍延。于是沅、湘以南,接于交、广州郡,皆望风送印绶。预杖节称诏而抚之。诏:"濬与胡奋、王戎共平夏口、武昌,顺流长骛,直造秣陵。预当镇静零、桂,怀辑衡阳。"预遂分兵益濬。

庚子(280)　晋世祖武皇帝太康元年

春季，晋各路大军一齐进攻，吴国丞相张悌迎战，被晋兵杀死。三月，龙骧将军王濬率水师进入石头城，吴主孙皓出来投降。

正月，王浑从横江出兵，所到之处皆被攻克。二月，王濬、唐彬打败了丹阳监盛纪。吴人在江岸要害地区设铁锁拦截，又制作了丈余长的铁锥，暗放在江中，以阻挡敌舰。王濬制作了数十个大木筏，每个长宽都有百余步，还扎了许多稻草人，身穿铠甲手执兵器立于筏上，让水性好的人驾着木筏先行，遇到铁锥，铁锥就扎在木筏上被带走了。又制作了许多大火把，每个长十余丈，粗数十围，浇上麻油，放在船前，遇到铁锁就点燃火把，一小会儿，铁锁熔化断开，于是战船通行无阻，就攻克了西陵、荆门和夷道。杜预派遣牙门周旨等人率领奇兵八百人，乘黑夜渡过长江，袭击乐乡，打着很多旗帜，又在巴山点起大火。吴都督孙歆非常害怕，写信给江陵督伍延说："北边来的各路军队，是飞渡过江的吧！"周旨等人让兵士埋伏在城外，孙歆派兵出城迎战王濬，结果大败而归。周旨的伏兵随着进入城中，俘虏孙歆而回。王濬在攻战中杀死了吴水军都督陆景。杜预攻克了江陵，杀死了吴将伍延。于是沅水、湘水以南及相连的交、广等州郡，看到这种情况，都送来印绶请降。杜预手持符节依照皇帝的诏令安抚降者。晋武帝下诏："王濬与胡奋、王戎共同平定夏口、武昌，顺江长驱而下，直达秣陵。杜预应平定零陵、桂阳，安抚衡阳。"杜预于是分兵增援王濬。

戎遣罗尚与濬合攻武昌，降之。预与众军会议，或曰："百年之寇，未可尽克，方春水生，难于久驻，宜俟来冬，更为大举。"预曰："昔乐毅藉济西一战以并强齐，今兵威已振，譬如破竹，数节之后，皆迎刃而解，无复著手处也。"遂指授群帅方略，径造建业。

吴丞相张悌督沈莹、诸葛靓帅众至牛渚，莹曰："上流诸军素无戒备，晋水军必至此，宜畜力以待之，若幸而胜，江西自清。今渡江与战，不幸而败，则大事去矣。"悌曰："吴之将亡，贤愚所知，及今渡江，犹可决战。若其败丧，同死社稷，无所复恨。若其克捷，兵势万倍，乘胜逆之，不忧不破。若坐待蜀兵之至，恐士众散尽，君臣俱降，无复一人死难者，不亦辱乎！"

三月，渡江，与晋扬州刺史周浚战，大败于板桥。靓欲遁去，使迎悌，悌不肯，靓自往牵之曰："存亡自有大数，非卿一人所支，奈何故自取死！"悌垂涕曰："仲思，今日是我死日也！且我为儿童时，便为卿家丞相所识拔，常恐不得其死，负名贤知顾。今以身徇社稷，复何道耶！"靓流泪而去，悌遂为晋兵所杀，并斩莹等，吴人大震。

初，诏王濬下建平，受杜预节度，至建业，受王浑节度。濬至西陵，预曰："濬已得建平，则顺流长驱，威名已著，不宜受制于我。"遂与书曰："足下既摧其西藩，便当径取建

王戎派遣罗尚与王濬一起共同攻打武昌，武昌各军都投降了。杜预与众将领议论作战方案，有的说："百年的寇贼，不可能一下子彻底消灭，现在春天雨水多，军队难以久驻，最好等冬季来临，再大举发兵。"杜预说："从前乐毅凭借济西一战而吞并了强大的齐国，现在我军兵威已振，这就好比破竹，破开数节之后，整根竹子都迎刃而解，不必再费大力气了。"于是向众将领讲授了作战方略，军队一直前进到建业。

吴国丞相张悌督率沈莹、诸葛靓率领军队来到牛渚，沈莹说："上流的各部队素来没有戒备，晋国的水军一定会到此地，应当集中力量等待他们到来，假如幸而取胜，长江以北自然太平无事。如果现在渡江与晋军交战，不幸战败，那大事就完了。"张悌说："吴国将要灭亡，这是聪明人和愚蠢人都知道的事，趁现在渡江，还可与晋军决一死战。如果失败，一同为国而死，也没有什么可遗憾的了。如果能够取胜，我军声势将万倍增长，乘胜迎敌，不愁不能击败他们。若坐待蜀兵到来，恐怕我军士兵会逃亡散尽，那时君臣一起投降，没有一个人为国死难，这不是太可耻了吗！"

三月，张悌等人渡过长江，与晋扬州刺史周浚交战，在板桥被晋军打败。诸葛靓想逃走，派人去迎接张悌，张悌不肯离开，诸葛靓亲自去拉他，说："存亡自有气数，不是你一个人能够支撑的，为何要自己取死呢！"张悌流着泪说："仲思（诸葛靓字），今天就是我的死日啊！我还是儿童时，就受到你家诸葛丞相的赏识和提拔，我常常担心不能死得其所，辜负了名贤对我的知遇和眷顾。今天能够以身殉国，还有什么可说的呢！"诸葛靓听了这番话，流着泪走了，张悌于是被晋兵杀死，沈莹等人也被杀，吴人大为震惊。

当初，晋武帝下诏王濬攻下建平，接受杜预的节制调度，到建业，接受王浑的节制调度。王濬到了西陵，杜预说："王濬已攻克建平，那么顺江长驱直下，威名已很显著，就不宜受制于我。"于是给王濬写信说："您既已摧毁敌人的西部屏障，便应当径直攻取建

业,讨累世之逋寇,释吴人于涂炭,振旅还都,亦旷世一事也。"濬大悦,表呈预书。及张悌败死,扬州别驾何恽谓刺史周浚:"宜速渡江,直指建业。"浚使白王浑,恽曰:"浑暗于事机,而欲慎己免咎,必不我从。"浚固使之,浑果曰:"受诏但屯江北,不使轻进。今者违命,胜不足多,若其不胜,为罪已重。且诏令龙骧受我节度,但当具君舟楫,一时俱济耳。"恽曰:"龙骧克万里之寇,以既成之功来受节度,未之闻也。且明公为上将,见可而进,岂一一须诏令乎?"浑不听。

濬自武昌顺流而下,吴主遣将军张象帅舟师万人御之,望旗而降,吴人大惧。

吴主之嬖臣岑昏,以倾险谀佞,致位九列,好兴功役,为众患苦。至是,殿中数百人请于吴主曰:"北军日近,而兵不举刃,将如之何?"吴主曰:"何故?"对曰:"正坐岑昏耳。"吴主曰:"若尔,当以奴谢百姓。"众共收昏屠之。

吴陶濬谓吴主曰:"蜀船皆小,今当得二万兵乘大船以战,自足破之。"于是合众,授濬节钺,未发而溃。

时琅邪王伷亦临近境,吴主分遣使者奉书浑、濬请降,而送玺绶于伷。濬舟师过三山,浑遣信要与论事,濬举帆直指建业,报曰:"风利,不得泊也。"是日,濬戎卒八万,方舟百里,鼓噪入于石头,吴主皓面缚舆榇,诣军门降。濬解缚

业，讨伐累代的逃寇，把吴人从灾难困苦中解救出来，然后整顿军队返回都城，这也是举世无双的事。”王濬非常高兴，上表进呈了杜预的信。到张悌战败被杀，扬州别驾何恽对刺史周浚说：“应该赶快渡江，直指建业。”周浚让他报告王浑，何恽说：“王浑不善于把握事情的时机，只想谨慎行事避免出错，肯定不会听从我的意见。”周浚坚持让他向王浑报告，王浑果然说：“我接受皇帝的命令，只让我屯兵江北，不让我轻易进兵。现在如果违反命令，胜了不一定受到称赞，如果不胜，罪过就严重了。况且皇帝命令龙骧将军受我节调度，你们应当准备好战船，到时一起渡江。”何恽说：“龙骧将军攻克了万里之敌，以既成的功劳来接受您的节制调度，这种事我没有听说过。况且您身为上将，看到机会就可以前进，难道事事都等待皇帝命令吗？”王浑不听。

王濬自武昌顺流而下，吴主派遣将军张象率领水军一万人进行抵抗，这些水军看到王濬的旗帜就投降了，吴人非常恐惧。

吴主宠信的大臣岑昏，以阴险狡诈阿谀逢迎的本领，爬到了九卿的高位，他喜欢大兴土木让百姓服役，百姓深受灾难痛苦。到了这时，宫中有数百人请求吴主说：“北方的敌军日渐逼近，而我们的士兵却不奋起抵抗，将怎么办呢？”吴主说：“这是什么缘故？”众人回答说：“正是因为岑昏的缘故。”吴主说：“如果是这样，就拿这个奴才去向百姓谢罪吧！”众人就一起抓住岑昏把他杀了。

吴将陶濬对吴主说：“蜀地的船都很小，现在如能得到二万兵乘大船作战，必定能打败敌人。”于是集合兵众，授给陶濬符节斧钺，但还未出发，士兵就溃散逃跑了。

这时琅邪王司马伷也逼近建业，吴主分别派遣使者送书信给王浑、王濬，请求投降，把印玺符节送给司马伷。王濬的舟师经过三山，王浑派人送信给他，说要和他商量事情，王濬正扬帆直逼建业，回复王浑说：“风太大，不好停泊。”这一天，王濬率领八万士兵，战船相接，前后有百里，擂鼓呐喊进入石头城，吴主孙皓反绑双手带着棺木，到王濬军营门前投降。王濬为他松绑，

焚榇，收其图籍，克州四、郡四十三、户五十二万三千、兵二十三万。

朝廷闻吴已平，群臣皆贺上寿，帝执爵流涕曰：“此羊太傅之功也。”票骑将军孙秀不贺，南向流涕曰：“昔讨逆弱冠，以一校尉创业，今后主举江南而弃之，悠悠苍天，此何人哉！”

吴之未下也，大臣皆以为未可轻进，独张华坚执以为必克。贾充上表称：“吴地未可悉定，方夏，江、淮下湿，疾疫必起，宜召军还，以为后图。虽腰斩张华，不足以谢天下。”帝曰：“此是吾意，华但与吾同耳。”杜预闻充奏乞罢兵，驰表固争，使至轘辕而吴已降。充惭惧，诣阙请罪，帝抚而不问。

夏四月，赐孙皓爵归命侯，遣使行荆、扬，除吴苛政。

赐孙皓爵归命侯，遣使分诣荆、扬，抚慰牧、守已下，除其苛政。吴人大悦。

王濬之东下也，吴城戍皆望风款附，独建平太守吾彦婴城不下，闻吴亡乃降。帝以为金城太守。

五月，皓至，泥头面缚，诣东阳门。诏遣谒者解缚，赐以衣服车乘，拜其子弟为郎。吴之旧望随才擢叙。孙氏将吏渡江者复十年，百姓复二十年。

帝临轩大会，引见皓，谓曰：“朕设此座以待卿久矣。”皓曰：“臣于南方亦设此座以待陛下。”贾充谓皓曰：“闻君在

焚烧了棺木，收缴了吴国的地图户籍，攻克了四个州、四十三个郡、五十二万三千户、二十三万军队。

晋国朝廷听到吴国已被平定，群臣都去庆贺，为晋武帝祝寿，晋武帝手执酒杯流泪说："这是羊祜太傅的功劳啊！"骠骑将军孙秀没有庆贺，他面向南流着泪说："从前先主孙策讨伐逆贼时只有二十岁，从一个校尉创下了基业，如今后主把整个江南都丢掉了，宗庙山陵从此成为废墟，悠悠苍天啊，这是谁造成的呢！"

吴国还未攻下的时候，大臣们都认为不可轻易进军，只有张华坚决主张进军，认为一定能够成功。贾充上表说："吴地不可能全部平定，现在正是夏季，长江、淮水下游地区潮湿，必然会发生疾病瘟疫，应把军队召回，再作长远打算。即使将张华腰斩，也不足以向天下人谢罪。"晋武帝说："进军吴国是我的意思，张华只是和我意见相同而已。"杜预听说贾充上表请求罢兵，急忙上表力争，使者到了轘辕，吴国已投降了。贾充既惭愧又害怕，到宫里请罪，晋武帝抚慰了一番而没有治罪。

夏四月，晋武帝下诏赐孙皓为归命侯，派遣使者到荆州、扬州，废除吴国原来的苛政。

赐孙皓为归命侯，派遣使者分别到荆州、扬州，抚慰牧、守以下的官吏，废除吴的苛政。吴人非常高兴。

王濬向东进发时，吴国各城的守备都望风投降归附，只有建平太守吾彦环城固守，没有被攻下来，后来听到吴国灭亡的消息才投降。晋武帝任命他为金城太守。

五月，孙皓来到洛阳，头上涂着泥，反绑着双手，来到东阳门。晋武帝下诏，让谒者为他解开绳索，赐给衣服车辆，任命其子弟为郎。对吴国原来有名望的士人，也根据他们的才能选拔任用。孙皓的将领、官吏渡过长江的，免除十年赋税劳役；百姓渡过江的，免除二十年赋税劳役。

晋武帝来到殿前，会见文武百官，让人带孙皓来相见，对孙皓说："朕设置这个座位以等待你很久了。"孙皓说："臣在南方也设置了这个座位以等待陛下。"贾充对孙皓说："听说你在

南方，凿人目，剥人面，此何等刑也？”皓曰：“人臣有弑其君，及奸回不忠者，则加此刑耳。”充默然甚愧。

帝从容问散骑常侍薛莹，皓所以亡，对曰：“皓昵近小人，刑罚放滥，大臣诸将，人不自保，此其所以亡也。”他日又问吾彦，对曰：“吴主英俊，宰辅贤明。”帝笑曰：“若是，何故亡？”彦曰：“天禄永终，历数有属，故为陛下禽耳。”帝善之。

诸葛靓逃窜不出，帝与之有旧，知其在姊琅邪王妃家，因就见焉。靓逃于厕，帝逼见之，靓流涕曰：“臣不能漆身皮面，复睹圣颜，诚为惭恨！”诏以为侍中，固辞不拜，归于乡里，终身不向朝廷而坐。

封拜平吴功臣。

王濬之入建业也，其明日，王浑乃济江，以濬不待己，意甚愧忿，将攻濬。濬参军何攀劝濬送皓与浑，由是事得解。何恽与周浚笺，使谏止浑，浑不纳，表濬违诏不受节度。浑子济尚公主，宗党强盛。有司请槛车征濬，帝弗许，但以诏书责之。濬上书曰：“臣前被诏书，直造秣陵，以十五日至三山，浑在北岸，遣书邀臣，臣水军风发，无缘回船。及以日中至秣陵，暮乃被浑所下当受节度之符，欲令明日还围石头，又索诸军人名定见。时臣以为皓已来降，无缘空围石头；又兵人定见亦非当今之急，不可承用，非敢忽弃明制也。事君之道，苟利社稷，死生以之。若顾嫌避咎，此人臣

南方，凿人的眼睛，剥人的面皮，这是哪一等级的刑罚啊？”孙皓说：“为人臣子杀了其君，以及邪恶不忠的，就处以这样的刑罚。”贾充听了默然无语，面有愧色。

晋武帝从容地问散骑常侍薛莹，孙皓为什么会亡国，薛莹回答道：“孙皓亲近小人，滥施刑罚，大臣将领，人人不能自保，这就是他灭亡的原因。”有一天，武帝又问吾彦，吾彦回答说：“吴主才能杰出，辅佐的大臣也很贤明。”晋武帝笑着说：“如果是这样，为什么会亡国呢？”吾彦说：“上天赐予吴国的福禄永远断绝，朝代更替自有定数，所以才被陛下所擒。”晋武帝很赞赏他的说法。

诸葛靓逃走后隐藏不出，晋武帝与他有旧交，知道他躲在他姐姐琅邪王司马伷的王妃那儿，便去那里见他。诸葛靓逃到厕所里不见，晋武帝非要见他，诸葛靓流着泪说：“我不能漆身改换面容，今日又见圣颜，实在惭愧悔恨！”晋武帝下诏任命他为侍中，诸葛靓坚辞不受，回归家乡，终生不面向晋朝朝廷方向而坐。

晋武帝封拜平定吴国有功的大臣。

王濬攻入建业，第二天，王浑才渡过长江，因为王濬没有等他一起前进，王浑心中既羞愧又怨恨，就想攻打王濬。王濬的参军何攀劝王濬把孙皓送给王浑，因此事情得以缓解。何恽给周浚写信，让周浚劝谏王浑不要与王濬争功，王浑不听，上表说王濬违反诏命，不服从调度。王浑的儿子王济娶了公主为妻，在朝廷有很多同党势力。有关部门请求用囚车把王濬带回来，晋武帝不同意，只是下诏书加以责备。王濬上书说：“我前时接到诏书，让我直到秣陵，我于十五日到三山，王浑在北岸，派人送信邀我去他那里，当时我的水军正乘风而下，无法回船。等中午我到了秣陵，黄昏时才收到应当接受王浑调度的命令，命我第二天返回去包围石头城，又索要蜀兵及镇南各军的确切人数。当时我认为孙皓已来投降，没有理由再去包围石头城；加之了解士兵的确切数字也不是当时的急务，又不是马上能调用，并不是我敢忽视、弃置圣明的诏令。我认为侍奉君王的原则，假如对国家有利，无论是生是死都要去做。如果害怕嫌疑逃避罪责，这是身为人臣

不忠之利，非明主社稷之福也。”浑又腾周浚书云：“濬烧皓宫，得其宝物。”濬复表曰：“夫犯上干主，其罪可救；乖忤贵臣，祸在不测。孙皓方图降首，左右已劫其财物，放火烧宫。臣至乃救止之。周浚先入皓宫，王浑先登皓舟，及臣后入，乃无席可坐。若有遗宝，则浑、浚已先得之矣。今年平吴，诚为大庆，于臣之身，更受咎累。”濬至京师，有司奏濬违诏大不敬，请付廷尉。不许。

浑、濬争功不已，帝命廷尉刘颂校其事。以浑为上功，濬为中功。帝以颂折法失理，左迁京兆太守。

乃诏增贾充及浑邑八千户，进浑爵为公，以濬为辅国大将军，与杜预、王戎皆封县侯，诸将赏赐有差。策告羊祜庙，封其夫人为万岁乡君，食邑五千户。

濬自以功大，而为浑父子党与所抑，每进见陈说或不胜忿愤，径出不辞。益州护军范通谓曰：“卿功则美矣，然恨所以居美者未尽善也。卿旋旆之日，角巾私第，口不言平吴之事，若有问者，辄曰：‘圣主之德，群帅之功，老夫何力之有？’此蔺生所以屈廉颇也。”濬曰：“吾始惩邓艾之祸，不得无言，其终不能遣诸胸中，是吾褊也。”时人咸以濬功重报轻，为之愤邑。博士秦秀等上表讼之，帝乃迁濬镇军大将军。浑尝诣濬，濬严设备卫，然后见之。

不忠只考虑自己的私利，并不是圣明君主和国家的福分。”王浑又递上周浚的书信，信上说：“王濬烧了孙皓的宫殿，得了吴宫的宝物。”王濬又上表说：“冒犯了君王，其罪还可以救；如果得罪了权臣，灾祸就难以预测了。孙皓刚打算投降，他手下的人就开始抢劫财物，放火烧了宫殿。我到那里才让人扑灭了大火。周浚先进入孙皓的宫殿，王浑先登上孙皓的大船，到我后进去时，那里连坐的席子都没有。如果还有遗留的宝物，那么王浑和周浚就会先得到了。今年能够平吴，的确是值得庆贺的事，但是对于我本身，却遭到了祸患。”王濬到了京师，有关部门上奏，说王濬违抗诏命，对皇帝极不恭敬，请求把他交付廷尉依法治罪。晋武帝不同意。

王浑与王濬争功不已，晋武帝下令让廷尉刘颂来审理这件事。刘颂认为王浑是上功，王濬是中功。晋武帝认为刘颂判断得不合理，把他降为京兆太守。

晋武帝又下诏增加贾充及王浑食邑八千户，把王浑的爵位晋升为公，任命王濬为辅国大将军，和杜预、王戎都被封为县侯，各位将领也受到不同等次的赏赐。晋武帝用简册到羊祜庙中告慰羊祜，封其夫人为万岁乡君，食邑五千户。

王濬自认为功大，而受到王浑父子及其党羽的压抑，每进见晋武帝陈说此事时总忍不住忿愤之情，有时竟然不告辞径直就走。益州护军范通对王濬说：“你的功劳确实值得赞美，然而遗憾的是你居功自傲的态度不太好。你回师归来的时候，就应隐居在家中，口不谈平吴的事情，如果有人问起这件事，就说：‘这是圣主之德，群帅之功，老夫我又有什么功劳呢？’蔺相如就是用这个办法使廉颇屈服的。”王濬说：“开始时我鉴于邓艾的教训，不能不说，但最终不能把愤懑之情从胸中排遣开来，这说明我的心胸还不够开阔。”当时的人都认为王濬的功劳大而对他的封赠轻，为此愤愤不平。博士秦秀等人上表为王濬打抱不平，晋武帝才授予王濬镇军大将军。王浑曾经到王濬那里去，王濬严加防备，然后才和他相见。

杜预还襄阳，以为天下虽安，忘战必危，乃勤于讲武，申严戍守。又引滍、淯水以浸田万余顷，开扬口通零、桂之漕，公私赖之。预身不跨马，射不穿札，而用兵制胜，诸将莫及。在镇数饷遗洛中贵要，或问其故，预曰："吾但恐为害，不求益也。"

冬十月，尚书胡威卒。

威为尚书，尝谏时政之宽。帝曰："尚书郎以下，吾无所假借。"威曰："臣之所陈，岂在丞、郎、令史，正谓如臣等辈，始可以肃化明法耳！"

初置司州。

是岁，以司隶所统郡置司州。凡州十九，郡国百七十三，户二百四十五万九千八百四十。

诏罢州郡兵。

诏曰："自汉末四海分崩，刺史内亲民事，外领兵马。今天下为一，当韬戢干戈，刺史分职皆如汉氏故事，悉去州郡兵，大郡置武吏百人，小郡五十人。"交州牧陶璜上言："交、广东西数千里，不宾属者六万余户，服官役才五千余家。二州唇齿，惟兵是镇。又宁州诸夷，接据上流，水陆并通，州兵未宜约损，以示单虚。"仆射山涛亦言"不宜去州郡武备"，帝不听。及永宁之后，盗贼群起，州郡不能制，天下遂大乱，如涛所言。然其后刺史复兼兵民之政，州镇愈重矣。

辛丑(281)　二年

春三月，选吴伎妾五千人入宫。

杜预回到襄阳，认为天下虽然安定了，但忘记了战备必然危险，就勤于讲习武事，严令加强戍守。他还引来滍水、淯水，灌田万余顷，开凿扬口，与零、桂漕道相通，国家和百姓都依靠这得到利益。杜预自身不跨战马，射箭不穿甲，而用兵制胜，其他将领都比不上他。在镇守期间，多次向京中权贵人物馈赠礼物，有人问他是为了什么，杜预说："我只是怕他们成为祸患，并不指望得到什么好处。"

冬十一月，尚书胡威去世。

胡威为尚书时，曾向晋武帝进谏，认为时政太宽。晋武帝说："对尚书郎以下的官吏，我没有宽容。"胡威说："我所说的，哪里是指丞、郎、令史这些官吏呢，正是说像我这样官阶的大臣，对这些人法纪严明，才可以严肃教化、彰明法度啊！"

开始设置司州。

这一年，以司隶所统领的郡设置司州，共有十九个州，一百七十三个郡国，二百四十五万九千八百四十户。

晋武帝下诏罢州郡兵。

诏书说："自汉末四海分崩离析，刺史对内亲自处理民事，对外统领兵马。如今天下统一，应当收藏起兵器，刺史的职分，全依汉时的旧制，把州郡的兵都取消，大郡设置武吏一百人，小郡设置武吏五十人。"交州牧陶璜上书说："交州、广州从东到西有数千里，不归服的有六万多户，服从官役的只有五千余家。二州唇齿相依，只有靠军队才能镇守。另外，宁州各少数民族，与上流相接，水路陆路都可通行，州兵不应减少，以显出官府力量单薄虚弱。"仆射山涛也说"不应去掉州郡的军事装备"，晋武帝不听从。到了永宁年间以后，盗贼群起，州郡不能制止，于是天下大乱，正如山涛说的一样。然而从此以后，刺史又开始兼管兵和民两项政务，州镇的势力更加强大了。

辛丑（281）　晋武帝太康二年

春三月，晋武帝挑选吴国的妓妾五千人进宫。

帝既平吴，颇事游宴，怠于政事，掖庭殆将万人。常乘羊车，恣其所之，至便宴寝。宫人竞以竹叶插户，盐汁洒地，以引帝车。后父杨骏及弟珧、济始用事，势倾内外，时人谓之三杨，旧臣多被疏退。山涛数有规讽，帝虽知而不能改。

冬十月，鲜卑慕容涉归寇昌黎。

初，鲜卑莫护跋始自塞外入居辽西棘城之北，号慕容部。至孙涉归，迁于辽东之北，世附中国，数从征讨有功，拜大单于。至是始叛，寇昌黎。

自汉、魏以来，羌、胡、鲜卑降者多处之塞内诸郡，其后数因忿恨，杀害长吏，渐为民患。侍御史郭钦上疏曰："戎狄强犷，历古为患。魏初民少，西北诸郡皆为戎居，内及京兆、魏郡、弘农往往有之。今虽服从，若百年之后有风尘之警，胡骑自平阳、上党不三日而至孟津，北地、西河、太原、冯翊、安定、上郡尽为狄庭矣。宜及平吴之威，谋臣猛将之略，渐徙内郡杂胡于边地，峻四夷出入之防，明先王荒服之制，此万世长策也。"不听。

扬州刺史周浚移镇秣陵。

吴民之未服者屡为寇乱，浚皆讨平之。宾礼故老，搜求俊乂，威惠并行，吴人悦服。

壬寅(282)　三年

春正月朔，帝亲祀南郊。

晋武帝既已平定了吴国，很喜欢游乐宴饮，对政事也荒怠了，宫中的嫔妃宫女接近万人。晋武帝经常乘着羊拉的车子，让羊任意行走，走到哪儿便在那里宴饮寝息。宫人争着用竹叶插在门边，用盐水洒地，以吸引羊车到来。皇后的父亲杨骏以及杨骏的弟弟杨珧、杨济都开始受到重用，势倾朝野，当时人称他们为"三杨"，朝廷的旧臣大多都被疏远或贬退。山涛多次规劝晋武帝，晋武帝虽然也知道这种状况，却不能改变。

冬十月，鲜卑人慕容涉归入侵昌黎。

当初，鲜卑人莫护跋开始从塞外进入辽西，居住在棘城的北边，号称慕容部。到其孙辈慕容涉归时，迁到辽东的北面，世代归附中国，多次跟随官府去征讨有功，被封为大单于。到这时开始叛离中国，入侵昌黎。

自汉、魏以来，羌、胡、鲜卑等投降的部族大都居住在塞内各个郡里，后来因多次的不满和怨恨，杀害郡县官吏，逐渐成为百姓的祸患。侍御史郭钦上疏说："戎狄强暴凶悍，自古以来就是祸患。魏朝初年，百姓很少，西北各郡都住着戎人，内地以及京兆、魏郡、弘农等郡，往往也有戎人居住。现在即使服从统治，如果百年之后发生战乱，胡人的骑兵从平阳、上党出发，不用三天就会来到孟津，这样北地、西河、太原、冯翊、安定、上郡都会成为夷狄居住的地方。应该趁着平吴的威势，采用谋臣猛将的策略，逐渐把内地各郡居住的戎狄迁移到边境，加强四方夷狄出入地区的防守，彰明先王制定的荒服之制，即让夷狄远离都城，这是有利万代的长策啊！"晋武帝不听。

扬州刺史周浚把治所迁移到秣陵。

吴国百姓没有归顺的多次发生骚乱，周浚都把他们镇压下去了。周浚又以宾客之礼对待吴国的元老旧臣，访求有才德的人，恩威并用，吴人心悦诚服。

壬寅(282)　晋武帝太康三年

春季正月初一，晋武帝亲自到南郊祭祀。

礼毕，帝问司隶校尉刘毅曰："朕可方汉何帝？"对曰："桓、灵。"帝曰："何至于此？"对曰："桓、灵卖官钱入官库，陛下卖官钱入私门，以此言之，殆不如也。"帝大笑曰："桓、灵不闻此言，今朕有直臣，固为胜之。"

毅纠绳豪贵，无所顾忌。太子鼓吹入东掖门，毅劾奏之。中护军羊琇恃宠骄侈，数犯法，毅劾奏琇罪当死。帝遣齐王攸私请于毅，毅许之。都官从事程卫径驰入营，收琇属吏考问，先奏琇所犯狼藉，然后言于毅。帝不得已，免琇官。未几，复使白衣领职。

琇，景献后之从父弟也。后将军王恺，文明后之弟也。散骑常侍石崇，苞之子也。三人皆富于财，竞以奢侈相高。车骑司马傅咸上书曰："先王之治天下，食肉衣帛，皆有其制。奢侈之费，甚于天灾。古者人稠地狭，而有储蓄，由于节也。今土广人稀，而患不足，由于奢也。欲时人崇俭，当诘其奢，奢不见诘，转相高尚，无有穷极矣！"

以张华都督幽州军事。

尚书张华，以文学才识名重一时，论者皆谓宜为三公。荀勖、冯紞以伐吴之谋，深疾之。会帝问华："谁可托后事者？"华对以"明德至亲，莫如齐王"，由是忤旨。勖因而谮之，以华都督幽州。华抚循夷夏，誉望益振，帝复欲征之。

祭祀典礼结束，晋武帝问司隶校尉刘毅说："我可以和汉代哪个帝王相比？"刘毅回答说："可与汉桓帝、汉灵帝相比。"晋武帝说："何至于到这个地步？"刘毅回答说："桓帝、灵帝把出卖官职的钱入了官库，陛下把卖官职的钱入了私人的家门，从这点看来，恐怕还不如桓帝、灵帝呢！"武帝大笑说："桓帝、灵帝没有听到过这样的话，现在我有你这样耿直的臣子，已经胜过桓帝、灵帝了。"

刘毅弹劾纠督豪门权贵，无所顾忌。太子奏着乐进入东掖门，刘毅向皇帝弹劾了他。中护军羊琇倚仗皇帝的宠信，骄横奢侈，多次犯法，刘毅弹劾他，认为根据他犯的罪应当处死。晋武帝派齐王司马攸私下找刘毅为羊琇求情，刘毅答应了。都官从事程卫，径直进入护军营，拘捕羊琇手下的官吏进行拷问，先把羊琇犯法的事上奏皇帝，然后告诉了刘毅。晋武帝不得已，免去了羊琇的官职。不久，又让他以平民的身份兼任职务。

羊琇，是景献皇后的叔伯弟弟。后将军王恺，是文明皇后的弟弟。散骑常侍石崇，是石苞的儿子。这三个人都是豪富，竞相比赛谁最奢侈。车骑司马傅咸上书说："先王治理天下，食肉穿帛，都有规定。奢侈造成的浪费，比天灾还要厉害。古代人多地少，然而有储蓄，这是由于节俭的缘故。现在地广人稀，却发愁物品不足，这是由于奢侈的缘故。要想让人们都崇尚节俭，必须整治奢侈的习气，这样的习气得不到整治，反而越演越烈，就没有止境了。"

任命张华都督幽州军事。

尚书张华，因文学才识在当时名气特别大，谈论他的人都认为他应居于三公的高位。荀勖、冯统因为与张华伐吴的主张不同，非常嫉恨张华。正巧晋武帝问张华："谁可以托付后事呢？"张华回答说："既有完美的德行，又是至亲的人，没有比齐王再合适的了。"因此触犯了晋武帝的旨意。荀勖乘机诽谤张华，晋武帝派张华去统领幽州诸军事。张华到任后，安抚汉族及其他少数民族百姓，声誉威望更加高了，晋武帝又想把他召回来。

统侍侧,从容语及钟会,统曰:“会之反,颇由太祖。”帝变色曰:“卿是何言耶?”统免冠谢曰:“善御者必知六辔缓急之宜,故汉高尊宠五王而诛灭,光武抑损诸将而克终。非上有仁暴之殊,下有愚智之异也,盖抑扬与夺使之然耳。会才智有限,而太祖夸奖无极,使会自谓算无遗策,功在不赏,遂构凶逆耳。向令录其小能,节以大礼,则乱心无由生矣。”帝曰:“然。”统稽首曰:“陛下既然臣之言,宜思坚冰之渐,勿使如会之徒复致倾覆。”帝曰:“当今岂复有如会者耶?”统因屏左右而言曰:“陛下谋画之臣,著大功于天下,据方镇总戎马者,皆在圣虑矣。”帝默然,由是止不征华。

夏四月,鲁公贾充卒。

充老病,自忧谥传。从子模曰:“是非久自见,不可掩也。”至是卒,无嗣。妻郭槐欲以外孙韩谧为世孙,曹轸谏曰:“礼无异姓为后之文。”槐表陈之,云充遗意,帝许之。仍诏“自非功如太宰,始封、无后者,不得以为比。”及太常议谥,博士秦秀曰:“充悖礼溺情,以乱大伦。昔鄫养外孙莒公子为后,《春秋》书‘莒人灭鄫’。绝父祖之血食,开朝廷之乱原。案《谥法》‘昏乱纪度曰荒’,请谥荒公。”帝更曰武。

冬十二月,以齐王攸为大司马,都督青州军事。

齐王攸德望日隆,荀勖、冯统、杨珧皆恶之。统言于

冯紞在晋武帝身边侍奉，他不慌不忙地和晋武帝谈起了钟会，冯紞说："钟会所以谋反，主要责任在于太祖。"晋武帝变了脸色，说："你这是什么话？"冯紞脱帽谢罪说："善于驾车的人一定知道六根缰绳掌握得要松紧适度，因而受到汉高祖尊宠的五王都被诛灭，而被光武帝贬抑的大将却能善终。这并非因为在上位者有仁慈残暴的区别，臣下有愚昧聪明的不同，这是由于褒贬、与夺不同而造成的结果。钟会的才能智慧有限，而太祖对他的夸奖却没完没了，使钟会自认为自己的策略完美无缺，功劳大的都无法奖赏，于是造成了谋反的局面。假使只用他的小才能，用大礼法来约束他，他就不会产生作乱的想法了。"晋武帝说："是这样。"冯紞又跪拜行礼说："陛下既然同意我的说法，就应当想到冰冻三尺非一日之寒，不要让像钟会这类的人再来颠覆朝廷。"晋武帝说："当今难道还有像钟会这样的人吗？"冯紞于是让身边的侍从都退下去，然后说："为陛下出谋划策的大臣，在天下人看来是有大功的，据守一方统领兵马的人，都应在您的考虑之中啊！"晋武帝沉默不语，从此就不征召张华了。

夏四月，鲁公贾充去世。

贾充上了年纪又生了病，内心很忧虑死后的谥号和史传的评价。他的侄子贾模说："谁是谁非人们自会判断，这是不能掩盖的。"到这时贾充死了，没有后嗣。贾充的妻子郭槐想让贾充的外孙韩谧作嫡长孙，曹轸劝谏说："礼法中没有以异姓为后代的条文。"郭槐又向晋武帝上表陈述自己的意见，并说是贾充的遗愿，晋武帝允许了。但还是下诏令说："如果不是功劳如太宰的，初次被封、没有后代的，都不能以贾充为例。"等到太常议论贾充的谥号时，博士秦秀说："贾充违背礼法，沉溺私情，败坏了伦常。从前鄫国养育外孙莒公的儿子为后嗣，《春秋》写道：'莒人灭鄫'。断绝父祖的祭祀，开始了朝廷混乱的源头。按照《谥法》规定，'败坏纪纲法度叫作荒'，请给贾充谥作荒公。"晋武帝更改为"武"。

冬十二月，任命齐王司马攸为大司马，都督青州军事。

齐王司马攸威望日高，荀勖、冯紞、杨珧都恨他。冯紞告诉

帝曰："陛下诏诸侯之国，宜从亲者始。齐王独留京师，可乎？"勖曰："百僚皆归心齐王，陛下试诏之国，必举朝以为不可，则臣言验矣。"帝以为然，乃以攸为大司马、都督青州诸军事。

王浑上书，以："攸至亲盛德，宜赞朝政。今出之国，假以虚号，而无典戎干方之实，惧非陛下追述先帝、太后待攸之宿意也。若以同姓宠之太厚，则有吴、楚逆乱之谋，汉之吕、霍、王氏，皆何人也？历观古事，轻重所在，无不为害，唯当任正道而求忠良耳。若以智计猜物，虽亲见疑，疏者庸可保乎？"于是扶风王骏、光禄大夫李憙、中护军羊琇、侍中王济、甄德皆切谏，济、德又使其妻公主俱入涕泣，请帝留攸。帝怒，谓王戎曰："兄弟至亲，今出齐王，自是朕家事，而甄德、王济连遣妇来生哭人耶！"乃出济、德。而憙遂以年老逊位，卒于家。憙在朝，姻亲故人与之分衣共食，而未尝私以王官，人以此称之。

散骑常侍薛莹卒。

或谓吴郡陆喜曰："莹于吴士当为第一乎？"喜曰："孙皓无道，吴国之士，沉默其体，潜而勿用者，第一也。避尊居卑，禄以代耕者，第二也。侃然体国，执正不惧者，第三也。斟酌时宜，时献微益者，第四也。温恭修慎，不为谄首者，第五也。过此以往，不足复数。故彼上士多沦没而远悔吝，中士有声位而近祸殃。观莹之处身本末，其四五之间乎！"

晋武帝说："陛下下诏让诸侯回到自己的封国，应当从最亲的人开始。现在只有齐王独留京师，这可以吗？"荀勖说："朝廷百官都从内心归附齐王，陛下可以试着下诏让齐王回封国去，整个朝廷的官员必定认为不应该，那么我的话就应验了。"晋武帝同意了，就任命齐王司马攸为大司马，都督青州诸军事。

这时王浑上书说："司马攸是皇帝至亲又有盛德，应让他辅佐朝政。如今让他回到封国，只给一个都督的虚名，却没有领兵治理一方的实权，恐怕这不是陛下追念先帝、太后对待司马攸的原意吧！如果认为对待同姓过分恩宠，会有吴、楚那样的叛乱发生，那汉代的吕氏、霍氏、王氏，都是什么人呢？并不是同姓啊！历观古事，帝王对大臣宠信过重，没有不造成危害的，只是应当任用正直和忠诚善良的人。如果凭智谋计策猜疑事物，即使是亲人也会被怀疑，那疏远的人还能保身吗？"这时，扶风王司马骏、光禄大夫李憙、中护军羊琇、侍中王济、甄德都极力劝谏，王济和甄德还让他们的妻子常山公主、长广公主都去见晋武帝，哭着劝说晋武帝将司马攸留在朝中。晋武帝发了怒，对王戎说："兄弟是至亲，现在让齐王出京归国，这是朕的家事，而甄德、王济却接连派妇人来这里活活哭人！"于是把侍中王济、甄德调出朝外。而李憙也因年老退职，后来死于家中。李憙在朝为官时，他的亲戚朋友都受到他的照顾，与他分衣共食，但他却不曾私下为亲朋谋官，人们因此称赞他。

散骑常侍薛莹去世。

有人对吴郡人陆喜说："薛莹在吴国士人中应当排为第一吗？"陆喜说："孙皓无道，吴国的士人，采取沉默态度隐而不仕的，为第一等。避开高位而甘居下位，只是为了以俸禄代替耕种而养家糊口的，这是第二等。直抒己见，体恤国情，坚持正道而不畏惧的，这是第三等。斟酌是否适合时势，不时进献小的补益，这是第四等。温和谦恭，谨慎小心，不带头阿谀奉承的人，这是第五等。除此以外，就不值得数了。因此那些上等的士人大多湮没无闻而远离悔恨，中等的士人有名声地位却容易遭受祸殃。观察薛莹一贯的处身态度，大概只能算四五等之间吧！"

癸卯(283)　四年

春正月,除祭酒曹志等名,赐齐王攸备物殊礼。

帝命太常议崇锡齐王之物,博士庾旉、秦秀等曰:"古礼,三公无职,坐而论道,不闻以方任婴之。惟宣王救急朝夕,然后命召穆公征淮夷,故其《诗》曰:'徐方不回,王曰旋归。'宰相不得久在外也。今天下已定,六合为家,将数延三事,与论太平之基。而更出之,违旧章矣。"曹志叹曰:"安有如此之才,如此之亲,不得树本助化,而远出海隅。晋室之隆,其殆矣乎!"乃奏议曰:"古之夹辅王室,同姓则周公,异姓则太公,皆身居朝廷,五世反葬。及其衰也,虽有五霸代兴,岂与周、召之治同日而论哉!自羲皇以来,岂一姓所能独有!当推至公之心,与天下共其利害,乃能享国久长。是以秦、魏才得没身,而周、汉亲疏为用。此前事之明验也。志以为当如博士议。"帝大怒曰:"曹志尚不明吾心,况四海乎!且博士不答所问,而答所不问,横造异论。"遂免志官。其余皆付廷尉。刘颂奏旉等大不敬,当弃市。尚书奏请报听,尚书夏侯骏曰:"官立八座,正为此时。"乃独为驳议。留中七日,乃诏旉等七人免死除名。命攸备物典策,设轩县之乐、六佾之舞,黄钺、朝车、乘舆之副从焉。

癸卯(283)　晋武帝太康四年

春正月，免除祭酒曹志等人的官职，赐齐王司马攸所用物品有特殊的礼制。

晋武帝命令太常商议赐予齐王的物品，博士庾旉、秦秀等人说："古代的礼法，三公没有职守，只是陪侍帝王议论政事，没听说过以某方面的重任去烦扰他们的。只有周宣王为了解救紧急的危难，然后命令召穆公征讨淮夷，因此《诗经》说：'徐地不违逆，宣王令班师。'是说宰相不能长期在外。现在天下已定，天地四方成为一家，应当遵循古代对待三公的礼法，让齐王参与议论治国大计。现在反而让他出去，离都城二千里，这是违反旧章的。"博士祭酒曹志感叹说："哪有像齐王这样有才能，这样亲近的人，而不任用他建立国家的基业，辅佐教化，而让他远到海隅之地的。晋室想兴旺发达，恐怕是很难了吧！"于是他上奏章说："古代辅佐王室的人，同姓的是周公，异姓的是太公，都身居朝廷，到了第五世还返葬于周地。等到后来世道衰微，虽有春秋五霸接连兴起，哪能和周公、召公辅佐周室的时代相提并论呢！自从伏羲氏以来，天下岂能为一姓所独有！应当推广以天下为公这样的想法，与天下人共享利益共承祸患，这样才能长久地拥有天下。因此秦、魏想独揽政权而遭到灭亡，周、汉则亲疏都受到信用。这些都是前车之鉴啊！我认为应当按照博士们的意见办。"晋武帝大怒说："曹志尚且不能明白我的心，何况是四海的人呢！博士们不回答我问的问题，却回答我所不问的事，横生异议。"于是免去了曹志的官职。其余的人都交付廷尉论处。廷尉刘颂上奏，认为庾旉等人对皇帝不恭敬，应当处以死刑。尚书上奏皇帝，请求让廷尉行刑，尚书夏侯骏说："朝廷设立了八座这样的高官，正是为了遇事时直言敢谏啊！"于是独自上书，提出了不同意见。奏章留在皇帝那里搁置了七天，于是下诏免去庾旉等七人的死罪，除去他们的名籍。朝廷下令规定齐王司马攸所用物品及所用礼仪的规格，可设诸侯用的轩悬之乐、六佾之舞，以黄金为饰的斧钺、上朝坐的车、平时乘的车子，都按照诸侯的标准。

三月朔，日食。　大司马齐王攸卒。

攸愤怨发病，乞守先后陵，不许。御医诊视，希旨，皆言无疾。河南尹向雄谏曰："陛下子弟虽多，然有德望者少，齐王卧居京邑，所益实深，不可不思也。"帝不纳。雄愤恚而卒。攸疾转笃，犹催上道，攸欧血而卒。帝往临丧，其子冏号踊陈诉，诏即诛医。

初，帝爱攸甚笃，为荀勖、冯𬘘所构，欲为身后之虑，故出之。及卒，帝哀恸不已。冯𬘘侍侧曰："齐王名过其实，天下归之。今自薨殒，社稷之福也，陛下何哀之过！"帝收泪而止。攸举动以礼，鲜有过事，帝敬惮之，每引同处，必择言而后发。

夏，琅邪王伷卒。

谥曰武，子觐嗣。

冬，河南、荆、扬大水。　归命侯孙皓卒。

甲辰(284)　五年

春正月，龙见武库井中。

青龙二，见武库井中。帝观之，有喜色。百官将贺，刘毅曰："昔龙降夏庭，卒为周祸。寻案旧典，无贺龙之礼。"乃止。

乙巳(285)　六年

春正月，尚书左仆射刘毅卒。

初，陈群以吏部不能审核天下之士，故令郡国及州

三月初一，出现日食。　大司马齐王司马攸去世。

司马攸由于气愤和怨恨生了病，请求去守文明皇后的陵墓，晋武帝不允许。御医去为他看病，为了迎合晋武帝的旨意，都说他没有病。河南尹向雄进谏说："陛下子弟虽多，但是有道德名望的却很少，齐王卧病住在京城，所带来的好处实在多得很，不可不考虑。"晋武帝没有采纳。向雄愤恨而死。司马攸的病加重了，晋武帝仍催促他上路回封国，最后司马攸呕血而死。晋武帝前去吊丧，司马攸的儿子司马冏顿足呼号，诉说父亲的病是被医生胡乱诊断而耽误，晋武帝下令杀了医生。

起初，晋武帝对司马攸的感情很深，由于荀勖、冯统的离间，也考虑到他死后王位的继承问题，所以让司马攸离开都城。等司马攸去世，晋武帝哀恸不已。冯统在晋武帝身边侍候说："齐王名过其实，天下人心都归向他。现在他死了，这是国家的福气，陛下为什么还这样过度悲伤呢！"晋武帝听了这话就止住了眼泪。司马攸的行为举止都合乎礼法，很少做过什么错事，晋武帝对他又敬又怕，每当和他一起时，总是三思而后言。

夏季，琅邪王司马伷去世。

司马伷死后，谥号为"武"，其子司马觐继承了王位。

冬季，河南、荆、扬等州洪水泛滥。　归命侯孙皓去世。

甲辰（284）　晋武帝太康五年

春正月，龙出现在武库的井中。

有两条青龙，出现在武库的井中。晋武帝前去观看，面有喜色。百官将要朝贺，刘毅说："从前龙降临在夏朝的庭堂上，最终成了周朝的祸殃。查寻翻阅旧典，也没有贺龙的礼制。"晋武帝才停止了庆贺。

乙巳（285）　晋武帝太康六年

春正月，尚书左仆射刘毅去世。

当初，陈群因吏部不能审核天下的士人，所以下令郡国和各州

各置中正，皆取本土之人任朝廷官，德充才盛者为之。使铨次等级以为九品，有言行修著则升之，道义亏缺则降之，吏部凭以补授。行之浸久，中正或非其人，奸敝日滋。毅尝上疏曰："中正之设，损政者八：高下逐强弱，是非随兴衰，一人之身，旬日异状，上品无寒门，下品无势族，一也。置州都者，本取州里清议所服，将以镇异同、一言议也。今重其任而轻其人，使驳论横于州里，嫌隙结于大臣，二也。本立格为九品者，谓才德有优劣，伦辈有首尾也。今乃优劣易地，首尾倒错，三也。陛下赏善罚恶，无不裁之以法，独中正无赏罚之防。又禁人诉讼，使受枉者不获上闻，四也。一国之士，多者千数，或流徙异邦，面犹不识，不过采誉于台府，纳毁于流言。任己则有不识之蔽，听受则有彼此之偏，五也。凡求人才，以治民也。今当官著效者或附卑品，在官无绩者更获高叙，抑功实而隆虚名，长浮华而废考绩，六也。凡官不同人，事不同能。今不状其才之所宜，而但第为九品。以品取人，或非才能之所长；以状取人，则为本品之所限。徒结白论，品状相妨，七也。所下不彰其罪，所上不列其善，各任爱憎以植其私，天下之人焉得不懈德行而锐

各自设置中正，都选用本地人担任朝廷官，让才高德重的人担任中正。把士人按等级分为九品，有言行方面修养较高的就提升，道义方面有欠缺的就降级，吏部凭品级提拔这些人补充朝廷的官吏。由于这个制度实行的时间长了，有些中正的人选又不合适，奸邪和弊病日渐增多。刘毅曾上疏说："中正制度的设立，对政治的损害有八个方面：品级的高低以势力的强弱为转移，是非的判断以人的兴败为标准，同为一人，几日之间状况就发生了变化，上品无贫寒出身的人，下品无世家大族出身的人，这是一。设置中正，本为了选取州郡公正舆论所佩服的人，以此来抑制不同的意见，统一大家的言论。现在重视中正的职权却轻易地任用担任中正的人，使不合礼法的言论到处流传，大臣之间也产生了怨恨，这是二。本来把人才分为九品，是表明才德有优劣，辈分有先后。现在造成了优劣易位，首尾倒错的情况，这是三。陛下您赏善罚恶，没有不以法为标准的，唯独对中正没有赏罚的措施。又禁止人们告发诉讼，使受冤枉者的情况不能上达，这是四。一国的士人，多的有一千多人，有的人是从异国他邦迁移来的，面容还互不相识，对他们的评价，不是听信官府的赞扬，就是听信流言的传播。只凭中正自己的判断，则会有辨别不正确的弊病；而听信别人的评判，还有公正不公正的偏差，这是五。凡是寻求人才，是为了治理民众。现在当官有显著政绩的人有的却处于较低的品级，而任官无政绩的人却获得较高的品级，压抑有实际功劳的人而抬高那些有虚名的人，这就助长了浮华的风气而废除了对政绩的考核，这是六。大凡选取官吏要任用各种不同的人，各种事情需要选用不同才能的人来处理。现在不论他的才能适合做什么，一律按九品的等级来评定。以品级选取人才，有的并不是任用他的所长；根据才能来选人，有的又受到品级的限制。只是凭借一些没有用处的空论，品级和实际才能不相符合，这是七。在九品之中，下降的也不彰明他的罪状，上升的也不列出他的善行，放任他们以个人的爱憎来结党营私，这样，天下的人哪里能不懈怠德行的修养而专心于钻营

人事，八也。由此论之，职名中正，实为奸府，事名九品，而有八损。宜罢中正，更立一代之制。”卫瓘亦以为：“魏氏承丧乱之后，人士流移，考详无地，故立九品之制。今九域同规，宜用土断，自公卿以下，以所居为正，无复悬客，远属异土。尽除中正，使举善进才，各由乡论，则华竞自息，各求于己矣。”始平王文学李重以为：“九品既除，宜先开移徙，听相并就，则土断之实行矣。”帝虽善其言，而终不能改。

以王浑为尚书左仆射。

时浑子济为侍中，尝坐事免官。久之，帝谓和峤曰：“我将骂济而后官之，如何？”峤曰：“济俊爽，恐不可屈。”帝召济责让之，既而曰：“颇知愧不？”济曰：“《尺布》《斗粟》之谣，常为陛下愧之。他人能令亲者疏，臣不能令亲者亲，以此愧陛下耳。”帝默然。

旱。　秋八月朔，日食。　冬，慕容廆寇辽西。

初，慕容涉归卒，弟删篡立。至是，删为其下所杀，迎涉归子廆立之。涉归与宇文部有隙，廆请讨之，朝廷弗许。廆怒，入寇辽西，杀略甚众，自是每岁犯边。

丙午（286）　七年

春正月朔，日食。　司徒魏舒罢。

人事关系呢，这是八。由此论之，官职名为中正，实际成了藏奸的处所，制度规定分为九品，实际有八种损害。应该废除中正的制度，重新建立一代新制。”卫瓘也认为：“魏氏在丧乱之后建立政权，人士到处流泊迁移，无法详细考查，所以建立了九品中正的制度。现在九域都统一了，应当采用以居住地为主的土断之法，自公卿以下，以他居住的地方为准，不再让他们算作客居之人而隶属于远方的地区。全部废除中正制度，选拔举荐各类人才，都各由本乡来评论，这样，各种不合理的竞争就会自行停止，每人都会注重自己的才德修养了。”始平王文学李重认为：“九品制度废除以后，应该允许人们迁徙，听任他们投奔各处，那么土断之法就可以实行了。”晋武帝虽然认为他们的意见很对，但终究也没有改正原有的做法。

任命王浑为尚书左仆射。

当时王浑的儿子王济为侍中，曾因事获罪被免官。事情过去好久了，晋武帝对和峤说：“我要把王济骂一顿再给他一个官做，怎么样？”和峤说：“王济有才华又豪爽，恐怕不会屈服。”晋武帝把王济召来，责骂了他一顿，接着问道：“你是不是感到有些羞愧了呢？”王济说：“听了《尺布》《斗粟》这样的歌谣，常为陛下感到羞愧。别的人能使亲近的人疏远，我却不能使亲近的人更亲，因此我愧对陛下。”晋武帝听了没有说话。

天大旱。　秋季八月初一，出现日食。　冬天，慕容廆入侵辽西。

当初，慕容涉归去世，他的弟弟慕容删篡夺了单于之位。到这时，慕容删又被他的部下杀了，迎接慕容涉归的儿子慕容廆继了位。慕容涉归与宇文部有仇怨，慕容廆请求去征讨宇文部，朝廷不允许。慕容廆大怒，于是入侵辽西，杀人很多，从此每年都要侵犯边境地区。

丙午（286）　晋武帝太康七年

春季正月初一，发生日食。　司徒魏舒请求辞去官职。

舒称疾逊位。舒所为必先行而后言。逊位之际，莫有知者。卫瓘与书曰："每与足下共论此事，日日未果，可谓'瞻之在前，忽焉在后'矣。"

丁未(287)　八年

春正月朔，日食。　太庙殿陷。秋九月，改营之。

戊申(288)　九年

春正月朔，日食。　夏六月朔，日食。　大旱。　秋八月，星陨如雨。　地震。

己酉(289)　十年

夏四月，太庙成。　慕容廆降，以为鲜卑都督。

廆谒见东夷校尉何龛，以士大夫礼，巾衣诣门。龛严兵以见之，廆乃改服戎衣而入。人问其故，廆曰："主人不以礼待客，客何为哉！"龛闻之，甚惭。鲜卑段国单于以女妻廆，生皝、仁、昭。廆以辽东僻远，徙居徒河之青山。

冬十月，复明堂及南郊五帝位。　十一月，尚书令荀勖卒。

勖有才思，善伺人主意，以是能固其宠。久在中书，专管机事。及迁尚书，甚罔怅。人有贺之者，勖曰："夺我凤凰池，诸君何贺耶！"

遣诸王假节之国，督诸州军事，封子孙六人为王。

帝极意声色，遂至成疾。杨骏忌汝南王亮，以为大司马，都督豫州诸军事，使镇许昌。又徙皇子南阳王

魏舒声称有病，请求辞去官职。魏舒平时做事一定是先做了再说。所以在他退位的时候，没有人知道这件事。卫瓘给他写信说："经常与您一起谈论辞官的事，天天都没有结果，真可以说'看着在前面，忽然又在后边了'啊！"

丁未（287） 晋武帝太康八年

春季正月初一，发生日食。 太庙大殿塌陷。秋九月，改建太庙。

戊申（288） 晋武帝太康九年

春季正月初一，发生日食。 夏季六月初一，发生日食。 天大旱。 秋八月，陨星坠落如雨。 发生地震。

己酉（289） 晋武帝太康十年

夏四月，太庙建成。 慕容廆投降晋朝，被封为鲜卑都督。

慕容廆拜见东夷校尉何龛，持士大夫的礼节，头戴巾冠，身着布衣，登门拜见。何龛让军队严肃地列队来会见他，这时慕容廆又改换军衣而入。有人问他是什么缘故，慕容廆说："主人不以礼待客，客人又能怎么样呢！"何龛听到他的话，非常惭愧。鲜卑段国单于把女儿嫁给慕容廆，生下了慕容皝、慕容仁、慕容昭。慕容廆因为辽东偏僻遥远，迁居到徒河的青山。

冬十月，晋朝恢复了明堂以及南郊五帝的祀位。 十一月，尚书令荀勖去世。

荀勖有才思，善于观察人君的意图，因此能巩固皇帝对他的宠信。长期在中书省任职，专管机密要事。等后来升为尚书令，很是失意惆怅。有人来表示庆贺，荀勖说："夺了我的凤凰池，你们有什么可贺的呢！"

晋朝派遣诸王持节回到封国，都督诸州军事，封子孙六人为王。

晋武帝沉湎声色，因此得病。杨骏嫉妒汝南王司马亮，任他为大司马，都督豫州诸军事，派他镇守许昌。又改封皇子南阳王

柬为秦王，都督关中。玮为楚王，都督荆州。允为淮南王，都督扬、江二州诸军事。并假节之国。立皇子乂为长沙王。颖，成都王。晏，吴王。炽，豫章王。演，代王。孙遹，广陵王。

初，帝以才人谢玖赐太子，生遹。宫中尝夜失火，帝登楼望之，遹年五岁，牵帝裾入暗中曰："暮夜仓猝，宜备非常，不可令照见人主。"帝奇之，尝称遹似宣帝，故天下咸归仰之。帝知太子不才，然恃遹明慧，故无废立之心。复用王佑谋，以太子母弟柬、玮、允分镇要害。又恐杨氏之逼，以佑为北军中候，典禁兵。

帝为遹高选僚佐，以散骑常侍刘寔志行清素，命为之傅。寔以时俗喜进趣，少廉让，尝著《崇让论》，欲令初除官通谢章者必推贤让能，一官缺，则择为人所让多者用之。以为："人情，争则欲毁己所不如，而优劣难分；让则竞推于胜己，而贤智显出。当此时也，能退身修己，则让之者多矣。驰骛进趋而欲人见让，犹却行而求前也。"

时又封宗室数人，淮南相刘颂上疏曰："陛下以法禁素宽，未可遽革，然矫时救弊，亦宜以渐，譬犹行舟，虽不横截迅流，当渐靡而往，稍向所趋，然后得济也。臣闻为社稷计，莫如封建亲贤。然宜审量事势，使诸侯率义而动者，其力足以维带京邑；包藏祸心者，其势不足独以有为。

司马柬为秦王，都督关中。司马玮为楚王，都督荆州。司马允为淮南王，都督扬、江二州诸军事。让他们都持节回到各自的封国。立皇子司马乂为长沙王。司马颖，为成都王。司马晏，为吴王。司马炽，为豫章王。司马演，为代王。皇孙司马遹，为广陵王。

起初，晋武帝把才人谢玖赐给太子，生了皇孙司马遹。宫中曾有一天夜里失火，晋武帝登楼察看，司马遹刚五岁，牵着晋武帝的衣襟走到暗处，说："暮夜之中容易发生事情，应该防备异常，不可让光亮照在人主的身上。"晋武帝认为他不是一般的孩子，曾称赞司马遹像晋宣帝，因此天下人都仰慕并归向司马遹。晋武帝知道太子没有才能，但是仗着孙子司马遹聪明，所以没有产生废黜太子的想法。晋武帝又采用了王佑的计谋，把太子同母的弟弟司马柬、司马玮、司马允都派去镇守要害地区。晋武帝还担心受到杨氏的逼迫，又任命王佑为北军中候，统领禁兵。

晋武帝以严格的标准为司马遹选择僚佐，因散骑常侍刘寔志行清廉高洁，任命他为太子的老师。刘寔因当时的风俗喜好进取阿附，缺少廉洁谦让，曾著有《崇让论》，想建议让那些初次被授予官职的人，在向皇帝上谢表时要推贤让能，这样，某一官职有了空缺，就选择被人推让次数多的人来担任。他认为："人之常情，如果都相争不让，就会诋毁比自己强的人，这样优劣就难以区分；都相互谦让，就会竞相推举胜过自己的人，贤者智者就会显现出来。在现在这个时候，能退身修己，谦让的人就会多起来。奔走趋附向上爬的人想让别人谦让，也得以谦退的形式求得前进。"

这时又分封了几位宗室，淮南相刘颂上疏说："陛下因为刑法禁令素来宽松，不可能遽然改变，然而纠正时弊，也适宜逐渐进行，就好比乘船渡河，即使不能横渡迅流，但顺着水流前进，稍稍倾向自己要去的方向，最后也能到达对岸。我听说为国家着想，没有比分封属国亲近贤人更好的办法了。然而应当审时量势，使那些依据义而行动的诸侯，让他们的力量足以维护京城；而对那些包藏祸心的诸侯，要使他们的势力不能独自有所作为。

其齐此甚难，陛下宜与达古今之士深共筹之。周之诸侯有罪，身诛而国存。汉之诸侯有罪，或无子者，国随以亡。今宜反汉循周，则下固而上安矣。天下至大，万事至众，是以圣王执要于己，委务于下，非惮劳而好逸，诚以政体宜然也。夫居事始以别能否，甚难也；因成败以分功罪，甚易也。今陛下精于造始，而略于考终，此政功所以未善。人主诚能居易执要，考功罪于成败之后，则群下无所逃其诛赏矣。古者六卿分职，冢宰为师。秦汉以来，九列执事，丞相都总。今尚书制断，诸卿奉成，于古制为太重。可出众事付外寺，使得专之。尚书统领大纲，岁终课功校簿而行赏罚，斯亦可矣。今动皆受成于上，故上之所失不得复以罪下，岁终事功不建，不知所以责也。夫细过谬妄，人情之所必有，而悉纠以法，则朝野无立人矣。近世为监司者，类大纲不振，而微过必举，盖由畏避豪强而又惧职事之旷，则谨；密网以罗微罪，使奏劾相接，状似尽公，实则挠法。是以圣王不善碎密之案，必责凶猾之奏，则害政之奸自然禽矣。夫创业之勋，在于立教定制，使遗风系人心，余烈匡幼弱。后世凭之，虽昏犹明，虽愚若智，乃足尚也。至夫修饰官署，

要做好这件事很难，陛下应该与通达古今的人士深入共同研究筹划。周代的诸侯犯了罪，诛杀诸侯本人而不废除他的封国。汉代的诸侯犯了罪，或没有儿子的，封国也随之收回。现在应该改变汉代的做法而遵循周代的做法，这样下面巩固上面也就安定了。天下如此之大，万事万物如此之多，因此圣明的君主要把重要的事情掌握在自己手里，把一般的事务委托给手下人去办，这并不是好逸恶劳，实在是国家的政体应该如此啊！做一件事情，开始时去判断能否成功，是很难的；因事情的成败来分辨谁有功谁有罪，这就很容易了。现在陛下您在事情开始时考虑得很周到，但事情结束后对考察功过则比较疏略，这是政功还不够完美的原因。人君如果能够做到这件容易做的事而又能抓住根本，在事物成功或失败之后来考察功过，对下属的奖赏或处罚就恰如其分了。古代六卿各司其职，冢宰为统领。秦汉以来，九卿掌管各项工作，丞相为总管。现在事情由尚书来裁断，下面的众卿只是奉行成规，比起古制，尚书的事务太重。可以把众多的事务交付诸卿寺办理，使他们有职有权。尚书统领大政纲领，年终考核功绩，根据记载实行赏罚，这样也就可以了。现在每个行动都遵循上面的成令，因此上面有了过失就不能怪罪下属，年终没有建立什么政绩，也不知应该责备何人。小的过失谬误，从人之常情来说是难免的，如果都用法律来纠正，那朝野上下就无人可以立身了。近世担任监察的官员，大都不抓根本大事，而对小的过失却一一揭发，这是因惧怕逃避豪强而又担心被人指责在职位上不负责任，就谨慎起来；撒下密网来罗织微小的罪过，使弹劾的奏章接连不断，表面看是为公尽职，实际是扰乱了法制。因此圣明的君主不赞赏揭发那些琐碎细微的小事，而对揭发大凶大恶的奏章一定要严审，这样危害政事的奸邪之人自然就被抓住了。创立基业的最大功劳，在于实行教化制定制度，使遗留的风尚能保留在后人的心中，留下的功业仍能辅助继位的幼主。后代凭借这些制度，即使是昏庸的人也可以明察，即使是愚蠢的人也如同明智的人，这样的功绩才值得称赞。至于修饰官署的事，

凡诸作役，此将来所不须于陛下而自能者也。今勤所不须以伤所凭，窃以为过矣。”帝不能用。

以刘渊为匈奴北部都尉。

渊轻财好施，倾心接物，五部豪杰、幽冀名儒，多往归之。

庚戌(290)　**孝惠皇帝永熙元年**

夏四月，以杨骏为太尉，辅政。帝崩，太子衷即位，尊皇后曰皇太后，立皇后贾氏。

帝疾笃，杨骏独侍疾禁中，大臣皆不得在左右。骏因以私意改易要近，树其心腹。会帝小间，正色谓曰：“何得便尔！”时汝南王亮尚未发，乃令作诏，以亮与骏同辅政，且欲择朝士有闻望者佐之。会帝复迷乱，皇后奏以骏辅政，帝颔之。后召华廙、何劭作诏，授骏太尉，都督中外诸军，录尚书事。仍趣亮赴镇。帝复小间，问：“汝南王来未？”左右言未至，遂崩。帝宇量弘厚，明达好谋，容纳直言，未尝失色于人。太子即位，骏入居太极殿，以虎贲百人自卫。亮不敢临丧，哭于大司马门外，表求过葬而行。或告亮欲讨骏，骏密遣兵图之，亮夜驰赴许昌，乃免。

五月，葬峻阳陵，诏群臣增位赐爵有差。

以及各种劳役，这些事陛下不过问将来也能办成。现在对不需要陛下过问的事用心很多而损伤了所凭借的根本，我认为这是不对的。"晋武帝没有采纳他的意见。

晋武帝任命刘渊为匈奴北部都尉。

刘渊轻财好施，能倾心与人交往，匈奴五部的豪杰之士以及幽、冀二州的名儒，很多都去投奔他。

晋惠帝

庚戌（290） **晋惠帝永熙元年**

夏四月，任命杨骏为太尉，辅佐政事。晋武帝去世，太子司马衷即皇帝位，尊皇后为皇太后，立太子妃贾氏为皇后。

晋武帝病势加重，杨骏独自一人在宫中侍候，不许别的大臣在晋武帝身边。杨骏便按照自己的意思改换靠近晋武帝身边的人和担任重要官职的人，培植自己的心腹。正巧晋武帝的病稍有好转，严肃地对杨骏说："你怎么能这样做！"这时汝南王司马亮还未离开京城，晋武帝就命中书写下诏书，让司马亮与杨骏一同辅佐政事，并且还想选择朝中一些有名望的人来辅助他们。恰好晋武帝又昏迷了，皇后上奏让杨骏辅政，晋武帝点了一下头。皇后召来华廙、何劭写下诏书，任命杨骏为太尉，都督中外诸军事，录尚书事。仍然催促司马亮前往他镇守的地方。晋武帝又有一会儿好转，问："汝南王来了没有？"身边的人说没来，晋武帝就去世了。晋武帝器量弘大宽厚，聪明通达，喜好智谋，能容纳直言，未尝在人前出现失态的事情。太子继承了皇位，杨骏进入太极殿居住，用一百名卫士来自卫。司马亮不敢来吊丧，在大司马门外放声大哭，上表请求丧事过后再走。有人告发说司马亮要讨伐杨骏，杨骏秘密派兵去讨伐司马亮，司马亮连夜奔赴许昌，才免遭祸患。

五月，晋武帝被安葬在峻阳陵，朝廷下诏中外群臣按不同等级增位赐爵。

杨骏自知素无美望，欲普进封爵以求媚于众。将军傅祗谓曰："未有帝王始崩，而臣下论功者也。"骏不从，诏中外群臣增位赐爵有差，复租调一年。散骑侍郎何攀奏曰："帝正位东宫二十余年，今承大业而班赏行爵，优于革命之初，轻重不伦。且大晋卜世无穷，制当垂后，若有爵必进，则数世之后莫非公侯矣。"不从。

以杨骏为太傅、大都督，假黄钺，录朝政，百官总己以听。

傅咸谓骏曰："谅暗不行久矣。今上谦冲，委政于公，而天下不以为善，惧明公未易当也。周公大圣，犹致流言，况上春秋非成王之年乎？进退之宜，明公当审思之。"骏不从。杨济遗咸书曰："谚云：'生子痴，了官事。'官事未易了也。"咸复书曰："卫公有言：'酒色杀人，甚于作直。'坐酒色死，人不为悔，而逆畏以直致祸，此由心不能正，欲以苟且为明哲耳。自古以直致祸者，当由矫枉过正，或不忠笃，而欲以亢厉为声，故致忿耳，安有悾悾忠益而返见怨疾乎！"骏以贾后险悍，多权略，忌之，以其甥段广管机密，张劭典禁兵。凡有诏命，帝省讫，入呈太后，然后行之。冯翊太守孙楚谓曰："公以外戚居伊、霍之任，而不与宗室共参万机，祸至无日矣。"骏不从。骏姑子弘训少府蒯钦，数以直言犯骏，人为之惧，钦曰："杨文长虽暗，犹知人无罪不可杀，不过疏我。我得疏，乃可以免，不然，与俱族矣。"骏辟匈奴

杨骏自知自己素来没有好的名望，想用普遍加官晋爵的办法来讨好众人。将军傅祗对他说："从来没有帝王刚刚驾崩，就给臣下论功行赏的。"杨骏不听，下诏中外群臣，按照不同的等级增位赐爵，又免除一年的赋税。散骑侍郎何攀上奏说："皇帝被立为东宫太子二十多年，现在继承了王位而进行奖赏赐爵，比泰始革命之初还要优厚，这样做轻重失当。况且大晋要传世无穷，这些制度都应传之后世，如果有爵位的就要晋升，那么数世之后就没有不是公侯的了。"杨骏不听。

晋惠帝任命杨骏为太傅、大都督，假黄钺，总领朝政，百官各自掌管自己的职责，听命于杨骏。

傅咸对杨骏说："为天子居丧的制度很久都不实行了。如今皇帝谦虚，把政事委托给您，但天下人都认为这样做是不合适的，恐怕您抵挡不住人们的议论。周公是位大圣人，尚且招来流言，何况当今的皇帝还不像周成王那样年幼呢！当进当退，您应当慎重考虑。"杨骏没有听从。杨济给傅咸写信说："谚语说：'生个傻儿子，了结官场事。'官场内的事不是容易了结的啊！"傅咸回信说："卫公说过：'酒色杀人，比直言杀身还要厉害。'因为酒色过度而死，人们不会后悔，却害怕直言招祸，这是由于心不能正，想以苟且偷生当作明哲保身罢了。自古因为直言招致祸殃的，大都由于矫枉过正，或者是心意不诚，而是想以严厉的做法来制造声势，因此招致怨恨，哪有忠诚恳切反而会遭到怨恨的呢！"杨骏因为贾后阴险蛮横，又有权术谋略，很忌恨她，就任命自己的外甥段广管理机密要事，任命张劭统领禁兵。凡有诏命，皇帝看完，再入呈太后，然后实行。冯翊太守孙楚对杨骏说："您以外戚的身份担当了伊尹、霍光那样辅佐帝王的重任，而不让皇族宗室共同参与商讨日常政务，大祸临头的日子不远了。"杨骏不听。杨骏姑姑的儿子弘训少府蒯钦，多次对杨骏直言相劝，人们都为他担心，蒯钦说："杨文长（杨骏字文长）虽然糊涂，还是知道人没罪是不能杀的，不过疏远我而已。我被疏远，才可以免祸，不这样的话，将来就会和他一起被族灭。"杨骏征召匈奴

东部人王彰为司马，彰逃不受。其友怪问之，彰曰："自古一姓二后，未有不败。况杨太傅昵小人，远君子，专权自恣乎！吾逾海塞以避之，犹恐及祸，奈何应其辟乎！且武帝不惟社稷大计，嗣子既不克负荷，受遗复非其人，天下之乱可立待也。"

秋八月，立广陵王遹为皇太子。

遹既立，以何邵、裴楷、王戎、张华、杨济、和峤为师保，拜母谢氏为淑媛。贾后常置谢氏于别室，不听与太子相见。

初，和峤尝言于武帝曰："太子有淳古之风，而末世多伪，恐不了陛下家事。"后与荀勖同侍，武帝曰："太子近进，卿可俱诣之。"既还，勖等称太子明识雅度，峤曰："圣质如初。"武帝不悦而起。及是，峤从遹入朝，贾后使帝问曰："卿昔谓我不了家事，今定如何？"峤曰："臣昔事先帝，曾有是言，言之不效，国之福也。"

以刘渊为匈奴五部大都督。　琅邪王觐卒。

谥曰恭。子睿嗣。

辛亥(291)　元康元年

春三月，皇后贾氏杀太傅杨骏，废皇太后为庶人。

初，贾后为太子妃，尝以妒手杀数人，又以戟掷孕妾，子随刃堕。武帝大怒，将废之。杨后曰："贾公闾有大勋于社稷，岂可以其女妒而忘之邪！"妃得不废。后数诫厉妃，妃不知其助己，返以为恨。至是不以妇道事太后，又欲预政，而为杨骏所抑。殿中中郎孟观、李肇，皆骏所不礼也，

东部人王彰为司马，王彰逃避不受。王彰的盟友感到很奇怪，去问王彰，王彰说："自古一姓有两位皇后，没有不败亡的。况且杨太傅亲近小人，疏远君子，又专权放纵呢！我远到海边塞外去躲避他，还恐怕遭受祸殃，怎能去接受他的征召呢！何况晋武帝不考虑国家大计，继位的儿子又担当不了治国的重任，接受遗诏的大臣又不是合适的人选，天下大乱的局面马上就要到来了。"

秋八月，立广陵王司马遹为太子。

司马遹被立为太子后，晋惠帝任命何邵、裴楷、王戎、张华、杨济、和峤为太子师保，拜太子母谢氏为淑媛。贾后经常让谢氏居于别室，不让她与太子相见。

当初，和峤曾对晋武帝说："太子有淳朴的气质，而衰世多伪诈，恐怕太子不能很好地承担陛下的家事。"这时贾后和荀勖都在武帝身边侍候，晋武帝说："太子近来有了长进，你们都可以去见他。"回来以后，荀勖等人称赞太子聪明有识见有风度，和峤说："太子的资质和原来一样。"晋武帝不高兴地站起身来。等到和峤跟随太子司马遹进入朝廷，贾后让晋惠帝问和峤说："你从前说我不能承担家事，今天究竟怎么看呢？"和峤说："我从前侍奉先帝，曾说过这样的话，我的话没有应验，这是国家的福气啊！"

晋惠帝任命刘渊为匈奴五部大都督。　琅邪王司马觐去世。

司马觐去世，谥号为"恭"。他的儿子司马睿继承了王位。

辛亥(291)　晋惠帝元康元年

春三月，皇后贾氏杀太傅杨骏，把皇太后废为庶人。

当初，贾后还是太子妃的时候，曾经因为嫉妒亲手杀了好几个人，又用戟投掷怀有身孕的姬妾，使其流产。晋武帝大怒，要废除她。杨皇后说："贾充对国家有大功，怎么能因为他的女儿有嫉妒心就忘了贾公的大功呢！"因此贾氏没有被废。杨皇后多次训斥告诫贾妃，贾妃不知道她这是帮助自己，反而心怀怨恨。到这时，贾后不按照妇道来侍奉杨太后，还想干预政事，但受到杨骏的抑制。殿中中郎孟观、李肇，都是杨骏不喜欢的人，

贾后使黄门董猛与观、肇谋诛骏，废太后。又使报楚王玮，玮许之，乃求入朝。至是，观、肇启帝，夜作诏，诬骏谋反，命东安公繇帅殿中四百人讨之，玮屯司马门。骏闻变，召官属谋之，主簿朱振曰："必阉竖为贾后谋，不利于公，宜烧云龙门以胁之，索造事者首，引东宫及外营兵，拥皇太子入宫取奸人，殿内振惧，必斩送之。不然，无以免难。"骏素怯懦，不决，乃曰："云龙门，魏明帝所造，功费甚大，奈何烧之！"皇太后题帛为书，射城外曰："救太傅者有赏。"贾后因宣言太后同反。寻，殿中兵出，烧骏府，骏逃于厩，就杀之。遂收珧、济及张劭、段广等，皆夷三族。珧临刑，告东安公繇曰："表在石函，可问张华。"繇不听。繇，琅邪武王之子也。贾后矫诏，送太后于永宁宫。复讽群公奏曰："皇太后图危社稷，自绝于天，陛下虽怀无已之情，臣下不敢奉诏。"中书监张华议："皇太后非得罪于先帝，今党其所亲，为不母于圣世，宜依汉废赵太后故事，称武皇后，居异宫，以全始终。"有司奏请废太后为庶人，诣金墉城。诏可。又奏："昨诏原骏妻庞氏，以慰太后之心。今太后废，请以庞付廷尉行刑。"诏从之。庞临刑，太后抱持号叫，截发稽颡，上表贾后称妾，请全母命，不省。董养游太学，升堂叹曰："朝廷建斯堂，将以何为乎？每览赦书，谋反大逆皆赦，至于杀祖父母、父母不赦者，以为王法所不容故也。公卿处议至此，天人之理既灭，大乱将作矣。"

贾后就派黄门董猛和孟观、李肇策划除掉杨骏，废黜太后。又让人通知楚王司马玮，司马玮同意了，于是司马玮请求入朝。这时，孟观、李肇向皇帝禀奏，连夜撰写诏书，诬陷杨骏要谋反，下令东安公司马繇率领宫中四百人去讨伐他。司马玮屯驻在司马门。杨骏听说宫中有变，赶快召集下属出谋划策，主簿朱振说："必定是那些宦官给贾后出的主意，这对您很不利，应当焚烧云龙门来威胁他们，索要造事者的脑袋，带领东宫及外营的士兵，挟持着皇太子入宫捉拿奸人，宫廷内震动恐惧，必定会斩首送来。不然，没有别的办法免除祸患。"杨骏素来怯懦，犹豫不决，还说："云龙门是魏明帝建造的，耗费财力很大，怎么能焚烧呢！"皇太后把信写在帛上，用箭射到城外，说："救太傅的人有赏。"贾后便宣布太后和杨骏共同谋反。不久，宫中的兵冲出来，烧了杨骏的府第，杨骏逃到马厩，被杀死在马厩中。于是拘捕了杨珧、杨济以及张劭、段广等人，都夷灭三族。杨珧临刑时，告诉东安公司马繇说："我给皇帝的表放在石函中，你可以去问张华。"司马繇不听。司马繇是琅邪武王的儿子。贾后又谎称皇帝诏书，把太后送到永宁宫。又委婉劝说众大臣向晋惠帝上奏，让他们说："皇太后图谋社稷，是自绝于天，陛下虽怀着无法抑制的感情，臣下也不敢奉命行事。"中书监张华说："皇太后侍奉先帝时没有什么过错，而今偏袒她亲近的人，只是不宜做圣世的母后，应依照汉代废赵太后的旧例，称武皇后，居别宫，来保全始终。"有关部门奏请废太后为庶人，送往金墉城。晋惠帝下诏许可。又有奏书说："昨天下诏饶恕了杨骏的妻子庞氏，以安慰太后的心。现在太后也被废了，请将庞氏交付廷尉行刑。"晋惠帝下诏同意。庞氏临刑时，太后抱着她大声呼号喊叫，剪断头发，跪下叩头，上表贾后自称"妾"，请求保全母亲的性命，贾后不予理睬。董养正在太学，登上殿堂感叹说："朝廷建这个殿堂，到底为了什么呢？每当观看赦书，对谋反这样大罪的人都赦免，何至于要杀祖父母、父母而不能赦免，我认为这样做是王法所不容的。公卿议论处理事情到了如此地步，天理人情都已灭绝，大乱将要发生了。"

征汝南王亮为太宰，与太保卫瓘录尚书事。

亮欲悦众，论诛杨骏功，督将侯者千八十一人。御史中丞傅咸曰："无功而获厚赏，则人莫不乐国之有祸，是祸原无穷也。"亮不从。亮颇专权势，咸复谏，亦不从。贾后族兄模，从舅郭彰、女弟之子贾谧，与楚王玮、东安王繇，并预政。后暴戾日甚，繇密谋废后。繇兄澹，素恶繇，屡谮于亮，诏免繇官，废徙带方。于是谧、彰权势愈盛。谧虽骄奢，而喜延士大夫，彰与石崇、陆机、机弟云、潘岳、挚虞、左思、牵秀、刘舆、舆弟琨等皆附于谧，号二十四友。崇与岳尤谄，每谧及广城君郭槐出，皆降路左，望尘而拜。

夏六月，皇后杀太宰亮，太保瓘及楚王玮。

太宰亮、太保瓘，以北军中候楚王玮刚愎好杀，欲夺其兵，权以裴楷代之。玮怒，楷不敢拜。复谋遣玮之国，玮长史公孙宏、舍人岐盛，劝玮自昵于贾后，后留玮领太子少傅。盛素善于杨骏，瓘恶其反复，将收之。盛乃因将军李肇矫称玮命，谮亮、瓘于贾后，云将谋废立。后素怨瓘，且患二公秉政，己不得专恣。六月，使帝作手诏赐玮曰："太宰、太保欲为伊、霍之事，王宜宣诏，屯诸宫门，免亮、瓘官。"夜使黄门赍以授玮。玮亦欲因此复私怨，遂勒本军，复矫诏召三十六军，遣宏、肇以兵围亮府，清河王遐收瓘。长史刘准谓亮曰："此必奸谋，府中俊乂如林，犹可力战。"

晋惠帝征召汝南王司马亮为太宰，与太保卫瓘录尚书事。

司马亮想取悦众大臣，评定了诛伐杨骏的功臣，督将被封侯的有一千零八十一人。御史中丞傅咸说："没有功劳而能获厚赏，这样人们没有不希望国家有祸患的，祸根就无穷了。"司马亮不听。司马亮很是专权独断，傅咸又进谏，还是不听。贾后的族兄贾模，从舅郭彰、妹妹的儿子贾谧，以及楚王司马玮、东安王司马繇，一起参与朝政。贾后一天比一天暴戾，司马繇密谋废除贾后。司马繇的哥哥司马澹，一向忌恨司马繇，屡次在司马亮面前说他的坏话，晋惠帝下诏免去司马繇的官职，废黜迁徙他到带方。于是贾谧、郭彰的权势更盛。贾谧虽然骄奢，但喜欢结交士大夫，郭彰与石崇、陆机、陆机的弟弟陆云、潘岳、挚虞、左思、牵秀、刘舆、刘舆的弟弟刘琨等人，都依附于贾谧，号称二十四友。石崇与潘岳尤其能谄媚，每遇到贾谧和广城君郭槐出行，都赶快站在道路左边，望着车后扬起的尘土礼拜。

夏六月，皇后杀了太宰司马亮、太保卫瓘以及楚王司马玮。

太宰司马亮、太保卫瓘，因为北军中候楚王司马玮刚愎自用又好杀人，就想夺取他的兵权，暂时用裴楷来代替他。司马玮大怒，裴楷不敢接受这个官职。司马亮等人又谋划让司马玮回到封国，司马玮的长史公孙宏、舍人岐盛，劝司马玮去亲近贾后，贾后留司马玮兼任太子少傅。岐盛一向和杨骏友好，卫瓘厌恶他反复无常，将要拘捕他。岐盛于是通过将军李肇假称司马玮的命令，在贾后面前说司马亮和卫瓘的坏话，说他们图谋废黜贾后。贾后素来怨恨卫瓘，又担心司马亮与卫瓘掌握了政权，自己不能专断独行。六月，让晋惠帝亲笔写诏书赐给司马玮，说："太宰、太保想要做伊尹、霍光废黜皇帝的事，君王你应当宣布诏命，让诸王驻守备宫门，免去司马亮和卫瓘的官职。"夜间派宦官带着诏书交给司马玮。司马玮也想借机报私仇，于是统率着自己的军队，又假称皇帝诏书，召集三十六军，派公孙宏、李肇领兵包围了司马亮的府第，让清河王司马遐去拘捕卫瓘。长史刘准对司马亮说："这必定是奸谋，您府中豪杰众多，还可以用武力抵挡。"

不听，遂为肇所执。叹曰："我之赤心，可破示天下也。"与世子矩俱死。瓘左右亦疑遐矫诏，请拒之，须自表得报，就戮未晚。瓘不听。

初，瓘为司空，帐下督荣晦有罪，斥遣之，至是，晦从遐收瓘，辄杀瓘及子孙共九人。盛因说玮诛贾、郭以正王室，玮未决。会天明，张华使董猛说贾后曰："楚王既诛二公，则威权尽归之矣，人主何以自安？宜以专杀之罪诛之。"乃遣殿中将军赍驺虞幡麾众曰："楚王矫诏，勿听也。"众皆释仗，遂执玮斩之。宏、盛夷三族。

卫瓘女与国臣书曰："先公名谥未显，一国无言，《春秋》之失，其咎安在?"太保主簿刘繇等执黄幡，挝登闻鼓讼瓘冤，乃诏族诛荣晦，追复亮、瓘爵位，谥亮曰文成，谥瓘曰成。

以贾模、张华、裴頠、裴楷为侍中，并管机要。

贾后专朝，以模为散骑常侍，加侍中。谧与后谋，以张华庶姓，无逼上之嫌，而儒雅有筹略，为众望所依，乃以华为侍中、中书监，裴頠为侍中，裴楷为中书令，加侍中，与右仆射王戎并管机要。华尽忠帝室，弥缝遗阙，后虽凶险，犹知敬重。与模、頠同心辅政，故数年之间，虽暗主在上，而朝野安静。

壬子(292)　二年

春二月，皇后贾氏弑故皇太后杨氏于金墉城。

司马亮不听，于是被李肇拘捕。司马亮叹息说："我的赤心，可以剖开让天下人看啊！"他和长子司马矩都被处死。卫瓘身边的人也怀疑司马遐是假称皇帝诏命，请求卫瓘抵抗，等候自己上表得到答复，再被杀也不晚。卫瓘不听。

当初，卫瓘任司空时，帐下督荣晦犯了罪，卫瓘斥责并赶走了他，到这时，荣晦跟随司马遐来拘捕卫瓘，擅自杀了卫瓘及其子孙共九人。岐盛便劝说司马玮杀掉贾谧、郭彰以扶正王室，司马玮犹豫不决。这时天亮了，张华派董猛对贾后说："楚王既已杀了司马亮和卫瓘，那么威势权力就归于楚王了，君主还依靠什么求得自己的安稳呢？应当以专擅杀人的罪名诛杀他。"于是派殿中将军拿着驺虞旗指挥众人说："楚王谎称皇帝命令，不要听他的话。"众人都放下了兵器，于是抓住司马玮将他杀了。公孙宏，岐盛被夷灭了三族。

卫瓘的女儿写信给国中大臣说："我死去的父亲没有得到显扬的谥号，全国都没有人替他说话，这种不符合《春秋》的失误，该归咎于谁呢？"太保主簿刘繇等人手执黄旗，敲登闻鼓为卫瓘诉冤，于是皇帝下诏诛杀了荣晦，恢复司马亮、卫瓘的爵位，赐司马亮谥号为"文成"，卫瓘谥号为"成"。

任命贾模、张华、裴頠、裴楷为侍中，共同掌管机要。

贾后独揽朝政，专权独断任命贾模为散骑常侍，兼任侍中。贾谧与贾后商议，因张华是庶族，没有威胁皇室的嫌疑，而且本人儒雅有谋略，为众望所依归，就任命张华为侍中、中书监，裴頠为侍中，裴楷为中书令，兼侍中，与右仆射王戎一同掌管机要大事。张华对皇家竭尽忠诚，尽力弥补缝合朝政的遗缺，贾后虽然凶恶阴险，还知道对张华敬重。张华和贾模、裴頠同心同力辅佐朝政，因此数年之内，虽然昏主在上，但朝野上下还算安静无事。

壬子(292)　**晋惠帝元康二年**

春二月，皇后贾氏将原来的皇太后杨氏杀死在金墉城。

时太后尚有侍御十余人，贾后悉夺之，绝膳八日而卒。贾后覆而殡之。

癸丑（293）　**三年**

夏六月，弘农雨雹。

深三尺。

甲寅（294）　**四年**

大饥。　司隶校尉傅咸卒。

咸性刚简，风格峻整。初为司隶，上言："货赂流行，所宜深绝。"奏免河南尹澹等官，京师肃然。

慕容廆徙居大棘城。

乙卯（295）　**五年**

夏六月，东海雨雹。

深五寸。

荆、扬、兖、豫、青、徐州大水。　冬十月，武库火。

焚累代之宝及二百万人器械。

索头分其国为三部。

一居上谷之北，濡源之西，禄官自统之。一居代郡参合陂之北，使兄子猗㐌统之。一居定襄之盛乐故城，使猗㐌弟猗卢统之。代人卫操与从子雄及同郡箕澹往依拓跋氏，说猗㐌、猗卢招纳晋人。猗㐌悦之，任以国事，晋人附者稍众。

丙辰（296）　**六年**

春，以张华为司空。　夏，匈奴郝度元反。

当时太后还有十几名侍从，贾后都把他们撤走了，杨太后八天不进饮食而死。贾后将她的尸体面向下埋葬。

癸丑(293)　晋惠帝元康三年

夏六月，弘农下了冰雹。

冰雹深三尺。

甲寅(294)　晋惠帝元康四年

发生了大饥荒。　司隶校尉傅咸去世。

傅咸性情刚强朴直，风格严峻庄重。刚任司隶的时候，向皇帝上书说："贿赂盛行，应当严厉禁绝。"上奏罢免了河南尹司马澹等人的官职，京师为之震动，贿赂之风得到整肃。

慕容廆移居大棘城。

乙卯(295)　晋惠帝元康五年

夏六月，东海下了冰雹。

冰雹深五寸。

荆、扬、兖、豫、青、徐六州洪水泛滥。　冬十月，武库发生火灾。

武库大火焚毁了历代的宝物以及供二百万人使用的器械。

索头把他的国家分为三部分。

一部分居住在上谷之北，濡源之西，拓跋禄官亲自统帅。一部分居住在代郡参合陂之北，拓跋禄官派其哥哥的儿子拓跋猗㐌统领。另一部分居住在定襄的盛乐故城，让拓跋猗㐌的弟弟拓跋猗卢统领。代人卫操与他的侄子卫雄以及同郡的箕澹一起去投奔拓跋氏，劝说猗㐌、猗卢招纳晋人。猗㐌很喜欢他们，把国家大事托付他们办理，晋人来归附的逐渐增多。

丙辰(296)　晋惠帝元康六年

春季，任命张华为司空。　夏季，匈奴郝度元造反。

匈奴郝度元与冯翊、北地马兰羌、卢水胡俱反，杀北地太守。征西大将军赵王伦信用嬖人孙秀，与雍州刺史解系争军事。朝廷征伦还，以梁王肜代之。系表请诛秀以谢氐羌，张华以告肜，使诛之。秀友人为之说肜，得免。伦遂用秀计，深交贾、郭，贾后大爱信之，因求录尚书事，张华、裴頠固执不可，伦、秀由是怨之。

秋八月，秦、雍氐、羌齐万年反。十一月，遣将军周处等讨之。

初，御史中丞周处弹劾不避权戚，梁王肜尝违法，处按劾之。至是秦、雍氐、羌悉反，其帅齐万年僭帝号，围泾阳。诏以处为建威将军，隶安西将军夏侯骏以讨之。中书令陈准曰："骏及梁王皆贵戚，非将帅之才，进不求名，退不畏罪。周处忠直勇果，有仇无援。宜诏孟观，以精兵万人为处前锋，必能殄寇。不然，梁王当使处先驱，而不救以陷之，其败必也。"朝廷不从。万年闻处来，曰："周府君有文武才，若专断而来，不可当也。或受制于人，此成禽耳。"

关中饥疫。　十二月，略阳氐杨茂搜据仇池。

初，略阳清水氐杨驹始居仇池。仇池方百顷，其旁平地二十余里，四面斗绝而高，为羊肠蟠道，三十六回而上。至其孙千万附魏，封为百顷王。千万孙飞龙浸强盛，徙居略阳。以其甥令狐茂搜为子，茂搜避齐万年之乱，帅部落还保仇池，自号辅国将军、右贤王。关中人士避乱者多依之，

匈奴郝度元与冯翊、北地马兰羌人、卢水胡人一起造反，杀了北地太守。征西大将军、赵王司马伦任用他宠爱的人孙秀，与雍州刺史解系争夺军事权。朝廷征召司马伦回到京城，让梁王司马肜去代替他。解系上表请求杀死孙秀以向氐、羌人谢罪，张华把这事告诉了司马肜，让司马肜去杀孙秀。孙秀的朋友为他向司马肜说情，孙秀才能够免除被杀。司马伦于是采用孙秀的计策，牢固地结交贾谧、郭彰，贾后对他十分宠信，司马伦便乘机请求录尚书事的职务，张华、裴颜坚决不同意，司马伦、孙秀因此怨恨张、裴二人。

秋八月，秦、雍之地的氐人、羌人拥立齐万年反叛。冬十一月，晋朝派遣将军周处等人去讨伐齐万年。

起初，御史中丞周处弹劾不避权贵，梁王司马肜曾违法，周处审查弹劾他。到这时秦、雍之地的氐人、羌人全部反叛，他们的统帅齐万年竟僭称帝号，包围了泾阳。惠帝下诏任命周处为建威将军，隶属于安西将军夏侯骏，去讨伐齐万年。中书令陈准说："夏侯骏和梁王都是贵戚，并非将帅之才，他们进不求官，退又不怕犯罪。周处忠诚正直，勇敢果断，有了仇敌无人援助。应当下诏给孟观，让他带精兵万人作为周处的前锋，必定能消灭敌人。不然的话，梁王一定会让周处先行出兵，不去救援而陷害他，失败是必然的了。"朝廷不听从陈准的意见。齐万年听说周处来讨伐他，说："周府君有文武之才，如果他有决断之权而来，就不可抵挡。如果他受制于人，就可以擒拿他了。"

关中地区发生饥荒和瘟疫。　十二月，略阳氐人杨茂搜占据仇池。

最初，略阳清水氐杨驹开始居住在仇池。仇池方圆百顷，旁边有平地二十多里，四面是陡峭的高山，有羊肠小道，盘旋三十六道通向山顶。到杨驹的孙子杨千万归附了魏国，被封为百顷王。杨千万的孙子杨飞龙逐渐强盛，迁居略阳。把他的外甥令狐茂搜收养为儿子，令狐茂搜为躲避齐万年的扰乱，率领部落又回到仇池，自称辅国将军、右贤王。躲避战乱的关中人士大都去依附他，

茂搜迎接抚纳，欲去者卫护资送之。

丁巳（297） 七年

春正月，将军周处及齐万年战，败，死之。

齐万年屯梁山，有众七万。梁王肜、夏侯骏使周处以五千兵击之。处曰："军无后继，必败，不徒亡身，为国取耻。"肜、骏逼遣之。处攻万年于六陌，军士未食，肜促令速进，自旦战至暮，斩获甚众，弦绝矢尽，救兵不至。左右劝处退，处按剑曰："是吾效节致命之日也。"遂力战而死。朝廷虽以尤肜，而亦不能罪也。

秋七月，雍、秦旱、疫。

米斛万钱。

九月，以王戎为司徒。

戎为三公，与时浮沉，无所匡救，委事僚寀，轻出游放。性复贪吝，园田遍天下。每自执牙筹，昼夜会计，常若不足。家有好李，卖之恐人得种，常钻其核。凡所赏拔，专事虚名。阮咸之子瞻尝见戎，戎问曰："圣人贵名教，老庄明自然，其旨异同？"瞻曰："将无同！"戎咨嗟良久，遂辟之。时人谓之"三语掾"。

是时王衍为尚书令，乐广为河南尹，皆善清谈，宅心事外，名重当世，朝野争慕效之。衍与弟澄，好题品人物，举世以为仪准。衍神情明秀，少时山涛见之，曰："何物老妪，生宁馨儿！然误天下苍生者，未必非此人也。"广性冲约清远，

令狐茂搜接纳安抚，想要离开的，还派人护卫，送给财物。

丁巳(297)　晋惠帝元康七年

春正月，将军周处与齐万年交战，失败，战死。

齐万年驻扎在梁山，有兵七万。梁王司马肜、夏侯骏派周处带五千人去攻打他。周处说："军队没有后援，必然失败，不只是个人丧命，还会给国家带来耻辱。"司马肜、夏侯骏逼着让他出发。周处在六陌攻打齐万年，军士还没有吃饭，司马肜就催促他们迅速进兵，从早一直战斗到天黑，斩杀俘获敌人很多，最后弓箭弦绝矢尽，救兵也不来。周处身边的人劝他撤退，周处手按长剑说："这正是我以命报效国家的日子。"于是拼命作战而死。朝廷虽然因此责怪司马肜，但也不能给他定罪。

秋七月，雍、秦之地大旱，瘟疫流行。

一斛米价值一万钱。

九月，任命王戎为司徒。

王戎担任三公，随着时势的变化改变自己的主张，对国事无所匡正救助，只是将政事委托给下属，自己轻松自在地四处游玩。性情又贪婪吝啬，田园遍天下。经常自己手持筹码，昼夜计算，还是不满足。家里有一棵好品种的李子树，李子卖出去怕别人得到种子，就常在李子核上钻洞。他所赏识和提拔的人，也只重虚名。阮咸的儿子阮瞻曾去见王戎，王戎问他："圣人看重名分和教化，老、庄崇尚自然，二者的宗旨有什么不同？"阮瞻说："大概没什么不同！"王戎赞叹了好久，于是推举阮瞻为掾，当时人称其为"三语掾"。

这时王衍任尚书令，乐广为河南尹，都善于清谈，不关心世事，在当世名望很高，朝廷内外的人都倾慕并效法他们。王衍和弟弟王澄，都喜好品评人物并定其高下，当世的人都把他们的评价作为标准。王衍神态清朗聪明秀美，他小的时候，山涛看到他，说："什么样的老妇人，生下了这样的孩子！然而妨害天下百姓的，未必不是这个人啊。"乐广性情淡泊简约清明广远，

与物无竞。每谈论,以约言析理,厌人之心,而其所不知,默如也。凡论人,必先称其所长,则所短不言自见。澄及阮咸、咸从子修、胡毋辅之、谢鲲、王尼、毕卓,皆以任放为达,醉狂裸体,不以为非。辅之尝酣饮,其子谦之厉声呼之曰:“彦国!年老,不得为尔。”辅之欢笑,呼入共饮。卓比舍郎酿熟,因夜至瓮间盗饮,为掌酒者所缚。明旦视之,乃毕吏部也。广闻而笑之曰:“名教内自有乐地,何必乃尔。”

初,何晏等祖述老庄,立论以为:“天地万物皆以无为本,无也者,开物成务,无往不存者也。阴阳恃以化生,贤者恃以成德,故无之为用,无爵而贵矣。”衍等爱重之。由是士大夫皆尚浮诞,废职业。裴颜著《崇有论》以释其蔽曰:“利欲可损而未可绝有也,事务可节而未可全无也。谈者深列有形之累,盛称空无之美,遂薄综世之务,贱功利之用,高浮游之业,卑经实之贤。人情所徇,名利从之。于是立言藉于虚无,谓之玄妙;处官不亲所职,谓之雅远;奉身散其廉操,谓之旷达。故悖吉凶之礼,忽容止之表,渎长幼之序,混贵贱之级,无所不至。夫万物之生,以有为分者也,故心非事也,而制事必由于心,不可谓心为无也。匠非器也,而制器必须于匠,不可谓匠非有也。由此而观,济有者皆有也,虚无奚益于已有之群生哉!”然习俗已成,颜论亦不能救。

与物无争。每每谈论起来，以简略的言语辨析事理，使人心悦诚服，而对他不了解的事物，则沉默不语。凡评论人，必定先称赞他的长处，而短处就不言自见了。王澄以及阮咸、阮咸的侄子阮修、胡毋辅之、谢鲲、王尼、毕卓，都以放任为通达，醉狂裸体，也不认为不好。胡毋辅之曾开怀畅饮，他的儿子胡毋谦之厉声呼叫他的字说："彦国！年纪老了，不要这样。"辅之欢笑，叫儿子进来和他一起饮酒。毕卓的邻居酿的酒好了，毕卓夜间起来到他家放酒瓮的房子里偷着去饮，被看酒的人绑了起来。第二天天亮一看，原来是毕吏部。乐广听到此事，笑他说："名分礼教之内自有欢乐的地方，何必这样呢！"

当初，何晏等人师法老子、庄子，他们的观点认为："天地万物都以无为本，所谓无，就是揭露事物的真相、使人事各得其宜，在何时何地都普遍存在的道理。阴阳依赖它发育生长，贤人依靠它修养德行，所以说无的作用，没有爵位却很贵重。"王衍等人都很喜欢和尊重何晏。因此士大夫都崇尚虚浮放诞，荒废了自己的职务。裴颜著《崇有论》来说明这种风气的弊病，他说："利益和欲望可以节制，但不可完全断绝；日常事务可以节制，却不能完全没有。高谈阔论的人罗列了很多有形的危害，盛赞空无的美好，于是看不起治理天下的事务，轻视功利的作用，崇尚游手好闲无所事事的职业，贬低经世致用的贤才。人情所追寻的，名和利随之而来。于是创立学说以虚无为宗旨，就被称为玄妙；居于官位不亲临自己的职位，就被称为雅远；修养自身忽略清廉的操守，就被称为旷达。因此有些人就故意违背对待吉凶之事的礼仪，忽视日常形貌举止及仪表，轻慢长幼的次序，混淆贵贱的等级，以至达到无所不至的地步。万物的生长，是以有来区分的，所以说心不是事务，而控制事物必须依靠心，不能说心是无。工匠不是器具，而制造器具必须由工匠去做，不能说工匠是不存在的。由此看来，增益已有事物的都是有，虚无的东西对于已经存在的众生又有什么益处呢！"然而习俗已经形成，裴颜的议论也不能救助了。

索头猗㐌西略诸国。

猗㐌度漠北巡，西略诸国，降附者三十余国。

戊午（298）　八年

秋九月，荆、豫、徐、扬、冀州大水。　遣侍御史李苾慰劳汉川流民。

略阳巴氐李特、庠、流，皆有材武，善骑射，性任侠，州党多附之。及齐万年反，关中荐饥，略阳、天水等六郡民，流移入汉川者数万家。道路有疾病穷乏者，特兄弟振救之，由是得众心。流民至汉中，上书求寄食巴、蜀，朝议遣侍御史李苾持节慰劳，且监察之，不令入剑阁。苾受流民赂，表言："流民十万余口，非汉中一郡所能振赡。蜀有仓储，宜令就食。"从之。由是散在梁、益，不可禁止。特至剑阁，太息曰："刘禅有如此地，面缚于人，岂非庸才耶！"

遣将军孟观讨齐万年。

张华荐观沉毅有文武材用，使讨齐万年。观身当矢后，大战十数，皆破之。

己未（299）　九年

春正月，观击万年，获之。

太子洗马江统，以为戎狄乱华，宜早绝其原，乃作《徙戎论》以警朝廷曰："四夷之中，戎狄为甚，弱则畏服，强则侵叛。是以有道之君，待之有备，御之有常。虽稽颡执贽，

索头猗㐌向西侵略各国。

拓跋猗㐌越过沙漠在北边巡视，借机向西攻打各国，投降归附他的有三十多个国家。

戊午（298） **晋惠帝元康八年**

秋九月，荆、豫、徐、扬、冀五州发生大水灾。 朝廷派遣侍御史李苾慰劳汉川流民。

居住在略阳的巴氐李特、李庠、李流，都有武艺才能，善于骑马射箭，性情豪爽侠义，州中与其志同道合的人大都去归附他们。到了齐万年造反时，关中连年闹饥荒，略阳、天水等六郡的老百姓，流亡迁移到汉川的有数万家。路上有生了病或穷困不堪的，李特兄弟就去赈济救助他们，因此很得民心。流民来到汉中，上书请求寄居在巴、蜀，朝廷议论后派侍御史李苾持符节去慰劳，同时监视他们，不许他们入剑阁。李苾接受了流民的贿赂，上表说："流民有十万余口，不是汉中一郡能够救济的。蜀地有粮食储备，应该让他们到那里去解决吃饭问题。"朝廷同意了。因此流民散布于梁、益各州，不能禁止。李特到了剑阁，叹息说："刘禅有这样好的地方，竟然投降了别人，难道不是庸才吗！"

派遣将军孟观讨伐齐万年。

张华推荐孟观，认为他深沉刚毅，有文武全才，派他去讨伐齐万年。孟观迎着敌人的箭矢，大战十几次，每次都将敌人打得大败。

己未（299） **晋惠帝元康九年**

春正月，孟观击溃了齐万年，俘获了他。

太子洗马江统，认为戎狄乱华，应及早断绝这个祸根，于是作《徙戎论》来告诫朝廷说："四夷之中，戎狄危害最大，当他势力弱小时则敬畏服从，力量强大时则侵扰叛乱。因此有道之君，对待夷狄常备不懈，防御他们有固定的措施。即使他们叩头进贡，

而边城不弛固守,强暴为寇而兵甲不加远征,期令境内获安,疆埸不侵而已。及至周室失统,诸侯专征,戎狄乘间,得入中国,或招诱安抚以为己用,自是四夷交侵,中国错居。及秦始皇并天下,兵威旁达,攘胡走越,当是时,中国无复四夷也。汉建武中,马援领陇西太守,讨叛羌,徙其余种于关中,居冯翊、河东空地。数岁之后,族类蕃息。永初叛乱,夷夏俱敝,自此之后,余烬不尽,小有际会,辄复侵叛。魏武帝徙武都氐于秦川,以御蜀,盖权宜之计,今已受其敝矣。夫关中帝王所居,未闻戎、狄宜在此土也。非我族类,其心必异,而士庶玩习,侮其轻弱。以贪悍之性,挟愤怒之情,候隙乘便,辄为横逆,此必然之势也。今宜及兵威方盛,因其死亡流散、与关中之人户为仇雠之际,徙诸羌著先零、罕幵、析支之地,徙诸氐出还陇右,著阴平、武都之界。廪其道路之粮,令足自致,各附本种,反其旧土,使属国、抚夷就安集之。戎、晋不杂,并得其所。纵有猾夏之心,绝远中国,隔阂山河,为害不广矣。并州之胡,本匈奴桀恶之寇也,建安中,使右贤王去卑诱质呼厨泉,听其部落散居六郡。今为五部,户至数万,骁勇便利,倍于氐、羌。若有不虞,则并州之域可为寒心。正始中,毌丘俭讨句骊,徙其余种于荥阳,户落今以千计,数世之后,必至殷炽。今百姓失职,犹或亡叛;犬马肥充,则有噬啮,况于夷、狄,能不为变!但顾其微弱耳。夫为邦者,忧不在寡,而在不安,以四海之广、士民之富,岂须夷虏在内然后取足哉!

边城的防守也不松懈，当他们侵掠反叛时，军队也不必远征，只是期望让境内获得安宁，疆界不受侵扰而已。到后来周室衰微，诸侯专事征伐，戎狄乘机能够进入中原，有的诸侯招抚利诱他们为自己所用，从此四方各族相互交融，与中原人民杂居。到秦始皇统一天下，兵威远震，打击胡人，追逐越人，到这时，中原已不再有少数民族了。东汉建武年间，马援任陇西太守，征讨叛乱的羌人，将残存的羌人迁到关中，让他们住在冯翊、河东人烟稀少的地区。数年之后，他们的人口又得到繁衍。永初年间羌人叛乱，夷、汉都衰败了，从此以后，余部犹存，一有机会，就又来侵扰叛乱。魏武帝将武都氐人迁移到秦川，以抵御蜀国，这实际是权宜之计，现在已感受到它的弊病了。关中是帝王居住的地方，没有听说戎、狄应该居住在这里。与我们不是同一民族，想法也必然不同，而我们的士人百姓又轻忽他们，欺侮他们软弱。以他们贪婪强悍的本性，又怀着愤怒的心情，等待适当机会，就会造反叛乱，这也是必然的趋势。现在应乘着兵力强盛，在他们死亡流散、与关中住户成仇人的形势下，把各部落羌人迁到先零、罕幵、析支等地，把氐人各部落还迁到陇右，安置在阴平、武都地区。发给路上所需的口粮，足以使他们到达要去的地方，各归本族，返回故土，让属国都尉、抚夷护军就地集中安置他们。这样，戎人与晋人不再杂居，都各得其所。戎狄即使有扰乱华夏的想法，但远离中原，山河阻隔，为害地区不广。并州的胡人，原本是匈奴中桀骜不驯的一支，东汉建安年间，派右贤王去卑诱骗呼厨泉作人质，听任他们的部落散居在并州的六个郡。现在分为五部，有数万户，骁勇善战，胜过氐、羌。若有不测，那么并州一带就让人担心了。魏正始年间，毌丘俭讨伐句骊，将其残余人口迁往荥阳，到今天已繁衍为千余户，数世之后，必定更为繁盛。现在百姓失业，有的还流亡反叛；犬马肥壮众多，则会相互撕咬，何况夷、狄，哪能不发生变故呢！只是考虑到现在他们的力量还弱小罢了。治理国家的人，担忧的不是人少，而是不安定，以我朝疆域之广、百姓之富，难道还需要把夷、狄算在内来充数吗！

此等皆可申谕发遣，还其本域，慰彼土思，惠此中国，于计为长也。”朝廷不能用。

以成都王颖为平北将军，镇邺。河间王颙为镇西将军，镇关中。

贾谧侍讲东宫，对太子倨傲，颖见而叱之。谧怒，言于贾后，出之。又以颙镇关中。初，武帝作石函之制，非至亲不得镇关中。颙，安平献王孚之孙也，轻财爱士，朝廷以为贤，故用之。

秋八月，侍中贾模卒，以裴頠为尚书仆射。

贾后淫虐日甚，私于太医令程据等。裴頠与贾模及张华议废后，更立谢淑妃，模、华皆曰：“主上自无废黜之意，而吾等专行之，傥上心不以为然，将若之何？且诸王方强，朋党各异，恐一旦祸起，身死国危，无益社稷。”頠曰：“诚如公言，然中宫逞其昏虐，乱可立待也。”华曰：“卿二人于中宫皆亲戚，言或见信，宜数为陈祸福之戒，庶无大悖，则天下尚未至于乱，吾曹得以优游卒岁而已。”頠旦夕说其从母广城君，令戒谕贾后以亲厚太子，模亦数为后言祸福。后反以模为毁己而疏之，模忧愤而卒。

以頠为尚书仆射。頠虽后亲属，然雅望素隆，四海惟恐其不居权位。頠拜尚书仆射，又诏专任门下事，頠上表固辞。或谓曰：“君可以言，当尽言于中宫，言而不从，当远引而去。傥二者不立，虽有十表，难以免矣。”頠不能从。

这些人都可发布告示遣走，让他们回到原来的地方，以慰藉他们对故土的思念，这对中原有好处，是最上的计策了。”朝廷没有采用这个建议。

任命成都王司马颖为平北将军，镇守邺地。任命河间王司马颙为镇西将军，镇守关中。

贾谧在东宫为太子讲学，对太子态度傲慢，司马颖看见后叱责了他。贾谧大怒，向贾皇后去告状，就让司马颖离开了京城。又让司马颙去镇守关中。当初，晋武帝定了一个制度，藏在宗庙的石匣之中，规定不是至亲之人不能镇守关中。司马颙，安平献王司马孚的孙子，轻财爱士，朝廷认为他贤明，所以就任用了他。

秋八月，侍中贾模去世，任命裴颜为尚书仆射。

贾后淫乱暴虐日甚一日，与太医令程据等人私通。裴颜与贾模及张华等人商议废掉贾后，改立谢淑妃为后，贾模、张华都说：“皇上自己还没有废黜皇后的想法，而我们擅自行事，如果皇帝不同意，那怎么办呢？况且各诸侯王正当强盛，各自都有自己的党派，恐怕一旦出了祸事，身死国危，对国家没有什么好处。”裴颜说：“您说的确实不错，但皇后在宫中昏乱暴虐，祸乱很快就会发生啊！”张华说：“你们二人和皇后都是亲戚，你说的话她也许会听，应当多给她讲讲祸福利害的道理，这样她可能不会做出太大违背礼法的事情，那么天下还不至大乱，我们这些人就能安然度过晚年了吧！”裴颜从早到晚劝说他的姨母广城君，让她告诫贾后要亲近厚待太子，贾模也多次对皇后讲说祸福利害。贾后反而以为贾模在诋毁自己，因而疏远他，贾模忧愤而死。

任命裴颜为尚书仆射。裴颜虽然也是贾后的亲属，但是威望向来很高，天下人惟恐他不处于权要的位置。裴颜被任命为尚书仆射，朝廷又下诏让他专管门下事，裴颜上表坚决推辞。有人对他说：“您能够讲话时，就应当尽力劝说皇后，如果皇后不听，就应当远远离开。假如这两种方法都不成，即使上十次表，也难以逃脱灾祸。”裴颜没有听从。

帝为人戆骙，尝在华林园闻虾蟆，谓左右曰："此鸣者，为官乎，为私乎？"时天下荒馑，百姓饿死，帝闻之曰："何不食肉糜？"由是权在群下，政出多门，势位之家更相荐托，有如互市。贾、郭恣横，货赂公行。南阳鲁褒作《钱神论》以讥之。

又朝臣务以苛察相高，每有疑议，各立私意，刑法不一，狱讼繁滋。尚书刘颂上疏曰："近世以来，法渐多门，令甚不一，吏不知所守，下不知所避。夫君臣之分，各有所司。法欲必奉，故令主者守文；理有穷塞，故使大臣释滞；事有时宜，故人主权断。主者守文，若释之执犯跸之平也。大臣释滞，若公孙弘断郭解之狱也。人主权断，若汉祖戮丁公之为也。自非此类，皆以律令从事。然后法信于下，可以言政矣。"乃下诏："郎、令史复出法驳案者，随事以闻。"然亦不能革也。

颜荐平阳韦忠于张华，华辟之，忠辞疾不起。人问其故，忠曰："张茂先华而不实，裴逸民欲而无厌，弃典礼而附贼后，此岂大丈夫之所为！常恐其溺于深渊而余波及我，况可褰裳而就之哉！"

关内侯索靖知天下将乱，指洛阳宫门铜驼叹曰："会见汝在荆棘中耳！"

冬十月朔，日食。　十二月，废太子遹为庶人。

初，广城君郭槐以贾后无子，常劝后慈爱太子，欲以韩

晋惠帝为人愚憨痴呆，一次曾在华林园听到蛤蟆叫，就对身边的人说："它这样叫，是为公呢，还是为私呢？"当时天下闹饥荒，有的百姓都饿死了，惠帝听到后就问："为什么不吃肉粥呢？"因为这样，权力都掌握在下面的大臣手中，政令出自许多部门，有权势地位的家族相互举荐，就如同市场交易。贾氏、郭氏肆意横行，贿赂之风公开流行。南阳人鲁褒作了一篇《钱神论》来讽刺这种现象。

朝中大臣又以苛刻的眼光来考察别人，以此抬高自己，每有疑议，各依自己的想法处理，没有统一的法制，这样诉讼的案件不断增多。尚书刘颂上疏说："近世以来，法令出自很多部门，条文也不统一，官吏不知道守哪一条，老百姓也不知该避免什么。君臣的区别，在于各有各的职责。想要让人奉公守法，有关主管官员必须要遵守条文；文理有不通晓的时候，所以让大臣来解疑释滞；事情有时要因时势定夺，就需要君主来决断。主管官员遵守法律条文，要像汉代张释之那样公正地处理惊动皇帝车驾的人。大臣解疑释滞，就要像汉代公孙弘判断郭解的案件。君主来决断，就要像汉高祖杀丁公那样做。如果不属此类情况，都要按法律办事。然后法律才能取信于天下百姓，这样才能谈论政事。"于是朝廷下诏："郎、令史等官员再遇到法律规定之外需要议处的事情，要将处理意见和案件情况一起报告朝廷。"然而也不能革除存在的弊病。

裴颜向张华举荐平阳人韦忠，张华起用韦忠，韦忠称病辞谢。人们问他原因，韦忠说："张茂先（张华字茂先）华而不实，裴逸民（裴颜字逸民）贪欲无厌，抛弃了国家的制度而依附荒淫的贾后，这难道是大丈夫的作为吗！我经常害怕他们沉入深渊而余波会牵连到我，难道还能扯起衣襟跟着他们走向深渊吗！"

关内侯索靖知道天下将乱，指着洛阳宫门的铜骆驼感叹说："以后会看到你处于荆棘丛中啊！"

冬十月初一，发生日食。　十二月，太子司马遹被废为平民。

起初，广城君郭槐因贾后无子，常劝贾后慈爱太子，想让韩

寿女为太子妃，太子亦欲婚韩氏以自固。寿妻贾午及后皆不听，而为太子聘王衍少女。太子闻衍长女美，而后为贾谧聘之，心不能平，颇以为言。及广城君病，临终，执后手，令尽心于太子。又曰："赵粲、贾午必乱汝家。"后不从，更与粲、午谋害太子。

太子幼有令名，及长，不好学，惟与左右嬉戏。后复使黄门辈诱之为奢虐，由是名誉浸减。或废朝侍而纵游逸，于宫中为市，使人屠酤，手揣斤两，轻重不差。其母本屠家女也，故太子好之。又令西园卖葵菜、蓝子、鸡、面等物而收其利。又好阴阳小数，多所拘忌。洗马江统上书陈五事，不从。中舍人杜锡每尽忠谏，劝太子修德业，保令名，言辞恳切。太子患之，置针着锡常所坐毡中，刺之流血。

太子性刚，知贾谧恃中宫骄贵，不能假借之。谧谮于后曰："太子多畜私财以结小人者，为贾氏故也。不如早图之。"后乃宣扬太子之短，又诈为有娠，内藁物、产具，取妹夫韩寿子养之。

时朝野咸知后有害太子之意。左卫率刘卞以问张华，华曰："君欲如何？"卞曰："东宫俊乂如林，四率精兵万人，若得公命，皇太子因朝入录尚书事，废贾后于金墉城，两黄门力耳！"华曰："今天子当阳，太子人子也。吾又不受阿衡之命，忽相与行此，是无君父而以不孝示天下也。虽能有成，犹不免罪。况权戚满朝，威柄不一，成可必乎？"后

寿的女儿做太子妃，太子也想和韩氏联姻来巩固自己的地位。韩寿的妻子贾午以及贾后都不同意，而为太子聘定王衍的小女儿。太子听说王衍的大女儿长得很美，而皇后让她与贾谧定了亲，心中很是不平，说了些不满的话。等到广城君生了病，临终时，拉着贾后的手，让她尽心对待太子。又说："赵粲、贾午必定会败乱你家。"贾后不听，更加紧与赵粲、贾午勾结，谋害太子。

太子年幼时有好名声，等长大以后，不喜欢学习，只知道和身边的人玩耍嬉戏。贾后又让宦官引诱他做一些奢侈暴虐的事，因此声誉一天天下降。有时竟废止了清晨侍奉皇帝的规定而任情游玩放纵，在宫中设集市，让人买卖酒肉，太子亲手掂量斤两，轻重不差分毫。太子的母亲本来是屠户的女儿，因此太子也喜欢这些事。又让西园出卖葵菜、蓝草、鸡、面等东西，以此赚钱。还喜好阴阳家的小技，平时有很多禁忌避讳。太子洗马江统上书陈说了五件事，太子不听从。中舍人杜锡经常尽忠劝谏，劝太子修德业，保护自己的好名声，言辞非常恳切。太子很厌烦，就把针放在杜锡经常坐的毡子中，杜锡被扎得流血。

太子性格刚愎，知道贾谧依仗皇后的势力骄横尊贵，不能借助或宽容贾谧。贾谧向贾后进谗言说："太子积蓄了很多私财来结交小人，目的就是针对我们贾家。不如早点把他除掉。"贾后就宣扬太子的短处，又假称自己怀了孕，宫内准备了香草及接生的物品，把妹夫韩寿的儿子要来抚养。

这时朝野上下都知道贾后有谋害太子的想法。右卫率刘卞向张华问这件事，张华说："您打算怎么办呢？"刘卞说："太子身边集聚着很多有才能的人，左、右、前、后卫率统辖着精兵万人，如果得到您的命令，皇太子便入朝总领录尚书事，把贾后废黜居于金墉城，这样只不过用两个小宦官的力量而已！"张华说："现在天子当政，太子是他的儿子。我又没有接受辅佐帝王主持朝政的使命，忽然与太子干这样的事，是目无君父，而且把不孝的行为展示在天下人的面前。即使能够成功，仍不能免罪。况且有权势的外戚满朝，威权不出自一处，有必定成功的把握吗？"贾后

颁闻之，以卞为雍州刺史，卞饮药而死。

十二月，后诈称帝不豫，召太子入朝。既至，置于别室，遣婢陈舞以帝命赐酒三升，逼使尽饮之，遂大醉。后使黄门侍郎潘岳作书草，称诏使书之。文曰："陛下宜自了，不自了，吾当入了之。中宫又宜速自了，不自了，吾当手了之。并与谢妃共要，刻期两发，扫除患害。"太子醉迷，遂依而写之。字半不成，后补成之，以呈帝。

帝幸式乾殿，召公卿入，以太子书示之曰："遹书如此。"令赐死。诸王公莫有言者，张华曰："此国之大祸，自古常因废黜正嫡以致丧乱，愿陛下详之。"裴頠以为宜先检校传书者，又请比校太子手书，恐有诈妄。议至日西，不决。后惧事变，乃表免太子为庶人，诏许之。与其子虨、臧、尚皆幽于金墉城。王衍自表离婚，许之。杀谢淑媛，虨亦寻卒。

庚申(300)　永康元年

春正月，幽故太子遹于许昌。

贾后使黄门自首，欲与太子为逆，诏以首辞班示公卿，遣千兵卫太子，幽于许昌。诏宫臣不得辞送。江统等五人送至伊水，拜辞涕泣，司隶收缚送狱。河南尹乐广皆解遣之。

三月，尉氏雨血，妖星见南方，太白昼见，中台星拆。

张华少子韪，劝华逊位，华曰："天道幽远，不如静以待之。"

听到一些风声，就调刘卞为雍州刺史，刘卞服毒自杀。

十二月，贾后假称惠帝身体不适，召太子入朝。太子进宫后，被安排在别的房间，派婢女陈舞假称晋惠帝之命赐给太子三升酒，逼他全部喝下，于是大醉。贾后让黄门侍郎潘岳写了一封信的草稿，谎称是晋惠帝命令让太子抄写。文中说："陛下应当自己了断，不自了，我就要入宫替您了断。皇后也应当迅速自己了断，不自了，我当亲手了断。并与谢妃一起约定，到时两边一起举事，扫除祸患。"太子醉后迷迷糊糊，就依照抄写了。有一半字都不成形，皇后补写成形，便呈送给晋惠帝。

晋惠帝来到式乾殿，召公卿大臣入宫，把太子写的信拿给他们看，说："司马遹的信就是这样写的。"下令赐太子司马遹死罪。王公大臣们没有人说话，张华说："这是国家的大祸，自古常因废黜嫡长子而导致丧乱，希望陛下仔细考虑。"裴頠认为应当先检查核实一下传信的人，又请求核对太子的笔迹，恐怕其中有诈。议论到太阳偏西，也没有结果。贾后恐怕事情有变化，就建议把太子贬为平民，晋惠帝下诏批准了。太子与三个儿子司马虨、司马臧、司马尚都关押在金墉城。王衍上表请求让女儿与太子离婚，晋惠帝同意了。杀死了太子母谢淑妃，不久司马虨也死了。

庚申（300）　晋惠帝永康元年

春正月，把已废黜的太子司马遹关押到许昌。

贾后唆使宦官自首，说他打算与太子叛乱，晋惠帝下诏把自首书给公卿大臣看，并派遣一千名士兵押送太子，将太子幽禁在许昌。下诏宫中的大臣不得与太子辞别送行。江统等五人冒犯禁令把太子送到伊水，洒泪拜别，司隶校尉将他们拘捕并送到监狱。河南尹乐广都把他们全部释放送走。

三月，尉氏县降血雨，妖星出现在南方，太白星在白天出现，中台相并的两个星分离。

张华的小儿子张韪，劝张华辞去官位，张华说："天道幽远，不如静静地等待。"

皇后杀故太子遹。

太子既废，众情愤怒。卫督司马雅尝给事东宫，与殿中郎士猗等谋废贾后，复太子。以右军将军赵王伦执兵柄，性贪冒，可假以济事。乃说孙秀曰："今国无嫡嗣，社稷将危，大臣将起大事，而公名奉事中宫，与贾、郭亲善，太子之废，皆云豫知，一朝事起，祸必相及，何不先谋之乎？"秀言于伦，伦然之，遂告通事令史张林，使为内应。

将发，秀又谓伦曰："太子聪明刚猛，若还东宫，必不受制于人。明公素党于贾后，今虽建大功，太子谓公特逼于百姓之望以免罪耳，必不深德明公，不若迁延缓期。贾后必害太子，然后废后，为太子报仇。岂徒免祸，更可以得志。"伦然之。

秀因使人行反间，言殿中人欲废皇后迎太子。后使太医令程据和毒药，遣黄门孙虑至许昌，逼太子，杀之。

夏四月朔，日食。　赵王伦废皇后贾氏为庶人，杀之。遂杀司空张华、仆射裴頠，自为相国，追复故太子位号。

赵王伦、孙秀使司马雅告张华曰："赵王欲与公共匡社稷，为天下除害。"华拒之。雅怒曰："刃将加颈，犹为是言邪！"不顾而出。

伦矫诏敕三部司马曰："中宫与贾谧等杀太子，今使车骑入废中宫，汝等从命，赐爵关中侯，不从者诛三族。"众皆从之。开门夜入，遣齐王冏将百人，排闼迎帝幸东堂，召贾谧斩之，遂废后为庶人，收赵粲、贾午考竟，召八座以上皆夜入殿。

皇后杀死被废黜的太子司马遹。

太子被废黜后，群情愤怒。卫督司马雅曾在太子宫中任过职，与殿中郎士猗等人商议废黜贾后，恢复太子的地位。因右军将军赵王司马伦掌握着兵权，性情贪婪，可以借助他的力量完成此事。于是劝孙秀说："现在国家没有继承人，社稷面临危险，大臣将要发起大事，而您名义上是奉事皇后，和贾氏、郭氏亲善，太子的废黜，都说您事先就知道，一旦事起，祸患一定会牵连到您，为什么不预先打算呢？"孙秀把这事告诉了司马伦，司马伦认为这个建议不错，于是告诉了通事令史张林，让他做内应。

将要举事时，孙秀又对司马伦说："太子聪明刚烈，如果回到东宫，必定不愿受制于人。您向来与贾后关系很好，现在即使建立了大功，太子也会说您是迫于百姓的愿望为避免罪责才这么做的，必然不会真正感激您，不如拖延时间。贾后必然要加害太子，然后我们再废掉贾后，为太子报仇。这样做不仅能免祸，还可以实现自己的愿望，"司马伦同意了。

孙秀就派人挑拨离间，说殿中有人想废掉皇后迎回太子。贾后让太医令程据配制了毒药，派宦官孙虑送到许昌，逼太子喝下，把太子毒死了。

夏季四月初一，发生日食。　赵王司马伦把皇后贾氏废为平民，并将她杀死。又杀了司空张华、仆射裴頠，司马伦自任相国，追复已故太子司马遹的爵位封号。

赵王司马伦、孙秀派司马雅告诉张华说："赵王想和您共同来匡扶社稷，为天下除害。"张华拒绝了。司马雅生气地说："刀都快架在脖子上了，还说这样的话！"头也不回地走了。

司马伦假称皇帝诏命，下令给皇宫禁军三部司马说："皇后与贾谧等人杀了太子，现在派车骑将军入宫废黜皇后，你们如果服从命令，就赐爵关中侯，不服从命令的诛灭三族。"众人都服从了。打开宫门，趁夜间进去，派齐王司马冏带领一百人，推开小门，把晋惠帝迎接到东堂，召来贾谧杀了，于是把皇后废为平民，逮捕了赵粲、贾午进行拷问，宣召八个部门的高级官员都连夜入殿。

伦阴与秀谋篡位，欲先除朝望，且报宿怨。乃执张华、裴頠、解结等于殿前。华谓张林曰：“卿欲害忠臣邪？”林称诏诘之曰：“卿为宰相，太子之废不能死节，何也？”华曰：“式乾之议，臣谏事具存，可覆按也。”林曰：“谏而不从，何不去位？”华无以对。遂皆斩之，夷三族。解结女适裴氏，明日当嫁而祸起，裴氏欲认活之，女曰：“家既若此，我何以活为！”亦坐死。朝廷由是议革旧制，女不从死。伦送贾庶人于金墉，诛董猛、孙虑、程据等。阎缵抚张华尸恸哭曰：“早语君逊位而不肯，今果不免，命也。”

于是伦自为都督中外诸军事、相国、侍中，孙秀等并据兵权，文武封侯者数千人。伦素庸愚，复受制于秀。秀为中书令，威权振朝廷，天下皆事秀，而无求于伦。

诏追复故太子遹位号，立臧为临淮王。有司奏：“尚书令王衍备位大臣，太子被诬，志在苟免，请禁锢终身。”从之。

伦欲收人望，选用海内名德之士，以李重、荀组为左右长史，王堪、刘谟为左右司马，束皙为记室，荀崧、陆机为参军。重知伦有异志，辞疾不就。伦逼之不已，忧愤成疾，扶曳受拜，数日而卒。伦遂矫诏，遣使赍金屑酒，赐贾后死于金墉城。

五月，立临淮王臧为皇太孙。　秋八月，淮南王允讨赵王伦，不克而死。

司马伦与孙秀阴谋篡夺皇位，想先除去朝廷中有名望的大臣，并借机报复过去怨恨的人。就把张华、裴𬱟、解结等人押到殿前。张华对张林说："你想加害忠臣吗？"张林声称是根据皇帝的诏命办事，责问张华说："你身为卿相，太子被废黜却不能守节而死，这是为什么呢？"张华说："式乾殿上的争议，我劝谏的事实俱在，可以按察。"张林说："劝谏而没有被听从，为什么不辞职？"张华无言可对。于是把张华等人都杀了，并诛灭三族。解结的女儿已许配裴氏，第二天就要出嫁而发生了这件祸事，裴氏打算认这门亲让解女活下来，解女说："我家既然已经如此，我还活着做什么呢？"也被一起处死。朝廷因此议论改革原来的制度，规定女儿不随母家处死。司马伦把贬为平民的贾后送到金墉城，诛杀了董猛、孙虑、程据等人。阎缵抚摸着张华的尸体悲痛地大哭说："早就劝告您退位而您不愿意，今天果然没能免除祸患，这是命呀！"

于是司马伦自任都督中外诸军事、相国、侍中，孙秀等人都掌握了兵权，文武百官被封侯的有数千人。司马伦向来平庸愚蠢，又受制于孙秀。孙秀任中书令，威权振动朝廷，天下的人都去投靠孙秀，而不去求司马伦。

晋惠帝下诏恢复了已经故去的太子司马遹的爵位和封号，立他的儿子司马臧为临淮王。有关部门上奏："尚书令王衍身为大臣，太子被诬陷，他只想自己避祸，请罚他永世不得做官。"奏请得到批准。

司马伦想收买人心，选择任用海内有名望有道德的人士，任用李重、荀组为左右长史，王堪、刘谟为左右司马，束皙为记室，荀崧、陆机为参军。李重知道司马伦有篡国的想法，推托有病不就职。司马伦不停地逼迫他，他忧愤成疾，被人搀扶拖拉着接受官职，不几天就去世了。司马伦于是伪造诏命，派使者送金屑酒给贾后，贾后被赐死于金墉城。

五月，立临淮王司马臧为皇太孙。　秋八月，淮南王司马允讨伐赵王司马伦，失败而死。

赵王伦以允为票骑将军，领中护军。允性沉毅，宿卫将士皆畏服之。知伦、秀有异志，谋讨之。伦、秀转允为太尉，外示优崇，实夺其兵权。允遂帅国兵数百人，直出大呼曰："赵王反，我讨之，从者左袒。"于是从者甚众，遂围相府。伦与战，屡败，死者千余人。允结阵于承华门前，中书令陈准欲应允，言于帝，遣伏胤持白虎幡以解斗。伦子汝阴王虔在门下省，阴与胤誓曰："富贵当共之。"胤乃诈言有诏助淮南王，允不之觉，开阵受诏，胤因杀之，坐允夷灭者数千人。

赵王伦杀黄门郎潘岳、卫尉石崇等。

初，孙秀尝为小吏，岳屡挞之。崇之甥欧阳建素与伦有隙，崇有爱妾绿珠，秀求之，不与。及淮南王允败，秀因称崇、岳、建奉允为乱，收之。崇叹曰："奴辈利吾财耳。"收者曰："知财为祸，何不早散之！"崇不能答。初，岳母常诮责岳曰："汝当知足，而乾没不已乎！"及败，岳谢母曰："负阿母！"遂皆族诛。

以齐王冏为平东将军，镇许昌。

齐王冏以功迁游击将军，冏意不满。孙秀觉之，且惮其在内，乃以为平东将军，出镇许昌。

赵王伦自加九锡。

孙秀议加伦九锡，吏部尚书刘颂曰："昔汉之锡魏，魏之锡晋，皆一时之用，非可通行。周勃、霍光，其功至大，不闻

赵王司马伦任用司马允为骠骑将军，领中护军。司马允性格沉稳坚毅，守卫皇宫的将士都畏惧他。他知道司马伦和孙秀有篡国的打算，谋划声讨他们。司马伦和孙秀调任司马允为太尉，表面好像很推崇他，实际是夺取他的兵权。司马允于是率领淮南国的兵数百人，冲出去大呼道："赵王要谋反，我来讨伐他，愿意跟随我的人请袒露左臂。"这时跟随的人很多，就包围了司马伦的相国府。司马伦与他交战，屡战屡败，死了一千多人。司马允在承华门前摆开阵势，中书令陈淮想接应司马允，告诉了晋惠帝，晋惠帝派遣伏胤持白虎幡去解除争斗。司马伦的儿子汝阴王司马虔在门下省，暗中向伏胤发誓说："富贵当与你共享。"伏胤于是假称有诏命帮助淮南王司马允，司马允没有发觉这是阴谋，就打开兵阵把伏胤放了进去，伏胤乘机杀了司马允，受司马允牵连被杀的有数千人。

赵王司马伦杀了黄门侍郎潘岳、卫尉石崇等人。

当初，孙秀曾是一名小吏，潘岳多次鞭打他。石崇的外甥欧阳建向来与司马伦有仇怨，石崇有爱妾名叫绿珠，孙秀想要得到她，石崇不给。等到淮南王司马允失败，孙秀就乘机声称石崇、潘岳、欧阳建支持司马允作乱，拘捕了他们。石崇感叹说："这个奴才是想图谋我的财产啊！"拘捕他的人说："知道财能招祸，为何不早散出去呢！"石崇不能应答。当初，潘岳的母亲曾责备潘岳说："你应当知足，怎么能不停地贪利呢！"等失败后，潘岳向母亲谢罪说："辜负了母亲。"这样，石崇等人及其家人都被诛杀。

任命齐王司马冏为平东将军，镇守许昌。

齐王司马冏因功升为游击将军，司马冏内心很不满意。孙秀觉察到这一点，又畏惧司马冏在都城之内，就让他任平东将军，出守许昌。

赵王司马伦为自己加九锡。

孙秀商议给司马伦加赐九锡，吏部尚书刘颂说："从前东汉赐曹魏九锡，曹魏赐晋九锡，都是暂时用一用，不是通用的常典。汉代的周勃、霍光，他们的功劳特别大，也没有听说过

有九锡之命也。"张林欲杀之,秀曰:"杀张、裴,已伤时望,不可复杀颂。"乃止。遂下诏加伦九锡,复加其子荂及秀、林等官,并居显要。伦及诸子顽鄙无识,秀狡黠贪淫,所与共事者皆邪佞之士,惟竞荣利,无深谋远略,志趣乖异,互相憎疾。秀子会,形貌短陋,如奴仆之下者,秀使尚帝女河东公主。

冬十月,立皇后羊氏。

后,尚书郎玄之之女,秀之党也。

前益州刺史赵廞反。

诏征益州刺史赵廞为大长秋,以成都内史耿滕代之。廞,贾后之姻亲也,闻征甚惧,且以晋室衰乱,阴有据蜀之志,乃倾仓廪赈流民,厚遇李特兄弟,以为爪牙。特等恃势,聚众为盗。滕数密表:"流民刚剽,蜀人软弱,主不能制客,必为乱阶,宜使还本地。"廞闻而恶之。

州被诏书,遣文武千余人迎滕。时成都治少城,益州治太城,廞犹在太城未去。滕欲入州,功曹陈恂谏曰:"今构怨已深,不如留少城以观其变。檄诸县合村保以备秦氏。"滕不从。廞遣兵逆战,滕败死。廞又遣兵逆西夷校尉陈总,总主簿赵模曰:"今当速行,助顺讨逆,谁敢动者!"总缘道停留,比至鱼涪津,已遇廞军。模白总,散财募兵以战,总又不听,众遂自溃。廞杀之,自称益州牧,置僚属,易守令。李庠等以四千骑归廞,廞委以心膂,使招合六郡壮勇万人,以断北道。

有加赐九锡之命。"张林听后要杀刘颂，孙秀说："杀了张华、裴颜，已使当世有威望的人伤心，不可再杀刘颂。"张林才住了手。于是下诏为司马伦加赐九锡，又给他的儿子司马荂以及孙秀、张林等人升了官，都居于显要职位。司马伦以及他的几个儿子都顽劣粗鄙没有见识，孙秀则狡黠贪淫，与他们共事的人都是邪佞之士，只知竞相追逐名利，缺乏深谋远略，志趣也各不相同，互相厌恶疾恨。孙秀的儿子孙会，形貌矮小丑陋，比奴仆都不如，孙秀让他娶了晋惠帝的女儿河东公主。

冬季十月，立羊氏为皇后。

皇后羊氏，是尚书郎羊玄之的女儿，羊玄之也是孙秀的同党。

前益州刺史赵廞反叛。

诏令征召益州刺史赵廞为大长秋，让成都内史耿滕代他任益州刺史。赵廞是贾后的姻亲，听到征召很害怕，加上晋室衰乱，他内心早有占据蜀地的想法，于是打开仓库储存的粮食，赈济流民，优厚地对待李特兄弟，作为自己的爪牙。李特等依仗赵廞的势力，聚众为盗。耿滕多次上表说："流民剽悍骁勇，蜀人软弱，主人不能制服客居之人，必然成为致乱的原因，应当让流民归还本土。"赵廞听说后很憎恨耿滕。

益州接到诏书，派文武官员一千多人去迎接耿滕。这时，成都的治所在少城，益州的治所在太城，赵廞还在太城没有离开。耿滕要进入益州，功曹陈恂劝谏说："现在您与赵廞结怨已深，不如留在少城以观其变。向各县发布檄令，让各村保联合起来做好抵御秦氏的准备。"耿滕不听。赵廞派兵阻挡耿滕进城，耿滕战败而死。赵廞又派兵去阻拦西夷校尉陈总，陈总的主簿赵模说："现在应当迅速前进，帮助顺从朝廷的人讨伐逆贼，这样谁敢乱动！"陈总沿途多次停留，等到走到鱼涪津时，已经遇到赵廞的军队。赵模向陈总建议，分发财物招募兵士来作战，陈总又不听，手下的士兵都四散溃逃了。赵廞杀了陈总，自称益州牧，设置下属官吏，改换了守令。李庠等人带领四千骑兵归附赵廞，赵廞将他作为亲信，让他募集六郡强壮勇敢者万余人，来截断北来的道路。

辛酉（301） 永宁元年

春正月，以张轨为凉州刺史。

散骑常侍张轨，以时方多难，阴有保据河西之心，欲求为凉州。时盗贼纵横，鲜卑为寇，轨以宋配、氾瑗为谋主，悉讨破之，威著西土。

赵王伦自称皇帝，迁帝于金墉城，杀太孙臧。

赵王伦逼夺玺绶，备法驾入宫即位。帝出居金墉城，尊为太上皇。废皇太孙为濮阳王，杀之。以孙秀为侍中、中书监，其余党与皆为卿将，奴卒亦加爵位。每朝会，貂蝉盈坐，时人为之谚曰："貂不足，狗尾续。"是岁，天下所举贤良、秀才、孝廉皆不试，郡国计吏及太学生年十六以上者皆署吏，守令赦日在职者皆封侯，郡县纲纪并为孝廉廉吏。府库之储不足以供赐与，应侯者多，铸印不给，或以白版封之。

巴氐李特杀赵廞，诏以罗尚为益州刺史。

李庠骁勇得众心，赵廞浸忌之，会庠劝廞称尊号，廞以庠大逆，斩之，复用李特为督将。特怨廞，遂攻杀之，纵兵大掠，遣使诣洛阳陈廞罪状。

初，梁州刺史罗尚闻廞反，表廞素非雄才，败亡可待。诏拜尚益州刺史，督广汉太守辛冉等入蜀。特闻之惧，使弟骧迎献珍玩。尚悦，以骧为骑督，冉说尚曰："特等专为盗贼，宜因会斩之，不然必为后患。"尚不从。

三月，齐王冏及成都王颖、河间王颙等举兵讨伦，伦遣兵拒之。

辛酉(301)　晋惠帝永宁元年

春正月，任命张轨为凉州刺史。

散骑常侍张轨，因为时势多难，暗怀占据河西地区的想法，想请求任凉州刺史。这时凉州境内盗贼纵横，鲜卑人也经常侵掠，张轨以宋配、氾瑗为谋士，把盗贼全部讨平，威震河西。

赵王司马伦自称皇帝，把惠帝迁往金墉城，杀死皇太孙司马臧。

赵王司马伦逼迫晋惠帝交出印玺绶带，准备好皇帝的车驾，入宫即皇帝位。晋惠帝从宫中出来到金墉城居住，被尊为太上皇。皇太孙被废黜封为濮阳王，又被杀死。任命孙秀为侍中、中书监，其余党羽都封为卿将，奴仆士卒也赐予爵位。每当朝会，戴貂尾、蝉纹官帽的高官满座，当时人编了谚谣说："貂不足，狗尾续。"这一年，全国所举荐的贤良、秀才、孝廉都不考试，各郡和封国掌管簿计的官吏以及年龄十六岁以上的太学生都署名为吏，全国大赦这天，在职的郡守县令都封侯，郡县所属的小官吏都举为孝廉或廉吏。府库的储备不足以用来分发赏赐，封侯的人众多，来不及铸印，有的用无字的白版代替。

巴氐的李特杀死了赵廞，下诏任命罗尚为益州刺史。

李庠骁勇又很得人心，赵廞逐渐忌恨他，正巧李庠劝赵廞称帝，赵廞以大逆不道的罪名下令将李庠处死，又任用李特为督将。李特深恨赵廞，于是攻打并杀死赵廞，李特纵兵大肆抢掠，派使者到洛阳陈述赵廞的罪状。

当初，梁州刺史罗尚听说赵廞谋反，曾上表说赵廞素来没有雄才大略，他的失败灭亡指日可待。这时朝廷下诏任命罗尚为益州刺史，督率广汉太守辛冉等人入蜀。李特听了很害怕，让其弟李骧在路上迎接，献上珍宝玩物。罗尚很高兴，任用李骧为骑督，辛冉劝罗尚说："李特等人专门为盗贼，应当趁机杀了他，不然必为后患。"罗尚不听。

三月，齐王司马冏以及成都王司马颖、河间王司马颙等举兵讨伐司马伦，司马伦派兵迎战。

齐王冏遣使告成都王颖、河间王颙、长沙王乂，及新野公歆，移檄征镇，称："逆臣孙秀，迷误赵王，当共讨之。有不从命，诛及三族。"颖召邺令卢志谋之，志曰："杖顺讨逆，百姓必不召自至。"颖从之。远近响应，至朝歌，众二十余万。歆得冏檄，未知所从。嬖人王绥曰："赵亲而强，齐疏而弱，宜从赵。"参军孙询大言曰："赵王凶逆，天下当共诛之，何亲疏强弱之有！"歆乃从冏。颙初用长史李含谋，执冏使，遣张方将兵助伦。及闻二王兵盛，复召方还，更附二王。伦、秀闻兵起，大惧，遣孙辅、张泓、司马雅帅兵拒冏，秀子会及士猗、许超帅兵拒颖。

闰月朔，日食。　自正月至于是月，五星互经天，纵横无常。　夏四月，成都王颖击败伦兵于溴水，帅师济河，左卫将军王舆等迎帝复位，伦伏诛。

张泓等与齐王冏战于颍上，屡破之。泓攻冏营，冏出兵击破其别将，泓等乃退。成都王颖前锋至黄桥，为孙会、士猗、许超所败，颖欲退。卢志曰："今我军失利，敌有轻我之心，不若更选精兵，星行倍道，出敌不意，此用兵之奇也。"颖从之。伦赏黄桥之功，猗、超、会皆持节，由是军政不一，且恃胜不设备。颖击之于溴水，会等大败，颖乘胜长驱济河。

自冏等起兵，百官将士皆欲诛伦、秀，及河北军败，左卫将军王舆帅营兵入宫，三部司马为应于内，攻孙秀于中书省，

齐王司马冏派遣使者通告成都王司马颖、河间王司马颙、常山王司马乂，及新野公司马歆，向征镇发布檄文，称："逆臣孙秀，迷误赵王，应当共同讨伐他。有不从命的，诛灭三族。"司马颖召邺令卢志商量，卢志说："您扶持正义，声讨逆贼，百姓必然会不召自来。"司马颖听从了他的意见。果然远近响应，到达朝歌时，已有二十多万人。司马歆收到司马冏的檄文，不知如何是好。他宠信的人王绥说："赵王和我们很亲近力量又强大，齐王和我们疏远力量又弱小，应该跟随赵王。"参军孙询大声说："赵王凶暴叛逆，天下应共同诛伐他，还分什么亲疏强弱！"司马歆就响应了司马冏。司马颙最初采用长史李含的计谋，抓住了司马冏的使者，派遣张方带兵帮助司马伦。等听说司马冏、司马颖二王兵力强大，又召回了张方，改变主意依附了二王。司马伦、孙秀听说司马冏等人起兵讨伐他，非常害怕，派孙辅、张泓、司马雅率兵抵御司马冏，派孙秀的儿子孙会及士猗、许超率兵抵御司马颖。

闰月初一，发生日食。　从正月到这三月，五颗星在白昼出现，位置纵横错乱。　夏四月，成都王司马颖在溴水击败了司马伦的军队，带兵渡过黄河，左卫将军王舆等人迎晋惠帝恢复帝位，司马伦被处死。

张泓等人和齐王司马冏在颍阴一带交战，多次打败司马冏。张泓攻打司马冏的兵营，司马冏出兵打败了张泓的别将，张泓等人才撤退。成都王司马颖的前锋到了黄桥，被孙会、士猗、许超打败，司马颖想退。卢志说："现在我军失利，敌人会有轻视我们的想法，不如再选精兵，趁夜加快行军，出敌不意，这就是用兵要出奇啊！"司马颖听从了他的意见。司马伦奖赏黄桥之战的功臣，士猗、许超、孙会都授以掌握符节的权力，因此军队政令不统一，并且倚仗打了胜仗不设防备。司马颖在溴水袭击他们，孙会等大败，司马颖乘胜长驱直下，渡过了黄河。

自从司马冏等人起兵，文武百官和很多将士都想杀死司马伦和孙秀，等到河北的军队被打败以后，左卫将军王舆率领营军进入皇宫，三部司马在里面为内应，进攻在中书省的孙秀，

斩之,使黄门将伦还第,迎帝于金墉城。自端门入升殿,群臣顿首谢罪。分遣使者慰劳三王,赐伦死,收其子诛之。凡百官为伦所用者皆斥免。台、省、府、卫,仅有存者。颖、颙皆至洛阳。自兵兴六十余日,战斗死者近十万人。

六月,以齐王冏为大司马,辅政。成都王颖为大将军,河间王颙为太尉,各还镇。

齐王冏入洛阳,甲士数十万,威震京都。诏以为大司马,加九锡,备物典策,如宣、景、文、武辅魏故事。成都王颖为大将军,都督中外诸军事,假黄钺,录尚书事,加九锡。河间王颙为侍中太尉,常山王乂为抚军大将军。进新野公歆爵为王。齐、成都、河间三府各置掾属四十人,武号森列,文官备员而已,识者知兵之未戢也。歆说冏夺颖兵权,乂亦劝颖图冏,闻者忧惧。卢志谓颖曰:"大王迳前济河,功无与二。然两雄不俱立,宜因太妃微疾,求还定省,委重齐王,以收四海之心。"颖从之。表称冏功德,宜委以万机,即辞归邺。由是士民之誉皆归颖。

冏辟刘殷为军谘祭酒,曹摅为记室,江统、荀晞参军事,张翰、孙惠为掾,顾荣、王豹为主簿。殷幼孤贫,养曾祖母以孝闻,人以谷帛遗之,殷受而不谢,直云:"待后贵当相酬耳。"及长,博通经史,性倜傥,有大志,俭而不陋,清而不介,望之颓然而不可侵也。冏以何勖为中领军,董艾典枢机,又封其将佐有功者葛旟等为县公,委以心膂,号曰五公。

将他处斩，派宦官把司马伦送回他的府第，到金墉城去迎接晋惠帝。晋惠帝从端门进宫登上宫殿，群臣都跪拜叩头谢罪。晋惠帝分别派遣使者去慰劳三王，赐司马伦死，拘捕了他的儿子，全部处死。文武百官凡是被司马伦任用的一律罢免。台、省、府、卫，剩下的官员没有几个。司马颖、司马颙都来到洛阳。从发兵至今六十多天，参加战斗死亡的近十万人。

六月，任命齐王司马冏为大司马，辅佐国政。成都王司马颖为大将军，河间王司马颙为太尉，各自回到镇守的地方。

齐王司马冏进入洛阳，带领全副武装的兵士数十万人，威震京都。晋惠帝下诏任命他为大司马，加赐九锡，他使用的物品及礼仪，如同宣帝、景帝、文帝、武帝辅佐曹魏的旧例。任命成都王司马颖为大将军、都督中外诸军事，假黄钺，录尚书事，加赐九锡。任命河间王司马颙为侍中太尉，常山王司马乂为抚军大将军。将新野公司马歆的爵位晋升为王。齐王、成都王、河间王三王府各置僚属四十人，有武号的官员众多，文官只是充数而已，有识之士都知道战事并没有止息。司马歆劝说司马冏夺取司马颖的兵权，司马乂也劝说司马颖要想法对付司马冏，听到的人都很忧虑害怕。卢志对司马颖说："大王一直向前攻打，渡过黄河，您的功劳没人能够相比。但是两雄不能并立，应当趁着太妃有小病，请求回封国侍奉，把大权让给齐王，以此来收服天下百姓的心。"司马颖听从了他的建议。上表称赞司马冏的功德，认为应该把国家大事委托司马冏办理，随即告辞回到邺城。因此士人和百姓的赞誉都归向司马颖。

司马冏征召刘殷为军谘祭酒，曹摅为记室，江统、荀晞为参军事，张翰、孙惠为户曹掾，顾荣、王豹为主簿。刘殷年幼孤贫，赡养曾祖母以孝著称，有人送给他粮食布帛，他接受而不道谢，直接说："等我以后富贵了一定酬谢。"长大以后，博通经史，性情洒脱豪迈，胸有大志，节俭但不简陋，清高而不孤僻，望之就让人尊敬而不敢侵犯。司马冏任何勖为中领军，董艾掌枢密机要，又封他手下有功的将吏葛旟等为县公，作为心腹，号称五公。

颖至邺，让九锡殊礼，表论兴义功臣，乞运河北邸阁米以振阳翟饥民，敛祭黄桥战士，旌显其家，皆卢志之谋也。颖形美而神昏，不知书，然气性敦厚，委事于志，故得成其美焉。

初，冏疑中书郎陆机为赵王伦撰禅诏，收欲杀之。颖为辨理得免，因表为平原内史，以其弟云为清河内史。机友人顾荣、戴渊以中国多难，劝机还吴，机以受颖全济之恩，且谓颖有时望，可与立功，遂留不去。

冬十月，李特据广汉，进攻成都。

初，朝廷符下秦、雍，召还流民入蜀者，又遣御史冯该督之。李特兄辅自洛阳至蜀，言中国方乱，不足复还。特然之，累遣阎式诣罗尚，求权停至秋，又纳赂于尚及该，尚、该许之。玺书下益州，条列六郡流民与特同讨赵廞者，将加封赏。辛冉欲以为己功，不以实上，众咸怨之。尚督流民，七月上道。时流民布在梁、益，为人佣力，闻州郡逼遣，人人愁怨。且水潦方盛，年谷未登，无以为行资。特复求停至冬，辛冉及犍为太守李苾以为不可。冉性贪暴，欲杀流民首领，取其资货，乃与苾白尚，设关搜索。

特数为流民请留，流民皆感而恃之，多相帅归特。特乃结大营于绵竹以处之。辛冉又分牓购募特兄弟，特取以归，与弟骧改之为募六郡豪杰侯王，一首百匹。于是流民大惧，归特愈众，旬月间至二万人。复遣阎式诣罗尚求申期，

司马颖回到邺城，辞让九锡这种特殊的礼遇，上表举荐讨伐司马伦、迎晋惠帝复位的功臣，请求运送黄河以北的邸阁米去赈济阳翟的饥民，收敛祭祀黄桥之战阵亡的战士，表彰他们的家庭，这些都是卢志的谋略。司马颖相貌俊美而头脑糊涂，不识字，但性格敦厚，将事务委托卢志，所以能成就美名。

当初，司马冏怀疑中书郎陆机为赵王司马伦撰写晋惠帝禅让帝位的诏书，拘捕了他，打算处死。司马颖为陆机辩护申理得以免罪，便上表举荐他为平原内史，举荐其弟陆云为清河内史。陆机的朋友顾荣、戴渊因为中原多灾多难，劝陆机回到吴地，陆机因受到司马颖的救命之恩，又认为司马颖在当时深孚众望，可以和他一起建立功业，就留下没有离开。

冬十月，李特占据了广汉，进攻成都。

当初，朝廷有令下达秦州、雍州，召回流入蜀地的流民，还派御史冯该督促执行。李特的哥哥李辅从洛阳到蜀地，说中原发生了变乱，不必再回去。李特同意了，多次派遣阎式去见罗尚，请求暂且住到秋天，又贿赂罗尚和冯该，罗尚和冯该就同意了。朝廷的玺书下达益州，让列出与李特一起讨伐赵廞的六郡流民的名单，准备给以奖赏。辛冉想把功劳据为己有，不如实上报，众人都怨恨他。罗尚催促流民，限令七月上路。当时流民分布在梁州、益州，为人当佣工，听到州郡逼他们回去，人人忧愁怨恨。而且天降大雨，水灾正盛，粮食还没收，没有钱粮作路费。李特又请求延迟到冬天，辛冉和犍为太守李苾认为不能延缓。辛冉性情贪婪残暴，想杀死流民的首领，夺取他们的财物，于是和李苾一起报告罗尚，设关搜查。

李特多次为流民请求延缓遣返，流民都感激他并且倚仗他，大都带领人来归附他。李特就在绵竹设置了大营来安置流民。辛冉又出告示悬赏捉拿李特兄弟，李特把告示取回来，和弟弟李骧改为悬赏购求六郡豪杰及侯王的首级，每个首级赏布一百匹。于是流民更为恐惧，归附李特的人越来越多，十多天时间就达到二万人。李特又派阎式到罗尚那里请求缓期，

尚许之。式还谓特曰："尚威刑不立，冉等各拥强兵，一旦为变，非尚所能制，宜为备。"特从之，与弟流分一营，缮甲治兵以待。

至是，冉、苾帅步骑三万袭特营，特发伏击之，死者甚众。于是流民推特行镇北大将军，承制封拜。流及兄辅弟骧皆号将军，进兵攻冉于广汉。冉出战屡败，奔德阳。特入据郡，进攻成都，与蜀民约法三章，施舍振贷，礼贤拔滞，军政肃然，蜀民大悦。尚频为特所败，乃阻长围，缘郫水作营，连延七百里，与特相拒，求救于梁州及南夷校尉。

壬戌(302)　太安元年

夏，河间王颙遣兵讨李特，不克。

河间王颙遣督护衙博讨李特，军于梓潼。朝廷复以张微为广汉太守，军于德阳。特使其子荡等败博兵，博走，众降，特自称大将军、益州牧。

立清河王覃为皇太子。

齐王冏欲久专政，以帝子孙俱尽，大将军颖有次立之势。清河王覃，武帝孙也，方八岁，乃上表请立为皇太子。以冏为太子太师，东海王越为司空，领中书监。

秋八月，广汉太守张微讨李特，败死。罗尚击之，亦败。

张微击破特兵，进攻其营，李荡引兵救之，遂破微兵，杀之。李骧军毗桥，罗尚遣军击之，屡为所败，骧遂进攻成都。

罗尚同意了。阎式回来后对李特说："罗尚没有树立威势和法度，辛冉等人各自拥有强大的兵力，一旦有变，不是罗尚能够控制的，我们应该有所准备。"李特听从了他的意见，与弟弟李流分为两个军营，整治军备，严阵以待。

到这时，辛冉、李苾率领步兵、骑兵三万袭击李特的军营，李特出兵伏击他们，死的人很多。于是流民推举李特为镇北大将军，说是按照皇帝的旨意封拜的。李流以及他的哥哥李辅、弟弟李骧都号称将军，一起进兵广汉，攻打辛冉。辛冉带兵出战，屡次失败，逃奔德阳。李特占据了广汉，又进攻成都，和蜀民约法三章，施舍赈济贫民，礼贤下士，选拔被埋没的人才，军队政务严肃井然，蜀地百姓非常高兴。罗尚不断地被李特打败，就设置了很大的包围圈，沿着郫水安营扎寨，战线长达七百里，与李特相峙，向梁州及南夷校尉去请救兵。

壬戌（302） 晋惠帝太安元年

夏季，河间王司马颙派兵讨伐李特，没有成功。

河间王司马颙派遣督护衙博去征讨李特，驻扎于梓潼。朝廷又任命张微为广汉太守，驻军于德阳。李特派他的儿子李荡等人打败了衙博的军队，衙博逃走了，他手下的士兵全部投降。李特自称大将军、益州牧。

立清河王司马覃为皇太子。

齐王司马冏想长久地专政，因为晋惠帝的子孙都死了，只有大将军司马颖有继承皇位的可能。清河王司马覃，是晋武帝的孙子，才刚刚八岁，于是司马冏上表请求立他为皇太子。晋惠帝任命司马冏为太子太师，东海王司马越为司空，兼中书监。

秋八月，广汉太守张微讨伐李特，失败而死。罗尚攻打李特，也失败了。

张微打败了李特的军队，进攻他的军营，这时李荡带着兵救援，于是打败了张微的军队，并杀了张微。李骧的军队驻扎在毗桥，罗尚派士兵攻打他，屡次被打败，李骧于是进攻成都。

李流军成都之北，尚遣精勇万人攻骧，骧与流合击，大破之，还者什一二。

冬十二月，河间王颙使长沙王乂杀齐王冏。

齐王冏骄奢擅权，起府第与西宫等，中外失望。侍中嵇绍上疏曰："存不忘亡，《易》之善戒也。臣愿陛下无忘金墉，大司马无忘颍上，大将军无忘黄桥，则祸乱之萌无由而兆矣。"

冏耽于宴乐，不入朝见，坐拜百官，符敕三台，选举不均，嬖宠用事。

南阳处士郑方上书谏曰："大王安不虑危，燕乐过度，一失也。宗室骨肉互相疑贰，二失也。蛮夷不静，不以为意，三失也。百姓困穷，不闻振救，四失也。义兵有功，久未论赏，五失也。"

孙惠亦上书曰："天下有五难四不可，而明公皆居之：冒犯锋刃，一难也。聚致英雄，二难也。与将士均劳苦，三难也。以弱胜强，四难也。兴复皇业，五难也。大名不可久荷，大功不可久任，大权不可久执，大威不可久居。大王行其难而不以为难，处其不可而谓之可，惠窃所不安也。明公宜思功成身退之道，委重二王，长揖归藩，则太伯子臧不专美于前矣。"冏不能用，惠辞疾去。冏谓曹摅曰："或劝吾委权还国，何如？"摅曰："物禁太盛，大王诚能居高虑危，褰裳去之，斯善之善者也。"冏不听。

李流的军队驻扎在成都之北，罗尚派遣精兵万人去进攻李骧，李骧与李流联合还击，大败罗尚的军队，生还者仅十分之一二。

冬十二月，河间王司马颙指使长沙王司马乂杀了齐王司马冏。

齐王司马冏骄纵奢侈独揽大权，建造的府第，规模和西宫差不多，在朝野内外失去了声望。侍中嵇绍向晋惠帝上疏说："生存时不要忘记灭亡，这是《易经》对我们很好的告诫。我希望陛下不要忘记住在金墉城的日子，大司马不要忘记颍上之败，大将军不要忘记黄桥之战，这样祸乱就不可能萌发了。"

司马冏沉湎于宴饮嬉乐之中，不入朝晋见皇帝，坐在自己府中接受百官的叩拜，用符节向三台发布命令，选用官吏不公平合理，任用宠爱和亲信的人。

南阳隐士郑方上书劝谏说："大王居于安乐不考虑危险，宴乐过度，这是第一个失误。宗室骨肉之间相互猜疑，这是第二个失误。少数民族并不安静，但不把此事放在心上，这是第三个失误。百姓生活困苦艰难，没有听说去赈济救助，这是第四个失误。讨伐司马伦的各路义军立了战功，长久没有论功行赏，这是第五个失误。"

孙惠也上书说："天下有五难四不可，而您全都具有：不怕危险迎头而上，是一难。聚集英雄豪杰，是二难。与将士同甘共苦，是三难。以弱胜强，是四难。复兴皇室大业，是五难。大名不可久享，大功不可久任，大权不可久执，大势不可久居，这是四不可。大王做那些难事却不以为难，处于不可的境地却以为可以，这是我感到很不安的事情。您应该考虑一条功成身退的道路，把重任交给长沙王和成都王，您回到自己的封地，那么辞让天下的吴太伯和曹子臧就不会独占美名了。"司马冏没有采用他的意见，孙惠声称有病就告辞了。司马冏对曹摅说："有人劝我交出大权回到封国，你看如何？"曹摅说："事物害怕太盛，大王如果能居高思危，毅然离开这里，这是上策中的上策啊！"司马冏也没有听。

张翰、顾荣皆虑及祸，翰因秋风起，思菰菜、莼羹、鲈鱼鲙，叹曰："人生贵适志耳，富贵何为！"即引去。荣故酣饮不省府事，以废职徙为中书侍郎。颍川处士庾衮闻冏期年不朝，叹曰："晋室卑矣，祸乱将兴。"帅妻子逃于林虑山中。

王豹致笺于冏曰："河间、成都、新野三王以方刚之年，并典戎马，处要害之地，而明公挟震主之威，独据京都，专执大权，未见其福也。请悉遣王侯之国，依周、召之法，以成都王为北州伯，治邺，王自为南州伯，治宛，分河为界，各统王侯，以夹辅天子。"长沙王乂见豹笺，谓冏曰："小子离间骨肉，何不铜驼下打杀？"冏乃鞭杀之。豹将死，曰："悬吾头大司马门，见兵之攻齐也。"

冏以河间王颙本附赵王伦，恨之。颙长史李含因说颙曰："成都王至亲，有大功，推让还藩，甚得众心。齐王越亲而专政，朝廷侧目。今檄长沙王使讨齐，齐王必诛长沙，吾因以为齐罪而讨之，去齐立成都，除逼建亲，以安社稷，大勋也。"颙从之。颙表陈冏罪，请长沙王乂废冏，以颖辅政。遂举兵，遣李含、张方等趋洛阳。

十二月，颙表至，冏大惧，会百官议之。尚书令王戎曰："二王兵盛，不可当也。若以王就第，委权崇让，庶可求安。"冏从事中郎葛旟怒曰："汉魏以来，王侯就第，宁有得保妻子者邪！议者可斩！"百官震悚，戎伪药发堕厕得免。

张翰、顾荣都担心灾祸来临，张翰因秋风吹起，怀念家乡的菰菜、莼羹、鲈鱼片，感叹说："人生贵在能按照自己的意志生活，富贵有什么用呢？"就引退离去。顾荣故意喝得酩酊大醉，不过问官府的事务，因荒废职守被降职为中书侍郎。颍川隐士庾衮听说司马冏整年不上朝，叹息说："晋室衰败了，祸乱将要发生啊！"带领妻儿逃到林虑山中。

王豹给司马冏去信说："河间、成都、新野三位亲王正当年富力强的时候，同时掌握了兵权，处于要害之地，而您具有震慑君主的威势，又独据京都，大权专揽，这不见得是福啊！请下令派王侯全都回到封国，依照周公、召公的方法，让成都王为北州伯，治理邺地，您自己为南州伯，治理宛地，以河为界，各统帅南北的王侯，来共同辅佐天子。"长沙王司马乂看到王豹的信，对司马冏说："这小子离间我们骨肉兄弟，为何不用铜驼把他打死！"司马冏就用鞭子把王豹打死了。王豹临死时说："把我的头悬挂在大司马门上，我要亲眼看到兵士来攻打齐王。"

司马冏因河间王司马颙原本依附赵王司马伦，很恨司马颙。司马颙的长史李含便劝司马颙说："成都王是骨肉至亲，立了大功，推让功劳回到封地，很得人心。齐王越过皇亲而专政，朝廷大臣都对他侧目相看。现在发出檄文，让长沙王去讨伐齐王，齐王必定会诛杀长沙王，我们便把这作为齐王的罪状再去讨伐他，除掉齐王拥立成都王，除掉逼迫我们的人而拥立近亲，以安定社稷，这是一大功勋。"司马颙听从了他的话。司马颙上表陈述了司马冏的罪状，请求让长沙王司马乂去废黜司马冏，让司马颖辅佐朝政。于是发兵，派李含、张方等向洛阳进发。

十二月，司马颙的奏表到了洛阳，司马冏很害怕，召集文武百官商量对策。尚书令王戎说："两位亲王兵力强大，势不可挡。如果您回到家中，表示退让交出大权，大概可以求得平安。"司马冏的从事中郎葛旟发怒说："汉魏以来，王侯归隐回家的，难道有能保全妻子儿女的吗！提这个建议的人可以杀掉！"百官听了这话非常害怕，王戎假装药力发作掉到茅坑中，得以逃脱。

李含屯阴盘，张方军新安，檄乂使讨冏。冏遣董艾袭之。乂将左右百余人驰入宫，闭诸门，奉天子攻大司马府，城内大战，帝幸上东门，矢集御前，群臣死者相枕。连战三日，冏众大败。执冏斩之，同党皆夷三族。含等引兵还长安，乂虽在朝廷，事无巨细，皆就邺谘颖。

陈留王曹奂卒。

晋人葬之，谥曰魏元皇帝。

鲜卑宇文部围棘城，慕容廆击破之。

廆以其臣慕舆句勤恪廉靖，使掌府库。句心计默识，不案簿书，始终无漏。以慕舆河明敏精审，使典狱讼，覆讯清允。

癸亥(303)　二年

春二月，罗尚大破李特，斩之。李流代领其众。

李特潜渡江击罗尚，水上军皆散走。蜀郡太守以少城降，特入据之，惟取马以供军，余无侵掠，赦境内，改元建初。蜀民相聚为坞者，皆送款于特，特分流民于诸坞就食。李流言于特曰："诸坞新附，宜质其大姓子弟，聚兵自守，以备不虞。"特怒曰："大事已定，但当安民，何为更逆加疑忌，使之离叛乎？"

朝廷遣荆州刺史宗岱等帅水军三万救尚，军势甚盛，诸坞皆有二志。任睿言于尚曰："特散众就食，骄怠无备，此天亡之时也。宜密约诸坞，刻期同发，内外击之，破之必矣。"二月，遣兵掩袭特营，诸坞皆应之，特兵大败，斩特，传首洛阳。李流及荡、雄收余众还保赤祖，流自称益州牧，保东营，

李含屯兵阴盘，张方驻军新安，檄文下达，派司马乂去讨伐司马冏。司马冏派董艾袭击司马乂。司马乂带领手下一百多人驰入皇宫，关闭所有宫门，拥奉天子攻打大司马府，城内大战，晋惠帝来到上东门，箭射到面前，群臣死亡的多得相互枕藉。连打了三天，司马冏的军队大败。司马冏被抓住杀死，其同党都被诛灭三族。李含等人带兵回到长安，司马乂虽然也在朝廷，但事无巨细，都到邺城去请示司马颖。

陈留王曹奂去世。

晋人把他埋葬了，谥号为魏元皇帝。

鲜卑宇文部包围棘城，慕容廆出兵击溃了他。

慕容廆因为他的大臣慕舆句勤勉谨慎廉洁谦逊，让他掌管府库。慕舆句心算默记，不用账簿，从来没有出现过差错。又因为慕舆河头脑敏捷，办事精密审慎，让他掌管判案的事，复审时清廉公正。

癸亥（303）　晋惠帝太安二年

春二月，罗尚大败李特，将李特斩首。李流代领其部下。

李特偷偷渡过江攻打罗尚，罗尚水上的军队都逃走了。蜀郡太守献出少城投降，李特入城据守，只取用马匹以供军需，对其他财物一概没有掠夺，在境内赦免罪犯，改年号为建初。相聚为土堡的蜀民，都来归顺李特，李特还分配流民到各土堡吃饭。李流对李特说："各土堡刚归附，应当把大户子弟作为人质，让他们聚兵自守，以防备意外。"李特生气地说："大事已定，就应当安民，为什么反而对他们乱加猜疑呢！想要让他们叛离吗？"

朝廷派遣荆州刺史宗岱等人率领三万水军去救援罗尚，罗尚军势特别强盛，各土堡就都有了二心。任睿对罗尚说："李特让部下分散去吃饭，骄怠没有防备，这是上天让他灭亡的时候。应该和各土堡秘密约定，到约定时间同时发动，内外两方面夹击他，一定会打败他。"二月，派兵偷袭李特的兵营，各土堡都共同响应，李特的军队大败，罗尚杀了李特，把首级送到洛阳。李流及李荡、李雄收拾残余部众退保赤祖，李流自称益州牧，保东营，

荡、雄保北营。尚遣督护何冲攻流，流大破之，乘胜进抵成都，尚复闭城自守。荡中矛而死。流以宗岱将至，甚惧，欲降。李骧及特子雄迭谏，不纳。雄乃诱说流民，与袭击阜军，大破之。会岱卒军退，流甚惭，由是奇雄才，军事悉以任之。

夏五月，义阳蛮张昌反，诏以刘弘都督荆州军事。

新野王歆督荆州，为政严急，失蛮夷心。义阳蛮张昌聚党数千人，欲为乱，会州以诏发武勇讨李流，民惮远征，皆不欲行。诏书督遣严急，所经郡界，停五日者，二千石免官，由是郡县官长皆亲出驱逐。展转不远，辄复屯聚为盗。张昌因此诳惑百姓，诸流民避戍役，多往从之。江夏太守弓钦讨之，不胜，奔武昌。

昌遂据江夏，得山都县吏丘沈，更其姓名曰刘尼，诈云汉后，奉以为主，而自为相国，建元神凤。江、沔间所在起兵以应之，旬月间众至三万，皆著绛帽，以马尾作髯。昌至樊城，歆出拒之，众溃，为昌所杀。诏以荆州刺史刘弘代歆为镇南将军，督荆州军。弘以南蛮长史庐江陶侃为大都护，牙门将皮初为都战帅，进据襄阳。昌攻之，不克。

李雄攻陷郫城。

李雄攻杀汶山太守，遂取郫城。秋，李流徙屯郫，蜀民皆保险结坞，或南入宁州，或东下荆州，城邑皆空，野无烟火，流众饥乏，唯涪陵千余家依青城山处士范长生。平西参军徐轝说罗尚，求守汶山，邀结长生，与共讨流。尚

李荡、李雄保北营。罗尚派督护何冲进攻李流，李流将他打得大败，乘胜进抵成都，罗尚又关闭城门防守。李荡中箭而死。李流因为宗岱将要攻至，很是害怕，想要投降。李骧和李特的儿子李雄轮流劝谏，李流就是不听。李雄于是就诱劝那些流民，让他们一起去袭击孙阜的军队，把孙阜打得大败。正遇到宗岱的军队也撤退了，李流很惭愧，从此认为李雄很有才能，军中的事务全交给李雄处理。

夏五月，义阳人张昌造反，朝廷下诏任命刘弘都督荆州军事。

新野王司马歆统治荆州，为政严厉躁急，失去当地人的信任。义阳人张昌聚集了数千人，想要反叛，正巧州中根据诏令征集年轻力壮的人去征讨李流，老百姓害怕远征，都不想出行。诏书催促得很急，在经过的郡界，如停留五日，该地二千石的官员就要被免官，因此郡县长官都亲自出来驱赶催促。这些被征发的人行走没有多远，就又聚集起来作乱。张昌借这种形势来欺骗迷惑百姓，流民为逃避兵役，很多都投奔了他。江夏太守弓钦去讨伐张昌，没有成功，逃奔武昌。

张昌于是占据了江夏，找到山都县小官丘沈，把他的姓名改为刘尼，假称他是汉朝皇室的后代，尊奉他为天子，张昌自封为相国，建年号为神凤。长江、沔水一带都起兵响应，一月之间聚集了三万多人，都戴着深红色的帽子，以马尾作成须髯。张昌到了樊城，司马歆出兵阻击他，结果被打得四散溃逃，司马歆也被张昌杀了。朝廷下诏让荆州刺史刘弘代替司马歆为镇南将军，都督荆州诸军事。刘弘任命南蛮长史庐江人陶侃为大都护，牙门将皮初为都战帅，进据襄阳。张昌进攻襄阳，没有攻克。

李雄攻陷郫城。

李雄进攻汶山并杀死太守，于是夺取了郫城。秋季，李流转移到郫城，蜀地百姓都修筑土堡自卫防守，有的向南去了宁州，有的东下去了荆州，城邑皆空，连炊烟都看不到，李流的军队饥饿困乏，只有涪陵千余家，依附青城山隐士范长生。平西参军徐轝请求罗尚，派他去守汶山，联合范长生，一起讨伐李流。罗尚

不许，羣怒出降于流，说长生使给流军粮，流军复振。

秋七月，刘弘遣陶侃讨张昌，昌走，众降，别将石冰据临淮，不下。

张昌党石冰寇扬州，败刺史陈徽，诸郡尽没。又破江州，攻武陵、零陵、豫章、武昌、长沙，皆陷之。于是荆、江、扬、豫、徐五州之境多为昌所据。昌更置牧守，皆桀盗小人，专以劫掠为务。

刘弘遣陶侃等攻昌于竟陵，大破之。昌逃于下雋山，其众悉降，惟石冰尚据临淮。

初，侃少孤贫，为郡督邮，长沙太守万嗣见而异之，命其子与结友。后察孝廉，至洛阳，郎中令杨晫荐之于顾荣，侃由是知名。既克张昌，刘弘谓曰："吾昔为羊公参军，谓吾后当居其处，今观卿，必继老夫矣。"

时荆部守宰多缺，弘请补选，诏许之。弘叙功铨德，随才授任，人皆服其公当。表皮初补襄阳太守，朝廷以初望浅，更用弘婿夏侯陟。弘下教曰："夫治一国者，宜以一国为心，必若姻亲然后可用，则荆州十郡，安得十女婿然后为政哉！"乃表："陟姻亲，旧制不得相监，皮初之勋宜见酬报。"诏听之。弘于是劝课农桑，宽刑省赋，公私给足，百姓爱悦。

河间王颙、成都王颖举兵反。九月，帝自将讨颖。颙将张方入城大掠。

不同意，徐攀一怒之下就投降了李流，说服范长生供给李流军粮，李流的军队又振作起来。

秋七月，刘弘派遣陶侃去讨伐张昌，张昌败逃，部下全部投降，只有别将石冰还占据着临淮，没有被攻打下来。

张昌的党羽石冰进犯扬州，打败了刺史陈徽，扬州各郡全部陷落。石冰又攻陷了江州，接着进攻武陵、零陵、豫章、武昌、长沙，都被攻陷。于是荆、江、扬、豫、徐五州之地，大多被张昌占据。张昌重新设置了牧守等官吏，任用的都是盗贼之类的小人，专门以抢劫掠夺为职业。

刘弘派陶侃等人在竟陵攻打张昌，把张昌打得大败。张昌逃到下雋山，他的部众全部投降，只有石冰还占据着临淮。

当初，陶侃年幼时就死了父亲，家境贫寒。后来他担任了郡督邮，长沙太守万嗣见到他，很欣赏他的才德，就让自己的儿子与陶侃结交。后来陶侃被举为孝廉，来到洛阳，郎中令杨晫把他推荐给顾荣，陶侃从此就有了名望。陶侃打败张昌以后，刘弘对他说："从前我为羊公的参军，羊公说以后我会居于他现在的官位，现在观察你，必定会继承老夫的职位啊！"

当时荆州所辖各地守宰的官位大多空缺，刘弘请求补选官吏，把这些空缺补上，朝廷下诏同意了。刘弘评定功劳，铨衡德行，根据才能授给官职，人们都佩服他处事公正得当。刘弘上表推举皮初补任襄阳太守，朝廷认为皮初名望不高，改用刘弘的女婿夏侯陟。刘弘教育下属说："治理一个国家的人，应该把国家的利益放在心上，如果一定是姻亲然后才能任用，那么荆州有十个郡，哪里能找到十个女婿来担任执政呢！"刘弘就上表说："夏侯陟是我的姻亲，根据旧制不方便督察，皮初的功劳应当受到酬报。"朝廷下诏同意了他的意见。刘弘于是努力奖励农桑之业，放宽刑罚，减免赋税，官府与百姓都很富足，百姓十分敬爱刘弘。

河间王司马颙、成都王司马颖举兵造反。九月，晋惠帝亲自带兵去讨伐司马颖。司马颙手下的大将张方进入城中大肆杀掠。

河间王颙初用李含计，欲俟齐王冏杀长沙王乂而讨之，遂废帝，立成都王颖，以己为相。既而不如所谋，颖亦恃功骄奢，百度废弛。嫌乂在内，不得逞其欲，欲与颙共攻乂。卢志谏曰："公委权辞宠，时望美矣。今宜顿军关外，文服入朝，此霸主之事也。"参军邵续谏曰："人有兄弟，如左右手，今公欲当天下之敌，而先去其一手，可乎？"颖皆不听，与颙共表："乂论功不平，与仆射羊玄之、将军皇甫商专擅朝政，请遣乂还国，诛玄之等。"诏曰："颙、颖敢举兵向阙，吾将亲帅六军以讨之。其以乂为太尉，都督中外诸军事。"

颙以张方为都督，将精兵七万，东趋洛阳。颖引兵屯朝歌，以陆机为前锋都督，督王粹、牵秀、石超等军二十余万向洛阳。机以羁旅事颖，一旦顿居诸将之右，粹等心皆不服。孙惠劝机让都督于粹，机曰："彼将谓吾首鼠两端，适所以速祸也。"帝如十三里桥，乂使皇甫商将万余人拒张方于宜阳，方袭败之。帝军于芒山，羊玄之忧惧而卒。帝遂幸缑氏，击牵秀，走之。张方入京城，大掠，死者万计。

李流死，雄代领其众。

李流疾笃，谓诸将曰："前军英武，殆天所相，可共受事。"流卒，众推雄为益州牧，治郫城。

冬十月，长沙王乂奉帝及颖兵战于建春门，大破之。

河间王司马颙最初采用李含的计策，想等齐王司马冏杀死长沙王司马乂以后再去讨伐司马冏，然后废掉晋惠帝，立成都王司马颖为帝，自己任相国。后来没有如愿，司马颖也居功骄傲奢侈，各种制度都废弛了。他嫌司马乂在朝廷内妨碍自己，不能满足自己的欲望，就想联合司马颙共同对付司马乂。卢志劝谏说："您以前交出大权辞谢天子的恩宠，在当时声望很高。现在应该让军队驻扎在关外，您身着文官的衣服进京朝见，这样可以成就霸主的事业。"参军邵续进谏说："人有兄弟，如同左右手，现在您想抵挡天下的敌人，而先去掉自己的一只手，行吗？"司马颖都不听。和司马颙共同上表说："司马乂评定功劳不公平，他和仆射羊玄之、将军皇甫商专揽朝政，请让司马乂回到他的封国，将羊玄之等杀头治罪。"晋惠帝下诏说："司马颖、司马颙如果敢兴兵把矛头指向京城，我将亲自率领六军去讨伐他。任命司马乂为太尉，都督中外诸军事。"

司马颙以张方为都督，带领七万精兵，向东奔赴洛阳。司马颖带兵驻扎在朝歌，任用陆机为前锋都督，统领王粹、牵秀、石超等军队二十多万人，向洛阳进发。陆机原本只是司马颖的一个客居异乡的幕僚，一旦忽然位居诸将之上，王粹等人心里都不服气。孙惠劝陆机把都督的位置让给王粹，陆机说："他们会说我迟疑不决，反而正好会加速招致祸殃。"晋惠帝到了十三里桥，司马乂派皇甫商带领一万多人在宜阳抵御张方，被张方打败。晋惠帝驻军于芒山，羊玄之因为忧愁畏惧而死。晋惠帝于是来到缑氏，攻打牵秀，牵秀逃跑了。张方进入京城，大肆杀掠，死者数以万计。

李流死，李雄代领其部众。

李流病重，对各位部将说："前将军李雄英俊威武，大概是上天的选择，你们要共同接受他的命令。"李流去世，大家推举李雄为益州牧，治所设在郫城。

冬十月，长沙王司马乂拥奉晋惠帝与司马颖的军队在建春门大战，大败司马颖的军队。

帝自缑氏还宫，颖遣将军马咸助陆机，乂奉帝与机战于建春门。乂司马王瑚使数千骑系戟于马，以突咸陈，咸军乱，执而斩之。机军大败，赴七里涧，死者如积，水为之不流。

初，宦人孟玖有宠于颖，玖欲用其父为邯郸令，右司马陆云固执不许，曰："此县，公府掾资，岂有黄门父居之邪！"玖深怨之。玖弟超为小督，未战，纵兵大掠。机录其主者，超将铁骑直入麾下夺之，顾谓机曰："貉奴，能作督不！"机司马孙拯劝机杀之，机不能用。及战，超不受机节度，轻兵独战，败没。玖疑机杀之，谮于颖曰："机有二心于长沙。"牵秀等素谄事玖，相与证之。颖大怒，使秀将兵收机。机闻秀至，释戎服，著白帢，与秀相见，为笺辞颖，既而叹曰："华亭鹤唳，可复闻乎！"秀遂杀之。颖又收云及拯，下狱。

记室江统、蔡克等流涕固请，颖恻然有宥云之色。玖扶颖入，催令杀云，夷三族。狱吏掠拯数百，两踝骨见，终言机冤。吏知拯义烈，谓曰："二陆之枉，谁不知之，君可不爱身乎？"拯仰天叹曰："陆君兄弟，世之奇士。吾蒙知爱，今既不能救其死，忍复从而诬之乎！"玖等令狱吏诈为拯辞，亦夷三族。拯门人费慈、宰意诣狱明拯冤，拯譬遣之曰："吾义不负二陆，死自吾分，卿何为尔邪！"曰："君既不负二陆，仆又安可负君？"固言拯冤，玖又杀之。

晋惠帝从缑氏回到皇宫，司马颖派将军马咸协助陆机，司马乂拥奉惠帝与陆机在建春门大战。司马乂的司马王瑚把戟绑在数千匹战马身上，冲击马咸的兵阵，马咸军队大乱，马咸也被抓住杀死。陆机的军队大败，逃到七里涧，死者堆积，水因之不再流动。

当初，宦官孟玖受到司马颖的宠信，孟玖想让他的父亲当邯郸令，右司马陆云坚决不同意，他说："这个县，历来是有公府掾资格的人担任的，哪有让宦官父亲担任的道理！"孟玖十分怨恨陆云。孟玖的弟弟孟超是一名小督，还没有战斗，就放纵士兵大肆抢掠。陆机将主犯拘捕，孟超率领骑兵一直冲到陆机将旗下，夺走犯人，并回头对陆机说："貉奴，会当都督吗！"陆机的司马孙拯劝陆机杀了孟超，陆机没有采纳。等到战斗开始，孟超不接受陆机的指挥调动，轻率出兵独自作战，以致全军覆没。孟玖怀疑陆机杀了孟超，对司马颖进谗言说："陆机心怀二心勾结长沙王。"牵秀等人对孟玖一向阿谀谄媚，也参与证明陆机有二心。司马颖勃然大怒，派牵秀率领士兵拘捕陆机。陆机听说牵秀来了，脱下军装，戴着便帽，与牵秀相见，又写信辞别司马颖，接着慨叹说："华亭鹤的叫声，还能再听到吗！"牵秀随即杀了陆机。司马颖又拘捕了陆云和孙拯，都投入牢狱。

记室江统、蔡克等人都流着泪苦苦请求，司马颖很同情陆云，有宽恕他的意思。孟玖扶司马颖进屋，催促他下令杀掉陆云，诛灭三族。狱吏拷打孙拯数百下，打得露出两个踝骨，但孙拯始终说陆机冤枉。狱吏知道孙拯正义刚烈，对他说："二陆的冤枉，谁不知道，你难道不珍惜自己的生命吗？"孙拯仰天长叹说："陆机、陆云兄弟二人，是天下奇才。我承蒙他们的知遇和厚爱，现在既然不能把他们从死亡中解救出来，哪里忍心再加以诬陷呢！"孟玖等人命令狱吏伪造孙拯的供词，也诛灭了孙拯的三族。孙拯的学生费慈、宰意到监狱中为孙拯鸣冤，孙拯让他们俩回去，对他们说："我决心不辜负二陆，赴死是我分内之事，你们是为了什么呢？"二人回答说："您既然不辜负二陆，我们又怎么能辜负您呢？"坚持说孙拯冤枉，孟玖又把他们杀了。

十一月，长沙王乂奉帝讨张方，不克。颖进兵逼京师。诏雍州刺史刘沈讨颙。

长沙王乂奉帝攻张方，方兵望见乘舆，皆退走，遂大败。众惧，欲夜遁，方曰："胜负兵家之常，善用兵者，能因败为成。今我更前作垒，出其不意，此奇策也。"乃夜潜进，逼洛城七里，筑垒数重，外引廪谷，以足军食。乂既战胜，以为方不足忧，闻方垒成，攻之，不利。

颖进逼京师，公私穷踧，米石万钱。诏命所行，一城而已。骠骑主簿祖逖言于乂曰："刘沈忠义果毅，雍州兵力足制河间，宜启上诏沈发兵袭颙，颙窘急，必召张方以自救，此良策也。"乂从之。沈奉诏合七郡之众，凡万余人，趣长安。

十二月，议郎周玘等起兵讨石冰。

议郎周玘等起兵江东以讨石冰，推前吴兴太守顾秘都督扬州九郡，传檄州郡，杀冰所署将吏。于是前侍御史贺循、庐江内史华谭，及丹阳葛洪、甘卓皆起兵以应秘。冰遣其将拒玘，玘击斩之。冰自临淮退趋寿春，征东将军刘准不知所为，广陵度支陈敏统众在寿春，谓准曰："此等本不乐远戍，逼迫成贼，乌合之众，其势易离，请为公破之。"准乃益敏兵。

闰月，李雄攻走罗尚，遂入成都。　封鲜卑段务勿尘为辽西公。

幽州都督王浚，以天下方乱，欲结援夷狄，乃以一女

十一月，长沙王司马乂拥奉晋惠帝讨伐张方，没有成功。司马颖率兵进逼京城。朝廷下诏命令雍州刺史刘沈讨伐司马颙。

长沙王司马乂拥奉晋惠帝攻打张方，张方的士兵远远看见晋惠帝的车驾，都败退逃走了，于是张方惨败。大家十分惧怕，想趁夜逃走，张方说："胜败是兵家常事，善于用兵的人，能够转败为胜。我现在还要到前边修筑堡垒，出其不意，这是奇妙的计策。"于是趁月色悄悄前进，逼近距洛阳七里处，修筑了数重堡垒，从外边的仓库里运来粮食，以供军队食用。司马乂已经取胜，认为张方不足以忧虑，听说张方筑成了堡垒，攻打他，没有取得胜利。

司马颖率兵进逼京城，公室和私家都穷困窘迫，一石米价值万钱。皇帝的诏令所能指挥的，只是一个京城罢了。骠骑主簿祖逖对司马乂说："刘沈忠诚正义果断坚毅，雍州的兵力足以对付河间王司马颙，应该启奏皇上下诏书给刘沈，派他发兵袭击司马颙，司马颙一旦窘迫紧急，一定会召回张方来援救自己，这是很好的计策。"司马乂采纳了祖逖的建议。刘沈遵照皇帝的诏令集合七郡的兵力，一共一万多人，向长安进发。

十二月，议郎周玘等人发兵攻打石冰。

议郎周玘等人从江东发兵讨伐石冰，推举前吴兴太守顾秘都督扬州九郡诸军事，把檄文传到各州郡，杀掉石冰所任用的部将官吏。于是前侍御史贺循、庐江内史华谭，以及丹阳葛洪、甘卓都起兵来响应顾秘。石冰派他的部将抵抗周玘，周玘反击杀了对手。石冰从临淮撤退后又赶到寿春，征东将军刘准不知该怎样做，广陵度支陈敏在寿春统率人马，对刘准说："这些人原本因为不愿到远方去戍守，被逼迫成为盗贼，这种乌合之众，他们的力量容易瓦解，请让我替您去击破他们。"刘准于是给陈敏增加了兵力。

闰月，李雄打退了罗尚，进入成都。　晋朝封鲜卑段务勿尘为辽西公。

幽州都督王浚，因天下正乱，打算结交夷狄，就把一个女儿

妻务勿尘，一女妻宇文素怒延。又表以辽西郡封务勿尘。浚，沈之子也。

甲子(304)　**永兴元年**汉高祖刘渊元熙元年，成太宗李雄建兴元年。大国一小国一，凡二僭国。

春正月，尚书令乐广卒。

广女为成都王妃，或谮诸太尉乂，乂以问广，广神色不动，徐曰："广岂以五男易一女哉！"乂犹疑之。广以忧卒。

东海王越使张方杀长沙王乂。颖入京师，自为丞相，寻还镇邺。

乂屡破颖兵，而未尝亏奉上之礼，城中粮食日窘，士卒无离心。张方以为洛阳未可克，欲还长安，而东海王越虑事不济，潜与殿中诸将夜收乂，启帝下诏免官，置金墉城。大赦，改元。城既开，将士见外兵不盛，悔之，更谋劫出乂以拒颖。越惧，遣人密告张方，方炙杀之，方军士亦为流涕。颖入京师，复还镇于邺。诏以颖为丞相，越守尚书令。颖遣石超等帅兵屯十二城门，殿中宿所忌者皆杀之，悉代去宿卫兵。

雍州刺史刘沈及颙战，败，死之。

颙顿军于郑，为东军声援，闻沈兵起，退入长安，急召张方。方掠洛中官私奴婢万余人而西。

沈渡渭而军，与颙战，颙屡败。沈使衙博、皇甫澹以精甲五千袭长安，入其门，力战至颙帐下。沈兵来迟，颙党张

嫁给段务勿尘为妻，另一个女儿嫁给宇文素怒延为妻。又上表请求把辽西郡封给段务勿尘。王浚是王沈的儿子。

甲子(304)　晋惠帝永兴元年汉高祖刘渊元熙元年，成太宗李雄建兴元年。一个大国一个小国，共两个僭国。

春正月，尚书令乐广去世。

乐广的女儿是成都王司马颖的王妃，有人把这件事告诉了太尉司马乂，司马乂向乐广询问这件事，乐广神色不动，慢条斯理地说："我如果依附司马颖，五个儿子都会被杀，我难道会用五男去换一女吗！"司马乂对乐广还是有些怀疑。乐广因忧郁而死。

东海王司马越派张方去杀长沙王司马乂。司马颖进入京城，自任丞相，不久又回去镇守邺城。

司马乂多次击败司马颖的军队，但却从未亏缺侍奉皇上的礼节，城中的粮食日益缺乏，士卒仍同心同德。张方认为洛阳无法攻克，打算返回长安，而东海王司马越害怕事情不能成功，偷偷地与殿中几位大将在夜里拘捕了司马乂，启奏晋惠帝下诏罢免司马乂的官职，将他关在金墉城。下令大赦天下，改年号。城门打开以后，将士看到城外的兵力不多，又后悔了，又谋划着劫出司马乂来抵御司马颖。司马越害怕了，派人把情况秘密告诉张方，张方就把司马乂烧死，张方军中的兵士也为司马乂流泪。司马颖进入京城，后来又回到邺城镇守。皇帝下诏任命司马颖为丞相，司马越仍为尚书令。司马颖派遣石超等人率兵驻扎在十二城门，把殿中一向所忌恨的人都杀了，用自己的军队替换了原来的卫兵。

雍州刺史刘沈与司马颙交战，战败而死。

司马颙的军队驻扎在郑县，作为东军的声援，听说刘沈已经起兵，就退入长安，急忙召张方回来。张方抢掠洛阳官府和私家的奴婢一万多人匆忙西归。

刘沈渡过渭水驻军，与司马颙交战，司马颙多次战败。刘沈派衙博、皇甫澹率五千精兵偷袭长安，攻入城门，奋战打到司马颙大帐之下。但是刘沈接应的军队来迟了，司马颙的同党张

辅见其无继，横击之，杀博及澹，沈兵遂败。沈南走，获之，沈谓颙曰："知己之惠轻，君臣之义重，沈不可违天子之诏，量强弱以苟全。投袂之日，期之必死，葅醢之戮，其甘如荠。"颙怒，斩之。新平太守张光，数为沈画计，颙执而诘之，光曰："刘雍州不用鄙计，故令大王得有今日。"颙壮之，表为右卫司马。

诏罗尚权统巴东三郡。

罗尚逃至江阳，遣使表状，诏尚权统巴东、巴郡、涪陵以供军赋。尚遣别驾李兴诣刘弘求粮，弘以三万斛给之，尚赖以存。兴愿留为参军，弘夺其手版而遣之。于时流民在荆州者十余万户，羁旅贫乏，多为盗贼。弘大给其田及种粮，擢其贤才，随资叙用，流民遂安。

二月，颖废皇后羊氏及太子覃。　广陵度支陈敏及周玘击石冰于建康，斩之。

冰众十倍于敏，敏击之，所向皆捷，遂与玘合，攻斩冰。扬、徐二州平，玘及贺循皆散众还家，不言功赏。朝廷以敏为广陵相。

颙表颖为皇太弟，自为太宰、雍州牧。　秋七月，东海王越奉帝征颖，复皇后、太子。颖遣兵拒战荡阴，侍中嵇绍死之。颖遂以帝入邺，越走归国。

颖僭侈日甚，嬖倖用事，大失众望。东海王越与右卫将军陈眕勒兵入云龙门，以诏召三公百僚，戒严讨颖。石超

辅见衙博、皇甫澹的军队没有后援，就拦腰截击，杀了衙博和皇甫澹，刘沈的军队于是溃败。刘沈向南败逃，被俘获，刘沈对司马颙说："朋友之间的恩惠为轻，君臣之间的信义为重，我不能违反天子的诏令，估量势力的强弱来保全自己。我在决定行动的时候，就预料到性命一定不能保全，就是把我剁成肉酱，对我来说也像品尝荠菜一样甘甜。"司马颙听了大怒，就把刘沈杀了。新平太守张光，多次为刘沈出谋划策，司马颙抓来责问他，张光说："刘雍州没有采用我的计谋，所以使大王能够取得今天的胜利。"司马颙认为张光勇敢有气节，上表举荐他任右卫司马。

朝廷下诏命令罗尚暂时统率巴东三郡。

罗尚逃到江阳，派遣使者向朝廷上奏，朝廷下诏命罗尚暂时统率巴东、巴郡、涪陵来供给军队需要的钱粮。罗尚派别驾李兴到刘弘那里请求粮食援助，刘弘给了他三万斛，罗尚依靠这些粮得以生存。李兴想留在刘弘这里作参军，刘弘夺走他参见用的手版并赶走了他。当时住在荆州的流民有十多万户，寄居他乡生活贫困，很多成为盗贼。刘弘分给他们大批田地和粮种，选择有才能的人，根据资格录用，流民因此安定下来。

二月，司马颖废黜了皇后羊氏和太子司马覃。　广陵度支陈敏和周玘在建康袭击石冰，将石冰杀死。

石冰的人马是陈敏的十倍，但陈敏攻打他，每次都取得胜利，于是与周玘联合，攻打并杀掉了石冰。扬、徐两州被平定了，周玘和贺循都把部众遣散回家，不提功劳和封赏的事。朝廷任命陈敏为广陵相。

司马颙上表请立司马颖为皇太弟，自任太宰、雍州牧。　秋七月，东海王司马越拥奉晋惠帝征讨司马颖，恢复皇后羊氏和太子司马覃的地位。司马颖派兵在荡阴抵抗，侍中嵇绍为保护晋惠帝被杀。司马颖于是迎晋惠帝入邺城，司马越逃回封国。

司马颖一天比一天奢侈，他宠信的小人掌握了大权，使大家都很失望。东海王司马越与右卫将军陈眕率兵攻入云龙门，凭借皇帝的诏书召集三公及群臣，要求严加防备，征讨司马颖。石超

奔邺。复皇后羊氏及太子覃。越奉帝北征，征前侍中嵇绍诣行在。侍中秦准谓绍曰："今往，安危难测，卿有佳马乎？"绍正色曰："臣子扈卫乘舆，死生以之，佳马何为！"越檄召四方兵，比至安阳，众十余万。颖会群僚问计，东安王繇曰："天子亲征，宜释甲缟素出迎请罪。"颖不从，遣石超帅众拒战。

陈眕弟自邺赴行在，云："邺中皆已离散。"由是不甚设备。超军奄至，乘舆败绩于荡阴，帝颊中三矢，百官侍御皆散。嵇绍朝服登辇，以身卫帝，兵入，引绍斫之。帝曰："忠臣也，勿杀！"对曰："奉太弟令，惟不犯陛下一人耳。"遂杀绍，血溅帝衣。帝堕于草中，亡六玺。超奉帝幸其营，帝馁甚，超进水，左右奉秋桃。颖迎帝入邺，改元建武。左右欲浣帝衣，帝曰："嵇侍中血，勿浣也。"

陈眕、上官巳奉太子覃守洛阳，越还东海。孙惠劝越邀结藩方，同奖王室。越以惠为记室参军，与参谋议。北军中候苟晞奔豫州都督范阳王虓，虓以为兖州刺史。

幽州都督王浚、并州刺史东嬴公腾，起兵讨颖。

初，三王之讨赵王伦也，王浚拥众挟两端，禁所部士民不得赴三王召募。颖阴图之，不克。至是又称诏征之，浚遂与鲜卑段务勿尘、乌桓羯朱及并州刺史东嬴公腾，同起兵讨颖。颖遣石超击之。腾，越之弟也。

八月，颖杀东安王繇。琅邪王睿走归国。

奔往邺城。恢复皇后羊氏和皇太子司马覃的地位。司马越拥奉晋惠帝向北征伐，征调前侍中嵇绍来到晋惠帝身边。侍中秦准对嵇绍说："现在你前去，安危难以预测，你有良马吗？"嵇绍神色严肃地说："臣子保卫皇帝，死生都置之度外，要良马干什么！"司马越发布檄文征召四方的士兵，等到达安阳时，军队已有十余万人。司马颖召集幕僚询问计策，东安王司马繇说："天子亲征，应当放下武器身穿白衣出去迎接请罪。"司马颖不同意，派石超率兵抵御作战。

陈眕的弟弟从邺城来到晋惠帝身边，说："邺城内已经分崩离析。"因此没有用心防备。石超的军队忽然来到，晋惠帝的兵马在荡阴遭到失败，晋惠帝面颊中了三箭，百官和侍卫全部溃逃。嵇绍身穿朝服登上晋惠帝的御车，用身体保护着晋惠帝，兵士进来，把嵇绍拉下来就砍。晋惠帝说："这是忠臣啊，不要杀！"兵士回答说："奉皇太弟的命令，只是不伤害陛下一个人而已。"于是杀了嵇绍，鲜血溅到晋惠帝的衣服上。晋惠帝坠落在草丛中，丢失了六枚玉玺。石超侍奉着晋惠帝来到自己的军营，晋惠帝饥饿不堪，石超送上水，随从奉上了秋桃。司马颖迎接晋惠帝进入邺城，改年号为建武。随从想为晋惠帝洗衣服，晋惠帝说："嵇侍中的血还在上边，不要洗。"

陈眕、上官巳侍奉太子司马覃留守洛阳，司马越回到东海。孙惠劝司马越团结藩王，共同辅助王室。司马越让孙惠担任记室参军，参与谋划大计。北军中候苟晞投奔豫州都督范阳王司马虓，司马虓让他担任了兖州刺史。

幽州都督王浚、并州刺史东嬴公司马腾，起兵讨伐司马颖。

当初，三位亲王讨伐赵王司马伦，王浚带领着军队站在对立双方之间，禁止所属的官员百姓去应三王的征募。司马颖暗中想杀掉王浚，没有成功。这时又假称诏令征召王浚，王浚于是与鲜卑人段务勿尘、乌桓人羯朱以及并州刺史东嬴公司马腾，共同起兵讨伐司马颖。司马颖派石超去迎战。司马腾是司马越的弟弟。

八月，司马颖杀了东安王司马繇。琅邪王司马睿逃回封国。

颖怨东安王繇前议，杀之。繇兄子琅邪王睿，沉敏有度量，为左将军，与东海参军王导善。导识量清远，以朝廷多故，每劝睿之国。及繇死，睿从帝在邺，恐及祸，将逃归。颖先敕关津无得出贵人，睿至河阳，为津吏所止。从者宋典自后来，以鞭拂睿而笑曰："舍长，官禁贵人，汝亦被拘邪！"吏乃听过。至洛阳，迎太妃夏侯氏俱归国。

张方复入京城，废皇后、太子。　刘渊自称大单于。

初，颖表匈奴左贤王刘渊监五部军事，使将兵在邺。渊子聪骁勇绝人，博涉经史，善属文，弯弓三百斤。弱冠游京师，名士莫不与交。

渊从祖宣谓其族人曰："汉亡以来，我单于徒有虚号，无复尺土，自余王侯，降同编户。今吾众虽衰，犹不减二万，奈何敛手受役，奄过百年！左贤王英武超世，天苟不欲兴匈奴，必不虚生此人也。今司马氏骨肉相残，四海鼎沸，复呼韩邪之业，此其时矣！"乃相与谋，推渊为大单于，使其党呼延攸诣邺告之。

渊白颖请归会葬，颖弗许。渊令攸先归告宣等，使招集五部，声言助颖，实欲叛之。及幽、并起兵，渊说颖曰："今二镇跋扈，恐非宿卫及近郡士众所能御也，请还说五部赴国难。"颖曰："吾欲奉乘舆还洛阳，传檄天下，以逆顺

司马颖对东安王司马繇曾建议他向晋惠帝投降的事非常怨恨，就把司马繇杀了。司马繇哥哥的儿子琅邪王司马睿，沉毅机敏胸襟开阔，任左将军，与东海参军王导很要好。王导识量清明广远，因为朝廷多变故，每每劝说司马睿返回封国。等到司马繇被杀，司马睿跟随晋惠帝住在邺城，恐怕遭到祸患，打算逃回封国。司马颖事先命令各关卡渡口不许放贵族出去，司马睿到了河阳，被渡口的官吏挡住。他的随从宋典从后边走过来，用马鞭子扫拂司马睿并笑着说："舍长，朝廷禁止贵族出去，你怎么也被拦住了！"官吏听了这话，就让他们过去了。到了洛阳，迎接太妃夏侯氏一起返回封国。

张方又进入京城，废黜了羊皇后和太子司马覃。　刘渊自称大单于。

当初，司马颖表奏匈奴左贤王刘渊监理五部匈奴的军政事务，让他带兵住在邺城。刘渊的儿子刘聪骁勇过人，博览经史，善写文章，能拉开三百斤张力的大弓。年轻时游历京城，京城的名士没有不和他结交的。

刘渊的堂祖父刘宣对他的族人说："自从汉朝灭亡以来，我们单于徒有虚名，不再拥有一尺土地，其余的王侯，地位下降到与百姓一样。现在我们虽然衰败了，还不少于二万人，怎能甘心受人奴役，匆匆度过百年时光呢！左贤王英武过人，上天如果不想让匈奴兴盛，必定不会白白生出这个人。现在司马氏骨肉相互残杀，四海沸腾，光复呼韩邪的事业，正是这个时候啊！"于是互相一起谋划，推举刘渊为大单于，并派他的党羽呼延攸到邺城去告知他。

刘渊向司马颖请求回乡参加葬礼，司马颖不允许。刘渊让呼延攸先回去告诉刘宣等人，让他们召集五部匈奴，声称要援助司马颖，实际打算背叛他。等到幽州、并州起兵，刘渊对司马颖说："现在幽、并二州的将领跋扈，恐怕不是禁卫军和附近郡县的士众能够抵御的，请让我回去劝说五部匈奴人来救国难。"司马颖说："我想侍奉皇帝回洛阳，传檄天下，发动归顺朝廷的力量

制之,何如?”渊曰:“殿下武皇帝之子,有大勋于王室,威恩远著。王浚竖子,东嬴疏属,岂能与殿下争衡耶!但殿下一发邺宫,示弱于人,洛阳不可得至。虽至洛阳,威权不复在殿下也。愿抚勉士众,靖以镇之,渊为殿下以二部摧东嬴,三部枭王浚,二竖之首可指日而悬也。”颖悦,拜渊为北单于、参丞相军事。渊至左国城,刘宣等上大单于之号,二旬之间,有众五万,都于离石。

幽、并兵至邺,颖以帝还洛阳,浚大掠邺中而还。

王浚、东嬴公腾合兵败石超于平棘,乘胜进军,邺中奔溃。颖将数十骑奉帝御犊车南奔,仓猝无赍,中黄门被囊中赍私钱三千,诏贷之,于道中买饭,食以瓦盆。至温,将谒陵,帝丧履,纳从者之履,下拜流涕。张方迎帝还宫,奔散者稍还,百官粗备。

浚入邺暴掠,复还蓟。刘渊闻颖去邺,叹曰:“不用吾言,逆自奔溃,真奴才也。然吾与之有言矣,不可以不救。”将发兵击鲜卑、乌桓,刘宣等谏曰:“晋人奴隶御我,今其骨肉相残,是天弃彼而使我复呼韩邪之业也。鲜卑、乌桓,我之气类,可以为援,奈何击之?”渊曰:“善!大丈夫当为汉高、魏武,呼韩邪何足效哉!”宣等稽首曰:“非所及也!”

冬十月,李雄自称成都王。

来制服叛乱，怎么样?”刘渊说:“殿下是武皇帝的儿子，为王室建立了卓越的功勋，威严和恩德传布得很远。王浚这小子，只是东嬴公的远亲，怎能和殿下您抗衡呢！但殿下一从邺城出发，就是向人示弱，也不能马上到达洛阳。即使到了洛阳，威势和权力也不在您手中了。希望殿下能抚慰勉励部众，让他们安静镇定下来，我要为殿下用二部匈奴的力量摧毁东嬴公，用三部匈奴去消灭王浚，这两个小人的头颅就指日可取了。”司马颖很高兴，封刘渊为北单于、参丞相军事。刘渊回到左国城，刘宣等人尊奉他为大单于，只用了二十多天，部众就有了五万多人，建都于离石。

幽州、并州的军队进入了邺城，司马颖侍奉晋惠帝回到洛阳。王浚在邺城大肆抢掠后回到蓟城。

王浚和东嬴公司马腾联合军队，在平棘打败了石超，又乘胜进军，邺城中的官民四处奔逃。司马颖带领几十名骑兵拥奉晋惠帝登上犊车向南逃跑，由于惊慌匆忙，没有带钱，一个小太监的背包中带着三千私人的钱，皇帝下诏先借他的钱，用来在路上买饭吃，吃饭用的是瓦盆。到达温县，将要拜谒祖先陵墓，晋惠帝把鞋也走丢了，就把侍从的鞋要来穿上，流着泪祭拜了祖先。张方把晋惠帝迎接回宫，这时四处逃散的人才回来一些，文武百官大致齐备。

王浚进入邺城后大肆抢掠，后来又回到蓟城。刘渊听说司马颖离开了邺城，感叹说:“不采纳我的意见，反而四处奔逃，真是奴才啊！但我和他有言在先，不能不去救他。”将要发兵去攻打鲜卑、乌桓，刘宣等人劝谏说:“晋人像奴隶一样奴役我们，现在他们骨肉之间相互残杀，是上天要抛弃他们而让我们复兴呼韩邪的大业啊！鲜卑、乌桓，是我们的同类，可以作为后援，怎么能去攻打他们呢?”刘渊说:“好！大丈夫应当作汉高祖、魏武帝，呼韩邪哪里值得效仿呢！”刘宣等人叩头行礼说:“这些是我们想不到的啊。”

冬十月，李雄自称成都王。

雄以范长生有名德，为蜀人所重，欲迎以为君，长生不可。雄遂即王位，约法七章，以叔父骧为太傅，兄始为太保，李离为太尉，李国为太宰。以国、离有智谋，事必咨而后行，然国、离事雄弥谨。

刘渊自称汉王。

刘渊迁都左国城，胡、晋归之者愈众。渊谓群臣曰："昔汉有天下久长，恩结于民。吾汉氏之甥，约为兄弟，兄亡弟绍，不亦可乎！"乃建国号曰汉，依高祖称汉王。尊安乐公禅为孝怀皇帝，以右贤王宣为丞相，崔游为御史大夫，后部人陈元达为黄门郎，族子曜为建武将军。游固辞不就。

元达少有志操，渊尝召之，不答，及渊为王，或谓曰："君其惧乎？"元达笑曰："不过三二日，驿书必至。"其暮，渊果征之。元达事渊，屡进忠言，退而削草，虽子弟莫得知也。曜生而眉白，目有赤光，幼聪慧有胆量，早孤，养于渊。及长，仪观魁伟，性拓落高亮，与众不群，好读书，善属文，铁厚一寸，射而洞之。刘聪重之，以为汉世祖、魏武帝之流。

十一月，张方迁帝于长安。仆射荀藩立留台于洛阳，复皇后羊氏。

张方在洛既久，剽掠殆竭。乃引兵入殿，以所乘车迎帝，逼使上车。帝垂泣从之，令方具车载宫人宝物。军人因妻略后宫，分争府藏，割流苏武帐为马帴，魏、晋蓄积，

李雄因范长生名高德重，受到蜀人的敬重，想迎立他为皇帝，范长生不同意。李雄于是登上了王位，约法七章，让他叔叔李骧任太傅，哥哥李始为太保，李离为太尉，李国为太宰。因为李国、李离很有智谋，李雄遇事必定和他们商量后才行动，而李国、李离侍奉李雄也更加恭敬谨慎。

刘渊自称汉王。

刘渊把都城迁到左国城，胡人、晋人来归附的更多了。刘渊对群臣说："从前汉朝能长久地拥有天下，是因为能用恩德团结民众。我是汉朝的外甥，相约为兄弟，兄亡弟继，不也可以吗？"于是建国号为汉，依汉高祖的称谓，称为汉王。尊安乐公刘禅为孝怀皇帝，任用右贤王刘宣为丞相，崔游为御史大夫，匈奴后部人陈元达为黄门郎，同族侄子刘曜为建武将军。崔游坚决推辞不就任。

陈元达年轻时就有志向节操，刘渊曾征召他，他没有答复，等到刘渊当了汉王，有人问陈元达："您害怕吗？"陈元达笑着说："过不了三两天，驿卒必定会送信来。"到了傍晚，果然刘渊让人送信来征召他。陈元达侍奉刘渊，多次进献忠言，退朝以后就把奏章的底稿销毁，即使是子弟也不知道其中的内容。刘曜天生就长着白眉毛，眼睛中有赤光，年幼时就聪明伶俐有胆量，很早就失去了父母，由刘渊抚养。等长大以后，身材魁伟，仪表堂堂，性格磊落高尚，不好与人交往，喜好读书，善写文章，善射，能用箭射穿一寸厚的铁板。刘聪很器重他，认为他是汉世祖、魏武帝一类的人物。

十一月，张方将晋惠帝迁往长安。仆射荀藩在洛阳设立留台，按皇帝的旨意处理政务，恢复皇后羊氏的地位。

张方在洛阳住久了，洛阳城几乎被他的士兵抢掠一空。后来带兵进入皇宫，用他所乘的车去接晋惠帝，逼迫晋惠帝上车。晋惠帝流着泪勉强同意了，让张方准备车辆载乘宫女和宝物。军士乘机到后宫抢占宫女，争夺府库中收藏的宝物，割下皇宫中帷帐的流苏和放置武器的武帐，当作马鞍垫，魏、晋以来积蓄的宝藏，

扫地无遗。方拥帝及颖、豫章王炽等趋长安，颙迎于霸上，以征西府为宫。唯仆射荀藩及司隶刘暾等在洛阳，为留台，承制行事。复称永安，立羊后，号东西台。

十二月，太宰颙废太弟颖，更立豫章王炽为皇太弟。

帝兄弟二十五人，时存者惟颖、炽及吴王晏。晏材庸下。炽冲素好学，故太宰颙立之。诏颖还第，而以颙都督中外。又以东海王越为太傅，与颙夹辅帝室。王戎参录朝政。王衍为左仆射，张方为中领军、录尚书事。令州郡蠲除苛政，爱民务本，清通之后，当还东京。颙以四方乖离，祸难不已，故下此诏和解之，冀获少安。越辞太傅不受。

汉寇太原西河郡。

汉王渊遣刘曜寇太原，取泫氏。乔晞寇西河，取介休。介休令贾浑不降，晞杀之。将纳其妻宗氏，宗氏骂晞而哭，晞又杀之。渊闻之，大怒曰："使天道有知，乔晞望有种乎！"追还，降秩四等，收浑尸葬之。

一扫而光。张方簇拥着惠帝、司马颖、豫章王司马炽等人向长安进发，司马颙在霸上迎接，把他的征西将军府作为皇宫。只有仆射荀藩和司隶刘暾等人留在洛阳，设留台，依照皇帝的命令行事。把年号又重新改为永安，恢复羊后的地位，号称东西台。

十二月，太宰司马颙废黜了皇太弟司马颖，改立豫章王司马炽为皇太弟。

晋惠帝兄弟共二十五人，这时在世的只有司马颖、司马炽和吴王司马晏。司马晏才能平庸低下。司马炽性格平和质朴好学，因此太宰司马颙要拥立他为皇太弟。诏令司马颖回到自己的府第，而任命司马颙都督中外诸军事。又任用东海王司马越为太傅，与司马颙共同辅佐王室。王戎参与管理朝政。王衍任左仆射，张方任中领军、录尚书事。下令让各州郡取消苛政，爱护百姓，让百姓从事本业，道路通畅之后，就应返回洛阳。司马颙因各方离心离德，祸患不断，所以发布这样的诏令来和解一下，希望能稍微得到安宁。司马越推辞不接受太傅的官职。

汉王刘渊进犯太原、西河郡。

汉王刘渊派遣刘曜侵犯太原，攻取了泫氏。派遣乔晞侵犯西河，攻取了介休。介休令贾浑不投降，乔晞把他杀了。乔晞想要娶贾浑的妻子宗氏，宗氏哭着大骂乔晞，乔晞又杀死了宗氏。刘渊听到这件事，大怒说："假使上天有知的话，乔晞还想有后代吗！"下令让他回来，降官四级，收敛贾浑的尸体予以安葬。